科学出版社“十三五”普通高等教育本科规划教材

供基础、临床、预防、口腔、康复、药学、护理等专业使用

基础中医学

第2版

主编　吕志平　赵春妮

科学出版社
北京

内 容 简 介

《基础中医学》第 2 版是“中医学”课程分段教学改革配套教材之一，全书主要论述了中医学理论体系的形成与发展、中医学的主要特点、阴阳五行、藏象、气血津液、经络、病因病机、诊法、辨证、防治原则、中药、方剂、针灸等基本理论与方法。本书的编写突出高等医药院校非中医类专业“中医学”教学的特点，充分体现了“三基”（基本知识、基本理论和基本技能）的原则，注重教学内容的科学性、系统性和实用性。

本书可供医药院校基础、临床、预防、口腔、康复、护理等医学类专业本科生使用，也可作为自学中医药者的学习参考书。

图书在版编目（CIP）数据

基础中医学 / 吕志平，赵春妮主编 .—2 版 .— 北京：科学出版社，2017.6

ISBN 978-7-03-052933-6

Ⅰ . ①基… Ⅱ . ①吕… ②赵… Ⅲ . ①中医医学基础－医学院校－教材 Ⅳ . ① R22

中国版本图书馆 CIP 数据核字（2017）第 117949 号

责任编辑：郭海燕　王　鑫 / 责任校对：李　影

责任印制：吴兆东 / 封面设计：陈　敬

科学出版社 出版

北京东黄城根北街 16 号

邮政编码：100717

http://www.sciencep.com

北京建宏印刷有限公司印刷

科学出版社发行　各地新华书店经销

*

2006 年 8 月第　一　版　开本：787×1092　1/16

2017 年 6 月第　二　版　印张：22 1/2

2025 年 1 月第二十一次印刷　字数：506 000

定价：59.80 元

（如有印装质量问题，我社负责调换）

《基础中医学》编委会

主　编　吕志平　赵春妮
主　审　何裕民

副主编　（以姓氏笔画为序）
毛　兵　卢开信　师建平　李　锋

编　委　（以姓氏笔画为序）
干　磊（安徽医科大学）
王升旭（南方医科大学）
王华楠（四川大学华西临床医学院）
王　全（西南医科大学）
毛　兵（四川大学华西临床医学院）
尹思源（西南医科大学）
卢开信（扬州大学临床医学院）
师建平（内蒙古医科大学）
吕志平（南方医科大学）
任秦有（第四军医大学）
江　玉（西南医科大学）
许文学（南方医科大学）
孙　训（大同大学医学院）
李　林（内蒙古医科大学）
李　锋（第四军医大学）
罗永兵（西南医科大学）
赵春妮（西南医科大学）
赵　敏（内蒙古医科大学）
贺松其（南方医科大学）
钱月慧（宁夏医科大学）
崔树娜（扬州大学医学院）
程卫东（南方医科大学）
蔡三金（三峡大学医学院）

秘　书　张绪富（南方医科大学）
闫　颖（西南医科大学）

第2版编写说明

为了适应我国高等医学院校非中医类专业“中医学”教学改革的需要，改变传统的《中医学》教材组织形式，我们将该课程分化为“基础中医学”与“临床中医学”，实行“分段教学、必修+选修”的新型人才培养方案。

“基础中医学”作为学习“中医学”的入门课和基础课，其知识主要包括中医基础理论、中医诊断学、中药学、方剂学及针灸学等，是“中医学”知识体系的基本框架。开设本课程的目的，是让医学生在有限的学时内，掌握一定的“中医学”基本知识、基本理论和基本技能，为进一步学习“临床中医学”，运用中医药防治常见病和多发病打下基础。

《基础中医学》教材的编写指导思想是：贯彻“以人为本”的教育思想，坚持继承与创新相结合的编写思路。在教材中充分体现“三基”、“五性”的原则，以使该教材更切合医学院校教学实际。在编写过程中，本书编委会广泛征求了各方面的意见，采取集体讨论、分工审定、主编负责的方法进行。教材中重点突出中医基本学术思想，对中医理论体系进行现代语言表述，明确定义，规范概念，分清层次，全书力求语言精炼，行文简洁，注重理论联系实际。

本教材的编写分工：第一章导论、第六章病因病机学说由吕志平、贺松其编写；第二章阴阳五行学说由赵春妮编写；第三章藏象学说由赵春妮编写；第四章气血津液由孙训、任秦有编写；第五章经络学说由王升旭、赵春妮编写；第七章诊法由师建平、赵敏、许文学、尹思源编写；第八章辨证由师建平、赵敏、罗永兵编写；第九章防治原则由江玉编写；第十章中药由李锋、程卫东、毛兵、钱月慧编写；第十一章方剂由蔡三金、王全、李林、王华楠编写；第十二章针灸由王升旭、干磊、卢开信、崔树娜编写。全书由主编单位南方医科大学、西南医科大学负责统稿、审修。

在本书的筹划、编写及审定过程中，得到了西南医科大学王明杰教授、杨思进教授的大力支持，上海中医药大学何裕民教授主审了本教材的全部书稿，在此深表感谢。本书在汇编撰写中参考引用了多种书籍和期刊的有关文献资料，对各位原作者，也在此致以衷心的谢意。

《基础中医学》编委会

2017年4月

前　言

“中医药是中华民族优秀的传统文化，是我国卫生事业的重要组成部分，独具特色和优势。我国传统医药与现代医药互相补充，共同承担保护和增进人民健康的任务”（《中共中央、国务院关于卫生改革和发展的决定》）。中医和西医并存互补，充分发挥各自的优势，为人民群众提供更好的医疗保健服务，是我国的一个重要国情。高等医学院校非中医类专业的《中医学》课程教学，是贯彻中央这一卫生工作方针的一项重要举措。由于种种原因，长期以来《中医学》教学存在课程设置不合理、教学目标不明确、教材针对性不强、适用性不够等诸多问题，亟待解决。在当前高等教育持续发展、学分制改革全面推进的新形势下，认真加强西医院校的中医教学，深化《中医学》课程教学改革，切实提高教学质量，对于培养适应广大基层医疗卫生机构需要的复合型应用型医学人才，增强医学生的社会适应能力与竞争能力具有重要的现实意义。

如何使西医院校学生在有限的课时内系统学习并初步掌握中医学的基本知识、基本理论和基本技能，是多年来一直困扰各院校教师们的一个老大难问题。2006 年 3 月在泸州举行的全国医学院校《中医学》教学和教材改革研讨会，在总结国内高等医学院校《中医学》教学改革经验的基础上，提出了《中医学》课程分化为《基础中医学》与《临床中医学》、分段实施教学的改革方案，并商定合作编写改革配套教材。在科学出版社的积极赞同与大力支持下，《基础中医学》《临床中医学》列为 21 世纪高等医学院校系列教材正式出版。

本套教材编写的指导思想是：根据教育部提出的教材必须具备的“五性”，即思想性、科学性、先进性、启发性和适用性的原则，贯彻“以人为本”的教育思想，针对国内西医院校医学本科生《中医学》教学的现状，立足改革，面向未来，坚持继承与创新相结合的编写思路，突出“三基”内容，力求知识点明确，使该教材更加切合西医院校教学实际，符合西医学生接受能力，教师好教，学生好学，以期有助于西医院校中医学教学质量的提高。教材编写过程中，编者广泛征求了各方面的意见，根据各自多年的教学经验，认真吸取各种版本《中医学》教材的精华及近年来中医药研究成果，对中医理论体系进行现代语言表述，明确定义，规范概念，分清层次，使学生在尽可能短的时间内掌握所学课程的知识点。同时减少经典原文的引用，注重理论联系实际，强调实用性和对临床工作的指导性，力求科学严谨，通俗易懂，可操作性强，便于学生学习与应用。

经过近 10 年来在十余所医学院校临床医学、口腔医学、康复医学等专业本科生中的运用，这套教材以其简明扼要、详略得当、切合实用等特点，受到各校师生们的一致好评。为了适应当前医学教育改革发展的需要，经科学出版社研究决定，由南方医科大学、西南医科大学两主编单位牵头修订，将本套教材升格为科学出版社“十三五”普通高等教育本科规划教材，并于2017年4月21～23日在四川泸州成功举行《基础中医学》《临床中医学》审定稿会，对原书稿进行了重新审定。经过两书编委会与科学出版社的共同努力，此套改革创新教材即将以新的面貌问世。限于时间与水平，书中可能还存在一定问题，我们殷切期望各院校师生及广大读者提出宝贵的批评意见，以便进一步修改、完善，使教材质量不断提高，更好地适应新形势下高等医学院校中医学教学的需要。

《基础中医学》《临床中医学》编委会

2017年4月

目　录

第一章 导 论

中医学是中华民族在长期的医疗、生活实践中，逐步形成并发展成为具有独特理论和丰富临床经验的医学体系，同时也是富有中国传统文化特色的医学，属生命科学范畴。它有数千年的历史，源远流长，博大精深。中医学作为中华民族灿烂文化的重要组成部分，为中华民族的繁衍昌盛和人类的文明进步作出了巨大贡献。在科学技术突飞猛进的今天，中医学仍以其完整的理论体系和宝贵的临床经验，独步于世界医学之林。它的存在和发展，必将为整个人类的保健事业作出更大的贡献。

一、中医学的形成与发展

（一）中医学理论体系的形成与发展

原始社会时期，我们的祖先在与自然界和猛兽的长期斗争中，为求生存，自发地形成了疗伤治病的感性认识，并逐步积累了原始的医药卫生知识。早在原始社会，人们对动物和人体内部器官就有了最早的观察和了解，随着人类社会的发展及治疗疾病的需要，逐渐变成了一种自觉的认识活动。人们经过无数次尝试和长期的经验积累，逐渐认识一些植物药、动物药。后来，随着金属冶炼时代的到来，矿物药也相继出现，约在新石器时代，人们首先掌握了两头打制、挖制和磨制的技术，能够制作出种类较多的石器，继而开始有了适合医用的砭石，久而久之发展成为针刺术。后来经过不断探索，采用树枝或干草作燃料，进行局部固定的温热刺激，治愈了许多病痛，从而形成了灸法。但是，春秋以前，古人没有给我们留下完整的医学著作，属于医学理论的萌芽时期。

先秦两汉时期，科学文化日趋繁荣，不论社会科学、自然科学，还是生物科学都取得了长足的进步，在哲学、文学和史学等方面产生了不少名著，为中医学理论体系的形成奠定了基础。在阴阳五行哲学思想指导下，以天人合一的系统整体观，运用朴素辩证的科学思维方式，对以往的医药学实践经验进行系统总结、概括，形成了中医学的基本理论框架，从而初步建立了中医学的科学理论体系。《黄帝内经》、《难经》、《伤寒杂病论》、《神农本草经》等著作的问世，标志着中医学理论体系的形成。

《黄帝内经》全面总结了秦汉以前的医学成就，将长期实践积累的医学知识系统化、理论化，从而确立了中医学的理论原则。该书分为《素问》和《灵枢》两部分，它系统地阐述了阴阳、五行、藏象、经络、病因、病机、病证、诊法、辨证、治则、针灸、汤液治疗、预防和养生等内容，为后世临床医学的发展奠定了理论基础。《难经》，原名《黄帝八十一难经》，以问答解释疑难的形式编撰而成，约成书于东汉，传说为秦越人所作，所述以基础理论为主，涉及生理、病理、诊断、病证、治疗等各个方面。《伤寒杂病论》是东汉末年著名医家张仲景所著，该书在后人整理过程中被分为《伤寒论》和《金匮要略》两部。《伤寒论》以外感病为主，确立了六经辨证论治的纲领，是中医学第一部阐明辨证论治的专书，为中医学临床辨证论治奠定了坚实的基础；《金匮要略》以内伤杂病为主，根据脏腑的病机理论进行证候分类，记载了40多种杂病，并发展了病因学说，对后世病因学理论中的三因学说产生了深刻的影响。《神农本草经》是我国现存最早的一部药物学专著，成书于东汉时期，该书共收载药物365种，根据养生、治病和有毒、无毒，分为上、中、下三品，并将药物分为寒、凉、温、热四性和酸、苦、甘、辛、咸五味。该书对后世药物学的发展有着重要的影响，是一部难得的药物学专著。

继中医学理论体系初步形成之后，从两晋直到明清，历代医家分别从不同的角度充实和发展了中医学理论，使中医学理论体系得到了全面发展。晋・皇甫谧编撰的《针灸甲乙经》在经络、腧穴和针灸治疗的方法和理论等方面较之《灵枢》更加充实和系统。隋・巢元方等编著的《诸病源候论》，是中医学第一部病因病理和证候学专书。宋・陈无择著《三因极一病证方论》，较详细地阐述了"三因致病说"，把复杂的病因概括分为内因、外因、不内外因三类，使病因学说由博返约，更加系统化、理论化。

金元时期，出现了许多各具特色的医学流派，其中代表性人物是刘完素、张从正、李杲和朱震亨，后世称为"金元四大家"；刘完素提出火热致病论，倡用寒凉药，后世称为"寒凉派"；张从正倡导攻邪学说，提出以汗、吐、下为主治疗疾病，后世称为"攻下派"；李杲提出"内伤脾胃，百病由生"的论点，治疗以补脾胃为主，后世称为"补土派"；朱震亨提出"阳常有余，阴常不足"，主张滋阴降火，后世称为"养阴派"。金元四大医学流派，各有创见，各自从不同的角度丰富了中医学的内容，促进了中医学的发展。明代赵献可、张介宾等提出的命门学说，丰富了藏象学说的内容。

明清时期，温病学说的形成是中医学理论发展的重要突破。明・吴又可在《温疫论》中指出"温疫"的病原"非风，非寒，非暑，非湿，乃天地间别有一种异气所感"，此乃病因学上的一大创见。清代医家王清任重视解剖，著有《医林改错》，书中修正了古代医书在人体解剖方面的一些错误认识，并发展了瘀血致病的理论，对中医基础理论的发展作出了很大的贡献。

随着西学东渐、西方科技和文化传入中国，中医学理论发展呈现出新的趋势，一是继续走收集和整理前人的学术成果之路，如曹炳章主编的《中国医学大成》是一部集古今中医学大成的巨著。再是出现中西汇通的思潮，如张锡纯所著的《医学衷中参西录》是中西医汇通的代表作。新中国成立后，国家大力支持中医药发展，提倡中西医结合，特别是近20年，中医基础理论已成为一门独立的基础学科，在理论系统整理方面取得一定成果，在运用现代科学技术研究和探讨某些中医理论的物质基础方面，如关于阴虚、阴虚的寒热本质、肾本质、脾本质、经络实质、血瘀证本质、方剂的配伍和证候的规律研究等，均取得了一定的进展，特别是青蒿素的广泛运用已引起国内外医学界的极大兴趣和关注。

（二）中医诊断学的发展

中医诊断学是根据中医学的理论体系，研究诊察病情、判断病种、辨别证候的基本理论、基本知识和基本技能的一门学科。它以研究疾病中各种症状、病名、证候、临床表现、诊断方法及其相互关系为主要内容。

中医诊断疾病的理论与方法，肇源于《黄帝内经》。《黄帝内经》不仅在诊断方法上论述了望神、察色、闻声、问病、切脉等内容，并且贯穿了诊病与辨证相结合的诊断思路，从理论上对辨证学的形成和发展奠定了坚实的基础。《难经》是继《黄帝内经》之后又一部重要的古典医籍，该书在脉诊方面，提出了“独取寸口”的诊脉方法，至今仍在临床上运用。

西汉名医淳于意创立“诊籍”作为诊断的原始资料。东汉医学家张仲景，将病、脉、症、治结合，建立了辨证论治的理论体系。晋·王叔和所著《脉经》，该书集汉以前脉学之大成，分述三部九候、寸口、二十四脉等脉法。隋·巢元方等编撰的《诸病源候论》，可说是我国第一部论述病源与病候诊断的专著，以内科疾病为多，内容丰富，诊断指标明确。元·滑寿的《诊家枢要》专载诊法。宋·刘昉著《幼幼新书》，论述望指纹在儿科诊断中的重要意义。元·危亦林的《世医得效方》，论述了危重疾病的“十怪脉”。

明清时期，对于诊断中的脉诊与舌诊发展尤为突出，同时对于诊病的原理、辨证的方法，更有进一步地阐发。明·李时珍所撰《濒湖脉学》，取诸家脉学之精华，详述二十七脉的脉体、主病和同类脉的鉴别。对于四诊的综合性研究，影响较大者，如清·吴谦等撰的《医宗金鉴·四诊心法要诀》，以四言歌诀简要介绍四诊的理论与方法，便于习诵。清·林之翰的《四诊抉微》，所论内容全面，注意色脉并重、四诊互参。清·汪宏的《望诊遵经》为全面论述望诊的专著。明清时期丰富了温热病诊疗经验，突出了望舌验齿等在温病诊断中的作用，并创立了卫气营血辨证、三焦辨证。

（三）中医方药学的发展

中医方药学包括中药学和方剂学。中药学是专门研究中药的基本理论和各种中药的品种来源、采制、性能、功效、临床应用等知识的一门学科。方剂学是研究和阐明方剂的制方原理、药物配伍及临床运用规律的一门学科。

人类对药物的认识，最初是与觅食活动紧密相连的。在原始时代，我们的祖先通过采食植物和狩猎，逐渐了解了一些植物和动物，有的可以充饥果腹，有的可以减缓病痛，有的则引起中毒，甚至造成死亡。古人经过无数次有意识的试验、观察，逐步形成了最初的药学知识。《山海经》是一部包含古代地理学、方物志等内容的著作，其中载有120余种药物，并记述了它们的医疗用途。《万物》是1977年安徽阜阳出土汉简的一部分，其编撰年代约在春秋战国时期。所载药物70余种，对各药所治疾病的记载较《山海经》更为进步，并有复方治疗的记载。有的学者认为，这是迄今发现最早的药物专编或本草古籍。方剂的历史相当悠久，由单方过渡到复方，是方剂学发展史上的一次飞跃。《五十二病方》是我国现存最古老的一部医方著作，书中能够辨认的197方中，由两味药以上组成者119方，所载方剂的剂型已有汤、丸、散、膏之分，外治方又有熨、浴、熏、消毒等不同用法，并记录了随证加减、汤剂煎煮、服药时间、服药次数、服药禁忌以及药后将息等内容，反映了先秦时期复方应用已经较为广泛。

我国现有最早的药物学专著《神农本草经》中麻黄治喘、常山治疟、黄连治痢、大黄通便、当归调经、水银治皮肤病等记载，都是医学史上最早的药物功用记载。南朝刘宋时期炮炙药物的方法有很大发展，雷敩总结这方面经验，撰成《炮炙论》一书，共三卷，载药三百种。唐代《新修本草》是世界上第一部由国家颁发的药典，比纽伦堡药典颁发早800多年。明代李时珍对药物进行了全面整理和考证，以科学态度认真总结了16世纪以前我国人民丰富的用药经验和药物学知识，完成了著名的《本草纲目》。全书收药 1 892 种（新增 374 种），附图 1 100 多幅，附方 11 000 余首。该书 17 世纪初即传播海外，先后有多种文字译本，丰富了世界科学宝库。清·赵学敏编著的《本草纲目拾遗》，全书载药 921 种，其中《本草纲目》未收载者有 716 种，主要是疗效确切的民间药物和外来药。本书还收录了大量今已散失的方药书籍的部分内容，具有重要的文献价值。清·吴其濬编著的《植物名实图考》，刊行于 1848 年，收录植物 1 714 种，新增者 519 种。该书记述了植物的文献出处、产地、生境、形态及性味功用等，对植物品种作了大量考证，对植物形态的描述比较详细，所附图绘极为精审，大大超过了历代本草，是清代水平很高的药用植物学巨著，对后世本草学、植物学的发展有很大影响。

在长期的医疗实践中，人们认识到由单味药组成复方用于临床，既能提高疗效，又能减少某些药物副作用。药物知识的不断丰富，从而促进了方剂学的发展。《内经》书中所载的 13 首方剂虽然仍较古朴，单方亦近其半，但书中所总结的有关辨证立法、组方结构、配伍方法、用药宜忌、方制大小等理论，为方剂学的形成与发展初步奠定了理论基础。其后，东汉末期张仲景著《伤寒杂病论》，创造性地融理、法、方、药于一体，被后世尊为“方书之祖”，全书共载方 314 首，大多配伍严谨，疗效卓著，示以规矩，教以权变，对方剂学的发展产生了深远的影响。其后，历代方书收录的方剂不断有所增加，至明代的《普济方》，竟收方达 61 739 首。方剂学在中医理论指导下逐步成熟和发展起来了。

（四）中医针灸学的发展

针灸学是以中医理论为指导，在继承和发扬古代针灸学术思想和宝贵实践经验基础上，运用传统与现代科学技术来研究经络、腧穴、操作技能、治疗法则、作用机制及防治疾病规律的一门学科。

针灸医学起源于我国远古时代以砭石为工具的医疗方法，这就是针刺的萌芽。1963 年内蒙古自治区多伦旗头道洼在新石器时代遗址出土了 1 根磨削的石针，据鉴定为针刺的原始工具。随着人类智慧和社会生产工艺的不断发展，针具由石针、骨针逐步发展成青铜针、铁针、金针、银针，直至现代的不锈钢针。灸的发明，是在人类知道用火以后。当身体某些部位发生病痛时，受到火的烘烤而感到舒适或缓解，故认识到灸爇可以用于治疗，继而从各种树枝施灸发展到艾灸。此外，拔罐法亦起源于原始社会。初时是利用兽角做成的饮具，借燃火的热力，排除其中空气，使其吸附在皮肤表面来治病，故古代称之为“角法”。

针灸学的发展经历了一个漫长的历史过程。春秋、战国、秦、汉时期，针刺工具由砭石、骨针发展到金属针具，特别是九针的出现更扩大了针灸实践范围，促进了针灸学术飞跃发展，针灸理论也不断得以升华。在先秦时期针砭、火灸、热熨等均已广泛用于各种疾病的治疗，为临床实践的总结和提高以及医学理论的形成和发展起了重大的作用。1973 年长沙马王堆三号汉墓出土的医学帛书中，有两种古代关于经脉的著作，它论述了十一条经脉的循行分布、病候表现和灸法治疗，反映了针灸学核心理论经络学说的早期面貌。战国时代开始逐渐成书的《内经》，重点论述了经络、腧穴、针法、灸法等，特别是《灵枢》又称《针经》，较为完整地论述了经络腧穴理论、刺灸方法和临床治疗等，对针灸医学作了比较系统的总结，为后世针灸学术的发展奠定了基础。

两晋时期，著名的针灸学家皇甫谧撰写了《针灸甲乙经》一书，全面论述了脏腑经络学说，发展和确定了349个腧穴的位置、主治、操作，介绍了针灸方法、宜忌和常见病的治疗，是现存最早的一部针灸学专著。《针灸甲乙经》在针灸学的发展史上起到了承先启后的作用，对后世针灸学的发展影响很大。隋、唐时期，随着经济文化的繁荣，针灸医学也有很大的发展，至唐代针灸已成为一门专科，针灸教育也占有重要地位。著名医家孙思邈在其著作《备急千金要方》中绘制了五色“明堂三人图”，还创用阿是穴和指寸法。这一时期灸法最为盛行。

宋金元时期，建立了更为完整的针灸教学机构，设针科、灸科。北宋时期著名针灸学家王惟一重新考订明堂经穴，于公元1026年撰成《铜人腧穴针灸图经》，并刻于石碑供人们参抄拓印。他还设计了2具铜人模型，外刻经络腧穴，内置脏腑，作为针灸教学的直观教具和考试针灸医生之用，促进了经络腧穴理论知识的统一和针灸学的发展。元代滑伯仁于公元1341年著《十四经发挥》，将十二经脉与任、督二脉合称为十四经脉，对后人研究经脉很有裨益。

明代是针灸学术发展的高潮，名医辈出，理论研究深化，不仅继承了金元时期各个流派的不同特点，而又推陈出新，其间尤以杨继洲的《针灸大成》影响最大。它汇集历代诸家学说和实践经验总结而成，是继《内经》《针灸甲乙经》后对针灸学的又一次总结。此外，尚有徐凤撰的《针灸大全》，评述了针灸手法。汪机的《针灸问对》，针对针灸学术领域的主要内容设有80多条问答，对学习者很有启发。清初至民国时期，针灸医学由兴盛逐渐走向衰退。

针灸医学源于中国，几千年来不仅对我国人民的保健事业起了重大作用，而且早在公元6世纪我国针灸就传到了朝鲜、日本等国。至公元16世纪末17世纪初开始传入欧洲，此后国际上的针灸学术交流甚为频繁，学术团体也日渐增多。为了加速我国针灸医学对外传播，受联合国世界卫生组织委托，在我国北京、上海、南京设立了三大国际针灸培训中心，培养了大批国外针灸人才。至目前为止已有120多个国家和地区开展了针灸医疗、科研和教育，联合国世界卫生组织还向世界各国推荐针灸治疗43种疾病。

二、中医学的主要特点

中医学理论体系是在中国古代哲学思想的指导下，经过长期的临床实践逐步形成的。中医学对人体的生理功能、病理变化的认识以及在疾病的诊断和治疗等方面均有许多特点，其中最主要的特点是整体观念和辨证论治。

（一）整体观念

整体观念，是中医学关于人体自身以及人与自然、社会环境之间联系性和统一性的认识。它是中国古代哲学思想在中医学中的体现，贯穿于中医学的生理、病理、诊法、辨证、养生、防治等各个方面。

1. 人是一个有机整体

中医学认为人是一个有机的整体，这种整体性体现在以下几方面。

（1）生理功能的整体性 主要表现在两个方面，即五脏一体观与形神一体观。

五脏一体观：人体由五脏（心、肝、脾、肺、肾）、六腑（胆、胃、小肠、大肠、膀胱、三焦）、形体（筋、脉、肉、皮、骨）、官窍（目、舌、口、鼻、耳、前阴、后阴）等构成。人体以五脏为中心，配合六腑、形体、官窍，通过经络系统的联络作用，构成了心、肝、脾、肺、肾五个生理系统。心、肝、脾、肺、肾五个生理系统之间，相互促进，相互制约，共同维持生命活动的正常进行，这种以五脏为中心的整体观，称为“五脏一体观”。

表 1-1　人体五脏生理系统简表

系统	五脏	六腑	五体	官窍	经脉
心系统	心	小肠	脉	舌	手少阴心经，手太阳小肠经
肝系统	肝	胆	筋	目	足厥阴肝经，足少阳胆经
脾系统	脾	胃	肉	口	足太阴脾经，足阳明胃经
肺系统	肺	大肠	皮	鼻	手太阴肺经，手阳明大肠经
肾系统	肾	膀胱	骨	耳及二阴	足少阴肾经，足太阳膀胱经

精、气、血、津液是构成人体和维持人体生命活动的基本物质，也是脏腑生理功能活动的物质基础。同时，脏腑的功能活动又促进和维持精、气、血、津液的生成、运行、输布等。

形神一体观：形，指人的形体结构和物质基础；神，指生命活动的外在表现，包括意识、思维等精神活动。形神一体观是指形体与精神的结合与统一。正常的生命活动，形与神相互依附，不可分离。形是神的藏舍之处，神是形的生命体现。

（2）病理变化的整体性：中医学在分析疾病的发生、发展、变化规律时，常从整体出发，去分析局部的病理变化。

人是一个有机联系的整体，因而内脏有病，可反映于相应的形体官窍。在分析形体官窍的病变时，认为局部病变大都是整体生理功能失调在局部的反映。如目的病变，既可能是肝的生理功能失调的反映，也可能是五脏的功能失常的表现。因此探讨目病的病理机制，不能单纯从目的局部去分析，而应从五脏的整体联系去认识。

脏腑之间在生理上协调统一、密切配合，在病理上也相互影响。如肝的疏泄功能失常时，不仅肝脏本身出现病变，而且常影响到脾的运化功能失常而出现脘腹胀满、不思饮食等。因此，在分析某一脏病的病机时，既要考虑到本脏病变对他脏的影响，也要注意到他脏病变对本脏的影响。

人是形神统一的整体，因而形与神在病理上也是相互影响的。形体的病变，如脏腑、经络、官窍以及生命物质精、气、血、津液的病变，皆可引起神的失常；而精神情志活动的失常，也能导致脏腑、经络、官窍以及生命物质精、气、血、津液的病变。

（3）诊断防治的整体性：人的局部与整体是辩证统一的，各脏腑、经络、形体、官窍等的生理与病理必然相互联系、相互影响。中医学在诊察疾病时，可通过观察分析形体、官窍、色脉等外在的病理表现，推测内在脏腑的病理变化，从而做出正确诊断。

中医学在养生防病方面，主张形神共养。在治疗疾病时，强调在整体层次上对全身各局部进行调节，使之恢复常态。局部病变常是整体病理变化的反映，故治疗应从整体出发，在探求局部病变与整体病变的内在联系的基础上，确立相应的治疗原则和方法，同时强调形神共治。

2. 人与自然环境密切相关

人是自然进化的产物，人生活在自然环境之中，必须不断地进行调节以适应自然环境的各种变化，时刻保持着与自然环境的统一。如四季的气候特点是春温夏热、秋凉冬寒，人体的阳气也随之有盛衰的变化。由春至夏，阳气渐盛，腠理开泄，津液外出而汗多；由秋至冬，阳气渐衰，腠理致密，汗孔关闭而少汗，津液下行而多尿。一日之中，气温的变化也有类似的规律，如早晨至日中，气温渐渐升高，日入至夜半，气温渐渐降低。人体的气血亦随之而变化，白天阳气处于积极活动状态，夜间阳气活动相对静止，人体各部的功能活动便有张有弛地进行着。

不同地区的地理环境及气候的差异，对机体也有一定的影响。如南方地势低平，气候温暖而潮湿，人体腠理较疏松；西北地处高原，气候寒冷而干燥，机体腠理较致密。在一种环境中长期生活的人，一旦易地而处，常出现“水土不服”，须经过一段时间后，人才会逐渐适应。

人对自然环境的变化有主动适应的能力，所以一般正常的气候变化，是不会危害人体的。但是，如果气候变化过于剧烈，超过了人体的调节能力，或机体自身调节机能障碍，不能适应自然环境的变化时，疾病就会发生。因此，在不同的季节有不同的常见病、多发病，如春多风温，夏多热病，秋多燥病，冬多寒病等。老年人及小儿、体弱者，由于适应能力差，每当气候变化剧烈或季节交换之际，常容易生病。此外，在某些地区常发生一些地方性疾病，主要与当地的地理环境有关。

3. 人与社会环境相统一

人生活在社会中，社会环境对人的心理和精神的影响也一直被中医学所重视。良好的社会环境，有利于身心健康；不良的社会环境，也会成为致病因素，如家庭成员之间关系融洽则有利于身心健康；相反，若家庭中矛盾重重，则容易产生抑郁症、精神分裂症等心理、精神方面的疾病。再如社会地位的变迁、激烈的社会竞争也易使人不堪重负而患上多种疾病。这就需要人们加强意志锻炼和精神修养，以适应各种社会环境。

（二）辨证论治

辨证论治，也叫辨证施治，是中医诊断疾病和治疗疾病的基本原则，为中医学的基本特点之一。要正确地辨证，首先应该明确病、症、证三者的概念。

病，即疾病。疾病是与健康相对的概念，指有特定病因、发病形式、病机、发展规律和转归的一种完整的病理过程。如感冒、痢疾等。

症，即症状和体征的总称，是指疾病过程中出现的单个的独立的具体表现，如发热、咳嗽、面黄、目赤等。症仅仅是疾病的个别表现，孤立的症状和体征不能反映疾病病理变化的本质。

证，是疾病发展过程中某一阶段的病理概括，包括病变部位、原因、性质以及正邪斗争的情况等。证反映了疾病过程中某一阶段的病理变化的本质。如气血两虚、肝阳上亢等，均是证的概念。

辨证，就是将四诊（望、闻、问、切）所收集的各种症状和体征资料，通过分析、综合，辨清疾病的原因、性质、部位以及邪正之间的关系，最终判断为某种证型，如气虚证、肝肾阴虚证、痰热壅肺证、脾肾阳虚证等。论治，是针对证型确定治疗原则和方法。辨证是决定治疗的前提，论治是辨证的目的。辨证论治的过程，就是认识疾病和处理疾病的过程，它是理论与实践相结合的体现，是理法方药在临床上的具体运用。

辨证论治能辩证地看待病与证的关系。辨证论治既注意到同一种病在不同的阶段可以出现不同的证，又注意到不同的病在其发展过程中可能出现相同的证。所以在临床治疗上，要着重抓住疾病的本质。因此就有“同病异治”和“异病同治”两种情况。

同病异治，是指同一种疾病，由于发病的时间、地区以及患者机体的反应性不同，或处于不同的发展阶段，所表现的证不同，因而治法也不一样。异病同治，是指不同的疾病，在其发展过程中，若出现了相同的证候，则可以采用相同的方法治疗。中医治病主要是着眼于证的异同，证同治同，证异治亦异。所以“同病异治”与“异病同治”，实质是辨证论治的具体体现。

第二章 阴阳五行学说

阴阳五行学说是阴阳学说和五行学说的合称，是古人用以认识自然和解释自然的世界观和方法论，具有朴素的唯物论和辩证法思想，属古代哲学范畴。

我国古代医家在长期医疗实践的基础上，将阴阳学说与五行学说运用于医学领域，借以阐明人体的生理功能和病理变化，并用以指导临床的诊断和治疗，成为中医学重要的论理工具，对促进中医学理论体系的形成和发展，产生了极为深刻的影响。

第一节 阴阳学说

阴阳学说认为，世界是物质性的整体，世界本身是阴阳二气对立统一的结果。自然界各种事物和现象都存在着阴阳对立的两个方面，一切事物的发生、发展与变化，都源于阴和阳对立双方的矛盾运动。

一、阴阳学说的主要内容

（一）阴阳的概念

阴阳，是对自然界相互关联的某些事物和现象对立双方的概括。它既可以代表相互对立又相互关联的两种事物或现象，又可以代表同一事物内部相互对立又相互关联的两个方面。

阴阳最初的涵义是指日光的向背，即向日为阳，背日为阴。后来古代思想家观察到自然界的事物和现象都存在着正反两个方面，于是就用阴阳这个概念来解释自然界两种既对立而又相互消长的物质势力，并认为阴阳的对立和消长是事物本身所固有的，是事物发生、发展与变化的基本规律。如《老子·四十二章》说："万物负阴而抱阳。"《素问·阴阳应象大论》说："阴阳者，天地之道也，万物之纲纪，变化之父母，生杀之本始，神明之府也。"

（二）事物的阴阳属性

阴和阳各有其特征，用此特征可归纳不同事物和现象的阴阳属性。一般地说，凡是运动的、外向的、上升的、温热的、明亮的，都属于阳；相对静止的、内守的、下降的、寒冷的、晦暗的，都属于阴。如以天地而言，天属阳，地属阴；以水火而言，水性寒而润下属阴，火性热而炎上属阳；以动静言，静者属阴，动者属阳。

需要指出的是，用阴阳来概括或区分事物的属性，必须是相互关联的一对事物或现象，或是同一事物内部相互关联的两个方面，才具有实际意义。

阴阳是一对抽象的概念，而不是指具体的事物，但它可以通过具体的事物和现象反映出来。事物的阴阳属性并不是绝对的，而是相对的。这种相对性，一方面表现为在一定的条件下，阴和阳之间可以相互转化，即阴可以转化为阳，阳也可以转化为阴；另一方面，体现于事物的无限可分性，即所谓“阴阳者，一分为二也”。例如，以一日分阴阳，昼为阳，夜为阴；而上午与下午相对而言，则上午为阳中之阳，下午为阳中之阴；前半夜与后半夜相对而言，则前半夜为阴中之阴，后半夜为阴中之阳。以脏腑分阴阳，则五脏为阴，六腑为阳；五脏之中，心、肺为阳，肝、脾、肾为阴；其中心为阳中之阳，肺为阳中之阴，肝为阴中之阳，肾为阴中之阴，脾为阴中之至阴。以气味分阴阳，则气为阳，味为阴，气厚者为阳中之阳，气薄者为阳中之阴，味厚者为阴中之阴，味薄者为阴中之阳。

可见，自然界的任何事物和现象都可以概括为阴和阳两大类，事物内部又可分为阴和阳两个方面，而每一事物内部的阴或阳的任何一方还可以再分阴阳。这种事物之间或事物内部既相互对立而又相互关联的现象，在自然界是无穷无尽的。所以《素问·阴阳离合论》说：“阴阳者，数之可十，推之可百，数之可千，推之可万，万之大，不可胜数，然其要一也。”

（三）阴阳之间的相互关系

阴阳学说的核心是用阴阳之间的相互关系来解释自然界万物生长、发展和变化的内在机理及规律。阴阳之间的相互关系主要表现在以下几个方面。

1. 阴阳的对立制约

阴阳的对立，是指阴阳的属性相反，如寒与热、动与静、燥与湿等。阴阳的制约，是指属性相反的阴阳双方相互制约、相互约束，表现为阳强则阴弱或阴强则阳弱的错综复杂的动态关系。如以一年的四季气候变化为例，有春温、夏热、秋凉、冬寒的不同，其主要原因就取决于阴阳二气之间的相互制约。又如以一昼夜为一个周期，白天阳气盛，阴气弱，由于阳主动，阴主静，故人白天精神振奋；而夜间阴气盛，阳气弱，故人精神困倦。

一般来说，在正常的情况下，阴阳的对立制约是维持阴阳之间相对平衡的一个重要因素。

2. 阴阳的互根互用

阴阳的互根互用，一方面是指阴阳双方均以对方的存在作为自己存在的条件，离开了一方，另一方就不能单独存在，即“孤阴不生，独阳不长”。有阳必有阴，有阴必有阳，阴阳彼此相须，缺一不可。如上属阳，下属阴，没有上就无所谓下，没有下也就无所谓上。热属阳，寒属阴，没有热就无所谓寒，没有寒也就无所谓热。另一方面是指阳根于阴，阴根于阳，无阳则阴无以生，无阴则阳无以化。阳蕴含于阴之中，阴蕴含于阳之中。再者是指在阴阳相互依存的基础上，某些范畴的阴阳双方还体现出相互资生和相互为用的特点。如《内经》中说：“地气上为云，天气下为雨。”地气和天气的循环过程，就是阴阳的相互资生和相互为用的过程。又如，在人的生命活动中，同属生命物质里的气与血、气与津液之间的关系以及生命物质与脏腑功能之间的关系，就体现了阴阳之间相互资生和相互为用的关系。

3. 阴阳的消长平衡

阴阳的消长，是指阴阳双方始终处于运动变化之中。所谓“消”，意为减少、消耗；所谓“长”，意为增多、增长；它们指的是阴阳双方数量上的变化。阴阳学说认为，阴和阳之间的对立制约、互根互用，并不是处于静止不变的状态，而是始终处于不断的运动变化之中。

古代思想家以消长来概括阴阳的运动变化，其基本形式包括两类：一是阴长阳消，或者阳长阴消，表现为阴阳双方的你强我弱或我强你弱，这种形式主要是和阴阳的对立制约关系相联系的。另一则是阴阳皆消，或者阴阳皆长，表现为阴阳矛盾统一体的我弱你也弱或你强我也强，它主要是和阴阳的互根互用关系相联系的。

自然界的运动变化是绝对的，它存在于任何事物的发生、发展过程中。如以四时气候变化而言，从冬至春及夏，气候从寒冷逐渐转暖变热，即是“阴消阳长”的过程；而由夏至秋及冬，气候由炎热逐渐转凉变寒，即是“阳消阴长”的过程，其根源在于与阴阳对立制约相关的阴阳消长。又以人体的气血为例，气为阳，血为阴，气能生血，故气虚发展下去常可导致血虚而最终表现为气血两虚，因此通过补气，可促进血液的生成，从而使气血都得以恢复。前者表现为“阴阳皆消”的过程，后者则表现为“阴阳皆长”的过程。

阴阳的平衡，是指阴阳的消长运动稳定在一定范围、一定限度、一定时间内。这种平衡是暂时的、相对的、动态的平衡。因此，从中医学看来，所谓健康的人，其主要标志就是阴阳的消长处于动态平衡状态，故把健康人又称作“平人”。反之，阴阳之间的消长变化超出一定限度、一定范围、一定时间，人体的阴阳平衡遭到破坏，即为阴阳失调，往往表现为疾病。就治疗而言，尽管方法众多，但总的原则就是调整阴阳以恢复阴阳的平衡。

4. 阴阳的相互转化

阴阳转化，是指相互对立的阴阳双方在一定的条件下，可以各自向着相反的方向转化，即阴可以转化为阳，阳也可以转化为阴。它主要是指事物的总的阴阳属性的改变。任何事物都存在着阴阳两个方面，阴阳的孰主孰次就决定了这一事物当时的主要特性。事物内部阴阳的主次不是一成不变的，它们处于消长变化之中，一旦这种消长变化达到一定阈值，就可能导致阴阳属性的相互转化，因此阴阳的转化一般都出现在事物变化的“物极”阶段，即“物极必反”。如果说阴阳消长是一个量变过程的话，则阴阳转化往往表现为量变基础上的质变。阴阳的转化既可以表现为渐变形式，如四季中的寒暑交替，昼夜中的阴阳变化；又可以体现为突变形式，如急性热病过程中，高热至极可以突然出现虚脱，四肢冰凉，由阳证急剧转化为阴证。

《素问·六微旨大论》说：“成败倚伏生乎动，动而不已，则变作矣。”新事物生成之时，已倚伏着败亡之因；旧事物衰竭之际，也孕育着新事物产生之源，而所有这些转化都是在“动而不已”的消长过程中实现的。因此，可以说阴阳的相互依存、相互为用，共处于一个统一体中，是阴阳转化的内在根据；而不停顿的阴阳消长运动是转化得以进行的基本条件。

阴阳的转化必须具备一定的条件。《灵枢·论疾诊尺》说：“四时之变，寒暑之胜，重阴必阳，重阳必阴。故寒甚则热，热甚则寒。”《素问·阴阳应象大论》也说：“寒极生热，热极生寒。”这里的“重”和“极”指的是事物发展到了极限、顶点，它是促进阴阳转化的必备条件。如寒在“极”的条件下，便有可能向热转化；热在“极”的条件下，也有可能向寒转化。以四季气候变化为例，由春温发展到夏热之极点，就是向寒凉转化的起点；秋凉发展到冬寒之极点，就是逐渐向温热转化的起点。如急性热病，由于热毒极重，大量耗伤气阴，在持续高热的情况下，可突然出现体温下降、面色苍白、四肢厥冷、脉微欲绝等阳气暴脱的危象，这种病证变化即属于由阳转阴。此时，若抢救及时，处理得当，四肢转温，色脉转和，阳气得以恢复，病情又可出现好的转机。

综上所述，阴阳的对立制约、互根互用、消长平衡和相互转化，是从不同的角度来阐释阴阳之间的相互关系和运动变化。它们之间不是孤立着的，而是互相联系和互相影响的。

二、阴阳学说在中医学中的应用

阴阳学说贯穿在中医学理论体系的各个方面，用来说明人体的组织结构、生理功能及疾病的发生、发展规律，并指导临床诊断和治疗。

（一）说明人体的组织结构

《素问·宝命全形论》说："人生有形，不离阴阳。"根据阴阳对立统一的观点，人是一个有机的整体，人体内部充满着阴阳对立统一的关系。人体一切组织结构既是有机联系的，又可以划分为相互对立的阴阳两部分。如以人体的部位为例，上半身属阳，下半身属阴；体表属阳，体内属阴；背部属阳，腹部属阴；四肢外侧属阳，内侧属阴。以脏腑为例，心、肝、脾、肺、肾五脏属阴，胆、胃、大肠、小肠、膀胱、三焦六腑属阳。在五脏之中，心肺为阳，肝脾肾为阴；心肺之中，心为阳中之阳，肺为阳中之阴；肝脾肾之中，肝为阴中之阳，肾为阴中之阴，脾为阴中之至阴；而且每脏之中又有阴阳之分，如心有心阴、心阳，肾有肾阴、肾阳，胃有胃阴、胃阳等。以气血为例，气为阳，血为阴。

总之，人体的上下、内外各组织结构之间以及每一组织结构自身各部分之间，无不包含着相互对立的阴阳两个方面。

（二）说明人体的生理功能

中医学认为，人的正常生命活动是阴阳对立双方相互制约、相互促进、协调平衡的结果。如以物质与功能而言，物质属阴，功能属阳，两者体现着相反相成、对立互根的关系。物质是生理功能活动的基础，而生理功能活动又促进物质的化生。再以气血的关系为例，气和血分别属于阳和阴，气具有生血、行血和统摄血液等功能，故气的功能正常能确保血的正常；而血又具有载气和养气等功能，故血的功能正常也有助于气充分发挥其生理效应。因此，气血之间也体现着阴阳之间的多种关系。

（三）说明人体的病理变化

机体的上下、内外各部分之间以及物质与功能之间，必须保持其相对的阴阳平衡状态，才能维持正常的生理活动。因此，阴阳的消长平衡是维持人体正常生理功能活动的基础；而阴阳的平衡失调形成阴阳的偏胜偏衰，又是发生疾病的内在基础。

1. 阴阳偏胜

阴阳偏胜，又可称"阴阳偏盛"，是指阴或阳任何一方高出正常水平的病理状态。它包括阴偏胜和阳偏胜两个方面。

阳胜则热，阳胜则阴病：阳胜是指阳邪侵犯机体，邪并于阳而使阳绝对亢盛的病理状态。由于阳的特性是热，故说"阳胜则热"。如温热之邪侵入人体，可出现高热、汗出、烦躁、面赤、脉数等"阳胜则热"的实热证。由于阳能制约阴，所以在阳胜时必然消耗和制约机体的阴液，导致阴液的损伤，故说"阳胜则阴病"。仍以外感温热为例，至其发展，必然会出现口干唇燥、舌红少津等"阳胜伤阴"之证。"阳胜则热"，是指阳邪的绝对亢盛，导致病证的性质属热；

"阳胜则阴病"，是指阳胜致病的发展趋势，必然会损伤人体的阴液，而致"热盛伤阴"或"阳盛阴虚"之证。

阴胜则寒，阴胜则阳病：阴胜是指阴邪侵犯机体，邪并于阴而致阴绝对亢盛的病理状态。由于阴的特性是寒，故说"阴胜则寒"。如寒邪直中太阴，可出现面白形寒、脘腹冷痛、泻下清稀、舌质淡苔白、脉沉等"阴胜则寒"的实寒证。由于阴能制约阳，所以在阴胜时必然会耗散和制约机体的阳气，导致阳气的虚衰，故说"阴胜则阳病"。仍以前例，随着病情的发展，可出现肢冷、踡缩、脉迟等"阴盛伤阳"或"阴盛阳衰"之证。"阴胜则寒"，是指阴邪绝对亢盛所致病证的性质属寒；"阴胜则阳病"，是指阴胜致病后的发展趋势，必然会损伤人体的阳气，而致"阴盛伤阳"或"阴盛阳衰"之证。

2. 阴阳偏衰

阴阳偏衰即阴虚、阳虚，是指阴或阳任何一方低于正常水平的病理状态。

阳虚则寒：阳虚泛指人体阳气虚损的病理状态。根据阴阳动态平衡的原理，阴或阳任何一方的不足，必然导致另一方相对偏盛。阳虚不能制约阴，则阴相对偏盛而出现寒象。如机体阳气虚弱，可出现面色苍白、畏寒肢冷、神疲踡卧、自汗、脉微等虚寒之象。

阴虚则热：阴虚泛指人体阴液不足的病理状态。阴虚不能制约阳，则阳相对偏亢而出现热象。如久病耗阴或素体阴虚，可出现潮热、盗汗、五心烦热、口舌干燥、脉细数等虚热之象。

由于阴阳之间是互根互用的，所以在阴阳偏衰到一定程度时，会出现阴损及阳、阳损及阴的阴阳互损的情况。在阳虚到一定程度时，阴液无以化生，从而在阳虚的基础上导致阴液的不足，出现既有阳虚又有阴虚的病理现象，称为"阳损及阴"。同样，当阴虚到一定程度时，阳气无以化生，从而在阴虚的基础上导致阳气的不足，出现既有阴虚又有阳虚的病理现象，称为"阴损及阳"。"阴损及阳"或"阳损及阴"是导致"阴阳两虚"的过程；"阴阳两虚"则是"阴损及阳"或"阳损及阴"的结果。"阴阳两虚"常常存在着偏于阳虚或偏于阴虚的主次、轻重之分。

（四）用于疾病的诊断

由于疾病发生、发展、变化的根本原因在于机体的阴阳失调，所以任何疾病尽管临床表现错综复杂，但都可以用阴阳学说来加以分析鉴别。《素问·阴阳应象大论》说："善诊者，察色按脉，先别阴阳。"

1. 分析色泽、声息、症状、脉象的阴阳属性

辨别色泽的阴阳，则黄、赤属阳，青、白、黑属阴；色泽鲜明属阳，晦暗属阴。辨别声息的阴阳，则语声高亢洪亮而多言者属阳，语声低微无力而少言沉静者属阴；呼吸有力而声高气粗者属阳，呼吸微弱而声低气怯者属阴。辨别症状的阴阳，多依据其症状的寒热、润燥、动静来区别其阴阳属性。如以恶寒属阴，恶热属阳；口润不渴属阴，口干而渴属阳；躁动不安属阳，踡卧静默属阴等。辨别脉象的阴阳，以部位分，则寸为阳，尺为阴；以动态分，则至者为阳，去者为阴；以至数分，则数者为阳，迟者为阴；以形态分，则浮大洪滑为阳，沉涩细小为阴。

2. 辨别证候的阴阳属性

对于证候的辨别，一般以阴、阳、表、里、寒、热、虚、实八纲为辨证纲领，但在八纲之中又以阴阳为总纲，以表、热、实属阳，里、寒、虚属阴。所以在临床辨证中，首先要分清阴阳，才能抓住疾病的本质，做到执简驭繁。

总之，无论望、闻、问、切四诊，都应以分清阴阳为首要任务，只有掌握阴阳在辨证中的运用规律，才能正确分析和判断疾病的阴阳属性。

（五）用于疾病的防治

1. 指导养生防病

中医学十分重视对疾病的预防，特别是对于养生，有其一系列的独特理论和方法。有关养生和预防疾病的学说也是以阴阳学说为其理论基础的。阴阳学说认为人体的阴阳变化与自然界四时阴阳变化相应，必须协调一致，才能延年益寿。所以说“夫四时阴阳者，万物之根本也”，养生防病在于“春夏养阳，秋冬养阴，以从其根”。只有保持机体内部以及机体内外环境之间的阴阳平衡，才能达到增进健康、养生防病的目的。

2. 用于疾病的治疗

由于疾病的发生、发展的根本原因是阴阳失调，因此，调整阴阳，补其不足，泻其有余，恢复机体的阴阳平衡与协调，就是治疗疾病的基本原则。

（1）确定治疗原则

1）阴阳偏胜的治疗原则：阴阳偏胜，即阴或阳一方偏盛，为有余之病证。由于阳胜则阴病，阳胜则热，阳热盛易于损伤阴液；阴胜则阳病，阴胜则寒，阴寒盛易于损伤阳气。故在调整阴阳的偏胜时，应注意有无相应的阴或阳偏衰的状况存在。若阴或阳偏胜而其相对的一方并没有构成虚损时，即可采用“损其有余”的方法；若其相对一方有偏衰时，则当兼顾其不足，配合以扶阳或益阴之法。阳胜则热，属实热证，宜用寒凉药以制其阳，治热以寒，即“寒者热之”；阴胜则寒，属寒实证，宜用温热药以制其阴，治寒以热，即“寒者热之”。因两者均为实证，所以称这种治疗原则为“损其有余”，即“实者泻之”。

2）阴阳偏衰的治疗原则：阴阳偏衰，即阴或阳的一方不足，或为阴虚，或为阳虚。阴虚不能制阳而致阳亢者，属虚热证，一般不能用寒凉药直折其热，须用“壮水之主，以制阳光”的方法，即用滋阴壮水之法，以抑制阳亢，《内经》称为“阳病治阴”；若阳虚不能制约阴而造成阴盛者，属虚寒证，不宜用辛温发散药以散阴寒，须用“益火之源，以消阴翳”的方法，即用扶阳益火之法，以消退阴盛，《内经》称为“阴病治阳”。对阴阳偏衰的治疗，张景岳根据阴阳互根的原理，提出了“阴中求阳，阳中求阴”的治法，如《景岳全书·新方八阵·补略》说：“善补阳者，必于阴中求阳，则阳得阴助，而生化无穷；善补阴者，必于阳中求阴，则阴得阳升，而源泉不竭。”

总之，根据阴阳学说理论确立的治疗原则是泻其有余，补其不足。阳盛则泻热，阴盛则祛寒；阳虚则扶阳，阴虚则扶阴。只有这样，才能使阴阳偏胜偏衰的异常现象复归于平衡协调的正常状态。

（2）归纳药物的性能：药物的性主要分为寒、热、温、凉四种药性，又称为“四气”。其中寒、凉属于阴；温、热属于阳。能减轻或消除热象的药物，一般属凉性或寒性的药物，如薄荷、石膏、知母等；若能减轻或消除寒象的药物，一般属温性或热性的药物，如桂枝、附子、干姜等。药物的味主要分为辛、甘、酸、苦、咸五味，此外还有淡、涩二味。其中辛、甘、淡味属阳；酸、苦、咸味属阴。药味不同，药效亦各异。

总之，治疗疾病，就是根据病证的阴阳偏胜偏衰情况，确定相应的治疗原则，再结合药物性能的阴阳属性，选择相应的药物，以纠正由疾病引起的阴阳失调状态，从而达到治愈疾病的目的。

第二节　五行学说

五行学说认为，宇宙间的一切事物都是由木、火、土、金、水五种物质所构成的，自然界各种事物和现象的发生、发展与变化，都是这五种物质不断运动和相互作用的结果。

一、五行学说的主要内容

（一）五行的概念

“五”，是指木、火、土、金、水五种基本物质；“行”，有两层涵义：一是指行列、次序，二是指运动变化。因此，五行是指木、火、土、金、水五种物质及与之相关的不同事物之间的联系和变化。

（二）五行的特性

五行的特性，是古人在长期的生活和生产实践中，对木、火、土、金、水五种物质朴素的认识基础上，进行抽象而逐渐形成的理性概念。因此，五行的特性虽然来自木、火、土、金、水，但实际上已经超越了木、火、土、金、水具体物质本身，而具有更广泛的意义。

（1）木的特性：“木曰曲直”。所谓“曲直”，是以树干曲曲直直地向上、向外伸长舒展的生发姿态，来形容具有生长、升发、条达、舒畅等特性的事物及现象。凡具有这类特性的事物或现象，都可归属于“木”。

（2）火的特性：“火曰炎上”。所谓“炎上”，是指火具有温热、升腾、向上的特征。因此，凡具有温热、升腾等特性的事物或现象，均可归属于“火”。

（3）土的特性：“土爰稼穑”。“稼”指播种，“穑”指收获。所谓“稼穑”，指土可供人们播种和收获农作物。凡具有生化、承载、受纳特性的事物或现象，均归属于“土”。古人对“土”特别重视，故有“土载四行”、“万物土中生，万物土中灭”以及“土为万物之母”等说法。

（4）金的特性：“金曰从革”。“从革”有“变革”之意，引申为肃杀、潜降、收敛等。凡具有这类特性的事物或现象，皆可归属于“金”。

（5）水的特性：“水曰润下”。所谓“润下”，是指水具有滋润和向下的特性。凡具有寒凉、滋润、向下、静藏等特性和作用的事物或现象，均可归属于“水”。

（三）事物的五行归类

古人把各种具体事物或现象的性质或特点，与五行相类比，凡与其中某一行特性类同的事物或现象，便归纳到该行中去，因此五行学说就把自然界万物最终归纳成五大行类。这种归类具体可分为以下两种情况。

1. 直接归类

如某事物具有与木类似的特性，该事物就被归属于木这一行；另一事物具有与火类似的特性，就被归属于火这一行。如以五方配五行：由于日出东方，与木的升发特性相类似，故东方归属于木；南方炎热，与火的炎上特性相类似，故南方归属于火；日落于西，与金的肃降特性相类似，故西方归属于金；北方寒冷，与水的寒凉性质相类似，故北方归属于水；中央地带，气候适宜，长养万物，统管四方，与土的特性相类似，故归属于土。以此方法，古人将肝、心、脾、肺、肾五脏也分别归属于木、火、土、金、水五行。

2. 间接推衍

由于自然界中有许多事物无法以直接归类法纳入五行之中，因此古人运用了间接推衍法。如以人体为例，肝属木，根据中医理论，肝与胆相表里，肝主筋，肝开窍于目，所以胆、筋、目等便随肝而归属于木（表 2-1）。

表 2-1　事物五行属性归类表

自然界								五行	人体						
五音	五时	五味	五色	五化	五气	五方	五季		五脏	五腑	五官	五体	五志	五声	变动
角	平旦	酸	青	生	风	东	春	木	肝	胆	目	筋	怒	呼	握
徵	日中	苦	赤	长	暑	南	夏	火	心	小肠	舌	脉	喜	笑	忧
宫	日西	甘	黄	化	湿	中	长夏	土	脾	胃	口	肉	思	歌	哕
商	日入	辛	白	收	燥	西	秋	金	肺	大肠	鼻	皮	悲	哭	咳
羽	夜半	咸	黑	藏	寒	北	冬	水	肾	膀胱	耳	骨	恐	呻	栗

（四）五行之间的相互关系

1. 五行的生克制化

五行学说不仅用于归纳推衍自然万物，更重要的是以五行相生、相克等关系来探索和阐释复杂系统内部各部分之间的相互联系和自我调控机制，这是五行学说的精华所在。

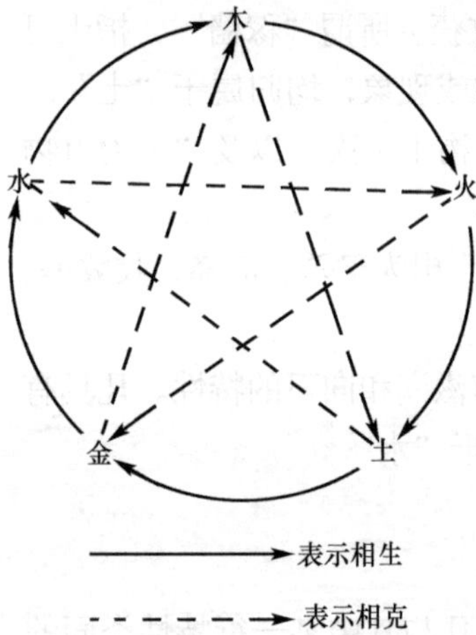

图 2-1　五行生克示意图

（1）相生：所谓“相生”，是指五行中某一行事物对于另一行事物具有促进、助长和资生的作用。五行相生的次序是木生火、火生土、土生金、金生水、水生木（图 2-1）。

在相生关系中，任何一行都具有“生我”和“我生”两方面的关系。生我者为母，我生者为子，所以相生关系又称之为“母子关系”。

（2）相克：所谓“相克”，是指五行中某一行事物对于另一行事物具有抑制、约束和削弱的作用。五行相克的次序是木克土、土克水、水克火、火克金、金克木（图 2-1）。

在相克关系中，任何一行都具有“克我”和“我克”两方面的关系。克我者为我“所不胜”，我克者为我“所胜”，所以相克关系又称为“所胜”与“所不胜”的关系。

（3）制化：五行的制化，是五行生克关系的结合。相生与相克是不可分割的两个方面。

没有生，就没有事物的发生和发展；没有克，就不能维持正常协调关系下的变化与发展。因此，必须生中有克，克中有生，相反相成，才能维持和促进事物的相对平衡协调和发展变化。五行之间这种生中有制，制中有生，相互生化，相互制约的生克关系，称为制化。

2. 五行的生克异常

（1）相生关系的异常：又称为“母子相及”，常表现为“母病及子”和“子病及母”两种情况。

（2）相克关系的异常：常表现为“相乘”和“相侮”两种情况。

相乘，是指五行中的某一行对被克的一行进行加倍的克制，即相克太过，故又称为“倍克”。五行相乘的次序与五行相克的次序相一致。五行相乘发生的原因不外乎两个方面：一行过强，或一行过弱。

相侮，是指五行中的某一行对原来克我的一行进行反克，故又称为“反克”。五行相侮的次序与五行相克的次序相反。五行相侮发生的原因也不外乎两个方面：一行过强，或一行过弱。

由此可见，“相乘”与“相侮”都是异常的相克现象，但两者既有区别又有联系。区别在于：相乘是按五行相克次序的克制太过，相侮则是与相克次序相反方向的克制异常；联系在于：当发生相乘时，有时也可出现相侮；发生相侮时，有时又常伴有相乘。

二、五行学说在中医学中的应用

五行学说在中医学中的应用，是以五行的特性来分析人体脏腑组织器官等的五行属性，以五行的生克制化来分析五脏之间的生理联系，以五行的母子相及和相乘、相侮来阐释五脏病变的相互影响，并在此基础上进行疾病的诊断和治疗。

（一）阐释生理现象

五行学说广泛应用于中医学对五脏生理现象的解释，主要表现在以下两个方面：

1. 说明五脏的生理特性

五行学说将脏腑分别归属于五行，并以五行的特性来说明各脏的生理特性。例如，木性曲直，具有向上、向外、生长、舒展的特性，肝属于木，其禀性也喜条达舒畅，恶抑郁遏制，所以说肝主疏泄。

五行学说不但将人的组织结构分属于五行，而且还把自然界的五方、五时、五气、五味、五色等与人的生理系统联系起来，认为同一行的事物之间有着“同气相求”的关系，体现了人与自然的联系性和统一性。

2. 阐释五脏的相互关系

五脏的功能活动不是孤立的，而是互相联系的。中医学借助五行生克制化理论以探索五脏生理功能之间的内在联系，即相互资生和相互制约的关系。

五脏相互资生的关系是：肝生心，肝藏血以济心；心生脾，心阳可以助脾运；脾生肺，脾的健运可以益肺；肺生肾，肺气清肃下行有助于肾的纳气；肾生肝，肾所藏之精能滋养肝血。

五脏相互制约的关系是：肾制约心，肾阴承制着心阳，使其不致过于亢盛；心制约肺，心阳可以制肺，使肺不至于过寒；肺制约肝，肺的肃降抑制着肝的升发，防其太过；肝制约脾，肝之疏泄可以疏达脾气，使其不至于壅塞；脾制约肾，脾之健运可以调控肾的主水功能，使水湿不至于泛滥。

（二）阐释病理传变

五行学说可用于解释某些病理，特别是用以说明病理情况下脏腑间的某些相互影响，这种相互影响，中医学称之为“传变”。

（1）相生关系的传变：是指病变顺着或逆着五行相生次序的传变。它可归纳成“母病及子”和“子病犯母”两种类型。

1）母病及子：指病变由母脏累及到子脏。例如，肾属水，肝属木，水能生木，故肾为母脏，肝为子脏；肾病及肝，就是母病及子。临床上常见的“肝肾精血不足”和“肝肾阴虚”等病证，有一部分就是母病及子所致，又称作“水不涵木”。

2）子病犯母：又称“子盗母气”，指病变由子脏波及到母脏。上述的肝肾精血不足中的另一种病理类型，则可能是由于肝先虚而下汲肾精，最终导致肝肾精血不足。又如，肝属木，心属火，心病及肝，即为子病犯母。临床上常见到的心肝血虚和心肝火旺，有些即属此类，如先有心血不足，再累及肝脏，而使肝血不足，以致形成心肝血虚。

（2）相克关系的传变：是指病变顺着或逆着五行相克次序的传变，包括“相乘”与“相侮”。临床上，这类情况也十分常见。

1）相乘传变：指顺着原先相克顺序的病理传变，即相克太过为病。其原因不外乎一行过强，或一行过弱。以肝和脾为例，正常情况下肝木本应制约脾土，但若肝的功能过强，肝气横逆犯脾胃，则可出现一系列病变，这叫肝木乘脾土；也可以脾虚肝乘，这多表现为肝脾不和等病理传变。

2）相侮传变：指逆着原先相克顺序的病理传变。其原因亦不外乎一行太盛，或一行太虚。以肺肝关系为例，正常情况下肺可制约肝，但在某些病理情况下，如肺虚或肝旺，反倒出现了肝侮肺，表现为肝火犯肺等病理传变。

需注意的是，在临床上疾病的传变并不完全按照五行生克关系依次传变，因此，不能机械地套用五行生克异常的关系来认识疾病的传变，须从临床实际情况出发，具体问题具体分析。

（三）指导诊断疾病

依据整体观念，当内脏功能紊乱及其相互关系失调时，可反映到体表相应的组织器官，表现出色泽、声音、形态、脉象诸多方面的异常变化。因此，可以通过综合望、闻、问、切等收集来的资料，根据五行学说来推断病情。如面见青色，喜食酸味，脉见弦象，可能与肝病有关；面见赤色，口中味苦，脉见洪象，多被诊断为心火亢盛；脾虚病人，如面色兼见青色，提示木旺乘土；心病患者，如面色偏黑，可能是水来克火之兆。

（四）指导临床治疗

五行学说用于指导治疗，具体体现在以下几方面：

1. 指导控制疾病的传变

病变过程中，一脏之病常可波及他脏而使疾病发生传变。因此，治疗时除需对已病之脏进行处理外，还应在五行生克理论指导下，调整各脏之间的相互关系，防止疾病进一步传变，并促进已病之脏的恢复。如肝脏有病，肝气太过，木旺每易乘土，此时常应先健脾护胃，防其传变，脾胃健旺则不易传变，肝病也就容易痊愈。正如《难经·七十七难》中说："见肝之病，则知肝当传之于脾，故先实其脾气。"

2. 确定治则与治法

五行学说可帮助确定治疗原则和制定治疗方法。

（1）根据相生规律确定的治疗原则：包括"虚则补其母"和"实则泻其子"。前者主要用于母子两脏虚弱之证，后者主要用于母子两脏俱实之证。

（2）根据相生规律制定的具体治法：这类方法均属于"补母"和"泻子"的具体化。

1）体现"虚则补其母"治则的具体治法有：

滋水涵木法：又称"滋肾养肝法"或"滋补肝肾法"，指通过滋肾阴以养肝阴的方法。

培土生金法：又称"补脾养肺法"，指通过培补脾气以益肺气的方法。

金水相生法：又称"补肺滋肾法"或"滋养肺肾法"，指通过肺肾同治以纠正肺肾阴虚状态的治法。

益火补土法：又称"温阳健脾法"，指通过温阳以补助脾胃。应当指出，这里的阳原本指心火，但自从命门学说兴起之后，随着对肾的重视，临床上多将此专指为肾阳或命门之火。

2）体现"实则泻其子"治则的具体治法有：

肝旺泻心法：指用清心火以治疗肝火旺的方法。

肾实泻肝法：指用泻肝火以治疗肾功能偏亢的方法，应当说明的是，古代医家强调"肾无实证"，肾实主要是指相火偏亢。

（3）根据相克规律确定治疗原则：包括"抑强"与"扶弱"。所谓"抑强"，指抑制功能过亢之脏；所谓"扶弱"，指扶助虚弱之脏。只有这样，才能纠正其偏颇，使双方力量对比恢复均衡。

（4）根据相克规律制定具体治法：主要有以下几种。

抑木扶土法：又称"平肝和胃法"或"调理肝脾法"，指通过抑肝、平肝，佐以和胃健脾等法，以治疗肝气犯胃、肝旺脾虚等证。

培土制水法：指通过温运脾阳，以治疗肾有病变而水湿停聚为病的方法。

佐金平木法：又称"泻肝清肺法"，指通过清肃肺气以抑制肝木，或抑制肝木以利肺气清肃的治法。多用于肝火偏盛，肺气清肃失常之证。

泻南补北法：又称"泻火补水法"或"滋阴泻火法"，指泻心火以滋肾水的治疗方法。适用于肾阴不足，心火偏亢之证。

此外，五行学说还可用于指导选择脏腑用药和针灸取穴，以及帮助纠治精神情志病变等。对此，不作专述。

总之，临床上依据五行学说理论，可在一定程度上指导诊疗活动。然而，五行学说毕竟具有一定的机械性，不可盲目地套用。因此，在具体应用时，必须根据具体情况进行辨证论治，分别处理。

第三章　藏象学说

藏象学说是研究和阐述人体脏腑的形态结构、生理功能、生理联系、病理变化及其相互关系的一门学说。

“藏”，指藏于体内的脏腑器官；“象”，指表现于外的生理、病理现象。“藏”是象的内在本质；“象”是藏的外在反映；两者结合起来，称为“藏象”。中医学主要通过“象”来认识人体内在脏腑的生理活动和病理变化，进而把握生命规律和病理本质，这就是藏象的实质意义所在。

藏象学说，是以脏腑为研究对象。脏腑按照其结构和生理功能特点的不同，可分为脏、腑、奇恒之腑三类。脏，即心、肺、脾、肝、肾，合称为“五脏”；腑，即胆、胃、小肠、大肠、膀胱、三焦，合称为“六腑”；奇恒之腑，即脑、髓、骨、脉、胆、女子胞（子宫）。

五脏，多属实质性器官，共同的生理功能特点是化生和贮藏精气；六腑，多属空腔性器官，共同的生理功能特点是受盛和传化水谷；奇恒之腑，形多中空，与腑相近，但就其生理功能特点而言，又主藏精气，与脏相似。所以，《素问·五藏别论》说：“所谓五脏者，藏精气而不泻也，故满而不能实。六腑者，传化物而不藏，故实而不能满也。”此乃对五脏、六腑生理功能和生理特点的高度概括。

第一节　五　脏

五脏，是人体生命活动的中心，也是脏腑的核心。五脏的生理功能，几乎概括了人体所有的生理功能。六腑、奇恒之腑和其他组织官窍的生理功能以及精神情志活动均隶属于五脏，即由五脏所主，这就形成了以五脏为中心的五大系统，即五脏系统（表3-1）。五脏各有其自身的组织结构、生理功能以及与全身广泛的生理联系，然而五脏之间无论是在生理上还是病理上，又都是密切联系、相互配合、相互影响的，以此共同完成人体整体的生命活动。

表3-1　五脏系统表

	五脏	五腑	五体	五华	五官	五志	五液
心系统	心	小肠	脉	面	舌	喜	汗
肝系统	肝	胆	筋	爪	目	怒	泪
脾系统	脾	胃	肉	唇	口	思	涎
肺系统	肺	大肠	皮	毛	鼻	忧	涕
肾系统	肾	膀胱	骨	发	耳	恐	唾

一、心

心，位于胸腔之内，膈膜之上，两肺之间，圆而下尖，形如倒垂之莲蕊，外有心包卫护。

心的主要生理功能是主血脉和主藏神。心的系统联系是：与小肠相表里，在体合脉，其华在面，开窍为舌，在志为喜，在液为汗。

（一）主要生理功能

1. 主血脉

心主血脉，是指心有主管和推动血液在脉中运行，流注全身，以发挥营养和滋润的作用。人体各脏腑组织器官皆有赖于血液的濡养，才能发挥其正常的生理功能，以维持正常的生命活动。血液的正常运行与五脏功能密切相关，其中心的搏动泵血作用尤为重要。而心脏的搏动主要依赖于心气的激发和推动，心气是推动血液运行的动力。因此，就心而言，心主血脉功能正常，首先有赖于心气的充沛；其次，是脉道的通利和血液自身的充盈。在众多因素中，尤以心气的作用最为重要。只有心气充沛，脉道通利，血液充盈，心主血脉的功能才能正常。反之，若以上任何一个因素出现了异常，就会导致心主血脉的功能异常，从而致使血液运行失常。由此可见，心、脉、血三者构成了一个相对独立的系统，在这个系统中，心起着主导作用。

心主血脉的功能正常与否，主要从面色、舌象、脉象、心胸部的感觉等几方面来观察。若心主血脉的功能正常，则见面色红润光泽，舌质淡红荣润，脉象和缓有力，心胸部无不适感。反之，若心气不足，或脉道痹阻，或血液亏虚，致使心主血脉的功能失常，则可见面色无华或面色青紫，舌色淡白或青紫、或见瘀点、瘀斑，脉象细弱无力或见涩、结、代脉，心胸部憋闷或刺痛、或见心悸、怔忡等症状。

2. 主藏神

又称主神明，或主神志。神，有广义和狭义之分。广义的神，泛指整个人生命活动的外在表现，包括人的形象、面色、眼神、言语、应答、肢体活动姿态等。狭义的神，是指人的精神、心理、意识、思维活动。心藏神，主要是指心有主管和调控人的精神、心理、意识、思维活动和整个生命活动的作用。具体体现在两个方面。

（1）心主管着人的整个精神、心理活动：尤其是对人的精神、意识、思维、睡眠等具体的心神活动和过程有着调控作用。这是心主神志理论中最为实质的内容。故《灵枢·本神》说："所以任物者谓之心。"

（2）主宰整个生命活动：心为人的生命活动的主宰，五脏六腑必须在心的统一指挥下，才能进行统一协调的正常的生理功能活动，从而维持整个人体生命活动的正常进行。所以《素问·灵兰秘典论》说："心者，君主之官，神明出焉。"《灵枢·邪客》说："心者，五脏六腑之大主也，精神之所舍也。"

心之所以具有藏神的生理功能是因为血液是神志活动的物质基础，而心主血脉决定于心具有藏神的生理功能，两者是相互影响，密不可分的。

心藏神的生理功能正常，则精神振奋，神识清晰，思维敏捷，反应灵敏，睡眠安稳。若心藏神的生理功能异常，不仅可以出现精神、意识、思维活动的异常，如失眠、多梦、神志不宁、甚至谵狂，或反应迟钝、精神委靡，甚则昏迷、不省人事等，而且还可以影响其他脏腑的功能活动，甚至危及生命。

（二）系统联系

1. 心合小肠

心通过经脉，与六腑中的小肠相互络属，从而使两者在生理和病理上都密切联系，相互影响。

2. 在体合脉，其华在面

心在体合脉，又称心主脉。脉，指血脉，是血液运行的通道，故又称血府。心主脉主要包含两方面内容：其一，脉管从心脏发出而遍布全身，又由全身回到心脏，从而形成一个相对密闭的以心脏为中心的血液循环系统。其二，脉管靠血液来充盈，脉管的搏动靠心气来鼓动，因此脉搏的强弱、快慢、节律能反映心气的盛衰，且与心搏保持一致。若心气充沛，则脉象均匀和缓有力。若心气不足，则脉象虚弱无力；若脉道瘀阻，血运不畅，则脉律不齐，可见涩、结、代脉。

其华在面。华，有光彩之意。心其华在面，是指心的生理功能是否正常，可以从面部的色泽变化反映出来。由于头面部的血脉极为丰富，当心气旺盛，血脉充盈时，则面部红润光泽。反之，若心气血不足，则可见面色淡白、晦滞；心血瘀阻，则面色青紫；心火亢盛，则面部红赤。

3. 开窍于舌

心开窍于舌，是指舌为心之外候，又有“舌为心之苗”之说。舌体脉络非常丰富，舌体得心之气血濡养，则能发挥其司味觉、表达语言、搅拌食物、助吞咽的功能，从而表现为舌体红活荣润，柔软灵活自如。若心有病变，也可反应于舌，如心的阳气不足，则舌质淡白胖嫩；心的阴血不足，则舌质红绛瘦瘪；心火上炎，则舌尖红，甚则口舌生疮；心血瘀阻，则舌质暗紫或有瘀斑；心神失常，则可见舌强语謇或失语等。

4. 在志为喜

心在志为喜，是指情志活动的喜与心密切相关。喜是一种喜悦、愉快、欢乐的情绪和心境。适度的喜乐，有助于血流的畅通和心主血脉的功能正常。若过喜、暴喜，则可伤及于心，损伤心神，轻者可导致心气涣散，表现为思想注意力不集中；严重者可致神志异常，而见神识错乱、喜笑不休，甚或诱发心疾，促使成暴病。

5. 在液为汗

汗液，是指从皮肤毛窍排出的液体。中医有“阳加于阴谓之汗”之说，即认为阳气蒸迫津液从毛窍排出者称为汗。由于汗为津液所化生，而血液又由津液和营气化生而成，它们都来源于饮食水谷，故称“血汗同源”。而血又为心所主，故有“汗为心之液”之说。由于心、血、汗三者在生理上密切联系，因此在病理上必然相互影响，如当心有病变时，可表现为异常的出汗。

附　心包（心包络）

心包，即围在心脏外面的包膜，若加上联系的脉络，又称“心包络”。经络学说中，心主手厥阴心包络之脉，与手少阳三焦之脉相表里，故心包也称作脏。生理上，心包的功能是保护心脏，“代心行令”；病理情况下，心包则“代心受邪”，如《灵枢·邪客》说：“故诸邪之在于心者，皆在于心之包络。”心包的病变，主要表现为心主神明功能的异常。诸如温热病邪内陷，出现高热、神昏、谵语等症，可称作“热入心包”；由痰浊内犯引起的精神错乱、神识障碍，又称“痰浊蒙闭心包”。

二、肺

肺位于胸腔之中，质地疏松，呈分叶状，左右各一。肺通过气管，上连咽喉、口腔、鼻腔，直接与自然界相通。五脏之中，肺位最高，覆盖诸脏，故称为“华盖”。

肺的主要生理功能是主气、司呼吸，主通调水道，朝百脉、主治节。肺的系统联系是：与大肠相表里，在体合皮，其华在毛，开窍于鼻，在志为悲（忧），在液为涕。

（一）主要生理功能

肺的生理功能，包括主气、司呼吸，主通调水道，朝百脉、主治节等，均是通过肺气的宣发肃降运动来完成的。所谓宣发，是指肺气向上、向外的升散运动；所谓肃降，是指肺气向下、向内的通降运动。通过肺气的宣发，呼出体内的浊气，布散津液、水谷精微外达皮毛，宣发卫气于体表，以及助心布散血液等；通过肺气的肃降，吸入自然界的清气，将津液和水谷精微向下布散，并使血液汇聚于肺。两者相反相成，相互协调，相互配合，相互制约，以维持其相对的平衡，从而保证肺的各种生理功能活动的正常进行。

1. 主气、司呼吸

肺主气，是指肺具有主司人体一身之气的功能。它包括主呼吸之气和主一身之气两个方面。

（1）主呼吸之气：肺主呼吸之气，又称肺司呼吸，是指肺具有主司呼吸运动的作用，是体内外气体交换的场所。通过肺的呼吸运动，吸入自然界的清气，呼出体内的浊气，以实现体内外气体的交换。肺之所以具有司呼吸的功能，一是由肺自身的形质和疏松的结构所决定；二是依赖于肺气的宣发和肃降而实现；三是有赖于鼻、咽喉、气管等的配合和肾主纳气功能的协助来完成。故有“肺为气之主，肾为气之根”之说。以上任何一个环节出现异常，均可导致肺司呼吸功能的失常。肺司呼吸的功能正常，则呼吸调匀，气息平和；反之，则可见胸闷、咳嗽、喘促、气短等呼吸不利之象。

（2）主一身之气：肺主一身之气，是指肺具有主持和调节全身之气的作用。这一作用主要体现在两个方面：一是参与气的生成，尤其是关系到宗气的生成；二是调畅全身气机。肺有节律的一呼一吸的宣肃活动，对全身气机的升降出入运动产生重要的调节作用。而气机调畅与否，又影响着气能否正常发挥其生理功能，进而影响着整个人体的生命活动。

由此可见，肺的呼吸功能对于生命的维持至关重要。肺的呼吸均匀和调，是气的生成和气机调畅的根本条件。只有当肺司呼吸的功能正常时，肺主气的功能才能得以实现，人体一身之气的生成和运行才能正常。反之，则会影响气的生成和运行，而出现一系列的病理变化。如果肺丧失了呼吸的功能，则清气不能吸入，浊气不能呼出，人的生命活动也就终结。

2. 主通调水道

通，是疏通；调，是调节；水道，是水液运行和排泄的道路。肺主通调水道，是指肺对水液的输布和排泄有疏通和调节的作用。肺的这一作用，也是通过肺气的宣发和肃降来实现的。通过肺气的宣发，将脾所上输的津液和精微物质向上、向外布散到全身，上达头目，外达皮毛，供机体所用，并在卫气司腠理开合作用的调控下，将代谢后的津液化为汗液而排出体外；通过肺气的肃降，将津液和精微向下、向内布散，一方面供体内各脏腑组织所用，另一方面将代谢后的水液不断地下输到肾，在肾的气化作用下生成尿液而下输膀胱，排出体外。由此可见，肺气的宣发和肃降促进了水液在体内的正常输布、运行和排泄，对维持人体水液代谢的平衡起着重要作用。由于肺位于上焦，故有“肺主行水”、“肺为水之上源”之说。若肺气的宣发肃降正常，则肺主通调水道的功能也正常，从而促进水液代谢的正常；反之，若肺气失于宣发肃降，则可影响肺的通调水道的功能，致使水液代谢失常，从而引发水液的停聚而生痰成饮，甚则水湿泛溢肌肤而成水肿等病变。

3. 朝百脉、主治节

朝，是指朝向、汇聚之意。肺朝百脉，是指全身的血液均通过血脉汇聚于肺，通过肺的呼吸，吐故纳新，进行清浊交换，然后将富含清气的血液再输送到全身。全身的血和脉虽统属于心，且心气是血液在脉中运行的基本动力，但还需肺的协助与配合。这是因为肺司呼吸，主一身之气，调节着全身的气机，气行则血行，血液的正常运行也有赖于肺气的敷布与调节，肺有助心行血的作用，故《素问·灵兰秘典论》称肺为“相傅之官”。这一理论强调的是呼吸与血行的协同以及肺的宣肃之性对心之行血功能的促进作用。若肺气充足，宣降正常，呼吸调匀，气机调畅，则血行正常。反之，肺气虚衰，肺失宣肃，致使呼吸不利，气机不畅，每可影响心主血脉的功能，出现血行障碍，而见胸闷、心悸、唇舌青紫等症状。

综上所述，肺的生理功能主要体现在以下几个方面：一是肺司有节奏的呼吸吐纳活动；二是随肺的呼吸运动，促进着气的生成，治理并调节着全身气机；三是通过调节气机，从而辅助心脏，推动和调节血液的运行；四是促进津液的输布、运行和排泄。这些功能都是在肺气的宣发和肃降的作用下来实现的。《素问·灵兰秘典论》指出：“肺者，相傅之官，治节出焉。”即肺协助心脏，治理调节全身。治节出焉，即肺主治节，实际上是对肺的整个生理功能的高度概括。

（二）系统联系

1. 肺合大肠

肺通过经脉，与六腑中的大肠相互络属，从而使两者在生理和病理上都密切联系，相互影响。

2. 在体合皮，其华在毛

皮毛，包括皮肤、毫毛、汗腺等组织。它覆盖于体表，行使着保护机体、抵御外邪侵袭、调节津液代谢与恒定体温、司部分感觉和辅助呼吸等功能。皮毛依赖于肺所宣发的水谷精微、津液和卫气的滋润和温养。肺的生理功能正常，则皮毛致密，毫毛光泽，抵御外邪侵袭的能力亦较强；反之，若肺气虚，宣发卫气和输精于皮毛的生理功能减弱，则卫表不固，抵御外邪侵袭的能力就低下，可出现多汗和易于感冒，或皮毛憔悴枯槁等现象。

3. 开窍于鼻

鼻与咽喉相通而联于肺，是呼吸之门户，故有“鼻为肺之窍”、“喉为肺之门”之说。鼻的主要功能是司嗅觉，助发音，通行清浊之气，喉的主要功能是发声与通气，而两者功能的正常发挥都依赖于肺气的作用。当肺气充足通利时，鼻与喉的功能才能正常，表现为呼吸通畅、嗅觉灵敏、发音正常。反之，当肺有病变时，多见鼻、喉的症状，如鼻塞、流涕、喷嚏、喉痒、音哑或失音等；外邪袭肺，也多从鼻、喉而入。

4. 在志为悲（忧）

悲是指悲伤、悲戚，忧是指忧愁。悲与忧都是消极不良的情感表现，虽是不同的情绪，但对机体的影响却相似，都对肺产生不良影响。因肺主气，过度悲忧易耗伤肺气。此外，肺气虚时，机体对外来不良刺激的耐受能力下降，也容易产生悲忧的情绪。

5. 在液为涕

涕为五液之一，由鼻腔所分泌，具有润泽、清洁鼻腔之功。涕由肺之阴液所化，故涕为肺之液。当肺阴充足时，则能上濡于鼻，使涕液的分泌适度，濡养鼻腔。反之，当肺出现病变时，每可见涕液的异常。如肺为风寒所袭，则鼻流清涕；肺热，则涕液黄稠；肺为燥邪所伤，则鼻干无涕。

三、脾

脾位于上腹部，横膈之下，左季胁的深部，胃的左方。

脾的主要生理功能是主运化、主升清和主统血。脾的系统联系是：与胃相表里，在体合肌肉、主四肢，开窍于口，其华在唇，在志为思，在液为涎。

（一）主要生理功能

1. 主运化

运，即转运输送；化，即消化吸收。脾主运化，是指脾具有把水谷化为精微，并将精微物质吸收转输至全身的生理功能。脾的运化功能包括运化水谷和运化水液两个方面。

（1）运化水谷：是指脾对饮食物的消化、吸收和输布作用。饮食入胃后，主要在胃和小肠内进行消化，经过胃的“腐熟”和小肠的“化物”而分解成水谷精微和糟粕，但是必须依赖于脾的运化功能，才能将水谷化为精微。同样，也有赖于脾的转输和散精功能，才能把水谷精微上输于肺，经肺的宣发与肃降使水谷精微得以输布至全身。而水谷精微，又是人体维持生命活动所需要的营养物质的主要来源，也是生成气血的主要物质基础，所以说“脾为后天之本，气血生化之源”。因此，脾的运化功能正常（又称“脾气健运”），才能为化生精、气、血、津液提供足够的养料，使脏腑、经络、四肢百骸以及筋肉皮毛等组织得到充分的营养，而进行正常的生理功能。若脾的运化功能减退（又称“脾失健运”），则机体的消化吸收功能因之而失常，可出现腹胀、便溏、食欲不振，以至倦怠、消瘦和气血生化不足等病变。

（2）运化水液：是指脾具有吸收、转输和布散水液的功能。它是水液代谢的一个重要环节。脾既可以帮助胃肠吸收水液，又可以把水液转输、布散至全身而发挥滋养和濡润作用；同时，又有助于把各组织器官利用后的多余水液及时转输至肺和肾，化为汗和尿排出体外，从而防止了水湿浊液在体内的停滞贮留。《素问·至真要大论》说：“诸湿肿满，皆属于脾。”这就是脾虚生湿、脾为生痰之源和脾虚水肿的机理所在。

综上所述，脾主运化水谷和运化水液是一个功能的两个方面，两者可分而不可离。

2. 主升清

升，指上升；清，指水谷精微等营养物质。脾主升清，是指脾具有将水谷精微等营养物质向上输至心、肺、头目，以发挥其濡养作用；又有升提内脏，防止其下垂的作用。脾的升清，是和胃的降浊相对而言。脾宜升则健，胃宜降则和，两者既对立又统一，共同完成饮食物的消化吸收和输布。另一方面，脏腑之间的升降相因、协调平衡是维持人体内脏位置相对恒定的重要因素。因此，若脾的升清功能正常，水谷精微等营养物质才能正常吸收和输布，气血才能充盛，人体才能生机盎然，同时内脏位置恒定而不下垂；若脾不升清，则水谷不能运化，气血生化无源，可出现神疲乏力、眩晕、泄泻等症状；脾气下陷，则可见久泄脱肛，甚或内脏下垂等病症。

3. 主统血

统，指统摄、控制之意。脾主统血，是指脾具有统摄、控制血液在脉中正常运行，防止溢出脉外的功能。脾统血的机理是通过脾主运化，能化生人体之气，气能摄血而实现的。若脾气健运，则气血生化有源，气旺则能统摄、控制血液运行于脉中，而不溢出脉外。反之，若脾失健运，则气的生化乏源而亏虚，气虚则固摄作用减弱，统摄无权，就会导致血溢脉外而出血，此为“脾不统血”。

在脾的主运化、主升清、主统血三大功能之中，主运化最为关键。脾气健运，则气血化生，五脏得养，升清有序，统血有力，诸项功能皆安。

（二）系统联系

1. 脾合胃

脾通过经脉，与六腑中的胃相互络属，从而使两者在生理和病理上都密切联系，相互影响。

2. 在体合肌肉，主四肢

脾为气血生化之源，全身的肌肉都需要依靠脾所运化的水谷精微来营养，这样肌肉才能丰满健壮、活动有力。所以人体肌肉的健壮与否，与脾的运化功能密切相关。若脾的运化功能障碍，必致肌肉消瘦、软弱无力，甚至萎弱不用。

四肢与躯干相对而言，是人体之末，故又称“四末”。人体的四肢同样需要脾运化的水谷精微濡养，以维持其正常的生理活动。若脾气健运，营养化生充足，则四肢轻劲、灵活有力；若脾气虚弱，营养化生不足，则四肢疲乏无力，甚或萎弱不用。

3. 开窍于口，其华在唇

脾开窍于口，是指饮食口味与脾运化功能有密切关系。若脾气健旺，则食欲、口味正常；若脾失健运，则食欲不振、口淡乏味。如脾有湿热，可觉口甘、口腻。

口唇的色泽与全身的气血是否充足有关。由于脾为气血生化之源，所以口唇的色泽是否红润，不但是全身气血状况的反映，而且也是脾运化水谷精微的功能状态的反映。若脾气健运，气血充足，营养良好，则口唇红润光泽；若脾失健运，气血衰少，营养不良，则口唇淡白无华或萎黄不泽。

4. 在志为思

思，即思考、思虑，是人体精神、意识、思维活动的一种状态。人们要认识客观事物，处理问题，就必须思考，因此思是正常的思维活动。一般来说，思考、思虑对机体的正常生理活动无不良影响，但在思虑过度或所思不遂等情况下，就会影响气的升降出入，而致气机郁结，脾的运化升清功能失常，而出现不思饮食、脘腹胀闷、眩晕健忘等症。

5. 在液为涎

涎为口津，唾液中较清稀的称作涎。它具有保护口腔黏膜、润泽口腔的作用，在进食时分泌较多，有助于食物的吞咽和消化。在正常情况下，涎液上行于口，但不溢于口外。若脾胃不和，则往往导致涎液分泌剧增，而发生口涎自出等现象，故说脾在液为涎。

四、肝

肝位于腹部，横膈之下，右胁之内，呈分叶状。

肝的主要生理功能是主疏泄和主藏血。肝的系统联系是：与胆相表里，在体合筋，其华在爪，开窍为目，在志为怒，在液为泪。

（一）主要生理功能

1. 主疏泄

疏，即疏通、畅达；泄，即宣泄、升发。肝主疏泄，是指肝气具有疏通、升发、透泄的作用，能调畅全身气机，进而对津血、情志、消化、生殖等方面产生重要的调节作用。具体表现在以下几个方面。

（1）调畅气机：气机，指气的升降出入运动。机体脏腑经络器官的功能活动，均有赖于气机调畅。肝性主升、主动，有助于全身气机的调畅，从而促使气血调和，经脉通利，脏腑器官的功能活动健旺与和谐。若肝的疏泄失常，常表现为两个方面：一是疏泄不及，而致气行不畅，气机郁结，出现胸胁、两乳或少腹等部位胀痛不适等症状，甚则刺痛，或为癥积；二是疏泄太过，即肝气的升发太过，而形成肝气上逆的病理变化，出现头目胀痛、面红目赤、烦躁易怒等症状。气升太过，则血随气逆，而导致吐血、咯血，甚则可致猝然昏仆、不知人事。

（2）促进津血运行：肝主疏泄，在调畅气机的同时，也促进了津液的输布和血液的循行，即所谓“气行则血行，气行则水行”。病理上，疏泄太过，导致血随气逆，则可见各种出血之症。而疏泄不及，气机郁滞，一方面可导致津行障碍，水液异化为痰湿等内生之邪，若痰气互结而成梅核气，或气、血、水停滞搏结而成臌胀；另一方面则可影响血液循行而致血瘀，产生癥积、肿块及妇女闭经等。

（3）促进消化：肝的疏泄对于人体的消化功能具有重要的促进作用。这主要通过两个方面来实现：一是肝的疏泄可促进胆汁的分泌和排泄，而胆汁可协助脾胃对饮食物的消化吸收；二是肝的疏泄可调畅气机，促使气的升降调和，这对脾胃受纳运化至关重要，因为脾胃的纳运功能就是在脾升胃降过程中实现并完成的。临床上，愿遂意顺之人，肝的疏泄功能多正常，则脾胃的运化功能也健旺，常表现为食欲良好、纳谷馨香；反之，若肝的疏泄失常，则又会影响脾胃的纳运功能。若疏泄不及，可使胆汁分泌不畅，而见胁下胀痛、口苦等，又可致胃纳不佳和脾运不健，表现为纳呆、腹胀、呕逆嗳气、飧泄等症状；若疏泄太过，则可见胆汁溢泄、口泛酸水、胃脘胀痛或窜痛、呕呃便秘，或腹痛即泻、泻毕痛止等症状。

（4）疏调情志：情志，是人的精神、意识、思维活动的一个组成部分，是由心所主，但与肝的疏泄功能密切相关。因为正常的情志活动主要依赖于气血的正常运行，而肝主疏泄，能够调畅气机，促进气血的运行，因此具有调畅情志的作用。肝的疏泄功能正常，则气机调畅，气血调和，心情易于开朗；肝的疏泄功能减退，则肝气郁结，心情易于抑郁，稍受刺激，即抑郁难解；肝的升泄太过，则心情易急躁、发怒，这是肝的疏泄功能对情志的影响。反之，持久的情志异常，亦影响肝的疏泄功能，而致肝气郁结或升泄太过的病理变化。

（5）调节生殖功能：男女的生殖功能，尤其是男子的排精、女子的排卵和月经来潮，与肝的疏泄功能密切相关。男子精液的正常排泄，是肝肾两脏相互协调的结果。肝疏泄功能正常，则精液排泄通畅有度；肝失疏泄，则排精不畅。女子月经及排卵亦受肝主疏泄功能的影响。肝疏泄功能正常，则月经周期正常，经行通畅；若肝疏泄功能不及，则月经周期紊乱，经行不畅，甚或痛经。

综上所述，肝主疏泄的功能涉及到人体众多方面的生理功能，其中以调畅气机最为重要，而其他功能都是在此基础上实现的。

2. 主藏血

肝主藏血，是指肝有贮藏血液、调节血量及防止出血的功能。人体内各部分的血液，常随着不同的生理状态而改变其血流量。当人体处于安静状态时，机体的血液需要量减少，部分血液就回流到肝脏并贮藏起来；当人体处于活动状态时，机体的血液需要量增加，肝内的血液又被运送到全身，供给各组织器官的需要。所以王冰注释《素问·五脏生成篇》说："人动则血运于诸经，人静则血归于肝藏。"这些充分说明肝脏有贮藏血液和调节血量的作用。肝藏血的另一个含义是收摄血液，即肝有使血液收摄于血脉之中，不致溢出脉外的作用，即有防止出血的功能。若肝有病，藏血功能失常，不仅会引起血虚或出血，而且也能引起机体许多部分的血液濡养不足的病变。如肝血不足，不能濡养于目，则两目干涩昏花，或为夜盲；若不能濡养于筋，则筋脉拘急、肢体麻木、屈伸不利等。

（二）系统联系

1. 肝合胆

胆附于肝下，在功能上从属于肝，肝与胆通过经络相互络属，从而使得两者在生理和病理上都密切联系，相互影响。

2. 在体合筋，其华在爪

筋，即筋膜，有连接和约束骨节、肌肉，主持运动等功能。在五脏中，肝与筋关系最为密切，这是因为全身筋膜有赖于肝血的滋养。若肝血充盛，筋膜得养，则筋力强健，运动自如，且能耐受疲劳。若肝血不足，筋膜失养，则表现为四肢无力、动作迟缓、手足震颤、肢体麻木、抽搐拘挛、屈伸不利等症。

爪，即爪甲，包括指甲和趾甲，乃筋之延续，故称"爪为筋之余"。肝血充盛，则爪甲红润、坚韧明亮；肝血不足，则爪甲软薄、色泽枯槁，甚则变形、脆裂。

3. 开窍于目

目，又称"精明"，为视觉器官。目所以能视物，有赖于肝气的疏泄和肝血的濡养。由于肝与目的关系密切，所以肝的功能正常与否，常反映于目系及其视物功能，故说"肝开窍于目"。如《灵枢·脉度》说："肝气通于目，肝和则目能辨五色矣。"《素问·五脏生成篇》说："肝受血而能视。"如肝阴不足，则两眼干涩；肝血不足，则夜盲，或视物不清；肝火上炎，则目赤肿痛；肝阳上亢，则头晕目眩；肝风内动，则两眼斜视、上吊等。

4. 在志为怒

怒是人们在情绪激动时的一种情志变化。怒对于机体生理活动来说，属于一种不良刺激。怒对机体的主要影响为"怒则气上"。肝主疏泄，若突然大怒，或经常发怒，势必造成肝的阳气升发太过而伤肝。反之，肝的阴血不足，肝的阳气升泄太过，则稍有刺激，即易发怒。

5. 在液为泪

泪为目分泌的液体，由于肝开窍于目，而泪为目之液，故说肝在液为泪。正常情况下，泪可濡润和保护双目，而不溢出。泪的过多、过少均属病态，且与肝有关。肝阴不足，泪液分泌减少，则两目干涩，甚至干而作痛；肝经风热而患风火赤眼，又可见目眵增多，或迎风流泪；而悲哀伤感，或情绪骤变，累及于肝，又可见泪液自流等。

五、肾

肾位于腰部，脊柱两侧，左右各一。

肾的主要生理功能是主藏精，主水和主纳气。肾的系统联系是：与膀胱相表里，在体合骨，其华在发，开窍于耳与二阴，在志为恐，在液为唾。

（一）主要生理功能

1. 主藏精

肾藏精，是指肾具有贮存和封藏精气的作用。这为精气在体内充分发挥其生理效应创造了必要的条件。

（1）精的含义：精，是构成人体和维持人体生命活动的基本物质之一，有广义和狭义之分：广义的精，泛指一切精微物质，如气、血、津液以及水谷精微等，均属此范畴；狭义之精，是指生殖之精。肾中所藏之精，主要指狭义之精，其来源有两个方面：一是禀受于父母的生殖之精，即“先天之精”；二是来源于人出生后，机体从饮食物中摄取的水谷之精和脏腑生理活动中化生的精微物质经自身代谢平衡后的剩余部分，故称“后天之精”。

“先天之精”与“后天之精”的来源虽然不同，但都同归于肾，两者是相互依存、相互为用的。“先天之精”有赖于“后天之精”的不断培育和充养，才能充分发挥其生理效应；“后天之精”又依赖于“先天之精”的活力资助，才能不断摄入和化生。两者相辅相成，在肾中密切结合而组成肾中精气，以维持机体的生命活动和生殖能力。

（2）肾中精气的生理作用：一是促进机体的生长、发育与生殖；二是调节机体的代谢和生理功能活动。

1）促进机体的生长、发育与生殖：《素问·上古天真论》说：“女子七岁，肾气盛，齿更发长；二七而天癸至，任脉通，太冲脉盛，月事以时下，故有子；三七，肾气平均，故真牙生而长极；四七，筋骨坚，发长极，身体盛壮；五七，阳明脉衰，面始焦，发始堕；六七，三阳脉衰于上，面皆焦，发始白；七七，任脉虚，太冲脉衰少，天癸竭，地道不通，故形坏而无子也。丈夫八岁，肾气实，发长齿更；二八，肾气盛，天癸至，精气溢泻，阴阳和，故能有子；三八，肾气平均，筋骨劲强，故真牙生而长极；四八，筋骨隆盛，肌肉满壮；五八，肾气衰，发堕齿槁；六八，阳气衰竭于上，面焦，发鬓斑白；七八，肝气衰，筋不能动，天癸竭，精少，肾脏衰，形体皆极；八八，则齿发去。”这段经文明确地指出了机体生、长、壮、老、已的自然规律，与肾中精气的盛衰密切相关。机体齿、骨、发的生长状态是观察肾中精气盛衰与否的外候，是判断机体生长发育状况和衰老程度的客观标志。当精气不足时，小儿会出现生长发育迟缓；青年人则见生殖器官发育不良，性成熟迟缓；中年可见性机能减退，或出现早衰；老年人则见耳鸣、耳聋等，衰老加快。临床上称这种病理变化为“肾精亏虚”。

2）调节机体的代谢和生理功能活动：这一功能是通过肾阳和肾阴来实现的。肾阳主要有促进机体的温煦、运动、兴奋和化气的功能。肾阳到达全身各脏腑，则变为各脏腑之阳。所以，肾阳旺，则全身之阳皆旺；肾阳衰，则全身之阳皆衰；肾阳亡，则全身之阳皆灭，人亦死矣，这表明肾阳对人的生命至关重要。如果肾阳不足，则全身的新陈代谢降低，产热减少，各脏腑的生理功能活动均减弱，临床上可见面色苍白、畏寒、肢冷、脉无力而迟缓，或见浮肿、精神委靡、反应迟钝等，此外还可见腰酸、腿软、阴部清冷、生殖功能减退等肾阳虚所特有的症状。

肾阴主要有促进机体的滋养、濡润、成形和制约阳热等功能。肾阴到达全身各脏腑，则变为各脏腑之阴。所以肾阴旺，则全身之阴皆旺；肾阴衰，则全身之阴皆衰；肾阴亡，则全身之阴皆亡，人亦死矣，可见肾阴对人的生命亦至关重要。若肾阴不足，则津液分泌减少，而见干燥、心烦意乱、潮热、五心烦热、口干咽燥、脉细数、舌干红少苔，此外还可见腰酸、腿软、阳事易举和遗精、早泄等肾阴虚的表现。

由此可见，肾阳促进全身之阳，肾阴加强全身之阴。肾阴肾阳平衡，则全身阴阳平衡；若肾阴肾阳发生偏盛偏衰，就会导致全身阴阳失调而引起疾病。因此，肾阴和肾阳的互相制约，互相促进，对人体的代谢和功能起着重要的调节作用。

2. 主水

肾主水，是指肾具有主持和调节人体水液代谢的功能。人体的水液代谢虽有肺脾等多个脏腑的参与，但肾主水的功能在体内水液代谢中起着决定性作用。

肾主水的功能，主要是通过肾阳的气化作用来实现的。摄入体内的水液，由脾的运化转输、肺的宣肃通调而敷布全身，下达于肾后，肾中阳气对其进行蒸腾气化（简称肾的气化），其清者、精者重新上输于脾肺，参与体内津液流布循环，其浊者、废者则生成尿液，下送膀胱贮存，适时排出。因此，肾的气化控制着尿液的生成和排泄。在水液代谢的众多环节中，尿液的量和质起着关键性作用，是机体自主调节水液总量的最重要的途径。如果肾的气化不利，排出的尿液其量或多或少，其质或清或浊，或浊废内留，或精微俱下，均属津液代谢障碍，可表现出尿少、尿崩、水肿、尿毒等症状。此外，肺脾等脏输送、敷布津液功能，有赖于肾阳的推动和协助，有赖于肾的气化。故曰“肾主水”。

3. 主纳气

肾主纳气，是指肾具有摄纳肺吸入之清气，防止呼吸浅表，以保证体内外气体正常交换的功能。人体的呼吸运动，虽为肺所主，但必须依赖于肾的纳气作用，才能保持呼吸均匀，气道通畅。肾主纳气，实际上就是肾的封藏作用在呼吸运动中的具体体现。肺司呼吸要保持一定的深度，有赖于肾的纳气作用。因此，肾的纳气功能正常，则呼吸均匀调和；若肾的纳气功能减退，摄纳无权，呼吸表浅，可出现动则气喘、呼多吸少等肾不纳气的临床表现。

（二）系统联系

1. 肾合膀胱

肾通过经脉，与六腑中的膀胱相互络属，从而使得两者在生理和病理上都密切联系相互影响。

2. 在体合骨，生髓，其华在发

肾在体合骨，又称“肾主骨”，是指肾精具有资生骨髓、脑髓、脊髓和促进骨骼生长发育的作用。肾藏精，精生髓，髓居于骨腔中，以滋养骨骼。肾中精气充盈，则骨髓、脑髓、脊髓得以充养，而髓海得养，脑的发育就健全，表现为头目聪利、思维清晰敏捷；反之，肾中精气亏虚，则生髓不足，可出现骨骼脆弱无力，甚或发育不全，如小儿发育迟缓、囟门迟闭、骨痿软无力、不耐久立和劳作，或容易发生骨折，或常出现腰膝酸软、步履不稳、无力等症。

“齿为骨之余”。齿与骨同出一源，因此牙齿也由肾中精气所充养。肾中精气充沛，则牙齿坚固而不易脱落；肾中精气不足，则牙齿易于松动，甚至早期脱落。

肾藏精，精化血，血养发。肾精足则血旺，血旺则毛发黑而润泽，故称肾“其华在发”。若肾中精气虚衰，则毛发转白、枯槁而脱落。因此，发的生长与脱落、润泽与枯槁常是肾中精气是否充盈的外候。

3. 肾开窍于耳和二阴

耳是听觉器官。肾开窍于耳，是指耳的听觉功能依赖于肾中精气的充养。肾中精气充盛，髓海得养，则听觉灵敏；若肾中精气不足，髓海空虚，耳失所养，则出现耳鸣、听力减退，甚至耳聋等症。老年人由于肾中精气虚衰，故多见听力失聪。

二阴，指前阴（外生殖器）和后阴（肛门）。前阴有排尿和生殖的功能，后阴有排泄粪便的作用。尿液的贮存和排泄虽在膀胱，但必须依赖于肾的气化才能完成，而人的生殖机能亦由肾所主。若肾精气不足，可出现遗精、遗尿、早泄、尿清长、尿频、尿少等症。大便的排泄亦与肾的气化作用有关。若肾阳虚，脾失温煦，水湿不运而致大便溏泄；肾阴不足，可见大便秘结。

4. 肾在志为恐

恐，是一种恐惧、害怕的情志活动，与肾的关系密切。恐，对机体生理活动来说，是一种不良的刺激。《素问·举痛论》说：“恐则气下……”，是指人在恐惧的状态中，上焦的气机闭塞不畅，气迫于下焦，则下焦胀满，甚至遗尿。恐为肾之志，但总与心主神相关，心藏神，神伤则心怯而恐。

5. 在液为唾

唾为口津，指唾液中较稠厚的部分。它能润泽口腔，并与食物搅拌而下咽。唾由肾精所化，咽之又有滋养肾精之功，而多唾或久唾，易耗伤肾精。古代导引学有叩齿生唾，咽之以养肾精的养生法，其有一定的强体益肾的效果。

第二节　六　腑

六腑，即胆、胃、小肠、大肠、膀胱、三焦的总称。六腑多为中空有腔的脏器，具有受盛和传化水谷的生理功能以及通降下行、泻而不藏的生理特性。故有六腑“以降为顺”，“以通为用”之说，但“通”与“降”的太过与不及都属于病态。为了确保这种通降之性，以利于对饮食物进行正常的消化吸收，人体消化道有着多重括约要塞，中医概括为“七道关隘”，又称为“七冲门”，意为七个冲要门户。如《难经·四十四难》所说：“唇为飞门，齿为户门，会厌为吸门，胃为贲门，太仓下口为幽门，大肠小肠会为阑门，下极为魄门，故曰七冲门也。”七冲门中任何一个括约之门发生病变，都会影响到饮食物的受纳、消化、吸收和排泄。

一、胆

胆为六腑之一，又隶属于奇恒之府，附于肝下，与肝相连，内存胆汁。

胆的主要生理功能是贮存和排泄胆汁。

胆汁是由肝之余气化生而成。胆汁生成后，贮存于胆，根据消化的需要适时施泄于小肠，起到助消化的作用。中医学认为，胆汁的化生与排泄全赖于肝的疏泄功能的调控。若肝主疏泄正常，则胆汁分泌排泄畅达，脾胃运化功能正常。反之，若肝失疏泄，导致胆汁分泌排泄不利，并影响脾胃的运化功能，而出现胁下胀满疼痛、腹胀、纳差、便溏等症；若肝胆气逆，则胆汁外溢，可见口苦、呕吐黄绿水及黄疸等症。

二、胃

胃，又称胃脘，位于上腹部，上连食管，下接小肠。胃的上口为贲门，下口为幽门。胃分为上、中、下三部，上部称上脘，包括贲门；中部称中脘，即胃体部分；下部称下脘，包括幽门。

胃的主要生理功能是主受纳、腐熟水谷和主通降。

受纳，是接受和容纳的意思。腐熟，是饮食物经胃初步消化，形成食糜的意思。胃主受纳、腐熟水谷，是指胃有接受、容纳饮食物并对饮食物进行初步消化的作用。饮食入口，经食管而下达，容纳于胃，在胃中暂作停留，故胃有“太仓”、“仓廪之官”、“水谷之海”等别称。容纳于胃中的食物，在胃中阳气的作用下，经过胃的初步消化而形成易于吸收的食糜。需指出的是，胃对食物的这种消化，须在脾的运化功能的协助下才能完成，即所谓“脾动则胃磨”，以利于饮食物的进一步消化和吸收。若胃的受纳、腐熟水谷的功能失常，则可出现胃脘胀痛、纳呆厌食，或多食善饥等症。

胃主通降，是指胃气的运动特点而言。这一作用，不仅体现于胃能将初步消化形成的食糜向下送至小肠，以利于在小肠内进一步消化吸收；还包括小肠将食物残渣下输于大肠，以及大肠排泄糟粕的功能在内。胃正常的通降是继续受纳的前提。若胃失于通降，不仅可以影响食欲，而且浊气在上可引起口臭，在中则可见脘腹胀闷或疼痛等，在下又可见大便秘结等症状；若胃气不仅失于通降，进而形成胃气上逆，则又可见嗳气酸腐、恶心、呕吐、呃逆等症。

三、小肠

小肠位于腹中，上端与胃之下口（幽门）相接，下端通过阑门与大肠相连。

小肠的主要生理功能是主受盛、化物和泌别清浊。

受盛，是接受、以器盛物的意思。化物，即变化、消化食物之意。这一功能是指小肠接受从胃传下的食糜，并将其进一步消化。当食糜从胃进入小肠后，要在小肠内停留相当长的时间，在脾主运化功能的作用下，食糜被进一步消化成为能被机体吸收的水谷精微。

泌别清浊，是指小肠将消化后形成的水谷精微和食物残渣分开，并将水谷精微吸收，食物残渣则下传至大肠。由于小肠所吸收的水谷精微多呈液态状，因此小肠在吸收水谷精微的同时，也吸收了大量的水液，故有“小肠主液”之说。因而，人体大便的干薄和尿量的多少与小肠主液的功能密切相关。若小肠主液的功能异常，则水液吸收障碍，常表现为小便短少而大便稀薄，以及全身津液不足之象。

四、大肠

大肠居腹中，上端与小肠接于阑门处，末端为肛门，亦称“下极”、“魄门”。

大肠的主要生理功能是传化糟粕。

大肠接受经过小肠泌别清浊后所剩下的食物残渣，再吸收其中多余的水液，形成粪便，经肛门排出体外。大肠传化糟粕的功能，是胃的降浊功能的体现。除此之外，还与肺、脾、肾的功能有关。大肠功能失调，主要表现为传导失常和粪便的改变。若大肠湿热，气机阻滞，可见腹痛下痢，里急后重；大肠实热，肠液干枯，可见便结；大肠虚寒，可见腹痛、肠鸣、泄泻。

五、膀胱

膀胱位于小腹中央，上口通于肾，下口连接尿道。

膀胱的主要生理功能是贮尿和排尿。

津液经肾的气化作用后，生成尿液，下注于膀胱。膀胱内尿液充盈至一定程度时，可自主地排出体外。故《素问·灵兰秘典论》说：“膀胱者，州都之官，津液藏焉，气化则能出矣。”然而，膀胱的贮尿和排尿功能，全赖于肾气的固摄与气化作用。若肾气不固，膀胱失约，可见遗尿、尿有余沥，甚则小便失禁；若肾与膀胱气化失司，则膀胱不利，可见尿痛、淋涩、排尿不畅，甚则癃闭。

六、三焦

三焦，为六腑之一，因在人体脏腑中，唯它最大，故又有“孤腑”之称，即指脏腑之外，躯壳之内的整个体腔。正如张介宾在《类经·藏象类》说：“三焦者，确有一腑，盖脏腑之外，躯壳之内，包罗诸脏，一腔之大腑。”

三焦腑的主要生理功能是通行原气、总司脏腑气化和运行水液。

原气是人体生命活动的原动力，它发源于肾，必须以三焦腑为通道才能到达全身，从而激发、推动五脏六腑的生理功能活动。

人体的水液代谢，虽然是由肺、脾、肾等许多脏腑的协同作用而完成，但必须以三焦腑作为水液运行的通道，水液在体内的吸收、输布和排泄才能正常进行。因此，三焦水道通利与否，直接影响到人体水液代谢的全过程。

通常所说的上焦、中焦、下焦，主要用于人体部位的划分，即横膈以上为上焦，包括内脏心与肺；横膈以下到脐为中焦，包括内脏脾、胃、肝、胆；脐以下为下焦，包括内脏肾、膀胱、大小肠等。上焦、中焦、下焦所属脏腑的生理功能活动，是靠肾中原气来激发、推动的；而肾中原气必须借六腑三焦为通道，才能达到全身。所以，只有在三焦腑通畅、原气运行正常的情况下，上焦、中焦、下焦所属脏腑的生理功能才能正常。如上焦心肺功能正常，才能宣发敷布卫气、水谷精微、津液，营养滋润全身，像雾露之溉，故称“上焦如雾”。中焦脾胃功能正常，才能消化、吸收、敷布水谷精微与津液，并化身气血，如酿酒一样，故称“中焦如沤”。下焦肾膀胱大小肠功能正常，才能分清别浊，排泄糟粕和尿液，犹如水浊不断向下流出，向外排泄一样，故称“下焦如渎”。

第三节　奇恒之腑

奇恒之腑，包含脑、髓、骨、脉、胆、女子胞六个组织器官。它们在形态上多属中空而与腑相似，在功能上“贮藏精气”而与脏相似。奇恒之腑中除胆之外，其余的都没有表里配合关系，有似腑非腑、似脏非脏的特点，故被称作“奇恒之腑”。

胆、脉、髓、骨已分别在前面有关内容中论述，故本节只讨论脑和女子胞。

一、脑

脑居颅内，由髓汇集而成。脑位于人体最上部，上至颅囟，下至风府，是精髓和神明高度汇集之处，故有“髓海”和“元神之府”之称。

（一）主要生理功能

1. 主宰生命活动

人的生命中枢在脑，故脑为生命的标志之一，与生命活动休戚相关。《素问·刺禁论》说：“刺头，中脑户，入脑立死。”说明古代医家已通过实践，意识到呼吸、心跳等生理活动都是由脑所主宰和调节的。故保护脑的形质不受任何外伤，是维护生命和脑的功能的基本要求。

2. 主精神活动

精神活动包括意识、思维、记忆、情志活动等，是外界客观事物反映于脑的结果，属中医学狭义之神的范畴。《黄帝内经》对其早有认识，指出“头者，精明之府，头倾视探，精神将夺矣”。但此时藏象学对于理、法、方、药的指导地位已经确立，故中医学在论述人的功能时，理论上心主神志和脑主精神活动是并存的，且有所区别，但在实践上脑的功能仍统归于心，而分属于五脏，且一直延续至今。

脑主精神活动正常，则精神饱满、意识清晰、思维敏捷、记忆力强、语言准确、情志正常；反之，则出现精神委靡、反应迟钝、记忆力衰减，或狂躁易怒、神识错乱，甚至意识不清、晕厥或昏迷等症。

3. 主感觉和运动

古代医家已认识到眼、耳、口、鼻、舌为五脏外窍，皆位于头面，与脑相通，故人的视、听、嗅等感觉功能及言语和肢体的运动功能都由脑所主宰和控制。

脑主感觉、主运动的功能正常，则视物清晰、听力聪颖、嗅觉灵敏、言语如常、肢体轻劲有力；反之，则可出现视物不清、听觉失聪、嗅觉不灵、感觉迟钝、运动迟缓、言语謇涩等症。

（二）生理联系

1. 脑与五脏

虽然脑有其独立的形质部位和生理功能，是人的一个极其重要的器官，但中医藏象学的主要特点是以五脏为中心，所以藏象学把脑的生理功能分属于五脏，并与十二经脉、奇经八脉密切联系。如《素问·宣明五气》说："心藏神，肺藏魄，肝藏魂，脾藏意，肾藏志。"《素问·阴阳应象大论》云："人有五脏化五气，以生喜怒悲忧恐。"

2. 脑与精、气、血、津液

脑为奇恒之腑，为精髓汇集之处。脑的功能活动以精（包括气、血、津液）为物质基础，以气、血、津液的流通为基本保证，故脑与人的精、气、血、津液之间有着密切的联系。

二、女子胞

女子胞，又称"胞宫"、"子处"，即子宫，位于小腹，是女性的内生殖器官。

（一）主要生理功能

1. 主月经

女子胞是女性生殖机能发育成熟后主持月经的主要器官。月经来潮是一个复杂的生理活动过程，与肾中精气、冲任二脉及心、肝、脾三脏密切相关。

2. 主孕育胎儿

月经正常来潮后，女子胞就具有生殖和养育胎儿的能力。女子受孕以后，胎儿在母体子宫中发育，女子胞就聚集气血以养胎，成为保护胎儿和孕育胎儿的主要器官，直至十月期满分娩。

（二）生理联系

女子胞发生月经、主持孕育是一个复杂的生理活动过程，与肾、心、肝、脾等脏的功能，气、血、津液以及冲、任、督、带等奇经均有密切的联系。

第四节　脏腑之间的关系

人是一个有机的整体。中医理论不仅注重每一个脏与腑各自的生理功能，而且非常重视脏腑之间在生理功能上的相互协调与联系，强调这种协调与联系关系着人的健康与疾病。因此，研究脏腑之间的关系，也是藏象学说的重要内容。

一、脏与脏之间的关系

1. 心与肺

心与肺的关系，主要体现在心主血与肺主气，以及血液循行与呼吸之间的相互协调与促进。心主血，推动血液运行，以维持肺的呼吸功能；肺主气司呼吸，朝百脉，能促进、辅助心血运行。另外，心肺居于胸中，宗气亦积于胸中，其有贯心脉和司呼吸的功能，因此宗气又加强了心与肺之间的联结作用。

2. 心与脾

心与脾的关系，主要体现在血液的生成和运行两方面的相互协调与促进。一方面，心血靠脾气转输的水谷精微所化生，而脾的转输功能又赖心血来滋养。若脾气健运，化源充足，则心血充盈；若心血充足，则脾得濡养，脾气健运。另一方面，血液在脉中运行，既有赖于心气的推动而不致迟缓，又依靠脾气的统摄而不致溢出脉外，心脾协同，则血液运行正常。

3. 心与肝

心与肝的关系，主要体现在血液及精神情志两方面的相互协同与促进。首先，心主血，肝藏血。心主血功能健旺，则血运正常，肝才能有所藏；肝贮血充盈，并随着人的动静需求而调节之，心才能有所推动。可见，心肝两脏在血液循行调节方面密切联系，相互协同。其次，心主神明，肝主疏泄而调畅情志。在这方面，两脏也相互协调与促进，以维持精神情志活动的正常。

4. 心与肾

心与肾的关系，主要表现为“心肾相交”的关系。心属火，位于上焦；肾属水，位于下焦。心火下降于肾，温煦肾脏，使肾水不寒；肾水上济于心，制约心火，使之不亢，这样，才能使心肾的生理功能协调平衡。心肾之间的这种关系，称为“心肾相交”，也称“水火既济”。

5. 肺与脾

肺与脾的关系，主要体现在宗气的生成和水液代谢两方面。宗气的生成，有赖于肺的呼吸以吸纳清气和脾的运化以提供水谷精气。水液的代谢，由脾的运化输布和肺的宣降通调共同参与，故脾、肺两脏的功能协同和协调，是维持体内水液正常代谢的重要环节。

6. 肺与肝

肺与肝的关系，主要体现在对气机的调节方面。肺气以肃降为顺，肝气以升发为调，故肺与肝，一升一降，对全身气机的调畅起着重要作用。

7. 肺与肾

肺与肾的关系，主要体现在水液代谢与呼吸两方面。肺主通调水道，为水之上源；肾为主水之脏。肺的通调水道功能，有赖于肾阳蒸腾气化；而肾的主水功能，亦有赖于肺气宣发肃降。因此，只有两脏相互协同，才能保证人体水液的正常输布和排泄。此外，肺司呼吸，肾主纳气，在呼与吸过程中两脏协调配合，以维持呼吸深度，共同完成呼吸功能。再者，肺的肃降有利于肾之纳气，而肾气摄纳又有助于肺气肃降，故有“肺出气也，肾纳气也。肺为气之主，肾为气之根”之说。

8. 肝与脾

肝与脾的关系，主要体现在对血液的调控以及对饮食物的消化吸收功能的协同协调方面。一方面，肝主藏血，贮藏血液并调节血流量；脾主统血，使血液在脉管中运行，不溢出于脉外。这样，肝脾协同，才能保证血液的正常运行。另一方面，肝主疏泄，调畅气机，分泌胆汁，有助于脾的运化功能；脾气健旺，运化功能正常，则有利于肝之疏泄。

9. 肝与肾

肝与肾的关系，主要体现在肝血与肾精、疏泄与封藏以及肝肾阴阳之间的依存协同作用等方面。一是肾藏精，肝藏血。精与血之间存在着相互滋生与转化关系，即肾精有赖于肝血之滋养，肝血有赖于肾精之化生，故有“精血同源”之说，又称作“肝肾同源”或“乙癸同源”。二是肝主疏泄，使肾之封藏开合有度；肾主封藏，则可制约肝之疏泄太过。两者相反相成、相互制约、相互为用的关系，又称为“藏泄互用”。三是肝肾阴阳息息相通，相互滋生，相互制约，从而维持肝肾阴阳的充盛与平衡。

10. 脾与肾

脾与肾的关系，主要体现在三个方面：一是先后天之间相互滋生，相互促进。肾藏精，源于先天，主生长发育与生殖，为先天之本；脾运化水谷精微，化生气血津液，充养人体，为后天之本。两者相互资生，相互促进，为人体生命活动之根本。二是脾的运化与肾精、肾阳之间的相互依存关系。脾主运化，吸收水谷精微，能不断充养肾精；而脾的运化功能，又必须得到肾阳的温煦，才能健运。三是体现在水液代谢方面。脾运化水液，关系到人体水液的生成与输布，又须有肾阳的温煦；肾主水，主持全身水液代谢平衡，又须赖脾气的制约。脾肾相互协同，相互为用，以保证人体水液代谢正常。

二、腑与腑之间的关系

六腑以“受盛和传化水谷”为其生理功能特点，主要表现在对饮食物的消化、吸收、排泄三个方面。因此，六腑之间的关系，也主要体现为对饮食物的消化、吸收和排泄过程中的相互协作、相互为用的关系。

消化方面，由胃的腐熟、胆汁的参与、小肠的化物作用等来共同完成。吸收方面，由小肠的泌别清浊以吸收精微和大肠的传导以吸收水分来完成。排泄方面，由大肠的传导以排大便和膀胱的气化以排小便来完成。消化、吸收、排泄虽然是三个不同的阶段，但又是相互依赖、相互为用的。而三焦是水谷和水液运行的道路，因此也参与了消化、吸收、排泄的整个过程。总之，六腑以通为用，既分工又合作，相互协同，相互为用，共同完成消化、吸收和排泄功能。

三、脏与腑之间的关系

脏与腑的关系，主要是五脏配五腑的关系。脏属阴，腑属阳；脏为里，腑为表。一脏一腑，一阴一阳，一表一里，相互配合，其间有经络相互络属，从而形成了脏腑之间的密切关系，简称为“脏腑相合”。

1. 心与小肠

心与小肠通过经脉相互络属而构成表里关系。在生理功能上，心属火、主血脉，心火温煦，心血滋养，则小肠功能正常；小肠化物，泌别清浊，吸收精微，则可以化生心血。

由于小肠吸收水谷精微的功能，可概括在脾主运化的功能之中，因而心与小肠的关系也是心与脾的关系之一。

2. 肺与大肠

肺与大肠通过经脉相互络属而构成表里关系。在生理功能上，主要体现在肺气肃降与大肠传导之间的相互依存关系。由于肃降与传导能影响脏腑气机，故肺气肃降下行，布散津液，则能促进大肠的传导；大肠传导糟粕下行，亦有利于肺气的肃降，从而影响呼吸运动。

3. 脾与胃

脾与胃通过经脉相互络属而构成表里关系。在生理功能上，主要体现在三个方面。

（1）运纳协调：脾主运化，胃主受纳腐熟。胃的“纳”是为脾的“运”作准备，而脾的“运”是适应胃继续“纳”的需要。如果没有胃的受纳腐熟，则脾无谷可运、无食可化；反之，没有脾的运化，则胃就不能受纳。因此，胃和则脾健，脾健则胃和。脾胃运纳结合，相互协调，才能完成纳食、消化、吸收与转输等一系列生理功能。

（2）升降相因：脾气主升，胃气主降。脾气上升，运化正常，水谷精微得以输布，则胃才能维持受纳腐熟和通降；胃气下降，水谷得以下行，脾才能正常运化和升清。因此，脾胃之气，一升一降，升降相因，才能保证“运、纳”功能的正常进行。

（3）燥湿相济：脾为脏、属阴，喜燥而恶湿。胃为腑、属阳，喜润而恶燥。脾胃喜恶不同，燥湿之性相反，但其间又是相互制约、相互为用的。胃易燥，得脾阴以制之，使胃不燥；脾易湿，得胃阳以制之，使脾不湿。因此，脾胃之间燥湿相济是保证脾胃运纳、升降协调的必要条件。

4. 肝与胆

肝与胆通过经脉相互络属而构成表里关系。在生理功能上，肝主疏泄，分泌胆汁，调畅胆腑气机，促进胆囊排泄胆汁；胆汁排泄通畅，又有利于肝发挥疏泄作用。因此，肝胆相互依存，相互协同，则胆汁的分泌、贮存、排泄正常，才有利于饮食物的消化吸收。

5. 肾与膀胱

肾与膀胱通过经脉相互络属而构成表里关系。在生理功能上，主要体现在同主小便方面。水液经肾的气化作用，浊者下降于膀胱而成为尿，由膀胱贮存和排泄；而膀胱的贮尿和排尿功能，又依赖于肾的固摄与气化作用，使其开合有度。因此，肾与膀胱相互依存，相互协同，共同完成小便的生成、贮存和排泄。

第四章 气血津液

气血津液是构成人体和维持人体生命活动的基本物质。它们既依赖于脏腑、经络等组织器官的生理功能活动而产生，又是脏腑、经络等组织器官生理功能活动的物质基础。因此，无论是在生理或病理上，气、血、津液等生命物质与脏腑、经络等组织器官之间，始终存在着密切联系。

此外，精也是构成人体和维持人体生命活动的基本物质，且有广义和狭义之分。广义之精，泛指一切精微物质，包括气、血、津液等。狭义之精，指肾所藏之精。本章主要介绍气、血、津液及其相互关系。

第一节 气

（一）气的概念

气是构成人体和维持人体生命活动最基本的、具有很强活力的精微物质。

古人认为，自然万物皆由气构成，人亦如此。人的躯体形质，是以气为最基本物质抟聚而成；脏腑、经络等组织器官的生理功能活动以及血、津液的输布运行，也是在气的激发和推动下进行的，正因如此，人的生命活动才表现出勃勃生机。

（二）气的生成

人体之气是由先天之精气、后天水谷之精气和自然界的清气，通过肺、脾胃、肾等脏腑的生理功能的综合作用而生成的。可见，气的生成既与先天禀赋、后天营养以及人们的生存环境有关，又与肺、脾胃、肾等脏腑的生理功能密切相关，尤以脾胃的纳运功能最为重要。

（三）气的运动

气是活力很强的、不断运动的精微物质。气的运动，称为气机。

人体之气的运动形式是多种多样的，但理论上可归纳为升、降、出、入四种基本形式。升，是指气由下而上的运动；降，指气由上而下的运动；出，指气由内向外的运动；入，指气由外向内的运动。气的升、降、出、入之间，既相反相成，又相互为用，维持着相互之间的协调平衡。气在体内和谐不息地运行，激发、推动着脏腑、经络等组织器官的生理功能，从而维系着人的正常的生命活动。一旦气的运动失常或停止，就意味着疾病的产生或生命的结束。

气的升、降、出、入运动，是通过脏腑、经络等组织器官的生理功能活动以及血和津液的运行而体现的。例如，肺主气、司呼吸的过程，既有气的出入，又有气的升降。又如，脾胃的纳运过程，脾主升，胃主降，也体现着气的升与降。再者，血与津液的循行和输布，同样是气的推动、运行的结果，故有"气行则血行，气滞则血瘀"之说。人体脏腑经络等组织器官，都是气升、降、出、入的场所。生命活动的过程，就是气升、降、出、入运行的过程。从机体局部来看，并不是每个脏腑的每一种生理功能活动都具备升、降、出、入四种形式，由于各脏腑的生理特性和位置的不同，气的运动各自有所侧重，如肝脾之气以升为主，肺胃之气以降为顺。但从整个人体的生理功能活动来看，升与降、出与入之间必须协调平衡，只有这样才能维持人体正常的生命活动。

若气的运行畅通无阻，升、降、出、入之间协调平衡，则称为"气机调畅"。反之，气的运行受阻，升、降、出、入之间失去协调平衡，则称为"气机失调"。气机失调的病理表现常有以下几种形式：即"气滞"，是指气的运行不畅，或在局部发生阻滞不通的病理状态；"气逆"，是指气的上升太过，或下降不及，或横行逆乱的病理状态；"气陷"，是指气的上升不及，或下降太过的病理状态；"气脱"，是指气不能内守而大量外溢的病理状态；"气闭"，是指气不能外达而郁结闭塞于内的病理状态。

（四）气的功能

气的生理功能，主要体现在以下几个方面。

1. 推动作用

气的推动作用，是指气具有激发和推动作用。气是活力很强的精微物质，能激发和推动人的生殖、生长、发育以及各脏腑经络等组织器官的生理功能，能推动和促进血液的生成、运行以及津液的生成、输布和排泄等。所以，当气的推动作用减弱时，可影响人的生殖、生长、发育，如出现早衰；亦可使脏腑、经络等组织器官的生理活动减退；或出现血液和津液的生成不足，运行迟缓，输布、排泄障碍等病理变化。

2. 温煦作用

气的温煦作用，是指气对机体有温暖、熏蒸的作用。气是机体热量的来源。机体正常体温维持、脏腑经络等组织器官的生理活动、血和津液的运行等都依赖于气的温煦作用。若气的温煦作用失常，则可出现体温低下、畏寒肢冷、脏腑功能减退、血液和津液运行迟缓等病理现象；也可因气聚过多，气郁化火，出现发热、心烦不宁等症。

3. 防御作用

气的防御作用，是指气具有护卫肌表、防御外邪入侵，或外邪入侵后与之抗争、驱邪外出的作用。气的防御功能正常时，邪气不易侵入；或虽有邪气侵入，也不易发病；即使发病，也易于治愈。若气的防御功能减弱，则机体抗御邪气的能力就下降，一方面机体易染疾病，另一方面患病后则难愈。因此，气的防御功能与疾病的发生、发展、转归都有着密切的关系。

4. 固摄作用

气的固摄作用，是指气对血、津液、精液等液态物质具有统摄、防止其无故流失的作用以及对脏器的固护作用。具体表现在：固摄血液，使其循脉而行，不溢出脉外；固摄汗液、尿液、唾液、胃液、肠液和精液等，使其分泌、排泄正常，防止异常丢失；固护胃、肾、子宫等脏器，使其不致下垂。若气的固摄功能减弱，可致出血、自汗、尿失禁、流涎、泄泻、滑精、早泄、崩漏、带下以及胃、肾、子宫下垂和脱肛等。

气的固摄作用与推动作用相辅相成、相互协调，共同调节和控制着体内液态物质的正常运行、分泌和排泄。

5. 气化作用

气化，是指通过气的运动而产生的各种变化。具体表现在精、气、血、津液各自的新陈代谢及其相互转化。如饮食物转化成水谷精微，然后再化生为气、血、津液等；津液经过代谢转化成汗液和尿液；饮食物经过消化吸收以后，其残渣转化成糟粕等，这些都是气化作用的具体表现。若气化功能失常，则影响整个物质代谢过程，从而形成各种复杂的病变。

（五）气的分类

人之气，从整体而言，是由肾中精气、脾胃化生的水谷精气和肺吸入的清气化生而成。但由于其生成来源、分布部位和功能特点的不同，又分为元气、宗气、营气、卫气等。

1. 元气

元气，又名“原气”、“真气”，是人体最基本、最重要的气，是生命活动的原动力。

（1）生成：元气根于肾，由肾中精气所化生。肾中精气，以禀受父母的先天之精为基础，又赖后天水谷精气的充养。所以，元气的盛衰，与先天禀赋及后天的营养和锻炼，特别是肾、脾胃的功能密切相关。

（2）分布：元气发于肾，通过三焦而布散全身，内至脏腑，外达肌肤腠理。

（3）主要功能：元气有推动机体的生长和发育，温煦和激发脏腑、经络等组织器官的生理活动的作用，所以说，元气是人体生命活动的原动力，是维持生命活动的最基本物质。若机体元气充沛，脏腑、经络等组织器官的活力就旺盛，机体强健而少病；若因先天禀赋不足，或后天失调，或久病损伤元气，就会出现元气虚衰而产生种种病变。

2. 宗气

宗气是积于胸中之气。宗气在胸中积聚之处，称为“气海”，又名“膻中”。

（1）生成：宗气由肺从自然界吸入的清气和脾从饮食物中运化而生成的水谷精气相结合而成。宗气的盛衰与肺、脾胃的功能密切相关。

（2）分布：宗气聚集于胸之“膻中”处。上出咽喉，贯注心肺之脉，下蓄丹田，经气街穴注足阳明胃经而下行至足。

（3）主要功能：宗气的主要功能有两个方面：一是走息道以行呼吸，二是贯心脉以行气血。凡语言、声音、呼吸的强弱、视听的能力以及气血的运行、心搏的强弱和节律、肢体的活动和寒温等，均与宗气的盛衰有关。位于左乳下的“虚里”处（相当于心尖搏动部位），是诊察宗气盛衰的部位。

3. 营气

营气是行于脉中之气。因其富有营养，又可化生血液，故“营血”常并称。营气与卫气相对而言，营气属于阴，又称“营阴”。

（1）生成：营气主要来自于脾胃运化的水谷精气，为水谷精气中的精华部分，即最富有营养的部分所化生。

（2）分布：营气分布于血脉之中，成为血液的重要组成部分，循行于上下，营运于全身。

（3）主要功能：营气化生血液，为脏腑、经络等组织器官的生理功能活动提供营养。

4. 卫气

卫气是运行于脉外之气。卫气与营气相对而言，卫气属于阳，故又称“卫阳”。

（1）生成：卫气主要来自于脾胃运化的水谷精气，为水谷精气中的慓悍滑利的部分所化生。

（2）分布：卫气的特性是“慓疾滑利”，即活动力特别强，流动迅速。卫气运行于脉外，经肺的宣发，分布于皮肤、分肉之间，熏于肓膜，散于胸腹。

（3）主要功能：卫气的主要功能有三个方面：一是护卫肌表，防御外邪入侵；二是温煦脏腑、肌肉、皮毛等；三是调节、控制腠理的开合、汗液的排泄，以维持体温的相对恒定。

营气和卫气，都以水谷精气为其主要的生成来源。营在脉中，卫在脉外；营主内守而属于阴，卫主外卫而属于阳，两者之间必须协调，才能维持正常的腠理开合、正常的体温和防御外邪的能力。若营卫不和，则可出现恶寒发热、无汗或多汗，以及抗御外邪能力低下等。

第二节　血

（一）血的概念

血是循行于脉中、富有营养的红色液体，是构成人体和维持人体生命活动的基本物质之一。

血必须在脉中正常运行，才能发挥其生理功能。血在脉中运行受阻，或溢出脉外成为“离经之血”，则不仅丧失其生理功能，而且可成为致病因素。

（二）血的生成

血主要由营气和津液所组成，而营气和津液都来自脾胃化生的水谷精微，因此，水谷精微是生成血液的最基本物质，所以说脾胃是气血生化之源。血液的生成过程，是饮食物经胃的腐熟和脾的运化，转化为水谷精微，水谷精微再经脾气的升清，上输于肺，与肺吸入的清气相合，通过心肺的气化作用，注之于脉，化而为血。

此外，精和血之间还存在着相互资生和转化的关系。精藏于肾，血藏于肝。肾精充盈，则肝有所养，肝血充盛；而另一方面，只有肝血充盛，精有所资，肾精才能充盈。故曰“精血同源”。

（三）血的运行

脉为血之府，脉管是一个相对密闭的管道系统。血液在脉管中运行不息，内至脏腑，外达皮肉筋骨，营养全身，以维持人体正常的生命活动。

血液的正常运行必须具备两个条件：一是脉管系统的完整性和保持通畅；二是全身各脏

腑发挥正常生理功能，特别是心、肺、肝、脾四脏的作用。心主血脉，心动则血行诸经，血在心的推动下循行于脉管之中，输送到全身，发挥其濡养作用。肺朝百脉，肺主一身之气而司呼吸，调节全身的气机，辅助心脏推动和调节血液运行。脾主统血，血液依赖于脾气统摄，脾气健旺，气血充足，固摄有力，则血行常道。肝主疏泄，调畅气机，能促进血液的正常循行；此外，肝主藏血，具有贮藏血液、调节血量和防止出血的功能。

（四）血的功能

血具有营养和滋润全身的生理功能。血在脉中循行，内至脏腑，外达皮肉筋骨，对全身各脏腑组织器官起着充分的营养和滋润作用，而全身的脏腑组织器官无不是在血的濡养作用下而发挥其功能的。血的营养和滋润作用，具体体现在面色的红润、肌肉的丰满壮实、皮肤毛发的润泽有华、感觉和运动的灵活自如等方面。若血虚时，血的营养和滋润作用减弱，机体除脏腑功能低下外，还可见头昏目眩、面色不华或萎黄、毛发干枯、肌肤干燥、肢体或肢端麻木、运动不灵活等临床表现。

血又是神的主要物质基础。血气充盛，血脉和利，则精力充沛、神志清晰、思维敏捷、活动自如；若血虚、血热或血运失常，则可见精神衰退、健忘、失眠、多梦、烦躁，甚至神志恍惚、惊悸不安、谵狂、昏迷等多种临床表现。

第三节 津　液

（一）津液的概念

津液是机体正常水液的总称，包括各脏腑组织的内在体液及其正常的分泌物，如胃液、肠液、关节液、涕、泪、唾等。在机体内，除血液之外，其他所有正常的液体都属于津液的范畴。

津与液虽同属于水液，但在性状、功能及其分布部位等方面又有一定的区别。一般地说，性质清稀，流动性大，布散于体表皮肤、肌肉和孔窍，并能渗注于血脉，起滋润作用的，称为津；性质较稠厚，流动性小，灌注于骨节、脏腑、脑、髓等组织，起濡润作用的，称为液。

津和液本属一体，两者在运行、代谢的过程中又相互补充、相互转化，故津和液常同时并称。津液本为同类，然亦有阴阳之分。津为汗走腠理，故属阳；液注骨而补脑髓，故属阴。津与液一般不予严格区别，只是在“伤津”和“脱液”的病理变化时，在临床的辨证论治中，方须加以区分。

（二）津液的代谢

津液的代谢，是指津液的生成、输布和排泄。它依赖于多脏腑生理功能的相互协调与配合，是一个较为复杂的生理过程。

1. 津液的生成

津液来源于饮食水谷，主要通过脾胃、大小肠等脏腑的气化功能而生成。具体地说，水饮流质类食物入胃，胃主受纳，游溢部分津液至脾；小肠主液，泌别清浊，吸收肠中大部分稠厚液态营养物，上输于脾；送至大肠的食物残渣中仍含有不少水分，大肠主津，再吸收其中部分水分，将肠中残渣燥化为粪便。可见，在脾的主导下，由胃、小肠、大肠参与，共同完成了津液的生成过程。

概言之，津液的生成取决于两方面因素：一是有充足的水饮摄入；二是脾胃、大小肠的运化功能正常。如果任何一个脏腑功能失调，均可导致津液生成不足，而出现津液亏虚的病理表现。

2. 津液的输布

津液的输布主要依赖于肺、脾、肾、肝、三焦等脏腑生理功能的综合作用而完成。津液生成之后，借脾之运化，以“灌溉四旁”，将部分津液布散于四周，而大量津液又在脾的升清功能作用下“上归于肺”，然后在肺气的宣发作用下，将部分津液向上、向外布散于头目和肌肤，以利于发挥其濡养滋润功能；在肺气的肃降作用下，将大量津液向下、向内输送，滋润内脏，并下达于肾，肾为主水之脏，肾中阳气的蒸腾气化作用，则对津液蒸清泌浊，蒸发出清者复归于脾肺，重新参与体内环流循行，剩于之浊者则化为尿液，注于膀胱，适时排出。

总之，津液的输布主要是在脾、肺、肾三脏参与之下，并受三焦和肝的功能影响而完成的。

3. 津液的排泄

津液的排泄主要依赖于肺、胃、大肠和膀胱等脏腑功能的协调配合而完成。肺气宣发，外合皮毛，促使其从皮肤腠理和呼吸道排出；大肠在其他脏腑的配合下，传化糟粕，带出部分水液；肾司开合，使浊者化为尿，下注膀胱，由膀胱气化而排出。其中，尿液的正常排泄对于维持机体水液代谢的平衡起到了关键作用。由此可见，津液及其代谢产物主要以汗、呼气、粪便中夹带水分和尿液四种形式排出体外。

综上所述，津液代谢是由多脏腑功能的共同参与并综合协调来完成的，其中尤以肺、脾、肾三脏最为重要。若相关脏腑，尤其是肺、脾、肾三脏的功能失调，均可影响津液的生成、输布和排泄，从而导致津液代谢的失常，出现伤津、脱液等津液不足以及津液环流障碍、水液停聚的病变，如水肿、痰饮等。

（三）津液的功能

津液主要有滋润和濡养的生理功能，而津以滋润作用为主，液以濡养作用为主，如能润泽皮毛、肌肤，滋润和濡养各脏腑组织器官，润滑和保护眼、鼻、口等孔窍，充养骨髓、脊髓、脑髓，滑利关节等。

此外，津液是血液的重要组成部分，故有滋养和滑利血脉的作用。其次，津液在其机体代谢过程中，通过汗液和尿液的排出，能将人体各处的代谢废物不断地排出体外。

第四节 气血津液之间的关系

气、血、津液虽然在性状、功能及分布上各有不同的特点，但在生理上，它们相互依存，相互促进，相互制约；病理上，又相互影响。

（一）气与血的关系

气属阳，主动，主温煦；血属阴，主静，主濡润。气与血的关系常概括为“气为血之帅，血为气之母”。

1. 气为血之帅

气为血之帅，是指气对血的作用。主要表现为以下三个方面。

（1）气能生血：一是指气化是血液生成的动力。在脏腑之气的作用下，从摄入的饮食转化成水谷精微；从水谷精微转化成营气和津液；从营气和津液转化成赤色的血，其中每一个转化过程都离不开气化。二是指气能化生血液，主要指营气。所以气旺则血充，气虚则血少。故在临床上治疗血虚时，常配合补气药。

（2）气能行血：血的运行有赖于气的推动。一方面，气可直接推动血行，如心气、宗气；另一方面，又可通过促进脏腑的功能活动来推动血液运行，即气行则血行，气滞则血瘀。所以，临床上治疗血行失常的病变，常以调气为主，调血次之。

（3）气能摄血：指气对血的统摄作用，使其正常循行于脉管之中而不溢于脉外。气的这一功能，实际上是通过脾统血的作用来完成的。若气虚、气不摄血，则可导致各种出血病证。

2. 血为气之母

血为气之母，是指血对气的作用。主要表现为以下两个方面。

（1）血能载气：血是气的载体，气赖血之运载而到达全身。若血不载气，则气浮散无根，无以所归，而发生气脱。所以，大出血时，往往气随血脱。

（2）血能养气：血为气的功能活动提供营养，使气保持充盛，故血盛则气旺，血衰则气少。

（二）气与津液的关系

气属阳，津液属阴。虽然气与津液在属性上有区别，但两者无论是在生理和病理上都密切联系。

1. 气对津液的作用

（1）气能生津：气是津液生成的物质基础和动力。气通过推动和激发脾胃的功能活动，使中焦之气旺盛，运化正常，则津液充足。

（2）气能行津：气的运动变化是津液输布排泄的动力。气的升降出入运动表现为脏腑的升降出入运动，而肺、脾、肾、肝等脏腑的升降出入运动完成了津液在体内的输布、排泄过程。所以说，气行水行，气停水聚。

（3）气能摄津：气的固摄作用控制着津液的排泄，使体内的津液保持一定的量，以维持津液代谢的平衡。若气虚，固摄无力，可致多汗、多尿，或遗尿等。

2. 津液对气的作用

津液对气的作用，主要表现为津能载气。津液是气的载体之一，气无形而动，必须附着于有形之津液，才能存在体内。当津液大量外泄时，气也随之丧失，形成“气随液脱”之候。此外，津能化气。

（三）津液和血的关系

血与津液均为液态物质，其性均属阴，故两者无论是在生理和病理上都密切联系。

1. 血对津液的作用

血液行于脉中，其中的液体成分渗于脉外便转化为津液。血和津液都来源于水谷精气，二者可相互渗透、相互转化。若失血过多时，津液渗入血脉，以补充血之不足，因而导致脉外津液不足，出现口干、口渴、尿少、皮肤干燥等症状，故有“夺血者无汗”、“亡血家，不可发汗”之说。

2. 津液对血的作用

津液渗注于脉中，即成为血液的组成部分，而血的一部分渗于脉外，又化为津液，故有“津血同源”之说。若津液大量耗损，不仅渗入脉内的津液不足，甚至脉内的部分也可渗出于脉外，从而形成津枯血燥的病变，故有“夺汗者无血”之说。

第五章 经络学说

经络学说，是研究人体经络系统的组成、循行分布、生理功能、病理变化及其与脏腑形体官窍、气血津液之间相互关系的一门学说，是中医学理论体系的重要组成部分，也是针灸学的理论核心。

经络学说是古人在长期的生活与医疗实践中，逐步总结形成的一种理论知识。它不仅较好地解释了人体客观存在的循经感传现象，而且与藏象学说、气血津液学说等相互辅翼，深刻地阐释了人的生理功能活动和病理变化，对临床各科，尤其是针灸、推拿、按摩、气功等，都起到了重要的指导作用。

第一节 经络的概念与经络系统的组成

（一）经络的概念

经络，即经脉和络脉的总称，是运行全身气血，联络脏腑肢节，沟通上下内外，感应传导信息，调节机能平衡的通路系统。

经者，径也，有路径、途径之意；经脉是经络系统的主干。络，有联络、网络之意；络脉是经脉的分支。两者相比，经脉较粗大，多纵行于躯体深部，且有一定的循行路线；络脉较细小，常循行于体表浅部，纵横交错，形成网络，遍布于全身。通过经脉与络脉的相互沟通与联系，把人的五脏六腑、四肢百骸、五官九窍、皮肉筋脉等联结成了一个统一的有机整体，从而确保了生命活动在相互关联和相互协调中正常进行。

（二）经络系统的组成

人的经络系统主要由经脉系统和络脉系统两大部分组成。

1. 经脉系统

经脉系统分为正经与奇经两类。

正经有十二，故又称为“十二正经”或“十二经脉”，包括手三阴经、手三阳经、足三阴经、足三阳经，共十二条经脉。十二正经均有一定的起止，一定的循行部位与交接顺序，在四肢的分布与走向有一定的规律，与脏腑有直接的络属关系，相互之间也有表里关系。十二经脉是气血运行的主要通道。另外，与十二经脉相关的还有“十二经别”、“十二经筋”和“十二皮部”。所谓“十二经别”，是十二经脉各别出的一条较大的分支。它们起自四肢肘膝关节以上，具有加强十二正经中表里两经在体内的联系和补充十二正经的作用。“十二经筋”，是十二经脉与筋肉的连属部分，是十二经脉之气“结、聚、散、络”于筋肉、关节的体系。它们具有连缀肢体、关节和主司运动的作用。“十二皮部”，是十二经脉功能活动反映于体表的部位，也是络脉之气散布之所在。“十二经筋”与“十二皮部”，都是十二经脉的附属部分，均从属于十二经脉，也属经脉系统。

奇经有八条，又称为“奇经八脉”，即冲脉、任脉、督脉、带脉、阴跷脉、阳跷脉、阴维脉、阳维脉。它们具有统率、联络和调节十二经脉的作用。与十二正经不同的是，奇经的分布不像十二经脉那样有规则，与脏腑没有直接的属络关系，相互之间也无表里联系。

2. 络脉系统

络脉，是经脉的分支，有别络、浮络、孙络之分。别络，是络脉中的较大者。十二正经、督脉、任脉各别出一支，再加上脾之大络，合为“十五别络”。别络具有加强互为表里的两经在体表的联系作用。浮络，是循行于人体体表浅部，且浮而易见的络脉。孙络，是络脉中较细小的分支，是最细小的络脉（图 5-1）。

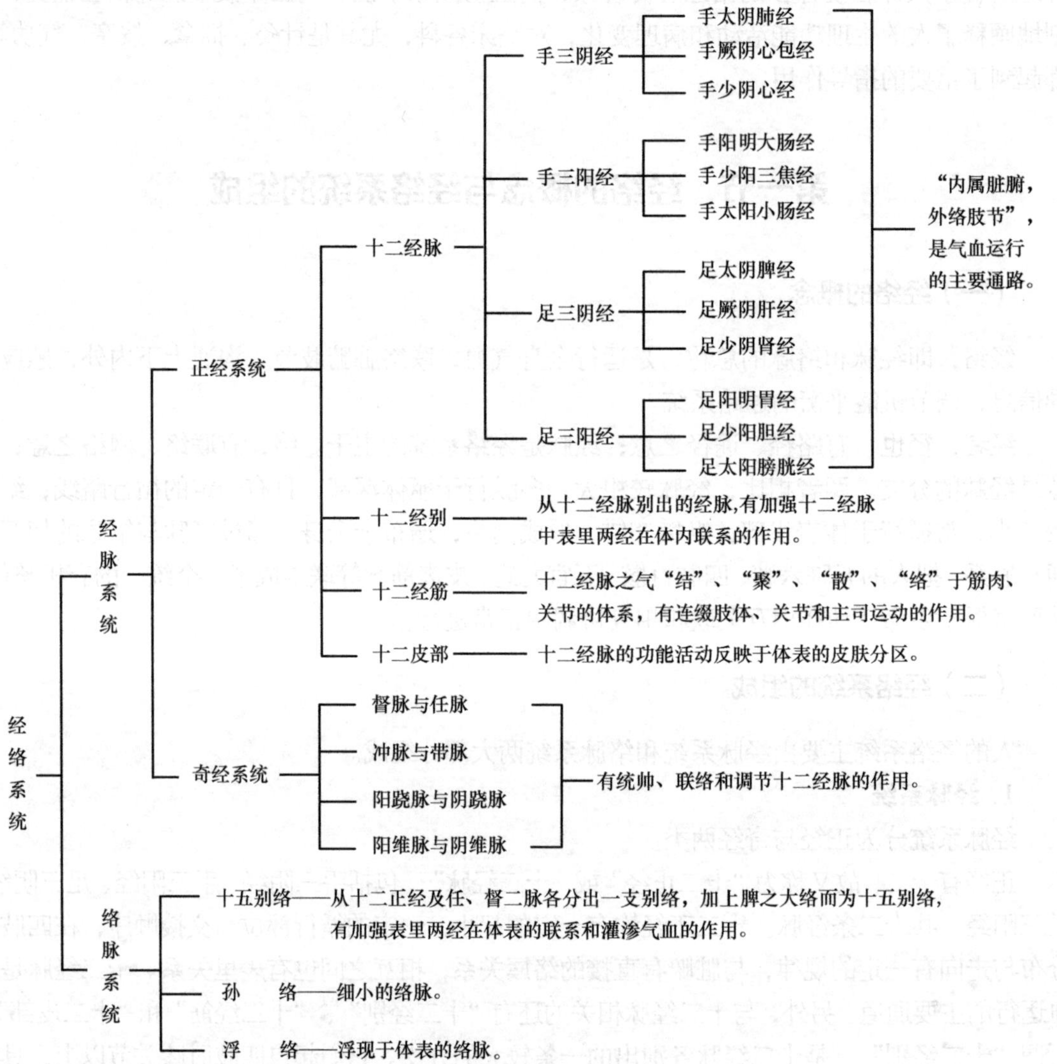

图 5-1　经络系统图

第二节　十二经脉

十二经脉是人体经络系统的主干与核心。

（一）命名

十二经脉对称地分布于人体的两侧，分别循行于上肢或下肢的内侧或外侧，每一条经脉又分别属于某一脏或某一腑，因此，十二经脉中每一条经脉的命名，都是依据其循行分布于上肢或下肢、内侧（为阴）或外侧（为阳）、所属脏腑的名称这三方面而命名的。其命名规律如下：

凡循行于上肢的经脉叫手经；循行于下肢的经脉叫足经。

凡循行于四肢内侧面的经脉叫阴经；循行于四肢外侧面的经脉叫阳经。内侧面有前、中、后之分，分别为太阴、厥阴、少阴；外侧面也有前、中、后之分，分别为阳明、少阳、太阳。

脏为阴，腑为阳。凡阴经都归属于某脏，凡阳经都归属于某腑（表 5-1）。

表 5-1　十二经脉名称分类表

	阴经（属脏）	阳经（属腑）	循行部位（阴经行于内侧，阳经行于外侧）	
手	手太阴肺经	手阳明大肠经	上肢	前缘
	手厥阴心包经	手少阳三焦经		中线
	手少阴心经	手太阳小肠经		后缘
足	足太阴脾经*	足阳明胃经	下肢	前缘
	足厥阴肝经	足少阳胆经		中线
	足少阴肾经	足太阳膀胱经		后缘

* 在内踝八寸以下，肝经循行在前缘，脾经循行在中线。至内踝上八寸处两经交叉之后，脾经循行在前缘，肝经循行在中线。

（二）走向与交接规律

十二经脉的走向与交接是有一定规律的。《灵枢·逆顺肥瘦》说："手之三阴，从脏走手；手之三阳，从手走头；足之三阳，从头走足；足之三阴，从足走腹。"即：手三阴经从胸腔走向手指末端，交于手三阳经；手三阳经从手指末端走向头面部，交于足三阳经；足三阳经从头面走向足趾末端，交于足三阴经；足三阴经从足趾走向腹腔、胸腔，交于手三阴经（图 5-2）。

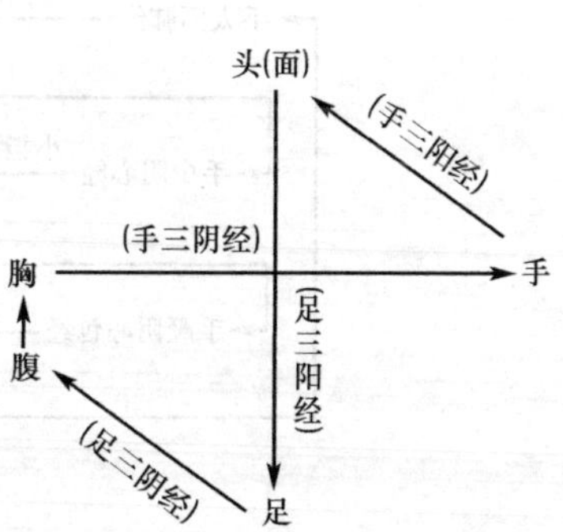

图 5-2　十二经脉走向交接规律示意图

（三）分布规律

十二经脉在体表的分布有一定的规律。

头部：手足阳明经行于额面部；手足少阳经行于头侧部；手足太阳经行于面颊、头顶和头后部。由于手足三阳经均分布于头面部，故有“头为诸阳之会”之说。

躯干部：手三阴经均从腋下出于体表；手三阳经行于肩胛部；足三阳经中的阳明经行于前（胸腹面），太阳经行于后（背面），少阳经行于侧面；足三阴经均行于腹面。循行于腹面的十二经脉，自内向外分别分布有足少阴肾经、足阳明胃经、足太阴脾经和足厥阴肝经。

四肢部：阴经行于内侧面，阳经行于外侧面。内侧三阴经的分布为太阴经行于前缘，厥阴经行于中线，少阴经行于后缘；外侧三阳经分布为阳明经行于前缘，少阳经行于中线，太阳经行于后缘。其中，需注意的是在下肢内踝上八寸以下，肝经循行在前缘，脾经循行在中线；至内踝上八寸处两经交叉之后，脾经循行在前缘，肝经循行在中线。

（四）表里配合

手足三阴、三阳经，通过各自的经别和别络互相沟通，组成六对“表里相合”关系。十二经的表里关系如同脏腑的表里关系。

（1）表：手阳明大肠经、手少阳三焦经、手太阳小肠经、足阳明胃经、足少阳胆经、足太阳膀胱经。

（2）里：手太阴肺经、手厥阴心包经、手少阴心经、足太阴脾经、足厥阴肝经、足少阴肾经。

相为表里的两条经脉，分别循行于四肢内外两侧的相对位置，并于四肢末端交接，且各自络属于相为表里的脏或腑，即阴经属脏络腑，阳经属腑络脏。这样，既加强了表里两经的联系，又促进了相为表里的脏与腑之间，在生理功能上的相互协调与配合。在治疗时，相为表里的两经的腧穴可交替使用。

（五）流注次序

十二经脉中的气血运行，是按十二经脉的前后衔接的顺序，依次流注而循环往复的。即从手太阴肺经开始，依次传至足厥阴肝经，最后又回到肺经，首尾相贯，如环无端（图 5-3）。

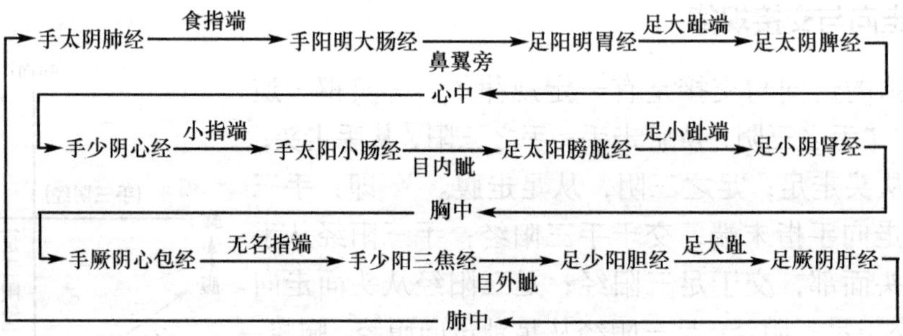

图 5-3　十二经脉流注次序图

另外，全身气血的运行，除按以上十二经脉的流注规律以外，尚有其他多种形式，如奇经八脉中的任督两脉及冲脉要参与气血的运行与调节，全身经络彼此之间众多的相交、汇合及并融关系，也使得其脉气交通而气血流注。

第三节　奇经八脉

奇经八脉，是督脉、任脉、冲脉、带脉、阴跷脉、阳跷脉、阴维脉、阳维脉的总称。“奇”，是奇特、奇异之意，指这八条经脉既不直接隶属于十二脏腑，又无表里相配关系，其分布和作用有异于十二正经。各经的命名则主要依据其功能、分布而定。如督脉总领一身阳气，为阳脉之督纲，故以“督”名之；任脉总任诸阴，对全身阴经脉气有总揽、总任的作用，故以“任”名之；冲脉容纳、调节十二经脉和五脏六腑的气血，是总领诸经气血之要冲，故以“冲”名之；带脉回绕横围于腰腹，有如束带，可约束全身直行的阴阳诸经，因而称之为“带脉”；跷脉交通一身阴阳之气，调节肢体运动，故以“跷”名之；阴维脉、阳维脉维系、联络全身的阴阳经脉以归于任、督脉，故以“维”名之。

奇经八脉纵横交叉于十二经脉之间，主要具有以下三个方面的作用：

（1）密切与加强十二经脉之间的联系。如阳维脉能维系诸阳经；阴维脉能维系诸阴经；带脉能约束纵行诸经，并沟通彼此之间的联系；冲脉上下贯通，为全身血气之要冲，渗灌三阴、三阳；督脉能总督一身之阳经；任脉能总任一身之阴经。

（2）调节十二经脉的气血。奇经八脉错综分布，循行于十二经脉之间，当十二经脉气血旺盛有余时，则流注于奇经八脉，蓄以备用；当十二经脉气血不足时，则从奇经八脉溢于十二经脉，以补充调节之。

（3）奇经与肝、肾、脑、髓、胞宫等脏腑有较密切的生理和病理上的联系。如肝为藏血之脏，而冲脉为“血海”，故肝的藏血、调血功能与冲脉有联系。又如督脉与肾、脑、髓的生理功能密切相关；任脉与胞宫妊娠也有一定关系等。

第四节　经络的生理功能

经络的生理功能主要表现在运行全身气血，联络脏腑肢节、沟通上下内外，抗御外邪侵袭，感应传导信息、调节机能平衡等方面。

（一）运行气血作用

人体各脏腑组织器官均需要气血的营养和温煦，才能维持其正常的生理功能活动。但气血要到达全身各种，必须以经络为通道而流注全身，所以《灵枢·本藏》说：“经脉者，所以行血气而营阴阳，濡筋骨，利关节者也。”

十二经脉是人体经络系统的核心，也是人体气血运行的主要通道。《灵枢·营气》认为机体气血的运行，主要沿着十二经脉流注衔接的次序，并与任、督两脉构成首尾相接、如环无端的整体，使气血循环往复不息，灌注到各脏腑组织器官之中，以提供营养，并带走代谢物，从而维持和发挥其正常的生理功能。

（二）沟通联系作用

人体是一个有机的统一整体。人体各脏腑组织、五官九窍、皮肉筋骨之间，无论是在组织结构上，还是在生理功能上，都密切相关、紧密配合，共同构成生命的整体，维持整体的生命活动。人体的这种彼此联系、相互配合，主要是通过经络的沟通联系作用来实现的。由于经络在机体内纵横交错、四通八达、出表入里、通上达下、络属脏腑、连络肢节、布散皮肉筋骨，全身各处无所不至，因而就将人体各部有机地联系起来，沟通了彼此的联系，使之相互配合与协调。其具体作用主要表现在以下几个方面。

（1）沟通脏腑与外周体表肢节的联系：这种联系主要是通过十二经脉以及十二经筋、十二皮部来实现的。

（2）沟通脏腑与官窍的联系：位于体表的官窍，包括眼、耳、口、鼻、舌、二阴等，这些官窍与脏腑之间的密切关系也主要是通过经脉的沟通来实现的。

（3）沟通脏腑之间的联系：首先互为表里的脏腑之间主要是通过彼此经脉之间的相互络属而加强联系的；另外，由于经脉在体内的循行经过，布散流注，也加强了脏腑之间的联系；再有，十二经别的循行补充了正经的不足。这样，通过经脉的沟通与联系，加强了脏腑之间的联系。

（4）沟通经脉之间的联系：机体十二经脉是彼此连接、如环无端的整体，再加上彼此之间的相互交会、交叉，以及通过经别、别络的交会联络，更加强了彼此之间的联系。此外，十二经脉还通过奇经八脉来加强联系，如阳经均交会于督脉的大椎穴，故督脉称“阳脉之海”；阴经在腹部多次与任脉相交会，故任脉称“阴脉之海”。由于人体经络之间有着多方面、多层次的沟通与联系，因此经络成为了具有完整结构的机体调节系统。

（三）感应传导作用

感应传导，是指经络对体内外的各种信息刺激的感受、接应，并把这种信息沿经络的循行路线传导到其他部位。人体的经络犹如一张覆盖全身、四通八达的信息网，能敏感地接收和传递信息。人作为高级生命体，在其生命过程中要产生或接受大量的生命信息，并通过经络将各种信息传递到靶器官，机体再根据这些信息对目前的生理活动作出相应的调整或发出新的指令，从而使机体能不断适应内外环境的变化而维持其正常的生命活动。针灸时所产生的“得气”或“行气”现象，即是典型的经络感应与传导。另外，药物治疗疾病，也必须通过经络的传导作用，方能使药物到达病所，发挥治疗作用，由此而产生了“药物归经”与“引经报使”理论。

（四）调节平衡作用

经络对于人体的气血阴阳、脏腑功能具有调节平衡，以维护其正常生理而不失其常的作用。如在一般生理状况下，当十二经脉及脏腑气血充盛而有余时，便泻注于奇经八脉；从而维护其十二经脉及脏腑中的气血正常；而当十二经脉及脏腑气血不足时，奇经八脉中的气血又溢注于十二经脉，从而补充其不足，以维护其正常。经络的这种调节作用，还着重体现在疾病状态下。当机体气血阴阳发生偏盛偏衰时，可采用针刺、艾灸等手段，刺激经络，以激发经气，从而产生调节作用，使壅盛者泻其有余，衰弱者补其不足，从而达到恢复正常的目的。

第五节　经络学说的应用

经络学说不仅可以说明人体的生理功能，而且在阐释疾病病理变化、指导疾病的诊断与治疗方面，也具有极为重要的价值。

（一）阐释疾病病理变化

在生理情况下，经络有运行气血、感应传导的作用。在病理情况下，经络则成为传递病邪和反应病变的途径。

（1）外邪由表入里的传播途径：经络内属脏腑，外联皮肤、筋骨。外邪侵袭体表，通过经络的传递，可内传脏腑。如外邪侵袭肌表，初见寒热头痛等症，若外邪循经内传于肺，则可出现咳喘、胸痛、胸闷等肺失宣肃的症状，故《素问·皮部论》说："邪客于皮则腠理开，开则邪客于络脉，络脉满则入舍于脏腑也。"

（2）内脏病变反应于体表的途径：经络不仅是外邪由表入里的途径，而且也是脏腑与体表组织之间病变相互影响的途径。内脏病变通过经络传导，反应于体表的某些特定部位及官窍。如肝病可见两胁或少腹疼痛；胸痹、真心痛可表现为胸前区疼痛，且疼痛沿左侧手少阴心经循行路线放射至手臂内尺侧缘；胃火上炎则牙龈肿痛；肝胆火旺则耳聋、耳痛。

（3）脏腑病变相互传变的途径：由于脏腑之间通过经络沟通联系，所以在疾病状态下，经络可成为脏腑之间病变相互传变的途径。

1）互为表里的脏与腑病变之间的传变。如心火循经下移小肠；大肠实热，腑气不通，可使肺气不利而出现咳、喘、胸满等。

2）非表里关系的脏腑病变的传变。如肝失疏泄可影响脾胃运化，因为足厥阴肝经挟胃；肾虚水泛可凌心射肺，因为足少阴肾经入肺、络心。

（二）指导疾病的诊断

应用经络学说诊断疾病，主要体现在通过经络的循行部位，判断病位的经络脏腑所在。

（1）循经辨症，判断病位：由于经脉各自有其特定的循行部位和脏腑络属，因此，临床根据疾病症状出现的部位，可判断病在何经、何脏或何腑。如腰部疼痛多与肾有关；两胁疼痛多为肝胆疾病；缺盆中痛常是肺脏病变。又如头痛一症，痛在前额者，多与阳明经有关；痛在两侧者，多属少阳经病变；痛在后头部及项部者，多与太阳经有关；痛在巅顶者，多与厥阴经有关。

（2）按察俞穴，判断病位：俞穴是经气聚集的地方。当脏腑病变时，常可在特定的俞穴部位出现反应，或表现为压痛，或呈现为结节状，条索状的反应物，或局部出现一些形态变化等，因此，根据这些病理反应可帮助诊断。如肝病时，肝俞穴及期门穴多有压痛；胆病时，在胆俞穴及胆囊穴附近常有压痛；胃痛时，在胃俞穴及足三里穴会有明显的痛觉异常；肺脏有病时，可在肺俞穴出现结节；长期消化不良者，可在脾俞穴见到异常变化等。

（三）指导疾病的治疗

（1）循经取穴：针灸和按摩疗法，主要是针对某一经或某一脏腑的病变，在其病变的邻近部位或经络循行的远隔部位上取穴，通过针灸或按摩，以调整经络气血的功能活动，从而达到治疗的目的。而穴位的选取，首先必须按经络学说来进行辨证，断定疾病属于何经后，再在其经脉的循行路线上和与之有密切联系的经脉上来选穴治疗，这就是“循经取穴”。

（2）分经用药：药物治疗也是以经络为渠道，通过经络的传导转输，使药达病所，发挥其治疗作用。古代医学根据某些药物对某一脏腑经络所具有的特殊选择性作用，创立并形成了“药物归经”理论，还根据经络学说，创立了“引经报使”理论。如治疗头痛，属太阳经的可用羌活，属阳明经的可用白芷，属少阳经的可用柴胡。因为羌活、白芷、柴胡不仅分别归手足太阳、阳明、少阳经，且能作为他药的向导，引导他药归入上述各经而发挥治疗作用。

第六章　病因病机学说

人是一个有机整体，人与外界环境也有着密切的联系，而人自身内环境以及人与外界环境之间维持着既对立又统一的动态平衡，从而保持了人正常的生命活动。当这种动态平衡因某种原因遭到破坏，而又不能自行调节恢复时，人就会发生疾病。

第一节　病　　因

凡能破坏人体相对平衡状态而引起疾病发生的原因，称为病因，即致病因素。致病因素是多种多样的，诸如气候的异常、疫疠的传染、饮食劳倦、跌仆金刃外伤以及虫兽所伤等，均可导致疾病的发生。此外痰饮、瘀血和结石等，既是疾病过程中所形成的病理产物，又能成为致病因素，作用于人体而发生疾病。

中医认识病因，除直接询问发病的经过及有关情况以推断病因外，主要是以病证的临床表现为依据，通过分析疾病的症状、体征来推求病因，为治疗用药提供依据，这种方法称为“辨证求因”。

一、外感病因

外感病因是指来源于自然界，多从肌表、口鼻侵入人体而引起疾病发生的病因。主要包括六淫和疠气。

（一）六淫

“六淫”是风、寒、暑、湿、燥、火六种外感病邪的总称。此概念源于六气。六气是指风、寒、暑、湿、燥、火六种自然界的气候变化，是万物生长变化和人类赖以生存的自然条件。六气的变化有一定的规律和限度，正常的六气一般不易使人致病。当气候变化异常，六气发生太过或不及，或非其时而有其气（如春天应温而反寒，秋天应凉而反热等），以及气候变化过于急骤（如暴冷、暴热等），且在人体的正气不足而抵抗力下降时，六气才能成为致病因素，侵犯人体发生疾病。这种使人致病的“六气”，便称为“六淫”。

六淫致病，具有下列共同的特点：

（1）外感性：六淫致病，其途径多侵犯肌表，或从口鼻而入，或两者同时受邪，故常称“外感病”病因。

（2）季节性：六淫为病多与季节气候有关。如春多风病，夏多暑病，长夏多湿病，秋多燥病，冬多寒病等，习称“时令病”，这是一般规律。

（3）地域性：六淫致病常与生活、工作的区域和环境密切相关。一般来说，西北高原地区，地势高而天气寒凉，故多寒病、燥病；东南沿海地区，地势低下而气温偏高，湿度偏大，故多湿病和热病。久居湿地或水上作业之人易患湿病，而高温作业之人易燥热为病。

（4）相兼性：六淫既可单独使人致病，又可两种以上同时侵犯人体而致病。如风寒感冒、湿热泄泻、风寒湿痹等。

（5）转化性：六淫在发病过程中，不仅可以互相影响，而且可以在一定条件下互相转化。如寒邪入里可以化热，暑湿日久可以化燥等。转化并不是说六淫中的一种邪气变成了另一种邪气，而是指六淫所致证候的性质发生转化，多与个体本身的体质特点有关。

此外，临床上还有某些并非因为六淫之邪外感，而是由于脏腑、气血津液功能失调所产生的化风、化寒、化湿、化燥、化热、化火等病理变化。为了与外感六淫相区别，称其为“内生五邪”，即内风、内寒、内湿、内燥、内火（内热）等。由于它们与外感六淫在发病过程中常相互影响，且性质特点和致病表现又相近似，故也在本节一并讨论。

1. 风邪

自然界中具有善动不居、轻扬开泄特性的外邪称为风邪。风为春季的主气，但四季皆有风，故风邪引起的疾病虽以春季为多，但其他季节亦可发生。风邪外袭多自皮毛肌腠而入，从而产生外风病证。

风邪的性质和致病特点：

（1）风为阳邪，轻扬开泄，易袭阳位：风邪具有轻扬、升发、向上、向外的特性，故属于阳邪。其性开泄，指其易使腠理宣泄开张而有汗出。风邪侵袭，常伤及人体的上部（头、面）、阳经和肌表，使皮毛腠理开泄，出现头痛、汗出、恶风等症状。

（2）风性善行而数变：“善行”，指风性善动不居，游移不定。故其致病具有病位游移、行无定处的特征。如见游走性关节疼痛，痛无定处，则属于风邪偏盛，故称为“行痹”或“风痹”。“数变”，指风邪致病变幻无常，发病迅速。如风疹就表现为皮肤瘙痒时作，疹块发无定处，此起彼伏，时隐时现等特征。同时，以风邪为先导的外感病，一般发病急，传变也较快。如风中于头面，可突发口眼斜。小儿风水证，起病仅有表证，但短时间内即可出现头面一身俱肿、小便短少等。

（3）风性主动：“主动”，指风邪致病具有动摇不定的特征。如风邪入侵，常见颜面肌肉抽掣，或眩晕、震颤、抽搐、颈项强直、角弓反张、两目上视等。临床上因受风而面部肌肉颤动，或口眼㖞斜，为风中经络。因金刃外伤，复受风毒之邪而出现四肢抽搐、角弓反张等症，也属于风性主动的临床表现。

（4）风为百病之长：长者，始也，首也。风为百病之长，一是指风邪常兼他邪合而伤人，为外邪致病的先导。因风性开泄，凡寒、湿、暑、燥、热诸邪，常依附于风而侵犯机体，从而形成外感风寒、风湿、风热、风燥等证。二是指风邪袭人致病最多。风邪终岁常在，故发病机会多。风邪侵犯，无孔不入，表里内外均可遍及，侵害不同的脏腑组织，可发生多种病证。

2. 寒邪

自然界中具有寒冷、凝滞、收引等特性的外邪称为寒邪。寒为冬季的主气，故凡在气温较低的冬季，或由于气温骤降，人体不注意防寒保暖，则常易感受寒邪。此外，淋雨涉水，或汗出当风，也常为感受寒邪之重要原因。

寒邪的性质和致病特点：

（1）寒为阴邪，易伤阳气：寒为阴气盛的表现，故称为阴邪。寒邪侵入后，机体的阳气奋起抵抗，但若寒邪过盛，则阳气不仅不足以驱除寒邪，反为寒邪所消耗。所以，感受寒邪最易损伤人体阳气。寒邪伤阳，既可致寒遏卫阳的实寒证，也可见阳气衰退的虚寒证。

（2）寒性凝滞：凝滞，即凝结阻滞。寒性凝滞，指寒邪侵入，易使气血津液凝结、经脉阻滞之意。人身气血津液之所以畅行不息，全赖一身阳气的温煦推动，而一旦阴寒之邪侵犯，阳气受损，失其温煦，易使经脉气血运行不畅，甚或凝结阻滞不通，不通则痛，故疼痛是寒邪致病的重要临床表现。因寒而痛，一则有明显的受寒原因；二是其痛得温则减，遇寒增剧。由于寒邪侵犯部位不同，因而可出现多种疼痛症状。

（3）寒性收引："收引"，有收缩牵引之意。寒性收引，即指寒邪侵袭人体，可使气机收敛，腠理、经络、筋脉收缩而挛急。如寒邪侵及肌表，毛窍腠理闭塞，卫阳被郁不得宣泄，可见恶寒、发热、无汗等；若寒客血脉，则气血凝滞，血脉挛缩，可见头身疼痛、脉紧；若寒客经络关节，则经脉收缩拘急，甚则挛急作痛、屈伸不利，或冷厥不仁等。

3. 暑邪

暑为夏季的火热之邪，是夏季的主气，乃火热所化。六淫之中，暑邪致病的季节性最为明显，仅见于夏令。炎夏季节，气温过高，或烈日之下，长时间露天作业，或工作环境闷热，皆易感受暑热之邪而患病。

暑邪的性质和致病特点：

（1）暑为阳邪，其性炎热：暑为盛夏火热之气所化，火热属阳，故暑邪为阳邪。暑邪伤人多表现为一系列阳热症状，如高热、心烦、面赤、脉洪大等。

（2）暑性升散，扰神伤津耗气："升"，即升发、向上。暑为阳邪，其性升发，故易上扰心神，或侵犯头目，出现心胸烦闷不宁、头昏、目眩、面赤等症状。"散"，指暑邪侵犯人体，可致腠理开泄而多汗。汗出过多，不仅伤津，而且耗气，故临床除见口渴喜饮、尿赤短少等津伤症状外，还可见气短、乏力，甚则气津耗伤太过，清窍失养而突然昏倒、不省人事。

（3）暑多夹湿：暑季气候炎热，且常多雨而潮湿，热蒸湿动，水气弥漫，故暑邪致病，多夹湿邪为患。其临床表现除烦热、口渴等暑热症状外，常兼见身热不扬、四肢困倦、胸闷呕恶、大便溏泄不爽等湿滞症状。

4. 湿邪

具有水湿之重浊、黏滞、趋下特性的外邪称为湿邪。长期阴雨连绵，气候潮湿，或居处潮湿，或水中作业，或淋雨涉水，或汗出后湿衣未能及时更换等，皆易导致外感湿邪。

湿邪的性质和致病特点：

（1）湿为阴邪，易损伤阳气，阻遏气机：湿与水同类，故属阴邪。湿邪致病，易伤阳气。此外，湿邪侵入，最易留滞于脏腑经络，阻遏气机，使脏腑气机升降失常，经络阻滞不畅。如湿阻胸胁，气机不畅则胸膈满闷；湿阻中焦，脾胃气机升降失常，则脘痞腹胀、食欲减退；湿停下焦，肾与膀胱气机不利，则小腹胀满、小便淋涩不畅。

（2）湿性重浊："重"，即沉重、重着，指湿邪致病出现以沉重感为特征的临床表现，如头身困重、四肢酸楚沉重等。若湿邪外袭肌表，困遏清阳，清阳不升，则头重如束布帛；若湿邪阻滞经络关节，阳气不得布达，则可见肌肤不仁、关节疼痛重着，故称之为"湿痹"或"着痹"。"浊"，即秽浊不清，指湿邪为患，易呈现分泌物和排泄物秽浊不清的现象。

如湿浊在上则面垢、眵多；湿滞大肠，则大便溏泄、下痢脓血；湿浊下注，则小便浑浊、妇女白带过多；湿邪浸淫肌肤，则可见湿疹流水等。

（3）湿性黏滞："黏"，即黏腻；"滞"，即停滞。湿邪致病，其黏腻停滞的特性主要表现在两个方面：一是症状的黏滞性。湿病症状多表现为黏滞而不爽，如排泄物和分泌物多滞涩不畅。例如痢疾的大便排泄不爽，膀胱湿热的小便滞涩不畅等，皆为湿邪为病的常见症状。二是病程的缠绵性。湿邪致病病程较长，反复发作，缠绵难愈。如湿温、湿疹、湿痹（着痹）等，皆因其湿而不易速愈，或反复发作。

（4）湿性趋下，易袭阴位：湿邪属阴，而有趋下之势，故湿邪为病多易伤及人体下部，常见有水肿、带下、大便排泄不爽、小便不畅等症状。

5. 燥邪

具有干燥、收敛清肃特性的外邪称为燥邪。燥为秋季的主气。燥邪为病有温燥、凉燥之分。初秋有夏热之余气，燥与温热结合而侵犯人体，则多见温燥病证；深秋有近冬之寒气，燥与寒邪结合侵犯人体，则多见凉燥病证。

燥邪的性质和致病特点：

（1）燥性干涩，易伤津液：燥邪为干涩之病邪，侵犯人体，最易损伤津液，出现各种干燥、涩滞的症状，如口鼻干燥、咽干口渴、皮肤干涩、甚则皲裂、毛发不荣、小便短少、大便干结等。

（2）燥易伤肺：肺为娇脏，喜清润而恶燥。肺主气，司呼吸，直接与自然界大气相通，且外合皮毛，开窍于鼻，而燥邪多从口鼻而入，故最易损伤肺津，从而影响肺气之宣降，甚或燥伤肺络，出现干咳少痰，或痰黏难出，或痰中带血，喘息胸痛。由于肺与大肠相表里，肺津耗伤，大肠失润，传导失司，可现大便干涩不畅等症状。

6. 火（热）邪

具有炎热特性的外邪称为热邪。火热旺于夏季，但一年四季均可发生。火热之气太过，变为火热之邪，则可伤人致病。火热之邪所致的病证称为外感火热病证或外火证。

火热为阳盛之气所化，故火与温热常可混称。但火与温热，同中有异，温热为火之渐，火为热之极。火热可由风、寒、暑、湿、燥邪转化而来，称"五气化火"；也可因七情太过在一定条件下转化而来，称"五志化火"。

火热之邪的性质和致病特点：

（1）火热为阳邪，其性炎上：火热之性燔灼、升腾，属阳邪。阳邪侵入，邪气亢盛，阳胜则热，故发为实热性病证，临床多见高热、恶热、烦渴、汗出、脉洪数等症状。火性炎上，火热之邪易侵害人体上部，故火热病证常发生在人体上部，尤以头面部为多见，如目赤肿痛、咽喉肿痛、口舌生疮糜烂、牙龈肿痛、耳内肿痛或流脓等。

（2）火热易扰心神：火热之邪入于营血，易影响心神，轻者心神不宁而心烦、失眠；重者可扰乱心神，出现狂躁不安，或神昏、谵语等症状。

（3）火热易伤津耗气：火热之邪致病，热淫于内，一方面迫津外泄，因气随津泄而致津亏气耗；另一方面则直接消灼煎熬津液，耗伤人体的阴气，即所谓热盛伤阴。故火热之邪致病，临床表现除热象显著外，往往伴有口渴喜冷饮、咽干舌燥、小便短赤、大便秘结等津伤阴亏的症状。此外，阳热太盛，大量伤津耗气，临床又可兼见体倦乏力、少气懒言等气虚症状，重则可致全身津气脱失的气脱证。

（4）火热易生风动血：“生风”，是指火热之邪侵犯人体，燔灼肝经，耗劫津液，导致筋脉失养失润，易引起肝风内动的病证。由于此肝风为热甚引起，故又称“热极生风”。临床表现为高热神昏、四肢抽搐、两目上视、角弓反张等。“动血”，指火热入于血脉，易迫血妄行。火热之邪侵犯血脉，轻则加速血行，甚则可灼伤脉络，迫血妄行，引起各种出血证，如吐血、衄血、便血、尿血、皮肤发斑等。

（5）火邪易致疮痈：火邪入于血分，可聚于局部，腐蚀血肉，发为痈肿疮疡。由火毒壅聚所致之痈疡，其临床表现以疮疡局部红肿热痛为特征。

附　内生五邪

内风　是指体内阳气亢逆变动而形成的以动摇、眩晕、抽搐、震颤等类似风动为基本特征的病理状态。由于“内风”与肝的关系较为密切，故又称肝风内动。主要有因邪热炽盛，引动肝风所致的“热盛动风”；有因肝肾阴虚，阴不制阳所致的“肝阳化风”；有因阴液枯涸，筋脉失润所致的“阴虚风动”；有因营血亏耗，不荣脉络所致的“血虚生风”等。

内火　又称“火热内生”，是指由于阳盛有余，或阴虚阳亢，或由于气血郁滞，或由于病邪郁结而产生的火热内扰，机能亢奋的病理状态。外热与内火有一定的联系，外感热邪最易损伤人体的阴液而致虚热内生；反之，虚热内生或阳盛之体也可招致外感热邪而为患，两者常相互影响。

内燥　又称“津伤化燥”，是指机体津液不足，各组织器官及孔窍失其濡润，从而产生干燥枯涩的病理状态。内燥一般多由邪热灼伤津液、久病耗伤阴液或年老津液自亏所致。燥邪侵入人体，最易伤及人体津液，津亏生内燥，而津液亏耗之体，又容易感受燥邪，加剧内燥，以致内外合病。

内湿　又称“湿浊内生”，是指由于脾虚运化失司，而致水湿痰浊内生的病理状态。脾虚运化水液功能障碍，以致水液不化，聚而成湿，停而成痰，留而成饮，积而成水。由于内湿多因脾虚失运所致，故又称脾虚生湿。伤于外湿，湿邪困脾，故容易诱发内湿，而脾虚湿胜者又易招致外湿侵袭。

内寒　又称“寒从中生”，是指机体阳气虚衰，温煦气化功能减退，虚寒内生，或阴寒之气弥漫的病理状态。阳虚内寒之体，容易感受外寒，而外来寒邪侵入机体，积久不散，又常能损及人体阳气，日久导致内寒。

（二）疠气

疠气，指一类具有强烈致病性和传染性的外感病邪。在中医文献中，疠气又称为“疫毒”、“疫气”、“异气”、“戾气”、“毒气”、“乖戾之气”等。

疠气可以通过空气传染，经口鼻侵入致病，也可随饮食、蚊虫叮咬、虫兽咬伤、皮肤接触等途径传染而发病。疠气侵入引起的疾病成为“疫病”、“瘟病”、“瘟疫病”，如痄腮、烂喉痧、疫毒痢、白喉、天花、霍乱、鼠疫等，实际上它包括了现代临床医学的许多传染病和烈性传染病。

1. 疠气的致病特点

（1）传染性强，易于流行：疠气具有强烈的传染性和流行性，可通过空气、食物等多种途径在人群中传播。《温疫论》说："此气之来，无论老少强弱，触之者即病。"当然，疠气致病可以散在发生，也可以形成瘟疫流行。

（2）发病急骤，病情危笃：疠气致病力强，比温邪、火热邪气致病作用更为剧烈、险恶，具有发病急骤、潜伏期短、来势迅猛、病情危重、死亡率高的临床特点。

（3）一气一病，症状相似：疠气种类繁多，一种疠气引起一种疫病，故每一种疫病，症状相似；而感受不同的疠气，则症状也就不同，即所谓"一气致一病"。例如痄腮，无论患者是男是女，一般都表现为耳下腮部发肿。这种不同的感染倾向和传播情况，是由疫疠之气的特异性决定的。

2. 疠气形成与疫病流行的原因

影响疠气产生的因素有多种，主要有气候因素、环境因素、预防措施和社会因素等。

（1）气候因素：自然气候的反常变化如久旱、酷热、洪涝、湿雾瘴气、地震等，均可滋生疠气而导致疾病的发生，如霍乱等病的大流行与此类因素有关。

（2）环境因素：环境卫生不良如水源、空气污染等，均可滋生疠气。食物污染、饮食不当也可引起疫病发生，如疫毒痢、疫黄等病即是疠气通过饮食入里而发病的。

（3）预防措施不当：由于疠气具有强烈的传染性，故人触之者皆可发病。倘若预防隔离工作不力，也往往会使疫病发生或流行。

（4）社会因素：社会因素对疠气的发生与疫病的流行也有一定的影响。若战乱，社会动荡，工作环境恶劣，生活极度贫困，则疫病不断发生和流行；若国家安定，且注意卫生防疫工作，采取一系列积极有效的防疫和治疗措施，疫病即能得到有效的控制。

二、内伤病因

内伤病因是指因人的情志活动、生活起居和饮食劳逸等有违常度，直接伤及脏腑气血而引起疾病发生的病因，主要包括七情内伤、饮食失宜、劳逸失度等。

（一）七情内伤

七情，即人的喜、怒、忧、思、悲、恐、惊七种正常情志变化，它是人生理和心理活动对外界环境刺激的不同反应，属于生理范畴。"七情内伤"则是指导致或诱发了疾病的喜、怒、忧、思、悲、恐、惊等情志活动，它已成为致病因素，属于病因范畴。情志活动之所以成为致病因素，主要有两个方面的情况：一是突然、强烈或长期持久的情志刺激，超过了个体所能调节的范围，以致脏腑功能失调；二是个体脏腑气血虚弱，或个性脆弱，对情志刺激的适应能力下降，因而诱发疾病。

1. 七情与脏腑气血的关系

客观事物的刺激只有通过脏腑功能活动才能反映出七情的变化。人的情志活动是以脏腑的气血阴阳为物质基础的，必须依赖于这些物质的充足及功能正常，故七情又是脏腑气血盛衰及功能活动在精神情志方面的外在表现。而脏腑精气的功能是以五脏为中心，故情志活动与心、肝、脾、肺、肾关系密切。心在志为喜，肝在志为怒，脾在志为思，肺在志为忧，肾在志为恐。这就是五脏精气化生五志的生理。

情志太过，可内伤五脏精气。一般而言，大怒伤肝，大喜、大惊伤心，过度思虑伤脾，过度恐惧伤肾。外界刺激强烈或消极情志持续不解，可导致五脏精气、阴阳气血功能失调。另一方面，五脏精气、阴阳气血功能失调，亦可产生情志的失常。如肝气虚则恐，实则怒；心气虚则悲，实则笑不休等。这就是情志与五脏精气的病理。

2. 七情内伤的致病特点

七情内伤属内因，其致病主要直接影响其相应内脏，使其脏腑气机逆乱，气血失调，导致疾病的发生。

（1）直接伤及内脏：七情内伤是情志的异常，情志由脏腑的精、气、血所产生，所以七情致病主要伤及内脏。七情内伤首伤心神，因心主神明，心为五脏六腑之大主，神之所舍，且心在人的精神情志活动中起着主宰作用。七情伤及五脏，但不同的情志刺激所伤的脏器有所不同。如怒伤肝，喜伤心，忧（悲）伤肺，恐伤肾，思伤脾，这是七情内伤的一般规律。但七情内伤并非绝对一一对应，也可伤及其他脏腑。其依据脏腑的气血阴阳盛衰，一般而言，虚弱之脏腑易受伤为病。

（2）影响脏腑气机：七情致病伤及内脏，主要是影响脏腑的气机，使脏腑气机升降失常，气血运行紊乱。不同的情志刺激，对气机的影响也有所不同。

1）怒则气上：是指过度愤怒，影响肝的疏泄功能，导致肝气上逆，血随气逆，并走于上。临床上常见头胀头痛、面红目赤、呕血，甚则昏厥卒倒等气逆症状。

2）喜则气缓：正常情况下，喜能缓和精神紧张，使心情平静、舒畅。而狂喜、暴喜过度则可使心气涣散不收，神不守舍，出现精神不能集中，甚则失神狂乱等症状。

3）悲则气消：过度悲忧会损伤肺气，从而出现气短、精神委靡不振、乏力等症。

4）恐则气下：恐惧过度，可使肾气不固，气泄于下。临床上常见的气泄于下的症状有二便失禁，甚至昏厥、遗精等。

5）惊则气乱：突然受惊，损伤心气，导致心气紊乱，心无所倚，神无所归，虑无所定，而出现心悸、惊恐不安等症状。

6）思则气结：思虑过度，导致脾气郁结，从而出现纳呆、脘腹胀满、便溏等脾失健运的症状。

（3）影响病情：七情变化可影响原有病情变化，主要表现在诱发疾病发作和加重病情两方面。如有高血压病史的患者，若遇事恼怒，肝阳暴张，血压可以迅速升高，而发生眩晕，甚至突然昏厥，或昏仆不语、半身不遂、口眼斜。恶性肿瘤可因七情刺激导致病人意志崩溃，病情迅速恶化。

（二）饮食失宜

饮食是维持生命活动的最基本条件。正常合理饮食所化生的水谷精微能够生成气血，营养全身，而饮食失宜通常会导致多种疾病。饮食失宜包括饮食不节、饮食不洁、饮食偏嗜三个方面。

1. 饮食不节

良好的饮食行为应以适度为宜。如过饥过饱，或饥饱无常，均可影响健康，导致疾病发生。

（1）过饥：长期摄食不足，营养缺乏，气血生化减少，一方面因气血亏虚而脏腑组织失养，功能活动衰退，全身虚弱；另一方面又因正气不足，抗病力弱，易招致外邪入侵，继发其他疾病。儿童时期如果饮食过少，可致营养不良，影响其正常的生长发育。

（2）过饱：饮食超量，或暴饮暴食，或中气虚弱而强食，以致脾胃难于消化转输而致病。轻者表现为饮食积滞不化，以致病理产物“积食”内停，可见脘腹胀满疼痛、嗳腐吞酸、呕吐、泄泻、厌食、纳呆等；甚者可因脾胃久伤或营养过剩，而发展为消渴、肥胖、痔疮、心脉痹阻等病证。若病理产物“积食”停滞日久，可进一步损伤脾胃功能，致使运化功能久不得复，甚至还可聚湿、化热、生痰而引起其他病变发生。小儿喂养过量，易致消化不良，久则可致“疳积”等。

2. 饮食不洁

饮食不洁作为致病因素，是指进食不洁净的食物而导致疾病的发生，多是由于缺乏良好的卫生习惯，进食陈腐变质，或被疫毒、寄生虫等污染的食物所造成。饮食不洁而致的病变以胃肠病为主。若进食被疫毒污染的食物，则可发生某些传染性疾病。如果进食或误食被毒物污染或有毒性的食物，还会发生食物中毒，轻则脘腹疼痛，呕吐腹泻；重则毒气攻心，神志昏迷，甚至导致死亡。

3. 饮食偏嗜

饮食偏嗜作为致病因素，是指特别喜好某种性味的食物或专食某些食物而导致某些疾病的发生。机体的生长发育和功能活动需要各种不同的营养成分，而各种营养成分又分别存在于不同的饮食中，因此要适当调节饮食，注意食品的多样化，做到饮食结构合理，五味调和，寒热适中，无所偏嗜，这样才能使人体获得所需要的各种营养物质。若膳食结构失宜，或饮食过寒过热，或饮食五味有所偏颇，均可导致阴阳失调而发生疾病。

（1）寒热偏嗜：一般而言，良好的饮食习惯要求寒温适中。如偏食生冷寒凉之品，易于损伤脾胃阳气，导致寒湿内生；若偏嗜辛温燥热饮食，易使肠胃积热，或酿成痔疮等；若嗜酒成癖，久易聚湿、生痰、化热而致病，甚至变生癥积。

（2）五味偏嗜：五味，指酸、苦、甘、辛、咸，它们各有不同的作用，不可偏废。五味与五脏，各有其所喜，如酸先入肝，苦先入心，甘先入脾，辛先入肺，咸先入肾。如果长期嗜好某种性味的食物，就会导致该脏的脏气偏盛，功能活动失调，进而发生多种病变。五味偏嗜既可引起本脏功能失调，也可因脏气偏盛，以致脏腑之间平衡关系失调而出现他脏的病理改变。

（3）种类偏嗜：人的膳食结构应以谷类为主，肉类为副，蔬菜为充，水果为助，这样才有益于健康。若专食某种或某类食品，或厌恶某类食物而不食，或膳食中缺乏某些食物等，久之也可成为导致某些疾病发生的原因，如瘿瘤（碘缺乏）、佝偻（钙、磷代谢障碍）、夜盲（维生素 A 缺乏）等。

（三）劳逸失度

正常的劳作有助于气血流通，体质强壮；适当的休息能消除疲劳，恢复体力。劳逸结合有利于身体健康，一般不会致病，而只有在劳逸失度时，才会损伤机体而引发疾病。

1. 过劳

过劳是指过度劳累，也称劳倦所伤，包括劳力过度、劳神过度和房劳过度三个方面。

（1）劳力过度：指较长时间的过度用力，劳伤形体而积劳成疾，或者是病后体虚，勉强劳作而致病。劳力太过而致病，其病变特点主要表现在两个方面：一是过度劳力而耗气，损伤内脏的精气，导致脏气虚少，功能减退。由于肺为气之主，脾为生气之源，故劳力太过尤易耗伤脾肺之气，常见如少气懒言、体倦神疲、喘息汗出等。二是过度劳力而致形体损伤，即劳伤筋骨。体力劳动主要是筋骨、关节、肌肉的运动，如果长时间用力太过，则易致形体组织损伤，久而积劳成疾。

（2）劳神过度：指长期用脑过度，思虑劳神而积劳成疾。由于心藏神，脾主思，血是神志活动的物质基础，故用神过度，长思久虑，则易耗伤心血，损伤脾气，以致心神失养，神志不宁而心悸、健忘、失眠、多梦和脾失健运而纳少、腹胀、便溏、消瘦等。

（3）房劳过度：指房事太过，或手淫恶习，或妇女早孕、多育等，耗伤肾精、肾气而致病。由于肾藏精，为封藏之本，故肾精不宜过度耗泄。若房事不节则肾精、肾气耗伤，常见腰膝酸软、眩晕耳鸣、精神委靡、性机能减退等。若妇女早孕多育，亏耗精血，累及冲任及胞宫，易致月经失调、带下过多等妇科疾病。此外，房劳过度也是导致早衰的重要原因。

2. 过逸

过逸是指过度安逸，包括体力过逸和脑力过逸等。过度安逸致病，其特点主要表现在三个方面：一是安逸少动，气机不畅。如果长期运动过少，则人体气机失于畅达，可以导致脾胃等脏腑的功能活动呆滞不振，出现食少、胸闷、腹胀、肢困、肌肉软弱或发胖臃肿等。二是阳气不振，正气虚弱。过度安逸，或长期卧床，阳气失于振奋，以致脏腑组织功能减退，体质虚弱，正气不足，抵抗力下降等。过逸致病，常见动则心悸、气喘汗出等，或抗邪无力，易感外邪致病。三是长期用脑过少，加之阳气不振，可致神气衰弱，常见精神委靡、健忘、反应迟钝等。

三、病理产物性病因

病理产物性病因是继发于其他病理过程而产生的致病因素。在疾病过程中，由于某些病因的作用，引起气血津液代谢失调等病理变化，形成病理产物；病理产物一旦产生，又可成为新的病证发生的病因。因其具有病理产物和致病因素双重特点，故称为病理产物性病因。它包括痰饮、瘀血、结石三大类。

（一）痰饮

痰饮是机体津液代谢障碍所形成的病理产物。这种病理产物形成之后，便作为一种致病因素作用于机体，阻滞经络，阻碍气血，影响脏腑功能，从而引起各种复杂的病理变化，导致各种新的病证出现。一般以较稠浊的称为痰，清稀的称为饮。

痰饮有广义和狭义之分。狭义之痰饮，指咳吐之痰涎。广义之痰饮，指由津液代谢障碍所形成的病理产物及其病理变化和临床表现，由机体功能失调，津液停蓄蕴结而成。

从形质来分，痰又可分为有形之痰和无形之痰。有形之痰，是指视之可见，闻之有声的痰液如咳嗽吐痰、喉中痰鸣等，或指触之有形的痰核。无形之痰，是指只见其征象，不见其形状的痰病如眩晕、癫狂等，但可以通过其致病特点和临床症状分析而确定。饮流动性较大，可留积于人体脏器组织的间隙或疏松部位。从饮的停留部位不可分为“痰饮”、“悬饮”、“溢饮”、“支饮”等。

1. 痰饮的形成

痰饮的形成，多为外感六淫、七情内伤、饮食不节、脏腑功能失调、气化不利，导致津液代谢障碍，水液停聚而形成。由于肺、脾、肾、肝等对津液代谢起着重要作用，故痰饮的形成多与肺、脾、肾、肝的功能失常密切相关。

2. 痰饮的致病特点

痰饮一旦产生则可流窜全身，外而经络、肌肤、筋骨，内而脏腑，全身各处，无处不到，从而产生各种不同的病变。概括而言，其致病特点有以下几个方面。

（1）阻滞气血运行：痰饮为有形之邪，可随气流行，或停滞于经脉，或留滞于脏腑，阻滞气机，妨碍血行。若痰饮流注于经络，则致经络气机阻滞，气血运行不畅，出现肢体麻木、屈伸不利，甚至半身不遂，或形成瘰疬痰核、阴疽流注等。若痰饮留滞于脏腑，则阻滞脏腑气机，使脏腑气机升降失常。如痰饮阻肺，肺气失于宣降，则见胸闷气喘、咳嗽吐痰等；痰饮停胃，胃气失于和降，则见恶心呕吐等；痰浊痹阻心脉，血气运行不畅，可见胸闷心痛等。此外，痰浊随气上逆，蒙蔽清窍，扰乱心神，可使心神活动失常，出现头重、头晕目眩、精神不振等症，甚至出现神昏谵妄，引起癫、狂、痫等疾病。

（2）影响津液代谢：痰饮本为津液代谢失常的病理产物，但是痰饮一旦形成之后，可作为一种继发性致病因素反过来作用于人体，进一步影响肺、脾、肾等脏腑的功能活动，影响津液代谢。如痰湿困脾，可致水湿不运；痰饮阻肺，可致宣降失职，水液不布。因此，痰饮致病能影响人体津液的输布与排泄，使津液进一步停留于体内，加重津液代谢障碍。

（3）致病广泛，变化多端，病势缠绵：痰饮为病，具有变幻多端、病证错综复杂的特点。痰饮随气流行，内而五脏六腑，外而四肢百骸、肌肤腠理，可停滞而致多种疾病。由于其致病面广，发病部位不一，且又易于兼邪致病，因而在临床上形成的病证繁多，症状表现十分复杂，故有“百病多由痰作祟”之说。痰饮停滞于体内，其病变的发展可伤阳化寒，可郁而化火，可夹风、夹热，可化燥伤阴，可上犯清窍，可下注足膝，且病情反复发作，缠绵难愈，病程较长，治疗困难。

（4）易扰乱神明：痰浊之邪易上扰神明，影响心藏神的功能，出现一系列心神失常的病证。如痰迷心窍，则可见神昏、痴呆；痰火扰心，则发为癫狂；痰蒙清窍，可见头昏头重、精神不振。

（5）舌脉表现出湿的特点，如舌苔厚腻。

（二）瘀血

瘀血，是指体内血液停积而形成的病理产物。瘀血一旦形成，就成为一种致病因素。

1. 瘀血的形成

人体血液的正常运行，主要依赖于心、肺、肝、脾等脏的功能、气的推动与固摄作用以及脉道的通利，且与寒热等内外环境因素密切相关。

瘀血形成机理主要有两个方面：一是血离经脉，二是血液运行不畅。

造成瘀血的具体原因可有以下几个方面。

（1）气虚血瘀：因气虚无力推动血行，血行迟缓可致瘀；或气虚统摄无力，血液离经，停滞于体内成瘀。

（2）气滞血瘀：气机郁滞，无法正常推动血液运行而成瘀。

（3）血寒致瘀：寒邪凝滞，血液凝闭不通则成瘀。

（4）血热成瘀：热入营血，血热互结，热邪伤津，血液黏滞不行可成瘀；或热灼伤脉络，迫血妄行，血液溢出脉外，积而成瘀。

此外，外伤也可直接导致瘀血。

2. 瘀血的致病特点

瘀血形成之后，不仅失去正常血液的濡养作用，而且反过来又会影响全身或局部血液的运行，产生各种病证。瘀血的病证虽然繁多，但其临床表现归纳起来则有如下几个共同的特点。

（1）疼痛：疼痛多表现为刺痛，痛处固定不移，拒按，入夜尤甚。

（2）肿块：瘀血积于皮下或体内可出现肿块，肿块多固定不移。在体表可见肿胀隆起；在体腔内可扪及包块，质硬而坚固难移，称为癥积。

（3）色紫暗：唇甲青紫、舌质紫黯，或有瘀点瘀斑，或舌下静脉曲张，久瘀则可见面色黧黑，或肌肤甲错。

（4）脉象：可见细涩、沉弦或结代脉。

（三）结石

结石，是指多种原因引起体内某些物质代谢异常而形成的砂石样病理产物。结石停滞或移动于体内脏腑组织而致病，多见于肝、肾、胆、胃、膀胱等脏腑。结石在胆为胆结石；在肾为肾结石；在膀胱为膀胱结石。

1. 结石的形成

结石的成因较为复杂，有些机理目前尚不清楚。比较常见的因素有以下四个方面。

（1）饮食不当：饮食偏嗜肥甘厚味，影响脾胃运化，蕴生湿热，内结于胆，日久可形成胆结石；湿热下注，蕴结于下焦，日久可形成肾结石或膀胱结石。若饮食不当，空腹多吃柿子，影响胃的受纳和通降，又可形成胃结石。此外，某些地域的饮水中含有过量或异常的矿物及杂质等，而饮用含钙质较重的水也可能是促使结石形成的原因之一。

（2）情志内伤：情志不遂，肝气郁结，疏泄失职，胆气不达，胆汁郁结，排泄受阻，日久可浓缩而成结石。

（3）服药不当：长期过量服用某些药物，致使脏腑功能失调，或药物储留残存体内，与浊物、水湿、热邪相合可诱发结石形成。如服用某些磺胺类药物，易形成肾结石。

（4）体质差异：先天禀赋差异，以致某些物质的代谢异常，故可形成易患结石病变的体质。

2. 结石的致病特点

（1）多发于肾、胆、胃、膀胱等脏腑。

（2）病程较长，病势轻重不一。

（3）阻滞气机，影响气血津液运行，并易继发其他病证。

（4）发作缓解交替，发作时引起剧烈绞痛，缓解时一如常人，或仅有局部胀闷不适。

四、其他病因

导致疾病发生的原因除外感病因、内伤病因和病理产物性病因之外，还有先天、外伤、寄生虫等致病因素皆能损伤皮肉筋骨和脏腑气血，形成各种病证。

（一）外伤

外伤是指外力或其他外在因素作用人体引起的损伤。外伤的类型较多，有外力损伤、烧烫伤、冻伤、虫兽所伤等。外伤病证，种类不同，表现各异。

（二）寄生虫

某些动物性寄生物，可引起人体寄生虫病。常见的寄生虫有蛔虫、钩虫、蛲虫、绦虫、血吸虫、丝虫等。

（三）先天因素

未出生前因父母体质因素或胎儿在发育过程中所形成的病因为先天致病因素，包括西医学中的遗传性和先天性致病因素。由先天因素导致的疾病称为“胎病”。中医学大致把先天因素归纳为胎弱和胎毒两类。

第二节　病　机

病机，是指疾病发生、发展与变化的机理。病邪作用于人体，机体正气奋起抗邪，正邪相争，人体阴阳失去相对平衡，使脏腑、经络、气血的功能失常，从而产生全身或局部多种多样的病理变化。

一、发病原理

中医学认为，疾病发生的原理虽然错综复杂，但总体来说，主要关系到正气和邪气两个方面。正邪相搏贯穿于疾病发生、发展、变化的始终。

（一）正气不足是疾病发生的内在根据

1. 正气的概念

正气，是指人体的机能活动及其产生的抗病、康复能力，简称为“正”。正气的强弱与精气血津液等物质是否充足、脏腑经络等组织器官的功能正常与否有关。精、气、血、津液是产生正气的物质基础，也是脏腑经络等组织器官功能活动的物质基础。只有人体内精气血津液充沛，脏腑经络等组织器官的功能正常，人体内的正气才能充盛。

2. 正气存内，邪不可干

中医发病学十分重视人的正气，认为正气具有抗御病邪侵袭，及时祛除病邪而防止发病的作用。正气的防御作用具体表现在抵御外邪的入侵、驱邪外出、修复调节能力及维持脏腑经络功能的协调等方面。

3. 疾之所生，其气必虚

人体正气之强弱是决定疾病发生与否的内在根据，主要包括以下三层意思：第一，正气不足，抗邪无力，外在邪气容易乘虚而入，疾病因此而发生。第二，正气不足，对脏腑经络功能活动的推动和调节能力下降，脏腑经络功能失常，精血津液的代谢运行亦失常，则可产生内风、内寒、内湿、内燥、内火等内生五“邪”而发病，或导致痰饮、瘀血、结石等病理产物的产生而引起新的病变。第三，正虚的程度与发病轻重有一定的关系。一般而言，正气较强的人，其感受病邪后，正气即奋起抗邪，病位较浅，病邪易被祛除；而素体正气虚弱的人，往往要病邪侵入到一定程度，正气才能被激发，因此病位常较深，病情较重。

（二）邪气是发病的重要条件

1. 邪气的基本概念

邪气，是指各种致病因素，简称为“邪”，包括外感六淫、疠气，内伤七情、饮食、劳逸以及外伤、虫兽伤等。此外，还有病理性产物的水湿、痰饮、瘀血和结石，均属于邪气。

2. 百病始生于邪

中医发病学既重视正气，强调正气不足是疾病发生的内部因素，但也不排除邪气在发病中的作用，特别是在疫疠流行期间，邪气是发病的重要条件。

3. 邪之中人，病位不同，病证各异

邪气侵犯人体，则对机体的形质和机能产生损害和障碍。邪气对机体的损害作用主要体现为导致生理机能失常、造成脏腑组织的形质损害及改变体质类型等方面。在临床上，感邪不同，病位不同，病证各异。

（三）正邪相搏与发病

1. 正气抗邪

正气抗邪主要体现在三个方面：其一，抵御外邪的入侵。邪气侵袭人体，机体的正气无论强弱，都会与之相抗。若正气强盛，抗邪有力，则病邪难以侵入而不发病。其二，影响发病的证候类型。正气抗邪有力，正盛邪实，常表现为表证、热证、实证。其三，正气抗邪的作用还表现为疾病的不药而自愈。

2. 邪气损正

邪气对机体正气的损害，主要表现在三个方面：其一，导致机能失常。邪气致病，首先常影响脏腑经络的气机，导致生理功能的异常。其二，造成形质损伤。即由于邪气的致病作用，造成对机体的皮肉脉筋骨、脏腑器官或精气血津液等的损伤或亏耗。其三，邪气致病，可以改变个体的体质特征。

二、基本病机

基本病机，是指发病以后，各种疾病过程中共有的病机，主要包括邪正盛衰、阴阳失调、气血津液失调等。

（一）邪正盛衰

邪正盛衰，是指在疾病的发生、发展过程中，致病邪气与机体抗病能力之间相互斗争所发生的盛衰变化，即虚实变化。在疾病的发展变化过程中，正气和邪气的力量对比不是固定不变的，而是在正邪的斗争过程中不断地发生着消长盛衰的变化。正盛则邪退，邪盛则正衰，随着邪正的消长，疾病反映出两种不同的本质，即虚与实的变化。

1. 虚与实

虚与实，是相对的病机概念，即不足和有余的一对病理矛盾。虚指正气不足，实指邪气亢盛。

实，主要指邪气亢盛，是以邪气盛为矛盾主要方面的一种病理变化。主要表现为致病邪气比较亢盛，而机体的正气未衰，尚能积极与病邪抗争，故正邪相搏，斗争剧烈，反应明显，在临床上可出现一系列病理反应比较剧烈的证候表现。

虚，是指正气不足，抗病能力减弱，以正气不足为矛盾主要方面的一种病理变化。虚所表现的证候，称之为虚证，分为精、气、阴、阳的亏虚，以机体的精、气、血、津液亏少和脏腑经络功能衰弱、抗病能力减退所致的一系列证候为特征，病变机理以正气不足，邪气也不盛或已退，正邪之间难以出现剧烈的对抗为特点。

2. 虚实错杂

虚实错杂，指疾病过程中邪正斗争，邪盛与正衰同时并存的病理状态，包括虚中夹实和实中夹虚。在疾病过程中，邪正的消长盛衰不仅可以产生单纯的虚或实的病理变化，而且由于疾病的失治或治疗不当，以致病邪久留，损伤人体的正气；或因正气本虚，无力驱邪外出，而致水湿、痰饮、瘀血等病理产物的凝结阻滞，这样往往可以形成虚实同时存在的病理变化。临床所见也是多种多样的，虚实有主次，故有虚中夹实、实中夹虚；病位有高下浅深，则有上实下虚、上虚下实、表虚里实、表实里虚等。但一般所说的虚实错杂，主要是指虚中夹实、实中夹虚两种病理状态。

3. 虚实转化

虚实转化，指疾病过程中邪正斗争在一定条件下所发生的由实转虚和因虚致实的病理变化。疾病发生后，邪正双方力量的对比经常发生变化，因而疾病的虚实在一定条件下也常常发生转化。

由实转虚：在实证的基础上，经过治疗邪气被祛除，病邪对机体的作用已经消除，但正气也被耗伤；或者由于误治、失治，病情迁延，邪气虽除，但伤及正气，病情已由实转虚。

因虚致实：是由于正气本虚，脏腑生理功能低下，无力驱邪外出，或导致气、血、津液等不能正常运行，从而产生气滞、血瘀、痰饮、水湿等实邪停留体内，出现虚实错杂的病理变化，由以虚证为主转化为以实证为主。

4. 虚实真假

在某些特殊情况下，疾病可以表现出一些与本质不符的假象，如假虚、假实。虚实真假有假虚或假实存在，而且假虚或假实的症状有时十分突出，看似为疾病的真正本质，其实是一种假象。

真虚假实：是指“虚”为病机的本质，而其“实”象则是一种假象。正气虚弱，脏腑气血不足，功能减退，气化无力，有时反而出现类似“实”的表现。

真实假虚：是指“实”是病机的本质，而“虚”象则是表现出来的假象。邪盛于里，着于脏腑，阻滞气血，郁遏气机，气机不畅，气血不能外达，其外可见一些类似“虚”的假象。邪气盛实于里，其外反现“虚弱”之假象，是为真实假虚。

（二）阴阳失调

阴阳失调，是机体阴阳消长失去平衡的统称。在疾病的发生、发展过程中，由于致病因素的作用，导致机体的阴阳消长失去相对的平衡，形成阴阳的盛衰、互损、格拒、转化或亡失的一系列病理变化，这就是阴阳失调。阴阳失调又是脏腑、经络、气血、营卫等相互关系失调以及表里出入、上下升降等气机运动失常的概括。

1. 阴阳偏盛

指人体阴阳双方中的某一方的病理性亢盛状态，属"邪气盛则实"的实证。

（1）阳盛则热：阳盛，是指机体在疾病过程中所出现的一种阳气偏盛，机能亢奋，代谢活动亢进，机体反应性增强，阳热过剩的病理状态。一般地说，其病机特点多表现为阳气有余，邪从阳而化热，阳盛而阴未虚（或虚亏不甚）的实热证。阳以热、动、燥为其特点，故阳气偏盛产生热性病变的燥、动之象，常表现为实性、热性病症，临床表现为壮热，烦渴，面红，目赤，尿赤，便干，苔黄，脉数等症。

（2）阴盛则寒：阴盛，是指机体在疾病过程中所出现的一种阴气偏盛，机能障碍或减退，阴寒过盛以及病理性代谢产物积聚的病理状态。阴盛则寒多由感受寒湿阴邪，或过食生冷，寒湿中阻，遏抑阳气温煦作用的发挥，从而导致阳不制阴而致阴寒内盛。阴盛则寒的病理变化多表现为阴盛而阳未虚的实寒证。阴以寒、静、湿为其特点，故阴偏盛产生的寒性病变以及湿、静之象，表现为形寒、肢冷、喜暖、口淡不渴、苔白、脉紧或迟等症。

2. 阴阳偏衰

指人体阴精或阳气亏虚所引起的病理变化，主要可见于"精气夺则虚"的虚证。

（1）阳虚则寒：阳虚，是指机体阳气虚损，失于温煦，机能减退或衰弱的病理状态。先天禀赋不足，或后天饮食失养，或劳倦内伤，或久病损伤阳气，皆可致阳偏衰。一般地说，其病理变化多表现为机体阳气不足，阳不制阴，阴相对偏盛的虚寒证，故病者畏寒喜暖，全身清冷，并以四肢逆冷最为明显。由于阳气虚衰，推动作用不足，脏腑、经络等组织器官生理活动亦因之而减退，血液和津液的运行无力而迟缓，加之温煦作用不足，气化作用减弱，因而虚寒内生，则更易使血液凝滞，脉络蜷缩，脉搏跳动微弱或沉迟而无力，或津液停聚不能气化而成水湿痰饮。此外，由于阳气虚损，兴奋作用减弱，则可见精神不振、喜静委靡之象。

（2）阴虚则热：阴虚，是指机体精、血、津液等物质亏耗，以及阴不制阳，导致阳相对亢盛，机能虚性亢奋的病理状态。形成阴偏衰的主要原因，多由于阳邪伤阴，或因五志过极，化火伤阴，或因久病耗伤阴液所致。一般地说，阴虚则热的病理变化多表现为阴液不足和滋养、宁静功能减退，以及阳气相对偏盛的虚热证。阴虚则热主要因为机体制约阳热的功能减退和滋润、宁静功能的减退，从而出现虚热、干燥和虚性兴奋等症。

3. 阴阳互损

阴阳互损，是指在阴或阳任何一方虚损的前提下，病变发展影响及相对的一方，形成阴阳两虚的病机。在阴虚的基础上，继而导致阳虚，称为阴损及阳；在阳虚的基础上，继而导致阴虚，称为阳损及阴。

（1）阴损及阳：指由于阴液（精、血、津液）亏损，累及阳气生化不足，或阳气无所依附而耗散，致使在阴虚的基础上又导致了阳虚，形成了以阴虚为主的阴阳两虚病理状态。

（2）阳损及阴：由于阳气虚损，无阳则阴无以生，久之则阴液生化不足，从而在阳虚的基础上又导致了阴虚，形成了以阳虚为主的阴阳两虚病理状态。

4. 阴阳格拒

阴阳格拒，是在阴阳偏盛基础上由阴阳双方相互排斥而出现寒热真假病变的一类病机，包括阴盛格阳和阳盛格阴两方面。

（1）阴盛格阳（真寒假热）：指阳气极虚，阴寒过盛，阳气被格拒于外，出现内真寒外假热的一种病理状态。其形成多由素体阳虚，或因久病而致阳气虚损，逐渐发展至严重阶段，而致阴盛太过，格阳于外（或格阳于上）。

（2）阳盛格阴（真热假寒）：指阳盛已极，阴气被格拒于外，出现内真热外假寒的一种病理状态。其形成是由于阳热至极，邪气深伏于里，阳气被遏，闭郁于内，不能透达于外所致。

5. 阴阳转化

阴阳转化，是指在一定的条件下其阴阳病理性质可发生向相反方向转化的病理过程，包括由阳转阴和由阴转阳。

（1）由阳转阴：疾病的本质为阳气偏盛，但当阳盛发展到一定程度时，就会向阴的方向转化。

（2）由阴转阳：疾病的本质为阴气偏盛，但当阴盛发展到一定程度时，就会向阳的方向转化。

6. 阴阳亡失

阴阳亡失，是指机体的阴液或阳气突然大量的亡失，导致生命垂危的一种病理变化，包括亡阴和亡阳。

（1）亡阳：是指机体的阳气发生大量脱失，而致全身机能突然严重衰竭的一种病理状态。一般而言，亡阳多由于邪盛，正不敌邪，阳气突然脱失所致。其临床表现多见大汗淋漓、手足逆冷、精神疲惫、神情淡漠，甚则昏迷、脉微欲绝等一派阳气散脱之危象。

（2）亡阴：指由于机体阴液发生大量消耗或丢失，而致全身机能突然严重衰竭的一种病理状态。一般而言，亡阴多由于热邪炽盛，或邪热久留，大量煎灼阴液所致。其临床表现多见汗出不止、汗热而黏、四肢温和、渴喜冷饮、身体干瘪、皮肤皱折、目眶深陷、精神烦躁或昏迷、脉细数无力或洪大按之无力。

（三）气血津液失调

气血失调，是指气与血的正常功能出现障碍，影响到机体的各种生理功能，从而导致疾病的发生。津液代谢失常，是指人体津液的生成、输布和排泄过程失去平衡。气血津液失调的病机，同邪正盛衰、阴阳失调一样，不仅是脏腑、经络等各种病变机理的基础，也是分析研究各种疾病病机的基础。气血津液失调的主要病理表现有气的失调、血的失调、气血关系失调及津液失调。

1. 气的失调

气的失调，指由于气的生成不足或耗散太过，气的运行失常，以及气的生理功能减退而导致的病理变化，包括气虚和气机失调。具体表现为气虚、气陷、气滞、气逆、气闭、气脱等。

（1）气虚：是指气的虚损不足，导致了脏腑机能衰退、功能失调、抗病能力下降的病理状态。引起气虚的原因主要有两方面：一是气之化生不足，如先天禀赋不足，元气匮乏；脾胃虚弱，纳摄水谷精气乏力，导致后天之气不足；肺虚则吸入清气不足。因此，脾、肺、肾三脏虚损，是导致气之生化乏源的主要原因。二是消耗太多，如过于劳倦，或外感热病，或患慢性消耗性疾病，均可使气消耗过多，入不敷出，而致虚亏。

（2）气滞：即气机郁滞，指气的流通不畅，甚至阻滞，从而导致某些脏腑、经络功能障碍的病理状态。引起气机郁滞的原因，有虚实两种。实证者，因外邪侵犯，或情志抑郁不舒，或脏腑功能失调，痰、湿、食积、瘀血有形之邪阻碍气机，可引起气机郁滞。虚证者，因脏腑之气虚，运行无力而造成气滞，如脾胃气虚，可致中气不舒，气机不展。从脏腑而论，由于人体气机升降多与肝主疏泄、肺主宣降、脾主运化、胃主降浊等功能有关，故气滞多与肝、肺、脾、胃功能失调关系密切。

（3）气陷：是在气虚病变基础上发生的以升举无力为主要特征的病理状态。气陷多因气虚发展而来。导致气陷的原因主要有先天禀赋不足、久病气虚、年老体衰、饮食损伤，或劳欲过度等，其中久泻久痢不愈，或妇女产育过多、产后失于调养者最为多见。气陷与脾虚关系最为密切。脾的升清功能，使清阳之气上达于头目，以荣养清窍，而在脾气虚发展到一定阶段时，则可致升清无力，水谷精微不能上输头目，致“上气不足”。头目失养，则可见头晕、眼花、耳鸣、疲倦乏力等症。

（4）气逆：指气机上逆，升发太过、下降不及的病理状态。升、降、出、入是气的基本运动形式，升降相因是维持正常生理活动所必须的条件。气的升降是由各脏腑的机能活动协调一致共同完成的。如果脏腑受到损伤，机能紊乱，则气的升降运动就会失去原有的规律，从而出现气机升降失常的改变，气逆便是其中常见的病理变化之一。引起气逆的原因有多种，常见的有外感六淫、情志内伤、饮食失节、痰浊壅滞，以及脏腑功能失调或减弱。

（5）气闭：即气之出入障碍，主要指气郁太过，上壅心胸、闭塞清窍，以致突然昏厥；或因浊邪闭塞气道，气之出入受阻，肺气郁闭，呼吸困难的病理状态。气闭病变产生的原因，多由情志抑郁，或触冒秽浊之气，或突然遭受巨大精神创伤，或强烈疼痛刺激等阻滞了气机出入，气闭不畅所致。

（6）气脱：是指气不内守，大量向外脱逸，有脱失消亡之危险的一种病理状态。气脱病变形成之因，多由正不敌邪，正气骤伤，或慢性病正气渐耗，以致气不内守而外散脱失；或因大出血、大汗出、频繁吐下等。由于精血津液的大量脱失，由此导致“气随血脱”、“气随精泄”、“气随津脱”的病理变化。

2. 血的失调

血的失调，主要表现在两方面：一为血的生化不足或耗伤太过而形成的血虚。二是血的循环运行失常，或为血行迟缓，或为血行加速，或为血行逆乱，或为出血。

（1）血虚：是指血液不足，以致脏腑百脉、形体官窍失养的病理状态，临床以眩晕，面色不华，唇、舌、爪甲淡白无华等为主要特征。形成血虚的原因主要有：一是失血过多，如吐血、衄血、月经过多、外伤出血等，使体内血液大量丧失，而新血又不能及时生成和补充；二是血液生化不足，脾胃虚弱，肾精亏损，营气不足，导致生成血液的物质减少；三是久病不愈，慢性消耗，劳神过度，而致营血暗耗，最终导致全身血虚。

（2）血瘀：是指血液运行迟缓，流行不畅，甚则血液瘀结停滞成积的病理状态。血瘀病变形成的原因可分为两个方面：一是因虚致瘀。各种气虚包括元气、脏腑经络之气虚弱，不能推动血液在脉道中正常运行，血行迟缓不畅，可造成血瘀。二是因实致瘀。各种原因引起的血行阻滞都可成瘀，如气机失调，气滞不通，气停血亦停，故而成瘀；或痰浊阻滞脉道，血行受阻而成瘀；或寒邪侵入，寒性凝滞，血得寒则凝涩不流而成瘀；或邪热入血，煎灼血津，血稠难流而成瘀；或因跌打扭挫，伤及脉络，局部气血流通受阻而成瘀。

（3）血热：是指血分有热，使血行加速，或出血，或瘀阻的一种病理状态。血热多由外感热邪侵袭机体，或外感寒邪入里化热，伤及血分，以及情志郁结，郁久化火，火热内生，伤及血分所致。血热炽盛可出现四个方面的表现：一是血热为阳热之邪所导致，故表现出热象。二是血得热则行，可使血流加速，使脉道扩张充血，可见面红、目赤、舌红绛等症。三是在血行加速与脉道扩张的基础上，灼伤脉络，引起出血，称为“热迫血妄行”，或称动血。四是血热炽盛，则扰动心神，使心神不安，而见心烦、躁扰发狂等症。

（4）血寒：是指因寒邪侵袭或阳虚生寒而致血分有寒的病理状态。寒主收引，寒客血脉，使脉道收引不畅。寒性凝滞，造成血行迟缓或凝滞不通。血寒以肢体手足麻木冷痛、心腹冷痛、得温则减、女子月经不调等为其病变特征。

（5）出血：是指血液溢于脉外的一种病理状态。究其成因可分为虚实两个方面：一是虚证出血，主要为气虚不能摄血如脾不统血，也可因阴虚火旺，灼伤络脉而出血。二是实证出血，常见有感受热邪，迫血妄行，或瘀血停滞，或因外伤损伤脉络，使血液不能正常循行而溢于脉外。出血的表现有多种，如衄血、吐血、尿血、月经提前量多等等。出血过多，可以导致血虚气弱，发展成为气血两虚，使脏腑组织功能减退。若突然大量失血，还可致气随血脱，甚则发生阴阳离决而死亡。

3. 气血关系失调

气和血的关系极为密切，生理上相互依存，相互为用，病理上也相互影响。气对于血，具有推动、温煦、化生、统摄的作用，气的虚衰和升降出入异常必然影响及血。血对于气，具有濡养和运载作用，在血液虚亏和血行失常时也必然影响及气。气血关系失调，主要有气滞血瘀、气虚血瘀、气不摄血、气随血脱、气血两虚几方面。

（1）气滞血瘀：是指气的运行郁滞，导致血行不畅，气滞与血瘀并存的一种病理状态。由于气的运行不畅，导致血运的障碍，可形成气滞血瘀。引起气滞的原因有多种，或因外邪侵犯，或情志抑郁不舒，或脏腑功能失调。气滞多与肝、肺、脾、胃功能失调关系密切。反之，血瘀也可以导致气滞，如痰浊阻滞脉道成瘀，寒邪凝滞成瘀，邪热煎灼成瘀，跌打扭挫成瘀，都可使气机阻滞。

（2）气虚血瘀：是指气虚而运血无力，导致血行瘀滞，气虚与血瘀并存的一种病理状态。气能行血，血行要靠气的推动，若气虚推动无力，则可导致血运障碍，故身体可同时出现气虚症状和血瘀的表现，如气虚之身倦乏力、少气懒言，血瘀之刺痛、痛处不移、拒按、舌紫暗、脉涩等。临床常见心气虚损，行血无力，继则可形成血瘀，出现心胸憋闷疼痛、心悸。

（3）气不摄血：是指因气虚不足，统摄血液的生理功能减弱，血不循经，溢出脉外，而导致咯血、吐血、衄血、发斑、便血、尿血、崩漏等各种出血的病理状态。气不摄血，多由于久病伤脾，脾气虚损，中气不足，而致统摄失司。除见各种失血症状外，可伴见面色不华、疲乏倦怠、脉见无力、舌淡胖等气虚表现。

（4）气随血脱：指在大量出血的同时，气随血液的突然流失而脱散，从而形成气血两虚或气血并脱的病理状态。气随血脱，多由外伤失血、呕血、妇女崩中，或产后大出血等因素所致。血为气之载体，血液脱失则气失其附载，故气亦随之暴脱而散亡。气脱则阳亡，无以温煦固摄肌表，则可见冷汗淋漓、四肢厥冷、晕厥、脉芤或沉细而微。

（5）气血两虚：是指气虚和血虚同时存在，使组织器官失养而致人体机能衰退的病理状态。气血两虚，多因久病消耗、气血两伤所致；或先有失血，气随血耗；或先因气虚，血液生化无源而日渐衰少。临床可同时并见面色淡白或萎黄、少气懒言、疲乏无力、形体瘦弱、心悸失眠、肌肤干燥、肢体麻木等气血不足病证。

4. 津液代谢失常

津液代谢失常，是指人体津液的生成、输布和排泄过程失去平衡。津液对于人体的生命活动至关重要，诸如脏腑之濡润，肌肤之润泽，关节之滑利，骨髓之充盈，无不与津液的濡养和滋润有关。津液代谢是机体新陈代谢的重要组成部分。津液的正常代谢不仅维持着津液在生成、输布和排泄之间的协调平衡，而且也是机体各脏腑组织器官进行正常生理活动的必要条件。津液代谢失常，虽然有多种原因，但从津液代谢本身来说，主要可分为两个方面：一是由于津液的生成不足或消耗过多，而致津液不足；二是由于津液的运行、输布和排泄障碍，而致体内的津液滞留，形成湿、痰、饮、水等病理产物。

（1）津液不足：是指机体津液的数量亏少，使脏腑、形体、九窍等得不到充分的滋养和充盈，因而产生一系列干燥枯涩的病理状态。引起津液不足的原因主要有两个方面：一是摄入和生成不足。二是津液损耗过甚，丢失过多。

（2）津液输布障碍：是指津液不能正常的转输和布散，在体内升降环流迟缓，湿浊内生；或在体内某一局部发生滞留，水湿困阻，酿痰成饮。津液的输布障碍成因虽多，但一般认为，气的升降出入运动、气化功能障碍以及脾的运化功能障碍为津液输布障碍的最主要成因。

第七章 诊 法

诊法是中医临床诊察收集病情资料的基本方法，包括望诊、闻诊、问诊、切诊四种，故称为“四诊”。

人体是一个有机的整体，生理上脏腑与四肢百骸、五官九窍密切相关，病理上脏腑虚实、气血盈亏必然会反映于外。因此，通过四诊可以诊察不同病证显露于外的症状与体征，从而了解疾病的病因、病位、病性和邪正盛衰，为辨证论治提供依据，即《丹溪心法》所言：“欲知其内者，当以观乎外；诊于外者，斯以知其内。盖有诸内者形诸外。”由于四诊各自的作用不同，故临床诊法运用不可偏颇，当以“四诊合参”，才能客观全面地反映病情，准确地诊察疾病。

第一节 望 诊

望诊是指医生运用视觉，对人体全身或局部的神、色、形、态以及舌象等进行有目的地观察，借以了解健康状况、测知病情变化的诊察方法。

望诊的内容，包括全身望诊、局部望诊、望小儿指纹和望舌等。

一、全身望诊

（一）望神

望神是通过观察人的生命活动的整体表现来判断病情的方法。

神有广义、狭义之分：广义之神是指人的生命活动的外在综合表现；狭义之神是指人的精神意识思维活动。

“生之来谓之精，两精相搏谓之神”，神源于先天之精，赖于后天之精滋养，精能生神，神可御精，精能化气，气能成形，神又依附于形，故神与精、气、形密不可分。精、气、形是神的物质基础，神是精、气、形的外在表现。

望神有重要的临床意义。神的盛衰往往是机体健康与否的重要标志，精充气足神旺则身体健康，精亏气虚神耗则机体衰老或异常。望神可以推测人体精气的盛衰、病情的轻重和判断疾病的转归预后，故《素问·移精变气论》言：“得神者昌，失神者亡”。

广义之神，其表现是多方面的，如目光、面色、神情、形态、感觉、语言、声息等。望神的重点在于目光、神情、面色和形态，尤其望目为重中之重。因目为心神之外候，所谓“神藏于心，外候在目”。人的精神活动往往无意中流露于目光，《灵枢·大惑论》：“目者，心之使也”，“心者，神之舍也”，即所谓的“眼能传神”。而五脏六腑之精气皆通过经脉而上注于目。故望目为望神的重点。

望神在临床上应注意区别以下五种情况：

1. 得神

得神即有神，为精充、气足、神旺的表现。

得神的主要表现有神志清楚、语言清晰、面色荣润、表情自然、呼吸平稳、肌肉丰满、目光明亮、精彩内含、反应灵敏、动作灵活、体态自如。

心主神，言为心声，心其华在面，心的精气充足则神志清楚、语言清晰、面色荣润、表情自然。肺司呼吸，脾主肌肉，脾肺精气充足则呼吸平稳、肌肉丰满。肝开窍于目，目得血能视，肾藏精，精生髓，髓通于脑，肾主伎巧，故肝肾精气充足则目光明亮、精彩内含、反应灵敏、动作灵活、体态自如。

得神的临床意义：说明精气充足、体健无病；或虽病而精气未衰，病轻易治，预后尚好。

2. 失神

失神即无神，为精损、气亏、神衰的表现。

失神的主要表现有神昏谵语、语无伦次、面色晦暗、表情淡漠、目睛昏暗、目光呆滞、反应迟钝、动作艰难、呼吸异常、形体羸瘦等。

神昏谵语、语无伦次、面色晦暗、表情淡漠呆板为心神精气衰败。目睛昏暗、目光呆滞、反应迟钝、动作艰难为肝肾精气俱损。呼吸异常、形体羸瘦为脾肺精气耗竭。如出现循衣摸床、撮空理线、神昏谵语则为邪陷心包，阴阳离决之危候。

失神的临床意义：说明精气大伤，脏腑功能衰败，疾病危重，预后不良。

3. 少神

少神为轻度失神的表现，介于有神与无神之间，常见于慢性虚损性疾病或见于疾病恢复期。

少神的主要表现有精神不振、健忘嗜睡、声低懒言、倦怠乏力、动作迟缓等。心脾两亏，正气不足，故精神不振、健忘嗜睡、声低懒言。肾阳不足，神气不旺，故倦怠乏力、动作迟缓。

少神的临床意义：提示精气不足，脏腑功能减退。

4. 假神

假神是病人垂危之时，突然出现与疾病本质相反的假象。

假神的主要表现有病本神志不清、精神萎靡、目无精彩、瞳仁呆滞，突然精神转佳、想见亲人、目光转亮；本语言低微、时断时续，忽而语言清亮、言语不休；本久病卧床，忽思行走；本面色晦暗，突见颧赤如妆；本毫无食欲、久不能食，突然又欲索食、食欲大增。

假神的临床意义：为脏腑精气衰竭已极，阴不敛阳，阳浮于外，阴阳离绝的危候，多为临终前预兆。古人比喻为“回光返照”或“残灯复明”。

得神、失神、少神、假神的临床表现鉴别见表 7-1。

表 7-1　得神、失神、少神、假神鉴别表

临床表现	得神	失神	少神	假神
目光	目光明亮	瞳神呆滞	目光晦暗	虽目似有光
	神采内含	目无神采	两目乏神	但浮光暴露
神情	神志清晰	精神萎靡	精神不振	虽神识似清

续表

临床表现	得神	失神	少神	假神
	表情自如	意识不清	反应迟钝	但虚烦不安
面色	荣润含蓄	晦暗无华	暗淡少华	虽面似色红 但颧红如妆
形态	肌肉不削 动作灵敏	形体羸瘦 举止异常	肌肉松软 动作迟缓	虽有思活动 但难以自转

5. 神乱

是指神志错乱或神志异常一类病证。属狭义之神的异常。

（1）烦躁：表现为心中烦热或烦乱不安、手足乱掷、躁扰不宁。多见于热扰心神。

（2）谵妄：表现为神志不清、胡言乱语、精神恐惧或异常兴奋、躁动不安、幻觉、错觉。多因邪热客心或入肾所致。

（3）癫证：表现为精神痴呆、淡漠寡言、闷闷不乐、喃喃自语、哭笑无常、喜静恶动。多因痰蒙心窍所致，属阴证，可见于抑郁型精神病（文痴）。

（4）狂证：表现为狂躁不安、疯狂怒骂、打人毁物、不避亲疏、登高而歌、弃衣而走、少卧不饥、自高贤、自尊贵、妄行不休、喜动恶静。多因痰火扰心，或瘀阻神明所致，属阳证，可见于狂燥型精神病（武痴）。

（5）痫证：表现为突然昏倒、不省人事、叫如猪羊、口吐涎沫、四肢抽搐、醒后如常。多因肝风挟痰，上蒙心神所致，见于癫痫病（羊癫风）。

（二）望色

望色，是通过观察病人全身皮肤的色泽变化来了解病情的诊察方法。“十二经脉，三百六十五络，其血气皆上于面而走空窍。”由于面部的血络丰富，为脏腑气血之所荣，故色诊主要介绍望面色。

望面色，即医生观察病人面部的颜色与光泽。颜色指色调变化（赤、青、黄、白、黑）；光泽即明亮度变化（荣润枯槁、有华无华）。

望面色，可了解脏腑气血盛衰，如面色红润光泽说明精充气足神旺，面色晦暗无泽说明精亏气衰神疲。可分辨邪气性质，如面红主热、面白属寒、面黄多湿。可测知疾病顺逆，如肝病青、脾病黄为顺；肝病黄、脾病青为逆。可推断疾病预后，如面色渐红润，表明正气来复，为病退；面色渐晦暗枯槁，表明正不胜邪，为病进。

1. 常色

常色即指正常人的面色。由于种族不同而差异较大，我国人的常色为红黄隐隐，明润含蓄。常色中又有主色、客色之分。

（1）主色：是指人终生不变的面色，与生俱来。由于个体体质差异，木形人肤色稍青，火形人肤色稍赤，土形人肤色稍黄，金形人肤色稍白，水形人肤色稍黑，但皆属于正常面色。

（2）客色：是指随季节、环境而变的面色。如春季面色稍青，夏季面色稍赤，长夏面色稍黄，秋季面色稍白，冬季面色稍黑。另外，情绪、运动、饮酒等也会对面色有影响，然均非病色。

2. 病色

因疾病而表现出的异常面色。病色又有善色、恶色之别。

（1）善色：指面色虽有异常，但仍光鲜润泽。说明脏腑精气未衰，胃气尚好，气血上荣于头面，称为“气至”。属新病、阳证、轻候，容易治疗，预后较好。

（2）恶色：指面色异常，且晦暗枯槁。说明脏腑精气已衰，病变深重，胃气已衰，气血不能上荣于头面，称为“气不至”。属久病、阴证、重候，其病难治，预后不良。

常色与病色中的善色、恶色须应加以鉴别，见表 7-2。

表 7-2　常色与善色、恶色鉴别表

五色	常色	善色	恶色
青	如似缟裹绀	如翠羽	如草兹
赤	如似缟裹朱	如鸡冠	如衃血
黄	如似缟裹栝蒌实	如蟹腹	如枳实
白	如似缟裹红	如豕膏	如枯骨
黑	如似缟裹紫	如乌羽	如炲

3. 五色主病

病色常见青、赤、黄、白、黑，分别见于不同脏腑和不同性质的病证。具体表现如下：

（1）青色：五行属木，在脏属肝。主寒证、痛证、瘀血、小儿惊风。寒凝气滞，则血脉不畅，不通则痛；瘀血内阻，血行瘀滞，均可见有青色；肝风内动，小儿鼻柱或口唇周围则色青。

（2）赤色：五行属火，在脏属心。主热证或戴阳证。若满面通红者，属实热证；午后两颧潮红者，属虚热证；久病、重病之人面色苍白，却时而颧赤如妆、游移不定者，属戴阳证，由阴盛格阳所致。

（3）黄色：五行属土，在脏属脾。主虚证、湿证。虚证，主要见于脾虚。脾虚不能健运水谷，则见面黄而消瘦的萎黄；脾虚不能健运水湿，则见面黄而虚浮的黄胖。湿证，常见于面目一身俱黄的黄疸。其中面黄鲜明如橘皮色者，属阳黄，为湿热内蕴；面黄晦暗如烟熏色者，属阴黄，为寒湿内停。

（4）白色：五行属金，在脏属肺。主虚证（气虚、血虚、阳虚）、寒证、失血证。面色淡白无华，多属血虚证或失血证；面色白者，多属阳虚证；面色苍白，多属阳气暴脱或阴寒内盛。

（5）黑色：五行属水，在脏属肾。主肾虚、寒证、瘀血、水饮。面黑暗淡，多属肾阳虚证；面黑焦干，多属肾阴虚证；目眶发黑，多属肾虚水饮、寒湿带下证；面色黧黑、肌肤甲错，多属血瘀日久所致。

（三）望形

望形是通过观察形体的强弱胖瘦、体质形态和异常表现来测知病变。

（1）体强：骨骼粗大，胸廓宽厚，肌肉壮实，肌肤润泽，是内脏坚实，气血旺盛，身体强壮的表现。表明抗病力强，不易生病，有病易治，预后良好。

（2）体弱：骨骼细小，胸廓狭窄，肌肉瘦削，皮肤枯燥，是内脏脆弱，气血不足，身体虚弱的表现。表明抗病力弱，容易患病，有病难治，预后较差。

（3）体胖：形体肥胖，肤白无华，精神不振，乏力气短，大腹便便，多因嗜食肥甘、喜静少动而致。表明多湿多痰，故中医有“肥人多痰”之说。

（4）体瘦：形体消瘦，胸廓狭窄，面色苍黄，皮肤干焦，因久病耗伤，情志郁结而成。表明阴血不足，阴不制阳，虚火内生，故中医有“瘦人多火”之论。

（5）大骨枯槁，大肉陷下：骨瘦如柴，眼窝深陷，卧床不起，动转艰难，多见于脏腑精气衰竭。表明久病重病，预后不良。

（6）桶状胸：多为肾不纳气或肺肾气虚。

（7）扁平胸：多为肺肾阴虚或气阴两亏。

（8）单腹肿大，四肢反瘦，为臌胀：多见肝郁脾虚，气滞水停血瘀。

（9）腹消减（舟状腹）：多为形气不足。

（四）望态

望态主要是指观察病人的动静姿态和肢体异常动作来了解病情的一种诊法。

（1）痉病：四肢抽搐或拘挛、项背强直、角弓反张，属热淫筋脉，或气血不足，筋脉失养。

（2）痿证：手足软弱无力、行动不灵而无痛，属精津亏虚。

（3）痹证：关节肿痛、肢体动作困难，多由风、寒、湿邪气阻闭所致。

（4）厥证：卒然昏倒、呼吸自续，多见于阴阳绝逆。

（5）中暑：盛夏卒倒、面赤汗出，为感受暑热之邪。

（6）中风：中经络则口眼㖞斜；中脏腑则口眼㖞斜、半身不遂，昏迷不醒（闭、脱），属肝风内动。

（7）痛证：腹痛则以手护腹、行动前倾；腰腿痛则以手护腰、弯腰曲背、转动艰难；真心痛则以手护心、突然停步不敢行动；头痛则蹙额捧头、俯不欲仰。

（8）体位：如见卧面向里、头身屈团、重衣复被，多属阴证、寒证、虚证；卧面向外、仰面舒足、揭去衣被，多属阳证、热证、实证。坐而喜俯，多属肺气不足；坐而喜仰，多属肺气上逆；坐而欲起，多属水气痰饮；但坐不得卧，卧则气逆，多属咳喘气逆；但卧不得坐，坐则昏眩，多属气血两虚、夺气、脱血；坐卧不安，多见心神不宁。

二、局部望诊

（一）望头颈

1. 望头面

（1）头形：小儿头颅均匀增大，颅缝开裂，伴智力低下者，多属先天不足，水液停聚于脑所致；小儿头颅狭小，头顶尖圆，颅缝早合，智力低下者，多因肾精不足，发育不良所致；小儿前额左右突出，头顶平坦，颅呈方形者，多属肾精不足或脾胃虚弱，常见于佝偻病患儿。

（2）囟门：囟门突起，称为囟填，多属实证；囟门凹陷，称为囟陷，多属虚证；囟门迟闭，称为解颅，为肾气不足、发育不良的表现。

（3）动态：头摇不能自主，多为肝风内动之兆，或年老气血虚衰所致。

（4）头发：发黄干枯，稀疏易落，多属精血不足，可见于大病后期或慢性虚损病人；青年白发，伴有失眠健忘，为肾虚或劳神伤血所致；小儿发结如穗，枯黄无泽，可见于疳积病；突然片状脱发，显露圆形或椭圆形光亮头皮，称为斑秃，由血虚生风所致。

（5）面肿：颜面先肿，由上而下，发病迅速者为阳水，由邪气客肺所致；下肢先肿，由下而上，发病缓慢者为阴水，为阳虚水停所致。

（6）腮肿：一侧或两侧腮部以耳垂为中心肿起，边缘不清，按之有柔韧感或压痛者，属痄腮，为外感温毒之邪。若耳前发红肿起，伴有寒热疼痛者，属发颐，为阳明热毒上攻。

（7）面削颧耸：又称面脱，即面部肌肉消瘦，两颧高耸，眼窝、面颊凹陷，属气血虚衰，脏腑精气耗竭的重危病证。

（8）口眼㖞斜：单见一侧口眼㖞斜而无昏仆、半身不遂等症状，患侧面肌弛缓，额纹消失，鼻唇沟变浅，口角下垂，向健侧㖞斜者，称为口僻，多为风邪中络。

（9）特殊面容：狮面可见于麻风病；苦笑貌多见于新生儿破伤风；惊恐貌多见于小儿惊风或狂犬病。

2. 望颈项

（1）瘿瘤：喉结处有肿块突起，可随吞咽上下移动，或大或小，或单侧或双侧，多因肝郁挟痰所致，或与地方水土有关。

（2）瘰疬：颈侧颌下有肿块，累累如串珠，多由肺肾阴虚，虚火灼津，炼液为痰，结成痰核。小为瘰，大为疬。

（3）项强：即颈部拘紧或强硬，可见风寒袭表，太阳经气不利，或为温病火邪上攻，或为脑髓有疾所致。

（4）项软：即颈项软弱，抬头无力。若见于小儿，则为先天不足，后天失养，多见于佝偻病等患儿；若见于久病重病之人，颈项软弱，头垂不抬，为脏腑精气衰竭的重危之象。

（二）望五官

1. 望目

五脏六腑之精气皆上注于目，因而在诊察病情方面有重要的临床意义。

（1）目部五脏分属：见表 7-3。

表 7-3　目部五脏分属

五轮	部位	脏腑
风轮	黑睛	肝
火轮	目内外眦血络	心
土轮	上下眼睑	脾
气轮	白睛	肺
水轮	瞳仁	肾

（2）目神：目光精采、眼球运动灵活、视物清晰、眵泪适中，属有神，虽病易治。若瞳仁呆滞、目光迟钝、晦暗浑浊、视物模糊、无眵泪少，属无神，愈后不良。

（3）目色：白睛色青为肝病，白睛色赤为心火或肺火上攻，白睛色黄为脾病或湿热内蕴，白睛色白为肺病，白睛色黑为肾病。目赤主热证，全目赤肿为肝经风热，目眦赤为心火亢盛，目眦淡白属气血不足。

（4）目形：目窠肿如卧蚕状为水肿，眼睑水肿多见于风水，老人肾虚多见下睑肿。目窠下陷为津液亏耗、精气已衰。眼球突起为肺胀或瘿肿，单眼突出属恶候。

（5）目态：横目斜视、两目上视，为肝风内动，属病情危重；目睛微定，为痰热内闭；戴眼反折，为太阳经绝证；瞪目直视，为脏腑精气将绝；小儿昏睡露睛，为脾虚气血不足。眼睑下垂（双），为先天不足，脾肾亏虚；眼睑下垂（单），为脾虚气弱，或外伤气血，脉络不通。瞳孔散大，为精气衰竭；瞳孔缩小，为肝胆火炽，或见脑室出血，或为中毒。

2. 望耳

耳轮淡白，多属气血亏虚；耳轮红肿，多属肝胆湿热或热毒上攻；耳轮青黑，多为阴寒内盛；耳轮肌肤甲错，多属瘀血内阻；耳轮干枯焦黑，多属肾精亏虚。

3. 望鼻

鼻端色黑，为肾虚水停；鼻端色赤，为肺脾蕴热；鼻端色青，为阴寒腹痛；鼻端晦暗枯槁，为胃气已衰。鼻部红肿生疮，多属胃热或血热；鼻端色红生粉刺称“酒皶鼻”，多为肺胃郁热；鼻柱塌陷，眉毛脱落，见于麻风恶候；鼻翼煽动，多为肺热壅盛，或哮喘病人。鼻流清涕，为外感风寒；鼻流浊涕，为外感风热；鼻流脓涕，腥臭难闻，经久不愈者，为鼻渊。

4. 望唇齿咽喉

（1）口唇：口唇淡白，为气血两虚；口唇青紫，为寒凝瘀血；口唇红赤，为有热；口唇紫绀，为瘀血。口唇干枯皴裂，为外感燥邪或热炽津伤；口角流涎，为脾虚湿盛，胃中有热或虫积；口唇糜烂，为脾胃热蒸；口㖞斜，为中风；撮口或抽掣不停，为脐风（新生儿破伤风）；口开不闭，为中风脱证。

（2）齿与龈：牙齿干燥，为胃阴已伤；燥如枯骨，为肾阴枯竭；牙齿松动，齿根外露，多为肾虚。齿龈淡白，多为血虚或失血；齿龈红肿疼痛，为胃火亢盛；龈肉萎缩，多属肾虚或胃阴不足。

（3）咽喉：咽喉红肿疼痛，为实热；咽喉色红娇嫩，疼痛不甚，为虚火。咽部一侧或两侧红肿疼痛，溃烂或有黄白脓点，称“乳蛾”，由肺胃热盛、火毒熏蒸所致。咽部有灰白色假膜，揩之不去，重擦出血，去而复生，称“白喉”，由外感疫邪所致，属烈性传染病。

（三）望躯体

1. 望腰背部

背以脊柱为主干，为胸中之府；腰为身体运动枢纽，为肾之府。督脉贯脊行于正中，足太阳膀胱经分行挟于腰背两侧，其上有五脏六腑俞穴，带脉横行环绕腰腹，总束阴阳诸经，皆与腰背关系密切。故望腰背部的异常表现，可以诊察有关脏腑经络的病变。正常人腰背部两侧对称，俯仰转侧自如，直立时脊柱居中，颈、腰段稍向前弯曲，胸、骶段稍向后弯曲，但无左右侧弯。

（1）脊柱过度后弯：多发生在胸椎部分，致使前胸塌陷，称为“驼背”或“龟背”。多由肾气亏虚、发育异常，或脊椎疾患所致，亦可见于老年人。若久病病人后背弯曲，两肩下垂，称为“背曲肩随”，为脏腑精气虚衰之象。

（2）脊柱侧弯：即脊柱离开正中线向左或向右偏曲。多由小儿发育期坐姿不良所致，亦可见于先天不足、肾精亏损、发育不良的患儿或一侧胸部某些疾病。

（3）角弓反张：即脊背后弯，反折如弓，兼见颈项强直，四肢抽搐。为肝风内动、筋脉拘急之象，可见于肝风内动、破伤风等病人。

（4）腰部疼痛：活动受限，转侧不利。多因寒湿内侵，腰部脉络拘急，或跌仆闪挫、局部气滞血瘀所致。

2. 望四肢

心主血脉，肺主皮毛，脾主四肢、主肌肉，肝主筋腱，肾主骨髓，十二经脉又分别循行于四肢内外，故望四肢可以诊察脏腑经脉病变。

（1）肢体痿废：若肢体肌肉萎缩，筋脉弛缓，痿废不用，多见于痿证，常因精津亏虚或湿热浸淫，筋脉失养所致。若一侧上下肢体痿废不用者，为半身不遂，见于中风病人，多因风痰阻络所致。

（2）膝部肿大：若膝部红肿热痛，屈伸不利者，为热痹，由风湿郁久化热所致。若膝部肿大而骨胫消瘦，形如鹤膝，称为“鹤膝风”，因寒湿久留、气血亏虚所致。

（3）手指挛急：手指关节拘急，不能伸直，称“鸡爪风”，为血不养筋或复感寒邪所致。

（4）手指变形：手指关节呈梭状变形，活动受限，称“梭状指”，由风湿蕴久，痰瘀结聚所致。指趾末节膨大如杵，称“杵状指”，兼气喘唇紫，由久病心肺气虚，血瘀络阻所致。

（5）下肢畸形：若直立时两踝并拢而两膝分离，称“膝内翻”“O”型腿或“箩圈腿”；若两膝并拢而两踝分离，称“膝外翻”或“X”型腿。若踝关节呈固定型内收位，称“足内翻”；踝关节呈固定外展位，称“足外翻”。皆属先天不足或后天失养，肾气不充，发育不良。

（6）手足蠕动：即手足掣动迟缓，类似虫行。多为脾胃气虚、筋脉失养，或阴虚动风所致。

（四）望二阴

前阴为生殖和排尿器官，后阴指肛门，为排便之门户。前阴为肾所司，宗脉所聚，太阴、阳明经所会，精窍通于肾，尿窍通于膀胱，阴户通于胞宫并与冲任二脉密切相关，肝胆经脉络于阴器，故与肾、膀胱、肝、胆诸脏腑关系密切；后阴亦为肾所司，肛门通于肠，与脾、胃、肠、肾关系密切。

1. 望前阴

（1）外阴肿胀：阴肿而不痒不痛者，可见于水肿病。阴囊肿大，因小肠坠入阴囊或睾丸肿胀引起者，称为“疝气”，多由肝气郁结、久立劳累或寒湿侵袭所致。若阴囊或阴户红肿热痛，多为肝经湿热下注所致。

（2）外阴收缩：男性阴囊阴茎或女性阴户收缩，拘急疼痛，称为“阴缩”。多因外感寒邪，侵袭肝经，凝滞气血，肝脉拘急收引所致。

（3）外阴生疮：前阴部生疮或有硬结破溃腐烂，时流脓水或血水者，称为“阴疮”。多因肝经湿热下注，或梅毒感染所致。若硬结溃后呈菜花样，有腐臭气，则多为恶疮，病属难治。

（4）肾囊风：阴囊瘙痒，湿烂发红，浸淫黄水，焮热疼痛者，称为“肾囊风”。多由湿热蕴结而发。若日久阴囊皮肤粗糙变厚，则多为阴虚血燥之证。

（5）阴挺：妇女阴户中有物突出，形如梨状，名为“阴挺”。多由脾虚中气下陷，或产后劳伤，使胞宫下坠阴户之外所致。

2. 望后阴

（1）肛裂：肛门与肛管的皮肤黏膜有狭长裂伤，可伴有多发性小溃疡，排便时疼痛流血。多因血热肠燥所致。

（2）痔疮：肛门内外生有紫红色柔软肿块，突起如峙者。其生于肛门齿线以内者为内痔，生于肛门齿线以外者为外痔，内外皆有者为混合痔。多由肠中湿热蕴结或血热肠燥，肛门部血脉郁滞所致。

（3）瘘管：肛门部生痈肿或痔疮溃后久不敛口，外流脓水，可形成瘘管。瘘管长短不一，或通入直肠，局部痒痛，缠绵难愈。多由湿热下注或外感邪毒而发。

（4）脱肛：即直肠或直肠黏膜组织自肛门脱出。轻者便时脱出，便后缩回；重者脱出后不能自回，须用手慢慢还纳。检视时可嘱病人蹲位，用力屏气做排便动作，即可在肛门外看到紫红色球状物（直肠黏膜）或椭圆形块状物（直肠壁）脱出。本病多由脾虚中气下陷所致。

（五）望皮肤

1. 皮肤色泽形态

（1）皮肤发黄：面目、皮肤、爪甲俱黄者，为黄疸。其黄色鲜明如橘皮色者为阳黄，为湿热蕴蒸、胆汁外溢肌肤而发；黄色晦暗如烟熏色者属阴黄，为寒湿阻遏、胆汁外溢肌肤所致。

（2）皮肤色赤：色如涂丹，边缘清楚，热如火灼者，为丹毒；发于头面者为抱头火丹；发于小腿者名流火；发于全身、游走不定者名赤游丹。多由邪热化火或外伤染毒引起。

（3）皮肤白斑：大小不等，界限清楚，病程缓慢者，为白驳风。多因风湿侵袭、气血失和，血不荣肤所致。

（4）皮肤荣枯：干枯无华，多为津液已伤，或营血亏虚，肌肤失养。干枯粗糙，状若鱼鳞，称为“肌肤甲错”，常兼见面色黧黑，属血瘀日久，肌肤失养而致。

（5）肌肤肿胀：周身肌肤肿胀，按有压痕，为水肿病。其中头面先肿，继及全身，半身以上肿甚者，多属阳水；足跗下肢先肿，继及全身，半身以下肿甚者，多属阴水。

2. 皮肤病证

（1）水痘：小儿皮肤出现粉红色斑丘疹，很快变成椭圆形小水泡，顶满无脐，晶莹明亮，浆液稀薄，皮薄易破，大小不等。多因外感湿热之邪所致，属儿科常见传染病。

（2）斑：色深红或青紫，点大成片，平铺于皮肤，抚之不碍手，压之不褪色者，为斑。色红紫，似锦纹，兼身热烦躁者为阳斑；色青紫，隐隐稀少，兼面白肢凉者为阴斑。

（3）疹：色红，点小如粟，或如花瓣，高出皮肤，抚之碍手，压之褪色者，为疹。疹色桃红，形似麻粒，先见于发际颜面，渐及躯干四肢者，为麻疹；疹色淡红，细小稀疏，皮肤瘙痒，症状轻微者，为风疹；皮肤突然出现淡红或淡白色丘疹，形状不一，小似麻粒，大如花瓣，皮肤瘙痒，搔之融合成片，出没迅速者，为瘾疹；周身皮肤出现红斑，迅速形成丘疹、水疱，破后渗液，出现红色湿润之糜烂疮面，为湿疹。

（4）热气疮：口角唇边或鼻旁出现成簇粟米大小水疱，灼热疼痛。多因外感风热或肺胃蕴热而发。

（5）白痦：皮肤出现白色小疱疹，晶莹如粟，高出皮肤，擦破流水，多发于颈胸部，四肢偶见，面部少见，伴身热不扬。多因感受湿热之邪而致。

（6）疮疡：望皮肤疮疡，应注意观察其形色特点，并结合其他兼症，以辨其阴阳寒热虚实。

患处红肿高大、根盘紧束、焮热疼痛者为“痈”，属阳证，由湿热火毒蕴结，气血瘀滞而发；患部漫肿无头、皮色不变或晦暗、局部麻木、不热或少痛者为“疽”，属阴证，由气血亏虚，阴寒凝滞而发；患部形小如粟、顶白根硬而深、麻木疼痛者为“疔”，属阳证，多发于颜面手足，因外感风邪火毒所致；患部形小而圆，红肿热痛不甚，出脓即愈，症状轻微者为“疖”，属阳证，由湿热蕴结所致。

三、望排出物

望排出物是观察病人的分泌物和排泄物的形、色、质、量的变化来诊察病情的方法。

1. 望痰涎

热痰，痰黄质稠，多由邪热犯肺，灼津为痰所致；风痰，痰白夹有泡沫，多因风邪侵袭，肺失清肃所致；寒痰，色白质稀，属寒邪伤阳，津凝为痰；燥痰，干咳少痰，多见燥邪伤肺或肺阴不足；湿痰，痰白量多，易于咳出，多因脾失健运，水湿内停，湿聚为痰，上犯于肺所致。痰中带血，色鲜红者，称为“咯血”，多见于肺阴亏虚或肝火犯肺等病证，因火热灼伤肺络所致。咯吐脓血痰，其形状如米粥，其味腥臭难闻者为“肺痈”，由热毒蕴肺，肉腐成脓所致。口中吐涎黏腻，属脾胃湿热；口流清涎，属脾胃虚寒；睡中流涎者，多为胃中有热或宿食内停。

2. 望呕吐物

呕吐物清稀无酸臭气味，为寒呕，多为寒邪犯胃或胃阳不足。呕吐物秽浊有酸臭气味，为热呕，多因热邪犯胃。呕吐不消化食物，其味酸腐，为食积内停。呕吐黄绿苦水，属肝胆湿热。呕吐清水，胃脘有振水声，为痰饮，由水饮内停，胃失和降所致。

3. 望大便

大便清稀如水样，为外感寒湿或过食生冷，属寒湿泄泻。大便清稀，完谷不化或如鸭溏便，因脾胃虚弱或火不温土，为虚泻。大便黄褐如糜，臭秽难闻，肛门灼热，为湿热或暑湿伤及胃肠，属热泻。大便如黏胨，夹有脓血，里急后重，为湿热蕴结大肠，见于痢疾。大便灰白，溏结不调，因肝胆疏泄失常，多见于黄疸。大便燥结，数日一行，排便困难，多因热盛伤津，燥实互结或阴津匮乏，肠失濡润所致。大便带血，若血色鲜红，附在大便表面或排便前后滴血，为近血，可见肠风下血或痔疮、肛裂；若血色暗红或紫黑，与大便均匀混合者，为远血，可因内伤劳倦或肝胃瘀滞。

4. 望小便

小便清长，多属虚寒；小便短赤，多属实热。尿中带血，多属络脉损伤。尿有沙石，多因湿热互结。

四、望小儿指纹

望小儿指纹是指观察小儿食指掌侧前缘浅表络脉的形色变化来诊察疾病的方法。因食指掌侧前缘络脉为寸口脉的分支，与寸口脉同属手太阴肺经，其形色变化可反映寸口脉的变化，故临床望指纹与寸口脉诊意义相同，可以诊察体内的病变。

正常小儿指纹为：浅红微黄，隐现于风关之内，既不明显浮露，又不超出风关，其形态多为斜形、单支，粗细适中。

此诊察方法的适用范围为三岁以内的小儿。

（一）望小儿指纹的方法

1. 三关定位

将小儿食指按指节分为三关：食指第一节为风关（掌指横纹至第二横纹之间），食指第二节为气关（第二横纹至第三横纹之间），食指第三节为命关（第三横纹至指端）。

2. 操作方法

医生用左手拇指和食指握住小儿食指末端，再以右手拇指在小儿食指掌侧前缘从指尖向指根轻推擦几次，用力适中，指纹即可显现，然后在三关的部位上观察其形色变化。

3. 影响因素

小儿指纹可受多种因素影响，如年龄（年幼者络脉显露略长，年长者络脉不易显露略短）、体质（肥胖者络脉较深不显，体瘦者络脉较浅而易显）、气候（天冷络脉收缩，指纹变细短缩；天热络脉扩张，指纹增粗变长）。

（二）望小儿指纹的临床意义

1. 分辨表里

指纹浮露，病在表，为外感表证；指纹沉隐，病在里，为邪气内困。

2. 辨别病性

指纹鲜红属表证、寒证；紫红属热证；色青属痛证、惊风；淡白属脾虚、疳积；色紫黑属脉络瘀阻。

3. 判断预后

指纹显于风关，为邪气入络，病情轻浅；达于气关，为邪气入经，邪进病重；达于命关，为邪入脏腑，病情较重；直达指端（称透关射甲），病情凶险，预后不良。

五、舌诊

舌诊是通过观察舌象以了解病情的诊察方法，为中医特色诊法之一。

舌诊具有悠久的历史，早在《黄帝内经》中就有望舌诊病的记载。汉·张仲景《伤寒杂病论》将舌诊作为中医辨证论治法则的一个重要组成部分。明清时代温病学派兴起，在临床实践中总结出一套“辨舌验齿”的方法，确定相应方药，并以此推断疾病的预后。近年来，舌诊也是中医科学研究中最为活跃的领域之一，与相关学科协作攻关，开展了一系列研究，对舌诊的发展起到了推动作用。

（一）望舌诊病的原理

1. 舌与脏腑经络相连

舌为心之苗，手少阴心经之别系于舌本；舌为脾之外候，足太阴脾经连于舌本，散于舌下；

肾藏精，足少阴肾经挟于舌本；肝藏血，足厥阴肝经络于舌本；肺系上达咽喉，与舌根相连；足太阳之筋结于舌本，足少阳之筋入系舌本。因此，舌通过经络、经筋与脏腑密切相连。在生理状态下，脏腑精气上荣于舌；当脏腑发生病变时，必然反映于舌，故在临床上可以通过观察舌象的不同变化，来诊断相应的病证。

脏腑病变反映于舌，具有一定的规律。一般而言，舌尖部多反映上焦心肺病变；舌中部多反映中焦脾胃病变；舌根部多反映下焦肾的病变；舌两侧多反映肝胆的病变。

2. 舌象与气血津液相关

舌为血脉丰富的肌性器官，有赖气血的濡养，故舌的形态色泽与气血的盈亏和循行密切相关。舌下肉阜部有唾液腺体的开口，唾为肾之液，涎为脾之液，而津液的生成与输布离不开脏腑的功能，所以通过观察舌体与舌苔的润燥，可判断体内津液的盈亏。

（二）舌诊的方法与注意事项

1. 诊舌的体位

望舌时患者可采取坐位或仰卧位，自然地将舌伸出口外，舌体放松，舌面展平，舌尖略向下，尽量张口使舌体充分暴露。如伸舌过分用力、舌体紧张、蜷曲或伸舌时间过长，都会影响舌的气血运行而引起舌色改变或干湿度的变化。

2. 诊舌的方法

（1）顺序：观察舌象，一般是由舌尖→舌中→舌侧→舌根部顺序观察。先看舌体，再察舌苔。若伸舌时间过久，舌体易随血管变形而色泽改变。如果一次望舌判断不清，可令病人休息3～5分钟后，再重复望舌一次。

（2）其他诊察方法：如刮舌验苔法，若刮之不脱或刮而留污质，多为里有实邪；刮之易去，舌体明净光滑者多属虚证。刮舌可用消毒压舌板的边缘，以适中的力量，在舌面上由后向前刮三、五次。如需揩舌，则用消毒纱布裹于手指上，蘸少许生理盐水在舌面上揩抹数次。这两种方法可用于鉴别舌苔有根无根，以及是否属于染苔。

3. 诊舌的注意事项

（1）光线影响：望舌以白天充足、柔和的自然光线为佳，光线要直接照射到舌面。光照的强弱与色调，常常会影响正确的判断。如光线过暗，可使舌色暗滞；用普通的灯泡或手电筒照明，容易把黄苔误作白苔；日光灯下，舌色多偏紫；白炽灯下，舌苔偏黄色。周围有色物体的反射光，也会使舌色发生相应的改变。

（2）饮食或药品影响：如进食后由于口腔咀嚼的摩擦、自洁作用而舌苔由厚变薄；饮水多可使舌苔由燥变润；刚进辛热食物，舌色偏红；多食糖果、甜腻之品，舌苔变厚，口味酸腻。饮服某些食物或药物，可以使舌苔着色，称为染苔，如饮用牛乳、豆浆等可使舌苔变白、变厚；食蛋黄、橘子、核黄素等可将舌苔染成黄色；吃橄榄、酸梅等各种黑褐色食品、药品或长期吸烟等可使舌苔染成灰色、黑色。染苔可在短时间内自然退去，或经揩舌除去，一般多不均匀地附着于舌面，与病情亦不相符。服用大量镇静剂后，舌苔厚腻；长期服用某些抗生素，可产生黑腻苔或霉腐苔。

（3）口腔对舌象的影响：如牙齿残缺，可造成同侧舌苔偏厚；镶牙可使舌边留下齿印；张口呼吸可以使舌苔变干等等，临床上应加仔细鉴别，避免误诊。

（三）望舌内容

1. 正常舌象

舌象由舌质与舌苔两部分组成。正常舌象的特征是：舌质为舌色淡红，明润鲜活，胖瘦适中、柔软灵活；舌苔为舌面上生有薄白而润的苔状物质，不满舌，不板滞。正常舌象亦简称为“淡红舌，薄白苔”。

舌质为脏腑气血所荣，舌苔由胃蒸脾湿上潮而生，故望舌象可诊察脏腑精气盛衰存亡，判断疾病的预后转归。

2. 望舌质

（1）舌色：指观察舌质颜色的改变。舌色与脏腑寒热虚实、营血病变有关。常见异常舌色有四种，即淡白舌、红舌、绛舌和青紫舌。

1）淡白舌：较正常的淡红舌浅淡，甚至全无血色，由阳气不足或气血不足所致。主病：虚证、寒证。

2）红舌：较淡红舌为深，甚至呈鲜红色，由热盛脉络充盈所致。主病：热证。若舌尖红为心火亢盛；舌边红为肝胆郁热；舌中红为脾胃有热。实热证则见舌红而起芒刺，兼舌苔黄厚；虚热证则见舌红而少苔或无苔。

3）绛舌：较红舌更深，呈深红色，多由红舌进一步发展而成，为血分有热所致。主病：热入营血、阴虚火旺。

4）青紫舌：舌质呈青紫色，称“水牛舌”，舌尖边局部出现青紫斑点或斑块，称为紫点舌或紫斑舌，为血行不畅所致。主病：寒证、热证、瘀证、中毒。

（2）舌形：指舌质的形状变化。

1）老嫩舌：舌质坚敛，纹理粗糙，为老舌，主实证；舌质浮嫩，纹理细腻，为嫩舌，主虚证。舌之老嫩是临床鉴别疾病虚实的重要标志之一。

2）胖大舌：舌体胖大，伸舌满口，常伴有牙齿压迫的痕迹。若舌淡白而嫩，苔白滑，为阳虚水停；舌体胖大而红，苔黄腻，为湿热内蕴。

3）肿胀舌：舌体肿大，甚至不能回缩闭口。若鲜红而肿胀，为心脾积热；青紫而肿胀，为中毒。

4）瘦薄舌：舌体瘦小而薄。若瘦薄而色淡，为气血不足，舌失濡养；瘦薄而色绛，为阴虚热盛或津液耗伤。

5）裂纹舌：舌质呈现横竖不等的裂沟。舌色红绛有裂纹，为热盛津伤；舌色淡白有裂纹，为气血不足。临床上应与先天性裂纹舌相鉴别。

6）点刺舌：点舌是指蕈状乳头体积增大，数目增多，乳头内充血水肿，大者称星舌，小者称点舌；芒刺舌是指蕈状乳头增大、增高，并形成尖峰，舌面上见有软刺及颗粒，摸之棘手。点刺舌均主热邪亢盛，邪热越重，点刺越多越大。若出现在舌尖为心火亢盛，舌边为肝胆火盛，舌中为胃肠热盛。

（3）舌态：指舌质的动态变化。

1）痿软舌：舌体软弱无力，不能随意伸缩。痿软而红绛少苔，为邪热伤阴或阴虚火旺；痿软而枯白无华，为气血虚衰。

2）强硬舌：舌体板硬强直，卷伸不利。舌体强硬而色红少津，多为阳热亢盛；舌体强硬而舌苔厚腻，多为风痰阻络。

3）斜舌：舌体或左或右偏向一侧。多由肝风挟痰或痰瘀阻滞所致。

4）颤动舌：舌体震颤抖动，不能自主。若淡白颤动者，为气血两虚；若绛紫而颤动者，为热盛；舌红少苔颤动者，为阴虚。

5）吐弄舌：舌伸出口外，不能立即回缩者，为吐舌；伸舌即回缩，如若蛇舐，或反复舐口唇四周，掉动不宁者，为弄舌。多为心脾有热、热盛动风之先兆。病危见吐舌为心气将绝。

6）短缩舌：舌体紧缩，不能伸长，严重者舌不抵齿。色淡或青紫而湿润，为寒凝筋脉、气血虚衰；红绛而干，为热病伤津；短而胖大，为风痰阻络。

（4）舌下络脉：舌下络脉是位于舌系带两侧纵行的大络脉，管径小于2.7mm，长度不超过舌下肉阜至舌尖的五分之三，其颜色为淡紫色。

望舌下络脉主要观察其长度、形态、颜色、粗细和舌下小血络的变化。若络脉细而短，色淡红，周围小血络不明显，多属气血不足；若舌下络脉粗胀青紫或络脉曲张如紫珠，多为血瘀的征象。

3. 望舌苔

（1）苔质

1）苔之厚薄：透过舌苔能隐隐见到舌体的苔，称为薄苔；不能透过舌苔见到舌体之苔，则称厚苔。薄苔主疾病初起，病在表，病情轻浅；厚苔主里，主胃肠宿食、痰浊停滞。

2）苔之润燥：舌苔干湿适中，不滑不燥，称为润苔；舌面水分过多，伸舌欲滴，扪之湿润而滑，称为滑苔；舌苔干燥，扪之无津，甚则舌苔干裂，称为燥苔；苔质粗糙，称为糙苔。润苔为津液未伤；滑苔为寒湿内停；燥苔为津液已伤；糙苔为热盛伤津、秽浊盘踞中焦。

3）苔之腻腐：苔质颗粒细腻致密，融合成片，中间厚，边周薄，紧贴于舌面，揩之不去，刮之不易脱落者，称为腻苔；苔质颗粒较粗大而根底松浮，如豆腐渣堆铺舌面，边中皆厚，揩之可去，或成片脱落，舌底光滑者，称为腐苔。腻苔主湿浊、痰饮、食积；腐苔为胃气衰败，湿邪上泛。

4）苔之剥脱：舌苔全部或部分剥落，剥落处舌面光滑无苔者，称为剥苔。剥苔根据剥落的部位和范围大小有前剥苔、中剥苔、根剥苔、花斑舌、地图舌和镜面舌等。剥苔多见胃气匮乏、胃阴枯竭、湿浊未化或气血两虚。

（2）苔色

1）白苔：白苔是最常见的苔色，其他各种苔色均可由白苔转化而成。白苔主表证、寒证。薄白而润为正常，表证初起，里证病轻，阳虚内寒；薄白而干多属表证伤津；薄白而滑为外感寒湿、阳虚水停；白而厚腻主湿浊内困、痰饮内停、食积不化。

2）黄苔：黄苔多由白苔转化而来。主热证、里证。黄腻苔主湿热蕴结；薄黄苔主表热证、风寒化热入里；黄糙苔主邪热伤津；黄滑苔主阳虚痰饮，聚久化热。

3）灰黑苔：多由白苔或黄苔转化而成。白腻灰黑苔主阳虚，寒湿痰饮内停；黄腻灰黑苔主湿热内蕴，日久不化；焦黑干燥苔主热极津枯。

（四）舌象分析要点及舌诊的临床意义

1. 舌象分析要点

（1）察舌的神气和胃气：舌色红活鲜明，舌质润泽，舌体活动自如者，为有神气；

舌色晦暗枯涩，活动不灵便，为无神气。舌苔中厚边薄，紧贴于舌面，苔底牢着，或苔虽松厚，刮之舌面仍有苔迹，或厚苔脱落，舌面仍有黏膜颗粒，有苔能逐生之象者，均属有根苔，是有胃气的征象；舌苔似有似无，甚则光剥如镜面，或苔厚松腐，刮之即去，舌面光滑，苔垢不易复生者，为无根苔，提示胃气衰败，是无胃气的征象。舌象有神气、有胃气，表明正气未衰，病情较轻，预后良好；无神气、无胃气，提示正气已虚，病情较重，预后较差。

（2）舌质与舌苔综合分析：舌质的色、形、质主要反映脏腑气血津液的情况，舌苔的变化主要与感受病邪和病证的性质有关，所以观察舌质可以了解脏腑虚实和气血津液的盛衰；察舌苔重在辨病邪的寒热和邪正的消长。临床诊病时，不仅要分别掌握舌质、舌苔的基本变化及其主病，更应注意舌质和舌苔之间的相互关系，将舌质和舌苔结合起来进行分析。如热盛伤津见舌红苔黄或燥，阳虚湿盛见舌淡胖苔白腻，湿热内蕴见舌红苔黄腻，瘀血内阻见舌青紫或有瘀斑苔润等。

（3）舌象的动态分析：在疾病发展过程中，舌象亦随之发生相应变化。在外感病中，舌苔由薄变厚，表明病邪由表入里；舌苔由白转黄，为病邪化热的征象；舌色转红，舌苔干燥，为邪热充斥，气营两燔；舌苔剥落，舌质光红，为热入营血，气阴俱伤等等。在内伤杂病的发展过程中，舌象亦会产生一定的变化规律，如心血瘀阻所致的真心痛病人，发病初期，可见舌色偏暗，而苔无变化，此后大多数病人的舌苔由薄白变为白腻或黄腻，并由薄变厚。如病情稳定，数天后腻苔渐化，而生薄白苔，舌色由暗滞逐渐转为淡红色，此提示疾病趋向好转；若舌苔由薄白变为灰苔、黑苔或黄褐苔，或厚苔日久不退，提示病情日趋严重；若舌苔骤退，转为剥苔，提示胃气将绝，预后不良。

2. 舌诊的临床意义

（1）判断正气的盛衰：如舌质淡红润泽为气血旺盛；舌质淡白晦暗为气血虚衰。若苔薄白而润为胃气旺盛；舌光无苔则胃气大伤、胃阴枯竭。

（2）辨病位的深浅：如苔薄多为疾病初起，病情轻浅，属外感表证或内伤轻症；若苔厚为病邪入里，病位较深；若舌光绛则为热入营血，病位更深。

（3）区别病邪性质：如舌红绛主热证；舌青紫、有瘀斑、瘀点主血瘀证。若白苔主寒证；黄苔主热证；腐腻苔主食积、痰饮、湿浊。

（4）推断病情进退：薄苔转为厚苔，为由表入里，为病进。白苔转为黄或灰黑，为由表入里，由轻变重，由寒化热，属病进。润苔转为燥苔，为邪热渐盛，津液渐伤，主病进；燥苔转为润苔，为阴津渐复，主病退。有苔转为无苔，为病情进；无苔转为有苔，为病势退。

第二节 闻 诊

闻诊是指医生通过听觉与嗅觉，听患者异常声音，嗅患者异常气味，借以收集资料和诊察病情的方法。

（一）听声音

听声音，即听患者语言、呼吸、咳嗽、呕吐、呃逆、嗳气、太息、喷嚏、肠鸣等声响的异常，以分辨病情的寒、热、虚、实。

声音的发出是喉、会厌、舌、齿、鼻等器官和肺、心、肾脏腑共同协调而形成。如张志聪所说：“音声之器，在心主言，在肺主声，然由肾间动气上出于舌，而后能发其声。”肺是发声的动力，肺主一身之气，气动则有声；喉是发声的机关，发声必由喉出；其余部分则对声音起调节作用。因此，根据声音的变化，不仅可诊察与发音有关器官的病变，还可根据声音的变化进一步了解机体各脏腑的病变。一般情况下，新病、轻候，其声多不变；久病、苛疾，其声乃变。

1. 发声

（1）音哑和失音：轻者为声嘶哑，重者完全不能发音。新病音哑或失音，属实证，由外感风寒或风热袭肺，肺气不宣，清肃失职所致，称“金实不鸣”；久病音哑或失音，属虚证，由肺肾阴虚，精气内伤，虚火灼金，津枯肺损所致，称“金破不鸣”；妊娠失音则多为胞胎阻络，肾之精气不能上荣所致，称“子瘖”，分娩后即愈，无需治疗。

（2）语声强弱：发声高亢有力，声音连续，前轻后重，为形壮气足，多属实证、热证；发声低微细弱，声音断续，前重后轻或语声轻微，为体弱气怯，多属虚证、寒证。

（3）鼾声：睡中鼾声，多是气道不利，并非全是病态。若昏睡不醒，鼾声不绝，手撒遗尿，为中风入脏之危证。

（4）呻吟：指病痛难忍所发出的痛苦哼哼声，多为身有痛楚或有不适。呻吟声高有力，多属实证、剧痛；呻吟声低无力，多属虚证。临床可结合姿态变化，判断病痛部位，如攒眉呻吟，必苦头痛；呻吟不起，多为腰腿痛；呻吟而扪心或护腹，多是胸脘痛或腹痛；呻吟扪腮可能为齿痛。

（5）夜啼：小儿入夜啼哭不止，多见惊恐为病，或心脾有热，或脾虚寒凝，或食积、虫积。

2. 语言

（1）谵语：神识不清，语无伦次，声高有力。属热扰心神之实证。见于温病邪入心包或阳明腑实证，有血热、瘀血、燥屎、痰凝之分。

（2）郑声：神识不清，语言重复，时断时续，声音低弱。为心气大伤，精神散乱之虚证。多见于疾病晚期、危重病人。

（3）独语：自言自语，喃喃不休，见人则止，首尾不续。为心气不足，神失所养，或由气郁痰结，阻闭心窍所致。

（4）错语：语言错乱，错后自知。实证多为瘀血、痰浊或气结于心；虚证多由心气不足，神失所养，常见于年老体衰之人。

（5）狂言：狂叫骂詈，精神错乱，躁扰不安，登高而歌，弃衣而走。属阳热实证。多见于痰火扰心或伤寒蓄血证。

（6）语謇：神志清楚，思维正常，吐字困难或吐字不清。属风痰阻络，为中风先兆或中风后遗症。

3. 呼吸

（1）喘证：呼吸困难，短促急迫，甚者张口抬肩，鼻翼煽动，不能平卧。喘分虚实：实喘见发作急骤，气粗声高息涌，以呼出为快，仰首目突，形体壮实，脉实有力，为肺有实热，或痰饮内停；虚喘见发病徐缓，喘声低微，慌张气怯，息短不续，动则喘甚，以引一长息为快，形体虚弱，脉虚无力，为肺肾虚损，气失摄纳。

（2）哮证：以呼吸急促似喘，喉间痰鸣如哨音为特征，多反复发作，缠绵难愈。多因内有痰饮，复感外寒束于肌表，引动伏饮而发；或感受外邪，失于表散，束于肺经；或久居寒湿之地区；或过食酸咸、生冷。

（3）上气：肺气不得宣散，上逆于喉间，气道窒塞，呼吸急促。兼见时时吐涎但坐不得卧，为痰饮内停胸膈；兼见咽喉不利，为阴虚火旺；兼身肿者，为外邪束于皮毛，肺气壅塞，水津不布。

（4）短气：呼吸气急而短，不足以息，数而不能接续，似喘而不抬肩，喉中无痰鸣声。实证为饮停胸中，症见短气而渴，四肢历节痛，脉沉；虚证为肺气不足，症见体虚气短，小便不利。

（5）少气：呼吸微弱，短而声低，非如短气之不相连续，形体状态一般无异常改变。多见于诸虚劳损之证。

此外，外感邪气有余，呼吸气粗而快，属热证、实证；内伤正气不足，呼吸气微而慢，属虚证、寒证。久病，肺肾之气欲绝，气粗而断续者为真虚假实之证；温热病，热在心包，气微而昏沉者为真实假虚之证。呼吸微弱困难，气来短促，不足以息，为元气大伤，阴阳离决之危证。

4. 咳嗽

咳嗽虽多见于肺脏疾病，但“五脏六腑皆令人咳，非独肺也”，其他脏腑病变也可见有咳嗽症状。

对于咳嗽，在临床上要注意咳声、咳痰的颜色和质量、咳嗽的时间和伴有的症状。咳声紧闷，多属寒湿；咳声重浊，兼见痰清稀白，鼻塞不通，多是外感风寒；咳而声低，痰多易咳出，见寒咳或痰饮；咳声清脆，多属燥热；干咳无痰，或咳少许黏液，为燥咳或热咳；咳声不扬，痰稠色黄，不易咳出，咽喉干痛，鼻出热气，属于肺热壅盛。

咳声阵发，发则连声不绝，甚则呕恶咳血，终止时作鹭鸶叫声，为顿咳，亦称百日咳，常见于小儿，多由风邪与伏痰搏结，郁而化热，阻遏气道所致。咳声如犬吠样者，为白喉，属肺肾阴虚，火毒攻喉。无力作咳，咳声低微，咳出白沫，兼气促，属肺气不足。

5. 呕吐

是指饮食物或痰涎从胃中上涌，由口吐出的症状。有声无物为呕，有物无声为吐，有声有物为呕吐，皆由胃失和降所致。

（1）虚寒证：吐势徐缓，声音微弱，呕吐物清稀。

（2）实热证：吐势较猛，声音壮厉，呕吐物黏稠色黄，或酸或苦。重者热扰神明，呕吐呈喷射状。

（3）霍乱：吐利并作。

（4）反胃：朝食暮吐、暮食朝吐，为胃阳不足，或脾肾俱虚。

6. 呃逆

是指胃气上逆，从咽喉发出的一种不由自主的冲击声，声短而频，呃呃作响。正常人出现呃逆，其声不高不低，持续时间短暂，无其他不适，多为进食急促或食后偶触风寒，胃气一时上逆所致，不药自愈，不作病态。

临床上应根据呃声的高低强弱、间歇时间的长短不同，来判断病证的寒热虚实。

（1）实热：呃声频频，连续有力，高亢而短，发作时间短。

（2）虚寒：呃声低沉而长，气弱无力，良久一声，病程较长。

（3）胃气将绝：久病垂危，出现呃逆，声低无力。

7. 嗳气

古名“噫”，是气从胃中向上出于咽喉而发出的声音，其声长而缓，为胃气上逆所致。若饮食之后，偶有嗳气，并非病态。

（1）宿食不消：嗳出酸腐气味，兼胸脘胀满。

（2）肝气犯胃：嗳声响亮，频频发作，得嗳气与矢气则脘腹宽舒，常随情绪变化而减轻或增剧。

（3）脾胃虚弱：嗳气低沉，无酸腐气味，纳谷不馨，多见于久病或老年人。

（4）寒气客胃：嗳气频作，见胃脘冷痛。

8. 太息

太息亦称叹息，是指胸中郁闷不畅，引一声长吁短叹后，自觉舒适。为肝气郁结常见征象。

9. 喷嚏

喷嚏是由肺气上冲于鼻，发生猛然带声的喷气现象。闻诊时主要注意喷嚏的次数和伴有症状。新病喷嚏，兼有恶寒发热，鼻塞流清涕者，多因外感邪气，肺窍不利所致。久病阳虚之人，忽有喷嚏，为阳气恢复，病愈之佳兆。

10. 肠鸣

肠鸣是腹中胃肠蠕动，漉漉作响的症状。临床须据部位、声音来辨病位和病性。

肠鸣声在脘部，如囊裹浆，振动有声，起立行走或以手按抚，其声漉漉，为饮聚肠胃。肠鸣声在脘腹，漉漉如饥肠，得温或得食则减，受寒或饥饿时加重，为脾胃虚寒。肠鸣如雷，脘腹痞满，大便泄泻或寒甚则脘腹疼痛，肢厥吐逆，为感受风寒湿邪，胃肠气机逆乱所致。

（二）嗅气味

嗅气味，是指嗅辨异常气味，诊察病情的方法。

嗅气味包括嗅病体之气（病人的口气、分泌物、排泄物）和病室之气。

1. 嗅病体之气

（1）口气：正常人说话时，口中不会出现异味。若口气臭秽为胃热，或有龋齿，或口腔不洁；若酸臭气味，为内有宿食，消化不良；若腐臭气味，或兼有吐脓血者，为内有溃腐脓疮。

（2）汗气：病人身有汗气，可知曾有出汗。汗有腥膻气，为风湿热久蕴于皮肤。汗出臭秽，可见瘟疫或暑热火毒炽盛之证。

（3）鼻臭：鼻出臭气，浊涕不止，经久不愈，为鼻渊。

（4）身臭：身发腐臭之气，腥味难闻，应检查病体是否有溃腐疮疡。

（5）其他：咳吐浊痰脓血，有腥臭气，为肺痈。大便臭秽为肠中积热；大便稀溏有腥气属寒。小便黄赤浊臭多是湿热。矢气酸臭多是宿食停滞。妇人经带有臭气的为热证，有腥气的为寒证。

2. 嗅病室之气

病室气味是由病体本身或排出物散发而致。

嗅病室气味，在临床上可作为推断病情和诊断特殊病证的参考，临床须当辨别。如瘟疫病臭气触人，轻则盈于床帐，重则充满一室，说明病情重笃。患有溃腐疮疡，病室有腐臭气味。脏腑败坏，病属危重，病室有尸臭气味。失血患者，病室有血腥气味。尿臊味（氨味）多见于水肿病晚期患者；烂苹果样气味（酮体气味）见于消渴病危重证候。

第三节 问　诊

问诊，是医生对病人或陪诊者进行有目的、有步骤地询问，以了解病情的一种诊察方法，在中医四诊中占有重要位置。

一、问诊意义与方法

在临床上与疾病相关的许多情况，如发病情况、病变过程、诊疗经过、自觉症状等，只有通过问诊才能获得。尤其是在某些疾病的早期，尚未呈现客观体征，仅有某些自觉症状时，医者通过详细询问，可在诊察疾病时抓住线索而不遗漏有价值的病情。

问诊的方法，首先要抓住主诉，围绕主诉进行有系统、有层次地询问，做到既突出重点，又全面系统。

为此，要求医生首先要有扎实的专业知识和较高的自身素质，又必须具有端正的服务态度和较强的责任心、同情心；对患者要和蔼、耐心，必要时可以提示或启发，但避免暗示和诱导；语言交流要通俗易懂，忌用医学术语，特别要注意患者的精神状态和心理活动。对危、急、重证患者，应扼要询问、迅速检查、及时抢救，不能苛求问诊的完整性而延误救治的最佳时机。

二、问诊内容

问诊的内容主要包括问一般情况、主诉、现病史、既往病史、个人生活史、家族史等。重点询问现在症状，因为现在症状是对当前疾病辨证诊断的主要依据。

（一）问一般情况

指询问患者姓名、性别、年龄、婚姻、职业、住址、工作单位等。

询问一般情况，一是对患者的诊治负责，便于联系和随访；二是可获得与疾病有关的资料，为某些地方病、职业病、流行病、老年病、男性病、妇科病、儿科病的诊断和治疗提供依据。

（二）问主诉

主诉是指病人就诊时所陈述的最感痛苦的症状、体征及持续时间。主诉往往是当前疾病的主要矛盾，据此可以初步估计疾病的范围、类别及病势轻重缓急，提供重要诊察的线索。

在询问时，要求医生一要抓准，二要问清。因为临床病理现象比较繁杂，所以确定主诉必须精确，证候表现一般不超过三个。而且需要将主诉特征，如部位、程度、性质、持续时间等做详细询问。切忌将病名列为主诉内容，如“感冒三天”，感冒是病名，此不成为主诉。

（三）问现病史

是指围绕主诉询问从起病到本次就诊时疾病发生、发展和变化情况，以及治疗的全过程。

1. 起病情况

发病时间、原因或诱因、最初症状及处理情况等。

2. 病变过程

从发病到就诊时病情变化的主要情况，如症状的性质、程度，何时好转或加重，有何变化等。

3. 诊治经过

此次就诊前曾做过何种诊断、何种治疗，效果及反应如何。

4. 现在症状

指目前的主要痛苦或不适，需重点而详细询问。

（四）问既往病史

既往病史主要包括病人平素身体健康状况，以及过去患病情况。平素健康状况可能与其现患疾病有一定的关系，故对分析判断此现发疾病的病情有重要的参考价值。病人过去曾患何种疾病，是否接受过预防接种，有无药物或其他物品的过敏史，做过何种手术等，都应加以询问。因为既往所患某些疾病，可能与现患病证有着密切关系。

（五）问个人生活史及家族史

包括患者的生活经历、饮食起居、婚姻生育、女性患者经带胎产、精神情志等情况，以及亲属和密切接触者的健康状况和患病情况等。以上信息对当前病证的诊断和治疗均有一定的参考价值。

三、问现在症状

问现在症状，是指对患者就诊时感到痛苦和不适，以及与其病情相关的全身情况进行详细询问。现在症状既是疾病的中心环节，又是问诊的重点内容，更是临床诊断的主要依据。

主要包括问寒热、汗出、疼痛、饮食、睡眠、二便及问妇人及小儿等情况。

（一）问寒热

问寒热，是询问病人有无怕冷、发热的感觉。寒与热是疾病常见症状之一，是辨别病邪性质和机体阴阳盛衰的重要依据。

怕冷，有恶寒与畏寒之别。凡病人怕冷，多加衣被或近火取暖，寒冷仍不缓减者，称为“恶寒”；若自觉身寒怕冷，经加衣被或近火取暖，寒冷能缓解者，称为“畏寒”。发热，一般指体温高于正常，或体温正常而自觉全身或某一局部有发热的感觉。

问寒热时应注意询问寒热的有无、发作时间、特征以及伴随症状等。

1. 恶寒发热

指恶寒与发热并见，多见于外感病初起阶段，是诊断表证的重要依据。病理为邪正相争，卫阳被遏。其寒热的程度多与感受邪气的性质及正气的强弱有关。如恶寒重，发热轻，无汗出，多为表寒证；发热重，恶寒轻，多为表热证；若发热轻恶风重，有汗出者，为伤风表证，也称表虚证。

2. 寒热往来

指恶寒与发热交替发作，为半表半里证的主要特征。病理为邪正交争，少阳枢机不利。其中寒热往来，发无定时者，多见少阳病；寒热往来，发有定时者，多见疟疾病。

3. 但寒不热

是指病人只感怕冷不觉发热的症状，多属里寒证。若新病恶寒，机体某部冷痛，脉沉迟有力，多属实寒证；若久病体弱，畏寒肢冷，脉沉迟无力者，多属虚寒证。

4. 但热不寒

是指病人只感发热，不觉怕冷的症状，多见于里热证。根据发热的轻重、时间及特点之不同，又分以下几种类型：

（1）壮热：热势较高（体温多在39℃以上），且持续不减，不恶寒而反恶热，多见于里实热证，为邪气入里化热，或阳热内盛的表现。

（2）潮热：发热如潮汐之有定时，按时发热或按时热甚。若见午后或夜间低热，以五心烦热为主，兼有盗汗、舌红少苔、脉细数等症，称为“阴虚潮热”，为阴液亏虚，阴不制阳，虚热内生所致；若日晡（下午3~5点）热甚，伴腹胀便秘、舌红苔黄、脉洪数等症，称为“阳明潮热”，为邪正相争，肠热腑实之证；若见午后发热、身热不扬，伴头身困重、舌红苔黄腻等症，称为“湿温潮热”，为湿遏热伏。

（3）低热：热势较低（体温一般不超过38℃），或自觉发热而体温正常，多为虚热证。常见于阴虚发热或气虚发热，亦可见于小儿疰夏等。

寒热的类型及临床意义见表7-4。

表7-4　寒热比较简表

<table>
<tr><th colspan="2">寒热类型</th><th colspan="2">临床意义</th></tr>
<tr><td rowspan="3">恶寒发热</td><td>恶寒＞发热</td><td>表寒</td><td rowspan="3">外感表证</td></tr>
<tr><td>发热＞恶寒</td><td>表热</td></tr>
<tr><td>恶风发热</td><td>伤风</td></tr>
<tr><td rowspan="2">寒热往来</td><td>发无定时</td><td colspan="2">半表半里证</td></tr>
<tr><td>发有定时</td><td colspan="2">疟疾病</td></tr>
<tr><td>但寒不热</td><td>只感怕冷不觉发热</td><td colspan="2">里寒证</td></tr>
<tr><td rowspan="3">但热不寒</td><td>壮热——高热持续不退</td><td>实热证</td><td rowspan="3">里热证</td></tr>
<tr><td>潮热—
阴虚潮热——五心烦热
阳明潮热——日晡热甚
湿温潮热——身热不扬</td><td>内热证</td></tr>
<tr><td>低热——轻微发热</td><td>虚热证</td></tr>
</table>

（二）问汗

汗为阳气蒸化津液经玄府排出体外的代谢产物。汗液具有调和营卫、滋润皮肤等作用。

当病邪侵扰或正气不足时，则会表现汗出异常。

询问汗出的情况，可诊察病邪的性质、津液的盈亏及阴阳的盛衰等。问诊时应注意询问汗出的有无、时间、部位及兼症等。

1. 表证辨汗

表证无汗，常见于外感寒邪所致的表实证；表证有汗，多见于外感风邪所致的表虚证，或外感风热之表热证。

2. 里证辨汗

（1）自汗：昼间汗出不止，动则尤甚。多属气虚或阳虚，卫阳不能固表所致。

（2）盗汗：睡时汗出，醒则汗止。多属阴液亏虚，虚火内扰。

（3）绝汗：病情危重时见冷汗淋漓，伴四肢厥冷、脉微欲绝等症，为阳气将脱之危候。

（4）战汗：当病势沉重之时，先见全身恶寒战栗，而后汗出。反映邪正剧烈相争，是病情发展的转折点。如战汗后，脉静身凉者，多为正胜邪祛，病势趋愈；若战汗后，身热、烦躁不安、脉来急疾者，为邪胜正衰，预后多不良。

3. 局部辨汗

机体局部汗出异常，应结合汗出部位及相关兼症，辨别疾病的寒热虚实。

（1）头汗：伴烦渴、苔黄、脉数者，为上焦邪热郁蒸；伴脘闷纳呆、头身困重、舌苔黄腻者，为中焦湿热；伴肢冷、脉微者，为虚阳上越。

（2）半身汗：多见于风痰阻络，气血运行受阻。

（3）手足汗：多见于阴虚内热或中焦湿热。

（三）问疼痛

疼痛是各种疾病过程中较为常见的症状之一，可发生在机体的任何部位。其形成机理可概括为虚实两方面。因于实者，多由外邪、痰浊、食积、瘀血等病邪阻滞气血脉络，“不通则痛”，即为实性疼痛；因于虚者，多由气血阴阳亏虚，脏腑经络失于濡养，即所谓“不荣则痛”，而为虚性疼痛。

问诊时，应注意询问其程度、特征、部位、时间、喜恶及兼症等，以辨别病之寒热虚实属性及病变所在脏腑经络部位。

1. 一般规律

新病疼痛，痛势剧烈，持续不减，痛而拒按者，多属实证；久病疼痛，痛势较轻，时痛时止，痛而喜按者，多属虚证。痛而喜温者，多为寒证；痛而喜凉者，多为热证。

2. 疼痛特征

（1）胀痛：疼痛且有胀感，多为气滞所致。好发于胸胁、脘腹及头面部。

（2）刺痛：疼痛如针刺刀扎，多为瘀血阻滞所致。好发于头部及胸胁、脘腹部。

（3）冷痛：疼痛伴有寒冷感，得温痛减，遇寒则加剧，多属寒凝、阳虚，气血不通。胸胁、脘腹部及肢体多见，有实寒、虚寒之分。

（4）灼痛：疼痛有灼热感，喜凉恶热，多为热邪或阴虚为患。胸胁、脘腹部多见，亦有实热、虚热之分。

（5）重痛：疼痛且有沉重感，多因湿邪困阻气血所致。多发生在头部、腰部及四肢。

（6）绞痛：疼痛剧烈，如刀绞割，多为瘀血、结石、寒凝或虫积阻滞之证。常表现在胸胁、脘腹部。

（7）隐痛：疼痛较轻微，连绵不止，呈持续性，多因精血不足、筋脉失养或阳虚内寒、机体失温所致。常见于头部及胸胁、脘腹部。

（8）走窜痛：痛处不固定，多为风邪或气滞所致。

（9）固定痛：痛处固定不移，多为寒凝或瘀血阻滞的特征。

3. 疼痛部位

询问疼痛部位，可辨病变之脏腑、经络的病变部位。

（1）头痛：头痛连项者，病属太阳经；头部两侧痛者，病属少阳经；前额部连眉棱骨痛者，病属阳明经；巅顶痛者，病属厥阴经；头痛连齿者，病属少阴经。

另外，根据痛证的一般规律及头痛的特征与兼症，可辨别头痛属外感还是内伤以及病性之寒热虚实属性。一般而言，外感头痛，多属实证；内伤头痛，虚证多见；头痛喜凉恶热者，属热证；头痛喜暖恶寒者，属寒证。

（2）胸痛：注意分辨胸痛的确切部位。如胸前"虚里"（左乳下心尖搏动处）部位作痛，或痛彻臂内者，病多在心；胸膺部位作痛者，病多在肺。胸痛兼发热、咳喘、吐黄痰，多属肺热；胸痛憋闷、痛引肩背，为胸阳不振，痰浊内阻；胸背彻痛、如针刺刀绞、面色青紫、脉微欲绝者，为气虚血瘀之胸痹疼痛，或为真心痛。胸胁胀痛走窜、太息易怒者，多为气滞证；胸胁部刺痛，痛处固定不移者，多为血瘀证。

（3）胁痛：多是肝胆及其经脉的病变。若胁肋胀痛者，多为肝胆气滞；灼痛者，多为肝胆火旺或肝胆湿热；刺痛者，多为肝胆血瘀；隐痛者，多属肝肾阴血亏虚。

（4）腹痛：首先查明疼痛的确切部位，然后结合疼痛的特征及兼症，辨别腹痛之病位及寒热虚实属性。

脐以上部位疼痛，为大腹痛，多属脾胃病变；脐以下部位疼痛，为小腹痛，多属膀胱、大小肠及胞宫病变；小腹两侧疼痛，为少腹痛，多属肝经病变。腹部冷痛属寒，灼痛为热；胀痛多实，隐痛多虚。

（5）腰痛：慢性反复发作的腰部隐痛，多属肾虚所致。由外邪侵袭或外伤所致的急性腰痛，多为实证，如腰扭伤、寒湿腰痛等。同时，腰痛也不能排除肌肉、骨关节方面的病变。

（6）背痛：背痛或肩背痛，多为风寒或寒湿阻滞经脉、督脉受伤所致。同时应注意心肺、肝胆等脏腑及颈项、肩背等骨关节的病变。

（7）四肢痛：四肢关节疼痛，多属痹证，因感受风寒湿邪所致，有行痹、着痹、痛痹和热痹之分。若独见足跟疼痛，甚者掣引腰背或胫膝酸痛者，多属肾虚。

（四）问饮食与口味

询问饮食口味，可知脾胃强弱与津液盈亏，并可判断疾病的寒热虚实及病势的进退预后等。

1. 口渴与饮水

可测知津液的盈亏及输布状况。

（1）口不渴：提示津液未伤，多见于寒证或湿证。

（2）口渴多饮：提示津液亏虚。若口渴饮冷，多见于实热证；若口渴多饮、多食易饥、小便量多、体渐消瘦者，为消渴病的特征。

（3）渴不多饮：提示轻度伤津或津液输布障碍。口不甚渴、饮水量少、身热夜甚者，属温病后期，为温热邪气入于营阴；口干、但饮水量少，兼身热不扬者，多为湿热内蕴；渴喜热饮、饮水量少或水入即吐者，多为水饮内停；口干渴、但欲漱水不欲咽，伴肌肤甲错者，多为瘀血内阻。

2. 食欲与食量

根据食欲与食量的变化，可判断脾胃功能的强弱及疾病的预后转归。

（1）食欲不振：亦称纳呆，多为脾胃功能失调。临床有实有虚，实证多为食滞中焦、湿困脾胃、肝郁而致脾胃不和等；虚证多为脾胃气虚或阳虚等。

（2）多食易饥：亦称消谷善饥，为胃火亢盛，腐熟太过所致。若伴有便溏者，则为胃强脾弱。

（3）饥不欲食：为胃阴不足，虚火内扰所致。多伴有口咽干燥、舌红少苔等症。

（4）嘈杂：指胃中空虚，似饥非饥，似痛非痛，热辣不宁。多为肝胃不和、郁热内生，常伴有嗳腐吞酸、胸胁胀满等症。

（5）厌食：多为饮食积滞，或为湿热蕴结于肝胆脾胃。

（6）除中：久病或重病之人，本毫无食欲，却突然能食或暴食。提示脾胃之气将绝，预后不佳。

（7）嗜食异物：多属虫积。

3. 口味

口淡乏味，为脾胃气虚或阳虚；口中泛酸，多是肝胃不和或肝胃蕴热；口味酸馊，多为食积；口苦，多属火热证；口咸者，为肾虚有寒。

（五）问头身胸腹

1. 头晕

病机较为复杂，应注意询问头晕的特征，并结合其伴随症状，以鉴别疾病的不同属性。临床常见肝胆火旺，气火上逆；肝肾阴虚，肝阳上亢；心脾两虚，气血不荣；痰湿内阻，清阳不升；肾精亏虚，髓海失充；瘀血阻滞，脉络不通所致。

2. 胸闷

胸部痞塞满闷，多与心肺病证有关。多见心气不足，心阳不振；心血瘀阻，心脉不通；痰湿内阻，肺失宣降。

3. 心悸

自觉心慌、心跳、悸动不安，多为心神不宁所致。常因精神刺激、外邪入侵、内生痰饮、水气内停、瘀血阻络而发。

心悸由惊而发，恐惧不安者，称为“惊悸”；心跳剧烈，上至心胸，下致脐腹者，称为“怔忡”。惊悸和怔忡均属心悸范畴，病理有实有虚。应根据心悸的特点及兼症来确定病证的虚实寒热属性。

4. 胁胀

多见于肝胆及其经脉的病变。常见肝气郁结、肝胆湿热等证。

5. 脘痞

胃脘部胀闷不舒，或称脘胀，多属脾胃病变。常见于饮食伤胃、脾胃虚弱等证。

6. 腹胀

多见于脾、胃、肠、肝胆等病变。临床有虚实之分，虚者多为脾胃虚弱；实证多为饮食积滞、邪热内结、寒湿内聚、肝郁乘脾。

7. 麻木

肌肤感觉减退，甚至消失，亦称不仁。多因气血亏虚、经脉失养，或肝风内动，痰湿、瘀血阻络，气血失和所致。

8. 耳鸣、耳聋

自觉耳内鸣响，妨碍听觉，称为耳鸣；不同程度的听力减退或听觉丧失，称为耳聋。多与肝、肾病变有关。暴鸣声大或新病暴聋者，为实性耳鸣、耳聋，常因肝胆火盛上壅于耳所致；渐鸣声小或久病渐聋者，为虚性耳鸣、耳聋，多由肝肾阴精亏虚、耳窍失养所致。

9. 眼目症状

（1）目眩：视物旋转动荡，如坐舟船，亦称眼花，有虚实之分。若目眩兼面赤、头胀、头痛、头重等，一般属于实证，多由风火上扰或痰湿上蒙所致；若目眩伴有神疲气短、头晕耳鸣者，一般属虚证，多由中气不足，清阳不升或肝肾精亏，目窍失养所致。

（2）目痛：剧痛多实证，为风火上攻或肝火上炎；痛微者多虚证，为阴虚火旺所致。

（3）目昏、雀目、歧视：视物昏暗、模糊不清；或白昼视力正常，黄昏视物不清；或视一物成二物，视觉下降者。病机基本相同，多因肝肾亏虚、精血不足、目睛失养而致。

（六）问睡眠

睡眠是人体适应自然界昼夜节律性变化，以维持机体阴阳之协调平衡的正常生理活动。正常睡眠具有一定规律，与人体卫气循行、阴阳盛衰、气血盈亏、心肾相济功能有关。

在正常情况下，卫气昼行于阳经，阳气盛则寤；夜行于阴经，阴气盛则寐。病理状态下，机体阴阳失衡，则会导致睡眠异常，临床表现为失眠与嗜睡两种病态。

1. 失眠

是指经常不易入睡，或睡而易醒，难以复睡，或时时惊醒，睡不安宁，甚至彻夜不眠的症状。即睡眠的时间不足、深度不够、质量不高，影响人们正常的工作、学习和生活。临床常见：

（1）心肾不交：特点是不易入睡，甚至彻夜不眠，兼有头晕、心烦、腰酸、耳鸣等症。此为阴虚火旺，心神失养，火扰神窍。

（2）心脾两虚：特点是睡中易醒，醒后不易复睡，兼有纳呆、神疲乏力、腹胀便溏等症。此为气血亏虚，神失所养。

（3）食滞胃脘：特点是辗转反侧，睡眠不安稳，兼有不思饮食、脘腹胀满、嗳腐吞酸等症。此为饮食积滞，郁热上扰。即所谓"胃不和则卧不安"。

（4）胆郁痰扰：特点是惊悸不寐（时时惊醒），兼有情绪抑郁或心烦易怒、胁肋胀满或痛等症。此为气郁痰阻，郁热上扰。

总之，失眠的主要病机为心神不宁。为阳热内盛，阳不入阴，或为气血阴液不足，心失所养。

2. 嗜睡

亦称多寐，指睡意浓浓，不论昼夜，时时欲睡，唤之能醒，醒后复睡。常常提示机体阴盛而阳不足。临床常见：

（1）痰湿中阻：特点为困倦嗜睡，伴有头身困重、苔腻、脉濡。病机为痰湿中阻，脾阳被困。

（2）脾胃气虚：特点为食后困倦易睡，伴纳呆、腹胀便溏、舌淡、脉缓弱。病机为脾气虚弱，清阳不升。

（3）脾肾阳虚：特点为神疲嗜睡，精神委靡，甚或“但欲寐”，伴见畏寒肢冷、脉沉细等。病机为阳衰阴盛。

（4）昏睡：多为温热火毒深入心包，损伤心神。特点为昏睡、谵语，兼见身热夜甚，或发斑疹，舌绛，脉数等。

（七）问二便

询问二便状况，不仅可以了解消化功能和水液代谢情况，而且也是判断疾病寒热虚实的重要依据。小便异常，多与膀胱、肾脏病变有关；大便异常，多为大肠及中焦脾胃的病变所致。

问二便，应注意询问次数、便量、便色、便质、便感的变化。

1. 问小便

（1）小便频数：新病尿频、尿急、尿痛、短赤者，多属下焦湿热；久病尿频、尿清、夜尿增多者，为下焦虚寒、肾气不固。

（2）小便癃闭：小便不畅，点滴而出，谓之癃；小便不通，点滴不出，谓之闭。实证癃闭多因湿热下注、瘀血、结石阻滞而成；虚证癃闭多因气虚或阳虚，肾之气化不利所致。

（3）尿量增多：小便清长、畏寒肢冷者，多属下焦虚寒；多饮、多食、多尿、消瘦者，属消渴病。

（4）尿量减少：尿少、色黄、面红、身热者，常为热盛伤津；尿少、身肿者常见于水湿内停。

（5）小便失禁、遗尿、尿后余沥不尽，多为下元亏虚，肾气不固、膀胱失约所致。

2. 问大便

（1）便秘：指大便燥结，排便时间延长，便次减少，排便困难。新病便秘，伴见腹痛或发热者，多属实证、热证；久病、老人、产后便秘者，多属津亏血少，或气阴两虚。

（2）泄泻：指大便次数增多，便质稀薄不成形，甚至呈水样。新病腹泻，多为湿热或寒湿下注；久病大便溏泻，伴纳呆腹胀者，多为脾虚湿盛；若久泻不止，下利清谷，或完谷不化，甚者五更泄泻，则多属脾肾阳虚、水湿内盛。

（3）里急后重、大便脓血：里急后重是指便前腹痛、急迫欲便，便时窘迫不畅、肛门重坠、便意频数的症状。为大肠湿毒壅盛，常见于痢疾病。

（4）排便不爽、溏结不调：排便不爽指排便不通畅，有涩滞难尽之感。溏结不调是指大便时干时稀。多为肝郁乘脾或大肠湿热内蕴。

（5）滑泻失禁：是指大便不能随意控制，滑出不禁，甚至便出而不自知。多为脾肾气虚，肛门失约。

（6）完谷不化：指大便中含有较多未消化的食物。新病多为食滞；久病为脾肾阳虚，腐熟无权。

（7）便血：血色鲜红为近血，多属肛周病变；血色暗红为远血，多属脾胃病变。

（八）问经带

1. 问月经

月经周期一般为28天左右，经期3~7天，经量适中，经色正红。问月经应注意了解周期、经期、经量、色质等改变。

（1）月经先期：指月经周期提前7天以上者。若月经先期，量多、色红、质稠，多属血热；月经先期，量少色淡、质稀、经后腹痛者，多属气虚。

（2）月经后期：指月经周期错后7天以上者。若月经后期，经色暗红或有血块，或兼腹痛者，多属气滞血瘀或寒凝血瘀，胞宫络阻；月经后期，经色淡红、量少者，多属血虚不足，胞宫失养。

（3）月经先后无定期：指月经周期提前错后不定、无规律。多见于肝郁气滞或脾肾虚损。

（4）月经量多：指经量明显增多而周期基本正常者。血热者，量多、色红、势急；气虚者，量多、色淡、势缓。亦可见于血瘀证，表现为量多、色暗，兼夹血块。

（5）月经量少：指月经周期基本正常，而经量过少，甚或点滴即净。多由血虚、肾虚，胞宫失养，或血瘀胞宫受阻所致。属虚者，量少色淡；属瘀者，量少色暗。

（6）闭经：指女子年逾18周岁月经尚未初潮，或已行经而又中断达3个月以上者（除外生理性闭经）。闭经有虚实之分，虚者多因肝肾不足，气血虚弱，血海空虚所致；实者多由气滞血瘀，痰湿阻滞胞宫而成。

（7）崩漏：指妇人不在行经期间经血淋漓不尽或大下不止，前者称漏下或经漏，后者称崩中或经崩。多因血热、脾虚、肾虚或血瘀，冲任受损，不能约束经血所致。血崩多实证，出血量多、色红、病势急；经漏多虚证，出血量少、色淡、病势徐。

（8）痛经：指经行腹痛，随月经周期性发作者，临床有虚实之分。若小腹胀痛、经行不畅、脉弦者，多为气滞血瘀；小腹冷痛、经暗量少、脉沉者，多为寒凝胞宫；小腹隐痛、经后痛甚、腰膝酸痛、脉弱者，多属肝肾亏虚、精血不充。

2. 问带下

带下是指妇女阴道内一种少量乳白色、无臭的分泌物，具有润滑阴道的作用。若带下过多，淋漓不断，或见色质的改变，或有臭味，即为病理带下。带下量多色白、质稀无味者，多属脾肾虚寒、寒湿下注，称为白带；若带下量多色黄、质稠臭味明显者，多属湿热下注，称为黄带；若带下夹有脓血者，称为赤白带，多属下焦湿毒或妇科恶候。

（九）问小儿

儿科古称“哑科”，不仅问诊困难，而且也不一定准确，故医生应主要询问陪诊者以获得有关病情资料。问诊时应根据小儿的生理、病理特点，注意常见病、多发病的询问，同时还要注意出生前后的情况。临床中主要询问以下内容：

1. 出生前后的情况

是否早产或难产，出生时的体质状况等以了解小儿先天禀赋情况；询问出生后的喂养，以了解后天的营养状况及发育情况等。

2. 预防接种史和传染病史

预防接种可以帮助小儿建立后天免疫功能，以减少感染发病。患过某些传染病，可获得终身免疫，不会再患此病。有些病的发生与密切接触有关。所以，询问预防接种和传染病史，对确定诊断有重要意义。

3. 致病的原因

询问现在症状时，尤应注意问及易使小儿致病的原因，如发病时有无受惊吓、伤食、受热着凉等情况，做到辨明病因而审因论治。

第四节　切　诊

切诊，包括脉诊和按诊两部分内容。脉诊是医生用手指切按病人一定部位的动脉搏动，体察脉动应指的形象，以推测机体病理变化的诊察方法。按诊是医生用手直接触摸或按压病人机体某些部位，以了解病情、诊察疾病的方法。

一、脉诊

脉诊，又称切脉、号脉、把脉、按脉等，在中医诊法中占有重要的地位，通过脉诊来诊察病情是中医诊断特色之一。

脉诊历史悠久，从古至今，涌现了大批著名医家医著。公元前五世纪，著名医家扁鹊擅长候脉诊病，如《史记·扁鹊仓公列传》曰："今天下之言脉者，由扁鹊也"。《黄帝内经》中记载了"三部九候"等脉法。《难经》弘扬了"独取寸口"候脉言病。东汉医家张仲景确立了"平脉辨证"的原则。西晋王叔和著有《脉经》，集汉以前脉学之大成，选取《内经》《难经》以及张仲景、华佗有关论述，在具体阐明脉理的前提下，确定了二十四种脉象，是我国现存最早的脉学专著。明·李时珍《濒湖脉学》撷取明代以前脉学精华，载脉二十七种，编成"七言诀"，附有"四言举要"，易于诵习，方便掌握。后人在此基础上发展、提高，特别是近年，结合脉图、心功能、血液流变学等进行研究，大大促进了脉诊的发展和现代化。

（一）脉象的形成及脉诊的原理与临床意义

脉象的形成可以概括为：心动应脉、脉动应指、指感形象，即是脉象。心与脉是形成脉象的主要脏器，气与血是形成脉象的物质基础。

脉象是脉动应指的一种形象，其产生主要与心脏的搏动、心气的盛衰、脉道的通利及气血的盈亏直接相关，并需要各个脏腑的密切配合。其中，心起着主导作用，主血合脉；肺主气朝百脉；肝主藏血，可以调节血脉中循行的血量；脾主统血，又为气血之化源，约束管理着脉管中血气的运行及血流量；肾主藏精，精可以化气生血。可见，只有脏腑相互协作，气血充盈，血脉才能得以畅通，贯通全身，内连脏腑，外达肌表，环周不休。

脉象可以客观地反映机体脏腑功能，气血、阴阳的盛衰等生理和病理信息，根据脉象的变化，以测知脏腑气血病证的所在及其演变情况。

（二）诊脉的部位

诊脉历史上曾经有过多种方法。《素问·三部九候论》有"三部九候诊法"的记载；

《素问·五脏别论》提出“独取寸口”可以诊察全身状况的观点；《灵枢·终始》提出“人迎寸口相参合”的诊法。汉·张仲景吸取人迎、寸口脉相比较的思路，在《伤寒杂病论》中常用寸口、趺阳、太溪三部来诊察脉象。然而，《内经》“诊脉独取寸口”的理论，不仅方便易行，而且经《难经》的阐发，到晋·王叔和的《脉经》，理论上已趋完善，方法亦已成熟，故得到普遍推广和运用，一直沿用至今。

寸口又称气口，也称脉口，指单独切按桡骨茎突内侧的一段桡动脉的搏动形象，以推测人体生理、病理状况的一种诊察方法，具体见图 7-1。

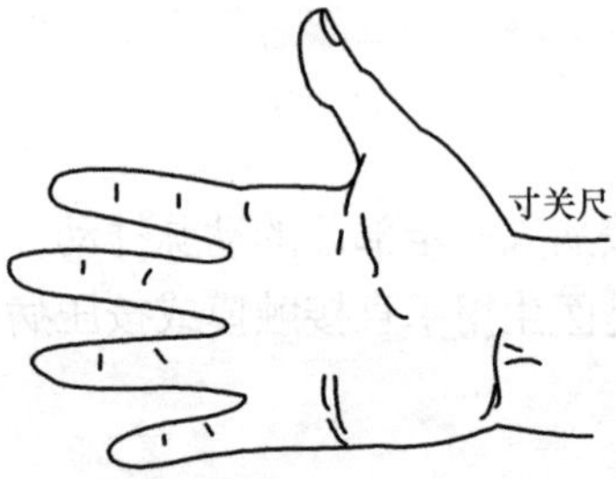

图 7-1 寸口诊脉法示意图

1. 分部

寸口脉在手腕后一寸的部位，分寸、关、尺三部。通常以腕后高骨（桡骨茎突）为标记，高骨内侧的部位为关位，关前腕端为寸位，关后肘端为尺位。两手各有寸、关、尺三部，共为六部脉。寸、关、尺三部可分别施行浮、中、沉三候，三部共为九候，故寸口诊法也称三部九候法，与遍诊法之三部九候名同而实异。

2. 分候脏腑

寸、关、尺分候脏腑的理论，历代医家说法不一，目前普遍认为以下脏腑相应定位的观点比较切合实际（表 7-5）。

表 7-5 寸口脉分候脏腑

寸口	寸	关	尺
左	心、膻中	肝、胆	肾、膀胱、小肠
右	肺、胸中	脾、胃	肾、命门、大肠

3. 诊脉独取寸口的原理

其一，寸口脉乃肺经之动脉，而肺主气、朝百脉，全身气血皆会聚于此，故诊寸口脉可以了解全身脏腑气血的变化；其二，足太阴脾经与手太阴肺经同属太阴经，两经之气相通，脾胃为气血之化源、后天之根本，故气血化源情况及宗气之盛衰可以反映于寸口脉；其三，寸口部位固定，且脉位显要，诊脉方便、易行。

（三）诊脉方法及注意事项

1. 时间

“诊法常以平旦”，是以清晨人未运动、未进食，机体气血和平，内外环境安定，脉象能比较客观地反映机体的生理、病理状况。然临床也不必拘泥，只要在安静状态下体察脉象即可。

2. 体位

正坐或仰卧，前臂自然向前平展，与心脏置于同一水平，手腕伸直，手掌向上，使寸口部充分伸展，气血畅通，便于诊察脉象。

3. 指法

正确运用指法可以获取比较丰富而又准确的病理信息。

（1）布指：医患应侧向坐，医者以左手诊病人右手脉，以右手诊病人左手脉。对成人切脉，用三指来定位，先以中指定关位，后用食指定寸位、无名指定尺位。布指的疏密程度要与患者手臂长短相适应。三指指端要平齐，手指略呈弓形，以触觉较灵敏指腹来接触脉体。小儿由于寸口脉位较短，一般多用“一指定三关法”来诊脉。

（2）运指：切脉时运用指力的轻重、挪移等方法来体察脉象。常用的指法有举、寻、按、总按、单诊等。举法，是指医者用较轻指力体察脉象，也称“浮取”。按法，是指医者用较重指力体察脉象，也称“沉取”。寻法，是医者以不轻不重的指力，左右推寻来体察脉象，也称“中取”。总按，即用三指同时诊脉的方法，从总体上体察脉象。单诊，用一指诊察寸关尺中的某一部脉象，以了解某个脏腑的功能状况。

4. 平息

要求医者在诊脉时保持呼吸调匀，清心宁神，集中注意力，并以自己的呼吸计算病人的脉动至数。正常人呼吸每分钟 16 ～ 18 次，每次呼吸脉动 4 次（或 5 次），脉搏次数一般为每分钟 72 ～ 80 次。

5. 五十动

是指诊脉的时间最少不应少于“五十动”，临床以三分钟为宜，有利于仔细辨别脉象的节律改变。初诊和久按的指感有所不同，故需要详细体察，不可草率从事。

（四）构成脉象要素

1. 脉位

指脉动显现部位的浅深、长短。脉位表浅为浮脉；脉位深沉为沉脉。脉动范围超越寸、关、尺三部称为长脉；应指不及三部者称为短脉。

2. 脉数

指脉搏的频率。一呼一吸为一息。一息脉来四、五至为平脉；一息六至为数脉；一息三至为迟脉。

3. 脉形

脉道宽大的为大脉；狭小的为细脉。脉管绷紧为弦脉，或为紧脉；弛缓者多为缓脉。

4. 脉势

指脉搏的强弱、流畅程度及均匀度。脉搏应指有力为实脉；应指无力为虚脉。脉搏流利圆滑者为滑脉；脉搏艰涩不流利者为涩脉。

掌握上述几项主要因素，便能执简驭繁，知常达变，逐步学会辨识各种脉象的形态特征。

（五）正常脉象

正常脉象又称平脉、常脉，是健康人在生理状态下反映的脉象，表示机体气血充盈，气机调畅，阴阳平衡，精神安和。

1. 基本形象

寸关尺三部皆有脉，不浮不沉，中取明显，不快不慢，一息 4 ～ 5 至（相当于 72 ～ 80 次/分），不大不小，来去从容，和缓有力，节律均匀，尺部脉沉取不绝。

2. 基本特点

有胃、有神、有根。“有胃”是指脉有胃气，即脉来从容、和缓、软滑；“有神”是指脉有神气，即脉道充盛，脉来柔和有力，节律整齐；“有根”是指脉有根基，即尺脉沉取不绝，应指有力。

3. 生理变异

女性的脉象较男性势弱，稍快而形细；老年人脉象多弦，年轻人脉象较大而有力；小儿脉象细软且数。另有“四季平脉”，即春弦、夏洪、秋浮、冬沉。某些脉不见于寸口，由尺部斜向手背，称为斜飞脉；脉搏出现在寸口的背侧，称为反关脉。

（六）病理脉象

疾病反映于脉象的变化，称为病脉。在历代脉学文献中，病脉的种类及命名很不一致，但总的说来各种脉象都离不开位、数、形、势等几方面要素的变化和相兼。临床常见病脉如下：

1. 浮脉

脉象特征：轻取即得，重按稍减，即举之有余，按之不足。

临床意义：一般主表证，亦见于虚阳外越证。

脉理分析：外邪侵袭肌表，人体气血趋向于表以御外邪，脉气鼓动于外，故脉象显浮。外感风寒，脉多浮紧；外感风热，脉多浮数。浮脉亦可见于阳气虚衰，虚阳外越之病证，然脉势必浮而无根。

相类脉象：

（1）散脉：浮大无根，应指散漫，节律不齐，“散似杨花无定踪”。为元气耗散、病情危重之象。

（2）芤脉：浮大中空，如按葱管。多为失血过多，津液大伤。

2. 沉脉

脉象特征：轻取不应，重按始得，即举之不足，按之有余。

临床意义：一般主里证，亦可见于正常人。

脉理分析：邪气入于里，正气被困，气滞血阻，不能鼓动脉气于外；或气血不足，无力鼓动，故显现部位较深。脉沉有力，属于里实证；脉沉无力，属里虚证。冬季或体格肥胖者，脉象亦偏沉。

相类脉象：

（1）伏脉：重按推筋着骨始可应指，甚至伏而不现。常见于邪闭、厥证和痛极。

（2）牢脉：脉形沉、实、大、弦、长，坚牢不移。“牢”者，深居于内，坚固牢实之义。见于阴寒内盛、疝气癥积之实证。

3. 迟脉

脉象特征：一息三至，脉来迟缓。

临床意义：多主寒证，亦可见于邪热结聚的里实证。

脉理分析：因寒邪凝滞，阳气失于宣通，或阳气虚弱，失于温运而致。迟而有力为实寒；迟而无力为虚寒。但胃肠邪热壅盛，阻遏气血之运行，亦可见脉迟。运动员脉迟而和缓，属生理性迟脉。

相类脉象：缓脉：一息四至（约 60 ～ 72 次 / 分），脉来怠缓。多为脾虚气血不足，脉管不充，且无力鼓动，或为湿邪困遏所致。若正常人，必和缓而有力。

4. 数脉

脉象特征：一息六至（约 90 次 / 分以上），脉流薄急。

临床意义：多主热证，亦可见于虚证。

脉理分析：邪热亢盛，气血运行加速，故脉来急快。数而有力为实热；数而无力或细数者为虚热。数脉还可见于气血不足的虚证，尤其是心气血不足的病证更为多见。

相类脉象：疾脉：脉来急疾，一息七至以上（约 140 ～ 160 次 / 分）。多见于阴液枯竭、虚阳外越、元气欲脱之证。

5. 虚脉

脉象特征：三部脉举之无力，按之空虚，应指松软，举按皆无力。是一切无力脉的总称。

临床意义：主虚证，多为气血两虚。

脉理分析：气不足则推动无力，血不足则脉道失充。

相类脉象：

（1）微脉：极细极软，按之欲绝，若有若无。为阴阳气血虚衰之象。

（2）短脉：脉动应指范围不满寸关尺三部，多见于在寸部或关部，尺部常不显。主气虚或气郁。

6. 实脉

脉象特征：三部脉充盛有力，举按皆然。为一切有力脉的总称。

临床意义：主实证。亦见于正常人。

脉理分析：邪气亢盛而正气不虚，正邪相搏，气血壅盛，脉道坚满。若久病出现实脉，则预后多不良。

上述浮、沉、迟、数、虚、实六种脉象，为病脉中之纲脉。对初学者而言，首先应掌握六纲脉，能起到执简驭繁的作用。

7. 洪脉

脉象特征：脉形宽大，充实有力，来盛去衰，呈波涛汹涌之势。

临床意义：主热盛之证。

脉理分析：邪热亢盛，正邪交争，气盛血涌，热助血行，脉道扩张。此外，夏令阳气旺盛，脉象稍现洪大为生理变化。

相类脉象：长脉：脉动应指的范围超过寸、关、尺三部。主阳证、热证、实证。

8. 细脉

脉象特征：脉细如线，力弱位深，按之不绝，应指明显。

临床意义：主气血亏虚，或湿邪为病。

脉理分析：阴血亏虚不能充盈脉道，气虚则无力鼓动血行；湿邪阻遏，压抑脉道，气血运行不利。

相类脉象：

（1）濡脉：浮而细软，应指少力，轻取相得，重按不显。主虚证或湿困。

（2）弱脉：沉细而软，应指无力。主阳气虚衰或气血俱虚。

9. 滑脉

脉象特征：往来流利，应指圆滑，如盘走珠。

临床意义：主痰湿、食滞、实热证。亦可见于常人。

脉理分析：邪气内盛，气实血涌，邪正相搏，故脉见圆滑流利。若脉和缓而滑，为平人之脉，多见于青壮年或孕妇，是气血充和之象。

相类脉象：动脉：见于关部，滑数有力，具有滑、数、短三种脉象的点。常见于惊恐、疼痛等证。

10. 涩脉

脉象特征：形细而行迟，往来艰涩不畅，如轻刀刮竹。

临床意义：主气滞血瘀、痰食内停，或伤精、失血等证。

脉理分析：气滞血瘀或痰食停滞，血行痹阻，脉道不畅，脉必涩而有力；精血虚亏，脉道失充，脉多涩而无力或细涩。

11. 弦脉

脉象特征：端直以长，如按琴弦。

临床意义：主肝胆病、诸痛、痰饮等。亦见于正常人。

脉理分析：诸邪内蓄、七情不遂，致肝失疏泄，气机郁滞，经脉拘急，则脉气紧张。若阴寒为病，脉多弦紧；痰饮内蓄，脉多弦滑；肝病及肾，脉多弦细。春季平人脉象稍弦，老年人脉亦见弦硬。

相类脉象：

（1）紧脉：脉来绷急有力，状如牵绳转索，按之左右弹指。多见于寒证、痛证、宿食内停。

（2）革脉：浮而搏指，中空外坚，如按鼓皮。多见于精血大伤。

12. 结脉

脉象特征：脉率较缓慢，且有不规则的歇止。

临床意义：主阴盛气结、寒痰血瘀等证。

脉理分析：阴寒偏盛则脉气凝滞，故脉率缓慢；气、血、痰、食等停滞，脉气阻滞而失于宣畅，故脉来迟滞而时有一止。

相类脉象：

（1）代脉：脉来迟缓，且有规律性的歇止，良久复来。一般主脏气衰微、惊恐、跌仆损伤等证。

（2）促脉：脉率急促，间有不规则的歇止。主阳盛实热、气血痰湿停滞。

促、结、代三脉在病脉中具有一定的特殊性，多见于心脏功能性或器质性病变（表 7-6）。

表 7-6　促、结、代三脉的异同

类型	共同点	区别	主证
促脉		脉来急促，间有不规律的歇止	多主阳盛之证
结脉	有歇止	脉来缓慢，间有不规律的歇止	多主阴盛气结
代脉		脉来迟缓，间有规律性的歇止	多主脏气衰微

以上是临床常见的二十八种病脉。在这些脉象中，将特征相似的脉象进行归类，一般可以六纲脉来划分为六大类。在同类脉象的比较中，识别共性与个性，可以进一步加深理解和记忆。

浮脉类：浮脉、洪脉、濡脉、散脉、芤脉、革脉。

沉类脉：沉脉、伏脉、牢脉、弱脉。

迟类脉：迟脉、缓脉、涩脉、结脉。

数类脉：数脉、疾脉、促脉、动脉。

虚类脉：虚脉、微脉、细脉、代脉、短脉。

实类脉：实脉、长脉、滑脉、弦脉、紧脉。

应重点掌握浮、沉、迟、数、虚、实、滑、涩、洪、细、弦、结十二种临床常见病脉。

（七）相兼脉

疾病往往是比较复杂的过程，可以由多种因素相兼而发病，且在其病变过程中，邪正斗争的形势会不断地发生变化，病变的部位和性质等亦会随之发生改变。因此，病人的脉象不可能完全是单一的，经常是两种或两种以上脉象相兼出现，这就构成了相兼脉。只要不是性质完全相反的脉，一般均可相兼出现。这些相兼脉象的主病，往往就是各种单一脉象主病的相合。临床常见的相兼脉及其主病列举如下：

浮紧脉：主表寒证，或风寒痹痛。

浮缓脉：主伤风表证。

浮数脉：主表热证。

浮滑脉：主表证夹痰。

沉迟脉：主里寒证。

沉弦脉：主肝郁气滞，或水饮内停。

沉涩脉：主血瘀、阳虚或寒凝。

沉缓脉：主脾肾阳虚、水湿停留。

沉细数脉：主阴虚内热或血虚。

弦紧脉：主寒证、痛证。

弦数脉：主肝郁化火、肝胆湿热或肝阳上亢。

滑数脉：主痰火、食积化热、湿热等。

弦细脉：主肝肾阴虚、血虚肝郁或肝郁脾虚。

（八）脉诊的临床意义

脉诊是中医临床不可缺少的诊察步骤和诊察内容。脉象能客观地反映机体各部分的生理、病理信息，是揣测体内功能变化的窗口，可为诊断病证提供重要依据。脉诊意义可概括为：

（1）辨别病证部位：如浮脉主表证，沉脉主里证。

（2）判断病证性质：如迟脉主寒证，数脉主热证。

（3）分辨邪正盛衰：如虚脉主虚证，实脉主实证。

（4）推断病情进退：如久病而脉来和缓、脉力增强，是病退向愈之兆；若高热病汗出过后，热退身凉，而脉反急促，神情烦躁者为病进。

二、按诊

按诊，是医生用手触按病人体表一定的部位，来测知局部冷热、润燥、肿胀、软硬、压痛、肿块等情况，从而为辨证论治提供信息资料的诊察方法。

按诊时医生要举止稳重大方，态度严肃认真，尽量让病人保持轻松的状态。手法与体位应相协调，并嘱咐病人配合诊察，同时注意观察其不适反应；手法应得当，由轻到重，由浅入深；避免冷天冷手或用力失当，以免诊察效果失真。

按诊手法包括触、摸、按和叩四种，分别由轻到重，由表及里。所谓触，是指轻触肌肤，以了解肌肤凉热、润燥、出汗等情况；摸，是指触摸局部，探明肿胀范围及特征，或摸清肿物大小、形态、质地等；按，是指按压胸腹部，以测有无肿块、压痛等；叩，分为直接叩和间接叩两种，了解胸腹部及后背部的病性及病变程度等。

按诊内容主要包括：按肌肤、按手足、按胸腹、按腧穴四部分。

（一）按肌肤

（1）诊肌肤之冷暖：可辨病性之寒热。肌肤灼热，多为阳证、热证；肌肤清冷，多为阴证、寒证。

（2）诊肌肤之润燥：可辨气血津液的盈亏及出汗与否。肌肤湿润者，为汗出或津液未伤；肌肤干燥者，为无汗出或津液已伤。

（3）诊肌肤之肿胀：可辨别水肿和气肿。肌肤肿胀，按之凹陷，随手即起者，多为气胀；按之不能即起者，多为水肿。

（4）诊局部之疼痛：可辨疾病的虚实。患处濡软喜按者，多虚证；硬痛拒按，多实证。

（5）诊肌肤之疮疡：可判断证之阴阳寒热。局部疮疡，肿硬不热者，多属寒证；肿痛灼手，多属热证；平塌漫肿者，多虚证；紧束隆起者，多实证；患处坚硬，多为无脓；边硬顶软者，为已成脓。

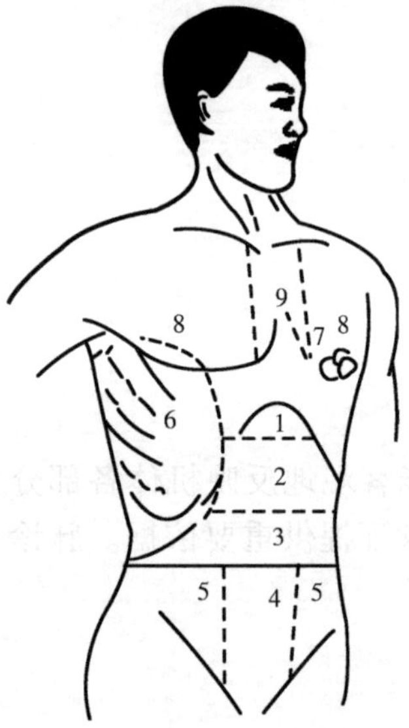

图 7-2　胸腹划区示意图

1. 心下　2. 胃脘　3. 大腹　4. 小腹　5. 少腹　6. 胁肋　7. 虚里 8. 左胸、右胸　9. 胸膺

（二）按手足

按诊手足，主要诊察其凉温，以测阳气的盛衰及病位、病势等。如手足俱冷者，为阳虚或阴盛之证；手足俱热者，为阴虚或阳盛之证；手足背热甚于手足心，多属外感发热；手足心热甚于手足背，多属内伤发热。若是热证，手足热者多为顺证，反之则多为逆证。

（三）按胸腹

胸腹划区见图 7-2。

1. 诊察胸部

主要了解心、肺、虚里等情况。若前胸高突呈桶状，多为肺胀病或气胸；按之胸胁胀痛，叩之音实者，多属饮停胸胁或痰热蕴肺；局部青紫、肿胀拒按，为胸部外伤。

2. 诊察虚里

主要了解宗气的盛衰。虚里位于左乳下心尖搏动处。正常情况下，按之应手，动而不紧，缓而不怠，节律清晰一致，一息4～5至。若宗气内虚，则按之动微而不显；宗气外泄，则虚里按之动而应衣，急数而时有一止；若虚里按之弹手，洪大而散或绝而不应者，属病危之候（表7-7）。

表7-7　虚里异常变化及临床意义

部位	特征	临床意义
虚里	按之动微而不显	宗气不足
	按之动而迟弱	心阳不足
	虚里按之搏动数急，时一止	宗气外泄
	按之搏动散漫而数者	心肺气绝
	按之弹手或绝而不应	心气衰竭

3. 按诊胁部

主要了解肝胆及其经脉的病变。按诊时应注意是否有压痛、肿块及质地软硬、大小、形态等。若两胁胀痛，痛处按此连彼，或痛引少腹，为肝气郁结；胁下肿块，刺痛拒按，为气滞血瘀；胁痛喜按，按之空虚，多属虚证；胁下肿胀，或肿痛不可按，为肝痈；胁下肿块，凹凸不平，肿硬且压痛明显者，应注意排除肝癌。

4. 按诊腹部

主要了解凉热、软硬、胀满、疼痛、压痛、肿块等，以推断病变之寒热虚实或为气滞血瘀等属性。

（1）察温度：腹部按之肌肤凉而喜温喜按者，多属寒证、虚证；腹部按之肌肤灼热而喜凉拒按者，多属热证、实证。

（2）察紧张度：腹壁柔软，紧张度低，触之松软无力，多为虚证；腹壁板硬，紧张度高，触之充实有力，多为实证。

（3）察痞满：按之柔软，无压痛者，多属虚证；脘腹痞满，按之抵抗，有压痛者，多属实证。若胀满持续不减，按之疼痛，叩之声浊，属实满（宿食、水饮、燥屎等内停）；若胀满时减，可按可揉，叩之声空，属虚满（脾、胃、肠气虚）。

（4）诊疼痛：腹痛喜按，按之痛减，多属脾胃气虚；腹痛拒按，按之痛甚，多属胃肠实证。左少腹疼痛，压痛明显者，多为宿粪内结；右少腹疼痛，压痛反跳痛者，多为肠痈。

（5）辨臌胀：腹部胀大如臌，青筋暴露，称为臌胀。按之如囊裹水者，为水臌；以手叩击如击鼓之膨膨然者，为气臌；在腹腔低处叩击于浊音者，为血臌。

（6）辨积聚：若属积证，则腹中肿块，固定不移，痛有定处，按之有形，病多在血分，属血瘀，也称癥；若是聚证，则腹中肿块，聚散不定，痛无定处，按之无形，病多在气分，属气滞，也称瘕。

（四）按腧穴

腧穴是脏腑经络之气转输之处，是内脏病变反映于体表的反应点。按腧穴要注意发现穴位上是否有结节或条索状物以及有无压痛等敏感反应，可以为诊断某些脏腑疾病提供依据。

诊断脏腑病变的常用腧穴有：

肺病——肺俞、中府、太渊

心病——巨阙、膻中、大陵

肝病——肝俞、期门、太冲

脾病——脾俞、章门、太白

肾病——气海、太溪

胆病——胆俞、日月

胃病——胃俞、足三里

大肠病——大肠俞、天枢

小肠病——关元

膀胱病——中极

第八章 辨　证

辨证论治是中医学的基本特点之一，是中医在诊治疾病时应当遵循的原则。对疾病进行辨证诊断，是中医学临床各科最基本的理论和方法，是治疗时立法处方的主要依据。辨证是将四诊所收集的临床资料进行综合分析，概括出疾病的病因、病机、病性及病位，推断内在的病理变化，以获得对疾病的本质性认识。

临床辨证的一般思维规律，是在中医学理论的指导下，通过对症状、体征等病情资料的综合分析，先明确病位、病性等辨证纲领，再确定病证的具体要素，然后形成完整准确的证名。中医辨证方法常用的有很多，其中八纲辨证是辨证的纲领；气血津液辨证，属于基本病性辨证；脏腑辨证是以病位为主的辨证方法，上述几种属于最常用的。此外，还有六经辨证、卫气营血辨证、三焦辨证、病因辨证和经络辨证等，也是中医临床辨证分类的基本方法。本章主要介绍前三种辨证方法。

第一节 八纲辨证

八纲是指表、里、寒、热、虚、实、阴、阳八个辨证的纲领。它们是从各种具体证候的个性中抽象出来的带有普遍规律的共性证候，较为突出地反映了中医学的辨证法思想。因此，学习和掌握八纲辨证，对整个辨证体系的学习和运用具有指导性意义。

八纲辨证是医生对四诊所获得的各种病情资料进行综合分析，运用八纲理论进行辨认、识别病变部位在表在里，病变性质属寒属热，邪正关系属虚属实，疾病类别属阴属阳。八纲辨证方法为诸多辨证方法之总纲。

任何一种疾病，从大体病位来分，总离不开表或里；从病变性质来分，非寒即热；从邪正对比关系来看，不外乎虚与实；从疾病类别而言，可归属于阳或阴。因此，尽管临床疾病的病理变化错综复杂，但都可以运用“八纲”对病情进行辨别归类，从而起到执简驭繁、提纲挈领的作用。

一、表里辨证

表里辨证，是辨别疾病病位和病势转归的一对纲领。

其中病位的表与里是相对的，不可作绝对理解。机体的皮毛、肌腠、经络相对为外，属表，其病较轻浅；脏腑、气血、骨髓相对为内，属里，其病较深重。

任何疾病的辨证，都应分辨病位的表里，对于外感病来说，其意义则尤为重要。这是因为内伤杂病的证候一般均属于里证范畴，故分辨病位的表里并非必须，而主要应辨别“里”

的具体脏腑等病位。然而外感病则往往具有外邪由表入里、由浅入深的传变规律。所以，表里辨证是对外感病发展阶段性的最根本的认识，它能说明病情的轻重浅深及病机变化的趋势，从而掌握疾病的演变规律，取得诊疗的主动权。

（一）表证

表证是对六淫、疫疠等外邪经皮毛、口鼻侵入机体所表现的轻浅证候的概括。主要见于外感病初期阶段。对表证的概念应作全面理解，不能机械地以为皮毛的病变就一定是表证，也不能绝对地以为表证的病位就一定在皮毛。

临床表现 恶寒（或恶风）发热、头身疼痛、苔薄白、脉浮，或见鼻塞流涕、喷嚏、咽喉痒痛、微咳等症。

证候分析 外邪客于皮毛肌腠，阻遏卫气，肺气失宣。

表证特征 具有起病急，病情较轻，病程较短，有感受外邪的因素可查等特点。临床上虽外邪有种种不同，表证的证候表现也可有差别，但一般以新起恶寒、发热并见，内部脏腑症状不显著为共同特征。

常见证型 风寒束表证、风热犯表证、风湿遏表证、燥邪犯表证、暑湿袭表证、风袭表疏证等。

由于表证病位浅，病情轻，病性一般属实，故多能较快治愈。若外邪不解，则可进一步内传，成为半表半里证或里证。

（二）里证

里证泛指病变部位在脏腑、气血、骨髓等受病所反映的证候。多见于外感病中、后期或内伤杂病。里证与表证是相对而言，概念抽象，范围广泛，可以说凡不是表证的特定证候，一般都可归属于里证的范畴，即所谓“非表即里”。

里证的成因主要为：一是外邪袭表，表邪不解，内传入里；二是外邪直接入里，侵犯脏腑气血，即为“直中”；三是情志、饮食、劳倦内伤，直接损伤脏腑气血。

临床表现 如但热不寒或但寒不热、口渴心烦、咳喘痰多、腹痛腹泻、呕吐、小便清长、气短乏力、失眠健忘、心悸怔忡、脉沉等。由于里证范围极为广泛，不同的里证可表现为不同的证候，故一般很难用几个症状全面概括，但其基本特征是无新起恶寒、发热并见，以脏腑气血异常症状为主要表现。

证候分析 邪正相争于里，脏腑气血失调。因病因病位的不同，故病机也比较复杂。具体内容将在脏腑辨证中讨论。

里证特征 一般起病较缓，病程较长，病情较重，病症复杂。

常见证型 里寒证、里热证、里实证、里虚证、虚实夹杂证等。

里证具体证候的辨别，必须结合气血辨证、脏腑辨证等方法，才能进一步明确。相对表证来说，里证的病因复杂，病位广泛，病情较重，故治法较多，一般难以在短时期内取效。

（三）表证和里证的鉴别

辨别表证和里证，主要审察其寒热特点，内脏证候是否突出，以及舌象、脉象等变化。一般说来，外感病中，发热恶寒同时并见的属表证；但热不寒或但寒不热的属里证；寒热往来则属半表半里证。表证以头身疼痛、鼻塞或喷嚏等为常见症状，内脏证候不明显；而里证则以脏腑证候如咳喘、心悸、腹痛、呕泻之类表现为主，鼻塞、头身疼痛等非其常见症状。表证舌象变化不明显，而里证则舌象变化较多；表证多见浮脉，里证则多见沉脉或其他脉象（表 8-1）。

表 8-1　表、里证鉴别要点

	表证	里证
特点	发病急，病情轻，病程短	发病缓，病情重，病程长
寒热	恶寒发热并见	但寒不热或但热不寒
舌象	变化不显	变化较明显
脉象	浮脉多见	沉脉多见

（四）表证与里证的关系

人体肌肤与脏腑，是通过经络的联系、沟通而表里相通。疾病发展过程中，在一定的条件下，可出现表里证同症和相互转化。

1. 表里同病

表证和里证在同一时期出现，称表里同病。这种情况的出现，除初病即见表证又见里证外，多因表证未罢，又及于里；或旧病未愈，又加新病，如本有内伤，又加外感，或先有外感，又伤饮食等。

2. 表里出入

表邪入里，凡病表证，表邪不解，内传入里，称为表邪入里。多因机体抗邪能力降低，或邪气过盛，或护理不当，或误治、失治等因素所致。

里邪出表，某些里证，病邪从里透达于外，为里邪出表。这是由于治疗护理得当，机体抵抗力增强的结果。

表邪入里表示病势加重，里邪出表反映邪有去路，病势减轻。掌握表里出入的变化，对于推断疾病的发展转归，有重要意义。

二、寒热辨证

寒热证候是辨别疾病性质的两个纲领。寒证与热证反映机体阴阳的偏盛偏衰，故辨寒热实际上是辨阴阳的盛衰。古人云“阴胜则寒”、“阳胜则热”、“阳虚则寒”、“阴虚则热”。当然，病邪也有阳邪与阴邪之分，正气有阳气与阴液之别。阳邪致病可导致机体阳气偏盛而阴液受伤，或是阴液亏损而阳气偏亢，均可表现为热证；阴邪致病容易导致机体阴气偏盛而阳气受损，或是阳气虚衰而阴寒内盛，均可表现为寒证。

八纲中之寒证、热证与证候中之恶寒、发热，既有联系又有区别，两者不能混同。恶寒、发热症状只是疾病的现象，而寒证、热证则是对疾病本质的判断。

（一）寒证

寒证是指感受寒邪或阳虚阴盛，导致机体机能活动衰退所表现的证候。寒证有实寒证与虚寒证之分。

实寒证，多为感受外界寒邪，或过服生冷寒凉所致。其中寒邪袭于肌表，多为表实寒证；寒邪客于脏腑，多为里实寒证。

虚寒证，是因体质虚弱、内伤久病，阳气耗伤而致阴寒偏胜，也称阳虚证。病变部位多在心、脾、肾。

临床表现 各类寒证的表现不尽一致，一般以恶寒倦卧、畏寒肢冷、冷痛喜暖、口淡不渴、痰、涎、涕、唾清稀、小便清长、大便稀溏、面白、舌淡、苔白而润、脉紧或迟等为主。

证候分析 由于寒邪遏制阳气，或阳虚阴寒内盛，使阳气之温煦、推动、升提、运化、固摄等功能减弱所致。

寒证特征 具有冷、白、稀、润、静的临床表现。

（二）热证

热证是指感受热邪，或情志内伤，或久病阴虚阳亢，导致机体机能活动亢进所表现的病候。热证有实热证与虚热证之分。

实热证，多由于火热阳邪入侵，或过服辛辣燥热之品，或情志化火等，使机体阳热之气过盛。其中风热之邪袭于肌表，多为表实热证；热邪盛于脏腑，则多为里实热证。

虚热证，是久病伤阴或房室劳伤、阴精耗损而致虚火偏亢，也称阴虚证。

临床表现 各类热证的表现不尽相同，其主要有身热，恶热喜冷，烦躁不宁，口渴欲饮，面赤，痰、涕黄稠，小便短黄，大便干结，甚至鼻衄、四肢抽搐、舌红苔黄干燥少津、脉洪或大或数或滑等。

证候分析 阳热亢盛，伤津耗液，甚者迫血妄行，引动肝风；或阴虚阳亢而虚热内扰。

热证特征 均有热、黄、稠、干、动等临床表现。

（三）寒证与热证的鉴别

寒证与热证，是机体阴阳盛衰的反映，是疾病性质的主要体现，故寒热证的鉴别应建立在对疾病的全部表现进行综合考察的基础之上，尤其是对寒热的喜恶、口渴与否、面色的赤白、四肢的温凉及二便、舌象、脉象等（表 8-2）。

表 8-2 寒热证鉴别要点

鉴别点	寒证	热证
寒热	喜暖恶寒	喜凉恶热
面色	面色多白	面色多赤
四肢	四肢不温	四肢发热
口渴	口多不渴	口渴欲饮
二便	便溏溲清	便秘溲赤
舌象	舌淡苔白润	舌红苔黄燥
脉象	脉迟或紧	脉洪或数

（四）寒证与热证的关系

寒证和热证是两种不同的证候类型，有着本质的区别，但在一定条件下，寒证与热证可以相互转化，或者相互错杂，甚至出现寒热真假疑似的证候，临床应当详细辨识。

1. 寒热转化

寒证化热是指原为寒证，后出现热证，而寒证随之消失的病理变化。一般外感寒邪未及时发散，深入于内，若机体阳气偏盛，邪气则从阳化热，阳热内郁，则转化为热证。热证转寒是指原为热证，后出现寒证，热证随之消失的病理变化。常见于邪热毒气深重，或因失治、误治，以致邪气过盛，耗伤正气，正不胜邪，阳气散失，故而转化为虚寒证，甚至表现为亡阳证。

寒证与热证的相互转化，相关因素很多，如自身体质以及治疗得当与否等。但转化的关键还在于机体阳气的盛衰及邪正力量的对比状况。

一般情况下，寒证转化为热证，多为人体正气充足，阳气较为旺盛，邪气才会从阳化热，提示正气尚能抵御病邪的深入。而热证转化为寒证，多因阳气不足，阴寒内盛，病从寒化，或是邪气虽衰而正气不支，阳气耗伤并处于虚衰状态，提示正不胜邪，病情有所加重。

2. 寒热错杂

在疾病的某一阶段，寒证与热证同时并存，称寒热错杂。由于证候的错杂中存在着矛盾的两方面，但均反映着疾病的本质，因而不可忽略，当详辨寒热的程度及部位等，以便采取正确的治疗措施。寒热错杂临床常见有表寒里热证、表热里寒证、上热下寒证、上寒下热等。如外感风寒，头身疼痛、恶寒、无汗、鼻塞流涕等，此为表寒。若表邪不解，内传入里，出现发热、咳喘、胸痛、吐痰黄稠等里热之征，即为表寒证与里热证并存。

3. 寒热真假

某些疾病在病情危重阶段，可以出现一些与疾病本质相反的“假象”证候，以掩盖病情的真象。这里所谓“真”，是指与疾病的内在本质相符合的证候；所谓“假”，是指疾病征象与病理本质所应反映的常规证候不相符合。

（1）真热假寒：是指内有真热而外见某些假寒的证候（热极似寒）。真热假寒证常有“热深厥亦深”的特点，故可称作“热极肢厥证”，古代亦称“阳盛格阴”证。其机理多因邪热内盛，阳气郁闭于内而不能布达于外。例如，表现为四肢凉甚至厥冷、恶寒甚或寒战、神识昏沉、面色紫暗、脉沉迟等似为阴寒证的证候，但因其本质为热，故必有高热、胸腹灼热、口鼻气灼、口臭息粗、口渴引饮、小便短黄、舌红苔黄而干、脉搏有力等里热证的明征。

（2）真寒假热：是指内有真寒而外见某些假热的证候（寒极似热）。其实际是阴盛阳虚，虚阳浮越的病候，古代也称“阴盛格阳”证，或称“戴阳”证。例如，面色浮红如妆、神志躁扰不宁、口渴、咽痛、脉浮大或数等颇似阳热证的表现，但因其本质为阳气虚衰，故必有胸腹无灼热、下肢必厥冷、小便清长，或下利清谷、舌淡苔白等里寒的证候。其口虽渴但不欲饮，虽躁扰不宁必疲乏无力，脉虽浮大或数但按之必无力，知其“热”必为假象。此多为久病阳气虚衰而阴寒内盛，逼迫虚阳外浮上越所致。

对寒热证候的真假，必须认真辨识，才能去伪存真，抓住疾病真正的本质，否则往往造成误诊（表 8-3）。

表 8-3 寒热证的关系

关系		含义
寒热错杂		同一患者，同一时期，既见寒证，又见热证（表里或上下错杂）
寒热转化	寒证化热	先有寒证，后现热证，寒证随之消失
	热证化寒	先有热证，后现寒证，热证随之消失
寒热真假	真寒假热	真有真寒而外见某些假热的证候
	内有真寒	内有真热而外见某些假寒的证候

三、虚实辨证

虚实是辨别邪正盛衰的两个纲领，主要反映病变过程中正邪相争、双方力量的对比状况。

所谓实，一般是指邪气盛实；所谓虚，主要是指正气不足。由于邪正斗争是疾病过程中的根本矛盾，阴阳盛衰及其所形成的寒热证候亦存在着虚实之分，所以分析疾病中邪正的虚实关系是辨证的基本要求。通过虚实辨证，可以了解病体的邪正状态，为治疗提供依据。

（一）实证

实证是指人体感受外邪，或疾病过程中阴阳气血失调，而以阳、热、滞、闭等为主，或体内病理产物蓄积，以致邪气盛实，正气不虚，邪正斗争剧烈所表现的临床证候。

临床表现 由于感邪性质的差异，致病的病理产物不同，以及病邪侵袭停积部位的差别，因而各种实证有着不同的证候表现，很难以那几个症状作为实证的代表症。常见的症状如身热烦躁、神昏谵语、咳喘气急、痰涎涌盛、胀痛拒按、二便不通、舌质苍老、舌苔厚腻、脉实有力等。

证候分析 一是六淫、疫疠以及虫毒等外邪侵犯机体，正气奋起抗邪；二是脏腑功能失调，代谢障碍，产生痰饮、水湿、食积、瘀血等病理产物停积壅聚于体内，形成邪正相搏的病机。

实证特征 实证以邪气亢盛、病理产物蓄积为主，正气尚未亏虚，有充分的抗邪能力，故邪正斗争一般较为剧烈，而表现为有余、强烈、停聚等特点。临床上一般是新起、暴病多实证，病情急剧者多实证，体质壮实者多实证。

（二）虚证

虚证是对人体正气不足为主所产生的各种虚弱证候的概括。虚证反映正气不足是矛盾的主要方面，而邪气侵扰属于次要矛盾。

人体正气包括阳气、阴液、精、血、津液、营卫等，故阳虚、阴虚、气虚、血虚、精亏等均属于正虚的范畴。根据正气虚损的程度不同，临床又有不足、亏虚、虚弱、虚衰、亡脱之不同。

临床表现 主要表现为气、血、阴、阳的不足证候及脏腑虚损证候。如气虚证常表现为气短、乏力、舌淡、脉虚，动则诸症加重；血虚证常表现为眩晕、心悸、色淡、脉细；阳虚证常表现为畏寒、面白、二便清稀、脉沉迟等；阴虚证常表现为消瘦、潮热、舌红、脉细数等。

证候分析 正气亏虚，邪气不著，正邪相争之势较弱，故表现为不足、衰退等症状。形成虚证的病因，虽然可以由先天禀赋不足所导致，但主要是因后天失调和疾病耗损而产生。诸如饮食失调，脾胃受损；或思虑太过、过度劳倦等，耗伤气血营阴；或因房室不节，耗损肾精元气；或久病、失治、误治及意外事故等，损伤正气；大吐、大泻、大汗、失血、失精等，致阴液气血耗损，均可形成虚证。

虚证特征 以不足、松弛、衰退、徐缓等为证候特征。临床一般以久病、势缓者多虚证，耗损过多者多虚证，体质素弱者多虚证。

（三）虚证与实证的鉴别

虚实证虽然从各方面都有着本质的差别，但临床上某些症状既可以出现在实证的病理中，又可以出现在虚证的病理中，容易混淆医生的视线而导致判断失误（表 8-4）。

表 8-4 虚、实证鉴别要点

	虚证	实证
病理特点	久病，体弱病缓	新病，体强病急
精神气息	委靡，声低息微	兴奋，声高息粗
胀满疼痛	胀满时减，疼痛喜按	胀满持续，疼痛拒按
热象	微热或五心烦热	壮热或身热、恶热
寒象	畏寒肢冷	恶寒手足不温
舌象	舌质嫩，苔少或无苔	舌质老，苔厚腻
脉象	无力	有力

（四）虚实证的关系

虚证与实证，虽有正衰与邪盛的区别，但在疾病中邪气与正气是相互影响的。在一定条件下，虚、实可以发生转化，也可表现出虚实错杂之证，因而虚证和实证既可单见，也可并见。在疾病比较复杂的情况下，还可出现虚实真假的病理。此外，辨虚证、实证的同时，也不能脱离表里、寒热病位病性的全面判断。

1. 虚实转化

在疾病发展过程中，由于正邪力量对比的变化，实证可以转变为虚证，虚证亦可转化为实证。实证转虚基本上是病情转变的一般规律，临床较为常见；虚证转实实际上常常是因虚而致实，而形成虚实夹杂证。

实证转虚是先表现为实证，由于失治、误治，以及邪正斗争的必然趋势等原因，以致病邪耗伤正气，或病程迁延，邪气渐却，阳气或阴血已伤，渐由实证转为虚证。

虚证转实是指本为虚证，因正气不足，气化失常，以致病理产物等异常物质停积体内，而表现出某些“实”的证候，一般不应理解为是纯粹的转变，而多属于虚实夹杂的范畴。

临床也有如下几种情况：一是指病情本为虚证，由于积极的治疗、调养等，正气逐渐来复，与邪气相争，以祛邪外出，故表现为属实的证候。还有一种情况，患者素有虚证，因新感外邪，或伤食、外伤等，以致当前病情表现以实为主，虚证暂时不够明显，辨证诊断为实证。这些虽然不是直接由虚证转化为实证，但可视作是一种虚证转实（其实是抓住了疾病的主要矛盾的主要方面来说的）。

2. 虚实错杂

凡虚证中夹有实证，或实证中夹有虚证，以及虚实并见的，都属虚实错杂证。例如表实里虚、表虚里实、上实下虚、上虚下实等。虚实错杂的证候，治疗上应攻补兼施。

3. 虚实真假

当病情发展到比较严重阶段或比较复杂时，有时会出现虚实真假疑似的情况，即所谓“大实有羸状”、“至虚有盛候”。

真实假虚是指病理本质为实证，反见某些虚弱的征象。如热结肠胃，痰食壅积，瘀血停蓄，致经脉阻滞，气血不能畅达，便会出现正虚之假象。

真虚假实是指本质为虚证，反见某些实盛之假象。多因脏腑虚衰，正气虚甚，气机不运以致痹阻不通，见腹部胀满、呼吸喘促、二便闭涩等实证。但虽腹部胀满而时有缓解，或触之腹内无肿块而喜按；虽喘促而气短息弱等，故知病理本质属虚，实只是假象。

虚实真假在临床上是很难判别的，辨证时主要应从脉象、舌象、言语呼吸、体质状况、病之新久、治疗经过等方面来区分真假（表 8-5）。

表 8-5　虚、实证的关系

关系		含义
虚实错杂		虚证中夹有实证，实证中夹有虚证，虚实并见
虚实转化	实证转虚	先有实证，后现虚证，实证消失（完全转化）
虚实真假	虚证转实	多是因虚而致实，应属虚实错杂（不完全转化）
	真虚假实	“至虚有盛候”，正虚不运，邪实壅阻
	真实假虚	“大实有羸状”，邪实阻痹，气血不畅

四、阴阳辨证

由于阴阳分别代表事物相互对立的两个方面，它无所不指，也无所定指，故疾病的性质、临床的证候，一般都可归属于阴或阳的范畴，因而阴阳辨证是临床辨证的基本大法，也是归类病证的两个基本纲领。

八纲中之表里、寒热、虚实六纲是从不同的侧面来概括病情的，只能说明疾病某一方面的特征，难以反映疾病证候的全貌。而阴阳是对各种病情从整体上作出的最基本的总的归纳与概括，使复杂的临床证候纲领化。因此，阴阳两纲可以统帅其他六纲而为八纲之总纲。

（一）阴证与阳证

1. 阴证

临床凡见抑制、沉静、衰退、晦暗等表现的里证、寒证、虚证，以及症状表现于内的、向下的、不易发现的、病情变化较慢的，或病邪性质为阴邪等，均可归属为阴证的范畴。

临床表现 不同的疾病，表现出的阴证证候不尽相同。常见症状有：面色苍白或暗淡、精神委靡、身重倦卧、畏冷肢凉、倦怠无力、语声低怯、纳差、口淡不渴、小便清长或短少、大便溏泻、舌淡胖嫩、脉沉、迟、弱、细。

证候分析 气不足则功能减退，阳不足则虚寒内生。

2. 阳证

凡疾病表现为兴奋、躁动、亢进、明亮等特点，辨证属于表证、热证、实证，以及症状表现于外的、向上的、容易发现的、病情变化较快的，或病邪性质为阳邪，一般都可归属为阳证。

临床表现 不同的疾病，表现出的阳证证候不尽相同。常见症状有：面色红赤、恶寒发热、肌肤灼热、烦躁不安、语声高亢、呼吸急促、喘促痰鸣、口干渴饮、小便短赤涩痛、大便秘结臭秽、舌红绛、苔黄黑燥、脉浮数、洪大滑实。

证候分析 邪正剧争，阳热亢盛。

3. 阴证与阳证的鉴别

见表 8-6。

表 8-6 阴证阳证鉴别点

四诊	阴证	阳证
望诊	面白暗淡，神倦乏力	面红颧赤，神躁不安
	身重思卧，舌淡苔润	口渴唇燥，苔黄燥裂
闻诊	声低气短，呼吸怯弱	声高多言，呼吸喘促
问诊	畏寒怕冷，喜暖不渴	发热恶热，喜凉口干
	食少乏味，便溏溲清	心烦躁扰，便秘尿少
切诊	喜按肢凉，脉沉迟细弱	拒按身热，脉洪数滑实

（二）阴虚证与阳虚证

1. 阴虚证

阴虚是指体内津液精血等阴液亏少，脏腑组织失养，功能减退所表现的虚热证候，也称虚热证。

临床表现 形体消瘦、口燥咽干、五心烦热、两颧潮红、盗汗、小便量少、大便干结、舌红少苔或少津、脉细数等，并常伴有心悸失眠、心烦、多梦等证候。

证候分析 因热病之后，或杂病日久，耗伤阴液，或五志过极，房事不节，过服温燥之品等，使阴液暗耗而成。阴液亏少，一则机体失养，再则阴不制阳，虚热内生，故表现为一派干燥失润、虚热内扰的证候。

阴虚证具有病程长、病势缓等虚证的特点。可见于多个脏腑组织的病变，常见有心阴虚、肺阴虚、胃阴虚、肝阴虚、肾阴虚等证型。阴虚可与气虚、血虚、阳虚、精虚、阳亢等证候同时存在，或互为因果，表现为气阴亏虚证、阴血亏虚证、阴阳两虚证、阴虚阳亢证、阴精亏虚证等。阴虚进一步可发展形成阴阳两虚证。

2. 阳虚证

阳虚是指机体阳气亏损，其温煦、推动、蒸腾、气化等功能减退所表现的证候，亦称虚寒证。

临床表现 畏寒肢冷、神倦面白、口淡不渴，或有自汗出、便溏溲清，或尿少浮肿、舌淡胖、苔白滑、脉沉迟或细弱，并常伴有乏力、气短、懒言等气虚的证候。

证候分析 多由久病不愈，气虚累及于阳；或久居寒凉之处，阳热之气逐渐耗伤；或因年高而命门之火不足；或因过服苦寒清凉之品等，以致阳气受伤，脏腑功能减退。阳虚证多见于病久体弱者，病势一般较缓。病变常涉及心、脾、肾等脏腑，临床常见有心阳虚、脾阳虚、胃阳虚、肾阳虚等证型。阳虚可发展演变成亡阳，也可导致气滞、血瘀、水泛等病证。

（三）亡阴证与亡阳证

1. 亡阴证

亡阴证是指体液大量耗损，阴液严重亏乏而欲竭所表现的危重证候。

临床表现 汗热而黏、如珠如油、身灼肢温、虚烦躁扰、口渴欲饮、皮肤皱瘪、小便短少、面赤唇燥、脉细数或疾。

证候分析 久病阴液亏虚，或因壮热不退，吐泻太过，大汗不止，严重烧伤等，致阴液暴失而成。由于阴液欲竭，仍有火热阳邪内扰，故见一派阴竭而阳热有余的征象。所涉及的脏腑多与心、肝、肾等有关。若救治不及时，势必造成阳气亦随之而亡脱。

2. 亡阳证

亡阳证是指机体阳气极度衰微而表现出阳气欲脱的危重证候。

临床表现 冷汗淋漓、汗质稀淡、手足厥冷、神情淡漠、呼吸气微、面色苍白、舌淡、脉微欲绝。

证候分析 亡阳一般是阳气虚衰的进一步发展，亦可因阴寒之邪极盛而致阳气暴伤；或因大汗、大失血、严重外伤等阴血消亡而阳随阴脱。由于阳气极度衰微而欲散，故现冷汗、肢厥、面白、神疲、息弱、脉微等垂危病状。一般多指心阳或肾阳亡脱。

3. 亡阴、亡阳证的鉴别

亡阴与亡阳均出现在疾病的危重阶段，故应及时准确地辨识，并积极救治。临床危重患者，若突然汗出不止，往往是亡阴或亡阳之先兆。根据汗出特点，身凉或身灼，面白或面赤，脉微或数疾等，一般不难辨别（表 8-7）。

表 8-7 亡阴、亡阳证鉴别

	亡阴	亡阳
汗出	汗热而黏，如珠如油	冷汗淋漓，清稀而凉
四肢	身体灼热或四肢温和	肌肤不温或手足厥冷
面色	面赤颧红	面色苍白
脉象	细数或疾	微欲绝
其他	神烦躁扰，皮肤皱瘪	神倦淡漠，呼吸气微

第二节　脏腑辨证

脏腑辨证是根据脏腑的生理功能与病理特点，综合运用气血津液、经络、病因病机及八纲等理论，对四诊收集的病情资料进行分析、归纳，对疾病所在脏腑部位及其病性作出判断，并确定其证候名称的一种辨证方法。脏腑辨证以脏腑定位为纲，是临床辨证的基本方法，为辨证体系中重要组成部分。脏腑辨证广泛用于临床各科，尤其适用于内科、妇科和儿科疾病辨证。

一、心与小肠病辨证

心居胸中，主血脉，藏神。因此，心的病变多反映在血液运行与神志活动异常方面，常见表现有心悸、怔忡、心痛、心烦、失眠、多梦、健忘、神昏、神乱、脉结或代或促等。

1. 心气虚证

心气虚证是指心气不足，鼓动无力所表现的证候。

临床表现　心悸，气短，或自汗，神疲乏力，活动后诸症加重，面色淡白，舌质淡，苔薄白，脉虚。

证候分析　心气不足，鼓动无力，故心悸；气虚卫外不固，故自汗；全身功能活动减退，故气短，神疲；动则气耗，故活动后诸症加重；气虚运血无力，血不上荣于面，故面色淡白。舌质淡、苔薄白、脉虚为气虚之征。

辨证要点　心悸与气虚证表现共见。

2. 心阳虚证

心阳虚证是指心阳虚衰，鼓动无力，虚寒内生所表现的证候。

临床表现　心悸怔忡，心胸憋闷或疼痛，形寒肢冷，气短，神疲，自汗，面色㿠白，或面唇青紫，舌质淡胖或紫暗，苔白滑，脉弱或结代。

证候分析　心阳虚衰，鼓动无力，故心悸怔忡，脉弱或结代；温运无力，胸阳不展则心胸憋闷，心脉痹阻则心胸疼痛，血行不畅则面色㿠白或面唇青紫、舌质紫暗；虚寒内生，形体失于温煦则形寒肢冷，全身功能活动减退则气短、神疲，卫外不固则自汗。舌质淡胖、苔白滑为虚寒之征。

辨证要点　心悸怔忡、心胸憋闷与阳虚证表现共见。

3. 心血虚证

心血虚证是指心血亏虚，心失濡养所表现的证候。

临床表现　心悸，失眠，多梦，健忘；眩晕，面色淡白或萎黄，唇舌色淡，脉细。

证候分析　心血亏虚，心失濡养，心神不安，故心悸，失眠，多梦，健忘；血虚不足以上荣头面，故眩晕，面色淡白或萎黄，唇舌色淡。脉细为血虚之征。

辨证要点　心悸、失眠、多梦与血虚证表现共见。

4. 心阴虚证

心阴虚证是指心阴亏虚，心失濡养，虚热内扰所表现的证候。

临床表现 心烦，心悸，失眠，多梦；口干咽燥，手足心热，潮热，盗汗，颧赤，舌质红而少津，脉细数。

证候分析 心阴亏虚，心失濡养，心神不安，故心烦，心悸，失眠，多梦；虚热内生，内扰上炎，故口干咽燥，手足心热，潮热，盗汗，颧赤，舌质红而少津，脉细数。

辨证要点 心烦、失眠、多梦与阴虚证表现共见。

5. 心火亢盛证

心火亢盛证是指火热内炽，内扰心脉所表现的证候。

临床表现 心胸烦热，失眠；面赤，舌尖红赤，舌苔黄，脉数；口渴，尿黄，便秘；或口舌生疮、糜烂疼痛；或吐血、衄血；或狂躁谵语；或肌肤疮疡。

证候分析 火热内炽，侵扰心神，轻则心胸烦热、失眠，重则或狂躁谵语；火热炎上，故面赤，舌尖红赤，口舌生疮、糜烂疼痛；心火内炽，血行加速，甚则迫血妄行，故脉数，吐血，衄血；火热壅滞局部肌肤脉络，气血不畅，甚则血败肉腐，则发疮疡。口渴、尿黄、便秘为热盛伤津之象。

辨证要点 心及与心相关的组织器官实热内炽表现。

6. 心脉痹阻证

心脉痹阻证是指瘀血、痰浊、阴寒、气郁等因素使心脉气血运行不畅或阻滞不通所表现的证候。

临床表现 心悸，怔忡，心胸憋闷或疼痛，痛引肩背内臂，时痛时止。或见痛如针刺，舌质晦暗或青紫或有瘀点瘀斑，脉细涩或结、代；或心胸憋闷为主，体胖痰多，身重困倦，舌苔白腻，脉沉滑或沉涩；或其痛遇寒加剧，得温则减，畏寒肢冷，舌质淡，苔白，脉沉迟或沉紧；或以胀痛为主，其发作和加剧与情志变化相关，太息，舌淡红，脉弦。

证候分析 本证多为本虚标实之证，常继发于心气虚或心阳虚。阳气不足，心失温养，运血无力，继发瘀血内阻，或痰浊停聚，或阴寒凝滞，或气机郁滞等病变，阻痹心脉，遂成本证。心失所养则心悸，怔忡；心脉气血不得畅通则心胸憋闷疼痛；手少阴心经上肺，出腋下，循内臂，故痛引肩背内臂。瘀血内阻心脉，其痛如针刺，并伴舌质晦暗或青紫或有瘀点瘀斑、脉细涩或结代等血瘀之象；痰浊停聚心脉，以心胸憋闷为主，伴体胖痰多、身重困倦、舌苔白腻、脉沉滑或沉涩等痰盛之象；阴寒凝滞心脉，其痛遇寒加剧，得温则减，且见畏寒肢冷、舌质淡、苔白、脉沉迟或沉紧等寒盛之象；气机郁滞心脉，以胀痛为主，其发作和加剧与情志变化相关，兼有太息、舌淡红、脉弦等气郁之象。

辨证要点 心悸，怔忡，心胸憋闷或疼痛。其疼痛因成因不同而各具特点，并伴有相应表现。

7. 痰迷心窍证

痰迷心窍证是指痰浊阻闭心窍，蒙蔽心神所表现的证候。

临床表现 面色晦滞，胸脘痞闷，意识模糊，甚则昏不知人；或精神抑郁，表情淡漠，喃喃自语；或神志痴呆，举止失常；或突然昏仆，不省人事，两目上视，手足抽搐，口吐痰涎，喉中痰鸣。舌苔白腻，脉滑。

证候分析 痰浊蒙蔽心神，神明失司，故见意识模糊，甚则昏不知人，或神志痴呆、举止失常，或表情淡漠、喃喃自语，或突然昏仆、不省人事。若痰浊中阻，清阳不升，浊气上泛，胃失和降，则面色晦滞、脘痞；痰阻胸阳，则胸闷。若肝失疏泄，气机郁滞，则精神抑郁。若内伏痰浊随肝风而动，痰随风升，则两目上视，手足抽搐，口吐痰涎，喉中痰鸣。舌苔白腻、脉滑为痰浊内盛之象。

辨证要点 神志异常与痰浊内盛表现共见。

8. 痰火扰心证

痰火扰心证是指火热与痰浊之邪交结，侵扰心神所表现的证候。

临床表现 发热，面赤，口渴，痰黄质稠，喉间痰鸣，烦躁不安，甚则神昏谵语；或心烦失眠，多梦易惊；或语言错乱，哭笑无常，狂躁妄动。舌质红，舌苔黄腻，脉滑数。

证候分析 火热与痰浊之邪交结，侵扰于心，心神不宁或昏乱，故神志异常。在外感病中，可见烦躁不安，甚则神昏谵语，因其里热蒸腾，并灼津为痰，故兼发热、面赤、口渴、痰黄质稠、喉间痰鸣。在内伤病中，轻则心烦失眠、多梦易惊；重则语言错乱、哭笑无常、狂躁妄动。舌质红、舌苔黄腻、脉滑数均为痰火内盛之征。

辨证要点 神志异常与痰热（火）表现共见。

9. 小肠实热证

小肠实热证，是指心火下移，致小肠里热炽盛所表现出来的证候。

临床表现 心中烦热，口渴喜凉饮，口舌生疮，小便赤涩，尿道灼痛，尿血，舌质红苔黄，脉数。

证候分析 本证多由于心热之邪，下移小肠所致。心与小肠相表里，小肠主泌别清浊，心移热于小肠，影响其泌别清浊的功能，症见小便赤涩，尿道灼痛。热盛灼伤血络，则见尿血；心火炽盛，内扰心神，轻者见心胸烦热，甚者见心烦失眠；心火上炎，故见口舌生疮；热盛伤津，见渴喜凉饮；舌红苔黄，脉数，皆为内热炽盛之征。

辨证要点 小便赤涩灼痛与心火热炽表现共见。

二、肺与大肠病辨证

肺居胸中，主气，司呼吸，主宣发、肃降。因此，肺的病变多反映在呼吸功能活动、水液代谢以及机体卫外功能等方面。常见表现有咳嗽、气喘、咯血、咽喉痒痛、胸闷、胸痛、鼻塞流涕、喷嚏、水肿等，其中咳嗽、气喘最具特征性。

大肠位于腹中，主传化糟粕。因此，大肠病变多反映在大便异常，常见表现有便秘、泄泻、便下脓血、腹痛、腹胀等。

1. 肺气虚证

肺气虚证是指肺的功能减弱所表现的证候。

临床表现 咳喘无力，动则加重，痰液清稀，声音低怯；或自汗、畏风，易感冒；少气懒言，神疲乏力，面色淡白，舌质淡，舌苔白，脉虚。

证候分析 肺气亏虚，宣降无权，津液失布，宗气不足，故咳喘无力，痰液清稀，声音低怯；卫气失宣，卫外不固，故自汗，畏风，易感冒。少气懒言、神疲乏力、面色淡白、舌质淡、舌苔白、脉虚等，均为气虚之象。

辨证要点 咳喘无力与气虚证表现共见。

2. 肺阴虚证

肺阴虚证是指肺阴不足，虚热内生所表现的证候。

临床表现 干咳，或痰少而黏、不易咯出，或痰中带血，声音嘶哑；形体消瘦，五心烦热，潮热，盗汗，颧赤，舌质红而少津，脉细数。

证候分析 肺阴不足，内生虚热，气逆于上，又咽喉失润，故干咳，或痰少而黏、不易咯出，或声音嘶哑；热伤肺络，络伤血溢，则痰中带血。形体消瘦、五心烦热、潮热、盗汗、颧赤、舌质红而少津、脉细数等，均为阴虚内热之象。

辨证要点 干咳或痰少而黏与阴虚证表现共见。

3. 风寒犯肺证

风寒犯肺证是指风寒侵袭，肺气被束所表现的证候。

临床表现 咳嗽，痰白清稀，或气喘；轻微恶寒发热，鼻塞、流清涕，喉痒，或身痛无汗；舌苔薄白，脉浮紧。

证候分析 风寒侵袭，肺气被束，肺失宣降，故咳嗽，痰白清稀，或气喘，鼻塞、流清涕，喉痒；风寒袭表，卫阳郁遏，肌表失于温煦，故恶寒；卫气抗邪，正邪交争则发热；寒性收引凝滞，经气不利，腠理闭塞，故身痛无汗。舌苔薄白、脉浮紧均为感受风寒之征。

辨证要点 咳嗽为主，兼风寒表证。

4. 风热犯肺证

风热犯肺证是指风热侵袭，肺卫受病所表现的证候。

临床表现 咳嗽，痰黄而稠，或气喘；发热微恶风寒，鼻塞流浊涕，咽喉疼痛，口渴，舌尖红，舌苔薄黄，脉浮数。

证候分析 风热侵袭，熏蒸肺系，肺失宣肃，故咳嗽，痰黄而稠，或气喘，鼻塞流浊涕，咽喉疼痛，口渴；肺卫受病，卫阳郁遏则恶寒，卫气抗邪，故发热。舌尖红、舌苔薄黄、脉浮数均为感受风热之征。

辨证要点 咳嗽为主，兼风热表证。

5. 燥邪犯肺证

燥邪犯肺证是指燥邪侵袭肺卫，肺系津伤，肺失宣降所表现的证候。

临床表现 干咳，或痰少而黏、不易咯出，甚则胸痛，痰中带血，唇、舌、咽、鼻干燥，舌苔薄而干；轻微恶寒发热，无汗或少汗，脉浮数或浮紧。

证候分析 燥邪侵袭肺卫，肺系津伤而失滋润，宣降失职，故干咳，或痰少而黏、不易咯出，唇、舌、咽、鼻干燥，舌苔薄而干；燥邪化火，灼伤肺络，或咳伤肺络，故胸痛，痰中带血。轻微恶寒发热、无汗或少汗、脉浮数或浮紧等，均为燥邪犯表之象。

辨证要点 干咳或痰少而黏，唇、舌、咽、鼻干燥。

6. 痰热壅肺证

痰热壅肺证是指痰热互结，壅闭于肺，肺失宣肃所表现的证候。

临床表现 咳嗽，痰黄稠而多，气喘息粗，甚则鼻翼煽动，喉中痰鸣，胸闷，或咯吐脓血腥臭痰，胸痛；发热，烦躁口渴，小便短赤，大便秘结；舌质红，苔黄腻，脉滑数。

证候分析 痰热互结，壅闭于肺，肺失宣肃，肺气上逆，故咳嗽，痰黄稠而多，气喘息粗，甚则鼻翼煽动，喉中痰鸣，胸闷；痰热阻滞肺络，气滞血瘀，甚则肉腐血败，故咯吐脓血腥臭痰，胸痛；里热蒸腾，侵扰心神，耗伤津液，故发热，烦躁口渴，小便短赤，大便秘结。舌质红、苔黄腻、脉滑数均为痰热内盛之征。

辨证要点 咳喘、痰黄稠而多与里实热证共见。

7. 痰湿阻肺证

痰湿阻肺证是指痰湿停聚于肺，肺失宣降所表现的证候。

临床表现 咳嗽，痰多、色白、质黏，容易咯出；胸闷，或气喘、喉中痰鸣；舌质淡，舌苔白腻，脉滑。

证候分析 痰湿停聚于肺，肺失宣降，气逆于上，故咳嗽，痰多、色白、质黏，容易咯出，胸闷，或气喘、喉中痰鸣。舌质淡、舌苔白腻、脉滑均为痰湿停聚之征。

辨证要点 咳嗽，痰多、色白、质黏，容易咯出。

8. 大肠湿热证

大肠湿热证是指湿热侵犯大肠所表现的证候。

临床表现 腹痛，下痢赤白黏胨，里急后重；或暴注下泻，泻下物色黄、秽浊。肛门灼热，小便短赤，或发热；舌质红，舌苔黄腻，脉濡数或滑数。

证候分析 湿热侵犯大肠，蕴结熏蒸，壅阻气机，损伤肠络，血腐为脓，故腹痛，下利赤白黏胨，里急后重，发热；热迫肠道，清浊不分，邪迫而下，故暴注下泻，泻下物色黄、秽浊，肛门灼热。热伤津液，又泻下耗津，故小便短赤。舌质红、舌苔黄腻、脉濡数或滑数均为湿热内蕴之征。

辨证要点 下痢黏胨或泄泻与湿热证共见。

9. 大肠液亏证

大肠液亏证是指津液不足，不能濡润大肠，传导不利所表现的证候。

临床表现 大便干燥，艰涩难排，数日一行；口干咽燥，或口臭，或头晕；舌质红而少津，或苔黄燥，脉细或细涩。

证候分析 津液不足，不能濡润大肠，传导不利，故大便干燥，数日一行，艰涩难排；便结不通，浊气上冲，故口臭，头晕；津液不足以滋润口咽则口干咽燥、舌上少津，脉道失充则脉细或细涩，燥热内生、上炎则舌质红、苔黄燥。

辨证要点 大便干燥，艰涩难排。

三、脾与胃病辨证

脾胃同处中焦。脾主运化，胃主受纳腐熟，共同完成对饮食物的消化吸收与转输；脾又主统血，固摄血行，使之不溢于脉外；脾气主升而升则健，胃气主降而降则和。因此，脾胃的病变除反映在饮食物的消化、吸收与转输，以及中焦气机升降协调方面外，脾的病变还反映在血液循行及内脏位置的相对恒定，胃的病变还反映在胃腑通降方面。脾病常见表现有腹胀、纳少、便溏、浮肿、出血、内脏下垂等；胃病常见表现脘胀、脘痛、呕吐、嗳气、呃逆等。

1. 脾气虚证

脾气虚证是指脾气不足，功能减退所表现的证候。其功能减退或表现为脾失健运，或表现为脾气下陷，或表现为脾不统血，均以脾失健运为基础。

临床表现 腹胀，食后胀甚，纳少，便溏；或脘腹坠胀，肛门重坠，内脏下垂；或见各种慢性出血。面色淡黄或萎黄，神疲乏力，少气懒言，动则加重；舌质淡，舌苔白，脉缓或细或弱。

证候分析 脾气不足，失于健运，运化无权，输精障碍，水湿不化，故腹胀，食后胀甚，纳少，便溏；升举无力，气坠于下，内脏失固，则脘腹坠胀，或肛门重坠，或子宫、胃、肝、肾等内脏下垂；统血无权，血溢脉外，故见各种出血；若反复出血，致营血亏虚，肌肤失养，则面色无华。神疲乏力、少气懒言、动则加重、舌质淡、舌苔白、脉缓或细或弱等，均为气虚之象。

辨证要点 脾失健运者，腹胀、纳少、便溏与气虚证共见；脾气下陷者，脘腹坠胀、内脏下垂与脾失健运表现共见；脾不统血者，出血与脾气虚脾失健运表现共见。

2. 脾阳虚证

脾阳虚证是指脾阳虚衰，失于温运，阴寒内生所表现的证候。

临床表现 纳少，腹胀，或脘腹冷痛，喜温喜按，大便稀溏；形寒肢冷，神疲乏力；或肢体浮肿，小便短少；或白带清稀量多；舌质淡胖或有齿痕，舌苔白滑，脉沉迟无力。

证候分析 脾阳虚衰，失于健运，消化迟缓，输精障碍，水湿不化，故腹胀，纳少，大便稀溏；虚寒内生，寒凝气滞，故腹痛喜温喜按；水湿内停，泛溢肌肤，则肢体浮肿，小便短少；水湿下注，带脉受损而失约，则白带清稀量多。舌质淡胖或有齿痕、舌苔白滑、脉沉迟无力均为阳虚寒盛之征。

辨证要点 腹胀、纳少、便溏与虚寒之象共见。

3. 寒湿困脾证

寒湿困脾证是指寒湿内盛，脾阳受困，运化失司所表现的证候。

临床表现 脘腹胀闷或疼痛，纳少，泛恶欲吐，口淡不渴，便溏；头身困重；或肢体浮肿，小便短少；或身目发黄，面色晦暗；或白带量多；舌质淡胖，舌苔白腻，脉濡缓或沉细。

证候分析 寒湿内盛，脾阳受困，运化失司，脾气郁滞，胃失和降，故脘腹胀闷或疼痛，纳少，泛恶欲吐，口淡不渴，便溏；水湿不运，泛溢肌肤，困遏清阳，故头身困重，肢体浮肿，小便短少；寒湿中阻，阳气不宣，肝失疏泄，胆汁外溢，则身目发黄，面色晦暗；水湿下注，带脉受损而失约，则白带清稀量多。舌质淡胖、舌苔白腻、脉濡缓或沉细均为寒湿内盛之征。

辨证要点 腹胀、纳少、便溏与寒湿内盛表现共见。

4. 湿热蕴脾证

湿热蕴脾证是指湿热蕴结脾胃，受纳运化失司所表现的证候。

临床表现 脘腹胀闷，纳呆，呕恶，渴不多饮，便溏不爽，小便短黄，肢体困重；或身热不扬，汗出不解；或身目鲜黄或皮肤发痒；舌质红，舌苔黄腻，脉濡数。

证候分析 湿热蕴结脾胃，受纳运化失司，升降失常，故脘腹胀闷，纳呆，呕恶，渴不多饮；湿泛肌肤，困遏清阳，故肢体困重；湿热阻遏，津不上承则渴不多饮，下注于肠则便溏不爽，郁蒸于内则身热不扬，汗出不解，熏蒸肝胆致胆汁外溢则身目鲜黄或皮肤发痒。舌质红、舌苔黄腻、脉濡数均为湿热内蕴之征。

辨证要点 腹胀、纳呆、便溏不爽与湿热内蕴表现共见。

5. 胃阴虚证

胃阴虚证是指胃阴不足，胃失濡润、和降所表现的证候。

临床表现 胃脘隐痛，饥不欲食，口咽干燥，或胃脘嘈杂，或脘痞不舒，或干呕、呃逆；

大便干结，小便短少；舌红少津，脉细数。

证候分析 胃阴不足，虚热内生，热郁胃腑，气失和降，胃气上逆，故胃脘隐痛，饥不欲食，胃脘嘈杂，脘痞不舒，干呕、呃逆；阴虚津亏，上不能滋养咽喉，则口咽干燥；下不能滋润大肠，故大便干结。小便短少、舌红少津、脉细数等，均为阴液亏虚之象。

辨证要点 胃脘隐痛或嘈杂、饥不欲食与阴虚证共见。

6. 胃阳虚证

胃阳虚证是指胃阳不足，胃失温煦所表现的证候。

临床表现 胃脘隐痛，喜温喜按，得食痛减，泛吐清水或不消化食物；面色㿠白，畏寒肢冷，神疲乏力；舌质淡，舌苔白，脉沉迟无力。

证候分析 胃阳不足，失于温煦，寒凝气机，故胃脘隐痛，喜温喜按，得食痛减；腐熟无权，水饮不化，胃气上逆，故泛吐清水或不消化食物。面色白、畏寒肢冷、神疲乏力、舌质淡、舌苔白、脉沉迟无力等，均为阳气不足之象。

辨证要点 胃脘隐痛而喜温喜按及阳虚证一般表现。

7. 食滞胃脘证

食滞胃脘证是指饮食停滞胃脘，腐熟无权，胃失和降所表现的证候。

临床表现 胃脘胀满或疼痛，拒按，嗳腐吞酸，或呕吐酸腐食物，吐后胃脘胀痛减轻，厌食；矢气酸臭，大便溏泄；泻下物酸腐臭秽；舌苔厚腻或厚腐，脉滑。

证候分析 饮食停滞胃脘，气机郁滞，故胃脘胀满或疼痛，拒按；食滞阻碍受纳，故厌食；积食腐败，胃失和降而上逆，故嗳腐吞酸，呕吐酸腐食物；食浊下趋，肠腑气塞，故矢气酸臭，大便溏泄，泻下物酸腐臭秽。舌苔厚腻、脉滑为饮食停滞之征。

辨证要点 胃脘胀满或疼痛，嗳腐吞酸，或呕吐酸腐，或泻物臭如败卵。

8. 胃热炽盛证

胃热炽盛证是指火热壅滞于胃，胃失和降所表现的证候。

临床表现 胃脘灼痛，拒按，吞酸嘈杂，渴喜冷饮；或消谷善饥，或口臭，或牙龈肿痛、溃烂，或齿衄；小便短黄，大便秘结；舌质红，舌苔黄，脉滑数。

证候分析 热壅于胃，胃气失和，胃络滞塞，故胃脘灼痛，拒按；火热内扰，功能亢进，浊气上冲，故消谷善饥，口臭；火热循经上扰，气血壅滞，甚则腐化，故牙龈肿痛、溃烂；血络受损，血壅络破，则见齿衄；热伤津液，故渴喜冷饮，小便短黄，大便秘结。舌质红、舌苔黄、脉滑数均为火热内盛之征。

辨证要点 胃脘灼痛及火热内炽一般表现。

四、肝与胆病辨证

肝位于右胁，主疏泄，主藏血。肝的病变主要反映在疏泄气机、血液与津液运行、饮食消化、精神情志，以及血液贮藏与调节等方面。常见表现有胸胁、少腹胀闷或疼痛，精神抑郁，烦躁易怒，头晕目眩，巅顶疼痛，肢体震颤，手足抽搐，以及目疾，月经不调，睾丸疼痛等。

1. 肝血虚证

肝血虚证是指肝血不足，所系组织器官失养所表现的证候。

临床表现 头晕眼花，视物模糊，夜盲，爪甲不荣，肢体麻木，关节拘急；或月经量少色淡，甚则闭经；面白无华，舌质淡，脉弦细。

证候分析 肝血不足，目、筋、爪、冲脉等与肝相关的组织器官失养，故头晕眼花，视物模糊，夜盲，爪甲不荣，肢体麻木，关节拘急，月经量少色淡，甚则闭经。面白无华、舌质淡、脉弦细为肝血虚之征。

辨证要点 目、筋、爪、冲脉等失养与血虚证表现共见。

2. 肝阴虚证

肝阴虚证是指肝阴不足，所系组织器官失养，虚热内扰所表现的证候。

临床表现 头晕眼花，两目干涩，视物模糊，或胁肋隐隐灼痛；面部烘热，两颧红赤，五心烦热，潮热盗汗；舌红少津，脉弦细数。

证候分析 肝阴不足，头目失养，故头晕眼花，两目干涩，视物模糊；肝络失养，又为虚热所灼，故胁肋隐隐灼痛；虚热内扰、炎上，故面部烘热，颧赤，五心烦热，潮热盗汗，舌红少津，脉弦细数。

辨证要点 头、目、肝络失养与阴虚内热表现共见。

3. 肝郁气滞证

肝郁气滞证是指肝失疏泄，气机郁滞所表现的证候。

临床表现 胸胁或少腹胀满窜痛，情志抑郁，喜太息；或咽部有异物感，或见瘿瘤、瘰疬，或胁下肿块；妇女乳房作胀，甚或疼痛，痛经，月经不调；舌苔薄白，脉弦。病情轻重与情志变化相关。

证候分析 肝失疏泄，气机郁滞，经气不利，故胸胁、乳房、少腹胀满疼痛，情志抑郁，喜太息；肝郁气滞，血行不畅，冲任失调，故痛经，月经不调；气郁生痰，痰气搏结咽喉、颈部，故咽部有异物感，可见瘿瘤、瘰疬；气滞血瘀，结于胁下，渐成肿块。舌苔薄白、脉弦均为肝气郁滞之征。

辨证要点 肝经所过部位胀痛，情志抑郁，或妇女月经不调。

4. 肝火炽盛证

肝火炽盛证是指火热炽盛，内扰于肝，气火上逆所表现的证候。

临床表现 头晕胀痛，痛若刀劈，面红目赤，胁肋灼痛，急躁易怒，失眠或噩梦纷纭；耳鸣如潮或突发耳聋，口苦咽干；或吐血、衄血；大便秘结，小便短黄；舌质红，舌苔黄，脉弦数。

证候分析 火热内扰肝胆，循经上攻头目，气血壅盛脉络，故头晕胀痛，面红目赤；肝失条达，经络不疏，又为火灼，故胁肋灼痛；热扰神魂，神魂不安，故急躁易怒，失眠或噩梦纷纭；肝热移胆，胆热循经上冲，胆气循经上溢，故耳鸣如潮或突发耳聋，口苦；热盛迫血妄行，血壅络伤，则见吐血、衄血；热盛伤津，故咽干，大便秘结，小便短黄。舌质红、舌苔黄、脉弦数均为肝火内炽之征。

辨证要点 头痛、胁痛、易怒、耳鸣与火热表现共见。

5. 肝阳上亢证

肝阳上亢证是指肝肾阴虚，肝阳亢扰于上所表现的证候。

临床表现 眩晕耳鸣，头目胀痛，面红目赤；急躁易怒，失眠多梦；腰膝酸软，头重足轻；舌红少津，脉弦或弦细数。

证候分析 肝肾阴虚，阴不制阳，肝阳升发太过，血随气逆，上扰头目，故眩晕耳鸣，头目胀痛，面红目赤；肝阳亢逆，神魂被扰而不宁，故急躁易怒，失眠多梦；肝肾阴虚，筋脉失养，故腰膝酸软；阴虚阳亢，上实下虚，故头重足轻。舌红少津、脉弦或弦细数为肝肾阴虚、肝阳上亢之征。

辨证要点 眩晕耳鸣，头目胀痛，面红目赤，急躁易怒，腰膝酸软。

6. 肝风内动证

肝风内动证是对临床主要表现具有“动摇”特点的一类证候的概括。包括肝阳化风证、热极生风证、阴虚动风证、血虚生风证等。

（1）肝阳化风证：肝阳化风证是指肝阳亢逆无制所致的肝风内动证。

临床表现 眩晕欲仆，头胀头痛，头摇，项强，肢体麻木或震颤，步履不稳，语言謇涩，急躁易怒；甚则卒然昏倒，不省人事，舌强不语，口眼斜，半身不遂，喉中痰鸣；舌质红，舌苔腻，脉弦或弦细。

证候分析 肝阳亢逆，气血上壅，上扰头目，故眩晕欲仆，头胀头痛，头摇，急躁易怒；肝肾阴虚，筋脉失养，故项强，肢体麻木或震颤；阴虚阳亢，上实下虚，故步履不稳；肝风挟痰，上蒙清窍，窜扰经络，则卒然昏倒，不省人事，语言謇涩或舌强不语，口眼斜，半身不遂，喉中痰鸣。舌质红、舌苔腻、脉弦或弦细为肝阳亢盛之征。

辨证要点 素有头晕目眩等肝阳上亢征象，突然出现眩晕欲仆、头胀头痛、肢体震颤、语言謇涩，甚则卒然昏倒、半身不遂等表现。

（2）热极动风证：热极动风证是指邪热炽盛，耗伤津液，筋脉失养，引动肝风所表现的证候。

临床表现 高热口渴，烦躁不安，或神昏谵语，颈项强直，两目上视，牙关紧闭，手足抽搐，角弓反张；舌质红绛，舌苔黄燥，脉弦数。

证候分析 邪热蒸腾，内扰心神，燔灼肝经，耗伤津液，故筋脉拘急，高热口渴，烦躁，或神昏谵语，颈项强直，两目上视，牙关紧闭，手足抽搐，角弓反张。舌质红绛、舌苔黄燥、脉弦数均为肝经热盛之征。

辨证要点 高热与动风之象共见。

（3）阴虚动风证：阴虚动风证是指肝阴亏虚，筋脉失养，引动肝风所表现的证候。

临床表现 手足蠕动或震颤，眩晕耳鸣，形体消瘦，五心烦热，潮热盗汗，颧赤，舌红少津，脉细数。

证候分析 肝阴亏虚，筋脉失养，拘急挛缩，故手足蠕动；阴液不足头目失养，形体失充，则眩晕耳鸣，形体消瘦。阴不制阳，虚热内扰、炎上，故五心烦热，潮热盗汗，颧赤，舌红少津，脉细数。

辨证要点 手足蠕动等动风之象与阴虚内热表现共见。

（4）血虚生风证：血虚生风证是指肝血亏虚，筋脉失养，引动肝风所表现的证候。

临床表现 手足震颤，肢体麻木，肌肉瞤动，眩晕耳鸣；面色无华，爪甲不荣，舌质淡白，脉弦细或细弱。

证候分析 肝血亏虚，筋脉失养，拘急挛缩，故手足震颤，肢体麻木，肌肉瞤动；头目失养则眩晕耳鸣，爪甲失养则不荣，皮肤失养则面色无华。舌质淡白、脉弦细或细弱均为血虚之征。

辨证要点 手足震颤、肢体麻木、肌肉瞤动等风动之象与血虚表现共见。

7. 胆郁痰扰证

临床表现 惊悸不寐，烦躁不安，口苦，泛恶呕吐，胸闷胁胀，头晕目眩，耳鸣，舌红黄苔腻，脉弦滑。

证候分析 本证多由情志不遂，气郁化火，炼津成痰所致。痰热内扰，胆气不宁，故见惊悸不寐，烦躁不安；胆热犯胃，胃气上逆，故口苦，泛恶呕吐；胆气郁滞，见胸闷胁胀；痰热循经上扰，则头晕目眩，耳鸣；舌红苔黄腻，脉滑，均为痰热内蕴之征。

辨证要点 失眠、惊悸，或眩晕、耳鸣，舌苔黄腻。

五、肾与膀胱病辨证

肾位于腰部，左右各一。肾藏精，主生长发育与生殖，主骨生髓通脑，主水，主纳气。肾的病变主要反映在生长发育与生殖、水液代谢、呼吸运动，以及相关组织器官功能方面。常见表现有腰膝酸软或疼痛，耳鸣耳聋，阳痿，遗精或滑精，早泄，精少不育，月经量少，经闭不孕，水肿，呼吸异常，呼吸气短，二便异常等。

膀胱位于下腹部，贮藏和排泄尿液，因此膀胱的病变主要反映在尿液异常方面。常见表现有尿频，尿急，尿痛，尿短少，尿闭，遗尿，尿失禁等。

1. 肾阳虚证

肾阳虚证是指肾阳虚衰，温煦失职，气化无权所表现的证候。

临床表现 头晕耳鸣，面色白或黧黑，腰膝酸冷，形寒肢冷而下肢为甚，精神委靡；性欲减退，男子阳痿、早泄、滑精、精冷，女子宫寒不孕；或久泄不止，完谷不化，五更泄泻；或小便频数、清长，夜尿多；或浮肿而腰以下为甚，按之凹陷不起，甚则腹部胀满、心悸、咳喘；舌质淡，苔白，脉弱。

证候分析 肾阳虚衰，不能温养腰府、骨骼、肌肤、头面、耳目，故头晕耳鸣，面色㿠白或黧黑，腰膝酸冷，形寒肢冷；阳虚不能振奋精神，故精神委靡；生殖功能减退，故性欲减退，男子阳痿、早泄、滑精、精冷，女子宫寒不孕；命门火衰，失其温化，故久泄不止，完谷不化，五更泄泻；肾阳虚而无力蒸腾气化，膀胱开阖失司，则小便频数清长、夜尿多；水湿停聚，泛溢、下趋、凌心、犯肺，则浮肿而腰以下为甚、按之凹陷不起，腹部胀满、心悸、咳喘。舌质淡、舌苔白、脉弱均为阳气虚衰之征。

辨证要点 全身功能低下与寒象共见。

2. 肾阴虚证

肾阴虚证是指肾阴亏虚，失于滋养，虚热内生所表现的证候。

临床表现 头晕耳鸣，腰膝酸软或痛，失眠多梦；男子阳强易举、遗精、早泄，女子经少或经闭、崩漏；形体消瘦，五心烦热，骨蒸潮热，盗汗颧赤，咽干口燥，舌红少苔少津，脉细数。

证候分析 肾阴不足，不能滋养腰府、骨骼、肌肤、头及耳、目，故头晕耳鸣，腰膝酸软或痛，形体消瘦；阴亏血少，冲任不充，故经少或经闭；阴虚火旺，虚火内扰，故失眠多梦，阳强易举，遗精，早泄，崩漏，五心烦热，骨蒸潮热，盗汗颧赤，咽干口燥，舌红少苔少津，脉细数。

辨证要点 头晕耳鸣、腰膝酸痛、男子遗精、女子经少与虚热表现共见。

3. 肾精不足证

肾精不足证是指肾精亏虚，以致生长发育迟缓或生殖功能低下、早衰等所表现的证候。

临床表现 小儿发育迟缓，身材矮小，囟门迟闭，骨骼痿软，智力低下，动作迟钝；成人性欲减退，男子精少不育，女子经闭不孕；发脱齿摇，耳鸣耳聋，腰膝酸软，足痿无力，健忘恍惚，精神痴呆，动作迟钝；舌质淡，脉弱。

证候分析 肾精亏虚，生长发育与生殖功能低下，故小儿发育迟缓，身材矮小，囟门迟闭，骨骼痿软，智力低下，动作迟钝；成人性欲减退，男子精少不育，女子经闭不孕；髓、骨、筋、耳、发等失精气之充养，故发脱齿摇，耳鸣耳聋，腰膝酸软，足痿无力，健忘恍惚，精神痴呆，动作迟钝。舌质淡、脉弱为精气亏虚之征。

辨证要点 小儿生长发育迟缓，成人生殖功能低下、早衰。

4. 肾气不固证

肾气不固证是指肾气亏虚，封藏固摄无权所表现的证候。

临床表现 腰膝酸软，神疲乏力，耳鸣耳聋；尿频数清长，夜尿频多，或遗尿，或尿后余沥不尽，或尿失禁；男子滑精、早泄，女子月经淋漓不尽，带下清稀量多，或胎动易滑；舌质淡，舌苔白，脉弱。

证候分析 肾气亏虚，腰府、脑髓、筋骨、耳窍等失肾气之充养，故腰膝酸软，神疲乏力，耳鸣耳聋；固摄无权，膀胱失约，精关、任带不固，故尿频数、清长，夜尿频多，遗尿，尿后余沥不尽，尿失禁，滑精，早泄，月经淋漓不尽，带下清稀量多，胎动易滑。舌质淡、舌苔白、脉弱为气虚之征。

辨证要点 腰膝酸软，膀胱、精关、任带失固与气虚表现共见。

5. 膀胱湿热证

膀胱湿热证是指湿热蕴结膀胱，气化不利所表现的证候。

临床表现 尿频，尿急，尿道灼痛，尿短黄，或尿浑浊，或尿血，或尿有沙石；小腹胀痛，或腰痛，或发热；舌质红，舌苔黄腻，脉濡数或滑数。

证候分析 湿热蕴结膀胱，气化不利，热迫尿道，故尿频，尿急，尿道灼痛，尿短黄，尿浑浊；热伤血络，则见尿血；湿热煎熬，结聚成石，则见尿有沙石；湿热阻滞气机，累及小腹、肾府，则小腹胀痛，腰痛。发热、舌质红、舌苔黄腻、脉濡数或滑数等，均为湿热内蕴之象。

辨证要点 尿频、尿急、尿道灼痛、尿短黄与湿热之象共见。

六、脏腑兼病辨证

凡两个或两个以上脏腑的病证并见者，称为脏腑兼病。人是一个有机的整体，各脏腑之间在生理上紧密联系，因而当发生病变时可相互影响，出现脏腑兼病。一般而言，具有表里或生克关系的脏腑容易发生兼病。

1. 心肾不交证

心肾不交证是指心与肾的阴液亏虚，心火偏亢，水火既济失调所表现的证候。

临床表现 心烦失眠，惊悸健忘，多梦遗精；头晕耳鸣，腰膝酸软；五心烦热，潮热，盗汗，颧赤，口咽干燥，舌红少苔，脉细数。

证候分析 心肾阴虚，水火失济，心火偏亢，心神不安，精室被扰，故心烦失眠，惊悸健忘，多梦遗精；肾阴不足，腰府、脑髓、筋骨、耳窍失于充养，故头晕耳鸣，腰膝酸软。五心烦热、潮热、盗汗、颧赤、口咽干燥、舌红少苔、脉细数等，均为阴虚火旺之象。

辨证要点　心烦、失眠、耳鸣、腰酸、遗精与虚热表现共见。

2. 心肾阳虚证

心肾阳虚证是指心肾阳气虚衰，失于温运所表现的证候。

临床表现　心悸怔忡，腰膝酸冷，畏寒肢厥，神疲乏力，或朦胧欲睡；肢体浮肿，小便不利，唇甲青紫；舌质青紫淡暗，舌苔白滑，脉弱。

证候分析　心肾阳气虚衰，则温运无力。心失温煦，鼓动乏力，故心悸怔忡；腰膝、肌肤失于温煦，故腰膝酸冷，畏寒肢厥；脏腑失于温煦，精神失于振奋，故神疲乏力，或朦胧欲睡；血液运行不畅而瘀滞，水液气化失司而停聚，故肢体浮肿，小便不利，唇甲青紫。舌质青紫淡暗、舌苔白滑、脉弱均为阳虚寒盛、血瘀水停之征。

辨证要点　心悸怔忡、肢体浮肿与虚寒表现共见。

3. 心肺气虚证

心肺气虚证是指心肺两脏气虚，功能减退所表现的证候。

临床表现　心悸，咳嗽，痰液清稀，喘促气短，动则息加重，胸闷；神疲乏力，声低懒言，自汗，面白淡白；舌质淡，舌苔白，或唇舌淡紫，脉弱或结代。

证候分析　心气虚，鼓动无力，故心悸；肺气虚，宣降无力，故咳嗽，喘促气短，胸闷；动则气耗，故喘促气短加重；气虚而全身功能活动减退，气不充身，肌肤失于温养，气血运行乏力，故神疲乏力，声低懒言，自汗，面白淡白，舌质淡，舌苔白，或唇舌淡紫，脉弱或结代。

辨证要点　心悸、咳喘与气虚证表现共见。

4. 心脾两虚证

心脾两虚证是指心血不足，脾气虚弱所表现的证候。

临床表现　心悸，失眠，多梦，健忘；腹胀，纳少，便溏；神疲乏力，少气懒言；或慢性出血，女子月经量少色淡或淋漓不尽；眩晕，面色萎黄，唇舌色淡，脉细或弱。

证候分析　心血不足，心失所养，心神不宁，故心悸，失眠，多梦，健忘；脾气虚弱，运化失健，故腹胀，纳少，便溏，统摄无权，则见慢性出血，女子月经淋漓不尽。眩晕、面色萎黄、女子月经量少色淡，唇舌色淡、脉细弱等，均为气血亏虚之象。

辨证要点　心悸、失眠、腹胀、纳少、便溏与气血亏虚表现共见。

5. 心肝血虚证

心肝血虚证是指血液不足，心肝失养所表现的证候。

临床表现　心悸，失眠，多梦，健忘；头晕目眩，视物模糊，肢体麻木、震颤、拘挛，爪甲不荣，女子月经量少色淡，甚则闭经；面白无华，舌质淡白，脉细。

证候分析　心血不足，心失所养，心神不宁，故心悸，失眠，多梦，健忘；肝血不足，头目、筋脉、爪甲、冲任失养，故头晕目眩，视物模糊，肢体麻木、震颤、拘挛，爪甲不荣，女子月经量少色淡，甚则闭经。面白无华、舌质淡白、脉细均为血虚之征。

辨证要点　心神及头目、筋脉、爪甲、冲任等失养表现与血虚证一般表现共见。

6. 肺肾气虚证

肺肾气虚证是指肺肾两脏气虚，摄纳无权所表现的证候，又称肾不纳气证。

临床表现　咳嗽无力，喘促气短，呼多吸少，动则喘息加重；腰膝酸软，耳鸣；神疲乏力，声低懒言，自汗；舌质淡，舌苔白，脉弱。

证候分析 肺肾气虚，宣降无力，摄纳无权，气不归元，故喘促气短，呼多吸少；动则气耗故喘息加重；肾气虚，腰府、筋骨、耳窍失于充养，故腰膝酸软，耳鸣。神疲乏力、声低懒言、自汗、面白无华、舌质淡、舌苔白、脉弱等，均为气虚之象。

辨证要点 久病咳喘、呼多吸少、动则益甚与气虚证表现共见。

7. 肺肾阴虚证

肺肾阴虚证是指肺肾阴液亏虚，虚火内扰所表现的证候。

临床表现 干咳或咳嗽痰少，或痰中带血，或声音嘶哑；腰膝酸软，耳鸣；男子遗精，女子经少或崩漏，形体消瘦，五心烦热，骨蒸潮热，盗汗颧赤，口咽干燥，舌红少苔，脉细数。

证候分析 肺肾阴虚，虚火内生。肺燥失润，清肃失职，虚火熏灼，肺络受损，故干咳或咳嗽痰少，痰中带血，声音嘶哑；阴液亏虚，形体、腰府、筋骨、耳窍、冲任失于滋养，故形体消瘦，腰膝酸软，耳鸣，女子经少；虚火内扰、上炎，故遗精，崩漏，五心烦热，骨蒸潮热，盗汗颧赤，口咽干燥，舌红少苔，脉细数。

辨证要点 干咳、痰少、腰酸、遗精与阴虚内热表现共见。

8. 脾肺气虚证

脾肺气虚证是指脾肺两脏气虚，功能减退所表现的证候。

临床表现 腹胀，纳少，便溏；久咳不止，痰液清稀，喘促气短；或面浮肢肿；神疲乏力，声低懒言，自汗，面白无华，舌质淡，舌苔白滑，脉细或弱。

证候分析 脾气虚弱，运化失健，故腹胀，纳少，便溏；肺气虚，宣降无力，故咳嗽，喘促气短；脾肺气虚，津液失布，泛溢肌肤，故面浮肢肿。神疲乏力、声低懒言、自汗、面白无华、舌质淡、舌苔白滑、脉细或弱等，均为气虚之象。

辨证要点 腹胀、纳少、便溏、咳喘与气虚证表现共见。

9. 脾肾阳虚证

脾肾阳虚证是指脾肾阳气亏虚，温化失权所表现的证候。

临床表现 形寒肢冷，腰膝或下腹冷痛；久泄久痢，或五更泄泻，或下利清谷；小便不利，面浮肢肿，甚则腹水；面色㿠白，舌质淡胖，舌苔白滑，脉沉迟无力。

证候分析 脾肾阳虚，腰膝、下腹乃至全身失于温煦，故形寒肢冷，腰膝或下腹冷痛；阳失温化，故久泄久痢，或五更泄泻，或下利清谷，小便不利，面浮肢肿，甚则腹水。面色㿠白、舌质淡胖、舌苔白滑、脉沉迟无力等，均为阳虚寒盛，失于温运之征。

辨证要点 久泄久痢、水肿、腰腹冷痛与虚寒表现共见。

10. 肝火犯肺证

肝火犯肺证是指肝火炽盛，上逆犯肺，肺失清肃所表现的证候。

临床表现 胸胁灼痛，急躁易怒，头胀头晕，面红目赤，烦热口苦；咳嗽阵作，痰黄而黏，甚则咯血；舌质红，舌苔黄，脉弦数。

证候分析 肝火内郁，肝性失柔，经气不利，故胸胁灼痛，急躁易怒；肝火上炎，故头胀头晕，面红目赤，烦热；热蒸胆气上溢，则口苦；肝经气火上逆犯肺，肺失清肃，肺气上逆，故咳嗽阵作，痰黄而黏；火灼肺络，迫血妄行，则见咯血。舌质红、舌苔黄、脉弦数均为肝火炽盛之征。

辨证要点 胸胁灼痛、急躁易怒，咳嗽或咯血与实热表现共见。

11. 肝胃不和证

肝胃不和证是指肝气郁结，横逆犯胃，胃失和降所表现的证候。

临床表现 胸胁、脘腹胀满甚则疼痛，郁闷或急躁易怒，喜太息；纳少，呃逆，嗳气，吞酸嘈杂；舌质淡红，舌苔薄白或薄黄，脉弦或弦数。

证候分析 肝气郁结，横逆犯胃，胃失和降，故胸胁、脘腹胀满甚则疼痛，纳少，呃逆，嗳气，吞酸嘈杂；肝失条达，情志不舒，故郁闷或急躁易怒，喜太息。舌质淡红、舌苔薄白、脉弦均肝气郁结之征；若舌苔薄黄、脉弦数则示气郁化火。

辨证要点 脘胁胀痛，呃逆或嗳气，吞酸嘈杂，情志郁闷。

12. 肝郁脾虚证

肝郁脾虚证是指肝气郁结，横逆犯脾，脾失健运所表现的证候。

临床表现 胸胁胀满甚则疼痛，郁闷或急躁易怒，喜太息；纳少，腹胀，便溏不爽或溏结不调，肠鸣矢气；或腹痛欲泻，泻后痛减；舌质淡红，舌苔白或白腻，脉弦。

证候分析 肝气郁结，横逆犯脾，脾失健运，故胸胁胀满甚则疼痛，纳少，腹胀，便溏不爽或溏结不调，肠鸣矢气；肝气犯脾，气机郁滞，便后气机得畅，故腹痛欲泻，泻后痛减；肝失条达，情志不舒，故郁闷或急躁易怒，喜太息。舌质淡红、舌苔薄白、脉弦均肝气郁结之征。

辨证要点 胸胁胀满，纳少，腹胀，便溏，情志不疏。

13. 肝肾阴虚证

肝肾阴虚证是指肝肾阴液亏虚，虚火内扰所表现的证候。

临床表现 头晕目眩，耳鸣如蝉，腰膝酸软，胁痛；失眠，多梦，健忘；男子遗精，女子经少；低热或五心烦热，盗汗颧赤，口咽干燥，舌红少苔，脉细数。

证候分析 肝肾阴虚，腰府、筋骨、肝络、清窍、冲任等失于滋养，阴虚阳亢，故腰膝酸软，胁痛，头晕目眩，耳鸣，健忘，月经量少；虚火内扰，心神不宁，故失眠，多梦，遗精，低热或五心烦热，盗汗颧赤，口咽干燥，舌红少苔，脉细数。

辨证要点 腰酸胁痛、眩晕、耳鸣、遗精与阴虚内热表现共见。

14. 肝胆湿热证

肝胆湿热证是指湿热蕴结肝胆，疏泄功能失常所表现的证候。

临床表现 胁肋胀痛或灼热，纳呆，腹胀，口苦，泛恶欲吐，大便不调，小便短赤；或身目发黄，或发热，或寒热往来，或阴部潮湿、瘙痒、湿疹、肿痛，或带下黄臭；舌质红，舌苔黄腻，脉滑数或弦数。

证候分析 湿热蕴结肝胆，疏泄失职，气机不畅，脾胃升降、纳运失常，故胁肋胀痛或灼热，纳呆，腹胀，泛恶欲吐，大便不调；湿热熏蒸，胆气上泛，胆汁外溢，则身目发黄，口苦，发热或寒热往来；湿热循经下注，则阴部潮湿、瘙痒、湿疹、肿痛，带下黄臭，小便短赤。舌质红、舌苔黄腻、脉滑数或弦数均为湿热内蕴之征。

辨证要点 胁肋胀痛、纳呆，或身目发黄，或阴部瘙痒，或带下黄臭等，伴湿热内蕴表现。

第三节 气血津液辨证

气血津液辨证，是运用有关气血津液理论，对四诊收集的病情资料进行分析、综合，辨明气血津液病变，并确定其证候名称的一种辨证方法。

由于气血津液是脏腑功能活动的物质基础，而它们的生成及运行又有赖于脏腑的功能活动，因此，在病理上，脏腑发生病变可以影响气血津液的变化，而气血津液的病变也必然要影响到脏腑的功能。所以，气血津液的病变与脏腑密切相关。

一、气病辨证

气的病证很多，但临床常见的证候，可概括为气虚、气陷、气不固、气脱、气滞、气逆六种。

1. 气虚证

气虚证是指元气不足，气的推动、温煦、固摄、防御、气化等功能减退，脏腑组织功能活动减弱所出现的虚弱证候。

临床表现　少气懒言，神疲乏力，声低气短，或头晕目眩，自汗，动则诸症加剧；或易感冒；舌质淡嫩，脉虚。

证候分析　元气亏虚，脏腑组织功能减退，故少气懒言，神疲乏力，声低气短；气虚清阳不升，不能温阳头目，则头昏目眩；气虚腠理疏松，卫外不固则自汗，易感冒；劳则气耗，故动则诸症加剧；气虚无力鼓动血脉，血不上荣于舌，而见舌淡嫩；气虚运血无力，故脉虚弱无力。

辨证要点　少气懒言，神疲乏力，动则诸症加剧，脉虚。

2. 气陷证

气陷证是指气虚无力升举，清阳之气下陷所表现的证候。

临床表现　头昏眼花，久泻久痢，腰腹坠胀，或内脏下垂；或脱肛、阴挺；少气倦怠，舌淡苔白，脉虚弱。

证候分析　脾气亏虚，清阳不升则头昏目花，脾失健运致水谷精微下趋则泻痢；气坠于下，内脏失于托举，则脘腹坠胀，内脏下垂；本证为气虚的进一步发展而来，故见少气倦怠、舌淡苔白、脉弱等表现。

辨证要点　内脏下垂与气虚证一般表现共见。

3. 气不固证

气不固证是指气虚固摄失司所表现的证候。

临床表现　少气懒言，神疲乏力，声低气短，舌淡，脉虚；或自汗；或出血，或流涎不止；或遗尿，尿后余沥不尽，尿失禁；或大便滑脱失禁；或滑胎，或遗精，滑精，早泄。

证候分析　气虚固摄功能减退，津液、血液、精液、二便、胎元等不固，故见自汗、流涎、出血、遗尿、尿后余沥不尽、二便失禁、滑胎、遗精、滑精、早泄等。少气懒言、神疲乏力、声低气短、舌淡、脉虚等，均为气虚之象。

辨证要点　津液、血液、精液、二便、胎元等不固表现与气虚证的一般表现共见。

4. 气脱证

气脱证是指元气虚极欲散所表现的危重证候。

临床表现　呼吸微弱而无规则，或意识模糊甚则昏不知人，汗出不止，面色苍白，口开目合，手撒身软，二便失禁，舌质淡白，苔白润，脉微欲绝。

证候分析　元气虚极而欲散脱，脏腑功能必随之衰竭。肺气衰竭，则呼吸微弱而无规则；心气衰竭，心神涣散，而见意识模糊，甚则昏不知人；脾肾之气衰竭，故口开目合，手撒遗尿；气脱失于固摄，则汗出不止；气脱无以鼓动血脉，故脉微欲绝。

辨证要点 呼吸微弱，汗出不止，脉微欲绝。

5. 气滞证

气滞证是指人体某部位气机阻滞，运行不畅所表现的证候。

临床表现 胸胁、乳房、胃脘等处胀闷或疼痛。其症状时重时轻、走窜不定，按之无形，随嗳气、矢气、太息而减轻，或随情绪的忧思恼怒与喜悦而加重或减轻，脉象多弦。

证候分析 气机以通为贵，一有郁滞，轻则胀闷，重则疼痛。嗳气、矢气、太息或情志舒畅时可使气机暂通，故胀闷、疼痛缓解；忧思恼怒时，气滞加重，则症状加剧。引起气滞的原因不同、气滞部位不同，其临床表现尚有各自特点。

辨证要点 胀闷，胀痛，窜痛。

6. 气逆证

气逆证是指气机升降失常，气上冲逆而不调所表现的证候。临床以肺气上逆、胃气上逆、肝气上逆多见。

临床表现 咳嗽，喘息；呃逆，嗳气，恶心，呕吐；头痛，眩晕，昏厥，呕血，气从少腹上冲胸咽。

证候分析 邪犯于肺，或痰浊壅肺等致肺失肃降，则上逆为咳喘。邪犯于胃，或饮食积滞，或气郁等致胃失和降，其气上逆，则呃逆、嗳气、恶心、呕吐。情志不遂，郁怒伤肝，肝气升发太过，火随气升，血随气逆，故头痛、眩晕、昏厥、呕血、气从少腹上冲胸咽。

辨证要点 肺、胃、肝三脏的气机上逆之症。

二、血病辨证

临床血病的常见证候，不外乎血液不足和血行失常两方面，可概括为血虚证、血瘀证、血热证和血寒证。

1. 血虚证

血虚证指体内营血亏虚，脏腑百脉失养，表现全身虚弱的证候。

临床表现 面色萎黄或淡白，唇色淡白，头晕眼花，心悸失眠，手足麻木，妇女经量少、衍期甚或闭经，舌质淡，脉细无力。

证候分析 血虚则肌肤失养，面、唇、爪甲、舌体皆呈淡白色；血虚脑髓失养，眼目失滋，所以头昏眼花；血虚心失所养则心悸，神失所养而见失眠；经络失养致手足发麻；血液不足，经血乏源，故经量减少，经色变淡，经期迁延，甚至闭经；脉道失充则脉细无力。

辨证要点 面色淡白或萎黄，头昏眼花，心悸失眠，舌淡脉细。

2. 血瘀证

血瘀证是指瘀血内阻，血行不畅所表现的证候。

临床表现 局部痛如针刺，部位固定，拒按，或有肿块，或见出血，血色紫暗，有血块，面色晦暗，口唇及皮肤甲错，舌质紫暗，或有瘀斑，脉涩等。

证候分析 瘀血内停，经络不通，气机受阻，不通则痛，且瘀血为有形之邪，阻碍气机运行，故痛如针刺，固定不移，按压则气机更滞，故疼痛益甚而拒按；瘀血凝聚局部，日久不散，便成肿块；离经之血，排出体外，或瘀血阻塞脉络，以致出血，则见血色紫暗兼有血块；瘀血内阻，气血运行不利，肌肤失养，则见面色黧黑，肌肤甲错，唇舌紫暗；瘀阻皮下，则皮下瘀斑；瘀阻脉道，血行不畅，则见脉涩。

辨证要点 痛如针刺，痛有定处，肿块，出血，舌青紫，脉涩。

3. 血热证

血热证是指火热炽盛，侵迫血分所表现的实热证候。

临床表现 身热夜甚，口渴，面赤；或见各种出血如咳血、咯血、吐血、衄血、便血、尿血、月经量多、崩漏等；或皮疹紫红密集；或疮疡红肿热痛；或烦躁、谵语，甚至狂乱；舌绛，脉滑数等。

证候分析 热入血分，血行加速，脉道充盈，甚则迫血妄行，血溢脉外，故见面赤或各种出血症，舌红绛，脉滑数，皮疹紫红密集；热陷心营，扰乱心神，可见烦躁、谵语，甚至狂乱；火热壅阻肌肤，血败肉腐，则见疮疡红肿热痛；火热升腾，津液耗伤，故身热夜甚，口渴。

辨证要点 身热夜甚，口渴，烦躁谵语，各种出血，疮疡。

4. 血寒证

血寒证是指寒邪客于血脉，凝滞气机，血行不畅所表现的证候。

临床表现 肢体或少腹等患处冷痛拘急，得温则减，遇寒加重，皮肤紫暗、发凉；或月经愆期，经色紫暗夹有血块，或痛经、闭经；畏寒，面唇青紫，舌淡紫，脉沉迟或涩。

证候分析 寒性收引凝滞，寒邪客于血脉，脉道收引，血液凝滞，运行不畅，故患处冷痛，皮肤紫暗；筋脉受寒，则收引而拘急；热能散寒，故疼痛拘急，得热则减，而遇寒加重；寒阻胞宫，可见月经愆期，经色紫暗夹有血块，或痛经、闭经；寒邪阻遏阳气，不能外达肌肤，则畏寒肢冷；面唇青紫、舌淡紫、脉沉迟或涩等，均为寒凝经脉，血行不畅之象。

辨证要点 患处冷痛拘急，得温则减，舌淡紫，脉沉迟或涩。

三、津液病辨证

各种原因所致水液代谢障碍，或津液耗损证候，均可称之为津液病。津液病变，一般可概括为津液不足和水液停聚两方面。

1. 津液不足证

津液不足证，又称津伤证，是指由于津液亏少，全身或某些脏腑组织器官失其濡润滋养而出现的证候。

临床表现 口、鼻、唇、舌、咽喉、皮肤干燥，肌肉消瘦，口渴，便秘，尿少，舌红少津，脉细数。

证候分析 津液亏耗，上不能滋润口咽，则口燥咽干，唇燥而裂；外不能濡养肌肤，则皮肤干燥，肌肉瘦削；下不能化生小便，濡润大肠，则尿少便秘。津液不足，无以化血，津血亏虚致生内热，故舌红少津，脉细数。

辨证要点 肌肤、口、鼻、唇、舌、咽干燥，尿少便干。

2. 水液停聚证

水液停聚证，多由肺、脾、肾和三焦等脏腑功能失常，使津液代谢发生障碍，造成水湿潴留，而形成痰、饮、水肿等病证。

（1）痰证：痰证，是指水液凝结，质地稠厚，停聚于脏腑、经络、组织之间而引起的病证。

临床表现 咳喘，咳痰，胸闷，喉中痰鸣；脘痞不舒，纳呆恶心，呕吐痰涎，头晕目眩；神昏癫狂；肢体麻木，半身不遂，瘰疬瘿瘤，痰核乳癖，喉中异物感，舌苔白腻或黄腻，脉滑。

证候分析 痰阻于肺，宣降失常，肺气上逆，则咳嗽、气喘、咳痰、喉中痰鸣；痰浊中阻，胃失和降，胃气上逆，则脘痞不舒，纳呆恶心，呕吐痰涎，清阳受阻可见头昏目眩；痰迷心窍则神昏癫狂；痰浊流注经络四肢则肢体麻木，半身不遂；痰浊停滞局部，气血不畅，凝结成块，见瘰疬瘿瘤，痰核乳癖，喉中异物感；苔腻、脉滑，为痰浊内阻之象。

辨证要点 吐痰或呕吐痰涎，或神昏癫狂，或肢体麻木，或见痰核，苔腻，脉滑。

（2）饮证：饮证，是指水饮质地清稀，停滞于胃肠、胁下、胸膈、四肢肌肉之间等所表现的证候。

临床表现 脘腹胀满，肠鸣辘辘，泛吐清涎，大便泄泻；咳唾引痛，胸胁饱满，支撑胀痛，随呼吸、咳嗽、转侧而加重；四肢水肿，汗出不解，身体沉重而疼痛；咳逆倚息，短气不得卧，张口抬肩，咯痰清稀、量多色白，背心恶寒。舌淡胖，苔白滑，脉沉弦。

证候分析 饮留胃肠，上逆于胃则呕吐清涎，阻滞腑气则脘腹胀满，水饮流动，可闻肠鸣辘辘，饮邪下趋则泄泻；饮停胸胁，则饱满胀痛，阻遏肺气，则见咳嗽气喘；饮邪流行，归于四肢，则四肢水肿，身体沉重而疼痛；寒饮停肺，肺气上逆，则见咳逆倚息，短气不得卧，张口抬肩，咯痰清稀、量多色白，背心恶寒。舌淡胖，苔白滑，脉沉弦为阳虚饮停之象。

辨证要点 咳痰清稀量多、呕吐清涎、肠鸣辘辘、胸胁积水征及舌淡胖、苔白滑、脉弦。

（3）水肿：水肿，是指体内水液停聚，泛溢肌肤引起面目、四肢、胸腹甚至全身浮肿的病证。临床辨证有阳水和阴水之别。

1）阳水：由外邪引起，其性质属实性水肿。

临床表现 头面浮肿，一般从眼睑开始，继而遍及全身，小便短少，来势迅速，皮肤薄而光亮。常伴见恶风、恶寒、发热、肢节酸重，苔薄白，脉浮紧，或咽喉肿痛，舌红而脉浮数。或全身水肿，来势缓慢，按之没指，肢体沉重困倦，小便短少，脘闷纳呆，泛恶欲吐，舌苔白腻，脉沉。

证候分析 若风邪外袭，则肺卫受病，肺失宣降，通调失职，水液失布，泛溢肌肤，发为水肿，因肺位上焦，宣发受阻，水液停滞，所以水肿先见眼睑头面；肃降失常，决渎不利，水液不能输布，则溢于肌肤，迅即波及全身；三焦不利，膀胱气化失司，故小便短少。卫表不解，故常见恶风、恶寒、发热、肢节痠重，风邪挟寒则苔薄白，脉浮紧，风邪挟热则咽喉肿痛，舌红而脉浮数。

若水湿侵淫，脾土受困，运化失职，水泛肌肤，而致水肿，其肿逐渐遍及全身，来势缓慢；脾主肌肉四肢，水湿困脾，湿渍肢体，则沉重困倦；脾气受困，膀胱气化失司，则小便短少；脾病及胃，湿蕴中焦，不能腐熟水谷，则脘闷纳呆，胃气上逆则泛恶欲吐。舌苔白腻，脉沉为湿邪内盛之征象。

辨证要点 发病急骤，先见眼睑、头面、上半身肿甚，兼发热，恶寒。

2）阴水：由久病或内伤所致，其性质属虚实夹杂。

临床表现 水肿，腰以下为甚，按之凹陷不起，小便短少，脘闷腹胀，纳呆便溏，面色㿠白，神倦肢困，舌淡，苔白滑，脉沉。或水肿日益加剧，小便不利，腰膝酸冷，四肢不温，畏寒神疲，面色㿠白或灰滞，舌淡胖苔白滑，脉沉迟无力。

证候分析 脾虚失于运化，肾虚失于温化，导致水液代谢障碍，泛溢肌肤，发为阴水。水势趋下，故水肿从足部开始，腰以下为甚，按之凹陷不起；脾虚不能运化水湿，膀胱气化失司，故小便短少；脾病及胃，湿蕴中焦，不能腐熟水谷，则脘闷腹胀，纳呆便溏；脾主肌肉，脾虚水湿内渍，则面色㿠白，神倦肢困；舌淡，苔白，脉沉为气虚水停之征。

辨证要点 发病缓慢，水肿先从足部开始，腰以下肿甚，兼神疲肢困。

四、气血同病辨证

气、血在生理上相互依存，相互资生，相互为用，因而在病理上也相互影响。临床上常见气血同病的证候有：气滞血瘀、气虚血瘀、气血两虚和气不摄血证。

1. 气滞血瘀证

气滞血瘀证，是气机郁滞而致血行瘀阻所表现的证候。

临床表现 胸胁胀闷，走窜疼痛，性情急躁，胁下痞块，刺痛拒按，妇女可见经闭或痛经，经色紫暗，夹有血块等，舌紫暗或见瘀斑，脉涩。

证候分析 各种原因导致肝失疏泄，肝气郁滞而致胸胁胀闷，走窜疼痛；肝失疏泄，则性情急躁易怒。肝郁日久，脉络失和，血行不畅，瘀血内停，渐成胁下痞块，舌质紫暗或见瘀斑，脉涩。肝气郁滞，肝血瘀阻，血行不畅，可见经闭或痛经。

辨证要点 局部胀痛、刺痛、拒按，舌紫或有瘀斑，脉弦涩。

2. 气虚血瘀证

气虚血瘀证，是气虚运血无力，血行瘀滞所表现的证候。

临床表现 面色淡白或晦暗，身倦乏力，少气懒言，疼痛如刺，痛处不移，拒按，舌淡暗或有瘀斑，脉沉涩。

证候分析 气虚脏腑组织功能减退，则见身倦乏力，少气懒言，气虚不能运血上于面则面色淡白。气虚运血无力，血行瘀阻，不通则痛，故疼痛如刺，拒按不移，脉络瘀阻则面色晦暗，舌质淡黯或有瘀斑，脉沉涩。

辨证要点 神疲、乏力、刺痛，舌淡暗或瘀斑，脉沉涩。

3. 气血两虚证

气血两虚证，是指气虚和血虚同时存在的证候。

临床表现 形体消瘦，头昏目眩，少气懒言，乏力自汗，面色淡白或萎黄，心悸失眠，舌淡而嫩，脉细弱。

证候分析 少气懒言，乏力自汗，为气虚之象。血虚不能养心，则见心悸失眠。气血两虚不得上荣于头、面、舌，则见头昏目眩，面色淡白或萎黄，舌淡嫩；气血亏虚，不得濡养肌肉致形体消瘦。气虚不能鼓动血脉，血虚脉络空虚，故脉见细弱。

辨证要点 面色淡白或萎黄、心悸气短、脉细弱。

4. 气不摄血证

气不摄血证，是指气虚不能统摄血液而见出血的证候。

临床表现 吐血，便血，衄血、皮下瘀斑，崩漏，气短，倦怠乏力，面白无华，舌淡，脉细弱。

证候分析 气虚统摄无权，则见出血，溢于胃肠而为吐血，溢于大肠则为便血；溢于肌肤则见皮下瘀斑。气虚脏腑功能活动减弱，则神疲乏力，气短。气虚运血无力，血不上荣于面、舌，而见面白无华，舌淡苔白；气虚血失于固摄，故脉见细弱。

辨证要点 慢性出血，面白神疲，舌淡，脉细弱。

第九章 防治原则

防病与治病是中医学理论体系中两个不可分割的重要组成部分。中医学不仅在临床医学方面建立了以整体观、恒动观与辨证论治为特点的临床诊疗体系，而且在预防医学方面也积累了极为丰富的经验，并有其独特的理论。本章主要介绍中医学预防和治疗疾病的基本原则。

第一节 预防原则

预防，是指采用一定的措施，防止疾病的发生和发展。早在《黄帝内经》中就明确提出了“治未病”的预防思想。所谓“治未病”，包括“未病先防”和“既病防变”两个方面的内容。

（一）未病先防

未病先防，是指在疾病未发生之前，采取各种措施，做好预防工作，以防止疾病的发生。由于疾病的发生与机体的正气和邪气密切相关，因而从这两方面入手对于预防疾病的发生十分必要。一方面，应注重调养正气，提高机体的抗邪能力。如《素问遗篇刺法论》所说：“正气存内，邪不可干”，从而抵御疾病的发生。其途径主要有调摄精神，避免不良精神刺激，使气机畅达，气血平和；加强锻炼，增强体质，通过坚持进行多种卓有成效的保健运动，提高健康水平；注重生活起居规律，也是提高正气的重要手段，如《素问上古天真论》所说：“其知道者，法于阴阳，和于术数，食饮有节，起居有常，不妄作劳，故能形与神俱，而尽终其天年，度百岁乃去。”即强调适应自然环境的变化，对饮食起居、劳逸等有适当的节制和安排；此外，适当进行药物的预防及人工免疫也是提高正气的重要方法。《素问遗篇刺法论》即有“小金丹……服十粒，无疫干也”这样的药物预防记载。而发明于十六世纪的人痘接种法预防天花，更是开创了人类人工免疫的先河，其他如运用苍术、贯众、板蓝根等药物预防疾病的措施也得到广泛地应用。另一方面，应注意防止邪气的侵害。如搞好卫生，防止环境、水源和食物的污染，避免六淫、疫疠、七情、饮食与劳逸等致病邪气的侵袭，也是未病先防的有效手段和方法。

（二）既病防变

既病防变，是指疾病已经发生，应力求做到早期诊断，早期治疗，防止疾病的发展与传变。一方面，要早期诊治，防止病邪深入而加重病情。《素问阴阳应象大论》说：“故邪风之至，疾如风雨，故善治者治皮毛，其次治肌肤，其次治筋脉，其次治六府，其次治五藏。治五藏者，半死半生也。”即强调了早期诊断、早期治疗的重要性。另一方面，是根据疾病的传变规律，先安未受邪之地，作好预防。如《难经七十七难》说：“上工治未病，中工治已病者，何谓也？然，所谓治未病者，见肝之病，则知肝当传之于脾，故先实其脾气，无令得受肝之邪。”肝属木，脾属土，肝木能乘脾土，故临床上治疗肝病，常配合健脾和胃的方法，这是既病防变法则的具体应用。

第二节　治　　则

治则，是治疗疾病时所必须遵循的基本原则。它是在整体观念、恒动观和辨证论治精神指导下而制定的治疗疾病的准绳，对临床立法、处方、用药、针灸等具有普遍的指导意义。治法，则是在一定治则指导下制订地针对疾病与证候的具体治疗方法。两者既有区别，又有联系，治则是治疗疾病时指导治法的总原则，具有原则性和普遍性意义；治法则是从属于一定治则的具体治疗方法，其针对性及可操作性较强，较为具体而灵活。

中医学在临床诊治疾病的过程中，非常强调治病求本，即寻求疾病的证候本质，并针对其本质进行治疗。因此，治病求本是中医学治疗疾病最基本的治疗观，它对于治疗原则的确立，起着重要的指导作用。本节主要介绍中医学的基本治则。

（一）正治与反治

正治与反治，是指所用药物性质的寒热、补泻效用与疾病的本质、现象之间的从逆关系而言，即《素问至真要大论》所谓“逆者正治，从者反治。”

1．正治

正治，是指逆其证候性质而治的一种治疗原则，又称“逆治”。即采用与证候性质相反的方药进行治疗，它是临床常用的一种治疗原则。适用于疾病的本质和现象相一致的病证。具体有以下几个方面：

（1）寒者热之：是指寒性病证表现寒象，用温热性质的方药来治疗。如表寒证用辛温解表的方药；里寒证用辛热温里的方药。

（2）热者寒之：是指热性病证表现热象，用寒凉性质的方药来治疗。如表热证用辛凉解表的方药；里热证用苦寒清热的方药。

（3）虚则补之：是指虚损病证表现虚候，用补益扶正的方药来治疗。如阳气虚弱用扶阳益气的方药；阴血不足用滋阴养血的方药。

（4）实则泻之：是指邪实病证表现实象，用攻邪泻实的方药来治疗。如食滞病证用消食导滞的方药；瘀血病证用活血逐瘀的方药。

2．反治

反治，是指顺从疾病假象而治的一种治疗原则，又称“从治”。即采用的方药性质与疾病表现出的假象性质相同。它适用于疾病的征象与疾病本质不完全一致的病证。具体有以下几个方面：

（1）寒因寒用：即用寒性药物治疗假寒症状的病证。适用于真热假寒证。如外感热病，里热极盛，阳气郁闭于内，格阴于外，热深厥深，而出现四肢厥冷的假象时，顺从其外在的假象而用寒性药物治疗。从表面看，是以寒治寒法，但从病因病机来讲，仍属于以寒治热。

（2）热因热用：即用热性药物治疗假热症状的病证。适用于真寒假热证。如由于阴邪内盛，格阳于外，致阳气上浮，反见面红等假热证候，顺从这种假热而用热性药治疗。从表面看，是以热治热，但从病因病机来讲，仍属于以热治寒。

（3）塞因塞用：指用补益的药物治疗因虚而闭塞不通的真虚假实证。脏腑气血不足，功能低下，亦可产生具有闭塞不通现象的病证，当以补开塞。如脾虚失运导致的腹胀满闷等症状，应用补脾益气法治疗，使脾气健运，则胀满自除。

（4）通因通用：指用具有通利作用的药物治疗具有通泻症状的实证。例如食积腹泻，治以消导泻下之法；瘀血崩漏，治以活血祛瘀之法；湿热痢疾，用清热解毒、通利大便之法，均为通因通用治疗疾病的常例。

（二）治标与治本

标与本是相对而言的，标本关系常用来概括说明事物的现象与本质，在中医学中常用来概括病变过程中矛盾的主次先后关系。不同情况下，标与本所指不同，如就邪正而言，正气为本，邪气为标；就病机与症状而言，病机为本，症状是标；就疾病先后言，旧病、原发病为本，新病、继发病是标；就病位而言，脏腑精气病为本，肌表经络病为标。掌握疾病的标本，就能分清主次，抓住治疗的关键，有利于从复杂的疾病矛盾中找出和处理其主要矛盾或矛盾的主要方面。在复杂多变的疾病过程中，常有标本主次的不同，因而治疗上就有先后缓急之分。

1. 急则治标

急则治标，是指在标病甚急，若不先治其标，就会危及患者生命或影响对本病的治疗时所采取的一种治疗原则。一般适用于暴病且病情较为严重，或在疾病发展的过程中，出现了危及生命的某些病证，从而影响到本病治疗时。如突然大出血的病变，出血为标，导致出血的原因是本，此时病情危急，当先止血以治标，待血止后，再治出血之因以图其本；又如，原有宿疾复感外邪而新感又较急时，应先治外感之标，新病愈后，再治宿疾之本。

2. 缓则治本

缓则治本，是指在病情不急的情况下，抓住疾病的本质进行治疗的一个原则。一般适用于慢性疾病，或急性病转愈过程中，邪气未尽而正气已虚时。如内伤杂病中，由于肺肾阴虚致使阴虚火旺、虚火灼肺、肺失清肃而出现的咳嗽，当以肺肾阴虚为本，咳嗽为标，治疗不应以一般止咳治其标，而应滋养肺肾之阴以治其本。又如，小便癃闭，急行通利后，须抓住病机以消除病本，以免再出现癃闭不通。

治标是应急情况下的权宜之计，而治本才是治病的根本大法。

3. 标本同治

标本同治，是指在标病与本病并重时所采用的一种治疗原则。单治本病而不治其标病，或单治标病而不治其本病，均不能适应该病证治疗要求时，就必须标本同治。例如虚人感冒，患者素体气虚，复感外邪，外邪虽不重，但因正虚而外邪不易祛除，此时当采用益气解表的治法，益气为治本，解表祛邪为治标，使正胜邪退而病愈。

（三）调整阴阳

疾病的发生，其本质是机体阴阳相对平衡遭到破坏，造成体内阴阳的偏盛偏衰的结果。因此，调整阴阳，补偏救弊，损其有余，补其不足，恢复和重建人体阴阳的相对平衡，促进阴平阳秘，是治疗疾病的根本法则之一。

1. 损其有余

损其有余，又称损其偏盛，是指阴或阳的一方偏盛有余的病证，采用“实则泻之”的方法来治疗。例如，阳偏盛，表现出的阳盛而阴相对未虚的实热证，用“治热以寒”，即“热者寒之”之法，清泻阳热；表现出阴盛而阳相对未虚的实寒证，用“治寒以热”，即“寒者热之”之法，温散阴寒。

2. 补其不足

补其不足，又称补其偏衰，主要针对阴或阳的一方，甚至双方虚损不足的病证，采用“虚则补之”的方法来治疗。

（1）阴阳互制：对于阴虚无以制阳的虚热证，采用滋阴的方法以治虚热，又称为“阳病治阴”，正如唐王冰所说“壮水之主，以制阳光”。对于阳虚无以制阴的虚寒证，采用补阳的方法以治虚寒，又称为“阴病治阳”，如唐王冰所说“益火之源，以消阴翳”。

（2）阴阳互济：根据阴阳互根的原理，治疗阳偏衰时，在扶阳剂中适当佐用滋阴药，使“阳得阴助而生化无穷”，称为“阴中求阳”；治疗阴偏衰时，在滋阴剂中适当佐用扶阳药，使“阴得阳升而泉源不竭”，称为“阳中求阴”。

（3）阴阳并补：对于阴阳互损所表现的阴阳两虚证，须分清主次而双补：阳损及阴者，则应在充分补阳的基础上配合滋阴之药；阴损及阳者，则应在充分滋阴的基础上配合补阳之品。

（四）扶正祛邪

正邪相搏中双方力量的变化决定着疾病的发生与转归。正胜邪祛则病退，邪胜正衰则病进。因此，治疗疾病的一个基本原则就是要扶助正气，祛除邪气，改变邪正双方力量的对比，使疾病早日好转，向痊愈的方向转化。

1. 扶正祛邪的概念

扶正，即扶助正气，增强体质，提高机体的抗邪及康复能力。适用于各种虚证，即所谓“虚则补之”。而益气、养血、滋阴、温阳等，均是在扶正治则下确立的具体治疗方法。在具体治疗手段方面，除内服汤药外，还可有针灸、推拿、气功、食疗、形体锻炼等。

祛邪，即祛除邪气，消解病邪的侵袭和损害、抑制亢奋有余的病理反应。适用于各种实证，即所谓“实则泻之”。而发汗、涌吐、攻下、消导、化痰、活血、散寒、清热、祛湿等，均是在祛邪治则下确立的具体治疗方法。其具体使用的手段也同样是丰富多样的。

2. 扶正祛邪的运用

扶正与祛邪两者相互为用，相辅相成。扶正增强了正气，有助于机体祛除病邪，即所谓“正胜邪自去”；祛邪则在邪气被祛的同时，减免了对正气的损害，即所谓“邪去正自安”。扶正祛邪在运用上要掌握好以下原则：第一，攻补应用合理。即扶正用于虚证，祛邪用于实证；第二，把握先后主次。对虚实错杂证，应根据虚实的主次与缓急，决定扶正祛邪运用的先后与主次；第三，扶正不留邪，祛邪不伤正。具体运用如下：

（1）单独运用

1）扶正：适用于虚证或真虚假实证。扶正的运用，当分清虚证所在的脏腑经络等部位及其精气血津液阴阳中的何种虚衰，还应掌握用药的峻缓程度。虚证一般宜缓图，少用峻补，免成药害。

2）祛邪：适用于实证或真实假虚证。祛邪的运用，当辨清病邪的性质、强弱、所在部位，而采用相应的治法，还应注意中病则止，以免用药太过而伤正。

（2）同时运用：扶正与祛邪的同时使用，即攻补兼施，适用于虚实夹杂的病证。由于虚实有主次之分，因而攻补同时使用时亦有主次之别。

1）扶正兼祛邪：即扶正为主，辅以祛邪。适用于以正虚为主的虚实夹杂证。

2）祛邪兼扶正：即祛邪为主，辅以扶正。适用于以邪实为主的虚实夹杂证。

（3）先后运用：扶正与祛邪的先后运用，也适用于虚实夹杂证。主要是根据虚实的轻重缓急而变通使用。

1）先扶正后祛邪：即先补后攻。适用于正虚为主，机体不能耐受攻伐者。此时兼顾祛邪反能更伤正气，故当先扶正以助正气，正气能耐受攻伐时再予以祛邪，可免“贼去城空”之虞。

2）先祛邪后扶正：即先攻后补。适应于以下两种情况：一是邪盛为主，兼扶正反会助邪；二是正虚不甚，邪势方张，正气尚能耐攻者。此时先行祛邪，邪气速去则正亦易复，再补虚以收全功。

总之，扶正祛邪的应用，应知常达变，灵活运用，根据具体情况而选择不同的用法。

（五）三因制宜

三因制宜，包括因时制宜、因地制宜和因人制宜。由于时令气候、地理环境、个体体质等因素对疾病的发生与发展产生着重要影响。因此，治疗疾病时，应充分考虑这些因素，区别不同情况，制定出适宜的治则。

1. 因时制宜

因时制宜，是指根据不同季节和气候特点，来考虑治疗用药的原则。如夏季气候炎热，人体腠理开泄，故不宜过用辛温发散药，以免开泄太过，伤阴耗气；冬季气候寒冷，人体腠理致密，当慎用寒凉之品，以防损伤阳气；暑季多雨，气候潮湿，故病多夹湿，治宜加入化湿、渗湿之品。

2. 因地制宜

因地制宜，是指根据不同的地理环境特点，来考虑治疗用药的原则。不同的地理环境，由于气候条件及生活习惯不同，人的体质和病变特点也有区别，所以治疗用药亦应有所差异。如同属外感风寒证，西北干寒地区，多选用辛温解表发散力强的药物，如麻黄、桂枝之类；而东南温热地区，则多选用发散较轻的药物，如荆芥、防风之类。

3. 因人制宜

因人制宜，是指根据病人年龄、性别、体质、生活习惯等不同特点，来考虑治疗用药的原则。如老年人气血衰少，生理功能渐退，患病多虚证或正虚邪实证，治疗偏于补益；若为实证，攻之宜慎，以免损伤正气。又如，小儿脏腑娇嫩，气血未充，为稚阴稚阳之体，故治疗小儿病，当慎用峻剂和补剂。此外，临床用药剂量上，亦必须根据年龄加以区别。再者，男女性别的不同，生理特点也各异。如妇女有经、带、胎、产诸疾及乳房、胞宫之病，治疗用药必须加以考虑。如妊娠期，禁用峻下、破血、滑利、走窜伤胎或有毒的药物；产后又要考虑气血亏虚及恶露等情况。又如，男子有精室疾患及男性性功能障碍等特有病症，如阳痿、早泄、遗精、滑精、前列腺疾患以及精液异常等，治疗用药也必须考虑。再就是由于个体的先天禀赋和后天调养不同，致使个体体质不同，如阳盛之体应慎用温热药，阴盛之体应慎用寒凉药。患者的职业、工作条件等也与某些疾病的发生有关，在治疗时，均应根据各自不同的情况予以考虑。

第十章 中　　药

第一节　中药的基本知识

中药是在中医药基本理论指导下，用于预防和治疗疾病的药物。中药主要来源于植物、动物和矿物，以及部分人工制品，因以植物药占大多数，所以古来相沿，常称中药为“草药”、“中草药”，将中药学称为“本草”、“本草学”。中药的认识和使用是以中医理论为基础，具有独特的理论体系和应用形式。中药学是专门研究中药的基本理论和各种中药的来源、采制、性能、功效、临床应用及用量用法等知识的一门学科，是中医学的一个重要组成部分。

一、中药的炮制

炮制是药物在应用前或制成各种剂型以前必要的加工过程，包括对原药材进行的一般修治整理和部分药材的特殊处理。由于中药材大都是生药，其中许多药材必须经过特定的加工处理，才能更符合治疗需要，充分发挥疗效。所以，炮制是否得当，直接关系到中药的药效，部分毒性和烈性药的合理炮制，更是确保用药安全的重要措施。

（一）炮制目的

1. 降低或消除药物的毒副作用，保证用药安全

如生川乌、草乌内服易于中毒，需炮制后服用；巴豆、续随子泻下作用剧烈，宜去油取霜用，以缓和药性；常山用酒炒，可减轻其催吐的副作用等。

2. 增强药物的作用，提高临床疗效

如蜜炙百部、紫菀，能增强润肺止咳作用；酒炒川芎、当归，能增强温经活血作用；醋炒元胡、香附，能增强止痛作用；姜炙半夏、竹茹，可加强止呕作用；牛胆汁制天南星，能增强息风止痉作用；槐花炒制，能增强止血作用；明矾煅为枯矾，可增强燥湿、收敛作用等。

3. 改变药物的性能或功效，使之更适应病情的需要

如地黄生用性凉，有清热凉血之效，若制成熟地黄则性转微温，而以补血滋阴见长；生姜煨用，则能减缓其发散力，而增强温中散寒之效；何首乌生用能泻下通便，制熟后则失去泻下作用而专补肝肾等。

4. 便于贮存和制剂

有些药物在保存前要进行烘焙、炒干等干燥处理，使其不易发霉、腐烂、变质，便于贮存。

药物经粉碎处理后，能使有效成分更易于溶出，并利于制成各种剂型。

5. 修治整理除去杂质

经修治整理除去杂质和非药用部分的药材，更加纯净，可保证药材的质量和用量准确。某些制法还会起到矫臭、矫味作用，便于服用。

（二）炮制方法

药物炮制内容丰富，方法多样，包括对原药材进行的一般整理修治法、水制法、火制法、水火共制法和其他特殊制法等。

下面介绍几种常用的炮制方法：

（1）炒：有清炒和拌固体辅料炒两种方法。清炒中又有炒黄、炒焦、炒炭等火候不同、程度不等的炒法。炒黄、炒焦能使药物易于粉碎加工，并缓和药性；种子类药物炒后则使有效成分易于煎出；炒炭能缓和药物的烈性、副作用或增强其收敛止血的功效。

拌固体辅料，如土、麸、米等炒制可减少药物的烈性、毒性，增强疗效；如米炒斑蝥可减轻其毒性；土炒白术、麸炒枳壳可增强其入脾的作用等。与砂、滑石或蛤粉等同炒的方法习称烫，其能使药物受热均匀，烫后酥脆，易于煎出有效成分或便于粉碎、服用，如炮山甲、阿胶珠等。

（2）炙：是用液体辅料拌炒药物，使辅料渗入药物组织内部，以改变药性，增强疗效，减少副作用的炮制方法。通常使用的液体辅料有蜂蜜、酒、醋、姜汁、盐水等。如蜜炙黄芪、酒炙川芎、醋炙香附、盐水炙杜仲等。

（3）煅：是将药物用猛火直接或间接煅烧，使其质地松脆，易于粉碎，充分发挥疗效的炮制方法。一些坚硬的矿物药或贝壳类药多直接用火煅烧，以煅至红透为度，称为明煅，如煅龙骨、煅牡蛎、煅石膏等。间接煅是置药物于耐火容器中密闭煅烧，至容器底部红透为度，称为密闭煅或焖煅，如血余炭、棕榈炭等。

（4）蒸：是利用水蒸气或隔水加热药物的方法。如酒蒸大黄可发挥缓和泻下的作用。有些药物需反复蒸、晒才能获得适合医疗需要的功效，如何首乌经反复蒸晒后不再有泻下力，而能补肝肾、益精血。

二、中药的性能

中医理论认为，疾病的发生乃因致病因素作用于人体，导致阴阳平衡失调，出现阴阳偏盛偏衰、脏腑经络机能失常的结果。治疗疾病的关键，不外是祛除病邪，消除病因，纠正机体阴阳偏盛、偏衰的病理现象，在最大限度上恢复或重建脏腑功能的协调，使机体重新恢复到阴平阳秘的正常状态。而中药之所以能够针对病情，治愈疾病，是由于中药各自具有若干特性和作用，习惯称之为偏性，即利用药物的偏性，纠正人体阴阳的偏盛、偏衰。中药的性能是中药作用的基本性质和特征的高度概括，主要有四气、五味、归经、升降浮沉、有毒无毒等方面。

（一）四气

四气即寒、热、温、凉四种药性，又称四性。温热与寒凉属于两类不同的性质，而温与热、寒与凉又分别具有共性，只是程度不同。温次于热，凉次于寒，即在共同性质中又有程度上的差异。对于有些药物，通常还标以大热、大寒、微温、微寒等词予以区别。

药物的寒热温凉，是从药物作用于机体所发生的反应概括出来的，是针对所治疾病的寒、热性质相对而言。能够减轻或消除热证的药物，属于寒性或凉性，一般具有清热泻火、凉血解毒、益阴等作用。如黄芩、板蓝根对于发热口渴、咽痛等热证有清热解毒作用，故表明这两种药物为寒性。反之能够减轻或消除寒证的药物，属于热性或温性，一般具有温里散寒、助阳等作用。如附子、干姜对于腹中冷痛、脉沉无力等寒证有温中散寒作用，故表明这两种药物为热性。

此外，还有一些平性药，是指寒热之性不甚显著、作用比较缓和的药物。但仍有偏寒、偏热的不同，故仍未越出四性的范围，所以平性是指相对的属性，而不是绝对的概念。

（二）五味

五味，就是辛、甘、酸、苦、咸五种药味。五味是药物性能的一种标志，不同药味代表药物不同的治疗作用。此外，尚有淡味、涩味，习惯将淡附于甘，涩附于酸，以合五行配属关系，故仍称五味。

（1）辛：有发散、行气、行血等作用。一般治疗表证的药物或治疗气血阻滞的药物，都是辛味药。如解表药麻黄、薄荷，行气药木香，活血药红花等。

（2）甘：有补益、和中、缓急、调和药性等作用。一般用于治疗虚证的补虚药都具甘味，如补气的党参，补血的熟地黄，缓急止痛的饴糖，调和诸药的甘草等。此外，某些甘味药还具有解药食中毒的作用，如甘草、绿豆等。

（3）酸：有收敛、固涩作用。具有酸味的药物多用于治疗多汗、久泻久痢、久咳虚喘、遗精尿频等证。如山茱萸、五味子涩精、敛汗，五倍子涩肠止泻，乌梅敛肺止咳等。

（4）涩：与酸味药的作用相似。多用以治疗虚汗、泄泻、尿频、滑精、出血等证，如煅龙骨、煅牡蛎涩精止遗，赤石脂涩肠止泻、止血等。

（5）苦：有泄、燥和坚阴的作用。泄的含义甚广，有指通泄，能泻下通便，如大黄适用于热结便秘；有指降泄，能降逆平喘，如杏仁适用于肺气上逆的喘咳；有指清泄，能清热泻火，如栀子适用于热盛心烦等证。至于燥，有苦燥祛湿之效，用于湿证，如苍术用治寒湿证，黄连用治湿热证。此外，苦还有坚阴的作用，能泻火存阴，用于肾阴虚亏，相火亢盛的病证，如黄柏、知母等。

（6）咸：有软坚散结、泻下作用。多用以治疗瘰疬、痰核、痞块及热结便秘等证，如瓦楞子软坚散结，芒硝泻下通便等。

（7）淡：有渗湿、利尿作用。多用以治疗水肿、小便不利等证，如猪苓、茯苓等。

由于性和味分别是从不同的角度说明药物的作用，且每一种药物都具有一定的性和味，因此，两者必须综合起来分析，才能全面地认识药物的作用，准确地掌握和使用药物。

（三）升降浮沉

升降浮沉，表示药物的作用趋向，是针对疾病的病势而说明药物作用的性质。由于各种疾病的病机和症候，常常表现出向下（如泻利、崩漏、脱肛）、向上（如呕吐、喘咳）、向内（如表证不解入里）、向外（如自汗、盗汗）等病势趋向，因此，能够针对病情，改善或消除这些病证的药物，相对来说也就分别具有升提向上、降逆向下、发散向外、收敛向内等作用趋向。这四种不同的药物作用趋向，分别称之为升、降、浮、沉。药物的这种性能，可以纠正脏腑功能的失调，使之恢复正常，或因势利导，有助于祛邪外出。

升和降、浮和沉都是相对的，升是上升，降是下降，浮表示发散，沉表示收敛内藏、泄利二便等作用。一般具有升阳发表、祛风散寒、涌吐、开窍等功效的药物，都能上行向外，药性都是升浮的；而具有泻下、清热、利尿渗湿、重镇安神、潜阳息风、消导积滞、降逆、收敛及止咳平喘等功效的药物，则能下行向内，药性都是沉降的。

药物升降浮沉的性能与药物本身的性味有不可分割的关系，如能升浮的药物大多具有辛、甘味和温、热性；能沉降的药物大多具有酸、苦、咸、涩味和寒、凉性。此外，药物升降浮沉的性能，还会受到药物质地、炮制加工和配伍药物的影响。如花、叶等质轻的药物多为升浮之品；矿石、贝壳等质重的药物多为沉降之品。药物经酒炒则能升，姜汁炒则能散，醋炒则收敛，盐水炒则下行。在复方配伍中，性质升浮的药物，在同较多的沉降性质药物配伍时，其升浮之性可受到一定的制约；反之，性属沉降的药物同较多的升浮性质药物同用，则其沉降之性亦能受到一定程度的制约。因此，各种药物所具的升降浮沉性质，在一定的条件下，是可以加以人为控制而转化的。

（四）归经

归经是指药物的作用部位，即药物对机体脏腑、经络等部分有选择性作用的一种性能。一种药物往往对某一脏腑及其经络或某几个脏腑及其经络发生较明显的作用，而对其他脏腑经络则作用较小，或没有作用。如同属寒性的药物，虽然都具有清热作用，但其作用范围，或偏于清肺热，或偏于清肝热等，各有所长。再如同属补虚药，也有补肺、补脾、补肾等不同。

归经这一性能是以脏腑、经络理论为基础，以所治具体病证为依据，在对众多药物的长期疗效观察中，指出药效所在，并经过进一步的总结、归纳，使之系统化，从而形成了归经理论。如桔梗、杏仁能治胸闷、喘咳等肺经病变，故两药归肺经；香附能治疗胁肋胀痛、乳房胀痛等肝经病变，故此药归肝经；朱砂能安神，用治心悸怔忡、失眠健忘等心经病变，故此药归心经。

应用归经理论必须与药物的性味、升降浮沉等性能互相结合，同时各脏腑间用药应相互兼顾，才能更好地指导临床用药。

（五）毒性

“毒”的含义有一个逐渐演化的过程。在西汉以前，“毒”的概念是广义的，把药物的偏性看作“毒”，“毒药”一词，常指药物的总称。《神农本草经》中，将祛邪治病的药物称为“有毒”，而将能补益身体的上品药称为“无毒”。后世诸多本草书籍，在药物性味之下所标注的“大毒”、“小毒”，大多是指一些具有一定毒性或副作用的药物，故用得不当就可能导致中毒。此时“毒”的含义已由广义演化为狭义的“毒性”，成为药物的一种性能。

现今“毒性”是指药物对机体的毒害作用。正确认识中药的毒性，是安全用药的重要保证。了解各种药物的有毒、无毒、大毒、小毒等性能，有助于理解其作用之峻烈或和缓，从而根据病人的体质强弱、病情的轻重来决定药物的选用和剂量的大小，并可通过必要的炮制、配伍、制剂等环节来减轻或消除其毒害作用，以保证用药安全。

三、中药的应用

正确、合理的应用药物，对于充分发挥药效、取得最佳疗效和确保用药安全具有十分重要的意义。对于中药应用中的配伍关系、用药禁忌、剂量和服法等相关内容，必须严格遵守并熟练掌握。

（一）配伍

配伍，是指有目的地根据病情需要和药性特点，选择性的将两种以上的药物配合应用。前人将药与药之间的配伍关系总结为六个方面，即相须、相使、相畏、相杀、相恶、相反，并与“单行”合称为药物的“七情”。现分述如下：

（1）单行：是指用单味药治疗疾病，一般适用于病情比较单纯的疾病。诸多行之有效的“单方”等，均为单行。如清金散，单用一味黄芩治疗轻度的肺热咳血。

（2）相须：是指两种性能功效相类似的药物配合应用，以增强原有疗效的配伍方法，称为相须。如石膏与知母配合，能明显地增强清热泻火的治疗效果；大黄与芒硝配合，能明显地增强攻下泻热的治疗效果。

（3）相使：是指两种在性能功效方面有某些共性的药物配合应用，其中一种药物为主，另一种药物为辅，辅药能提高主药疗效的配伍方法，称为相使。如补气利水的黄芪与利水健脾的茯苓配合时，茯苓能提高黄芪补气利水的治疗效果；清热泻火的黄芩与攻下泻热的大黄配合时，大黄能提高黄芩清热泻火的治疗效果。

（4）相畏：是指两种药物合用，一种药物的毒性反应或副作用，能被另一种药物减轻或消除。这种配伍关系，称为相畏。如生半夏和生天南星的毒性能被生姜减轻和消除，所以说半夏和天南星畏生姜。

（5）相杀：是指两种药物配伍，其中一种药物能减轻或消除另一种药物的毒性或副作用，称为相杀。如生姜能减轻或消除生半夏和生天南星的毒性或副作用，所以说生姜杀生半夏和生天南星之毒。由此可知，相畏、相杀实际上是同一配伍关系的两种提法。

（6）相恶：是指两种药物合用，一种药物能使另一种药物的原有功效降低甚至消失的配伍关系，称为相恶。如人参恶莱菔子，因莱菔子能减弱人参的补气作用。

（7）相反：是指两种药物合用后，能产生或增强毒性反应或副作用的配伍关系，称为相反。如“十八反”、“十九畏”中的若干药物（见“用药禁忌”）。

（二）用药禁忌

为了确保用药安全和药物疗效，在长期的用药治疗、观察过程中，古人总结提出了以下三个方面的用药禁忌：

1. 配伍禁忌

有相反配伍关系的药物配伍应用后，可能会产生副作用或毒性反应，甚至危及生命。故有相反配伍关系的药物，原则上禁止配伍应用。前人“十八反”和“十九畏”的记载，至今仍为医药界公认的配伍禁忌。

十八反：甘草反甘遂、大戟、海藻、芫花；乌头反贝母（川贝母、浙贝母）、瓜蒌、半夏、白蔹、白及；藜芦反人参、沙参、丹参、玄参、细辛、芍药（白芍、赤芍）。

十九畏：硫黄畏朴硝，水银畏砒霜，狼毒畏密陀僧，巴豆畏牵牛子，丁香畏郁金，川乌、草乌畏犀角，牙硝畏三棱，官桂畏赤石脂，人参畏五灵脂。

十九畏与“相畏”是两个截然不同的概念，不应混淆。十九畏一般应理解为“相反”的配伍关系。

上述配伍禁忌，原则上必须遵守，在没有充分依据的情况下，一般不能违背。但亦非绝对，在古今方剂中也有一些“相反”、“相畏”药物同用的例子。

2. 妊娠用药禁忌

某些药物具有损害胎元以致堕胎的副作用，所以应该作为妊娠期间忌用的药物。根据对妊娠妇女及胎元影响的大小，近代又将这些药物分为禁用和慎用两大类。禁用药大多为毒性较强或药性猛烈的药物，如巴豆、牵牛子、大戟、斑蝥、商陆、麝香、三棱、莪术、水蛭、虻虫等；慎用药包括通经祛瘀、行气破滞、辛热以及滑利的药物，如桃仁、红花、大黄、枳实、附子、干姜、肉桂等。凡禁用药，孕妇不可应用；慎用药，当根据孕妇患病情况，酌情使用，一般没有特殊需要，应尽量避免，以防发生事故。

3. 服药时的饮食禁忌

饮食禁忌又称忌口、食忌。由于疾病的关系，脾胃的消化功能大多都会受到影响而减弱，故在服药期间，凡属生冷、黏腻、腥臭等不易消化及有特殊刺激性的食物，都应予以避免。同时，根据疾病的性质、特点不同，对某些特殊的食物亦应减少或禁止服用，如热性病患者，忌食辛辣、油腻、煎炸食物；寒性病患者，应忌食生冷、冰冻食品等。

（三）剂量

剂量，即中药的用量，是指药物在汤剂中的成人一日内服量（本章［用法用量］中未注明用法的剂量均指煎服的用量）。尽管中药的安全范围较大，但用药剂量是否得当，是能否确保用药安全、有效的重要因素之一。对个别药性猛烈及有毒的药物，更需十分注意，不能过量。确定用量的一般原则是：

1. 根据药物性能、质地定量

毒的、峻烈的药物，用量宜小，并应从小剂量开始，逐渐增加，不要过量。质重的药物用量大，如牡蛎、石决明之类；质轻的药物宜用小量，如蝉蜕、灯芯草之类。性味浓厚、作用较强的药物用量可较小；性味淡薄、作用较温和的药物可用较大量。芳香走散的药物宜小量，厚味滋腻药物用量稍大。

2. 根据配伍、剂型定量

单味药治疗用量须重；在复方中，药物配伍应用，药量宜轻。汤剂用量宜重，丸、散剂用量宜轻。

3. 根据病情需要定量

病情轻浅或慢性久病者用量宜轻，而病情深重顽固或新感病邪者用量宜重。

4. 根据病人情况不同定量

平素体质壮实者用量可重，年老体弱、妇女儿童患者用量宜轻。小儿五岁以下通常用成人量的四分之一，五、六岁以上的儿童可按成人量减半服用。

第二节　中药的分类及常用中药

一、解表药

凡以发散表邪为主要作用，并用以解除表证的药物，称为解表药。

本类药物多具味辛发散之性，主入肺、膀胱经，有促进人体发汗，使表邪由汗而解的作用，从而达到治疗表证，防止疾病传变的目的。根据表证有风寒、风热之不同，解表药又分为辛温解表药和辛凉解表药两类。

使用解表药时，不可发汗太过，以免耗伤阳气，损及津液。故应用发汗力较强的解表药时，用量不要过大；对于体虚自汗、盗汗，久患疮疡、淋病、失血者，亦当慎用。同时，亦当考虑四季气温的变化和南北气候炎热、寒冷的差异，选择适宜的解表药物和恰当的剂量。本类药物为辛散之品，入汤剂不宜久煎。

（一）辛温解表药

辛温解表药味辛性温，以发散风寒为其主要作用，故又称发散风寒药。本类药物大多发汗力较强，适用于外感风寒表证。部分药物对兼有风寒表证的咳喘、水肿、疮疡以及风寒湿痹等证亦有疗效。

麻黄　《神农本草经》

为麻黄科多年生草本状小灌木草麻黄 *Ephedra sinica* Stapf. 、木贼麻黄 *Ephedra equisetina* Bge. 或中麻黄 *Ephedra intermedia Schrenk* et C. A. Mey. 的草质茎（根亦入药，见收涩药）。主产于河北、山西、内蒙古、甘肃及辽宁、四川等地。立秋至霜降之间采收，晒干切段。生用、蜜炙或捣绒用。

性味归经　辛、微苦，温。归肺、膀胱经。

功效　发汗解表，宣肺平喘，利水消肿。

应用

（1）用于外感风寒表实证。症见恶寒发热、头身疼痛、鼻塞、无汗、脉浮紧等，常与桂枝相须为用，以增强发汗解表之力，如麻黄汤。

（2）用于喘咳证。治疗风寒喘咳，本品最为适宜，常与杏仁同用，如三拗汤；治疗痰饮喘咳，寒痰冷饮伏肺者，常与细辛、干姜、半夏等配伍，如小青龙汤；治疗热邪壅肺之喘咳，可与石膏、杏仁、甘草等同用，如麻杏石甘汤。

（3）用于水肿兼有表证者。偏风寒者，常与生姜等同用；偏风热者，常与石膏、白术等同用。

用法用量　2～10g。解表宜生用，平喘宜蜜炙用。

使用注意　本品发汗力较强，故表虚自汗、阴虚盗汗及虚喘者均应慎用。

桂枝　《神农本草经》

为樟科常绿乔木肉桂 *Cinnamomum cassia* Presl 的嫩枝。主产于广西、广东及云南等地，尤以广西为多。通常于春季割取嫩枝，晒干或阴干，切片或切段用。

性味归经　辛、甘，温。归心、肺、膀胱经。

功效　发汗解表，温经通脉，助阳化气，平冲降逆。

应用

（1）用于外感风寒表证。为治疗风寒表虚有汗证之主药，常与白芍配伍，以调和营卫，如桂枝汤。治疗风寒表实无汗证，则为辅药，须与麻黄同用，以助麻黄发汗，如麻黄汤。

（2）用于寒凝血滞诸痛证。胸痹者，常与枳实、薤白同用，如枳实薤白桂枝汤。中焦虚寒之脘腹冷痛者，每与白芍、饴糖同用，如小建中汤。痛经者，多与当归、吴茱萸同用，如温经汤。风寒湿痹疼痛者，可与附子配伍，如桂枝附子汤。

（3）用于痰饮、蓄水证。若为脾阳不运之痰饮、眩晕者，常与茯苓、白术同用，如苓桂术甘汤。若为膀胱气化不行之小便不利水肿者，每与猪苓、泽泻等同用，如五苓散。

（4）用于心悸。因心阳不振，不能温通血脉而致心悸动、脉结代者，每与炙甘草、党参、麦冬同用，如炙甘草汤。

用法用量 3～10g。

使用注意 本品辛温助热，易伤阴动血，凡温热病及阴虚阳盛，血热妄行诸证均忌用；孕妇及月经过多者慎用。

防风　《神农本草经》

为伞形科多年生草本植物防风 *Saposhnikovia divaricata*（Turcz.）Schischk. 的根。主产于东北、河北、四川、云南等地。春秋季采挖，晒干切片，生用或炒炭用。

性味归经 辛、甘，微温。归膀胱、肝、脾经。

功效 祛风解表，胜湿止痛，止痉。

应用

（1）用于表证。治风寒表证，常与荆芥、羌活等同用，如荆防败毒散；治风热表证，常与薄荷、金银花、连翘等同用；治外感风湿，每与羌活、藁本等同用，如羌活胜湿汤。

（2）用于风湿痹痛。配伍独活、秦艽、桑寄生等药，治疗痹证疼痛，如独活寄生汤。

（3）用于痉挛抽搐。配伍天麻、天南星、白附子等药，治疗破伤风抽搐、角弓反张，如玉真散。

（4）用于风疹瘙痒。常与荆芥、蝉蜕、当归等药配伍，如消风散。

用法用量 5～10g。

使用注意 阴虚火旺，血虚发痉者慎用。

其他辛温解表药见表 9-1。

（二）辛凉解表药

辛凉解表药大多性味辛凉，以宣散风热为主要作用，故又称发散风热药。其发汗作用较辛温解表药缓和，适用于外感风热表证。其中部分药物兼具清头目、利咽喉、宣肺止咳、散邪透疹等作用，故风热目疾、咽喉肿痛、疹出不透或风热咳嗽诸证亦可选用，并常与清热解毒药配伍使用。

薄荷　《新修本草》

为唇形科多年生草本植物薄荷 *Mentha haplocalyx* Briq. 的干燥地上部分。我国南北均产，以江苏产者为佳。夏、秋二季茎叶茂盛时采收，鲜用或阴干切段生用。

性味归经 辛，凉。归肺、肝经。

功效 疏散风热，清利头目，利咽透疹，疏肝解郁。

应用

（1）风热表证、温病初起。本品轻清凉散，常与金银花、连翘、牛蒡子等同用，如银翘散。

（2）头痛目赤，咽喉肿痛。风热上攻，头痛目赤，多与桑叶、菊花、蔓荆子等同用；风热壅盛，咽喉肿痛，多与桔梗、白僵蚕、生甘草等同用。

（3）麻疹不透，风疹瘙痒。常配伍蝉蜕、荆芥、牛蒡子等同用，如透疹汤。

（4）肝郁气滞，胸闷胁痛。常配伍柴胡、白芍药、当归等同用，如逍遥散。

用法用量 3～6g。后下。

使用注意 体虚多汗者不宜使用。

菊花 《神农本草经》

为菊科多年生草本植物菊 *Chrysanthemum morifolium* Ramat. 的头状花序。由于产地、花色、加工方法的不同，又分为白菊花、黄菊花、杭菊花、滁菊花等品种。主产于浙江、安徽、河南及四川等地。花期采收，阴干或焙干生用。

性味归经 甘、苦，微寒。归肝、肺经。

功效 疏散风热，平肝明目，清热解毒。

应用

（1）用于风热表证、温病初起，症见发热、头昏痛者。常与桑叶相须为用，并配伍薄荷、荆芥等，如桑菊饮。

（2）用于目赤肿痛、头痛目眩者。若为肝经风热或肝阳上亢所致，常与石决明、白芍、钩藤等同用。若为肝肾阴虚之头目昏暗不明者，常与枸杞子同用，并配伍地黄等补肝肾药物，如杞菊地黄丸。

（3）用于疔疮肿毒。常与金银花、生甘草同用，如甘菊汤。

用法用量 5～10g。疏散风热、清肝明目宜用黄菊花（杭菊花），养肝明目、平抑肝阳宜用白菊花（滁菊花）。

柴胡 《神农本草经》

为伞形科多年生草本植物柴胡（北柴胡）*Bupleurum chinensis* DC. 和狭叶柴胡（南柴胡）*Bupleurum scorzonerifolium* Willd 的根或全草。前者主产于辽宁、甘肃、河北、河南等地；后者主产于湖北、江苏、四川等地。春秋两季采挖，晒干，切短节。生用或醋炙用。

性味归经 苦、辛，微寒。归肝、胆、肺经。

功效 疏散退热，疏肝解郁，升举阳气。

应用

（1）用于表证发热。本品退热效佳，常单用即效，如柴胡注射液。若属风寒者，以本品与防风、生姜、芍药等同用；属风热者，以本品与川芎、菊花、防风等同用。

（2）用于少阳证。本品为少阳经引经药，善入少阳，疏散少阳半表半里之邪。常与黄芩配伍，和解少阳，如小柴胡汤。

（3）用于肝郁气滞诸证。柴胡为疏肝要药。若肝郁气滞而致胸腹胁肋胀痛者，可配伍香附、川芎、枳壳等，如柴胡疏肝散。若肝郁气滞而致乳房胀痛、月经不调、痛经者，常与白芍、当归等同用，如逍遥散。

（4）用于气虚下陷所致的脱肛、子宫脱垂等病证。本品常与升麻相须，并配伍人参、黄芪、白术等补脾益气药物，如补中益气汤。

用法用量 3～10g。和解退热、升阳宜生用，疏肝解郁醋炙用。

其他辛凉解表药见表10-1。

表 10-1　其他解表药简表

分类	药名	性味	归经	功效	应用	用量（g）	备注
辛温解表药	紫苏	辛，温	肺、脾	发汗解表，行气宽中	①风寒感冒，咳嗽痰多；②脾胃气滞，胸闷呕吐；③鱼蟹中毒，腹痛吐泻	3～10	不宜久煎
	生姜	辛，温	肺、脾、胃	发汗解表，温中止呕，温肺止咳	①风寒感冒；②胃寒呕吐；③风寒咳嗽	3～10	止呕宜捣汁服
	香薷	辛，微温	肺、脾、胃	发汗解表，化湿和中，利水消肿	①阴暑证；②水肿脚气	3～10	主要用于夏季感冒风寒；利水退肿须浓煎
	荆芥	辛，微温	肺、肝	解表祛风，透疹消疮，炒炭止血	①外感表证；②麻疹不透，风疹瘙痒；③疮疡初起兼有表证；④吐衄下血	3～10	止血宜炒炭用；不宜久煎
	羌活	辛、苦，温	膀胱、肾	散寒祛风，除湿止痛	①风寒感冒，头痛身痛；②风寒湿痹，肩背疼痛	3～10	主散太阳经风邪；善治腰以上风寒湿痹
	白芷	辛，温	肺、胃	解表散风，通窍，止痛，燥湿止带，消肿排脓	①外感风寒；②头痛、鼻塞，阳明头痛，齿痛，鼻渊，风湿痹痛；③带下过多；④疮痈肿毒；⑤皮肤风湿瘙痒及毒蛇咬伤	3～10	善治阳明经头痛；阴虚血热者忌服
	细辛	辛，温，有小毒	肺、肾、心	祛风散寒，通窍止痛，温肺化饮	①风寒感冒，阳虚外感；②用治头痛，鼻渊，牙痛，痹痛；③寒痰停饮，气逆喘咳；④吹鼻取嚏，通关开窍醒神	1～3；入丸散剂，用0.5～1	反藜芦
	藁本	辛，温	膀胱、肝	祛风散寒，除湿止痛	①风寒感冒，巅顶头痛；②风寒湿痹；③寒滞肝脉，脘腹疼痛	3～10	善达巅顶
	苍耳子	辛、苦，温，有小毒	肺	肺祛风除湿，通窍止痛	①鼻渊头痛，风寒头痛；②风湿痹痛；③风疹瘙痒	3～10；或入丸散	过量服用易中毒
	辛夷	辛，温	肺、胃	发散风寒，宣通鼻窍	①风寒头痛；②鼻渊头痛	3～9	鼻渊头痛要药；包煎

续表

分类	药名	性味	归经	功效	应用	用量（g）	备注
辛凉解表药	牛蒡子	辛、苦，寒	肺、胃	疏散风热，透疹利咽，解毒散肿	①风热感冒，咽喉肿痛；②麻疹不透；③痈肿疮毒，痄腮喉痹	6～12	性寒滑利，气虚便溏者慎用；炒用寒性略减
	蝉蜕	甘，寒	肺、肝	疏散风热，透疹止痒，明目退翳，止痉	①风热感冒，咽痛音哑；②麻疹不透，风疹瘙痒；③目赤翳障；④惊痫夜啼，破伤风证	3～6；或单味研末冲服	止痉需用量大
	桑叶	苦、甘，寒	肺、肝	疏散风热，清肺润燥，平肝明目	①风热感冒，头痛咳嗽；②肺热燥咳；③肝阳眩晕，目赤昏花；④凉血止血，治血热妄行之证	5～10；或入丸散	蜜制能增强润肺止咳的作用；外用煎水洗眼
	蔓荆子	辛、苦，微寒	膀胱、肝、胃	疏散风热，清利头目	①风热感冒，头痛头风；②目赤肿痛，目昏多泪；③祛风止痛，治风湿痹痛	5～10	善祛头面之风
	升麻	辛、甘，微寒	肺、脾、胃、大肠	发表透疹，清热解毒，升举阳气	①风热头痛，麻疹不透；②齿痛口疮，咽喉肿痛；③气虚下陷，久泻脱肛，崩漏下血	3～10	发表透疹解毒宜生用，升阳举陷固脱宜制用
	葛根	甘、辛，凉	脾、胃、肺	解肌退热，透发麻疹，生津止渴，升阳止泻	①外感表证；②麻疹不透；③热病口渴，阴虚消渴；④热泄热痢，脾虚泄泻	10～15	退热生津宜生用，升阳止泻宜煨用，长于解肌
	淡豆豉	苦、辛、凉	肺、胃	解表除烦	①感冒头痛；②胸中烦闷，虚烦不眠	6～12	以桑叶、青蒿发酵者性寒，治风热感冒，热病胸中烦闷；以麻黄、紫苏发酵者性温，治风寒感冒头痛

二、祛风湿药

凡能祛除风寒湿邪，主要用于治疗痹痛的药物，称为祛风湿药。本类药物多具辛苦温之性能，故有辛散祛风、苦燥祛湿、温散寒邪之效，其中部分药物还具有舒筋活络、止痛、强筋骨等作用，适用于风寒湿邪所引起的痹证。本类药物辛温香燥，易伤阴血，故阴亏血虚者慎用。由于痹证多属于慢性疾病，为了服用方便，常将此类药用作酒剂或丸散剂。

独活　《神农本草经》

为伞形科多年生草本植物重齿毛当归 *Angelica pubescens* Maxim. *f. biserrata* Shan et Yuan 的根。主产于四川、湖北、安徽等地。秋末或春初采挖，晒干，切片生用。

性味归经　辛、苦，微温。归肾、膀胱经。

功效　祛风湿，止痹痛，解表。

应用

（1）用于风寒湿痹。善于治疗下半身痹痛。常与防风、秦艽、杜仲、当归等同用，如独活寄生汤。

（2）用于外感风寒挟湿证。常与羌活、防风、荆芥等同用，如羌活胜湿汤。

（3）用于痛证。本品有较好的止痛作用，可用于头痛、牙痛、胁痛等痛证。

用法用量　3～10g。

秦艽　《神农本草经》

为龙胆科多年生草本植物秦艽 *Gentiana macrophylla* Pall.、麻花秦艽 *Gentiana.straminea* Maxim.、粗茎秦艽 *Gentiana. crassicaulis Duthie* ex Burk.、达乌里秦艽或小秦艽 G. dahurica Fisch. 的根。主产于陕西、甘肃、内蒙古、四川等地。春秋季节采挖，晒干，去芦头切片用。

性味归经　苦、辛，平。归胃、肝、胆经。

功效　祛风湿，止痹痛，退虚热，清湿热。

应用

（1）用于风湿痹痛，筋脉拘挛、关节屈伸不利。本品性寒清热，以热痹更宜。治疗关节发热肿痛，常与忍冬藤、防己、黄柏等同用。治疗风寒湿痹，肢节疼痛发凉、遇寒即发者，可与天麻、羌活、当归、川芎等配伍，如秦艽天麻汤。

（2）用于骨蒸潮热。常与知母、地骨皮、鳖甲等同用，如秦艽鳖甲汤。

（3）用于湿热黄疸。常与茵陈、栀子、黄柏等同用。

用法用量　3～10g。

桑寄生　《神农本草经》

为桑寄生科常绿灌木植物桑寄生 *Taxillus chinensis*（DC.）Danser 和槲寄生 *Viscum coloratum*（Kom.）Nakai 的带叶茎枝。前者主产于广东、广西等地；后者主产于河北、辽宁、内蒙古、河南等地。冬季至次春采割，除去粗茎，切断，干燥，生用。

性味归经　苦、甘，平。归肝、肾经。

功效　祛风湿，补肝肾，强筋骨，安胎。

应用

（1）用于风湿痹证日久，肝肾不足者。症见腰膝酸痛缠绵不愈，本品尤其适宜肝肾不足之痹痛，常与独活、秦艽、桂枝、当归等药同用，如独活寄生汤。

（2）用于胎漏下血、胎动不安。有补肝肾、固冲任、养血安胎之效，多与阿胶、续断、菟丝子等药同用，如寿胎丸。

用法用量　9～15g。

其他祛风湿药见表10-2。

表10-2　其他祛风湿药简表

药名	性味	归经	功效	应用	用量（g）	备注
威灵仙	辛、咸，温	膀胱	祛风湿，通经络，消骨哽	①风湿痹痛；②诸骨哽咽	6～10；治骨哽可用30～50	
蕲蛇	甘、咸，温，有毒	肝	祛风通络，定惊止痉	①风湿顽痹，肢体麻木，筋脉拘挛及中风口眼㖞斜、半身不遂等；②麻风疠毒、手足麻木、皮肤瘙痒等；③小儿急慢惊风、破伤风	3～9；研末服，每次1～1.5	有毒，力大而猛
乌梢蛇	甘、平	肝	祛风通络，定惊止痉	①风湿痹痛；②干湿癣证；③破伤风，小儿急慢惊风，痉挛抽搐等证	6～12；散剂，每次2～3	无毒，力小而缓
木瓜	酸、温	肝、脾	舒筋活络，除湿和胃	①风湿痹痛，筋脉拘挛，脚气肿痛；②吐泻转筋；③消化不良	6～9	胃酸过多者不宜用
蚕沙	甘、辛，温	肝、脾、胃	祛风湿，和中化湿	①风湿痹痛；②湿浊内阻的吐泻转筋；③祛风止痒，治风瘙隐疹遍身皆痒	5～15；外用适量	宜布包入煎
伸筋草	苦、辛，温	肝	祛风湿，舒筋活络	风湿痹痛，四肢关节酸痛，伸屈不利，皮肤不仁等	3～12	
海风藤	辛、苦，微温	肝	祛风除湿，通经活络，止痹痛	风湿痹痛，关节不利，筋脉拘挛及跌打损伤疼痛	6～12	
老鹳草	辛、苦，平	肝、大肠经	祛风湿，通经络，止泻痢	①风湿痹痛；②湿热泻痢	9～15	
路路通	辛、苦，平	肝、胃、膀胱	祛风通络，利水，下乳	①风湿痹痛，肢体麻木，四肢拘挛等；②水肿，小便不利；③乳汁不通，乳房胀痛等；④祛风止痒，治风疹瘙痒	5～10；外用适量	

续表

药名	性味	归经	功效	应用	用量（g）	备注
防己	苦、辛，寒	膀胱、肾、脾	祛风止痛，利水消肿	①痹证，尤宜于湿热偏盛者；②水肿、痰饮证	5～10	
桑枝	苦，平	肝	祛风湿，利关节	①风湿痹痛，四肢拘挛；②行水消肿，治疗水肿	9～15	
豨莶草	苦、辛，寒	肝、肾	祛风湿，通经活络，清热解毒	①风湿痹证，骨节疼痛，四肢麻木，脚弱无力等；②疮疡肿毒，湿疹瘙痒；③降血压，治高血压病	9～12；外用适量	治风湿痹证宜制用，湿疮湿疹宜生用
臭梧桐	辛、苦、甘，凉	肝	祛风湿，活络	①风湿痹痛，肢体麻木，半身不遂等；②降血压，治高血压病	5～15；外用适量	降压不宜高温久煎
海桐皮	苦、辛，平	肝	祛风湿，通络止痛，杀虫止痒	①风湿痹痛，四肢拘挛，腰膝酸痛；②疥癣、湿疹瘙痒	5～15；外用适量	
络石藤	苦，微寒	心、肝	祛风通络，凉血消肿	①风湿痹痛，筋脉拘挛，以热痹为宜；②喉痹，痈疡	6～12	
穿山龙	甘，苦，温	肝、肺	祛风湿，活血通络，清肺化痰	①风湿关节痛及关节扭伤、腰腿痛；②热痰咳嗽	9～15	
五加皮	辛、苦，温	肝、肾	祛风湿，补肝肾，强筋骨，利水	①风湿痹痛，四肢拘挛；②肝肾不足，腰膝软弱及小儿行迟等；③水肿，小便不利	5～10	
狗脊	苦、甘，温	肝、肾	祛风湿，补肝肾，强腰膝	①风湿痹痛，腰痛脊强，不能俯仰，足膝软弱；②肾气不固之遗尿，白带过多	6～12	善治脊背痛
千年健	苦、辛，温	肝、肾	祛风湿，强筋骨，止痹痛	风湿痹痛，腰膝冷痛，下肢拘挛麻木	5～10	

三、祛湿药

凡以祛除湿邪为主要作用，用于治疗水湿停聚病证的药物，称为祛湿药。根据药物性能特点的不同，祛湿的作用机理亦相异，故可将本类药物分为芳香化湿药、利水渗湿药及利湿退黄药三类。

（一）芳香化湿药

凡是气味芳香、性偏温燥，具有化湿运脾作用的药物，称为化湿药。适用于脾为湿困、运化失常所致的脘痞腹胀、呕恶纳呆、大便溏薄、食少体倦、舌苔白腻者，以及湿温、暑湿等病证。本类药物气味芳香，有挥发之性，故入煎剂宜后下，不宜久煎，以免气味散失，降低疗效。因这类药物常气香走窜，易耗气伤阴，故阴虚血燥、气虚者慎用。

广藿香　《名医别录》

为唇形科多年生草本植物广藿香 *Pogostemon cablin*（Blanco）Benth. 的地上部分。主产于广东。夏秋季枝叶茂盛时采割，趁鲜切段用，或阴干生用。

性味归经　辛，微温。归脾、胃、肺经。

功效　芳香化湿，和中止呕，发表解暑。

应用

（1）用于湿阻中焦证。本品有芳香化湿兼调畅气机之效。常与苍术、厚朴等同用，如不换金正气散。

（2）用于阴暑及湿温初起。治疗暑月外感风寒、内伤生冷而见恶寒发热、头痛、呕恶吐泻之阴暑证，每与紫苏、厚朴、半夏等同用，如藿香正气散；若湿温初起，湿热并重者，又与黄芩、滑石、茵陈等同用，如甘露消毒丹。

（3）用于呕吐。治疗湿浊中阻之呕吐，本品为要药，常与半夏合用。偏于寒湿者，配伍丁香、白豆蔻等；偏于湿热者，配伍黄连，竹茹等；妊娠呕吐，配伍砂仁、苏梗等；脾胃虚弱者，配伍党参、白术等。

用法用量　3 ～ 10g，鲜品加倍。

苍术　《神农本草经》

为菊科多年生草本植物茅苍术（茅术、南苍术）*Atractylodes lancea*（Thunb.）DC. 或北苍术 *Atractylodes chinensis* Koidz. 的根茎。前者主产于江苏、湖北、河南等地。后者主产于内蒙古，山西，辽宁等地。春秋采挖，晒干。水或米泔水润透切片，炒微黄用。

性味归经　辛、苦，温。归脾、胃经。

功效　燥湿健脾，祛风散寒。

应用

（1）用于湿阻中焦证。本品燥脾湿，健脾运。常与厚朴、陈皮等同用，如平胃散。

（2）用于风湿痹证。尤宜痹证湿胜者，常与独活，秦艽同用。若湿热痹痛，加石膏、知母等，如白虎加苍术汤亦常与黄柏合用，即二妙散。治湿热下注，脚气肿痛，痿软无力，可与黄柏、薏苡仁、牛膝等同用，即四妙散。

（3）用于外感风寒挟湿者。多与白芷、细辛等同用，如神术散。

用法用量　3 ～ 9g。

其他芳香化湿药见表 10-3。

（二）利水渗湿药

凡具利水渗湿之效，以渗泄水湿、通利小便为主要作用，用于治疗水湿内停病证的药物，称为利水渗湿药。本类药物味多甘、淡，长于渗利水湿，适用于水湿内停所致的小便不利、水肿、淋证、泄泻、带下、湿痹、湿疮等多种病证。本类药物易耗伤津液，对阴虚津亏，肾虚遗精、遗尿者，当慎用或忌用。

茯苓　《神农本草经》

为多孔菌科真菌茯苓 *Poria cocos*（Schw.）Wolf. 的菌核。多寄生于松科植物赤松或马尾松树根上。主产于云南、湖北、四川等地。7～9月采挖，堆置“发汗”后摊开晒干，如此反复3～4次，最后晾干，切片或切块用。

性味归经　甘、淡，平。归心、脾、肾经。

功效　利水渗湿，健脾，安神。

应用

（1）用于水肿。本品为利水消肿之要药。常与猪苓、白术、泽泻等同用，如五苓散；若为脾肾阳虚之水肿，可与附子、生姜同用，如真武汤。

（2）用于脾虚诸证。若脾胃虚弱，食少纳呆者，常与党参、白术、甘草等同用，如四君子汤；若脾虚停饮者，常与桂枝、白术等同用，如苓桂术甘汤；若脾虚湿泻者，可与山药、薏苡仁等同用，如参苓白术散。

（3）用于心悸、失眠。若心脾两虚、气血不足之心悸、失眠者，多与黄芪、当归、远志等同用，如归脾汤；若水气凌心之心悸，可与桂枝、白术、生姜同用，如茯苓甘草汤。

用法用量　10～15g。

泽泻　《神农本草经》

为泽泻科植物泽泻 *Alisma orientalis*（Sam.）Juzep. 的块茎。主产于福建、四川、江西等地。秋冬季茎叶枯萎时采挖，洗净，用微火烘干，撞去须根及粗皮，以水润透，切片晒干。麸炒或盐水炒用。

性味归经　甘、淡，寒。归肾、膀胱经。

功效　利水渗湿，泄热。

应用

（1）用于水肿。本品利水之功较茯苓强，可用于各种水肿证，常与茯苓、猪苓、白术等同用，如五苓散。

（2）用于湿盛泄泻。常与茯苓、猪苓、薏苡仁等同用。若湿热泄泻，可与车前子、黄连、黄芩等同用。

（3）用于下焦湿热，淋浊、带下。常与赤茯苓、车前子、茵陈等同用。

用法用量　6～10g。

车前子　《神农本草经》

为车前科多年生草本植物车前 *Plantago asiatica* L. 或平车前 P. *depressa* Willd. 的成熟种子。前者分布于全国各地，后者分布于北方各省。夏秋两季种子成熟时采收。生用或盐水炙用。

性味归经　甘、寒。归肾、肝、肺、小肠经。

功效　利尿通淋，渗湿止泻，清肝明目，清肺化痰。

应用

（1）用于水肿和淋证。对湿热下注于膀胱所致的小便淋滴涩痛者，本品尤为适宜，常与木通、滑石等清热利湿药同用，如八正散。

（2）用于湿盛泄泻，小便不利。可与白术、茯苓、泽泻等同用。

（3）用于目赤、翳障。因肝火上攻者，多与菊花、决明子等同用；若肝肾阴虚，两目昏花或内障不明者，则可与熟地黄、菟丝子等养肝明目药同用。

（4）用于痰热咳嗽。多与瓜蒌、贝母等清肺化痰药同用。

用法用量 9～15g。包煎。

其他利水渗湿药见表10-3。

（三）利湿退黄药

凡具有利湿退黄之功效，以清利湿热为主要作用，用于治疗湿热黄疸证的药物，称为利湿退黄药。本类药物性多苦寒，入脾胃肝胆经，有清利湿热，利胆退黄之功效，主要用于湿热黄疸，症见目黄、身黄、小便黄等。

茵陈 《神农本草经》

为菊科多年生草本植物茵陈蒿 *Artemisia capillaris* Thunb. 或滨蒿 *A. scoparia Waldst.* et Kit. 等的全草。我国大部分地区均有分布，主产于陕西、山西、安徽等地。春季幼苗高约三寸时采收；或秋季花蕾长成时采割。除去根及杂质，晒干。生用。

性味归经 苦，辛，微寒。归脾、胃、肝、胆经。

功效 清利湿热，利胆退黄。

应用

（1）用于黄疸。本品苦泄下降，寒能清热，善清利脾胃肝胆湿热，使之从小便排出，故为治疗黄疸之要药。若为湿热黄疸，常与栀子、黄柏、大黄同用，如茵陈蒿汤；若为湿重于热之黄疸，常与茯苓、猪苓等同用，如茵陈五苓散；若为脾胃寒湿郁滞之黄疸，多与附子、干姜等同用，如茵陈四逆汤。

（2）用于湿温、湿疹、湿疮。常与黄柏、苦参、蛇床子、地肤子等同用，可内服或煎汤外洗。

用法用量 6～15g。外用适量。煎汤熏洗。

金钱草 《本草纲目拾遗》

为报春花科多年生草本植物过路黄（神仙对坐草）*Lysimachia christinae* Hance. 的全草，习称大金钱草。主产地为四川，江南各省亦有分布。夏秋两季采收。晒干切段生用。

性味归经 甘、咸，微寒。归肝、胆、肾、膀胱经。

功效 除湿退黄，利尿通淋，解毒消肿。

应用

（1）用于湿热黄疸证。本品能清热利湿退黄，常与茵陈蒿、栀子、虎杖等同用。

（2）用于热淋、石淋。本品为通淋排石之要药，常单用即效。近代用治结石症，疗效显著。如用治泌尿系结石，常与海金沙、鸡内金、滑石等同用，如二金排石汤；用治肝胆结石，常与茵陈、大黄、郁金等同用，如利胆排石片。

（3）用于恶疮肿毒、毒蛇咬伤。可用鲜品捣汁内服或捣烂外敷。或配蒲公英、野菊花等同用。

用法用量 15～60g。鲜品加倍。外用适量。

其他利湿退黄药见表10-3。

表10-3 其他祛湿药简表

分类	药名	性味	归经	功效	应用	用量（g）	备注
芳香化湿药	厚朴	苦、辛、温	脾、胃、肺、大肠	燥湿消痰，下气除满	①脘腹胀满；②喘咳证	3～10	
	佩兰	辛，平	脾、胃、肺	芳香化湿，发表解暑，醒脾开胃	①湿滞中焦证；②外感暑湿或湿温初起	3～10；鲜品加倍	
	砂仁	辛，温	脾、胃、肾	化湿行气，温中止呕止泻，安胎	①湿困脾土及脾胃气滞证；②脾胃虚寒吐泻；③气滞妊娠恶阻及胎动不安	3～6	入汤剂宜后下
	豆蔻	辛，温	肺、脾、胃	化湿行气，温中止呕	①湿滞中焦及脾胃气滞的脘腹胀满，不思饮食等；②呕吐	3～6；入散剂为好	入汤剂宜后下
	草豆蔻	辛，温	脾、胃	燥湿行气，温中止呕	①寒湿中阻，脾胃气滞证；②寒凝湿郁，脾虚久泻	3～6	
	草果	辛，温	脾、胃	燥湿温中，除痰截疟	①寒湿中阻之脘腹胀满，呕吐泄泻，舌苔浊腻；②疟疾	3～6	
利水渗湿药	猪苓	甘、淡，平	肾、膀胱	利水渗湿	小便不利，水肿，泄泻，淋浊等	6～12	
	薏苡仁	甘、淡，凉	脾、胃、肺	利水渗湿，健脾，除痹，清热排脓	①小便不利，水肿，脚气，脾虚泄泻；②风湿痹痛；③肺痈，肠痈	10～30	清利湿热宜生用，健脾止泻宜炒用，也可作粥食用，孕妇慎用
	冬瓜皮	甘，凉	脾、小肠	利水消肿	水肿，小便不利	9～30	
	香加皮	苦、辛，温，有毒	肝、肾、心	利尿消肿，祛风湿，强筋骨	①水肿，小便不利；②风湿痹证	3～6；浸酒或入丸散，酌量	有毒，不宜多用、久用

续表

分类	药名	性味	归经	功效	应用	用量（g）	备注
利水渗湿药	滑石	甘、淡、寒	肺，胃、膀胱	利水通淋，清解暑热，祛湿敛疮	①小便不利，淋沥涩痛；②暑湿，湿温；③湿疮，湿疹	10～12；外用适量	宜布包，先煎
	川木通	苦，寒	心、小肠、膀胱	利尿通淋，通经下乳	①热淋涩痛，心烦尿赤，水肿脚气；②经闭乳少，湿热痹痛	3～6	
	通草	甘、淡，微寒	肺、胃	清热利湿，通气下乳	①湿热之小便不利，淋沥涩痛等；②产后乳汁不下或不畅	3～5	孕妇慎用
	瞿麦	苦，寒	心、小肠	利尿通淋，活血通经	①湿热淋证；②血热瘀阻之经闭或月经不调	9～15	孕妇慎用
	萹蓄	苦，微寒	膀胱	利尿通淋，杀虫止痒	①湿热淋证；②虫积腹痛，湿疹阴痒	9～15；鲜品加倍；外用适量	
	地肤子	辛，苦，寒	肾，膀胱	清热利湿，祛风止痒	①淋证；②皮肤风疹，湿疮，周身瘙痒等证	9～15；外用适量，煎汤熏洗	
	海金沙	甘，咸，寒	膀胱、小肠	清热利湿，通淋止痛	①各种淋证，为治诸淋涩痛之要药；②小便不利，水肿	6～15	宜布包煎
利水渗湿	石韦	苦、甘，微寒	肺、膀胱	利水通淋，清肺止咳，凉血止血	①湿热淋证，治血淋涩痛尤宜；②肺热咳嗽气喘证；③血热出血证	6～12	
	冬葵子	甘，寒	大肠、小肠、膀胱	利水通淋，下乳润肠	①水肿，淋证；②乳汁不行，乳房胀痛；③肠燥便秘	10～15	孕妇慎用
	灯心草	甘、淡，微寒	心、肺、小肠	利尿通淋，清心除烦	①小便不利，淋沥涩痛；②心烦不眠，小儿夜啼，惊痫；③煅后存性研末，吹喉，可治喉痹	1～3	
	萆薢	苦，微寒	肝、胃	利湿去浊，祛风除湿	①膏淋，白浊证；②风湿痹证	9～15	

续表

分类	药名	性味	归经	功效	应用	用量（g）	备注
利湿退黄药	虎杖	微苦，微寒	肝、胆、肺	利湿退黄，清热解毒，活血祛瘀，祛痰止咳	①湿热黄疸，淋浊带下；②烧烫伤，痈肿疮毒，毒蛇咬伤等；③血瘀经闭，跌打损伤；④肺热咳嗽；⑤热结便秘	9～15；外用适量	孕妇忌服
	地耳草	苦，平	肝、胆	利湿退黄，清热解毒，活血消肿	①湿热黄疸；②肺痈，肠痈，湿疹等；③跌打损伤	15～30；鲜品加倍；外用适量	
	垂盆草	甘、淡、微酸，凉	心、肝、胆、小肠	利湿退黄，清热解毒	①湿热黄疸；②痈疮肿毒，毒蛇咬伤，烫火伤等	15～30；鲜品加倍；外用适量	

四、清热药

凡能清除里热，用于治疗里热病证的药物，称为清热药。热邪在表，当发散解表；热邪在里，当须清解。清热药性属寒凉，是遵循《神农本草经》“疗热以寒药”的原则指导用药。然里热有实热、虚热之分，发病有气血、脏腑的不同，故根据清热药的作用不同，将其分为清热泻火药、清热燥湿药、清热解毒药、清热凉血药、清虚热药五类。

应用清热药时，应辨别热证的性质与部位，选择适宜的清热药。兼有表证者，当先解表后清里，或表里同治；气分热兼血分热的，宜气血两清。本类药性多寒凉，易伤脾胃；且多为苦寒之品，又易化燥伤阴，故对脾胃虚弱，食少便溏及阴虚津亏者当慎用。

（一）清热泻火药

凡具有清热泻火之功效，以清解气分实热为主要治疗作用的药物，称为清热泻火药。它主要适用于热入气分所致的高热、烦渴、汗出、脉洪大，甚则神昏谵语等气分实热证，以及肺热、心火、胃热、肝火等不同脏腑实热证。

石膏　《神农本草经》

石膏是一种矿物药，原矿石为含水硫酸钙（$CaSO_4 2H_2O$）。分布极广，几乎遍布全国各省区，主要产于湖北、甘肃及四川，以湖北应城产者为最佳。全年可挖。打碎生用或煅用。

性味归经　辛、甘，大寒。归肺、胃经。

功效　清热泻火，除烦止渴；煅用敛疮生肌，收湿止血。

应用

（1）用于温热病气分证。本品为清泻肺、胃两经气分实热之要药，常与知母相须为用，如白虎汤。若热邪渐入血分，气血两燔而发斑疹者，宜与生地等清热凉血药同用，以使气血两清，如化斑汤。

（2）用于肺热喘咳。常与麻黄、杏仁、甘草配伍同用，如麻杏石甘汤。

（3）用于胃火上攻。胃火上炎而见头痛头晕、牙龈肿痛者，常与升麻、黄连等配伍同用，如清胃散。

（4）用于疮疡不敛。本品煅用有清热收湿、敛疮生肌之效。故又用于疮疡溃烂、久不收口以及湿疹侵淫、水火烫伤等，常与黄连、青黛等研粉外用。

用法用量　15～60g，宜打碎先煎。内服生用，外用宜火煅研末。

使用注意　脾胃虚寒及阴虚内热者忌用。

知母　《神农本草经》

为百合科多年生草本植物知母 *Anemarrhena asphodeloides* Bge. 的根茎。主要产于河北、山西及东北等地。春、秋季节均可采挖，除去茎苗和须根晒干为毛知母，剥去外皮晒干者为知母肉。切片生用或盐水炒用。

性味归经　苦、甘，寒。归肺、胃、肾经。

功效　清热泻火，滋阴润燥。

应用

（1）用于温热病气分证。本品常与石膏相须为用，如白虎汤。

（2）用于肺热咳嗽、阴虚燥咳。若为肺热咳嗽，痰黄黏稠者，常与瓜蒌、大贝母、胆南星同用；若为阴虚燥咳，干咳少痰者，多与贝母同用，如二母散。

（3）用于骨蒸潮热。本品入肾，能滋阴降火，清虚热。治疗阴虚火旺，骨蒸潮热者，常与黄柏及滋补肾阴药配伍应用，如知柏地黄丸。

（4）用于阴虚消渴。常与天花粉、葛根等同用，如玉液汤。

用法用量　6～12g。清热泻火宜生用，滋阴降火宜盐水炙用。

使用注意　本品性寒质润，有滑肠之弊，故脾虚便溏者不宜用。

其他清热泻火药见表10-4。

（二）清热燥湿药

凡具有清热燥湿的功效，主要用治湿热病证的药物，称为清热燥湿药。本类药物味苦性寒，苦燥祛湿，性寒清热，故能清热燥湿兼有清热泻火的作用，除治疗湿温、暑湿、湿热泻痢、痔疮肿痛、湿热黄疸、湿热带下及湿疹、湿疮等湿热病证外，亦可用于火热实证。

黄芩　《神农本草经》

为唇形科多年生草本植物黄芩 *Scutellaria baicalensis* Georgi 的根。主产于河北、山西、内蒙古、河南及陕西等地。春秋两季采挖。蒸透或开水润透切片。生用，酒炙或炒炭用。

性味归经　苦，寒。归肺、脾、胆、大肠，小肠经。

功效 清热燥湿，泻火解毒，止血，安胎。

应用

（1）用于湿热病证。本品清热燥湿能清肺胃胆及大肠经之湿热，尤善清中上焦湿热。用治湿温、暑湿者，多与滑石、白蔻仁、通草等同用，如黄芩滑石汤；用治湿热中阻，痞满呕吐，常与黄连、干姜、半夏等配伍，如半夏泻心汤；用治湿热泻痢，可与黄连、葛根同用，如葛根芩连汤；用治湿热黄疸，则与茵陈、栀子同用。

（2）用于肺热咳嗽，热病烦渴。本品善清肺及上焦之实热。若肺热壅遏之咳嗽痰稠者，单用即效，如清金丸；亦可配伍桑白皮、知母、麦冬等同用，以增强清肺止咳之功，如清肺汤。还可治疗外感热病，中上焦郁热所致的壮热、烦渴、面赤唇燥、溲赤便秘、苔黄、脉数者，常与薄荷、栀子、大黄等同用，如凉膈散。

（3）用于少阳证。本品与柴胡同用，治疗邪在少阳之寒热往来，如小柴胡汤。

（4）用于痈肿疮毒，咽喉肿痛。常与银花、连翘、牛蒡子、板蓝根等同用。

（5）用于血热吐衄、便血崩漏。常与生地、白茅根、三七等同用。

（6）用于胎热不安。本品有清热安胎之效。

用法用量 3～10g。清热多生用，安胎多炒用，止血多炒炭。清上焦热多酒炒用。

使用注意 本品苦寒伤胃，脾胃虚寒者不宜用。

黄连 《神农本草经》

为毛茛科多年生草本植物黄连 *Coptis chinensis* Franch、三角叶黄连 *Coptis deltoidea* C.Y.Cheng et Hsiao 或云连 *Coptis teeta* Wall 的根茎。主产于四川、云南、湖北。秋季采挖，干燥，生用或清炒、姜炙、酒炙、吴茱萸水炒用。

性味归经 苦，寒。归心、肝、胆、脾、胃、大肠经。

功效 清热燥湿，泻火解毒。

应用

（1）用于湿热病证。本品清热燥湿之力胜于黄芩，长于清中焦湿热。治疗湿热中阻之恶心呕吐，常与黄芩、干姜、半夏等同用，如半夏泻心汤。本品亦为治疗湿热痢疾之常用药，用治湿热泻痢，轻者单用即效；若泻痢腹痛、里急后重，可与木香同用，如香连丸；若泻痢身热者，配伍葛根、黄芩、甘草，如葛根芩连汤。

（2）用于火热病证。若三焦热盛，高热烦躁，常与黄芩、黄柏、栀子等同用，如黄连解毒汤；若热邪炽盛，阴液已伤，心烦不眠者，常配伍黄芩、白芍、阿胶等同用，如黄连阿胶汤；若心火亢盛，迫血妄行，见吐血、衄血、或便血者，可与黄芩、大黄同用，如泻心汤。

（3）用于热毒病证。治疗痈肿疮毒，多与黄芩、栀子、连翘等合用，如黄连解毒汤；治疗皮肤湿疮，可以用黄连制成软膏外用；治疗耳道疖肿，耳道流脓，可用黄连浸汁涂患处。

（4）用于胃火炽盛证。黄连善清胃火，胃火炽盛之呕吐，常与竹茹、橘皮、半夏同用；若为胃火炽盛之牙龈肿痛，常配用石膏、升麻、丹皮；若消谷善饥，常与生地同用；若肝火犯胃，肝胃不和，见胁肋胀痛、呕吐吞酸者，本品兼清肝火，可与吴茱萸同用，如左金丸。

用法用量　2～5g，研末吞服每次1～1.5g，日3次。外用适量。炒用能降低寒性、姜汁炙用清胃止呕，酒炙清上焦火。

使用注意　本品大苦大寒，过服久服易伤脾胃，脾胃虚寒者忌用。苦燥伤津，阴虚津燥者禁用。

黄柏　《神农本草经》

为芸香科落叶乔木植物黄檗（关黄柏）*Phellodendron amurense* Rupr. 和黄皮树（川黄柏）*Phellodendron chinense* Schneid. 除去拴皮的树皮。关黄柏主产于黑龙江、辽宁、吉林等地，川黄柏主产于四川、贵州、湖北、云南等地。清明前后，剥取树皮，刮去粗皮，晒干压平，润透切片或切丝。生用或盐水炙、酒炙、炒炭用。

性味归经　苦，寒。归肾、膀胱经。

功效　清热燥湿，泻火解毒，退热除蒸。

应用

（1）用于湿热病证。本品长于清泻下焦湿热。若湿热下注，带下黄浊秽臭者，常与山药、芡实、车前子等同用，如易黄汤；若膀胱湿热，小便灼热、淋漓涩痛者，常和车前子、滑石、木通等同用；若湿热下注，足膝肿痛者，多与苍术、牛膝同用，如三妙丸；用于湿热泻痢，可与白头翁、黄连、秦皮等同用，如白头翁汤；用于治疗湿热黄疸、尿赤，常与栀子同用，如栀子柏皮汤。

（2）用于疮疡肿痛，湿疹湿疮。内服、外用均可，内服多与黄连、栀子同用；外用以本品研细末，用猪胆汁或鸡蛋清调涂患处。若治疗湿疹湿疮，阴痒阴肿，可与荆芥、苦参、蛇床子等同用，内服或外洗，也可与青黛、滑石、甘草研细末外用。

（3）用于阴虚发热。本品入肾，清肾经之虚火，退虚热。常与知母相须，配伍熟地、山萸肉等滋补肾阴药同用，如知柏地黄丸。

用法用量　3～12g；外用适量。清热燥湿解毒多生用；泻火除蒸退热多用盐水炙用；止血多炒炭用。

使用注意　本品苦寒，容易伤胃气，故脾胃虚寒者忌用。

其他清热燥湿药见表10-4。

（三）清热解毒药

凡具有清热解毒之功效，治疗各种热毒证、火毒证的药物，称为清热解毒药。本类药物，性多苦寒，善于清解热毒或火毒，主要适用于痈肿疮毒、丹毒、瘟毒发斑、痄腮、咽喉肿痛、热毒下痢等热毒证及毒蛇咬伤或其他急性热病。

金银花　《新修本草》

为忍冬科多年生半常绿木质藤本植物忍冬 *Lonicera japonica* Thunb. 的花蕾。我国南北各地均有分布。夏初当花含苞未放时采摘，阴干。生用，炒用或制成露剂使用。

性味归经　甘，寒。归肺、胃、心经。

功效　清热解毒，疏散风热。

应用

（1）用于痈肿疔疮。本品可用于治疗各种痈肿疮毒。治疗疮痈初起红热肿痛，可单用本品煎服，或用渣涂患处，亦可与皂角刺、穿山甲、白芷同用，如仙方活命饮；用治疗疮肿痛，红肿热痛，坚硬根深者，常与紫花地丁、蒲公英、野菊花同用，如五味消毒饮；用治肠痈腹痛者，常与当归、地榆、黄芩合用，如清肠饮；用治肺痈咳吐脓血者，常与鱼腥草、芦根、桃仁同用。

（2）用于外感风热，温病初起。常与连翘、薄荷、牛蒡子等同用，如银翘散；若热入营血，心烦、舌绛，常与生地、黄连等同用，如清营汤。

（3）用于暑热病证，如暑热烦渴、咽喉肿痛以及小儿热疮、痱子等症。本品有清热解暑的作用，可制成金银花露应用。

（4）用于热毒血痢。可单用本品煎服，或与黄芩、黄连、白头翁等同用。

用法用量 6～15g。

使用注意 脾胃虚寒及气虚疮疡脓清者忌用。

连翘 《神农本草经》

为木犀科落叶灌木连翘 *Forsythia suspensa*（Thunb.）Vahl 的果实。产于我国东北，华北，长江流域至云南。野生，家种均有。白露前采初熟的果实，色尚清绿，称青翘。寒露前采熟透果实则为黄翘。以青翘为佳。生用。

性味归经 苦，微寒。归肺、心、小肠经。

功效 清热解毒，消痈散结，疏散风热。

应用

（1）用于痈肿疮毒，瘰疬痰核。本品既能清心火，解疮毒，又能散气血凝聚，兼有消痈散结之功，故有“疮家圣药”之称。治疗痈肿疮毒，常与金银花、蒲公英、野菊花等同用；治疗瘰疬痰核，常与夏枯草、象贝母、玄参、牡蛎等清热化痰、散结消肿药同用。

（2）用于外感风热，温病初起。治风热表证，常与金银花、薄荷、牛蒡子等同用，如银翘散；治疗热入营血，舌绛神昏，常与玄参、丹皮、金银花同用，如清营汤；治疗热入心包，高热神昏，常与麦冬、莲子心同用，如清宫汤。

用法用量 6～15g。

使用注意 脾胃虚寒及气虚脓清者不宜用。

其他清热解毒药见表 10-4。

（四）清热凉血药

凡具有清热凉血之功效，以清营分、血分热为主要作用的药物，称为清热凉血药。本类药物多为甘苦咸寒之品，入心、肝血分，善清营分、血分之热，有清热凉血之效。主要适用于温热病营分、血分实热所致的身热夜甚、烦躁不安、神昏谵语、吐血衄血等病证。

生地黄 《神农本草经》

为玄参科多年生草本植物地黄 *Rehmannia glutinosa* Libosch. 的根。主产于我国河南、河北、内蒙古及东北。秋季采挖，鲜用或干燥切片用。

性味归经　甘，寒。归心、肝、肺经。

功效　清热凉血，养阴生津。

应用

（1）用于温热病证。本品清热凉血，又养阴生津。治疗温病热入营血，常与玄参等同用，如清营汤。治疗温病后期，余热未尽，常与鳖甲、青蒿、知母等同用，如青蒿鳖甲汤。

（2）用于血热出血证。治血热妄行的吐血、衄血、便血、崩漏等，或温热病热入营血，血热斑疹出血，常与赤芍药、牡丹皮、水牛角等同用，如犀角地黄汤。若血热出血轻症，常与鲜荷叶、生艾叶、生侧柏叶同用，如四生丸。

（3）用于津伤口渴及消渴。本品养阴生津，常与山药、西洋参、党参、生黄芪等同用。

（4）用于津亏肠燥便秘。可与玄参、麦冬同用，如增液汤。

用法用量　10～15g，鲜品加倍。

使用注意　本品性寒而滞，脾虚湿滞腹满便溏者，不宜使用。

玄参　　《神农本草经》

为玄参科多年生草本植物玄参 *Scrophularia ningpoensis* Hemsl. 的根。产于我国长江流域及陕西，福建等省。立冬前后采挖，反复堆晒到内部色黑，晒干切片。生用。

性味归经　苦、甘、咸，微寒。归肺、胃、肾经。

功效　清热凉血，滋阴解毒。

应用

（1）用于温热病。治疗温病热入营分，常配生地、麦冬同用，如清营汤；治疗温病邪陷心包，神昏谵语者，多与麦冬、连翘心等同用；治疗温热病气血两燔，身发斑疹者，常与石膏，知母同用，如化斑汤。

（2）用于咽喉肿痛，瘰疬痰核，痈肿疮毒。治疗热毒壅盛咽喉肿痛，常与薄荷、连翘、板蓝根同用，如普济消毒饮；治疗阴虚火旺咽喉肿痛，可与麦冬、桔梗、甘草等同用；治疗痰火郁结之瘰疬痰核，多与贝母、生牡蛎同用；治疗疮疡肿痛，多与金银花、连翘、紫花地丁等同用。

用法用量　9～15g。

使用注意　本品性寒而滞，脾胃虚寒、食少便溏者不宜用。反藜芦。

其他清热凉血药见表10-4。

（五）清虚热药

凡能清退虚热，治疗虚热病证的药物，称为清虚热药。本类药物性属寒凉，然偏性不大，作用缓和，不伤正气。主要适用于阴虚发热、骨蒸潮热、热病后余热未尽及小儿疳积发热等证。

青蒿　　《神农本草经》

为菊科多年生草本植物黄花蒿 *Artemisia annua* L. 的干燥地上部分。广布于全国各地。夏秋采挖。鲜用或阴干，切段入药。

性味归经　苦、辛，寒。归肝、胆经。

功效　清虚热，退骨蒸，解暑，截疟，退黄。

应用

（1）用于温病后期、余热未尽或热病后期低热不退。常与鳖甲、知母、丹皮等同用，如青蒿鳖甲汤。

（2）用于阴虚发热，骨蒸潮热。常与银柴胡、胡黄连、知母、鳖甲等同用，如清骨散。

（3）用于暑热外感，发热口渴。常与连翘、茯苓、滑石、通草等同用。

（4）用于疟疾寒热。

用法用量　6～12g。不宜久煎。或以鲜品绞汁服。

使用注意　脾胃虚弱，肠滑泄泻者忌服。

地骨皮　《神农本草经》

为茄科落叶灌木植物枸杞 *Lycium chinense* Mill. 或宁夏枸杞 *Lycium barbarum* L. 的根皮。南北各地均有。初春或秋后采挖，剥取根皮，晒干，切段入药。

性味归经　甘，寒。归肺、肝、肾经。

功效　清热凉血，退热除蒸，清泻肺热。

应用

（1）用于阴虚发热，骨蒸盗汗。本品为退虚热、疗骨蒸之佳品，常与知母、鳖甲、银柴胡等同用，如地骨皮汤。

（2）用于肺热咳嗽。常与桑白皮、甘草等同用，如泻白散。

（3）用于血热妄行的吐血、衄血、尿血等血热出血证。可与白茅根、侧柏叶等凉血止血药同用。

用法用量　9～15g。

使用注意　外感风寒发热及脾虚便溏者不宜用。

其他清虚热药见表10-4。

表10-4　其他清热药简表

分类	药名	性味	归经	功效	应用	用量（g）	备注
清热泻火药	芦根	甘，寒	肺、胃	清热生津，除烦止呕，利尿	①热病烦渴；②胃热呕逆；③肺热咳嗽，肺痈吐脓；④利尿，治热淋；⑤透疹，治麻疹透发不畅	15～30；鲜品用量加倍，水煎或捣汁用	脾胃虚寒者忌用
	天花粉	甘、微苦，微寒	肺、胃	清热生津，清肺润燥，消肿排脓	①热病口渴，消渴多饮；②肺热燥咳；③痈肿疮疡	10～15	孕妇慎服，反乌头
	竹叶	甘、辛、淡，寒	心、肺、胃、小肠	清热除烦，生津利尿	①热病烦渴；②口疮尿赤	6～15；鲜品15～30	脾胃虚寒者忌用

续表

分类	药名	性味	归经	功效	应用	用量（g）	备注
清热泻火药	淡竹叶	甘、淡，寒	心、胃、小肠	清热除烦，通利小便	①热病烦渴；②口疮尿赤，水肿尿少，黄疸尿赤	6～10	
	栀子	苦、寒	心、肺、三焦	泻火除烦，清热利湿，凉血解毒，外用消肿止痛	①热病烦闷；②湿热黄疸；③血热吐衄；④疮疡肿毒，跌打损伤	6～10 外用生品适量，研末调敷	脾虎便瘦者忌用
	夏枯草	苦、辛，寒	肝、胆	清肝泻火，明目，散结消肿	①目赤肿痛，头痛眩晕；②瘰疬瘿瘤；③清肝降压	9～15；或熬膏服	脾胃虚弱者慎用
	决明子	甘、苦、咸，微寒	肝、大肠	清热明目，润肠通便	①目赤目暗；②肠燥便秘	9～15	用于通便，不宜久煎
	谷精草	辛、甘、平	肝、肺	疏散风热、明目退翳	目赤翳障，头痛齿痛	5～10	
	密蒙花	甘，微寒	肝	清热养肝，明目退翳	目赤翳障	3～9	
	青葙子	苦，微寒	肝	清泄肝火，明目退翳	目赤翳障	9～15	有扩散瞳孔的作用，故青光眼患者禁用
清热燥湿药	龙胆草	苦，寒	肝、胆	清热燥湿，泻肝胆火	①阴肿阴痒，带下湿疹，黄疸尿赤；②肝火头痛，目赤耳聋、胁痛口苦；③肝经热盛，热极生风所致的高热惊厥、手足抽搐	3～6；外用适量	善清肝胆湿热及实火脾胃虚寒者忌用
	秦皮	苦、涩，寒	大肠、肝、胆	清热燥湿，止痢，止带，明目	①热毒泻痢，湿热带下；②目赤肿痛，目生翳膜	6～12；外用适量煎汤洗患处	脾胃虚寒者忌用
	苦参	苦，寒	心、肝、胃、大肠、膀胱	清热燥湿，杀虫利尿	①湿热泻痢，黄疸尿赤；②带下阴痒，湿疹疥癣，小便不利	4.5～9；外用适量煎汤洗患处	反藜芦脾胃虚寒者慎用
	白鲜皮	苦、寒	脾、胃、膀胱	清热燥湿，祛风解毒	①湿热疮毒，湿疹疥癣；②黄疸尿赤，湿热痹痛	5～10；外用适量煎汤洗或研粉敷	脾肾虚寒者慎用

续表

分类	药名	性味	归经	功效	应用	用量（g）	备注
清热解毒药	蒲公英	苦、甘，寒	肝、胃	清热解毒，消痈散结，利湿通淋	①痈肿疔毒，乳痈内痈；②热淋涩痛，湿热黄疸；③清肝明目，治肝火上炎引起的目赤肿痛	10～15；外用适量	用量过大，可致缓泻
	紫花地丁	苦、辛，寒	心、肝	清热解毒，凉血消肿	①痈肿疔疮，乳痈肠痈，丹毒肿痛；②蛇毒药伤；③肝热目赤肿痛	15～30；外用适量	善治疔毒
	野菊花	苦、辛，微寒	心、肝	清热解毒	①痈疽疔疥、丹毒热毒上攻之咽喉肿痛、风火赤眼等证；②湿疹等皮肤瘙痒	9～15；外用适量	
	穿心莲	苦，寒	肺、心、大肠、膀胱	清热解毒，凉血消肿	①外感风热，温病初起，肺热咳喘，肺痈吐脓，咽喉肿痛；②湿热泻痢，热淋涩痛，湿疹瘙痒；③痈肿疮毒，蛇虫咬伤	6～9；多作丸、散、片剂；外用适量	不宜多服久服；脾胃虚寒者不宜用
	大青叶	苦、大寒	心、胃	清热解毒，凉血消斑	①热入营血，温毒发斑；②喉痹口疮，丹毒痈肿	10～15；鲜品30～60；外用适量	
	板蓝根	苦，寒	心、胃	清热解毒，凉血利咽	温热病，热毒炽盛证	9～15	以解毒利咽散结见长
	青黛	咸，寒	肝、肺	清热解毒，凉血消斑，清肝泻火，定惊	①温毒发斑，吐血衄血；②痄腮喉痹，火毒疮痒；③咳嗽胸痛，痰中带血；④暑热惊间，惊风抽搐	内服,1～3；外用适量	本品难溶于水，作散剂、丸剂用胃寒者慎用
	贯众	苦，微寒，有小毒	肝、脾	清热解毒，杀虫，凉血止血	①风热感冒、温热病发斑，以及痄腮等；②绦虫、钩虫、蛔虫等多种肠寄生虫病；③血热吐血、衄血、便血、崩漏等	4.5～9	有毒，用量不宜过大
	鱼腥草	辛，微寒	肺	清热解毒，消痈排脓，利尿通淋	①肺痈吐脓，肺热咳嗽；②热毒疮疡；③湿热淋证；④清热止痢，治湿热泻痢	15～25；外用适量	含挥发油，不宜久煎虚寒证及阴性疮疡忌服
	大血藤	苦，平	大肠、肝	清热解毒，活血止痛	①肠痈腹痛，热毒疮疡；②跌打损伤，风湿痹痛	9～15	孕妇不宜多服

续表

分类	药名	性味	归经	功效	应用	用量（g）	备注
清热解毒药	败酱草	辛、苦，微寒	胃、大肠、肝	清热解毒，消痈排脓，祛瘀止痛	①肠痈腹痛，肺痈吐脓，痈肿疮毒；②产后瘀阻腹痛	6～15；外用适量	脾胃虚弱，食少泄泻者忌服
	川射干	苦，寒	肺	清热解毒，祛痰利咽	①咽喉肿痛；②痰盛咳喘	6～10	孕妇慎用
	山豆根	苦，寒，有毒	肺、胃	清热解毒、利咽消肿	①热毒蕴结，咽喉肿痛；②牙龈肿痛；③湿热黄疸，肺热咳嗽，痈肿疮毒	3～6；外用适量	本品大苦大寒，用量不宜过大；脾胃虚寒者慎用
	马勃	辛，平	肺	清热解毒，利咽，止血	①风热及肺火咽喉肿痛；②吐血衄血，外伤出血	2～6；外用适量	
	白头翁	苦，寒	胃，大肠	清热解毒，凉血止痢	①热毒血痢；②疟疾；③外洗治阴痒	9～15；外用适量	治痢专药，虚寒泻痢忌服
	马齿苋	酸，寒	大肠、肝	清热解毒、凉血止血止痢	①湿热下痢；②热毒疮疡；③崩漏便血；④热淋血淋	9～15；鲜品加倍；外用适量	脾胃虚寒，肠滑作泄者忌服
	鸭胆子	苦，寒，有小毒	大肠、肝	清热解毒，止痢截疟，外用腐蚀赘疣	①热毒血痢，冷积久痢；②各种疟疾；③鸡眼赘疣	0.5～2，外用适量	不入煎剂，以龙眼肉或胶囊包裹吞服；对胃肠道及肝肾均有损害
	蚤休	苦，微寒，有小毒	肝	清热解毒，消肿治通，凉肝定惊	①痈肿疔疮，毒蛇咬伤；②小儿惊风抽搐；③跌打损伤，外伤出血	9～10；外用适量	孕妇忌服
	拳参	苦涩，微寒	肺、肝、大肠	清热解毒，镇肝息风，凉血止痢	①痈肿瘰疬，毒蛇咬伤；②热病抽搐及破伤风；③赤痢脓血，湿热泄泻；④利湿，治水肿、便不利	5～10；外用适量	

续表

分类	药名	性味	归经	功效	应用	用量（g）	备注
清热解毒药	半边莲	辛，平	心、小肠、肺	清热解毒，利水消肿	①疔疮肿毒，乳痈肿痛，蛇虫咬伤；②腹胀水肿，黄疸尿少	干品9～15；鲜品30～60；外用适量	虚证水肿忌用
	白花蛇舌草	微苦、甘，寒	胃、大肠、小肠	清热解毒，利湿通淋	①痈肿疮毒，咽喉肿痛，毒蛇咬伤；②热淋涩痛	15～60；外用适量	阴疽及脾胃虚寒者忌用
	山慈姑	甘、微辛，凉	肝、脾	清热解毒，化痰	①痈疽发背，疔疮恶肿，瘰疬痰核；②癥瘕痞块	3～9；入丸散剂减半；外用适量	正虚体弱者慎用
	土茯苓	甘、淡，平	肝、胃	解毒除湿，通利关节	①杨梅毒疮，肢体拘挛；②淋浊、带下，湿热疮毒	15～60	
	熊胆	苦，寒	肝、胆、心	清热解毒，息风止痉，清肝明目	①肝经热盛，热极生风所致的高热、惊风、癫痫、手足抽搐；②疮痈肿毒及痔疮肿毒；③肝热目赤肿痛、目生翳障；④咽喉肿痛	内服，0.25～0.5；多作丸、散，不入汤剂；外用适量	虚寒者忌服
	漏芦	苦，寒	胃	清热解毒，消痈散结，通经下乳	①痈肿疮毒，乳痈肿痛；②乳房胀痛，乳汁不下	5～9	孕妇慎用
	白蔹	苦、辛，微寒	心、胃	清热解毒，消痈散结，生肌敛疮	疮痈中毒，水火烫伤	5～10；外用适量	不宜与川乌、草乌、附子同用
	绿豆	甘，寒	心，胃	清热解毒，消暑利尿	①痈肿疮毒；②暑热烦渴；③药食中毒	15～30；外用适量	
清热凉血药	赤芍	苦，微寒	肝	清热凉血，散瘀止痛	①温病热入营血；②血瘀经闭、癥瘕、跌打损伤；③痈肿疮毒，目赤翳障	6～12	反藜芦
	牡丹皮	苦、辛，微寒	心、肝、肾	清热凉血，活血散瘀	①斑疹吐衄；②温邪伤阴，阴虚发热；③血滞经闭，痛经癥瘕，跌打损伤；④痈疡肿毒，肠痈腹痛	6～12	善治无汗骨蒸；孕妇慎用
	紫草	咸、甘，寒	心、肝	凉血活血，解毒透疹	①斑疹紫黑，麻疹不透；②痈疽疮疡，湿疹阴痒，水火烫伤	5～10	外用熬膏或用油浸液涂擦；脾虚便溏者不宜

续表

分类	药名	性味	归经	功效	应用	用量（g）	备注
清热凉血药	水牛角	苦，寒	心、肝	清热、凉血、解毒、定惊	①温热病热入血分，壮热不退，神昏谵语等症；②血热妄行的吐血、衄血等证	15～30	锉碎先煎，亦可锉末冲服
清虚热药	白薇	苦、咸，寒	肾、胃、肝	清热凉血，利尿通淋，解毒疗疮	①邪热入营，阴虚发热，产后虚热；②热淋血淋；③血热毒盛的疮痈中毒，咽喉肿痛，及毒蛇咬伤等症；④清泄肺热，透热外出，治肺热咳嗽	5～10	
	银柴胡	甘，微寒	肝、胃	清虚热，除疳热	①阴虚发热，盗汗，骨蒸潮热等；②疳积发热	3～10	
	胡黄连	苦，寒	肝、胃、大肠	退虚热，除疳热，清湿热	①骨蒸潮热；②小儿疳热；③湿热泻痢，痔疮肿毒	3～10	

五、消食药

凡具有消食化积、健脾开胃之功效，用于治疗饮食积滞的药物，称为消食药或消导药。

本类药物主要适用于宿食停滞、饮食不消所致的脘腹胀满、嗳腐吞酸、恶心呕吐、不思饮食、大便失常等症以及脾胃虚弱所致的消化不良者。

山楂　　《神农本草经集注》

为蔷薇科植物山里红 *Crataegus pinnatifida* Bge. var *major* N.E.Br.、山楂 *Cratageus. pinnatifida* Bge. 或野山楂 *C. cuneata* Sieb.et Zucc. 的果实。前两种习称“北山楂”，主产于河南、山东、河北等地；野山楂习称“南山楂”，主产于浙江、江苏、湖南、四川等地。秋季果实成熟时采收。北山楂切片、干燥，南山楂直接干燥。生用或炒用。

性味归经　酸、甘，微温。归脾、胃、肝经。

功效　消食健胃，行气散瘀。

应用

（1）用于肉食积滞。本品消食力强，尤善消化油腻肉积，常与麦芽、神曲等同用。

（2）用于瘀阻引起的胸腹疼痛、痛经。治疗瘀血阻滞所致的胸胁刺痛，常与川芎、桃仁、红花等同用；治疗产后瘀阻腹痛、恶露不尽、血瘀经闭等症，常与当归、川芎、益母草等配伍。

（3）用于泻痢腹痛，疝气痛。若因伤食而引起的腹痛泄泻，可单用焦山楂研末，开水调服；也可与木香、槟榔等同用；若疝气疼痛，可与橘核、荔枝核等同用。

用法用量 9～12g。消食散瘀多生用或炒用；止泻痢多炒焦或炒炭用。

使用注意 孕妇慎用。

莱菔子 《日华子本草》

为十字花科植物萝卜 *Raphanus sativus* L. 的成熟种子。全国各地均栽培。夏季果实成熟时采割植株，晒干，搓出种子，除去杂质，再晒干。生用或炒用。用时捣碎。

性味归经 辛、甘，平。入脾、胃、肺经。

功效 消食除胀，降气化痰。

应用

（1）用于食积气滞。本品尤善消面食积滞，兼行气除胀。治疗食积停滞所致的脘腹胀满、嗳气吞酸、腹痛泄泻等症，常与神曲、山楂、麦芽、半夏、陈皮等同用，如保和丸。

（2）用于咳嗽痰多、胸闷食积。可单用本品为末服；或与白芥子、苏子等配伍应用，如三子养亲汤。

用法用量 5～12g。消食化痰多炒用。

使用注意 气虚及无食积、痰滞者慎用。不宜与人参同用。

鸡内金 《神农本草经》

为雉科动物家鸡 *Gallus gallus domesticus* Brisson 的砂囊内壁。全国各地均产。杀鸡后，取出鸡肫，剖开，立即趁热剥取内壁，洗净晒干。生用、炒用或醋制入药。

性味归经 甘，平。归脾、胃、小肠、膀胱经。

功效 消食健胃，涩精止遗、通淋化石

应用

（1）用于饮食积滞，小儿疳积。本品消食化积作用较强，并能健运脾胃，可广泛用于各种饮食积滞所致的脘腹胀满。病情较轻者，用单味药研末服即有效；食积较重者，可配山楂、麦芽、神曲等同用。若小儿脾虚疳积，本品可与白术、山药、使君子等同用。

（2）用于肾虚遗精、遗尿。治疗肾虚遗精者，常与芡实、菟丝子、莲须等同用；治疗肾虚遗尿者，常与桑螵蛸、牡蛎、黄芪等同用。

（3）用于淋证，结石证。治疗尿路结石，常与海金沙、车前子、川牛膝等同用。治疗肝胆结石，常与金钱草、广郁金、茵陈、枳壳等同用。

用法用量 3～10g；研末内服，1.5～3g。研末服效果较好。

其他消导药见表 10-5。

表 10-5 其他消导药简表

药名	性味	归经	功效	应用	用量（g）	备注
神曲	甘、辛，温	脾、胃	消食健脾	①食积不化，脘腹胀满；②脾胃虚弱，食少纳呆	6～15	
麦芽	甘，平	脾、胃肝	行气消食，健脾开胃，回乳消胀	①饮食积滞，脘腹胀满；②脾虚食少，食欲不振；③乳汁郁积，回乳断奶	10～15 回乳炒用 60g	生麦芽消食化滞；炒麦芽回乳消胀；焦麦芽消食健脾

续表

药名	性味	归经	功效	应用	用量（g）	备注
谷芽	甘，温	脾、胃	消食和中，健脾开胃	①食积停滞，脘腹胀满；②脾胃虚弱，消化不良	9～15	炒用消食；生用和中；炒焦用健脾化滞

六、泻下药

凡以泻下通便、润滑大肠或逐水退肿为主要作用，用于治疗实热内盛、胃肠积滞、大便秘结、水饮停蓄等里实证的药物，称为泻下药。主要适用于胃肠积滞、实热内结所致的大便秘结以及水肿停饮等里实证。根据其作用的特点及使用范围的不同，可分为攻下药、润下药、峻下逐水药等三类。

使用泻下药要注意药物的选择和配伍：里实兼有表邪，当先解表后攻里，必要时可表里双解；里实正虚，可配伍补虚药，以攻补兼施。

攻下药和峻下逐水药的作用较猛，有的还有毒性，易伤正气，对久病正虚、年老体弱以及妇女胎前产后、月经期等均应慎用或禁用。此外，泻下药易伤脾胃，奏效即止，不可过服，以免损伤胃气。

（一）攻下药

攻下药性味苦寒，沉降，主入胃、大肠经。具有较强的泻下通便作用，又能清热泻火。主要适用于胃肠积滞、里热炽盛所致的大便燥结之证。此外，还可以用于热病，壮热、神昏谵语，火热上炎所致的头痛目赤、咽喉肿痛、牙龈肿痛以及火热炽盛所致的吐血、衄血、咯血等上部出血之证。上述病证，不论有无便秘，均可应用。

使用攻下药，常配伍行气药，以增强泻下除胀的作用。

大黄　　《神农本草经》

为蓼科多年生草本植物掌叶大黄 *Rheum palmatum* L.、唐古特大黄 *Rheum tanguticum* Maxim. ex Balf. 或药用大黄 *Rheum officinale* Baill. 的根和根茎。主产于甘肃、青海、四川等地。于秋末茎叶枯萎或次春发芽前采挖。除去须根，刮去外皮切瓣或段干燥。生用，或酒炒，酒蒸，炒炭用。

性味归经　苦，寒。归脾、胃、大肠、肝、心包经。

功效　泻下攻积，清热泻火，凉血解毒，逐瘀通经、利湿退黄。

应用

（1）用于积滞便秘。本品有较强的泻下作用，为治疗大便燥结之要药，尤擅治疗热结便秘，常与芒硝、厚朴、枳实同用，如大承气汤。冷积便秘可配伍附子、干姜，如温脾汤；若里实热结兼气血虚者，当与人参、当归等配伍，以攻补兼施，标本兼顾，如黄龙汤。

（2）用于血热吐衄，目赤咽痛。治疗血热吐血、衄血、咯血者，常与黄芩、黄连同用，如泻心汤；治疗火邪上炎所致的目赤肿痛、咽喉肿痛、牙龈肿痛者，常与黄芩、栀子等同用，如凉膈散。

（3）用于热毒疮疡，水火烫伤。本品内服外用均可。治疗热毒痈肿，常与金银花、连翘、蒲公英等清热解毒药同用；治疗肠痈腹痛可与牡丹皮、桃仁、芒硝同用，如大黄牡丹皮汤；治疗多种热毒疔疖，如治疗乳痈，可与甘草研末煎熬成膏外敷，如金黄散；治疗口疮糜烂，多与枯矾等份为末敷患处；治疗水火烫伤，可研末单用，或配地榆研末，麻油调敷患处。

（4）用于瘀血诸证。治疗妇女产后瘀阻腹痛、恶露不尽、瘀血经闭，常与桃仁、土鳖虫等同用，如下瘀血汤；治疗跌打损伤、瘀血肿痛，可与当归、穿山甲、红花等同用，如复元活血汤。

（5）用于湿热泻痢、黄疸、淋证。治疗肠道湿热积滞之泻痢，里急后重、泻而不爽者，可单用，或配伍黄连、黄芩等同用，如芍药汤；治疗湿热黄疸，常配茵陈、栀子，如茵陈蒿汤；治疗湿热淋证，多与木通、车前子、茵陈等同用，如八正散。

用法用量 3～15g。外用适量，研末调敷。攻下通便用生大黄，入汤剂宜后下，不宜久煎，或用开水泡服；活血逐瘀用酒制大黄；止血用大黄炭。

使用注意 生大黄泻下力猛，久煎则泻下作用减弱。脾胃虚寒者慎用；孕妇及哺乳期慎用。

芒硝 《名医别录》

为硫酸盐类矿物芒硝族芒硝经加工精制而成的结晶体。主要成分是含水硫酸钠（$Na_2SO_4 10H_2O$）。主产于河北、天津、山东、河南、江苏等地。芒硝风化干燥后，为玄明粉，其主要成分是硫酸钠（Na_2SO_4）。

性味归经 咸、苦，寒。归胃、大肠经。

功效 泻下通便，润燥软坚，清火消肿。

应用

（1）用于实热积滞的大便燥结。常与大黄相须为用，以增强泻下通便作用，如大承气汤、调胃承气汤。

（2）用于咽喉肿痛、口舌生疮、目赤肿痛、热毒疮痈等。治疗火毒上炎所致的咽喉肿痛、口舌生疮，常与硼砂、冰片、朱砂等制成散剂外吹患处，如冰硼散，或以芒硝置西瓜中制成西瓜霜外用；治疗火热上炎的目赤肿痛，可用玄明粉配制眼药水，外用滴眼；治乳痈初起，可用本品化水涂抹，或纱布包裹外敷；治肠痈初起，可与大黄、败酱草、金银花、牡丹皮、大蒜等同用；治疗疮痈肿毒，或疮疹赤热痒痛，可用本品溶于冷开水中涂抹；痔疮肿痛，可用本品化水外洗。

用法用量 一般不入煎剂，待汤剂煎得后，溶入汤液中服用，每次6～12g。外用适量。

使用注意 孕妇慎用；不宜与硫黄、三棱同用。

其他攻下药见表10-6。

（二）润下药

润下药多为种子或种仁，味甘质润，富含油脂，具有润燥滑肠通便之功效。主要适用于年老、体弱、久病、产后，由于津枯血虚、热病伤津及失血等所致的肠燥津枯便秘。

火麻仁　　《神农本草经》

为桑科植物大麻 *Cannabis sativa* L. 的干燥成熟果实。主产于山东、浙江、河北、江苏及东北等地。秋季果实成熟时采集，除去杂质及果皮，晒干。生用，用时打碎。

性味归经　甘，平。归脾、胃、大肠经。

功效　润肠通便。

应用　用于肠燥便秘。治疗老人、妇女产后等体质虚弱、津血不足的肠燥便秘，常与郁李仁、瓜蒌仁、杏仁、桃仁、苏子等药同用，或与大黄、厚朴等配伍，以加强通便作用，如麻子仁丸。

用法用量　10～15g。生用或微炒后，打碎入煎。

使用注意　食入过量可致中毒。

郁李仁　　《神农本草经》

为蔷薇科植物欧李 *Prunus humilis* Bge.、郁李 *Prunus japonica* Thunb. 或长柄扁桃 *Prunus pedunculata* Maxim. 的成熟种子。前两种习称“小李仁”，后一种习称“大李仁”。主产于东北、山东、河北、宁夏、内蒙古等地。夏、秋两季采收成熟果实，除去果肉及核壳，取出种子，干燥。生用，去除杂质，用时捣碎。

性味归经　辛、苦、甘，平。归脾大肠、小肠经。

功效　润肠通便，下气利水。

应用

（1）用于肠燥便秘。本品与火麻仁相类似，但作用较强，且兼行气之功，常用于治疗津血不足兼气滞的便秘，可与火麻仁、柏子仁、杏仁等同用，如五仁丸。

（2）用于水肿胀满、脚气浮肿，兼二便不利者。常与茯苓、白术、桑白皮、赤小豆等利水消肿药和健脾药等同用。

用法用量　6～10g。

使用注意　孕妇慎用。

（三）峻下逐水药

峻下逐水药多为苦寒有毒之品，泻下作用峻猛，能引起剧烈腹泻，排出水样便。其中部分药物还兼有利尿作用。主要适用于全身水肿、腹水臌胀、胸胁停饮等正气未衰之证。

峻下逐水药药力峻猛，且多具有毒性，副作用大，易伤正气，使用时要顾护正气，可采用先攻后补、先补后攻或攻补兼施等方法；年老体弱、久病体虚者应慎用；妇女胎前产后及经期忌用；应用时，应注意用量、炮制方法及禁忌等，并做到中病即止，不可多用。

甘遂　　《神农本草经》

为大戟科多年生植物甘遂 *Euphorbia kansui* T. N. Liou ex T. P. Wang 的干燥块根。主产于江苏、河北、山西、甘肃、山东、四川、浙江等地。春季开花前或秋末茎叶枯萎后采挖，撞去外皮，晒干。醋制过用。

性味归经　苦，寒。有毒。归肺、肾、大肠经。

功效 泻水逐饮，消肿散结。

应用

（1）用于水肿、臌胀、胸胁停饮而正气未衰者。既可单用研末服，也可与牵牛子同用，如二气汤；或与大戟、芫花为末，枣汤送服，如十枣汤。

（2）用于风痰癫痫。以甘遂为末，入猪心煨后，与朱砂末为丸，如遂心丹。

（3）用于疮痈肿毒。用甘遂为末，水调外敷。

用法用量 炮制后多入丸散，每次 0.5 ～ 1.5g。外用适量，生用。内服醋制用，以减低毒性。

使用注意 过量服用易中毒。孕妇禁用。反甘草。

京大戟 《神农本草经》

为大戟科多年生植物大戟 *Euphorbia pekinensis* Rupr. 的根。主产于江苏、河北、山西、甘肃、山东、四川、浙江等地。秋冬两季采挖，洗净，晒干。生用或醋制用。

性味归经 苦，寒。有毒。归肺、脾、肾经。

功效 泻水逐饮，消肿散结。

应用

（1）用于水肿，臌胀，胸胁停饮。正气未衰者，多与甘遂、芫花、大枣等同用，如十枣汤、舟车丸等。

（2）用于热毒壅滞之疔毒疮痈。可鲜用捣烂外敷，或配当归、白术、半夏等内服；治疗痰火凝结的瘰疬痰核，可用大戟与鸡蛋同煮，食鸡蛋，或与雄黄配伍外用。

用法用量 1.5 ～ 3g；入丸散，每次 1g。外用适量，生用。内服醋制用，以减低毒性。

使用注意 过量服用易中毒。孕妇禁用。反甘草。

芫花 《神农本草经》

为瑞香科落叶灌木芫花 *Daphne genkwa* Sieb. et Zucc. 的干燥花蕾。主产于安徽、山东、四川、浙江等地。春季开花前采摘，晒干。生用或醋制用。

性味归经 苦、辛，温。有毒。归肺、脾、肾经。

功效 泻水逐饮，祛痰止咳，外用杀虫疗疮。

应用

（1）用于水肿、臌胀、胸胁停饮。本品泻水逐饮作用较甘遂、大戟弱，但以泻胸胁水饮为见长。多与甘遂、大戟、大枣等同用，如十枣汤、舟车丸等。

（2）用于咳嗽痰喘。可单用，或与大枣煎服。

（3）用于头疮、白秃、顽癣、痈肿。可单用研末，或配伍雄黄用猪脂调敷。

用法用量 1.5 ～ 3g；入丸散，每次 1g。外用适量，生用。内服醋制用，以减低毒性。

使用注意 过量服用易中毒。孕妇禁用。反甘草。

其他逐水药见表 10-6。

表 10-6　其他攻下、逐水药简表

分类	药名	性味	归经	功效	应用	用量（g）	备注
攻下药	番泻叶	甘、苦，寒	大肠	泻热行滞，通便，利水	①热结便秘，腹满胀痛；②腹水胀满，二便不利	2～6g，后下，或开水泡服	孕妇慎用；宜后下
	芦荟	苦，寒	肝、胃、大肠	泻热通便，清泻肝火，杀虫疗疳	①热结便秘，腹满胀痛；②肝经实火，烦躁易怒；③小儿疳积，虫积腹痛	入丸散，2～5	孕妇慎用
逐水药	牵牛子	苦，寒，有毒	肺、肾、大肠	泻下通便、消痰涤饮，杀虫攻积	①水肿胀满，小便不利；②实热积滞，大便秘结；③痰饮咳喘，虫积腹痛	3～6；入丸散，1.5～3	炒用药性减缓；不宜与巴豆、巴豆霜同用；孕妇慎用
	商陆	苦，寒，有毒	肺、肾、大肠	逐水消肿通利二便，外用解毒散结	①实热积滞，大便秘结；②水肿臌胀，小便不利；③疮疡肿毒，痈疽疔疖	3～9，外用适量	延长煮沸时间可减毒；孕妇禁用
	巴豆	辛，热，大毒	胃、大肠	外用蚀疮	用于恶疮疥癣、疣痣	外用适量、研末涂患处、或捣烂以纱布包擦患处	制成巴豆霜用可减毒；不宜与牵牛同用；服用本品中毒可用绿豆汤解；孕妇禁用

七、化痰止咳平喘药

凡以祛除痰涎为主要作用，用于治疗痰证的药物，称为化痰药；以制止或减轻咳嗽、喘息为主要作用，治疗咳嗽、喘息的药物，称为止咳平喘药。化痰药常兼止咳平喘的功效，止咳平喘药也常兼化痰的功效。病证上，痰、咳、喘三者相互兼夹，所以将化痰药、止咳平喘药合为一节介绍。

化痰止咳平喘药具有宣降肺气、化痰止咳、降气平喘等功效，主治痰多咳嗽气喘，以及痰蒙清窍所致眩晕、癫痫惊厥、中风痰迷，痰阻经络所致瘿瘤、瘰疬、阴疽流注、麻木肿痛等病证。

化痰止咳平喘药根据药性、功效及临床应用的不同，可分为温化寒痰药、清化热痰药及止咳平喘药等三类。

临床应用化痰止咳平喘药时，对于内伤外感引起的多种痰多咳嗽之证，应辨证审因，进行适当的配伍，如有外感的配合解表药同用，虚劳的配合补虚药同用。因痰气交阻，气机失调，故应用化痰药时常配伍行气、降气药。

对于某些温燥的化痰药，若咳嗽咯血或痰中带血等有出血倾向者，宜慎用；麻疹初期虽有咳嗽症状，不宜单用止咳药，当以疏散清宣为主，以免恋邪而致久喘不已及影响麻疹之透发。

（一）温化寒痰药

药性温燥，以温肺祛寒，燥湿化痰为主要作用，用于治疗寒痰、湿痰证的药物，称为温化寒痰药。寒痰、湿痰犯肺常见咳嗽气喘，痰多色白清稀，苔腻；痰浊上壅，蒙蔽清窍常见眩晕、癫痫惊厥、中风痰迷；痰阻经络常见肢体麻痹、阴疽流注、瘰疬痰核等。为了加强疗效，温化寒痰药物常与温散寒邪，燥湿健脾的药物配伍。

本类药物温燥性烈，易助火伤津，凡痰热咳嗽、阴虚燥咳及吐血、咯血者，均当忌用或慎用。

半夏　　《神农本草经》

为天南星科植物半夏 *Pinellia ternata*（Thunb.）Breit. 的块茎。主产于四川、湖北、安徽、贵州等地。夏秋两季茎叶茂盛时采挖，除去外皮及须根，洗净晒干为“生半夏”；经白矾制者称“清半夏”；经生姜、白矾制者称“姜半夏”；经石灰制者称“法半夏”。

性味归经　辛，温。有毒。归脾、胃、肺经。

功效　燥湿化痰，降逆止呕，消痞散结、外用消肿止痛。

应用

（1）用于湿痰阻肺，咳嗽痰多。常与陈皮、茯苓、甘草等同用，如二陈汤；湿痰上犯清阳之头痛、头晕，则配天麻、白术以化痰息风，如半夏白术天麻汤；寒饮伏肺所致咳嗽喘息、咯痰色白清稀者，常与干姜、桂枝、细辛等配伍，如小青龙汤。因其化痰力佳，配伍瓜蒌、黄芩等亦可治疗热痰。

（2）用于胃气上逆、恶心呕吐。半夏味苦降逆和胃，为止呕要药。治疗痰饮或胃寒呕吐，可配生姜同用，如小半夏汤；胃热呕吐可配黄连、竹茹等药；妊娠呕吐，可配灶心土等品；胃虚呕吐，可配人参、白蜜同用。

（3）用于痰热阻滞，心下痞满。可与黄芩、黄连、干姜等同用，如半夏泻心汤；痰热结胸可与瓜蒌、黄连等同用，如小陷胸汤；气郁痰结所致之梅核气，常与厚朴、生姜、苏叶等同用，如半夏厚朴汤；胸痹疼痛，则配瓜蒌、薤白等同用。

（4）用于瘿瘤，痰核，疮疡肿痛，毒蛇咬伤等。本品内服能消痰散结，外用能消肿止痛。治疗瘿瘤痰核，可与海藻、昆布、贝母等同用；痈疽肿毒初起或毒蛇咬伤可用生半夏配生南星等份同研，调醋外敷。

用法用量　3～10g，宜制用。消痞和胃多用清半夏；降逆止呕多用姜半夏；燥湿化痰多用法半夏；生半夏长于消肿散结，只宜外用。

使用注意　生品内服宜慎。反乌头。

天南星　　《神农本草经》

为天南星科植物天南星 *Arisaema erubescens*（Wall.）Schott、异叶天南星 *Arisaema heterophyllum* Bl. 或东北天南星 *Arisaema amurense* Maxim. 的块茎。主产于四川、河南、河北等地；异叶天南星主产于江苏、浙江等地；东北天南得主产于辽宁、吉林等地。秋冬两季采挖，除去须根及外皮，晒干。未经炮制者为“生南星”；经生姜、白矾制者称“制南星”；经牛、猪、或羊胆汁制者称“胆南星”。

性味归经　苦、辛，温。有毒。归肺、肝、脾经。

功效 燥湿化痰，祛风止痉，外用散结消肿。

应用

（1）用于顽痰咳嗽及痰湿壅滞、胸膈胀闷等。常与半夏相须为用，并配合枳实、橘红，如导痰汤。用治寒痰咳嗽，痰白清稀者，常与半夏、肉桂等配伍。

（2）用于风痰眩晕，目眩、呕逆、胸闷少食等。常与半夏、天麻、生姜等配伍。风痰滞留经络所致中风，半身不遂，手足顽麻，口眼㖞斜，则配半夏、白附子、川乌等同用，如青州白丸子；癫痫可与半夏、全蝎、僵蚕等配伍，如五痫丸；破伤风常与白附子、天麻、防风等，如玉真散。

（3）用于痈疽肿痛，毒蛇咬伤。本品外用能消肿散结止痛。治疗痈疽肿痛、痰核，可研末醋调敷；毒蛇咬伤可配雄黄外敷。

用法用量 3～10g，宜制用。外用研末，以醋或酒调敷患处。

使用注意 生品内服宜慎；孕妇慎用。

（二）清化热痰药

药性寒凉清润，以清化热痰为主要作用，用于治疗热痰、燥痰等证的药物，称为清化热痰药。痰热壅肺常见咳嗽气喘、咯吐黄痰、舌红苔黄腻；燥痰犯肺常见咳嗽气喘、痰少黏稠、咯痰不爽。此外，部分药物还可用于痰热癫痫、中风昏厥，以及痰火郁结所致瘿瘤、瘰疬等。临床应用时，常与清热泻火、养阴润肺药配伍，以期达到清热化痰的目的。

本类药物易伤阳助湿，故寒痰、湿痰及脾胃虚寒不宜用。

川贝母　《神农本草经》

为百合科植物卷叶贝母（川贝母）*Fritillaria cirrhosa* D.Don、暗紫贝母 *Fritillaria unibracteata* Hsiao et K.C.Hsia、甘肃贝母 *F. przewalskii* Maxim. 或棱砂贝母 *Fritillaria delavayi* Franch. 的鳞茎，前三者按不同性状习称“松贝”或“青贝”，后者称“炉贝”。主产于四川、云南、甘肃等地。夏、秋两季采挖，除去须根、粗皮，晒干，生用。

性味归经 苦、甘，微寒。归肺、心经。

功效 清热化痰，润肺止咳，散结消肿。

应用

（1）用于阴虚劳嗽、久咳痰少咽干。常与百合、麦冬、桔梗等配伍，如百合固金汤。肺热、燥热咳嗽常配黄芩、知母等同用，如二母散。

（2）用于瘰疬痰核。可与玄参、牡蛎配伍，如消瘰丸；热毒壅结之肺痈，常配鱼腥草；乳痈常配蒲公英。

用法用量 3～10g。研末冲服，每次1～2g。

使用注意 脾胃虚寒及寒痰、湿痰不宜用。反乌头。

浙贝母　《轩岐救正论本草正》

为百合科植物浙贝母 *Fritillaria thunbergii* Miq. 的鳞茎。主产于浙江。此外，江苏、安徽、湖南、江西等地亦产。初夏植株枯萎时采挖，擦去外皮，拌以煅过的贝壳粉，吸去浆汁，切厚片或打成碎块。

性味归经 苦，寒。归肺、心经。

功效 清热化痰止咳；解毒，散结消痈。

应用

（1）用于外感风热咳嗽。常配桑叶、牛蒡子；痰热郁肺，咯痰黄稠，常与瓜蒌、黄芩、知母同用。

（2）用于瘰疬，瘿瘤，乳痈疮痈，肺痈。治疗痰火瘰疬可与玄参、牡蛎配伍，如消瘰丸；瘿瘤常配海藻、昆布；肺痈可与鲜芦根、生苡仁、冬瓜子、鱼腥草等同用；乳痈疮疡可配连翘、蒲公英、天花粉等。

用法用量 5～10g。

使用注意 同川贝母。

瓜蒌 《神农本草经》

为葫芦科植物栝蒌 *Trichosanthes kirilowii* Maxim. 和双边栝蒌 *Trichosanthes rosthornii* Harms 的成熟果实。主产于河北、河南、安徽、浙江、山东、江苏等地。秋季采收，将壳与种子分别干燥，生用。或以仁制霜用。

性味归经 甘、微苦，寒。入肺、胃、大肠经。

功效 清热涤痰，宽胸散结，润燥滑肠。

应用

（1）用于痰热咳喘。本品甘寒而润，善化热痰、燥痰。治疗肺热咳嗽、咯痰黄稠，胸膈痞满者，可配黄芩、胆南星、枳实等，如清气化痰丸；燥热伤肺，干咳无痰或痰少质黏，咳吐不利者，则配川贝母、天花粉、桔梗等。

（2）用于痰气互结，胸阳不通之胸痹疼痛。常配薤白、半夏等同用，如瓜蒌薤白半夏汤；痰热结胸，胸膈痞满者，则配黄连、半夏等，如小陷胸汤。

（3）用于治疗肺痈咳吐腥臭脓血。常配伍鱼腥草、芦根等。肠痈配伍败酱草、红藤等；乳痈初起、肿痛而未成脓者，与没药、乳香、当归等同用，如神效瓜蒌散。

（4）用于肠燥便秘。常与火麻仁、郁李仁、生地等配伍应用。

用法用量 全瓜蒌 10～20g，瓜蒌皮 6～12g，瓜蒌仁 10～15g，打碎入煎。润肺滑肠用瓜蒌仁，利气宽胸用瓜蒌皮。

使用注意 脾虚便溏及湿痰、寒痰者忌用。反乌头。

前胡 《名医别录》

为伞形科植物白花前胡 *Peucedanum praeruptorum* Dunn 或紫花前胡 *Peucedanum decursivum* Maxim. 的根。前者主产于四川、浙江、湖南、安徽等地；后者主产于江西、浙江、安徽等地。秋冬季至春季茎叶枯萎或未抽花茎时采挖，除去须根及泥土，晒干，切片生用或蜜炙用。

性味归经 苦、辛，微寒。归肺经。

功效 降气化痰，疏散风热。

应用

（1）用于痰热壅肺。症见咳嗽喘促、胸膈满闷、咯痰黄稠量多，常配伍桑白皮、浙贝母、杏仁等同用。

（2）用于外感风热所致咳嗽咽痛。常与桑叶、薄荷、桔梗等同用。配伍辛温发散，宣肺之品如荆芥、紫苏等同用，也可用治风寒咳嗽，如杏苏散。

用法用量 3～10g。

桔梗 《神农本草经》

为桔梗科植物桔梗 *Platycodon grandiflorum*（Jacq.）A.DC. 的根。全国大部分地区均产。东北所产称“北桔梗”；华东地区所产称“南桔梗”。春、秋季采挖，除去须根，趁鲜刮去外皮，放清水中浸 2～3 小时，切片，晒干生用或炒用。

性味归经 苦、辛，平。归肺经。

功效 宣肺祛痰，利咽，排脓。

应用

（1）用于咳嗽痰多，胸闷不畅。无论寒热均可应用，属于风寒者，可与荆芥、防风、紫苏叶、杏仁等配伍，如杏苏散；风热者，可与前胡、牛蒡子、菊花、桑叶等配伍，如桑菊饮；痰滞胸闷不畅，则与枳壳配伍。

（2）用于风热犯肺，咽痛声哑。可与牛蒡子、甘草等同用，如桔梗汤。热毒壅盛，咽喉肿痛常配山豆根、射干、板蓝根等。

（3）用于肺痈咳嗽胸痛、咯痰腥臭。可与甘草、生苡仁、冬瓜子、桃仁、鲜芦根、鱼腥草等配伍。

用法用量 3～10g。

使用注意 本品性升散，凡气机上逆，呕吐、眩晕、阴虚火旺咳血等，不宜用，用量过大易致呕吐。

（三）止咳平喘药

以制止或减轻咳嗽喘息为主要作用，并用于治疗咳嗽、喘息的药物，称为止咳平喘药。止咳平喘药具有宣肺祛痰、润肺止咳、降气平喘的功效，主要用于治疗咳嗽气喘。其中有的药物偏于止咳，有的则偏于平喘，有的则兼而有之。止咳平喘药，有宣肺、清肺、润肺、降肺、敛肺及化痰的不同，在应用时还须加以区别。

咳喘之证，病情复杂，有外感内伤之别，寒热虚实之异。临床应用时应审证求因，随证选用不同的止咳、平喘、化痰药，并配伍相应的相关药物。总之，不能见咳止咳，见喘止喘。

外感咳嗽，不能单用止咳药，当以疏散宣发为主，辅以适量止咳药，更不能过早使用敛肺止咳药。个别麻醉镇咳定喘药，因易成瘾，易恋邪，用之宜慎。

苦杏仁 《神农本草经》

为蔷薇科植物山杏 *Prunus armeniaca* L.var. ansu Maxim.、西伯利亚杏 *Prunus sibirica* L.、东北杏 *Prunus mandshurica*（Maxim.）或杏 *Prunus armeniaca* L. 的成熟种子，主产于山西、陕西、河北、内蒙古、辽宁等地。夏季采收成熟果实，除去果肉及核壳，晒干，生用。

性味归经 苦，微温，有小毒。归肺、大肠经。

功效 降气止咳平喘，润肠通便。

应用

（1）用于咳嗽气喘，为治疗咳嗽气喘之要药。风寒袭肺所致咳嗽气喘，常与麻黄、甘草等同用，如三拗汤；风热犯肺所致痰黄黏稠，咳嗽气喘，可与桑叶、菊花、桔梗等配伍应用，如桑菊饮；燥热伤肺，咳嗽气喘，常与桑叶、沙参、贝母同用，如桑杏汤；肺热、肺火，咳嗽气喘，可配石膏同用，如麻杏石甘汤。

（2）用于肠燥便秘。常与柏子仁、郁李仁等配伍用治阴虚津枯所致肠燥便秘，如五仁丸。

用法用量　5～10g。生品入煎剂后下。

使用注意　本品有毒，用量不宜过大。婴儿慎用。

紫菀　　《神农本草经》

为菊科植物紫菀 *Aster tataricus* L.f. 的根及根茎。主产于河北、安徽、河南、黑龙江、山西等地。春、秋二季采挖，除去有节的根茎，编成辫状晒干，切厚片生用，或蜜炙用。

性味归经　苦、辛，温。归肺经。

功效　下气消痰止咳。

应用

用于咳嗽痰喘，凡咳嗽之证，无论外感、内伤，病程长短，寒热虚实，皆可用之。如治疗外感风寒，咳嗽喉痒，咯痰不爽，可与荆芥、桔梗、百部、白前等伍用，如止嗽散。肺虚久咳或阴虚劳嗽，痰中带血等症，则与贝母、阿胶等同用，如王海藏紫菀汤。肺气虚衰，咳嗽喘息，常与人参、五味子、款冬花等同用。

用法用量　5～10g。外感暴咳生用；肺虚久咳蜜炙用。

款冬花　　《神农本草经》

为菊科植物款冬 *Tussilago farfara* L. 的花蕾，主产于河南、甘肃、山西、陕西、内蒙古、四川、新疆、西藏、青海等地。12月或地冻前当花尚未出土时采挖，除去花梗，阴干，生用，或蜜炙用。

性味归经　辛、微苦，温。归肺经。

功效　润肺下气，祛痰止咳。

应用

用于咳嗽痰喘。寒邪伤肺，咳逆久嗽，常与干姜、紫菀、五味子等同用，如款冬煎；寒饮郁肺，咳而上气者，常与半夏、麻黄、射干等同用；肺热咳喘，可与知母、桑叶、川贝母等同用；肺气虚弱，咳嗽不已，可与人参、黄芪等同用；肺阴不足，干咳少痰或痰中带血，可与川贝母、百合、沙参等配伍；肺痈咳吐脓痰，可与桔梗、薏苡仁等配伍，如款花汤。

用法用量　5～10g。外感暴咳生用；肺虚久咳蜜炙用。

桑白皮　　《神农本草经》

为桑科植物桑 *Morus alba* L. 的根皮。全国大部分地区均产，主产于安徽、河南、浙江、江苏、湖南等地。秋末叶落时至次春发芽前挖根，刮去黄棕色粗皮，纵向剖开、剥去根皮，晒干，切丝生用，或蜜炙用。

性味归经　甘，寒。入肺经。

功效　泻肺平喘，利水消肿。

应用

（1）用于肺热咳喘等。本品能泻肺热而平喘。治疗肺热咳嗽，喘逆痰多者，常与地骨皮同用，如泻白散；肺虚有热而咳喘气短、潮热、盗汗者，可与人参、五味子、熟地等补益药同用，如补肺汤。

（2）用于水肿。治疗全身面目浮肿、小便不利者，常与大腹皮、茯苓皮、陈皮等配合应用，如五皮饮。

用法用量 6～12g。泻肺利水、平肝清火宜生用；肺虚咳嗽宜蜜炙用。

其他化痰止咳平喘药见表 10-7。

表 10-7 其他化痰止咳平喘药简表

分类	药名	性味	归经	功效	应用	用量（g）	备注
温化寒痰药	旋覆花	苦、辛、咸，微温	肺、脾、胃、大肠	降气化痰，降逆止呕	①痰饮壅肺，咳喘痰多；②痰浊中阻，噫气呕吐	3～9	包煎
	白芥子	辛，温	肺、胃	温肺化痰，通络止痛	①寒痰湿痰，咳嗽气喘；②痰湿阻滞，关节疼痛	3～6	对皮肤黏膜有刺激，过量易致腹泻
	白前	辛、苦，微温	肺	消痰，止咳，降气	①肺气失降，咳嗽痰多；②胸满喘急，喉间痰鸣	3～10	外感咳嗽生用，内伤咳嗽炙用
清化热痰药	海藻	苦、咸，寒	肝、胃、肾	消痰软坚散结，利水消肿	①瘿瘤瘰疬，睾丸肿痛；②水湿停聚，浮肿脚气	6～12	反甘草
	昆布	咸，寒	肝、胃、肾	消痰软坚散结，利水消肿	①瘿瘤瘰疬，癥瘕痰核；②水饮停聚，浮肿脚气	6～12	常与海藻相须为用
	胖大海	甘，寒	肺、大肠	清肺化痰，利咽开音，润肠通便	①肺热咳嗽，痰黄黏稠；②咽痛肿痛，声音嘶哑；③热结便秘，头痛目赤	开水泡服或煎服，2～3枚	
清化热痰药	枇杷叶	苦，微寒	肺、胃	清热止咳，降逆止呕	①肺热咳喘，咯痰黄稠；②胃热呕逆，烦热口渴	6～10	止呕生用；止咳炙用；布包煎
	竹茹	甘，微寒	肺、胃、心、胆	清热化痰，除烦，止呕	①肺热咳嗽，痰黄黏稠；②胸闷痰多，心烦不寐；③胃热呕吐，妊娠恶阻	5～10	生用清热化痰，姜汁炙用止呕
	天竺黄	甘，寒	心、肝	清热化痰，凉心定惊	①痰热咳嗽，痰黄喘促；②热病神昏，中风癫痫	3～9；研末冲服，0.6～1	

续表

分类	药名	性味	归经	功效	应用	用量（g）	备注
止咳平喘药	百部	甘、苦，微温	肺	润肺止咳，灭虱杀虫	①新久咳嗽，劳嗽顿咳；②头虱体虱，阴道滴虫	3～9	外用适量、水煎或酒浸
	葶苈子	辛、苦，大寒	肺、膀胱	泻肺平喘，利水消肿	①痰涎壅盛，气逆咳喘；②胸腹积水，小便失利	3～10	包煎
	白果	甘、苦、涩，平，有毒	肺、肾	敛肺定喘，止带缩尿	①哮喘痰嗽，久咳虚喘；②带下白浊，遗尿便频	5～10	生食有毒

八、温里药

凡以温里祛寒为主要作用，并用于治疗里寒证的药物，称为温里药，又称祛寒药。

温里药物均味辛而性温热，具有温补阳气，祛除里寒之功效，适用于里寒之证。

本类药物因其主要归经的不同而有多种效用。主入脾经者，能散寒止痛，可用治外寒入侵，直中脾胃或脾胃虚寒证，症见脘腹冷痛、呕吐泄泻、舌淡苔白等；主入肺经者，能温肺化饮，用治肺寒痰饮证，症见痰鸣咳喘，痰白清稀、舌淡苔白滑等；主入肝经者，能暖肝散寒止痛，用治寒侵肝脉的少腹疼痛、寒疝腹痛或厥阴头痛等；主入肾经者，能温肾助阳，用治肾阳不足证，症见阳痿宫冷、腰膝冷痛、夜尿频多、滑精遗尿等；主入心肾两经者，能温阳通脉，用治心肾阳虚证，症见心悸怔忡、畏寒肢冷、小便不利、肢体浮肿等，或回阳救逆，用治亡阳厥逆证，症见畏寒倦卧，汗出神疲、四肢厥逆、脉微欲绝等。

临床使用温里药时，应根据不同症候作适当配伍。若外寒入里，表寒仍未解者，当与辛温解表药同用；寒凝经脉、气滞血瘀者配以行气活血药；寒湿内阻，配芳香化湿或温燥祛湿药；脾肾阳虚者配温补脾阳药；亡阳气脱者，宜与大补元气药同用。

温里药性多辛温燥烈，易于伤津耗液，夏季天气炎热或素体火旺者，剂量宜酌量减轻；凡实热证、阴虚火旺、津亏血虚者忌用；孕妇慎用或忌用。

附子　　《神农本草经》

为毛茛科植物乌头 *Aconitum carmichaeli* Debx. 的子根加工品。主产于四川、陕西等地。6月下旬至8月上旬采挖。由于炮制方法不同，有盐附子、黑附片（黑顺片）、白附片之分。黑顺片、白附片可直接入药；盐附子需加工炮制成淡附片或炮附片用。

性味归经　辛、甘，大热。有毒。归心、肾、脾经。

功效　回阳救逆，补火助阳，散寒止痛。

应用

（1）用于亡阳证。本品能上助心阳、中温脾阳、下补肾阳，为“回阳救逆第一药”。治疗四肢厥逆、冷汗不止、脉微欲绝之亡阳证者，常与干姜、甘草同用，如四逆汤；若亡阳兼气脱者，则与人参同用，如参附汤。

（2）用于脾胃虚寒所致脘腹冷痛、大便稀溏等证。常与干姜、党参、白术等同用，如附子理中丸。脾肾阳虚所致水肿，常与茯苓、干姜、白术等配伍，如真武汤；肾阳不足所致阳痿宫冷，不孕不育可与熟地黄、肉桂、山茱萸等同用，如右归丸；心阳虚衰，心悸气短，胸痹心痛者，可与人参、桂枝等配伍；阳虚兼外感风寒者配伍麻黄、细辛等同用，如麻黄附子细辛汤。

（3）用于风寒湿痹所致周身关节疼痛。常与桂枝、白术、甘草等同用，如甘草附子汤。

用法用量 3～10g。本品有毒，宜先煎0.5～1小时，至口尝无麻辣感为度。

使用注意 阴虚阳亢及孕妇忌用。反半夏、瓜蒌、贝母、白蔹、天花粉、白及。内服需经炮制。若服用过量，或炮制、煎煮方法不当，均可引起中毒。

干姜 《神农本草经》

为姜科植物姜 *Zingiber officinale* Rosc. 的干燥根茎。主产于四川、贵州、广西、广东、湖北等地。均系栽培。冬季采收，纯净后切片晒干或低温烘干。生用。

性味归经 辛，热。入心、肺、脾、胃、肾经。

功效 温中散寒，回阳通脉，温肺化饮。

应用

（1）用于亡阳证。本品辅助附子，可增强回阳救逆之功。如治疗阴寒内盛、四肢厥冷，脉微欲绝的亡阳证，可与附子相须为用，如四逆汤。

（2）用于脾胃虚寒、呕吐泄泻、脘腹冷痛。常与党参、白术、炙甘草等配伍，如理中丸。寒积便秘腹痛，每与大黄、附子、人参等同用，如温脾汤；寒邪直中脏腑所致呕吐腹痛，常配高良姜，如二姜丸。

（3）用于寒饮伏肺，咳嗽气喘、形寒背冷、痰多清稀等症。常与细辛、五味子、茯苓、炙甘草等同用，如小青龙汤。

用法用量 3～10g。

使用注意 本品辛热燥烈，阴虚内热、血热妄行忌用。

肉桂 《神农本草经》

为樟科植物肉桂 *Cinnamomum cassia* Presl 的树皮。主产于广西、广东、海南、云南等地。多于秋季剥取，刮去栓皮，阴干。切片，生用。

性味归经 辛、甘，大热。归脾、肾、心、肝经。

功效 补火助阳，引火归原，散寒止痛，温经通脉。

应用

（1）用于命门火衰所致阳痿宫冷、腰膝冷痛、尿频遗尿、遗精滑精等。常与附子、熟地黄、山茱萸等同用，如肾气丸、右归饮。阳气素虚，症见畏寒喜暖、四肢不温，可与附子、人参等同用。

（2）用于寒邪内侵或脾胃虚寒所致的脘腹冷痛。可单用研末，酒煎服，或与干姜、高良姜、荜茇等同用。寒凝肝脉所致的寒疝腹痛，可与吴茱萸、小茴香等同用。

（3）用于风寒痹阻腰膝疼痛。常与独活、桑寄生、杜仲等同用，如独活寄生汤；阴寒内盛，胸阳不振，胸痹疼痛，常与附子、干姜、川椒等同用，如桂附丸；冲任虚寒，寒凝血滞所致的闭经痛经等，可与当归、川芎、小茴香等同用，如少腹逐瘀汤；阳虚寒凝湿滞所致阴疽，常与熟地黄、鹿角胶、麻黄等同用，如阳和汤。

（4）用于虚阳上浮的面赤、虚喘、汗出、心悸、失眠、脉虚弱等。本品可引火归原，常与山茱萸、五味子、人参等同用。

此外，久病体虚气血不足者，在补益气血方中加入少量肉桂，有温运阳气、鼓舞气血生长之效，如十全大补汤。

用法用量　1～5g，宜后下。研末冲服，每次 1～2g。

使用注意　阴虚火旺，里有实热，血热妄行及孕妇慎用。不宜与赤石脂同用。

其他温里药见表 10-8。

表 10-8　其他温里药简表

药名	性味	归经	功效	应用	用量（g）	备注
吴茱萸	辛、苦，热，有小毒	肝、脾、胃、肾	散寒止痛，温中止呕，助阳止泻	①厥阴头痛，干呕涎沫；②中焦虚寒，呕吐泛酸；③脾肾阳虚，五更泄泻	2～5	不宜多服久服；阴虚有热忌用
丁香	辛，温	脾、胃、肾	温中止呕，温肾助阳	①胃寒呕吐，脘痛呃逆；②肾阳不足，阳痿宫寒	1～3	不宜与郁金同用
小茴香	辛，温	肝、脾、胃、肾	散寒止痛，理气和中	①肝经受寒，脘腹冷痛；②胃寒气滞，脘痛呕吐	3～6	
胡椒	辛，热	大肠、胃	温中散寒，下气消痰	①脾胃虚寒，脘腹冷痛；②痰气郁滞，癫痫多痰	2～4；研末冲服，0.5～1	

九、理气药

凡以疏理气机，行气解郁为主要作用，并用于治疗气滞或气逆证的药物，称为理气药，又名行气药。

理气药性味多辛苦温而芳香。其味辛能行，味苦能泄，芳香走窜，性温通行，故能疏理气机，即行气、降气、解郁、散结等作用。本类药物主要用于治脾胃气滞所致脘腹胀痛、嗳气吞酸、恶心呕吐、腹泻或便秘等；肝气郁结所致胁肋胀痛、抑郁不乐、疝气疼痛、乳房胀痛、月经不调等；肺气壅滞所致胸闷胸痛、咳嗽气喘等。

本类药物多辛温香燥，易耗气伤阴，故气虚、阴虚者慎用。

陈皮　《神农本草经》

为芸香科植物橘 *Citrus reticulata* Blanco 及其同属多种栽培变种的成熟果皮。主产于广东四川、浙江、湖南等地。秋末冬初果实成熟时采收果皮，晒干或低温干燥。以陈久者为佳，故称陈皮。切丝，生用。

性味归经　苦、辛，温。归脾、肺经。

功效　理气健脾，燥湿化痰。

应用

（1）用于脾胃气滞所致脘腹胀满，呃逆呕吐、泄泻或便秘等，常与苍术、厚朴等同用，如平胃散。食积气滞，脘腹胀痛，可配伍山楂、神曲等同用，如保和丸；脾虚气滞，腹痛喜按、不思饮食、食后腹胀、便溏舌淡等，可与党参、白术、茯苓等同用，如异功散。外感风寒，内伤湿滞所致腹痛、呕吐、泄泻，可配藿香、苏叶等同用，如藿香正气散。

（2）用于呕吐、呃逆，常配伍生姜、竹茹、大枣等同用，如橘皮竹茹汤。若脾胃寒冷，呕吐不止，可配生姜、甘草等同用，如姜橘汤。

（3）用于湿痰咳嗽，多与半夏、茯苓等配伍，如二陈汤。寒痰咳嗽，多与干姜、细辛、五味子等同用，如苓甘五味姜辛汤。

（4）用于胸痹。本品能行气通痹止痛。治疗胸痹胸中气塞短气，可配伍枳实、生姜等，如橘皮枳实生姜汤。

用法用量 3～10g。

青皮 《神农本草经》

为芸香科植物橘 *Citrus reticulata* Blanco 及其同属多种栽培变种的幼果或未成熟果实的果皮。产地同橘皮。5～6月间采集自落的幼果，晒干，称为“个青皮”，7～8月间采收未成熟果实，在果皮上纵剖成四瓣至基部，除去瓤肉，晒干，习称“四花青皮”。生用或醋炙用。

性味归经 苦、辛，温。归肝、胆、胃经。

功效 疏肝理气，消积化滞。

应用

（1）用于肝郁气滞，胸胁胀痛，常配柴胡、郁金、香附等。乳房胀痛或结块，常配柴胡、浙贝母、橘叶等；乳痈肿痛，常配瓜蒌皮、金银花、蒲公英等；寒疝疼痛，多与小茴香、乌药、木香等同用，如天台乌药散。

（2）用于气滞脘腹胀痛，可配大腹皮同用，如青皮散。脘腹冷痛，可配桂枝、陈皮等。

（3）用于食积气滞，脘腹胀痛。常与山楂、神曲、麦芽等同用，如青皮丸。

（4）用于气滞血瘀之癥瘕积聚，久疟痞块等，多与三棱、莪术、丹参等同用。

用法用量 3～10g。醋炙疏肝止痛力强。

枳实 《神农本草经》

为芸香科植物酸橙 *Citrus aurantium* L. 及其栽培变种或甜橙 *Citrus sinensis* Osbeck 的未成熟果实。近成熟的果实名“枳壳”。主产于四川、江西、江苏、福建等地。5～6月间采集自落的果实，自中部横切为两半，晒干或低温干燥，较小者直接晒干或低温干燥。用时洗净、闷透，切薄片。生用或麸炒用。

性味归经 苦、辛、酸，微寒。归脾、胃、大肠经。

功效 破气消积，化痰除痞。

应用

（1）用于饮食积滞，脘腹胀痛，常与山楂、神曲、麦芽等同用，如曲麦枳术丸。胃肠积滞，热结便秘胀痛，常与大黄、芒硝、厚朴等同用，如大承气汤；湿热泻痢、里急后重，多与黄芩、黄连等同用，如枳实导滞丸。

（2）用于痰湿痹阻，胸阳不振之胸痹疼痛，多与薤白、瓜蒌、桂枝等同用，如枳实薤白桂枝汤。痰热结胸，常与瓜蒌、黄芩、半夏等同用，如小陷胸加枳实汤；心下痞满，食欲不振，可与半夏、厚朴等同用，如枳实消痞丸。

（3）用于气滞血瘀之胸胁疼痛，可与川芎配伍，如枳芎散。若属寒凝气滞者则与桂枝同用，如桂枳散。

（4）用于产后瘀滞腹痛，可与芍药等份研末服用，如枳实芍药散。或配当归、益母草等同用。

此外，本品尚可用治胃扩张、胃下垂、子宫脱垂、脱肛等脏器下垂病症，多与补中益气之品黄芪、白术等同用。

用法用量 3～10g。

使用注意 孕妇慎用。

木香　《神农本草经》

为菊科植物木香 *Aucklandia lappa* Decne.、川木香 *Vladimiria souliei*（Franch.）Ling 的根。主产于云南、广西、四川等地。秋、冬两季采挖，除去泥沙及须根，切段，大的再纵剖成瓣，干燥后撞去粗皮。生用或煨用。

性味归经 辛、苦，温。归脾、胃、大肠、胆、三焦经。

功效 行气止痛，健脾消食。

应用

（1）用于脾胃气滞，脘腹胀痛，可单用本品或配砂仁、藿香等同用，如木香调气散。若脾虚气滞，脘腹胀痛，食少便溏，可与党参、白术、陈皮等同用，如香砂六君子汤、健脾丸。

（2）用于湿热泻痢、里急后重，常与黄连配伍，如香连丸。若饮食积滞之脘腹胀痛，大便秘结或泻而不爽，可与槟榔、青皮、大黄等同用，如木香槟榔丸。治脾虚所致腹胀食少，常与砂仁、枳实、白术等同用。

（3）用于肝郁气滞、肝脾不和之脘腹胀痛、胁痛及湿热郁蒸之黄疸，可与柴胡、郁金、茵陈等配伍应用。若治寒疝腹痛及睾丸偏坠疼痛，可与川楝子、小茴香等同用，如导气汤。

（4）用于寒凝气滞血瘀之胸痹心痛，可与姜黄、赤芍、丁香及郁金、甘草等同用，如二香散、颠倒木金散。

用法用量 3～6g。生用行气力强，煨用行气力强偏于止泻。

香附　《名医别录》

为莎草科植物莎草 *Cyperus rotundus* L. 的根茎。主产于山东、河南、浙江、山西、湖南、湖北、江苏等地。秋季采挖，燎去毛须，置沸水中略煮或蒸透后晒干。或燎后直接晒干。生用，或蜜炙用。用时碾碎。

性味归经 辛、微苦、微甘，平。归肝、脾、三焦经。

功效 疏肝郁解，理气宽中，调经止痛。

应用

（1）用于肝郁气滞胁痛，脘腹疼痛，为疏肝解郁，理气止痛之要药。治疗肝气郁结之胸胁胀痛，常与柴胡、枳壳、川芎等配伍，柴胡疏肝散；寒凝气滞、肝气犯胃之胃脘疼痛可配高良姜同用，如良附丸；寒疝腹痛，多与小茴香、乌药、吴茱萸等同用。

（2）用于月经不调或经行腹痛。为妇科调经之要药。常与川芎、柴胡、当归等同用，如香附归芎汤；乳房胀痛，多配伍柴胡、青皮、瓜蒌皮等。

（3）用于脾胃气滞所致脘腹胀痛、胸闷纳呆、嗳气吞酸等。可配砂仁、甘草同用，如快气汤，或再加乌药、苏叶，如缩砂香附汤。

用法用量 6～10g。醋炙止痛力增强。

川楝子 《神农本草经》

为楝科植物川楝树 *Melia toosendan* Sieb. et Zucc. 的干燥成熟果实。我国南方各地均产。以四川、云南产者为佳。冬季果实成熟、果皮黄色时采收，除去杂质，干燥。生用或炒用。用时打碎。

性味归经 苦，寒。有小毒。归肝、胃、小肠、膀胱经。

功效 行气止痛，疏肝泄热，杀虫。

应用

（1）用于肝郁气滞或肝郁化火，胸腹诸痛证多与延胡索配伍，如金铃子散。治肝胃气滞，亦可与延胡索同用，或与柴胡、白芍、枳实等同用；疝气痛，以治疗热疝为宜，可配延胡索、香附、橘核等同用；寒疝腹痛则配伍暖肝散寒之品小茴香、木香、吴茱萸等，如导气汤。

（2）用于蛔虫等肠道寄生虫引起的虫积腹痛，每与槟榔、使君子等同用，川楝子既可杀虫，又可行气止痛。

用法用量 5～10g。外用适量。炒用寒性减低。

使用注意 本品有毒，不宜过量或持续服用，以免中毒。又因性寒，脾胃虚寒者慎用。

薤白 《神农本草经》

为百合科植物小根蒜 *Allium macrostemon* Bge. 或薤 *Allium chinensis* G. Don 的地下鳞茎。全国各地均产，但以江苏所产为佳。夏、秋两季采挖，洗净，除去须根，蒸透或置沸水中烫透，晒干。生用。

性味归经 辛、苦，温。归肺、胃、大肠经。

功效 通阳散结，行气导滞。

应用

（1）用于胸痹心痛。为治胸痹之要药。治寒痰阻滞、胸阳不振所致胸痹症，常与瓜蒌、半夏、枳实等配伍，如瓜蒌薤白白酒汤、瓜蒌薤白半夏汤、枳实薤桂枝汤等；若治痰瘀胸痹，则可与丹参、川芎、瓜蒌皮等同用。

（2）用于胃寒气滞之脘腹痞满胀痛。可与高良姜、砂仁、木香等同用。若治胃肠气滞，泄痢里急后重，可单用本品或与木香、枳实配伍。

用法用量 5～10g。

其他理气药见表 10-9。

表 10-9 其他理气药简表

药名	性味	归经	功效	应用	用量（g）	备注
枳壳	辛、苦，微寒	脾、胃、大肠	行滞消胀	①气滞疼痛，胸痹结胸；②胃肠积滞，湿热泻痢	3～10	孕妇慎用
沉香	辛、苦，微温	脾、胃、肾	行气止痛，温中止呕，纳气平喘	①寒凝气滞，胸腹胀痛；②寒邪犯胃，呕吐清水；③下元虚冷，肾不纳气	1～5	煎剂宜后下或磨汁冲服

续表

药名	性味	归经	功效	应用	用量（g）	备注
檀香	辛，温	脾、胃、肺、心	行气止痛，散寒调中	①寒凝气滞，胸腹冷痛；②胃脘寒痛，呕吐食少	2～5；入丸散，1～3	阴虚火旺、实热吐衄慎用
乌药	辛，温	肺、脾、肾、膀胱	行气止痛，温肾散寒	①寒凝气滞，胸腹冷痛；②膀胱虚冷，小便频数	6～10	
大腹皮	辛，微温	脾、胃、小肠、大肠	行气宽中，利水消肿	①食积气滞，脘腹痞满；②水湿外溢，水肿脚气	5～10	
佛手	辛、苦，温	肝、胃、脾、肺	疏肝解郁，理气和中，燥湿化痰	①肝郁气滞，胸胁胀痛；②脾胃气滞，纳呆呕恶；③湿痰久咳，胸闷作痛	3～10	
柿蒂	苦、涩，平	胃	降逆止呃	胃气上逆，虚实呃逆	5～10	

十、理血药

凡以补血、活血、凉血、止血为主要作用，并用于治疗血分证的药物，称为理血药。根据药物的功效及主治证候的不同，可将其分为补血药、活血祛瘀药、止血药及凉血药四类。凉血药及补血药分别在清热药及补益药中介绍，这里只介绍活血祛瘀药及止血药。

（一）活血祛瘀药

凡以通行血脉、改善血行、祛除瘀血为主要作用，用于治疗血瘀证的药物，称为活血祛瘀药。其中活血祛瘀作用峻猛者，称破血逐瘀药。活血祛瘀药主要适用于瘀血阻滞或血行不畅引起的多种病证。应用本类药物，应根据瘀血病证情况，适当配伍。如寒凝血瘀者，配温里散寒药；瘀热互结者，配清热凉血药；癥瘕积聚者，配软坚散结药；久瘀体虚或因瘀而虚者，配补益药。根据“气行则血行”的理论，运用活血祛瘀药时，应与理气药同用，以增强活血祛瘀之效。

本类药物易耗血动血，故对出血证、妇女月经过多及孕妇忌用。

川芎　《神农本草经》

为伞形科植物川芎 *Ligusticum chuanxiong* Hort. 的干燥根茎。主产于四川、重庆、贵州、陕西、山东等地。夏季采挖，除去泥沙，晒后烘干，再去须根。用时切片或酒炒。

性味归经　辛，温。归肝、胆、心包经。

功效　活血行气，祛风止痛。

应用

（1）用于血瘀气滞所致的月经不调、痛经、闭经。常与当归、白芍同用。肝郁气滞所致胁肋疼痛，常与柴胡、香附同用，如柴胡疏肝散；瘀阻心脉，胸痹心痛，常与丹参、降香同用。

（2）用于头痛。属风寒者，常与白芷、细辛同用，如川芎茶调散。属风热者，常与菊花、僵蚕等同用，如菊花茶调散。又治风寒湿痹所致关节疼痛，常与羌活、独活、附子同用。

用法用量　3～10g。研末吞服，1～1.5g。

使用注意 阴虚火旺、月经过多者慎用。

丹参 《神农本草经》

为唇形科植物丹参 *Salvia miltiorrhiza* Bge. 的干燥根和根茎。主产于四川、山西、山东、河北、江苏、安徽等地。春、秋两季采挖，洗净，晒干。生用或酒炙用。

性味归经 苦，微寒。归心、肝经。

功效 活血祛瘀，通经止痛，凉血消痈，宁心安神。

应用

（1）用于妇女血滞月经不调、痛经、闭经、产后瘀滞腹痛。可单用研末，黄酒调服，也可与当归尾、益母草、川芎同用。气滞血瘀的胸痹心痛、脘腹疼痛，常与檀香、砂仁同用，如丹参饮；癥瘕积聚，常与赤芍、鳖甲、三棱同用；跌打损伤，瘀血疼痛，常与当归、乳香、没药同用。

（2）用于疮疡痈肿。常与银花、连翘、白芷、赤芍同用。风湿热痹，常与忍冬藤、赤芍、桑枝同用。

（3）用于热伤营阴，心烦不寐。常与生地、玄参、黄连同用。也用于杂病心悸、失眠，常与夜交藤、酸枣仁同用。

用法用量 10～15g。活血化瘀宜酒炒用。

使用注意 反藜芦。

桃仁 《神农本草经》

为蔷薇科植物桃 *Prunus persica*（L.）Batsch 或山桃 *Prunus davidiana*（Carr.）Franch. 的干燥成熟种子。主产于四川、重庆、云南、陕西、山东等地。果实成熟后收集果核，取出种子，晒干生用，或炒用。

性味归经 苦、甘，平。归心、肝、大肠经。

功效 活血祛瘀，润肠通便。

应用

（1）用于妇女血瘀经闭、痛经、产后恶血不行，以及跌仆损伤。常与当归、川芎、红花同用，如桃红四物汤。癥积痞块，常与桂枝、丹皮、赤芍等同用，如桂枝茯苓丸；肺痈咳吐脓血者，常与苇茎、薏苡仁、冬瓜仁等同用，如《千金》苇茎汤；肠痈，常与大黄、丹皮等同用，如大黄牡丹皮汤。

（2）用于肠燥便秘。常与杏仁、火麻仁、郁李仁同用，如《脾胃论》润肠丸。

用法用量 5～10g。捣碎入煎。

使用注意 孕妇慎用。便溏者慎用。

红花 《新修本草》

为菊科一年生草本植物红花 *Carthamus tinctorius* L. 的干燥花。主产于河南、浙江、湖北、四川、江苏等地。夏季开花，当花色由黄转为鲜红时采摘，阴干，生用。

性味归经 辛，温。归心、肝经。

功效 活血通经，散瘀止痛。

应用

（1）用于血瘀痛经。常与当归、延胡索同用。产后瘀滞腹痛，常与牡丹皮、蒲黄同用；跌打损伤所致瘀滞腹痛，常与桃仁、乳香等同用。

（2）用于心脉瘀阻所致胸痹心痛。常与丹参、川芎、桂枝同用。

用法用量 3～10g。

使用注意 孕妇及月经过多者忌用。

（二）止血药

凡以制止体内外出血为主要作用，并用于治疗各种出血证的药物，称为止血药。止血药主要适用于各种出血病证，如咯血、咳血、衄血、吐血、便血、尿血、崩漏、紫癜及外伤出血等。止血药有凉血止血、收敛止血、化瘀止血、温经止血等不同作用，具体应用时，应根据不同出血原因，选择使用，并进行必要配伍。血热妄行的出血，应选凉血止血药配清热泻火药和清热凉血药；阴虚火旺出血，应选凉血止血药配滋阴降火药；瘀血引起出血，应选化瘀止血药配行气活血之品；虚寒性出血应选温经止血药、收敛止血药配益气温阳之品。

出血病证，若瘀血未尽，单用收敛止血或凉血止血，有留瘀之弊，当与活血化瘀药或化瘀止血药同用。

仙鹤草 《本草图经》

为蔷薇科植物龙芽草 *Agrimonia pilosa* Ledeb. 的干燥地上部分。产于全国各地。主产于浙江、江苏、湖南、河南、湖北、广东、福建、山东等地。夏秋两季茎叶茂盛时采割，除去杂质，晒干，切段生用。

性味归经 苦、涩，平。归心、肝经。

功效 收敛止血，止痢，解毒，补虚。

应用

（1）用于咯血、衄血、吐血、便血、尿血、崩漏等多种出血证。属血热者，常与生地黄、白茅根同用。属虚寒者，常与党参、黄芪、艾叶同用。

（2）用于虚寒久泻。常与诃子、肉桂同用。湿热泻痢，常与黄连、白头翁、地榆同用。

（3）用于痈肿疮毒。常与金银花、蒲公英、紫花地丁同用。用于阴痒。单用煎汤外洗。

（4）用于劳力过度所致的脱力劳伤，与大枣同枣，食枣饮汁。

用法用量 6～12g 外用适量。

白及 《神农本草经》

为兰科多年生草本植物白及 *Bletilla striata*（Thunb.）Reichb.f. 的干燥块茎。主产于安徽、江西、四川、贵州、云南、浙江、湖南等地。夏秋两季采挖，除去残茎及须根，洗净，置沸水中煮至无白心，除去外皮，晒干，切片生用。

性味归经 苦、甘、涩，微寒。归肺、肝、胃经。

功效 收敛止血，消肿生肌。

应用

（1）用于内外诸出血证。治咯血、吐血，可单味研末服，或与三七同用，止血效佳。治胃出血之吐血，常配乌贼骨，如乌及散。治外伤出血，可研末外掺。

（2）用于疮疡初起，未成脓者，常与金银花、皂角刺、天花粉同用。疮痈已溃，久不收口，常研末外敷，以祛腐生肌敛疮。

用法用量 6～15g。研末吞服 3～6g。外用适量。

使用注意 反乌头。

三七 《本草纲目》

为五加科多年生草本植物三七 *Panax notoginseng*（Burk.）F. H. Chen 的干燥根和根茎。主产于云南、广西等地。多为栽培品。秋季开花前采挖，晒干，生用。支根可称“筋条”，根茎可称“剪口”。

性味归经 甘、微苦，温。归肝、胃经。

功效 化瘀止血，消肿定痛。

应用

（1）用于出血证。本品止血不留瘀，化瘀不伤正。用于吐血、衄血、便血、尿血、崩漏及产后出血过多等，对出血兼有瘀滞者尤为适宜，可单用研末吞服，也可与其他止血药同用。

（2）用于跌打损伤，瘀肿疼痛，为疗伤止痛之佳品。可单味研末内服，或酒调外敷。

用法用量 研末吞服，每次 1 ～ 3g。也可入煎剂，3 ～ 9g。临床多用散剂。外用适量，研末外掺或调敷。

使用注意 孕妇慎用。

蒲黄 《神农本草经》

为香蒲科植物水烛香蒲 *Typha angustifolia* L.、东方香蒲 Typha orientalis Presl 或同属植物的花粉。主产于浙江、江苏、安徽、湖北、山东等地。夏季采收蒲棒上部黄色雄花序，晒干碾轧，筛出花粉。生用或炒用。

性味归经 甘，平。归肝、心包经。

功效 化瘀止血，利尿通淋。

应用

（1）用于吐血、衄血、便血、尿血、崩漏、外伤出血等，有瘀滞者尤佳。常与侧柏叶、旱莲草同用。瘀血所致心胸疼痛、痛经、产后腹痛，常与五灵脂同用，如失笑散；跌打损伤瘀滞疼痛，可用蒲黄末温酒送服。

（2）用于血淋。常与生地黄、小蓟、滑石等同用，如小蓟饮子。

用法用量 5 ～ 10g，包煎。生用行血，炒用止血。

使用注意 孕妇慎用。

其他理血药见表 10-10。

表 10-10 其他理血药简表

分类	药名	性味	归经	功效	应用	用量（g）	备注
活血药	延胡索	辛、苦，温	肝、脾、心	活血行气，止痛	①气滞血瘀，跌扑损伤；②肝郁气滞，诸种痛证	3 ～ 10	孕妇忌用
	郁金	辛、苦，寒	肝、胆、心、肺	活血行气，解郁清心，利胆退黄，凉血止血	①气滞血瘀，胸胁腹痛；②热病神昏，癫痫痰闭；③湿热黄疸，胁肋胀痛；④气火上逆，吐血衄血	3 ～ 10	畏丁香

续表

分类	药名	性味	归经	功效	应用	用量（g）	备注
活血药	姜黄	辛、苦，温	肝、脾	破血行气，通经止痛	①胸胁腹痛，跌打损伤；②血瘀经闭，风湿痹痛	3～10	孕妇忌用
	乳香	辛、苦，温	心、肝、脾	活血止痛，消肿生肌	①血瘀气滞，诸种疼痛；②疮疡痈疽，瘰疬痰核	3～5	孕妇忌用
	没药	辛、苦，平	心、肝、脾	活血止痛，消肿生肌	①血瘀气滞，诸种疼痛；②疮疡痈疽，疔疮肿毒	3～5	孕妇忌用
	五灵脂	苦、咸、甘，温	肝	活血止痛，化瘀止血	①瘀血阻滞，胸腹诸痛；②瘀滞出血，血瘀崩漏	3～10	包煎；畏人参；孕妇慎用
	益母草	苦、辛，微寒	肝、心、膀胱	活血调经，利水消肿，清热解毒	①月经不调，产后瘀痛；②瘀水互结，水肿尿少；③疮痈肿毒，皮肤痒疹	9～30 鲜品 12～40	孕妇忌用
	泽兰	苦、辛，微温	肝、脾	活血化瘀，利水消肿，散瘀消痈	①跌打损伤，痛经闭经；②水瘀互结，水肿尿少；③疮痈肿毒，毒蛇咬伤	6～12	
	牛膝	苦、甘、酸，平	肝、肾	活血通经，补益肝肾，强筋健骨，利水通淋，引血下行	①痛经闭经，跌打损伤；②腰膝酸痛，下肢痿软；③热淋血淋，石淋膏淋；④龈肿舌疮，吐血衄血	5～12	活血通经，引血下行宜生用，补肝肾，强筋骨宜酒炙；孕妇及月经过多者忌用
	鸡血藤	苦、甘，温	肝、肾	行血补血，调经止痛，舒筋通络	①血虚萎黄，血不养筋；②月经不调，经闭腹痛；③风湿痹痛，麻木瘫痪	9～15	
	银杏叶	甘、苦、涩，平	心、肺	活血止痛，敛肺平喘	①胸痹心痛，头痛眩晕；②肺虚咳喘，痰壅上气	9～12	
	王不留行	苦，平	肝、胃	活血通经，下乳消痈，利尿通淋	①经闭痛经，跌打损伤；②乳汁不下，乳痈肿痛；③小便不利，淋漓涩痛	5～10	孕妇慎用

续表

分类	药名	性味	归经	功效	应用	用量（g）	备注
活血药	刘寄奴	辛、苦，温	心、肝、脾	散瘀止痛，破血通经，消食化积	①跌打损伤，瘀滞肿痛；②血瘀经闭，产后腹痛；③暑湿食积，脘腹胀痛	3～10	瘀滞肿痛用生品捣烂外敷；孕妇忌用
	莪术	辛、苦，温	肝、脾	破血行气，消积止痛	①气滞血瘀，癥瘕积聚；②食积不化，脘腹胀痛	6～9	孕妇禁用
	三棱	苦、辛，平	肝、脾	破血行气，消积止痛	①气滞血瘀，癥瘕积聚；②食积气滞，脘腹胀痛	5～10	孕妇禁用
	水蛭	咸、苦，平，小毒	肝	破血逐瘀，散结消癥	①血瘀经闭，跌打损伤；②癥瘕积聚，瘀血肿痛	1～3	孕妇禁用
	斑蝥	辛，热，大毒	肝、胃、肾	破血消癥，攻毒蚀疮，散结逐瘀	①癥瘕积聚，血瘀经闭；②恶疮瘘疮，积年顽癣；③瘰疬痈疽，肿硬不破	入丸散，0.03～0.06	外用研末以酒调敷；孕妇忌用
	骨碎补	苦，温	肝、肾	疗伤止痛，补肾壮骨，聪耳固齿	①跌扑闪挫，损伤筋骨；②肾虚腰痛，骨软脚弱；③耳鸣耳聋，牙齿松动	3～9	外用可治斑秃及白癜风
	穿山甲	咸，微寒	肝、胃	活血消癥，通经下乳，消肿排脓	①癥积痞块，风湿痹痛；②血瘀经闭，乳汁不下；③痈肿疮毒，瘰疬痰核	5～10	痈肿已溃及孕妇忌用
止血药	大蓟	苦、甘，凉	心、肝	凉血止血，解毒消痈	①血热妄行，咯血吐衄；②热毒痈肿，湿热黄疸	9～15；鲜品30～60	与小蓟功效相似，善治血淋尿血
	地榆	苦、酸，涩微寒	肝、大肠	凉血止血，解毒敛疮，清热燥湿	①血热崩漏，便血痔血；②疮疡痈肿，水火烫伤；③湿热血痢，湿疹湿疮	9～15	
	槐花	苦，微寒	肝、大肠	凉血止血，清肝泻火	①血热吐衄，便血痔血；②肝火目赤，头胀头痛	5～10	凉血生用，止血炒用

续表

分类	药名	性味	归经	功效	应用	用量（g）	备注
止血药	侧柏叶	苦、涩，寒	肺、肝、大肠	凉血止血，祛痰止咳，生发乌发	①血热吐衄，便血崩漏；②肺热咳嗽，痰稠难咯；③脱发斑秃，须发早白	6～12	生用凉血，炒炭止血
	白茅根	甘，寒	肺、胃、膀胱	凉血止血，清热利尿	①血热妄行，咯血吐衄；②热淋水肿，小便不利	9～30；鲜品加倍	
	茜草	苦，寒	肝	凉血止血，活血化瘀	①血热妄行，吐血衄血；②血瘀经闭，跌打损伤	6～10	生用活血祛瘀又止血，炒用偏于止血
	血余炭	苦、涩，平	肝、肾、膀胱	收敛止血，化瘀利尿	①吐血衄血，便血崩漏；②血淋涩痛，小便不利	5～10	
	艾叶	苦、辛，温有小毒	肝、脾、肾	温经止血，散寒止痛外用祛湿止痒	①经寒不调，崩漏下血；②腹中冷痛，宫寒不孕	3～9	散寒止痛生用，温经止血炒用
	藕节	甘、涩，平	肝、肺	收敛止血	吐血衄血，便血崩漏	9～15	

十一、补虚药

凡能补虚扶弱，纠正人体气血阴阳之虚衰，用于治疗各种虚证的药物，称为补虚药。

虚证一般分为气虚、血虚、阴虚、阳虚四类，补虚药也根据其性能和应用范围分为补气药、补血药、补阴药、补阳药四类。由于人体气、血、阴、阳之间存在有相互依存的关系，故补益药之间也往往相须为用。若出现虚实夹杂，则应攻补兼施，扶正祛邪。

内有实邪或实邪未尽及气盛体壮者慎用。脾胃虚弱者应适当配伍健脾和胃药，以免虚不受补，妨碍消化吸收。补虚药入汤剂宜文火久煎以增强疗效。

（一）补气药

凡以补气为主要作用，用于治疗气虚证的药物，称为补气药。补气药性味多甘温，能补益脏腑之气，尤其重在补脾、肺之气，故其主要适应证为脾气虚弱证、肺气虚弱证。脾气虚常见倦怠无力、食欲不振，脘腹胀满，大便溏泻，甚至浮肿、脱肛、内脏下垂。肺气虚常见少气懒言、动则气喘、自汗。

应用补气药，可根据病情作相应的配伍，如兼阳虚者配补阳药，如兼阴虚者配补阴药。因气旺可生血、气旺可生津，故血虚、津亏者，常使用补气药与补血、生津药同用。另外，气有固摄作用，气能摄血、气能摄津，故临床治疗气虚不摄所致出血、出汗、小便不禁等证，常使用补气药配伍止血、敛汗、缩尿药同用。

补气药性多壅滞，易致中满，故常适当配伍理气药同用。

人参　《神农本草经》

为五加科多年生草本植物人参 *Panax ginseng* C. A. Mey. 的干燥根和根茎。主产于辽宁、吉林、黑龙江。栽培者称为“园参”，野生者称为“山参”，朝鲜产者称为“高丽参”。秋季采挖。园参一般栽培六、七年后收获。根据加工、炮制的不同，又有不同品种。鲜参洗净后晒干者称“生晒参”；蒸制后干燥者称“红参”；焯烫浸糖后干燥者称“糖参”或“白参”；加工断下的细根称“参须”。山参经晒干，称“生晒山参”。切片或研粉用。

性味归经　甘、微苦，微温。归心、肺、脾经。

功效　大补元气，补脾益肺，生津，安神。

应用

（1）用于虚脱证及元气虚衰证。人参是益气固脱之要药。元气暴脱者，可单用本品浓煎服，为独参汤。如阳气衰微，四肢逆冷者，可与附子同用，以益气回阳，如参附汤；若气阴衰微，汗多口渴者，可与麦冬、五味子同用，以益气敛阴，如生脉散。也可用于久病元气不足所致的四肢不温，精神萎靡，阳痿宫冷等，常与鹿茸、巴戟天、紫河车等同用。

（2）用于脾气虚，神疲乏力、食少、腹胀便溏等。常与白术、茯苓、甘草同用，如四君子汤。脾虚中气下陷者，常与黄芪、升麻、柴胡同用。如补中益气汤。用于肺气虚，短气喘促，懒言声微，脉虚自汗者，常与黄芪、五味子等同用。若肺肾两虚，喘促日久，常与胡桃肉、蛤蚧同用，如人参胡桃汤、人参蛤蚧散。

（3）用于热病伤津，汗多口渴。常与生石膏、知母等同用，如白虎加人参汤。消渴证，常与天花粉、生地黄、黄芪等同用，玉泉丸。

（4）用于气血不足的心悸、失眠、健忘等。常与酸枣仁、夜交藤、龙眼肉等同用。

此外，人参还可用于血虚证及气不摄血的出血证，以补气生血、补气摄血。对体虚外感及邪实正虚者，可随证配伍解表药、攻里药，以扶正祛邪。

用法用量　3～9g，另煎兑服，也可研粉吞服，一次 2g，一日 2 次。

使用注意　反藜芦，畏五灵脂。

党参　《本草从新》

为桔梗科多年生草本植物党参 *Codonopsis pilosula*（Franch.）Nannf. 及同属多种植物的根。因产地、种类不同而有多种商品。主产于山西、陕西、甘肃、四川等地。因山西上党者最为有名，故名党参。秋季采挖，洗净，晒干。切厚片，生用。

性味归经　甘，平。归脾、肺经。

功效　健脾益肺，生津养血。

应用

（1）用于脾气虚弱，体虚倦怠、食少便溏。常与白术、茯苓、甘草等同用。

（2）用于肺气亏虚，气短咳嗽、声音低弱。常与黄芪、五味子等同用。

（3）用于气津两伤的气短口渴、气血双亏的面色萎黄、头晕心悸等。有益气生津、益气生血之效。

用法用量　9～30g。

使用注意　反藜芦。

黄芪　《神农本草经》

为豆科植物蒙古黄芪 *Astragalus membranaceus*（Fisch.）Bge.var.*mongholicus*（Bge.）Hsiao 或膜荚黄芪 *Astragalus membranaceus*（Fisch.）Bge. 的根。主产于内蒙古、山西、甘肃、黑龙江等地。春、秋两季采挖，除去须根及根头，晒干。生用或蜜炙用。

性味归经　甘，温。归肺、脾经。

功效　补气升阳，固表止汗，利水消肿，生津养血，行滞通痹，托毒生肌。

应用

（1）用于肺脾气虚，倦怠乏力、食少便溏，常与人参、白术等同用。中气下陷所致脱肛、子宫下垂、胃下垂，常与党参、升麻、柴胡等同用，如补中益气汤；气虚血亏的面色萎黄、神倦脉虚，常与当归等同用，以补气生血，如当归补血汤；气不摄血，崩漏、便血者，常与人参、白术等同用，以补气摄血，如归脾汤。

（2）用于气虚自汗、气虚易感风邪。常与白术、防风等同用，如玉屏风散。

（3）用于脾虚水肿。常与白术、防己等同用，如防己黄芪汤。

（4）用于气血不足，疮疡脓成不溃。常与当归、川芎、穿山甲、皂角刺等同用。疮疡溃后久不收口，常与当归、人参、肉桂等同用。

此外，对气虚血滞不行的关节痹痛、肢体麻木或半身不遂等，黄芪能补气行滞，常与桂枝或当归、地龙、红花等同用，如黄芪桂枝五物汤、补阳还五汤；对气虚津亏的消渴，能补气生津以止渴，常与生地黄、麦冬、天花粉等养阴生津药同用，如黄芪汤。

用法用量　9～30g。补气生阳宜炙用，固表、利水、托毒宜生用。

白术　《神农本草经》

为菊科多年生草本植物白术 *Atractylodes macrocephala* Koidz. 的根茎。主产于浙江、湖北、湖南、江西、安徽、重庆等地。冬季下部叶枯黄、上部叶变脆时采收，除去泥沙，烘干或晒干，再除去须根。切厚片。生用或土炒、麸炒；炒至黑褐色，称为“焦白术”。

性味归经　苦、甘，温。归脾、胃经。

功效　益气健脾，燥湿利水，止汗，安胎。

应用

（1）用于脾气虚所致食少腹胀、大便溏泻等症。常与党参、茯苓等同用，如参苓白术散。脾虚便秘难下者，常与生地黄、升麻、当归等同用。

（2）用于水饮内盛所致的眩晕心悸、胸胁支满、水肿等证，常与桂枝、茯苓等同用，如苓桂术甘汤。脾虚湿盛之泄泻，常与陈皮、法半夏、茯苓等同用。

（3）用于表虚自汗。常与黄芪、防风等同用，如玉屏风散。

（4）用于脾气虚弱，胎动不安。常与砂仁等同用。

用法用量　6～12g。燥湿利水生用；益气健脾炒用。

其他补气药见表 10-11。

（二）补血药

凡以补血为主要作用，用于治疗血虚证的药物，称为补血药。补血药药性多甘温或甘平，质地甘润，主要适用于心、肝血虚所致的面色无华、唇爪苍白、心悸怔忡、失眠健忘、头昏耳鸣、月经后期、经血量少色淡等病症。

应用时，若血虚兼阴虚，常配伍补阴药，或选用补血兼补阴的阿胶、熟地黄等。同时，因气旺可生血，故血虚病证常配伍补气药以补气生血。

补血药大多滋腻碍胃，故凡湿浊中阻、脘腹胀满者不宜服用。脾胃虚弱者，可配伍健脾消食药同用。

熟地黄　《本草图经》

为玄参科多年生草本植物地黄 *Rehmannia glutinosa* Libosch. 的根。我国大部分地区均产，主产于河南、浙江、陕西、山西、江苏等地。熟地黄由生地黄加黄酒拌蒸至内外色黑，或直接蒸至黑润而成。切厚片用。

性味归经　甘，微温。归肝、肾经。

功效　补血滋阴，益精填髓。

应用

（1）用于肾精不足的腰膝酸软、眩晕耳鸣、须发早白等，常与何首乌、枸杞子、菟丝子等同用。肾阴不足的潮热、盗汗、遗精、消渴等，常与山茱萸、山药、丹皮、泽泻等同用，如六味地黄丸；肝阴不足的两目干涩、视物昏花，常与枸杞子、菊花等同用，如杞菊地黄丸。

（2）用于血虚所致面色萎黄、头昏心悸等，可与当归、白芍等同用，如四物汤。月经后期或量少色淡，可与当归、阿胶、黄芪、川芎等同用。

用法用量　10 ～ 30g。

使用注意　本品甘润滋腻，凡脘腹胀满、食少便溏者慎用。

当归　《神农本草经》

为伞形科多年生草本植物当归 *Angelica sinensis*（Oliv.）Diels 的根。主产于甘肃东南部岷县，产量多，质量好；其次为陕西、四川、湖北、云南等地。秋末采挖，除去须根及泥沙，待水分稍蒸发后，捆成小把，上棚，用烟火慢慢熏干。切薄片，或身、尾分别切片。生用或酒炒用。

性味归经　甘、辛，温。归肝、心、脾经。

功效　补血活血，调经止痛，润肠通便。

应用

（1）用于血虚所致面色苍白、头昏心悸、月经不调等，常与熟地、白芍、川芎等同用，如四物汤。

（2）用于跌打损伤，瘀血肿痛等。常与乳香、没药、红花、桃仁等同用。寒滞经络之痹痛，常与川芎、桂枝、细辛等同用。

（3）用于血虚津亏所致肠燥便秘。常与肉苁蓉、郁李仁、枳壳等同用。

用法用量　6 ～ 12g。补血用当归身，活血用当归尾。补血润肠宜生用，活血通经宜酒炒。

使用注意　本品滑肠，湿盛中满，大便溏泻者慎用。

白芍　《神农本草经》

为毛茛科多年生草本植物芍药 *Paeonia lactiflora* Pall. 的根。主产于浙江、四川、安徽、陕西、甘肃等地。夏、秋两季采挖，洗净，除去头尾及细根，置沸水中煮后除去外皮，或去皮后再煮至无硬心，捞起晒干。切薄片，生用、炒用或酒炒用。

性味归经 苦、酸、甘，微寒。归肝、脾经。

功效 养血调经，柔肝止痛，平抑肝阳剑阴止汗。

应用

（1）用于血虚证及妇女月经不调、崩漏等。常与当归、熟地黄、川芎等同用，如四物汤。风寒表虚，营卫不和，恶风自汗，常与桂枝同用以调和营卫，如桂枝汤；阴虚阳浮的自汗、盗汗，常与牡蛎、龙骨等同用。

（2）用于肝阴不足，肝气不舒，胁肋疼痛等。常与当归、柴胡等同用，如柴胡疏肝散。脘腹手足挛急性疼痛，常与甘草等同用，如芍药甘草汤。

（3）用于肝阴不足，肝阳上亢所致的头痛、眩晕等。常与龙骨、牛膝等同用，如镇肝息风汤。阴虚风动证，常与阿胶、龟版、鳖甲、牡蛎等同用，如大定风珠。

用法用量 6～15g。平肝敛阴生用，养血调经炒用或酒炒用。

使用注意 反藜芦。

何首乌 《日华子本草》

为蓼科多年生草本植物何首乌 *Polygonum multiforum* Thunb. 的块根。主产于河南、湖北、广东、广西、安徽、江苏、四川、贵州、重庆等地。秋、冬两季叶枯萎时采挖，削去两端，洗净，切厚片，干燥，称生首乌；再以黑豆汁拌匀，蒸至内外均呈棕褐色，晒干，称为制首乌。

性味归经 制首乌甘、涩，微温；归肝、肾经。生首乌甘、苦，平；归心、肝、大肠经。

功效 制首乌补肝肾、益精血、乌须发、强筋骨；生首乌截疟解毒，润肠通便。

应用

（1）用于血虚所致的头昏目眩、心悸失眠等症。常与当归、白芍等同用。肝肾阴虚，精血两亏所致的须发早白者，常与当归、枸杞子、菟丝子等同用，如七宝美髯丹。

（2）用于血虚肠燥便秘，常与当归、麻仁等同用。瘰疬，常与贝母、夏枯草、玄参等同用；疮痈肿毒，常与银花、连翘等同用；皮肤瘙痒，常与防风、荆芥、苦参等同用。

用法用量 10～30g。补血生精用制首乌，截疟解毒、润肠用生首乌。

使用注意 大便溏泻、痰湿较重者慎用。

其他补血药见表 10-11。

（三）补阴药

凡以滋养阴液，生津润燥为主要作用，并用于治疗阴虚证的药物，称为补阴药，也称为养阴药、滋阴药。补阴药药性大多甘寒质润，能补阴、滋液、润燥，主要适用于阴液亏虚之证，而部分补阴药的寒凉之性又可清虚热，故也适用于阴虚之虚热证。常见的阴虚为肺、胃阴虚和肝、肾阴虚。肺阴虚见有干咳少痰，痰中带血，咽痛音哑；胃阴虚见有咽干口渴、胃中嘈杂不饥、呕哕，或大便秘结，舌绛苔剥；肝阴虚见有两目干涩昏花、眩晕、耳鸣耳聋；肾阴虚多见腰膝酸痛、五心烦热、潮热盗汗、遗精等症。

补阴药各有所长，应根据阴虚的主要证候，选择应用。并根据病情作相应配伍。热邪伤阴而邪热未尽者，配清热药；阴虚内热者，配清虚热药；阴虚阳亢者，配潜阳药；阴虚风动者，配息风药；兼有血虚者，配补血药。

补阴药多为甘寒滋腻，脾胃虚弱、痰湿内阻、纳呆便溏者不宜用。

北沙参　《本草汇言》

为伞形科多年生草本植物珊瑚菜 *Glehnia littoralis* Fr.Schmidt ex Miq. 的根。主产于山东、河北、辽宁、江苏等地。夏、秋两季采挖，洗净，置沸水中烫后，除去外皮，晒干或烘干。切段生用。

性味归经　甘，微苦、微寒。归肺、胃经。

功效　养阴清肺，益胃生津。

应用

（1）用于燥热伤肺所致的干咳少痰、口干咽燥等。常与麦冬、天花粉等同用。阴虚劳嗽，咯痰咯血，常与贝母、知母、麦冬、鳖甲等同用。

（2）用于胃阴不足所致口燥咽干等。常与麦冬、石斛等同用，如沙参麦冬汤。

用法用量　5～12g。

使用注意　沙参分为北沙参和南沙参两种。两种沙参功效相似。北沙参长于滋阴润肺，治肺阴不足；南沙参长于清肺化痰，治肺热咳嗽。反藜芦，恶防己。

麦冬　《神农本草经》

为百合科植物麦冬 *Ophiopogon japonicus*（L.f）Ker-Gawl. 的块根。主产于四川、重庆、浙江、湖北、云南、贵州、广西、福建等地。夏季采挖，反复暴晒、堆置，至七、八成干，除去须根，干燥。生用。

性味归经　甘、微苦，微寒。归心、肺、胃经。

功效　养阴生津，润肺清心。

应用

（1）用于燥热伤肺所致干咳痰粘等，常与桑叶、杏仁、阿胶等同用，如清燥救肺汤；肺肾阴虚所致劳嗽咯血，常与天冬等同用，如二冬膏。

（2）用于内热消渴，舌干少津等，常与沙参、玉竹等同用，如益胃汤。胃气阴两伤出现虚热烦渴，呃逆不欲食者，常与人参、竹茹、枇杷叶等同用；热病伤津，肠燥便秘，常与玄参、生地黄等同用，如增液汤。

（3）用于阴虚有热，心烦不眠等，常与生地黄、酸枣仁等同用，如天王补心丹。邪热扰心，身热烦躁，舌绛而干，常与黄连、生地黄、竹叶心等同用，如清营汤。

用法用量　6～12g。

使用注意　脾虚便溏及外感风寒咳嗽忌用。

枸杞子　《神农本草经》

为茄科落叶灌木植物宁夏枸杞 *Lycium barbarum* L. 的干燥成熟果实。主产于宁夏、甘肃、新疆、青海、内蒙古、河北等地。夏、秋两季果实呈橙红色时采收，热风烘干，或晾至皮皱后，再暴晒至外皮干硬，果肉柔软。生用。

性味归经　甘，平。归肝、肾、肺经。

功效　滋补肝肾，益精明目。

应用

（1）用于肾精亏虚，腰膝酸软、遗精等。常与熟地黄、菟丝子、杜仲等同用。

（2）用于肝血亏虚所致视力模糊等。常与菊花、熟地黄等同用，如杞菊地黄丸。

枸杞子也可用于内热消渴等。常与生地黄、山药、天花粉等同用。

用法用量 6～12g。

百合 《神农本草经》

为百合科植物卷丹 *Lilium lancifolium* Thunb.，百合 *Lilium brownii* F.E. Brown *var. viridulum Baker* 或细叶百合 L. *pumilum* DC. 的肉质鳞叶。全国大部分地区均产，主产于湖南、浙江、四川、江苏、重庆、安徽、陕西等地。秋季采挖，洗净，剥取鳞叶，置沸水中略烫，干燥。生用或蜜炙用。

性味归经 甘，微寒。归肺、心经。

功效 养阴润肺，清心安神。

应用

（1）用于燥热伤肺所致干咳少痰、痰中带血等，常与百部、桑叶等同用；肺肾阴虚所致劳嗽咯血，常与生地黄、玄参、川贝母等同用，如百合固金汤。

（2）用于热病余热未清虚烦心悸、失眠多梦等，常与知母、生地黄等同用，如百合知母汤、百合地黄汤。

用法用量 6～12g。清心生用，润肺炙用。

其他补阴药见表 10-11。

（四）补阳药

凡以温补人体阳气为主要作用，并用于治疗阳虚证的药物，称为补阳药，又称壮阳药或助阳药。本类药物性味多甘温、或咸温、或辛热，能温补人体阳气。因肾阳是全身阳气的根本，所以这里介绍的补阳药，以温补肾阳为主，主要适用于肾阳不足所致形寒肢冷、腰膝酸软、性欲淡漠、阳痿早泄、宫冷不孕、尿频遗尿等、肾阳虚肾不纳气的虚喘以及脾肾阳虚所致的泄泻等。

应用补阳药时常配伍补气药、温里药。另外根据阴阳互根的理论，也常配伍补阴药，以阴中求阳。

补阳药大多温燥，易助火伤阴，阴虚火旺者不宜使用。

鹿茸 《神农本草经》

为鹿科动物梅花鹿 *Cervus nippon* Temminck 或马鹿 *Cervus elaphus* Linnaeus 的雄鹿未骨化密生茸毛的幼角。前者称“花鹿茸”，后者称“马鹿茸”。主产于辽宁、吉林、黑龙江、青海、新疆等地。夏、秋两季锯取鹿茸，经加工后，阴干或烘干。用时燎去毛，刮净，横切薄片，或劈成碎块，研细粉用。

性味归经 甘、咸，温。归肝、肾经。

功效 补肾阳，益精血，强筋骨，调冲任，托疮毒。

应用

（1）用于肾阳不足，精血亏虚所致阳痿早泄、宫寒不孕、尿频不禁、头晕耳鸣等。可单用研末服，或配伍人参、巴戟天等为丸服用，如参茸固本丸。

（2）用于肝肾精血不足所致筋骨萎软、小儿发育不良、囟门迟闭、齿迟、行迟等。常与熟地黄、山茱萸等同用，如加味地黄丸。

（3）用于冲任虚寒所致崩漏不止。常与当归、阿胶、蒲黄等同用，如《千金》鹿茸散。

带脉不固所致带下过多，常与狗脊、白蔹等同用。

（4）用于阴虚久溃不敛，脓出清稀。常与黄芪、当归、肉桂等同用。

用法用量 1～2g，研末冲服。

使用注意 本品宜从小量开始，缓缓增加，不宜骤用大剂量，以免阳升风动，头晕目眩，或助火动血，而致鼻衄。阴虚内热及外感实热者忌用。

冬虫夏草 《本草从新》

为麦角菌科真菌冬虫夏草菌 *Cordyceps sinensis*（Berk.）Sacc. 寄生在蝙蝠蛾科昆虫幼虫上的子座及幼虫尸体的复合体。主产于四川、青海、云南等地。初夏子座出土，孢子未发散时挖取。晒至6～7成干，除去似纤维状的附着物及杂质，晒干或低温干燥。生用。

性味归经 甘，温。归肺、肾经。

功效 补肾益肺，止血化痰。

应用

（1）用于肾阳不足，肾气亏虚之阳痿滑精、腰膝酸软等。常与鹿茸、杜仲、淫羊藿等同用。肾不纳气，久咳虚喘，常与补骨脂、蛤蚧、胡桃肉等同用。

（2）用于肺虚久咳、劳嗽痰血等。常与沙参、阿胶、贝母、三七等同用。

此外，病后体虚，自汗畏寒者，可用冬虫夏草与鸡、鸭、猪肉等炖服，以补虚扶弱。

用法用量 3～9g。

杜仲 《神农本草经》

为杜仲科落叶乔木植物杜仲 *Eucommia ulmoides* Oliv. 的树皮。主产于四川、云南、贵州、湖北等地。4～6月剥取，刮去粗皮，堆置“发汗”至内皮呈紫褐色，晒干。切块或丝，生用或盐水炙用。

性味归经 甘，温。归肝、肾经。

功效 补肝肾，强筋骨，安胎。

应用

（1）用于肝肾不足所致腰膝酸痛、下肢痿软无力等症。常与熟地、牛膝、续断等同用；肾虚阳痿、遗尿，常与人参、巴戟天、山茱萸、益智仁等同用。

（2）用于肾虚所致胎动不安。常与桑寄生、续断等同用。

用法用量 6～10g。盐水炙后，疗效更好。

淫羊藿 《神农本草经》

为小檗科草本植物淫羊藿 *Epimedium brevicornum* Maxim.、箭叶淫羊藿 *Epimedium sagittatum*（Sieb. et Zucc.）Maxim.、柔毛淫羊藿 *Epimedium pubescens* Maxim. 朝鲜淫羊藿 *Epimedium koreanum* Nakai 的干燥地上部分。亦称仙灵脾。主产于四川、重庆、陕西、山西、湖北、辽宁等地。夏秋季茎叶茂盛时采割，除去粗梗及杂质，晒干。切丝生用或羊脂油（炼油）炙用。

性味归经 辛、甘，温。归肝、肾经。

功效 补肾阳，强筋骨、祛风湿。

应用

（1）用于肾阳虚所致阳痿、不孕、尿频等。可单独泡酒服用，也可与熟地黄、巴戟天、枸杞子等同用，如赞育丸。

（2）用于肝肾亏虚，腰膝酸软等。常与肉苁蓉、菟丝子、杜仲等同用。风寒湿痹，腰膝冷痛、肢体麻木、筋骨拘挛，常与桑寄生、独活、威灵仙等同用。

用法用量　6～10g。可浸酒、熬膏或入丸散。

使用注意　本品燥烈，辛温助火，阴虚火旺、阳强易举者忌用。

其他补阳药见表10-11。

表10-11　其他补益药简表

分类	药名	性味	归经	功效	应用	用量（g）	备注
补气药	西洋参	甘、微苦，凉	心、肺、肾	益气养阴，益肺生津	①热病烦渴，气阴两伤；②阴虚火旺，咳喘痰血	3～6；另煎兑服	反藜芦
	太子参	甘、微苦，平	脾、肺	益气健脾，生津润肺	①脾气虚弱，食少倦怠；②气虚津伤，燥咳不眠	9～30	反藜芦
补气药	山药	甘，平	脾、肺、肾	补脾养胃，益肺生津，补肾涩精，固精止带	①脾气虚弱，胃阴不足；②肺虚咳喘，内热消渴；③肾虚遗精，尿频带下	15～30；大量60～250	健脾炒用，生津生用
	甘草	甘，平	心、肺、脾、胃	益气补中，清热解毒，祛痰止咳，缓急止痛，调和药性	①心气不足，脾气虚弱；②热毒疮疡，咽喉肿痛；③咳嗽痰多；④四肢脘腹，挛急疼痛；⑤缓和烈性药副作用	2～10	清热解毒宜生用，补中缓急宜炙用；湿盛胀满、浮肿者不宜用；反海藻、甘遂、芫花、大戟
	刺五加	辛、微苦，温	脾、肾、心	益气健脾，补肾安神	①脾虚食少，气短乏力；②腰膝酸软，失眠健忘	9～27	阴虚内热慎用
	绞股蓝	甘、微苦，寒	肺、脾、心、肾	益气养阴，清肺化痰，养心安神，益肾固精	①气虚乏力，阴伤口渴；②肺热痰稠，咳嗽喘息；③心脾两虚，心悸失眠；④肾虚不固，梦遗滑精	5～15	
	大枣	甘，温	心、脾、胃	补中益气，养血安神，缓和药性	①脾胃虚弱，乏力便溏；②妇人脏燥，神志不安；③缓和峻猛、毒药药性	6～15	可去皮核捣烂为丸服

续表

分类	药名	性味	归经	功效	应用	用量（g）	备注
补血药	阿胶	甘，平	肺、肝、肾	补血止血，滋阴润燥	①各种血虚，多种出血；②阴伤燥咳，阴虚风动	3～9	烊化服
	龙眼肉	甘，温	心、脾	补血安神，补益心脾	①气血不足，失眠心悸；②心脾两虚，病后产后	9～15；大量 30～60	
补阴药	明党参	甘、微苦，微寒	肝、脾、肺	养阴和胃，润肺化痰	①口干食少，呕恶反胃；②肺燥咳嗽，干咳少痰	6～12	脾虚泄泻慎用；反藜芦
	玉竹	甘，微寒	肺、胃	养阴润燥，生津止渴	①阴虚肺燥，干咳少痰；②热病伤津，烦热口渴	6～12	痰湿内蕴忌用
补阴药	黄精	甘，平	肺、脾、肾	养阴润肺，益气健脾，补肾填精	①阴虚肺燥，劳嗽咯血；②脾胃虚弱，倦怠食少；③肾虚腰酸，须发早白	9～15	中寒便溏、气滞腹胀者慎用
	石斛	甘，微寒	胃、肾	养阴清热，益胃生津	①热病伤津，低热烦渴；②胃阴不足，食少干呕	6～12 鲜品 15～30	本品助湿，舌苔厚腻者忌用
	天冬	甘、苦，寒	肺、肾	养阴润燥，清肺生津	①盗汗遗精，内热消渴；②阴虚燥咳，劳嗽咯血	6～12	脾虚便溏者忌用
	桑椹	酸，甘，寒	心、肝、肾	滋阴补血，生津润燥	①须发早白，眩晕耳鸣；②津伤口渴，肠燥便秘	9～15	脾胃虚寒及腹泻者忌用
	女贞子	甘、苦，凉	肝、肾	滋补肝肾，乌须明目	①眩晕耳鸣，腰膝酸软；②视力减退，须发早白	6～12	
	鳖甲	咸，微寒	肝、肾	滋阴潜阳，退热除蒸，软坚散结	①阴虚阳亢，虚风内动；②阴虚发热，骨蒸盗汗；③胸腹痞块，癥瘕积聚	9～24	滋阴潜阳生用，软坚散结醋炙用；先煎
	龟板	甘、咸，微寒	肝、肾、心	滋阴潜阳，益肾健骨，退热除蒸，养血补心	①阴虚阳亢，头晕目眩；②腰膝痿软，筋骨不健；③阴虚内热，骨蒸盗汗；④心虚惊悸，失眠健忘	9～24	打碎，先煎

续表

分类	药名	性味	归经	功效	应用	用量（g）	备注
补阳药	仙茅	辛，热，有毒	肾、肝、脾	温肾壮阳，强筋健骨，祛寒除湿	①阳痿早泄，精冷不育；②腰膝痿软，筋骨冷痛；③寒湿痹痛，筋脉拘挛	3～10	本品燥热伤阴，阴虚火旺者忌用
	巴戟天	甘、辛，微温	肝、肾	补肾壮阳，强筋健骨，祛风除湿	①肾虚阳痿，月经不调；②腰膝冷痛，筋骨痿软；③风湿久痹，步履艰难	3～10	温而不燥，补而不滞
补阳药	补骨脂	辛、苦，温	肾、脾	补肾壮阳，温脾止泻，纳气平喘	①阳痿，尿频，腰膝冷痛；②脾肾阳虚，五更泄泻；③肾不纳气，虚寒咳喘	6～10	外用20%～30%酊剂涂患处
	益智仁	辛，温	肾、脾	温肾壮阳，固精缩尿，温脾止泻，摄涎止唾	①肾阳不足，阳痿不举；②肾虚遗尿，遗精白浊；③脾胃虚寒，泄泻腹痛；④脾虚不摄，口多涎唾	3～10	阴虚火旺或因热而遗者忌用
	菟丝子	辛，甘，平	肝、肾、脾	温肾壮阳，固精缩尿，养肝明目，温脾止泻，补肾安胎	①阳痿不举，宫冷不孕；②遗精遗尿，带下白浊；③目昏目暗，视力减退；④脾肾虚寒，泄泻食少；⑤冲任不固，胎动不安	6～12	阴虚火旺、大便燥结、小便短赤者忌用，外治白癜风
	沙苑子	甘，温	肝、肾	补肾助阳，养肝明目，固精缩尿	①滑精早泄，白浊带下；②眩晕目昏，视力下降	9～15	阴虚火旺者慎用
	胡芦巴	苦，温	肾	温肾助阳，散寒止痛	①阳虚疝痛，囊湿阴冷；②经寒腹痛，寒湿脚气	5～10	阴虚火旺者忌用
	肉苁蓉	甘、咸，温	肾、大肠	温补肾阳，益精补髓，润肠通便	①阳痿早泄，宫冷不孕；②腰酸腿软，筋骨无力；③精血亏虚，肠燥便秘	10～15；单用大剂量可用至30	阴虚火旺、腹泻便溏者忌用

续表

分类	药名	性味	归经	功效	应用	用量（g）	备注
	锁阳	甘，温	肝、肾、大肠	补肾助阳，润肠通便	①肾阳不足，阳痿不孕；②精亏液耗，阳虚便秘	5～10	脾虚泄泻、实热便秘者忌用
	蛤蚧	咸，平	肺、肾	助阳益精，补肺益肾	①肾虚精亏，阳痿滑泄；②肾不纳气，久咳虚喘	3～6，多入丸散或酒剂	
	紫河车	甘、咸，温	心、肺、肾	温肾补精，益气养血	①不孕阳痿，肾虚咳喘；②萎黄消瘦，产后少乳	研末服，1.5～3	
补阳药	续断	苦、辛，微温	肝、肾	补肾强筋，止血安胎，疗伤续折	①肾虚腰痛，风湿痹痛；②崩漏下血，胎动不安；③跌扑损伤，骨折肿痛	9～15	风湿热痹忌用
	狗脊	苦、甘，温	肝、肾	祛风除湿，补肝肾，强腰膝	①遗尿遗精，白浊带下；②腰痛脊强，足膝软弱；③风湿痹痛，手足麻木	6～12	阴虚有热、口苦口干者忌用

十二、固涩药

凡以收敛固涩为主要作用，并用于治疗精气耗散所致自汗盗汗、遗精遗尿、久泻久痢、崩漏带下等滑脱证的药物，称为固涩药，也称为收涩药。固涩药味多酸涩，性平或温，具有收敛固涩作用，治疗气血津精耗散滑脱的病证。固涩药根据其作用特点，可分为收敛止汗、涩肠止泻、固精缩尿及固崩止带四类。

固涩药治疗滑脱证，但滑脱证的根本原因是正气虚弱，固涩药多为治标之品，所以常配伍补虚药同用，标本兼顾，才能增强疗效。

固涩药收涩敛邪，热病多汗、痢疾初起、食滞泄泻、火扰精泄、湿热溺涩、血热崩漏、湿热带下等邪气未清者，均不宜使用，误用则有“闭门留寇”之弊。

（一）收敛止汗药

凡以收敛止汗为主要作用，并用于治疗自汗、盗汗的药物，称为收敛止汗药。主要适用于气虚肌表不固、腠理疏松、津液外泄的自汗以及阴虚不能制阳、迫津外泄的盗汗等证。治气虚自汗，常配伍补气固表药；治阴虚盗汗，常配伍养阴除蒸药。

实邪所致的汗出，应以祛邪为主，不宜使用止汗药。

麻黄根　　《本草经集注》

为麻黄科多年生草本状小灌木植物草麻黄 *Ephedra sinica* Stapf 或中麻黄 *Ephedra*

intermedia Schrenk et C.A.Mey. 的干燥根及根茎。主产于河北、山西、内蒙古、甘肃、四川等地。剪去根须，干燥切段。生用。

性味归经　甘，平。归肺经。

功效　固表止汗。

应用

用于自汗、盗汗。气虚自汗，常与黄芪、白术等同用；阴虚盗汗，常与生地黄、五味子、牡蛎等同用；产后虚汗不止，常与当归、黄芪等同用，如麻黄根散。

用法用量　3 ～ 10g。

使用注意　有表邪者忌用。

其他收敛止汗药见表 10-12。

（二）敛肺涩肠药

凡以敛肺止咳为主要作用，并用于治疗肺气虚弱之咳喘、肺肾两虚之虚喘的药物为敛肺止咳药。主要适用于肺虚久咳、肾不纳气之虚喘等证，常配伍补益肺气药、补肾纳气药。咳嗽初起，痰多壅滞者不宜用。

凡以涩肠止泻为主要作用，并用于治疗脾肾虚寒所致久泻久痢的药物，称为涩肠止泻药。涩肠止泻药主要适用于久泻久痢、大便清稀、日久不愈、脘腹冷痛、喜温喜按等虚寒病证，常配伍温补脾肾的药物。泻痢初起，邪气方胜，或伤食腹泻者不宜使用。

五味子　《神农本草经》

为木兰科植物五味子 *Schisandra chinensis*（Turcz.）Baill. 或华中五味子 *Schisandra sphenanthera* Rehd.et Wils. 的成熟果实。前者称为“北五味子”，主产于东北地区；后者称为“南五味子”，主产于湖北、山西、陕西、河南、云南等地。秋季果实成熟时采取，晒干。生用或经醋、蜜拌蒸晒干用。

性味归经　酸、甘，温。归肺、心、肾经。

功效　收敛固涩，益气生津，补肾宁心。

应用

（1）用于自汗、盗汗。常与麻黄根、牡蛎等同用；肺虚久咳，常与罂粟壳等同用；肺肾两虚的虚喘，常与山茱萸、熟地黄、山药等同用，如都气丸；肾虚遗精滑精，常与桑螵蛸、金樱子、龙骨等同用；脾肾虚寒、久泻不止，常与补骨脂、吴茱萸、肉豆蔻等同用，如四神丸。

（2）用于阴虚内热，消渴多饮等。常与山药、知母、天花粉、黄芪等同用；热伤气阴，气短身倦，汗多口渴，常与人参、麦冬等同用，如生脉散。

（3）用于阴血亏虚，心神不安，心悸失眠等。常与生地黄、丹参、酸枣仁等同用。此外其他原因之失眠也可选用。

用法用量　2 ～ 6g。

使用注意　表邪未解，内有实热，咳嗽初起，均不宜使用。

乌梅　《神农本草经》

为蔷薇科植物梅 *Prunus mume*（Sieb.）Sieb.et Zucc. 的近成熟果实。主产于浙江、福建、云南等地。夏季果实近成熟时采收，低温烘干后焖至皱皮，色变黑时即成。去核生用或炒炭用。

性味归经 酸、涩，平。归肝、脾、肺、大肠经。

功效 涩肠，敛肺，生津，安蛔。

应用

（1）用于久泻久痢。常与罂粟壳、诃子等同用，如固肠丸。

（2）用于肺虚久咳少痰，或干咳无痰。常与罂粟壳、杏仁等同用。

（3）用于虚热消渴。可单用煎服，或与天花粉、人参、麦冬等同用，如玉泉散。

（4）用于蛔虫引起的腹痛、呕吐、四肢厥冷的蛔厥证。常与细辛、川椒、黄连、附子等同用，如乌梅丸。

此外乌梅内服，还可用于崩漏下血。

用法用量 6～12g，止泻、止血宜炒炭用。

使用注意 外有表邪，或内有实热积滞者，均不宜服。

肉豆蔻　　《药性论》

为肉豆蔻科高大乔木植物肉豆蔻 *Myristica fragrans* Houtt. 的成熟种仁。主产于马来西亚、印度尼西亚；我国广东、广西、云南也有栽培。冬春两季果实成熟时采收。除去皮壳后干燥。煨制去油用。

性味归经 辛，温。归脾、胃、大肠经。

功效 涩肠止泻，温中行气。

应用

（1）用于脾胃虚寒，久泻不止。常与肉桂、党参、白术、诃子等同用；脾肾阳虚，五更泄泻者，常与补骨脂、五味子、吴茱萸等同用，如四神丸。

（2）用于胃寒气滞，脘腹胀痛、食少呕吐等证。常与木香、干姜、半夏等同用。

用法用量 3～10g。宜煨熟去油后用。

使用注意 湿热泻痢、胃热疼痛者忌用。未经炮制，或用量过大，可致中毒。

其他涩肠止泻药见表10-12。

（三）涩精缩尿药

凡以涩精缩尿为主要作用，并用于治疗遗精滑精、遗尿尿频的药物，称为涩精缩尿药。其中部分药物还兼有补肾的作用。主要适用于肾虚失藏、精关不固之遗精滑精或肾气不固、膀胱失约之遗尿尿频。常配伍补肾药同用，以期标本兼顾。

外邪内侵、湿热下注所致遗精、尿频等不宜使用。

山茱萸　　《神农本草经》

为山茱萸科落叶小乔木植物山茱萸 *Cornus officinalis* Sieb.et Zucc. 的成熟果肉。主产于浙江、河南、安徽、四川、陕西、山西等地。秋末冬初采收。用文火烘焙或开水略烫，及时挤出果核。晒干或烘干用。

性味归经 酸、涩，微温。归肝、肾经。

功效 补益肝肾，收敛固脱。

应用

（1）用于肝肾阴虚，腰酸耳鸣，头晕目眩等。常与熟地黄、山药等同用，如六味地黄丸；

肾阳虚，腰膝酸软，小便不利者，常与肉桂、附子同用，如金匮肾气丸。

（2）用于肾虚不固的遗精、遗尿。常与金樱子、桑螵蛸、覆盆子等同用；妇女冲任不固所致崩漏下血、月经过多，常与黄芪、白术、龙骨、五味子等同用，如固冲汤；大汗虚脱，常与人参、附子、龙骨等同用。

此外，山茱萸也用于消渴，常与天花粉、生地黄等同用。

用法用量 6～12g。

使用注意 素有湿热，小便淋涩者，不宜使用。

桑螵蛸 《神农本草经》

为螳螂科昆虫大刀螂 *Tenodera sinensis* Saussure、小刀螂 *Statilia maculata*（Thunberg）、巨斧刀螂 *Hierodula patellifera*（Serville）的卵鞘。分别称“团螵蛸”、“长螵蛸”、“黑螵蛸”。全国大部分地区均产。深秋至次春采收。蒸至虫卵死后，干燥；生用用时剪碎。

性味归经 甘、咸，平。归肝、肾经。

功效 固精缩尿，补肾助阳。

应用

（1）用于肾虚不固所致遗精滑精等证。常与山茱萸、菟丝子、沙苑子、覆盆子等同用；小儿遗尿，可单用研末服，或与远志、龙骨、石菖蒲等同用，如桑螵蛸散。

（2）用于肾阳不足的阳痿。常与鹿茸、肉苁蓉、菟丝子等同用。

用法用量 5～10g。

金樱子 《雷公炮制论》

为蔷薇科植物金樱子 *Rosa laevigata* Michx. 的成熟果实。主产于广东、四川、湖南、江西、浙江、重庆、云南、贵州、河北等地。10～11月采收。纵切两瓣，除去毛刺，晒干用。

性味归经 甘、酸、涩，平。归肾、膀胱、大肠经。

功效 固精缩尿，涩肠止泻、固崩止带。

应用

（1）用于遗精滑精、遗尿尿频、带下等。可单用金樱子熬膏，或与芡实同用，如水陆二仙丹；也可配伍桑螵蛸、菟丝子等同用。

（2）用于脾虚久泻、久痢。常与党参、白术、山药、罂粟壳等同用。

用法用量 6～12g。

其他涩精缩尿药见表10-12。

（四）固崩止带药

凡以固崩止带为主要作用，用于治疗崩漏带下的药物，称为固崩止带药。本类药物主要适用于冲任不固所致崩漏下血、带脉失约所致带下淋漓等病证。

凡湿热下注引起的带下及血热妄行所致崩漏等证，本类药物均不宜使用。

海螵蛸 《神农本草经》

为乌贼科动物无针乌贼 *Sepiella maindroni de* Rochebrune 或金乌贼 Sepia esculenta Hoyle 的内壳。主产于浙江、江苏、广东、福建、山东、辽宁等地。收集乌贼鱼状内壳，洗净，干燥。生用。

性味归经 咸、涩，微温。归肝、肾经。

功效 涩精止带，收敛止血，制酸止痛，收湿敛疮。

应用

（1）用于肾虚遗精。常与山茱萸、菟丝子、沙苑子等同用；妇女赤白带下，常与白芷、白术、山药、芡实等同用。

（2）用于崩漏下血、吐血。常与茜草、棕榈炭、五倍子等同用；吐血便血，常与白及等同用外伤出血，可单用研末外敷。

（3）用于胃痛吐酸。常与延胡索、白及、贝母、瓦楞子等同用。

（4）用于湿疮湿疹，溃疡不敛等。配黄连、黄柏、煅石膏、青黛研末外敷。

用法用量 5～10g。外用适量，研末敷患处。

其他固涩药见表10-12。

表10-12 其他固涩药简表

分类	药名	性味	归经	功效	应用	用量（g）	备注
收敛止汗药	糯稻根	甘，平	心、肝、肺	收敛止汗，退热除蒸	①表虚自汗，阴虚盗汗；②虚热不退，骨蒸潮热	15～30	
	浮小麦	甘，凉	心	收敛止汗，退热除蒸	①气虚自汗，阴虚盗汗；②阴虚发热，骨蒸劳热	15～30；研末服，3～5	
涩肠止泻药	诃子	苦、酸、涩，平	肺、大肠	涩肠止泻，敛肺止咳，降火利咽	①脾虚久泻，肠风下血；②肺虚咳喘，咽痛音哑	3～10	涩肠止泻煨用，敛肺利咽生用
	赤石脂	酸、甘、涩，温	胃、大肠	涩肠止泻，收敛止血，敛疮生肌	①久泻不愈，大便稀溏；②崩漏下血，便血痔血；③疮疡溃烂，久不收口	9～12	湿热泻痢忌用；孕妇慎用；畏官桂
	罂粟壳	酸、涩，平，有毒	肺、肾、大肠	涩肠，敛肺，止痛	①脾虚失运，久泻不止；②肺虚久咳，痰少声弱；③心胃脘腹及筋骨疼痛	3～6	易致中毒成瘾，不可过量久服孕妇及儿童慎用、运动员慎用
涩精缩尿药	覆盆子	甘、酸，温	肾、肝、膀胱	固肾缩尿，益肾填精，养肝明目	①遗尿尿频，遗精滑精；②阳痿不举，筋骨痿软；③肝血不足，视物不清	6～12	
涩精缩尿药	莲须	甘、涩，平	心、肾	固肾涩精	遗精滑精，遗尿带下	3～5	
	芡实	甘、涩，平	脾、肾	益肾固精，补脾止泻，除湿止带	①肾虚遗精，小便不禁；②脾虚泄泻，久泻不愈；③下元虚冷之白带清稀	9～15	

续表

分类	药名	性味	归经	功效	应用	用量（g）	备注
固崩止带药	椿皮	苦、涩，寒	肝、肾、大肠	收敛止血，收敛止带，收敛止泻	①崩漏经多，便血痔血；②湿热下注，赤白带下；③湿热泻痢，久泻久痢	6～9	收敛兼清湿热，脾胃虚寒者慎用
	鸡冠花	甘、涩，凉	肝、大肠	收敛止血，收敛止带，收敛止痢	①崩漏下血，便血痔血；②脾虚带下，湿热带下；③赤白下痢，久泻不止	6～12	收敛兼清湿热

十三、平肝息风药

凡以平肝潜阳、息风止痉为主要作用，并用于治疗肝阳上亢或肝风内动的药物，称为平肝息风药。平肝息风药皆入肝经，其中除植物药之外，还有许多介类、昆虫类动物药及矿物类药物。平肝息风药根据其作用可分为平肝潜阳药和息风止痉药两类。主要适用于肝阳上亢所致头痛眩晕、肝风内动所致抽搐痉厥。

应用平肝息风药，应根据病情，进行相应的配伍。肝阳上亢证，平肝潜阳药配伍滋养肾阴药；阳亢风动证，息风止痉药配伍平肝潜阳药；热极动风证，息风止痉药配伍清热药；阴虚风动证，息风止痉药配伍养阴药。如兼窍闭神昏，则配伍开窍药；失眠多梦，配伍安神药；兼痰者，配伍祛痰药；肝火盛者，配伍清泻肝火药。

脾虚惊风、血虚生风、气血不足所致头晕目眩，应慎用或忌用。

天麻　《神农本草经》

为兰科植物天麻 *Gastrodia elata* B1. 的块茎。主产于四川、重庆、云南、贵州、湖北、陕西等地。冬春季节采集，冬季茎枯时采挖者名“枯麻”，质量优良；春季发芽时采挖者名“春麻”，质量较差。采挖后除去地上茎及须根，洗净，蒸透，晒干、晾干或烘干。用时润透，切片。

性味归经　甘，平。归肝经。

功效　息风止痉，平抑肝阳，祛风通络。

应用

（1）用于肝阳上亢所致头痛眩晕。常与钩藤、牛膝等同用，如天麻钩藤汤；风痰眩晕，常与白术、半夏、陈皮等同用，如半夏白术天麻汤；各种原因所致惊痫抽搐，常与钩藤、全蝎、蜈蚣等同用。

（2）用于中风手足不遂，筋骨疼痛，肢体麻木等常与川芎等同用；风寒湿痹，常与秦艽、羌活、桑枝等同用，如秦艽天麻汤。

用法用量　3～10g。研末冲服，每次1～1.5g。

钩藤　《名医别录》

为茜草科植物钩藤 *Uncaria rhynchophylla*（Miq.）Jacks. 或大叶钩藤 *Uncaria macrophylla* Wall. 等同属植物的带钩茎枝。主产于长江以南至福建、广东、广西等省区。春、秋两季采收带钩的嫩枝，剪去无钩的藤茎，晒干。或先置锅内蒸片刻，或于沸水中略烫后再取出晒干。切段入药。

性味归经 甘，微寒。归肝、心包经。

功效 息风定惊，清热平肝。

应用

（1）用于肝风内动，惊痫抽搐，妊娠子痫等。常与天麻、全蝎等同用，如钩藤汤；热极生风，常与羚羊角、白芍、菊花等同用，如羚角钩藤汤。

（2）用于肝阳上亢所致头痛、眩晕。常与天麻、菊花、石决明等同用；肝火上炎所致头胀头痛、目赤，常与夏枯草、栀子、黄芩等同用。

用法用量 3～12g。后下，不宜久煎，一般不超过20分钟。

全蝎 《蜀本草》

为钳蝎科动物东亚钳蝎 *Buthus martensii* Karsch 的干燥体。主产于山东、河北、河南、安徽、辽宁、湖北等地。捕得后，先浸入清水中，待其吐出泥土，置沸水或沸盐水中，煮至全身僵硬，置通风处阴干。

性味归经 辛，平。有毒。归肝经。

功效 息风止痉，通络止痛，攻毒散结。

应用

（1）用于破伤风所致痉挛抽搐。常与蜈蚣、天南星、蝉蜕等同用。风中经络所致口眼㖞斜，常与白附子、白僵蚕等同用，如牵正散；温热病高热抽搐，常与天麻、钩藤、羚羊角等同用。

（2）用于风湿顽痹，日久不愈、肢节疼痛、筋脉拘挛等证。常与川乌、白花蛇、没药等同用。顽固性头痛，常与天麻、蜈蚣、川芎、僵蚕等同用。

（3）用于疮疡肿毒、瘰疬痰核。常与马钱子、半夏、五灵脂等同用。

用法用量 3～6g。

使用注意 蝎尾用量为全蝎用量的三分之一。血虚生风及孕妇忌用。

其他平肝息风药见表10-13。

表10-13 其他平肝息风药简表

药名	性味	归经	功效	应用	用量（g）	备注
石决明	咸，寒	肝	平肝潜阳，清肝明目	①肝阳上亢，头晕目眩；②肝火上炎，目赤昏花	6～20	打碎先煎；清肝平肝生用，外用宜煅，点眼宜水飞
珍珠母	咸，寒	肝、心	平肝潜阳，明目退翳，安神定悸	①肝阳上亢，头晕目眩；②目赤肿痛，视物昏花；③惊悸失眠，心神不宁	10～25	打碎先煎
牡蛎	咸，微寒	肝、胆、肾	潜阳补阴，重镇安神，软坚散结	①肝阳上亢，眩晕耳鸣；②心神不安，惊悸失眠；③痰核瘰疬，瘿瘤癥积；④自汗盗汗，遗精滑泄	9～30	打碎先煎；收敛固涩、制酸煅用，余皆生用

续表

药名	性味	归经	功效	应用	用量（g）	备注
（代）赭石	苦，寒	肝、心、肺、胃	平肝潜阳，重镇降逆，凉血止血	①肝阳上亢，头晕目眩；②胃气上逆，呕逆喘息；③血热吐衄，崩漏血痢	9～30	打碎先煎；降逆平肝生用，止血煅用
罗布麻叶	甘、苦，凉	肝	平肝安神，清热利水	①肝阳上亢，头晕目眩；②湿热水肿，小便不利	6～12	平肝用叶，治水肿用根；不宜大量或长期服用，以免中毒
蒺藜	苦、辛，微温	肝	平肝解郁，活血，祛风明目，止痒	①肝阳上亢，头晕目眩；②肝郁气滞，胸胁胀痛；③风热目疾，风疹瘙痒	6～10	
羚羊角（用山羊角代）	咸，寒	肝、心	平肝息风，清肝明目，清热解毒	①肝风内动，惊痫抽搐；②肝火上炎，目赤肿痛；③温病神昏，热毒发斑	1～3；研末服，每次0.3～0.6	单煎2小时以上，取汁服
牛黄	甘，凉	肝、心	息风止痉，祛痰开窍，清热解毒	①热极生风，小儿惊风；②痰热阻闭，神昏谵语；③恶疮肿毒，口舌生疮	多入丸散，外用适量0.15～0.35	非实热证不用；孕妇慎用
地龙	咸，寒	肝、脾、膀胱	清热定惊，活络，平喘，利尿	①热极动风，惊风癫痫；②风湿热痹，中风不遂；③肺热哮喘，喉中痰鸣；④热结膀胱，小便涩痛	5～10	
僵蚕	咸、辛，平	肝、胃、肺	息风止痉，祛风止痛，化痰散结	①痰热惊风，痉挛抽搐；②口眼㖞斜，风热头痛；③咽喉肿痛，瘰疬痰核	5～10	散风热生用，余皆制用
蜈蚣	辛，温，有毒	肝	息风止痉，攻毒散结，通络止痛	①痉挛抽搐，口眼㖞斜；②疮疡肿毒，瘰疬痰核；③风湿痹痛，顽固头痛	3～5	有毒，用量不宜过大；孕妇忌用

十四、安神药

凡以安神定志为主要作用，并用于治疗心神不安的药物，称为安神药。安神药常以矿石、贝壳或植物种子入药，其中矿物贝壳类药物多具有重镇安神的作用，植物种子多具有养心安神的作用，故安神药可分为重镇安神药和养心安神药两类，分别适用于心神受扰及心神失养所致的惊悸怔忡、失眠多梦等病证。

应用安神药，可进行适当配伍。如心火亢盛者，配清心降火药；痰火扰心者，配化痰清热药；肝阳上亢者，配平肝潜阳药；血瘀气滞者，配活血行气药；血虚阴亏者，配补血养阴药；心脾气虚者，配补气药。

重镇安神矿物类药物，如入丸散服，易伤脾胃，不可久服，并要适当配伍养胃健脾之品。部分药物具有毒性，更须慎重，以防中毒。

酸枣仁　《神农本草经》

为鼠李科植物酸枣 *Ziziphus jujuba* Mill.var.*spinosa*（Bunge）Hu ex H.F.Chou 的成熟种子。主产于陕西、山东、河北、河南、辽宁等地。秋末冬初果实成熟时采收，除去果肉，碾碎果核，取出种子晒干。生用或炒用，用时打碎。

性味归经　甘、酸，平。归心、肝、胆经。

功效　养心补肝，宁心安神，敛汗生津。

应用

（1）用于心肝血虚所致心悸失眠。常与当归、何首乌、龙眼肉等同用；肝虚有热之心烦不眠，常与知母、茯苓、川芎等同用，酸枣仁汤；心脾两虚之心烦失眠，常与当归、黄芪、党参等同用；阴虚之心烦失眠、健忘梦遗，常与麦冬、生地黄、远志等同用，如天王补心丹。

（2）用于体虚自汗、盗汗。常与五味子、黄芪、山茱萸等同用。

用法用量　10～15g。

远志　《神农本草经》

为远志科多年生草本植物远志 *Polygala tenuifolia* Willd. 或卵叶远志 *Polygala sibirica* L. 的根。主产于山西、陕西、吉林、河南、河北等地。春季出苗前或秋季地上部分枯萎后，挖取根部，除去残基及泥土，晒干。生用或炙用。

性味归经　苦、辛，微温。归心、肾、肺经。

功效　安神益智，交通心肾、祛痰，消肿。

应用

（1）用于心神不宁所致失眠健忘、惊悸多梦。常与人参、龙齿、茯神等同用，如安神定志丸。

（2）用于痰多黏稠、咳吐不爽。常与杏仁、桔梗、贝母等同用。

（3）用于癫痫昏仆、痉厥抽搐。常与半夏、天麻、全蝎等同用；癫狂发作，常与石菖蒲、郁金、白矾等同用。

（4）用于痈疽疮毒、乳房肿痛等。可治一切痈疽，无论寒热虚实都可用。单味药研末，黄酒送服，并外用调敷患处。

用法用量 3～10g。

使用注意 有胃炎、胃溃疡者慎用。

龙骨 《神农本草经》

为古代多种大型哺乳动物象、犀、鹿、牛等骨骼化石。主产于山西、内蒙古、河南、河北、陕西、甘肃等地。全年均可采挖，除去泥土及杂质，贮于干燥处。生用或煅用。

性味归经 甘、涩，平。归心、肝、肾经。

功效 镇惊安神，平肝潜阳，收敛固涩。

应用

（1）用于心神不宁，心悸失眠、健忘多梦。常与朱砂、酸枣仁、柏子仁等同用；惊抽搐、癫狂发作者，常与牛黄、胆南星、礞石等同用。

（2）用于肝阳上亢，头痛眩晕。常与代赭石、牡蛎、牛膝等同用，如镇肝息风汤。

（3）用于肾虚所致遗精滑精。常与牡蛎、沙苑子、芡实等同用，如金锁固精丸。心肾两虚，小便频数，常与桑螵蛸、龟版、茯神等同用，如桑螵蛸散；冲任不固之崩漏带下，常与黄芪、乌贼骨、五味子等同用，如固冲汤；表虚自汗、阴虚盗汗，常与黄芪、牡蛎、浮小麦、五味子等同用。

用法用量 15～30g，宜先煎。外用适量。收敛固涩宜煅用，其他宜生用。

朱砂 《神农本草经》

为硫化物类矿物辰砂族辰砂 *Cinnabar* 的矿石，主要成分是硫化汞（HgS）。主产于湖南、贵州、四川、广西等地。随时开采，选取纯净者，用磁铁吸净含铁的杂质，再用水淘去杂石和泥沙，研细水飞，晒干装瓶备用。

性味归经 甘，寒。有毒。归心经。

功效 清心、镇惊、安神、解毒、明目。

应用

（1）适用于心火亢盛所致心神不安、烦躁不宁。常与黄连等同用，如朱砂安神丸也用于其他原因所致心神不宁，可随证配伍。痰热蒙蔽心窍所致癫狂，常与郁金、白矾等同用；小儿惊风，常与牛黄、钩藤、全蝎等同用；癫痫卒昏抽搐，常与磁石同用，如磁朱丸。

（2）用于热毒疮疡。常与雄黄、大戟、山慈姑等同用。咽喉肿痛，口舌生疮，常与冰片、硼砂等同用，如冰硼散。

用法用量 入丸散，或研末冲服，每次 0.1～0.5g。外用适量。

使用注意 朱砂有毒，不可过量或持续服用。火煅会析出水银，增强毒性，故朱砂不宜火煅。

其他安神药见表 10-14。

表 10-14 其他安神药简表

药名	性味	归经	功效	应用	用量（g）	备注
磁石	咸、寒	心、肝、肾	镇惊安神，平肝潜阳，聪耳明目，纳气定喘	①肾虚肝旺，心神不宁；②肝阳上亢，头晕目眩；③肝肾亏虚，目暗耳聋；④肾不纳气，气逆喘促	9 ～ 30	打碎先煎；平肝息风生用，纳气平喘醋淬后用
琥珀	甘，平	心、肝、膀胱	镇惊安神，活血散瘀，利尿通淋	①心神不宁，心悸失眠；②血瘀肿痛，经闭痛经；③淋证尿痛，癃闭血淋	研末服，0.5 ～ 3；或入丸散	不入煎剂
柏子仁	甘，平	心、肾、大肠	养心安神，润肠通便、止汗	①心神失养，心悸失眠；②体虚年老，肠燥便秘	3 ～ 10	便溏及多痰者慎用
合欢皮	甘，平	心、肝、肺	解郁安神，活血消肿	①忿怒忧郁，烦躁失眠；②跌扑瘀肿，痈肿疮毒	6 ～ 12	孕妇慎用
首乌藤	甘，平	心、肝	养心安神，祛风通络	①阴虚血少，失眠多梦；②血虚身痛，风湿痹痛	9 ～ 15	
灵芝	甘，平	心、肝、肺、肾	补气安神，止咳平喘	①心神失养，失眠健忘；②虚劳咳嗽，咳喘痰多	6 ～ 12	灵芝多糖有免疫促进作用

十五、开窍药

凡具有辛香走窜之性，以通关开窍、启闭醒神为主要作用，并用于治疗窍闭神昏的药物，称为开窍药。因其药物气味芳香，故亦称为芳香开窍药。主要治疗温病热陷心包，痰浊蒙蔽清窍所致神昏谵语，以及惊风、癫、中风、中暑等卒然昏厥、痉挛抽搐等症。

神志昏迷有虚实之分，虚证为脱证，不宜使用开窍药；实证为闭证，当使用开窍药。但闭证又有寒热之分，寒闭证可配伍温里祛寒药，热闭证应配伍清热解毒药。如闭证神昏兼见惊厥抽搐者，还需配伍息风止痉药。

开窍药多辛香走窜，易伤正气，应中病即止，不可久服。本类药物气味辛香，易于挥发，内服不宜入煎剂，只入丸散剂应用。

麝香 《神农本草经》

为鹿科动物林麝 *Moschus berezovskii* Flerov.、马麝 *Moschus. sifanicus* Przewalski 或原麝 *Moschus. moschiferus* Linnaeus 成熟雄体香囊中的干燥分泌物。主产于四川、西藏、云南、陕西、甘肃、内蒙古等地。野麝多在冬季至次春猎取，猎取后，割取香囊，阴干，称“毛壳麝香”。用时剖开香囊，除去囊壳，称麝香仁。人工驯养麝多用手术取香法，直接从香囊中取出麝香仁，阴干。本品应密闭，避光保存。

性味归经 辛，温。归心、脾经。

功效 开窍醒神，活血通经，消肿止痛，催生下胎。

应用

（1）用于闭证神昏。热闭者常与牛黄、冰片、朱砂等同用，如安宫牛黄丸。寒闭者常与苏合香、檀香、安息香等同用，如苏合香丸。

（2）用于血瘀经闭、癥瘕积聚、心腹暴痛、跌打损伤等证。常与桃仁、红花、川芎、木香等同用。疔疮恶毒，常与蟾酥、牛黄、珍珠等同用，如六神丸。

（3）用于久病入络的偏正头痛。常与川芎、桃仁、红花等同用，如通窍活血汤。痹证疼痛，顽固不愈，常与独活、威灵仙、桑寄生等同用。

（4）用于难产、死胎、胞衣不下。常与肉桂同用，散剂冲服，如香桂散。

用法用量 入丸散，每次 0.03 ～ 0.1g。外用适量。

使用注意 孕妇忌用。

苏合香 《名医别录》

为金缕梅科植物苏合香树 *Liquidambar orientalis* Mill. 的树脂。主产于非洲、印度、土耳其等地。我国广西有栽培。初夏时将树皮割破，深达木部，使香树脂渗入树皮内。秋季剥下树皮，为普通苏合香。普通苏合香溶解于酒精中，过滤，蒸去酒精，为精制苏合香。成品应置阴凉处密闭保存。

性味归经 辛，温。归心、脾经。

功效 开窍醒神，辟秽止痛。

应用

（1）用于中风痰厥、惊痫等属于寒闭卒然昏倒。常与麝香、安息香、檀香等同用，如苏合香丸。

（2）用于暑湿秽浊所致腹痛吐泻。常与藿香、佩兰等同用。寒凝血瘀所致胸脘痞闷、胸腹冷痛，常与冰片、麝香、安息香、檀香等同用。

近年来，用冠心苏合丸、苏冰滴丸治疗冠心病心绞痛，疗效较好，且无副作用。

用法用量 入丸散，每次 0.3 ～ 1g。不入煎剂。

其他开窍药见表 10-15。

表 10-15 其他开窍药简表

药名	性味	归经	功效	应用	用量（g）	备注
冰片	辛、苦，凉	心、脾、肺	开窍醒神，清热止痛	①神昏痉厥，中暑昏迷；②中风痰厥，气郁暴厥；③咽喉肿痛，口疮赤痛	入丸散，每次 0.3 ～ 0.9	外用适量；不入煎剂；孕妇慎用
安息香	辛、苦，平	心、脾	开窍醒神，活血止痛	①闭证神昏，中风痰厥；②气郁暴厥，中脏昏迷；③气滞血瘀，心腹诸痛	入丸散，每次 0.6 ～ 1.5	外用适量；不入煎剂
樟脑	辛，热，有毒	心、脾	开窍辟秽，除湿杀虫	①秽浊中阻，痧胀腹痛；②呕吐腹泻，神志昏迷；③湿疮湿疹，疥癣瘙痒	入丸散，每次 0.1 ～ 0.2	外用适量；不入煎剂；孕妇忌用；不可过量，以防中毒
石菖蒲	辛、苦，温	心、胃	开窍豁痰、醒神益智，化湿开胃	①痰蒙清窍，神志昏迷；②癫狂痴呆，心神不安；③湿浊中阻，脘痞腹胀	3 ～ 10	

十六、外用药

凡以敷贴、涂搽、熏洗、点眼、吹喉等体表使用为主要给药途径的药物，称为外用药。外用药主要具有攻毒拔毒、解毒杀虫、腐蚀溃疮、消肿定痛、敛湿生肌等功效，适用于痈疽肿毒、疮癣疥癞、毒蛇咬伤、目赤翳障、溃疡不敛等。外用药多具有毒性，有的有剧毒，使用时用量宜小，以防中毒。需要炮制的药物，要按操作规程进行炮制，以减轻毒性。

硫黄　《神农本草经》

为硫黄矿或含硫矿物的提炼加工品硫黄 *Sulfur*。主产于山东、河南等地。全年均可采挖。采后加热熔化，除去杂质，取出上层溶液，冷却后即得。生硫黄只作外用。内服，则需与豆腐同煮，至豆腐呈绿色为度，取出漂净，阴干。用时研末。

性味归经　酸，温。有毒。归肾、大肠经。

功效　外用解毒杀虫疗疮，内服补火助阳通便。

应用

（1）用于疥疮顽癣、湿疹瘙痒、阴疽肿毒。常与轻粉、雄黄、冰片等同用，局部涂搽患处。

（2）用于肾阳虚所致寒喘、阳痿、便秘。常与附子、肉桂、黑锡等同用，如黑锡丹。冷积便秘，常与半夏同用，如半硫丸；肾虚阳痿、小便频数，常与鹿茸、补骨脂等同用。

用法用量　外用适量，研末油调涂敷患处；内服，1.5～3g，炮制后入丸、散服。

使用注意　阴虚火旺及孕妇忌用。畏朴硝。有毒，不可多服、久服。

雄黄　《神农本草经》

为硫化物类雄黄族矿物雄黄 Realgar 的矿石。主含二硫化二砷（As2S2）。雄黄中熟透者，色鲜，质最佳，称雄精或腰黄。主产于湖南、湖北、贵州、甘肃、云南、四川等地。随时可采，除去杂质，研成细粉或水飞用。切忌火煅。

性味归经　辛，温。有毒。归、肝、大肠经。

功效　解毒杀虫，燥湿祛痰，截疟。

应用

（1）用于湿疮疥癣、疔疮丹毒、虫蛇咬伤。用于湿疮疥癣，常配黄柏、冰片、枯矾等研末外敷。疔疮丹毒，常配轻粉、蟾酥、冰片研末外敷；毒蛇咬伤，可单用雄黄粉，香油调涂患处。蛔虫等肠道寄生虫所致虫积腹痛，常与槟榔、牵牛子等同用。

（2）用于痰蒙心窍所致癫痫。常与胆南星、朱砂等同用。破伤风所致拘挛抽搐，常与防风、草乌等同用。

用法用量　外用适量，熏涂患处。内服，每次 0.05～0.1g，入丸散，不入煎剂。

使用注意　内服慎用，不可久服。孕妇忌用。外用不可大面积长期使用，以免皮肤吸收积蓄中毒。切忌火煅，煅烧后分解氧化为三氧化二砷（As_2O_3，即砒霜），有剧毒。

血竭　《新修本草》

为棕榈科常绿藤本植物麒麟竭 Daemonorops draco Bl. 的树脂。主产于印度尼西亚、马来西亚、伊朗等国，我国广东、台湾等地也有种植。采集果实，置蒸笼内蒸煮，使树脂渗出。或将树干砍破，使树脂自然渗出，凝固而成。打碎研末用。

性味归经 甘、咸，平。归心、肝经。

功效 活血定痛，化瘀止血，生肌敛疮。

应用

（1）用于跌打损伤所致瘀血疼痛。常与乳香、没药、儿茶等同用；产后瘀滞腹痛、痛经、经闭以及一切瘀血心腹刺痛，常与当归、三棱、莪术等同用。

（2）用于外伤出血或消化道出血。常与三七、白及等同用；痈疽疮疖溃烂不敛者，常与乳香、没药、儿茶等研末外用。

用法用量 研末，1～2g、或入丸剂，外用适量，研末撒敷。

使用注意 孕妇及月经期忌服。

其他外用药见表 10-16。

表 10-16 其他外用药简表

药名	性味	归经	功效	应用	用量（g）	备注
轻粉	辛，寒，有毒	大肠、小肠	杀虫攻毒，逐水通便，敛疮	①疥癣梅毒，疮疡溃烂；②实证水肿，二便不利	入丸散，0.1～0.2	内服不可过量；孕妇忌用
硼砂	甘、咸，凉	肺、胃	清热解毒，消肿退翳，清肺化痰	①咽喉肿痛，口舌生疮；②目赤肿痛，翳障胬肉；③肺热咳嗽，痰黄黏稠	入丸散，1.5～3	多作外用，内服宜慎；化痰生用，外敷煅用
蟾酥	辛，温，有毒	心	解毒止痛，开窍醒神	①痈疽瘰疬，喉痛牙痛；②夏伤暑湿，吐泻昏迷	入丸散，0.015～0.03	外用适量，不入煎剂；不可过量；孕妇慎用
炉甘石	甘，平	肝、脾	收湿止痒敛疮，解毒明目退翳	①皮肤湿疮，溃疡不敛；②目赤肿痛，翳膜胬肉		专作外用，不作内服
砒石	辛，大热，大毒	肺、肝	蚀疮去腐，祛痰平喘，截疟杀虫	①疮疡腐肉，瘰疬牙疳；②寒痰哮喘，久治不愈；③疟疾痢疾，疥癣瘙痒	入丸散，1～3mg	本品剧毒，内服宜慎；孕妇忌用

第十一章 方 剂

第一节 方剂的基本知识

一、方剂与方剂学的概念

方剂，是在中医辨证审因，确定治法的基础上，按照组方原则，选择恰当的药物合理配伍并酌定剂量、剂型、用法而成，是中医用于防治疾病的方法之一。药物是方剂的基础，方剂是药物治病的进一步发展。

方剂学，是研究和阐明中医治法和方剂理论及其临床运用规律的一门学科，与中医临床各科有着广泛而密切的联系，是中医学的基础学科之一。它不仅涵盖了历代医家的不同学术思想和中医防治疾病的各种治法，同时也整合了古今医家在方剂理论和应用研究方面所取得的大量成果，反映了学科知识在历史与逻辑、理论与经验方面的统一。

方剂学的基本理论和知识是在中医理论指导下运用中药防治疾病的经验总结而成，所以它起着沟通基础课与临床课的桥梁作用。

二、方剂与治法

（一）方剂与治法的关系

方剂是理、法、方、药的重要组成部分。治法是在辨清证候、辨证审因、辨明病机的基础上，有针对性采取的基本治疗方法。治法与方剂有着密切的关系，法是方的依据，方是法的体现。在辨证的基础上确定恰当的治疗方法，在治法的指导下选用相应的药物组成方剂，即“法随证立”、“方从法出”。方剂的功用、主治必须与治法一致，否则难以取效，甚则使病情加重。

（二）治法

治法，包括治疗大法和具体治法。治疗大法也叫基本治法，它概括了主要的基本的治疗共性，在临床上具有普遍的意义。我国历代医家通过反复的临床实践，总结、归纳出“八法”，即汗、吐、下、和、温、清、消、补。具体治法是针对具体病证而拟定的治法，属于个性的、各具特定范围的治疗方法，如辛温解表法、温补脾肾法等。这里仅介绍属于共性的治疗大法，即“八法”。

1. 汗法

汗法，也叫解表法，是运用发汗解表的方药，通过开泄腠理、调和营卫、宣发肺气，以促进发汗，使邪外出，解除表证的一种治疗方法。它适用于一切外感疾病初期，病邪在表，症见恶寒发热、头痛身疼、苔薄、脉浮等。

汗法的临床应用，即根据外感表证的感寒、感热的性质不同，可分为辛温发汗和辛凉发汗两类。辛温发汗，适用于外感风寒，恶寒重，发热轻的表寒证；辛凉发汗，适用于外感风热或温燥，发热重、恶寒轻的表热证。

汗法的应用，以汗出邪去为度，反之，发汗太过会耗散津液，损伤正气。对于表邪已解、麻疹已透、疮疡已溃，以及自汗、盗汗、失血、吐泻、热病后期津亏者，均不宜用。

凡用发汗剂时，服药后应避风寒，忌食油腻厚味及辛辣食物。

2. 吐法

吐法，也叫催吐法，是通过涌吐的方法，使停留于咽喉、胸膈、胃脘等部位的痰涎、宿食或有毒物质从口中吐出的一种治疗方法。它适用于食积停滞胃脘、顽痰留滞胸膈、痰涎阻塞于气道而病邪有上涌之势者，或误食毒物尚在胃中等病证。吐法多用于病情急迫，必须迅速吐出积滞或毒物的实证。吐法易伤胃气，故体虚气弱、妇人新产、孕妇等均应慎用。

3. 下法

下法，也叫泻下法，是运用具有泻下作用的药物，使积聚肠胃的宿食、燥屎、冷积、瘀血、痰结、水饮等有形实邪从大便排除体外的一种治疗方法。它具有泻下积滞，攻逐水饮，破瘀通经，逐痰催生等作用。

由于病情有寒热，正气有虚实，病邪有兼夹，所以下法又有寒下、温下、润下、逐水、攻补兼施之别，并与其他治法结合运用。

4. 和法

和法，也叫和解法，是通过和解或调和的方药，来达到疏解邪气，调整机体，扶助正气的一种治疗方法。和法的特点是作用缓和，照顾全面，应用广泛，适应证情比较复杂。因少阳病的发病部位在半表半里，治疗此证既要疏散半表之邪，又要清泄半里之邪，使邪气从表里同时分消。

和法虽属治法当中较缓和的一种治法，但是如果使用不妥，亦能引起助邪或损伤正气。因此，凡病邪在表而尚未入少阳者，邪气入里、阳明热盛之实证者，均不宜使用和法。

5. 温法

温法，也称祛寒法，是运用温中、祛寒、回阳、通络等作用，使寒邪去，阳气复，经络通，血脉和的一种治疗方法。它具有回阳救逆，温中散寒，温通经脉等作用。主要适用于中焦虚寒、亡阳厥逆、经脉寒凝等病证。

温法，用以治疗寒邪侵及脏腑，阴寒内盛的里寒证；亦用于阳气虚弱，寒从内生的虚寒证。温法在临床应用时，根据其寒邪所犯部位在中、在下、在脏、在腑，以及在经络骨节的不同，而采用温中祛寒、温经散寒、回阳救逆等方法。

温法所用的药物，性多燥热，故易耗伤阴血。因此，凡素体阴虚、血虚以及血热妄行的出血证，内热火炽、夹热下痢、神昏津液欲脱者及孕、产妇，均应慎用或禁用。

6. 清法

清法，也叫清热法，是指通过清热、泻火、凉血等以消除里热的一种治疗方法。本法治疗范围广泛，主要适用于气分热盛证、热入营血证、火毒壅盛证、暑热证、脏腑热证、久病阴虚热伏于里的虚热证等。

根据热病发展阶段的不同和火热所伤脏腑之异，有清热泻火、清热解毒、清营凉血、清泻脏腑等不同用法。如：清热泻火，适用于热在气分，属于实热的证候；清热解毒，适用于时疫瘟病、热毒疮溃等证；清热凉血，适用于热入营血的证候。

按照邪热入气、营、血分之不同，临床上又可分为以下具体治法。如：辛凉清热，适用于热在气分，热炽津伤之证；苦寒清热，适用于热在气分，属实热证者；透营清热，适用于热入营分证；咸寒清热，适用于热入血分证；养阴清热，适用于热灼伤阴，水不制火证；清热开窍，适用于高热不退、神志昏迷之证。

邪热入于脏腑，用本法清泻脏腑之热邪，有泻肺清热、清心降火、清肝泻火、清泻胃火等不同治法。

清热法所有的方药多具寒凉之性，常易损伤脾胃阳气，故一般不宜久用。另外，凡体质素虚、脏腑本寒者，表邪未解、阳气被郁而发热者，因气虚血虚引致虚热者，皆禁用本法。

7. 消法

消法，也叫消导法或消散法，指通过消食导滞、消坚散结等方法，使结聚于体内的气、血、痰、食、水、虫等有形之邪渐消缓散的一种治疗方法。

消法的运用，应根据其病因的不同，而分别选择使用，通常可分为五类。如：消食导滞，适用于饮食不当，脾胃不适，以致饮食停滞的病证；行气消瘀，适用于气结血瘀证；消坚化积，适用于体内痰积痰湿，气血相结，形成痞块、积聚、癥瘕等病证；消痰化饮，适用于痰饮蓄积的病证；消水散肿，适用于气不化水，水气外溢的病证。此外，虫积、内外痈肿等病证，亦可采用消法治疗。积聚、癥瘕病有初、中、末的不同，应根据正气的情况，采用消散、消和、消补等不同治法。

消法乃为祛邪而设，故凡正气虚而邪实者，还应在祛邪的同时兼以扶正。

8. 补法

补法，也叫补益法，是通过补益人体气血阴阳，以消除各种虚弱证候的一种治疗方法。适用于各种原因造成脏腑气血、阴阳虚弱，或某一脏腑虚损之证。

补法一般分为补气、补血、补阴、补阳四大类，还依其不同的病情，选用峻补、平补、缓补等治法。临床中使用补法时，常根据其虚在何脏，予以直补其脏，如补养心血法、补益心气法、养血柔肝法、滋阴润肺法、补气健脾法、滋阴补肾法、温补肾阳法等。另外，当某些脏腑的气、血、阴、阳同虚时，则应几法相兼治疗，如脾肾双补、滋补肝肾、益气养阴等。

运用补法时应注意，对“真实假虚”，即“大实有羸状”，应绝对禁补，免犯误补益疾之戒。对邪实正虚而以邪气盛为主者，亦当慎用，防止造成“闭门留寇”的不良后果。在采用补剂时，为防止因虚不受补而发生气滞证，故宜在补剂中稍佐加理气药。

上述治疗“八法”，除吐法较少使用外，都是临床常用的。由于病情的复杂性，临床常数法配合进行运用。因此，对于“八法”不能孤立地、片面地理解，要彼此联系和相互配合，融会贯通，灵活对待，体现出法中有法之意。但随着临床治法的发展，“八法”已经不能概括目前的所有治法，故后世医家先后发展了开窍法、固涩法、安神法、息风法、活血化瘀法等均从不同角度对“八法”予以补充，使具体治法的内容更为丰富。

三、方剂的组成

方剂是由药物组成的，而药物的功效各不相同，因此，只有通过合理的配伍，增强其原有功效，调其偏性，制其毒性，才能使各具特性的药物发挥综合作用。

（一）组方原则

1. 君药

是方剂中针对主病或主证起主要治疗作用的药物。其药力居方中之首，是方剂中必须具有的药物。

2. 臣药

一是协助君药加强治疗主病或主证的药物；二是针对兼病或兼证起主要治疗作用的药物。其药力次于君药。

3. 佐药

一是佐助药，即协助君、臣药以加强治疗作用，或直接治疗次要兼证的药物；二是佐制药，即用以消除或减缓君、臣药毒性与烈性的药物；三是反佐药，即根据病情需要，用与君药性味相反而又能在治疗中起相成作用的药物。

4. 使药

一是引经药，即能引方中诸药直达病所的药物；二是调和药，即具有调和诸药作用的药物。

临床应用时，方剂中药味的多少以及君、臣、佐、使的关系，应视病情与治法的需要来确定。只有适合病情，用药适宜，配伍严谨，主次分明，才能取得良好的治疗效果。

（二）组成变化

方剂的组成既有严格的原则性，又有极大的灵活性，临证组方时必须根据具体病情而灵活化裁。

1. 增减药味

药味增减有两种情况，一种是佐使药的加减，适用于主病主证未变而次要兼证不同的病例，这种加减变化不至于引起全方功用的根本改变。如银翘散是治疗风热表证的常用方剂，若兼见口渴者，是热伤津液，可加天花粉以生津。另一种是臣药的加减，由于改变了方剂的配伍关系，则会使全方的功效发生根本变化。如麻黄汤去臣药桂枝，则解表发汗之力减弱，而变为治疗风寒犯肺咳喘的基础方；麻黄汤加白术为臣药后，则变成发汗祛风寒湿邪之方。

2. 增减药量

方剂的药物组成虽然相同，但其用量各异，致使方剂的配伍关系及功用、主治亦不相同。如小承气汤与厚朴三物汤药物组成相同，但前方重用大黄四两为君，为攻下热结之剂，主治阳明腑实证；后方重用厚朴八两为君，为行气消满之方，主治气滞大便不通之证。

3. 更换剂型

药味相同，剂型不同，作用也不同。如理中丸与人参汤，组成及用量完全相同，前者为丸剂，用于脾胃虚寒证，作用较缓和；后者为汤剂，用于虚寒重证之胸痹，取汤剂以速治。因此，运用方剂时，可根据临床需要而改变剂型。

四、方剂的剂型

将药物依据不同的药性和治疗需要，加工制成一定剂量而不同形态类型的制剂，称为剂型。传统剂型有汤、丸、散、膏、酒、丹剂和露、锭、条、线、搽等剂型，随着社会的进步、科技发展及人们的需要，又研制了许多新的剂型，如片剂、冲剂、糖浆剂、口服液、胶囊剂、颗粒剂、注射剂、灌肠剂、气雾剂等。现将常用的剂型介绍如下。

1. 汤剂

是将药物饮片加水浸泡后，再煎煮一定时间，去渣取汁而成的液体剂型。一般供内服用，如麻黄汤等。汤剂的特点是吸收快，能迅速发挥药效，特别是便于随证加减，是临床广泛使用的一种剂型。

2. 丸剂

是将药物研成细末，加适宜的粘合剂制成的圆形固定剂型。丸剂吸收缓慢，药效持久，而且服用与携带方便。适用于慢性、虚弱性疾病，如十全大补丸等。亦可用于急救，如安宫牛黄丸等。常用的丸剂有蜜丸、水丸、糊丸、浓缩丸等。

3. 散剂

是将药物粉碎，混合均匀而制成的粉末状制剂。有内服与外用两种。内服散剂有细末和粗末之分，细末可直接冲服，如七厘散；粗末可加水煮沸取汁服用，如银翘散等。外用散剂一般作为外敷，掺散疮面或患病部位，如金黄散等。亦有作吹喉用，如冰硼散等。散剂的特点是吸收快，制作简单，便于携带，节省药材。

4. 膏剂

是将药物用水或植物油煎熬去渣而制成的剂型。有内服和外用两种。内服膏有流浸膏、浸膏、煎膏三种，外用膏剂分软膏和硬膏两种。内服的煎膏如枇杷膏等，外用的软膏如三黄软膏等。

5. 丹剂

有内服与外用两种。内服丹剂没有固定剂型，有丸剂，亦有散剂，如至宝丹等。外用丹剂，是以某些矿物类药经高温烧炼制成的药品，如红升丹等，主要供外科用。

6. 酒剂

又称药酒，将药物置于酒中浸泡，去渣取液供内服或外用。酒有活血和助长药效的特性，适用于风湿疼痛、体虚补养和跌打损伤等，如风湿酒等。

7. 露剂

用新鲜含有挥发性成分的药物，用蒸馏法制成的芳香气味的澄明水液，如金银花露等。

8. 冲剂

是将药材提取物加适量赋形剂或部分药物细粉制成的干燥颗粒状制剂，用时以开水冲服。冲剂具有作用迅速，服用方便等特点，如感冒退热冲剂等。

五、方剂的用法

（一）汤剂制备

汤剂是方剂在中医临床中最为常用的剂型。正确的煎药方法是方剂运用的一个重要环节。药物性质不同，病情不同，煎药方法亦不同，所以汤剂制备方法的正确与否，直接影响着疗效。

1. 煎药用具

以沙锅、瓦罐为好，因其化学性质稳定，导热均匀，保暖性能好且价廉；亦可用搪瓷器皿。忌用铁、铜、铝等金属器具，因为有些药物与铜、铁、铝一起加热后，会产生沉淀，降低溶解度，甚至会引起化学变化，产生副作用。选用的煎药器皿要有盖子，且容量要稍大一些，有利于药物沸腾时不断翻滚，促使有效成分加速浸出，并可避免药液外溢耗损，同时煎药时要加盖煎煮，不宜频频打开盖子，防止水分蒸发过快，药物有效成分不能完全溶出。

2. 煎药用水

除处方有特殊规定用水外，一般以水质洁净为原则，可供人类饮用的水都可用来煎煮中药，如自来水、井水或蒸馏水等。根据药物的特点和疾病的性质，也有用酒或水酒合煎的。用水量视药物质地、药量及煎药时间而定。由于中药饮片均为干品，遇水则药材膨胀，将会吸收大量的水分，因此在煎煮时一定要加足够量的水。每剂药一般煎煮 2 次，有的煎煮 3 次，第一煎水量可适当多些，一般以漫过药面 3 ～ 5cm 为宜。第二、三煎则可略少，每次煎得药汁 100 ～ 200ml 左右。

3. 煎药用火

煎药用火有文武之分，武火是指火势急、火候大；文火是指火势慢、火候小。一般煎煮药物宜先武后文，即用武火使其沸腾，用文火保持微沸状态。另外还要根据药物性味及煎煮所用时间的要求，酌定火候。一般解表剂、清热剂、泻下剂及其他以芳香药物为主组成的方剂，宜武火急煎，煎煮时间应较短，加水量亦较少，即用大火迅速煮沸，改用小火煎煮 5 ～ 10 分钟即可；补益剂和有效成分不易煎出的矿物类、贝甲类、有毒药等，宜文火久煎，煎煮时间较长，加水量亦较多。如果不慎将药物煎煮焦枯，则应弃去不用，以免不良反应的发生。

4. 煎药方法

煎药前应先将药物放入容器中，加冷水或温热水浸泡 20 ～ 30 分钟后再煎煮，以利于药物有效成分的煎出。一般一剂药煎煮 2 ～ 3 次，应将每次煎得药液混合后，再分次服用。汤剂煎后应榨渣取汁，以免有效成分的损失。

方剂中一般的药物可以同时共煎，但有部分药物因其性质、性能及临床用途不同，在煎煮时间和方法上有些特殊要求，因而对这些有特殊煎法的药物，应在处方中加以注明，并按规定的要求制备。

（1）先煎：介壳类、矿石类药物，因质地坚实，有效成分难于煎出，应打碎先煎，煮沸后 20 分钟再入其他药物，如龟版、鳖甲、石决明、生龙骨、生石膏、磁石等。某些泥沙多的药物如灶心土、糯稻根等，以及质轻量大的植物药如芦根、白茅根、夏枯草等，亦先煎取汁澄清，然后以其药汁代水煎煮其他药物。对川乌、草乌、附子等一些毒副作用较强的药物，要先煎

30～60分钟，以降低毒性，保证安全用药。

（2）后下：薄荷、砂仁、沉香等气味芳香的药物，借其挥发油取效，久煎其有效成分易于挥发；钩藤、大黄等久煎有效成分破坏。所以这两类药物均宜后下。

（3）包煎：对于蛤粉、滑石、青黛、旋复花、车前子、蒲黄等粉末及带有绒毛的药物，宜先用纱布包好，再与其他药物同煎，可避免药液混浊，或刺激咽喉引起咳嗽，或沉于锅底焦化。

（4）另炖或另煎：某些贵重药物，为了保存其有效成分，避免同时煎煮有效成分被其他药物吸附，可另炖或另煎，如人参、西洋参可切片，放入加盖碗内，隔水炖1～2小时。

（5）烊化（溶化）：胶质、黏性大而且容易溶解的药物，如阿胶、鹿角胶、蜂蜜、饴糖等，用时应单独加温溶化，趁热与煎好的药液兑服，避免和其他药物同煎时容易黏附于其他药物及锅底，既浪费药材，又容易煮焦，影响药效。

（6）冲服：某些芳香或贵重药物不宜加热煎煮的，应研为细末，用药液或温开水冲服，如牛黄、琥珀等；散剂、药物的粉末，以及药物鲜品的自然汁液亦需冲服，如紫雪丹、肉桂末、沉香粉、三七粉、芒硝、生藕汁、竹沥、猪胆汁等。

（二）服药法

服药法包括服药时间、服用方法、服药食忌等。

1. 服药时间

应根据病位上下、病情轻重、药物剂型以及病证特点来决定药物服用的时间。一般来说，宜在饭前1小时服药，以利于药物尽快吸收，但对胃肠道有刺激的方药，宜饭后服用，以减轻药物对胃肠道的刺激；急病、重病不拘时服用；慢性病应定时服用。补益剂与泻下剂宜空腹服用；安神剂宜临睡前1小时服用；治疟剂宜发作前2小时服；此外，为使药物充分发挥作用，有的药物还应在特定的时间服用，如十枣汤应平旦时服，鸡鸣散应五更时服等。

2. 服用方法

服用汤剂一般一日1剂，将两次或三次煎煮之药液合并，分2～3次温服。对病情急重者，可顿服，或一日数服，或煎汤代茶频服，必要时一日连服2剂，以保证药力的集中、持续、有效。慢性病多用丸、散、膏、酒等剂型，一般一日服2～3次，若用汤剂时，可少量服用，一日1～2次。呕吐病人宜小量频服。发汗剂、泻下剂服药应中病即止，一般以得汗、得下为度，不必尽剂，以免汗、下太过损伤正气。对于峻烈或毒性药品，宜先少量进服，而后逐渐增加，有效则止，慎勿过量，以防中毒。对于服用汤药后有恶心呕吐者，可在药液中加入少量姜汁后再服，或小量频频冷服。对昏迷吞咽困难者，可用鼻饲法给药。

汤剂一般多温服，特殊情况下也可以冷服、热服。通常是治疗热证可寒药冷服，治疗寒证可热药热服，以辅助药力。但当病重邪深时还应寒药热服，热药冷服，以防药病格拒。

3. 服药食忌

服药食忌，又称“忌口”，是指服药期间要注意饮食禁忌。由于在服药期间，不适当的饮食可能会加重疾病或变生新病，或降低药效，或诱发不良反应，因此，为了保证临床用药的安全和药效，要重视服药期间的饮食禁忌。

服药后的饮食宜忌主要有两个方面，一是疾病对饮食的宜忌，如水肿病宜少食盐，消渴病宜忌糖，下利慎油腻，寒证禁生冷等。另一方面是药物对饮食的宜忌，如服用含地黄的方剂应忌食萝卜，服含有土茯苓的方剂应忌饮茶等。

第二节　方剂的分类及常用方剂

一、解表剂

凡以辛散解表药为主组成，具有发汗解肌、透邪外出等作用，治疗表证的方剂，称解表剂。属“八法”中的“汗法”。解表剂主要适用于表证，或麻疹未透，以及疮疡、水肿等初起之时。解表剂常分为三类：辛温解表剂，适用于表寒证，以麻黄汤为代表方；辛凉解表剂，适用于表热证，以银翘散为代表方；扶正解表剂，适用于体质素虚又感受外邪的表证，以败毒散为代表方。

应用解表剂时，以遍身微汗出为佳，切不可发汗太过，以防损伤正气。解表剂不宜久煎，以免影响疗效。

麻黄汤　《伤寒论》

组成　麻黄 9g　桂枝 6g　杏仁 9g　甘草 3g

用法　水煎服，服后取微汗。

功用　发汗解表，宣肺平喘。

主治　外感风寒表实证。症见恶寒发热，头痛身疼，无汗而喘，舌苔薄白，脉浮紧。

方解　本方证为风寒束表，肺气失宣所致。方中麻黄味苦辛性温，入肺与膀胱经，辛开腠理，具发汗解表、宣肺平喘之功，为君药。桂枝辛温，解肌发表，助麻黄发汗解表，又温通经脉，使疼痛之症得解，为臣药。杏仁苦温，宣降肺气，止咳平喘，与麻黄相伍，一宣一降，以增强宣肺平喘之力，为佐药。炙甘草既能调和麻、杏之宣降，又能缓和麻、桂相合之峻烈，使汗出不致过猛而耗伤正气，是使药而兼佐药之用。四药合用，表寒得散，营卫得通，肺气得宣，则诸症可愈。

运用

（1）辨证要点：本方是治疗外感风寒表实证的代表方。以恶寒发热，无汗而喘，脉浮紧为证治要点。因本方为辛温发汗之峻剂，凡体虚外感、表虚自汗以及新产妇人、失血患者等均不宜使用。由于本方中麻黄含有麻黄碱，有收缩血管、升高血压的作用，故对心脏病、高血压等病人要慎用。本方不宜久服，汗出即止。

（2）加减变化：若喘急胸闷、咳嗽痰多而表证不甚者，可去桂枝，加苏子、半夏化痰止咳平喘；若有里热之烦躁、口干，可酌加石膏、黄芩以清泻郁热。

（3）现代运用：本方常用于治疗感冒、流行性感冒、急性支气管炎、支气管哮喘等属风寒表实证者。

方歌　麻黄汤中用桂枝，杏仁甘草四般施，发热恶寒头项痛，喘而无汗服之宜。

桂枝汤　《伤寒论》

组成　桂枝 9g　芍药 9g　甘草 6g　生姜 9g　大枣 6g

用法 水煎服，服后饮热稀粥少许，以助药力，令取微汗。

功用 解肌发表，调和营卫。

主治 外感风寒表虚证。症见头痛发热，汗出恶风，或鼻鸣干呕，苔白不渴，脉浮缓或浮弱。

方解 本方证因风寒束表，营卫不和所致。方中桂枝辛甘而温，解肌发表，外散风寒，为君药。芍药为臣，酸甘以益阴敛营。君臣两药等量合用，一散一收，调和营卫，使发汗而不伤阴，止汗而不恋邪，有“相反相成”之妙用。生姜辛温散寒，可助桂枝解肌，又可温胃散寒止呕；大枣、甘草，意在益气补中，且可滋脾生津。姜枣相配，既调和脾胃，又助桂、芍两药调和营卫，共为佐药。炙甘草调和诸药，益气和中，为使药。本方药虽五味，但配伍严谨，发中有补，散中有收，邪正兼顾。

运用

（1）辨证要点：本方是治疗外感风寒表虚证的代表方剂，也用于病后、产后、体弱而表现营卫不和者。以恶风，发热，汗出，脉浮缓为证治要点。对于表实无汗、表寒里热而无汗烦躁者以及温病初起、中焦湿热等证，本方不宜使用。

（2）加减变化：若兼项背强而不舒，可加葛根增强解肌发表、生津舒筋之力；若素有喘咳，又感风寒而见桂枝汤证者，可加厚朴、杏仁下气平喘。

（3）现代运用：本方用于治疗感冒、流行性感冒、原因不明的低热、荨麻疹、产后或病后低热等属营卫不和者。

方歌 桂枝汤治太阳风，芍药甘草姜枣同，解肌发表调营卫，表虚有汗此为功。

银翘散　　《温病条辨》

组成 金银花 30g　连翘 30g　桔梗 18g　薄荷 18g　竹叶 12g　生甘草 15g　荆芥 12g　牛蒡子 18g　淡豆豉 15g

用法 上为散，每服 18g，鲜芦根汤煎，香气大出，即取服，勿过煮。亦可作汤剂，用量按原方比例酌定，加鲜芦根 18g，水煎服。

功用 辛凉透表，清热解毒。

主治 风热表证。症见发热无汗，或有汗不畅，微恶风寒，头痛口渴，咳嗽咽痛，舌尖红，苔薄白或微黄，脉浮数。

方解 本方证为温热邪气初犯肺卫所致。方中金银花、连翘为君，既有辛凉透表、清热解毒的作用，又具芳香辟秽的功效，在透解卫分表邪的同时，兼顾了温热病邪多挟秽浊之气的特性。薄荷、牛蒡子辛凉，疏散风热，清利头目，且可解毒利咽；荆芥穗、淡豆豉虽辛而微温，但配入大队辛凉解表药中，能助君药辛散透表之力，四药共为臣药。竹叶清上焦热；芦根清热生津；桔梗宣肺止咳，三药共为佐药。甘草调和诸药，配桔梗以利咽，为佐使之用。诸药相合，共奏辛凉透表、清热解毒之功。

运用

（1）辨证要点：本方是治疗风热表证的常用方剂，有“辛凉平剂”之称。以发热，微恶风寒，咽痛，口渴，脉浮数为证治要点。因本方中多为芳香轻宣之品，故不宜久煎。对于外感风寒及湿热病初起者，本方则当禁用。

（2）加减变化：若渴甚者，加天花粉以清热生津；若颈肿咽痛者，加马勃、玄参以清热解毒；若衄者，去荆芥、豆豉，加白茅根、侧柏炭、栀子炭以清热凉血；若咳者，加杏仁以利肺气；若胸膈闷者，加藿香、郁金芳香化湿，辟秽祛浊。

（3）现代运用：本方常用于治疗流行性感冒、急性扁桃体炎、急性上呼吸道感染、腮腺炎等属风热表证者。

方歌　辛凉透表银翘散，竹叶荆牛薄荷甘，豆豉桔梗芦根入，风热外感服之安。

败毒散　《小儿药证直诀》

组成　柴胡　前胡　川芎　枳壳　羌活　独活　茯苓　桔梗　人参各9g　甘草5g

用法　共为粗末，每服6g，加生姜、薄荷煎。亦可作汤剂，加生姜3片，薄荷2g，水煎服。

功用　益气解表，散寒祛湿。

主治　气虚外感，风寒湿表证。症见憎寒壮热，无汗，头项强痛，肢体酸痛，鼻塞声重，咳嗽有痰，胸脘痞满，舌淡苔白腻，脉浮而按之无力。

方解　本方证为正气素虚，又外感风寒湿邪，表阳被遏，肺气失宣所致。方中羌活、独活发散风寒，除湿止痛，通治周身风寒湿邪而止头身疼痛，共为君药。川芎行血祛风，善止头痛；柴胡疏散解肌，助羌、独散外邪，除疼痛，共为臣药。桔梗宣肺，枳壳降气，升降结合，宽胸利气；前胡化痰，茯苓渗湿，皆为佐药。更少佐人参，用之益气扶正，既可扶助正气，鼓邪外出，又能散中有补，不致耗伤正气。甘草调和诸药，兼以益气和中，生姜、薄荷为引，以助解表之力，皆属佐使之品。诸药相合，共奏益气解表，散寒祛湿之功。

运用

（1）辨证要点：本方为治疗气虚外感，风寒湿表证的常用方剂，又名人参败毒散。以恶寒发热，肢体酸痛，无汗，脉浮按之无力为证治要点。对于外感风热，邪已入里化热；阴虚外感及湿热痢疾者，均忌用本方。

（2）加减变化：若气虚明显者，可加重人参用量，或加黄芪益气补虚；若肢体酸楚疼痛甚者，可酌加威灵仙、桑枝、防风祛风除湿，通络止痛；若咳嗽痰多者，加杏仁、白前止咳化痰；若用于风毒隐疹，可加蝉蜕、苦参以疏风止痒，清热除湿。

（3）现代运用：本方常用于治疗感冒、支气管炎、过敏性皮炎、荨麻疹、湿疹等属外感风寒湿邪兼气虚者。

方歌　人参败毒茯苓草，桔枳柴前羌独芎，薄荷少许姜三片，时行感冒有奇功。

二、治风剂

凡以辛散祛风或息风止痉的药物为主组成，具有疏散外风或平息内风作用，用以治疗风病的方剂，称为治风剂。风病可分为外风与内风两大类，外风是指风邪侵袭人体头面、经络、肌肉、关节、筋骨等所致的病证；内风是脏腑功能失调所致的风病。

治风剂分为疏散外风及平息内风两大类。疏散外风剂可分为祛风散邪及祛风除湿两类：祛风散邪是治疗外风所致病证的方法，代表方如川芎茶调散；祛风除湿是治疗风邪夹寒、夹湿为病的一种方法，常以祛风药与散寒化湿药配伍应用，代表方如独活寄生汤。平息内风剂又可分为三类：镇肝息风剂，适用于肝阳上亢，风阳上扰之证，以镇肝息风汤为代表方；凉肝息风剂，适用于热极生风之证，以羚角钩藤汤为代表方；滋阴息风剂，适用于阴虚生风，虚风内动之证，以三甲复脉汤为代表方。

祛风剂药性多温燥，故津液不足、阴虚有热者慎用。

川芎茶调散　《太平惠民和剂局方》

组成　川芎9g　荆芥12g　白芷　羌活　防风　炙甘草各6g　细辛3g　薄荷9g

用法　共为细末，每服6g，清茶调下。亦可加入适量清茶作汤剂，用量按原方比例酌定。

功用　祛风止痛。

主治　外感风邪头痛。偏正头痛，或巅顶作痛，目眩鼻塞，或见恶风发热，舌苔薄白，脉浮。

方解　本方所治头痛，系外感风邪所致。方中川芎辛香走窜，长于祛风活血而止痛，善治少阳、厥阴经头痛（头顶或两侧痛），为君药。薄荷、荆芥辛散之品，轻扬上行，疏风止痛，清利头目，为臣药。羌活辛散疏风，善治太阳经头痛（后脑牵连项痛）；白芷疏风解表，善治阳明经头痛（前额及眉棱骨痛）；细辛散寒止痛，长于治少阴经头痛（脑痛连齿）；防风辛散上行，疏散上部风邪。以上四药共助君臣以增强疏风止痛之功，为佐药。炙甘草调和诸药，为使药。以清茶调服，取其苦凉之性，既可上清头目，又能制约辛散祛风之品过于温燥与升散。诸药合用，共奏祛风止痛之功。

运用

（1）辨证要点：本方是治疗风邪头痛的常用方剂。以头痛、鼻塞、脉浮为证治要点。对于气虚、血虚，或因肝肾阴亏、肝阳上亢、肝风内动引起的头痛，均非本方所宜。

（2）加减变化：若头痛属风寒者，可重用川芎，并酌加苏叶、生姜等以加强祛风散寒之功；属风热者，去羌活、细辛，加蔓荆子、菊花以散风热。若头痛久治不愈者，可配全蝎、僵蚕、桃仁、红花等以搜风活血止痛。

（3）现代运用：本方常用于治疗感冒、流行性感冒、偏头痛、血管神经性头痛、慢性鼻炎等所引起的头痛属风邪为患者。

方歌　川芎茶调散荆防，辛芷薄荷甘草羌，目昏鼻塞风攻上，正偏头痛悉能康。

大秦艽汤　《素问病机气宜保命集》

组成　秦艽18g　甘草　川芎　当归　石膏　独活　白芍各12g　羌活　防风　黄芩　白芷　白术　生地　熟地　白茯苓各6g　细辛3g

用法　水煎温服。

功用　祛风清热，养血活血。

主治　风邪初中经络证。口眼㖞斜，舌强不能言语，手足不能运动；或兼恶寒发热，肢节疼痛，苔白或黄，脉浮紧或弦细。

方解　本方证为风邪初中经络所致。方中重用秦艽祛风清热，通经活络，为君药。羌活、独活、防风、白芷、细辛均为辛温行散之品，祛风散邪，搜风通络，为臣药。当归、川芎、白芍、熟地养血活血，使血足而筋自濡，络通则风易散，合“治风先治血，血行风自灭”之旨，并制祛风药温燥之性；白术、茯苓益气健脾以化生气血，寓有扶正御风之意；生地、石膏、黄芩清泄郁热，以上共为佐药。甘草调和诸药，为使药。诸药相合，共奏祛风清热，养血通络之效。

运用

（1）辨证要点：本方是治疗风邪初中经络之证的代表方剂。以口眼㖞斜，舌强不语，手足不能运动，微恶风发热，苔薄微黄，脉浮数为证治要点。对于阴血亏虚者慎用本方。风邪直中脏腑，或证属内风所致者，本方不宜使用。

（2）加减变化：若无内热者，可去黄芩、石膏、生地等清热之品，专以祛风养血通络为治。

（3）现代运用：本方常用于治疗颜面神经麻痹、缺血性脑卒中等属风邪初中经络者。

方歌 大秦艽汤羌独防，芎芷辛芩二地黄，石膏归芍苓甘术，风中经络可煎尝。

独活寄生汤 《备急千金要方》

组成 独活9g 桑寄生 杜仲 牛膝 细辛 秦艽 茯苓 肉桂心 防风 川芎 人参 甘草 当归 芍药 干地黄各6g

用法 水煎服。

功用 祛风湿，止痹痛，益肝肾，补气血。

主治 痹证日久，肝肾两虚，气血不足证。腰膝关节疼痛，屈伸不利，或麻木不仁，畏寒喜温，心悸气短，舌淡苔白，脉细弱。

方解 本方所治之证为痹证日久，肝肾两虚，气血不足。方中独活辛苦微温，长于祛下半身之风寒湿邪，蠲痹止痛，重用为君药。秦艽、防风祛风胜湿；桂心散寒止痛，温通血脉；细辛辛温发散，祛寒止痛，均为臣药。桑寄生、牛膝、杜仲补益肝肾，强壮筋骨；当归、芍药、地黄、川芎养血活血；人参、茯苓、甘草补气健脾，扶助正气，均为佐药。甘草调和诸药为使药。诸药相合，则肝肾得补，气血得充，风寒湿之痹痛得止。

运用

（1）辨证要点：本方是治疗风寒湿痹而兼有肝肾、气血不足的常用方剂。以腰膝冷痛，肢节屈伸不利，舌淡苔白，脉细弱为证治要点。对湿热痹证者，非本方所宜。

（2）加减变化：若疼痛较剧者，可加制川乌、制草乌、白花蛇等搜风通络止痛；若寒邪偏盛者，可加附子、干姜温里祛寒；若湿邪偏盛者，可去地黄，加汉防己、薏苡仁、苍术祛湿消肿。

（3）现代运用：本方常用于治疗慢性风湿性关节炎、腰肌劳损、骨质增生症、坐骨神经痛等属风寒湿痹证而兼有肝肾两虚、气血不足者。

方歌 独活寄生艽防辛，芎归地芍桂苓均，杜仲牛膝人参草，冷风顽痹屈能伸。

镇肝息风汤 《医学衷中参西录》

组成 怀牛膝 生赭石 生龙骨 生牡蛎各30g 生龟版 生杭芍 玄参 天冬各15g 川楝子 生麦芽 茵陈各6g 甘草4g

用法 水煎服。

功用 镇肝息风，滋阴潜阳。

主治 阴虚阳亢，肝风内动证。头目眩晕，目胀耳鸣，脑部热痛，心中烦热，面色如醉，或时常噫气，或肢体渐觉不利，口角渐㖞斜；甚或眩晕颠仆，昏不知人，移时始醒；或醒后不能复原，脉弦长有力者。

方解 本方所治类中风，系肝肾阴亏，肝阳上亢，肝风内动，气血逆乱所致。方中重用怀牛膝引血下行，折其亢阳，亦能补养肝肾，标本兼顾，为君药。生赭石重镇降逆，平肝潜阳；生龙骨、生牡蛎潜阳降逆；生龟版、生白芍、玄参、天冬滋养阴液，柔肝息风，均为臣药。肝喜条达而恶抑郁，过用重镇之品以强制之，势必影响肝的升发条达之性，故用川楝子、生麦芽、茵陈清泄肝热，条达肝气，为佐药。甘草调和诸药，合麦芽并能和胃调中，防金石之药伤胃之弊，为使药。诸药合用，共奏镇肝息风，滋阴潜阳之功。

运用

（1）辨证要点：本方是治疗肝肾阴虚，肝阳上亢化风所致之类中风的代表方。以头目眩晕，面色如醉，脉弦长有力为证治要点。本方的金石介壳类药物有碍胃之弊，故脾胃虚弱者慎用；对于热极生风者不宜使用本方。

（2）加减变化：若兼夹痰热，胸闷有痰，加胆南星、川贝母；若肝热上冲，头痛脑热重者，加夏枯草、菊花；若兼夹胃热，心中热甚者，加生石膏；若肾水亏虚较甚，尺脉按更虚者，加熟地、山茱萸。

（3）现代运用：本方常用于治疗高血压、血管性头痛、脑卒中、眩晕综合征等属于肝肾阴虚，肝阳上亢者。

方歌 镇肝息风芍天冬，玄参龟版赭茵供，龙牡麦芽甘膝楝，肝阳上亢有奇功。

羚角钩藤汤 《通俗伤寒论》

组成 羚角片 4.5g（山羊角代，先煎） 钩藤 9g（后下） 桑叶 9g 川贝 12g 鲜生地 15g 鲜竹茹 15g（与水牛角先煎） 菊花 白芍 茯神各 9g 甘草 3g

用法 水煎服。

功用 凉肝息风，增液舒筋。

主治 热盛动风证。高热不退，烦闷躁扰，手足抽搐，发为痉厥，甚则神昏，舌绛而干，或舌焦起刺，脉弦而数。

方解 本方证是热邪传入肝经，肝经热盛，热极动风所致。方中羚羊角清热凉肝息风；钩藤清热平肝，息风止痉，共为君药。菊花、桑叶辛凉疏泄，清热平肝息风，以助君药凉肝息风之效，共为臣药。鲜生地、白芍药，滋阴增液，柔肝舒筋，与羚羊角、钩藤等清热凉肝息风药并用，标本兼顾，可以加强息风解痉之功；川贝母、竹茹清热化痰；茯神宁心安神，共为佐药。生甘草清热解毒，调和诸药，为使药。诸药合用，共奏凉肝息风，增液舒筋之效。

运用

（1）辨证要点：本方是治疗肝经热盛，热极生风的代表方剂。以高热烦躁，手足抽搐，舌绛而干，脉弦数为证治要点。本方对于热病后期，阴液大亏，虚风内动者，不宜使用。

（2）加减变化：若热邪内闭，神志昏迷者，可加服紫雪丹、安宫牛黄丸；伤阴较甚，唇焦咽燥者，可酌加天冬、麦冬、玄参、石斛等；若邪热偏于气分，壮热烦渴者可加石膏、知母等；邪热偏于营血，兼见斑疹吐衄者，可加丹皮、紫草等；风动而抽搐较频者，可加全蝎、蜈蚣等；风动痰涌而见神昏痰鸣者，可加天竺黄、胆南星等。

（3）现代运用：本方常用于治疗流行性乙型脑炎、流行性脑脊髓膜炎、病毒性脑炎、休克型肺炎等属肝经热极生风者；亦可用于高血压病属肝热阳亢者。

方歌 羚羊钩藤茯菊桑，贝草竹茹芍地黄，阳邪亢盛成痉厥，肝风内动急煎尝。

三、祛湿剂

凡以祛湿药为主组成，具有化湿利水、通淋泄浊作用，治疗水湿为病的方剂，称祛湿剂。湿邪为病，有外湿、内湿之分，又常与风、寒、暑、热相间。故祛湿剂分为五类：芳香化湿剂，适用于外感风寒，内伤湿滞之证，以藿香正气散为代表方；苦温燥湿剂，适用于湿困脾胃之证，以平胃散为代表方；淡渗利湿剂，适用于水湿停留水肿等证，以五苓散为代表方；清热祛湿剂，适用于湿热俱盛或湿从热化之证，以茵陈蒿汤为代表方；温阳化湿剂，适用于湿从寒化，阳不化水之证，以苓桂术甘汤、真武汤为代表方。

祛湿剂多由芳香温燥或甘淡渗利之药组成，易于耗伤阴津，故对素体阴虚津亏，病后体弱，以及孕妇水肿者，均应慎用。

平胃散　《太平惠民和剂局方》

组成　苍术 12g　厚朴 9g　陈皮 6g　炙甘草 3g

用法　共为细末，每次 6 ～ 9g，生姜、大枣煎汤送服；或作汤剂，加姜、枣，水煎服。

功用　燥湿运脾，行气和胃。

主治　湿滞脾胃证。脘腹胀满，不思饮食，恶心呕吐，嗳气吞酸，肢体沉重，倦怠嗜卧，大便溏薄，舌苔白腻而厚，脉缓。

方解　本方证为湿困脾胃，运化失常，气机阻滞，胃失和降所致。方中重用苍术燥湿健脾以助运化，为君药。厚朴行气化湿，消除胀满，助苍术燥湿健脾之功，为臣药。陈皮行气化湿，为佐药。甘草甘缓和中，调和诸药，为使药。另外加生姜、大枣，可调和脾胃。诸药合用，使湿浊得化，脾复健运，气畅胃和，诸症可除。

运用

（1）辨证要点：本方是治疗湿滞脾胃证的基础方剂。以脘腹胀满，不思饮食，舌苔白厚而腻为证治要点。本方对于阴虚气滞者忌用。失血过多、孕妇不宜使用。

（2）加减变化：若呕吐较重，可加半夏、藿香，名“不换金正气散”（《太平惠民和剂局方》），其降逆止呕作用较优；若胀满较重，加木香、砂仁，名“香砂平胃散”（《医宗金鉴》），其理气消胀作用较优；若兼食积，加麦芽、神曲，名“加味平胃散”（《医宗金鉴》），其健脾消食作用为强；若兼有寒象，加干姜温中散寒。

（3）现代运用：本方常用于治疗急、慢性胃肠炎，胃及十二指肠溃疡，胃下垂和胃神经官能症，消化不良等属湿滞脾胃者。

方歌　平胃散用朴陈皮，苍术甘草姜枣齐，燥湿运脾除胀满，调胃和中此方宜。

藿香正气散　《太平惠民和剂局方》

组成　大腹皮　白芷　紫苏　茯苓各 3g　半夏曲　白术　陈皮　厚朴　苦桔梗各 6g　藿香 9g　炙甘草 7g

用法　共为细末，每次 6 ～ 9g，生姜、大枣煎汤送服；或作汤剂，加生姜、大枣，水煎服，用量按原方比例酌定。

功用　解表化湿，理气和中。

主治 外感风寒，内伤湿滞证。恶寒发热，头痛，胸膈满闷，脘腹疼痛，恶心呕吐，肠鸣泄泻，舌苔白腻，脉浮或濡缓。

方解 本方证为外感风寒，内伤湿滞，以致卫阳郁遏，脾胃运化失常所致。方中重用藿香辛温解表，芳香化湿，和胃止呕，既能外解表邪，又能内化湿浊，为君药。紫苏、白芷辛香发散，助藿香解表化湿，为臣药。半夏曲、陈皮燥湿和胃，降逆止呕；白术、茯苓健脾祛湿；厚朴、大腹皮、桔梗行气化湿，畅中消胀，共为佐药。甘草调和诸药，以姜、枣煎汤送服，能调和脾胃与营卫，共为使药。诸药合用，可使风寒外解，湿浊内化，气机通畅，脾胃调和，诸症自愈。

运用

（1）辨证要点：本方是治疗外感风寒，内伤湿滞证的常用方剂。以恶寒发热，头痛，呕吐泄泻，脘腹胀痛，舌苔白厚而腻为证治要点。因湿热霍乱、伤食之吐泻者不宜使用本方。

（2）加减变化：若风寒表证较重，加荆芥、防风、香薷以辛温解表；中焦湿浊较重，加佩兰，并将白术易苍术以芳香化浊；食少纳呆明显，加神曲、麦芽以健胃消食。

（3）现代运用：本方常用于治疗夏秋季节性感冒、流行性感冒、消化不良、急性胃肠炎等属风寒外感，湿滞脾胃者。

方歌 藿香正气大腹苏，甘橘陈苓术朴俱，夏曲白芷加姜枣，感伤寒湿并能驱。

茵陈蒿汤 《伤寒论》

组成 茵陈蒿 18g 栀子 12g 大黄 6g

用法 水煎服。

功用 清热，利湿，退黄。

主治 湿热黄疸。一身面目俱黄，黄色鲜明，发热，恶心呕吐，腹微满，口中渴，小便黄赤，舌苔黄腻，脉滑数。

方解 本方证为湿热蕴结肝胆所致。方中重用茵陈蒿清热利湿退黄，为君药。栀子清利三焦，使湿热从小便而出；大黄泻热通便，使湿热从大便而下，共为臣药。三药合用，清利湿热，前后分消，使湿热从二便而出，湿热除则黄疸可退。

运用

（1）辨证要点：本方是治疗湿热黄疸的常用方剂。以身目发黄，黄色鲜明，舌苔黄腻为证治要点。本方所治黄疸是湿热并重的阳黄，因寒湿而致的阴黄则禁用。

（2）加减变化：若有发热，加板蓝根、黄芩、虎杖等以清热解毒；若恶心呕吐较重，加半夏、竹茹降逆止呕；若胁肋胀痛，加郁金、枳壳、川楝子、木香等以疏肝理气止痛。

（3）现代运用：本方常用于治疗黄疸型肝炎、胆囊炎、胆石症、钩端螺旋体病等属湿热并重而致的黄疸证。

方歌 茵陈蒿汤用大黄，栀子茵陈共煎汤，身目黄如橘子色，清热利湿效非常。

五苓散 《伤寒论》

组成 猪苓 白术 茯苓各 9g 泽泻 15g 桂枝 6g

用法 共为细末，每次 6～9g，温开水送服；亦作汤剂，水煎服。

功用 利水渗湿，温阳化气。

主治 水湿内停，膀胱气化不利。小便不利，少腹胀满，水肿，腹泻。

方解 本方是治疗小便不利、水肿的常用方。方中重用泽泻，取其甘淡性寒，直达肾与膀胱，利水渗湿，为君药。茯苓、猪苓淡渗之品，利水渗湿以助君药利水之功，为臣药；白术健脾燥湿，脾健则水湿得以运化，水津得以四布；桂枝温阳化气，助膀胱之气化，共为佐药。诸药相合，共奏利水渗湿，温阳化气之功。

运用

（1）辨证要点：本方是治疗水湿内停的代表方剂，以小便不利，水肿或泄泻，舌苔白为证治要点。由于本方为淡渗利水之剂，宜中病即止，若太过则出现头晕、目眩、食欲减退等不良反应。对于湿热或阴虚有热者忌用本方。

（2）加减变化：若水肿兼有表证者，可加麻黄等解表药；若水湿盛者，可加生姜皮、大腹皮、桑白皮等；泄泻偏于热者，需去桂枝，加车前子、木通以利水清热。

（3）现代运用：本方常用于治疗急性肠炎、肾源性水肿、肝源性水肿、尿潴留、脑积水等属水湿内盛者。

方歌 五苓散治太阳府，泽泻白术与二苓，温阳化气添桂枝，利水渗湿治水停。

苓桂术甘汤　《金匮要略》

组成 茯苓 12g　桂枝 9g　白术 6g　炙甘草 6g

用法 水煎服。

功用 温阳化饮，健脾利湿。

主治 中阳不足之痰饮。胸胁支满，目眩心悸，或短气而咳，舌苔白滑，脉弦滑。

方解 本方证为中焦阳虚，脾失健运，湿聚成饮所致。方中茯苓重用，健脾利水，渗湿化饮，消除已聚之痰饮，为君药。桂枝温阳化气，温化痰饮，为臣药。白术健脾燥湿，既助茯苓健脾渗湿，以绝生痰之源，又与桂枝相配，增强中阳温运之力，为佐药。甘草益气和中，调和诸药，为使药。诸药合用，使脾阳得温，痰饮得化，诸症自愈。

运用

（1）辨证要点：本方是治疗中阳不足痰饮病的代表方。以胸胁支满，目眩心悸，舌苔白滑为证治要点。对于痰饮兼有热者，本方不宜使用。

（2）加减变化：若咳嗽痰多者，加半夏、陈皮以燥湿化痰；若脾气不足，倦怠无力者，可加党参、黄芪益气健脾；若肢肿、尿少，可加猪苓、泽泻利水消肿。

（3）现代运用：本方常用于治疗慢性支气管炎、支气管哮喘、心源性水肿、慢性肾小球肾炎等属阳虚痰饮者。

方歌 苓桂术甘化饮剂，温阳化饮又健脾，饮邪上逆胸胁满，水饮下行悸眩去。

真武汤　《伤寒论》

组成 茯苓 9g　芍药 9g　白术 6g　生姜 9g　制附子 9g

用法 水煎温服。

功用 温阳利水。

主治 脾肾阳虚，水饮内停证。小便不利，四肢沉重疼痛，甚则肢体浮肿，腹痛下利，苔白不渴，脉沉。或太阳病，发汗，其人仍发热，心下悸，头眩，身瞤动，振振欲擗地。

方解 本方为治疗脾肾阳虚，水饮内停的主要方剂。方中附子辛热，温肾壮阳，散寒止痛，为君药。茯苓淡渗利水，生姜温胃散寒行水，茯苓、生姜协助附子温阳散寒，化气行水，为臣药。白术健脾燥湿，白芍敛阴缓急，舒筋止痛，并利小便，且兼制附子之温燥，为佐药。五药相合，共奏温阳利水之功。

运用

（1）辨证要点：本方适用于脾肾阳虚，水饮内停证。临床当以小便不利，肢体沉重或浮肿，苔白不渴，脉沉为证治要点。

（2）加减变化：尿少，水肿显著者，加猪苓、泽泻、桂枝，以化气行水；水肿，胀满较甚者，加桑白皮、陈皮、大腹皮等，以增行气利水之力；脾肺气虚，加人参、黄芪以益气。

（3）现代运用：常用于慢性肾炎、肾病综合征、尿毒症、肾积水、尿毒症、肾结石、心力衰竭、心律失常等。

方歌 真武汤壮肾中阳，茯苓术芍附生姜，阳虚水饮停为患，悸眩瞤惕保安康。

四、清热剂

以清热药为主组成，具有清热泻火、凉血解毒、滋阴透热等作用，治疗里热证的方剂，称为清热剂。属“八法”中的“清法”。清热剂主治里热证，但里热证有在气分、血分之异，实热、虚热之分，脏腑偏胜之殊，故清热剂分为六类：清气分热剂，适用于热在气分证，以白虎汤为代表方；清营凉血剂，适用于热邪深入营分、血分之证，以清营汤、犀角地黄汤为代表方；清热解毒剂，适用于温毒、热毒、丹毒、疔毒等证，以黄连解毒汤为代表方；清热解暑剂，适用于暑热证，以清暑益气汤为代表方；清脏腑热剂，适用于热邪偏盛于某一脏腑，以龙胆泻肝汤为代表方；养阴清热剂，适用于热病后期，邪热耗阴，邪不得解之证，以青蒿鳖甲汤为代表方。

白虎汤　　《伤寒论》

组成 生石膏（碎）30g　知母 12g　炙甘草 3g　粳米 9g

用法 水煎服。

功用 清热生津。

主治 阳明气分热盛证。壮热面赤，烦渴引饮，汗出恶热，脉洪大有力。

方解 本方证是伤寒之邪化热内传阳明之经，或温邪热毒传入气分而致。方中重用辛甘大寒之生石膏，清热除烦，生津止渴，为君药；知母助石膏清泄气分之实热，又可滋阴润燥，为臣药。君臣相须为伍，倍增清热生津之力。粳米、炙甘草益胃护津，亦可防君臣药大寒伤中之弊，共为佐使。四药合用，药少功专，可使其热清烦除，津生渴止，从而由邪热伤津所致诸症自解。

运用

（1）辨证要点：本方是治阳明气分热盛证的基础方。以大热，大汗，大渴，脉洪大为证治要点。本方清热之力较强，石膏用量较重，有苦寒伤阳之弊，故不可过剂，中病即止。对于表证未解的无汗发热，口不渴者；血虚发热或气虚发热，喜热饮，脉洪，不胜重按者；真寒假热的阴盛格阳证等均忌用本方。

（2）加减变化：若兼见阳明腑实，症见神昏谵语，大便秘结，小便赤涩者，加大黄、芒硝以攻泻热结；温热病，气血两燔，引动肝风，症见高热烦渴，神昏谵语，抽搐者，加羚羊角（水牛角代）以凉肝息风止痉；消渴以烦渴引饮为主症，病属胃热津伤者，加麦门冬、天花粉、石斛增强清热生津润燥之力；温疟而见寒热往来，热多寒少者，是兼有少阳郁滞，加柴胡以和中透解。

（3）现代运用：本方常用于治疗感染性疾病，如大叶性肺炎、流行性乙型脑炎、流行性出血热等属气分热盛者。糖尿病初期属胃热津伤者亦可用之。

方歌 白虎膏知甘草粳，辛寒清热津能生，热渴汗出脉洪大，气分大热此方清。

清营汤 《温病条辨》

组成 犀角 9g（水牛角 30g 代，先煎） 生地黄 15g 元参 麦冬 银花各 9g 连翘 丹参 竹叶心各 6g 黄连 3g

用法 水煎服。

功用 清营解毒，透热养阴。

主治 热入营分证。身热夜甚，神烦少寐，时有谵语，口渴或不渴，斑疹隐隐，舌绛而干，脉细数。

方解 本方证乃邪热内传营分，耗伤营阴所致。方用犀角苦咸寒，清热凉血解毒，为君。麦冬清热养阴生津，生地凉血滋阴清热，玄参滋阴降火解毒，三药共为臣药。金银花、连翘、竹叶心，三药可清热解毒以透邪热，使营分之邪透出气分而解；黄连清心解毒，丹参清热凉血，且活血消瘀，以防热与血结，共为佐药。诸药相合，以清营解毒为主，配以养阴生津，透热转气，使入营之邪热透出气分而解，诸症自愈。

运用

（1）辨证要点：本方是治疗热邪初入营分证的常用方。以身热夜甚，神烦少寐，斑疹隐隐，舌绛而干，脉数为证治要点。对于有湿郁而舌苔白滑者，忌用本方。

（2）加减变化：若气分热盛而营分热轻，则当重用金银花、连翘、竹叶心以增强清热解毒之力，相对减少犀角、生地、玄参用量；若神昏谵语较重者，可服安宫牛黄丸以清心开窍；若伴见抽搐者，乃热极生风之证，可加羚羊角、钩藤并服紫雪丹以息风止痉；若寸脉大，舌干较甚者，可去黄连以避免苦燥伤阴。

（3）现代运用：本方常用于治疗流行性乙型脑炎、流行性脑脊髓膜炎、败血症、肠伤寒及其他热性病等属热入营分证者。

方歌 清营汤治热传营，舌绛脉数辨分明，犀地丹玄麦凉血，银翘连竹气亦清。

黄连解毒汤 《外台秘要》引崔氏方

组成 黄连 9g 黄芩 6g 黄柏 6g 栀子 9g

用法 水煎服。

功用 泻火解毒。

主治 三焦火毒热盛证。大热烦躁，口燥咽干，谵语不眠；或热病吐血、衄血；或热甚发斑，或身热下利，或湿热黄疸；或外科痈疡疔毒，小便黄赤，舌红苔黄，脉数有力。

方解 本方证乃火热毒盛，充斥三焦而致。方中大苦大寒之黄连，既清泻上焦心火，又可泻中焦火热；黄芩清上焦之火热；黄柏泻下焦之热；栀子通泻三焦之火，导火热下行，使热从小便而出。四药相合，苦寒直折三焦火毒，通治一切实热火毒之证。

运用

（1）辨证要点：本方是治疗一切实热火毒，三焦热盛之证的代表方。以大热烦躁，口燥咽干，舌红苔黄，脉数有力为证治要点。本方是大苦大寒之剂，易损伤脾胃，非壮实之体，实热之邪，不可轻投，而且不宜多服、久服。对于非火毒炽盛或津液受损较重者，不宜使用本方。

（2）加减变化：若便秘者，加大黄以通腑热；若吐血、衄血、发斑者，可加生地、玄参、丹皮以凉血止血；若热毒发黄者，加茵陈、大黄以清泄热毒退黄；若疔疮肿毒者，加蒲公英、金银花以清热解毒。

（3）现代运用：本方常用于治疗急性细菌性痢疾、中毒性菌痢、肺炎、急性黄疸型肝炎、败血症、急性泌尿系感染、外科痈疡疔毒以及其他急性感染性炎症等属于实热火毒者。

方歌　黄连解毒汤四味，黄芩黄柏栀子备，躁狂大热呕不眠，吐衄斑黄皆可为。

仙方活命饮　《校注妇人良方》

组成　白芷 3g　贝母　防风　赤芍药　生归尾　甘草节　皂角刺　穿山甲　天花粉　乳香　没药各 6g　金银花 9g　陈皮 9g

用法　水煎服，或水酒各半煎服。其药渣可捣烂外敷。

功用　清热解毒，消肿溃坚，活血止痛。

主治　阳证痈疡肿毒初起。红肿焮痛，或身热凛寒，苔薄白或黄，脉数有力。

方解　本方证因热毒壅聚，气滞血瘀所致。方中金银花清热解毒疗疮，故重用为君。当归尾、赤芍、乳香、没药、陈皮行气活血通络，消肿止痛，共为臣药。白芷、防风相配，通滞而散其结，使热毒从外透解；贝母、花粉清热化痰散结；山甲、皂刺透脓溃坚，使脓成即溃，均为佐药。生甘草调和诸药，煎药加酒，助药力直达病所，共为使药。

运用

（1）辨证要点：本方是治疗热毒痈肿的常用方，临床以局部红肿焮痛，甚则伴有身热凛寒，脉数有力为辨证要点。

（2）加减变化：红肿痛甚，加蒲公英、连翘、紫花地丁、野菊花；便秘者，加大黄泻热通便。

（3）现代运用：本方常用于治疗化脓性炎症，如蜂窝织炎、化脓性扁桃体炎、乳腺炎、脓疱疮、疖肿、深部脓肿等属阳证、实证者。

方歌　仙方活命君银花，归芍乳没陈皂甲，防芷贝粉甘酒煎，阳证痈疡内消法。

龙胆泻肝汤　《医方集解》

组成　龙胆草 9g　柴胡 6g　泽泻 9g　车前子 6g　川木通 6g　生地黄 6g　当归 6g　栀子 9g　黄芩 9g　甘草 6g

用法　水煎服。

功用　清泻肝胆实火，清利下焦湿热。

主治　肝胆实火上炎证，见头痛目赤，胁痛，口苦，耳聋，耳肿，舌红苔黄，脉弦数有力；肝经湿热下注证，见阴肿，阴痒，阴汗，小便淋浊，或妇女带下黄臭等，舌红苔黄腻，脉弦数有力。

方解 本方证是肝胆实火上炎或肝胆湿热下注所致。方中龙胆草大苦大寒，入肝胆经，既可清肝胆实火，又可泻肝胆湿热，为君药。黄芩清泻火热于上；栀子苦寒泻火，燥湿清热，使湿热从下而行，两药增强君药泻火除湿之功而共为臣药。车前子、川木通、泽泻渗利之品，导湿热下行，从水道而去；当归补血，生地滋阴，两药补养阴血，标本兼顾，有邪去而阴不伤之作用，以防止实热火邪必伤阴血，苦寒渗利之品易伤阴之弊；柴胡理气而疏畅肝胆，并可引诸药归肝胆之经。故当归、生地、柴胡三药合用，共同恢复肝之体阴用阳之功能，以上六味共为佐药。甘草生用，护胃安神，泻火解毒，调和各药为使。诸药相合，共奏清泻肝胆实火，清利肝胆湿热之功。

运用

（1）辨证要点：本方为治疗肝胆实火上炎证和肝胆湿热下注证的常用方剂。以头痛目赤，胁痛口苦，或阴痒阴肿，或淋浊，或带下黄臭，舌红苔黄或黄腻，脉弦数有力为证治要点。本方为苦寒泻肝之剂，易伤脾胃，不宜多服、久服。对脾胃虚弱者慎用本方。

（2）加减变化：若肝胆实火较甚者，可去川木通、车前子之渗利，加黄连以助泻火之力；若湿盛热轻者，可去黄芩之苦寒，生地之滋腻，加滑石、薏苡仁以增利湿之功；若玉茎生疮，或便毒悬痈，以及阴囊肿痛，妇女阴肿，红肿痛热甚者，乃火毒结滞之征，可去柴胡，加连翘、黄连、大黄以泻火解毒消痈。

（3）现代运用：本方常用于治疗顽固性偏头痛、头部湿疹、高血压、急性结膜炎、虹膜睫状体炎、急性黄疸型肝炎、急性胆囊炎、急性乳腺炎、带状疱疹、泌尿生殖系炎症等属肝胆实火湿热者。

方歌 *龙胆泻肝栀芩柴，生地车前泽泻偕，木通甘草当归合，肝经湿热力能排。*

白头翁汤　《伤寒论》

组成 白头翁 15g　秦皮 12g　黄柏 12g　黄连 6g

用法 水煎服。

功用 清热解毒，凉血止痢。

主治 热毒痢疾。腹痛，里急后重，肛门灼热，下痢脓血，赤多白少，渴欲饮水，舌红苔黄，脉弦数。

方解 本方证为热毒壅于大肠，深陷血分所致。方中白头翁苦寒，专入大肠经、清热解毒，凉血止痢，为治热毒血痢之要药，为君药。黄连、黄柏清热解毒，燥湿止痢。黄连泻火解毒于中，燥湿厚肠，为治痢之要药；黄柏清热燥湿于下；两药助君药清热解毒，尤能燥湿止痢，共为臣药。秦皮苦寒性涩，归大肠经，清热解毒，涩肠止痢，为佐使药。四药相合，共奏清热解毒，凉血止痢之功。

运用

（1）辨证要点：本方为治疗热毒血痢证的常用方。以下痢脓血，赤多白少，腹痛，里急后重，舌红苔黄，脉弦数为证治要点。本方药物大苦大寒，直折热毒，故素体脾胃虚弱者不宜使用。

（2）加减变化：若兼见恶寒发热，表未解而里热炽盛者，加葛根、金银花以解肌清热；若腹痛里急较甚者，加木香、槟榔、白芍以行气导滞止痛；若血分热毒甚，纯下赤痢，加地榆、丹皮以凉血活血；若发病急骤，痢下鲜紫脓血，壮热口渴，烦躁，舌绛者，属疫毒痢，可加马齿苋、金银花、升麻等以加强清热解毒之力。用于阿米巴痢疾，配合吞服鸦胆子（桂圆肉包裹），疗效更好。

（3）现代运用：本方常用于治疗细菌性痢疾、阿米巴痢疾证属热毒偏盛者。

方歌 白头翁汤治热痢，黄连黄柏与秦皮，味苦性寒清肠热，坚阴止痢功效奇。

清暑益气汤　《温热经纬》

组成 西洋参5g　石斛15g　麦冬9g　黄连3g　竹叶6g　荷梗15g　知母6g　甘草3g　粳米15g　西瓜翠衣30g

用法 水煎服。

功用 清暑益气，养阴生津。

主治 暑热气津两伤证。身热汗多，口渴心烦，小便短赤，体倦少气，精神不振，脉虚数。

方解 本方证为外感暑热，耗伤气津所致。方中西瓜翠衣甘凉，清解暑热，生津利尿；西洋参甘微苦凉，益气生津，养阴清热，共为君药。荷梗助西瓜翠衣以解暑清热，又具清心畅气之功；石斛、麦冬助西洋参养阴生津，共为臣药。黄连苦寒，泻火清心；知母质润，滋阴清热；竹叶甘淡，清热除烦，合而用之，清心除烦，共为佐药。甘草、粳米养胃调中，补气生津，为使药。诸药合用，清暑热而益气阴，专为暑伤气阴之证而设。

运用

（1）辨证要点：本方是治疗暑热耗伤气阴证的常用方。以身热汗多，口渴心烦，体倦少气，脉虚数为证治要点。本方因有滋腻养阴之品，故暑热夹湿者慎用。

（2）加减变化：若暑热不甚，或津伤重者，可减去黄连；若夹湿邪者，可酌减麦冬、知母，可加佩兰、六一散清化湿热之品。

（3）现代运用：本方常用于小儿夏季热、中暑等属暑伤气津者。

方歌 王氏清暑益气汤，善治中暑气阴伤，洋参冬斛荷瓜翠，连竹知母甘粳襄。

青蒿鳖甲汤　《温病条辨》

组成 青蒿6g　鳖甲15g　细生地12g　知母6g　丹皮9g

用法 水煎服。

功效 养阴透热。

主治 温病后期，邪伏阴分证。夜热早凉，热退无汗，舌红少苔，脉细数。

方解 本方证为温病后期，阴液已伤，而余邪深伏阴分所致。方中鳖甲咸寒质重，直入阴分，入络搜邪，滋阴退热；青蒿辛轻芳香，清热透络，引邪外出。两药相伍，共为君药。生地甘寒而滋阴凉血，知母苦寒质润而养阴清热，共助鳖甲滋阴退热，为臣药。丹皮清泻阴血中伏热，凉血散血，为佐药。五药相伍，滋养阴液，清透邪热。

运用

（1）辨证要点：本方是治疗温病后期，阴液耗伤，邪伏阴分之虚热证的常用方。以夜热早凉，热退无汗，舌红苔少，脉细数为证治要点。本方中青蒿不耐高温，可用沸药汁泡服。对于阴虚欲作抽搐者，不宜使用本方。

（2）加减变化：若暮热早凉，汗解渴饮，可去生地，加天花粉以清热生津止渴；肺痨骨蒸，阴虚火旺者，可加北沙参、麦冬、旱莲草以养阴清肺；小儿夏季热，可加白薇、荷梗以解暑退热。

（3）现代运用：本方常用于治疗不明原因的发热、慢性病患者出现消耗性发热、各种传染病恢复期低热、慢性肾盂肾炎、小儿夏季热等证属阴虚内热者。

方歌　青蒿鳖甲地知丹，热自阴来仔细辨，夜热早凉无汗出，养阴透热服之安。

五、和解剂

凡具有和解少阳、调和肝脾、调和寒热等作用，治疗邪在少阳或肝脾不和、肠胃不和等证的方剂，称为和解剂。属“八法”中的“和法”。和解剂分为三类：和解少阳剂，适用于邪在少阳，以小柴胡汤为代表方；调和肝脾剂，适用于肝气郁结，肝脾失调，以逍遥散为代表方；调和肠胃剂，适用于肠胃气机失调，以半夏泻心汤为代表方。

小柴胡汤　《伤寒论》

组成　柴胡 12g　黄芩 9g　半夏 9g　人参 9g　炙甘草 9g　生姜 9g　大枣 6g

用法　水煎服。

功用　和解少阳。

主治　少阳证。往来寒热，胸胁苦满，默默不欲饮食，心烦喜呕，口苦，咽干，目眩，舌苔薄白，脉弦者。

方解　本方证为邪犯少阳所致。方中重用柴胡，散邪透表，使少阳半表之邪得以疏散，为君药。黄芩苦寒，清泄少阳半里之热，使半里之邪得以内彻，为臣药。柴胡、黄芩，一散一清，相互协同，而达到和解少阳之目的。半夏、生姜和胃降逆止呕；人参、大枣、甘草益气健脾，扶正祛邪，防邪内传入里，共为佐药。炙甘草助参、枣扶正，且能调和诸药，为使药。诸药合用，共奏和解少阳之功。

运用

（1）辨证要点：本方是和解少阳的代表方。以往来寒热，胸胁苦满，心烦喜呕，苔薄白，脉弦为证治要点。因柴胡升散，黄芩、半夏性燥，故对肝火偏盛及阴虚血少者禁用。

（2）加减变化：若肝气乘脾而致腹中痛者，可去黄芩，加芍药柔肝缓急止痛；若气滞痰郁，邪结胁下而致痞硬者，去大枣，加牡蛎软坚散结；若热聚于胸而气不逆，胸中烦热而不呕者，去半夏、人参，加瓜蒌行气宽胸以除烦；若热伤津液而渴者，去半夏，加天花粉生津止渴；若水气凌心，心下悸、小便不利，宜去黄芩，加茯苓利水以宁心定悸。

（3）现代运用：本方常用于治疗感冒、流行性感冒、疟疾、慢性肝炎、急慢性胆囊炎、胆汁反流性胃炎、胃溃疡、急性胰腺炎、急性乳腺炎、睾丸炎等属少阳证者。

方歌　小柴胡汤和解功，半夏人参甘草从，更加黄芩生姜枣，少阳为病此方宗。

蒿芩清胆汤　《重订通俗伤寒论》

组成　青蒿 6g　淡竹茹 9g　制半夏 4.5g　赤茯苓 9g　黄芩 9g　枳壳 4.5g　陈皮 4.5g　碧玉散（滑石、甘草、青黛）9g

用法　水煎服。

功用　清胆利湿，化痰和胃。

主治　少阳湿热痰浊证。寒热如疟，寒轻热重，口苦胸闷，吐酸苦水，或呕黄涎而黏，甚则干呕呃逆，胸胁胀痛，小便黄少，舌红苔白腻，间现杂色，脉弦数或而滑数者。

方解　本方证为少阳胆热偏重，兼有湿热痰浊内阻所致。方中青蒿清透少阳邪热，化湿辟浊；黄芩善清胆热，兼能燥湿，两药相合，既能透邪外出，又可内清少阳湿热，共为君药。竹茹善清胆胃之热，化痰止呕；半夏燥湿化痰，和胃降逆；赤茯苓、碧玉散清热利湿，导邪从小便而去。四药相伍，使热清湿化痰除，共为臣药。枳壳下气宽中以除痰消痞；陈皮理气化痰，宽胸畅膈，为佐药。碧玉散中之甘草，又可调和诸药，为使药。综合全方，清热与利湿相伍，使少阳湿热分消；清胆与和胃并用，令木达则土安。

运用

（1）辨证要点：本方为治疗少阳湿热痰浊的常用方。以寒热如疟，寒轻热重，胸胁胀疼，吐酸苦水，舌红苔腻，脉弦滑数为证治要点。亦用于暑湿时疫之邪所致之疟疾。对于体虚者不宜单独使用。

（2）加减变化：若痰浊上逆，呕吐较重，加代赭石、苏叶清热止呕；若湿重，加藿香、薏苡仁、白蔻仁以化湿浊；若黄疸则加茵陈、栀子、大黄等利湿退黄。

（3）现代运用：本方常用于治疗肠伤寒、急性胆囊炎、急性黄胆型肝炎、胆汁反流性胃炎、肾盂肾炎、疟疾、盆腔炎、钩端螺旋体病等属少阳湿遏热郁者。

方歌　蒿芩清胆枳竹茹，陈夏茯苓加碧玉，热重寒轻夹痰湿，少阳如疟呕能除。

四逆散　《伤寒论》

组成　柴胡 6g　白芍 6g　枳实 6g　炙甘草 6g

用法　水煎服。

功用　透邪解郁，疏肝理脾。

主治

1. 阳郁厥逆证

手足不温，或身热，或腹痛，或泄利下重，脉弦。

2. 肝脾气郁证

胁肋胀闷，脘腹疼痛，脉弦等。

方解　本方证为阳气内郁，不能外达所致。方中柴胡疏肝解郁，调畅气机，为君药。白芍养血敛阴，柔肝缓急，为臣药。枳实理气解郁，泄热破结，为佐药。甘草调和诸药，益脾和中，为使药。诸药合用，可使邪去郁解，气血调畅，清阳得伸，四逆自愈；又能使肝脾调和，土不乘木，则腹痛泄利等症自除。

运用

（1）辨证要点：本方原是治疗阳郁厥逆证的基础方，后世多作为疏肝理脾之剂。以胁肋疼痛，脘腹胀痛，或手足不温，脉弦为证治要点。对于阳微阴盛的寒厥者，忌用本方。

（2）加减变化：若气郁甚者，加香附、郁金以理气解郁；泄利下重者，加薤白以除下重；腹中痛者，加炮附子以散里寒；咳者，加五味子、干姜以温肺散寒止咳；小便不利者，加茯苓以利小便；有热者，加栀子以清内热。

（3）现代运用：本方常用于治疗胃溃疡、胃炎、胃肠神经官能症、慢性肝炎、胆囊炎、肋间神经痛等属肝胆气郁、肝脾（或肝胃）不和者。

方歌　四逆散非四逆汤，柴甘枳芍共煎尝，热邪内郁成阳厥，疏肝理脾效可彰。

逍遥散　《太平惠民和剂局方》

组成　柴胡　白芍　当归　茯苓　白术各9g　炙甘草4.5g

用法　共为散，每服6g～9g，生姜、薄荷少许，共煎汤温服。或作汤剂，水煎服。

功用　疏肝解郁，健脾养血。

主治　肝郁血虚脾弱证。两胁作痛，头痛目眩，神疲食少，口燥咽干，或月经不调，乳房胀痛，脉弦而虚者。

方解　本方证为肝郁血虚，脾失健运所致。方中柴胡疏肝解郁，为君药。白芍养血敛阴，柔肝缓急；当归养血和血，与芍药合用，共补肝体，两者再与柴胡同用，补肝体而助肝用，共为臣药。肝郁不仅可导致血虚，亦极易出现肝病及脾的情况，故以白术、茯苓健脾益气；薄荷少许，助柴胡疏肝解郁；煨生姜既能降逆和中，又能辛散达郁，共为佐药。甘草调和诸药，为使药。诸药合用，使肝郁得疏，血虚得养，脾弱得复，为调肝养血之名方。

运用

（1）辨证要点：本方既是调和肝脾的要方，又是妇科调经的常用方。以两胁作痛，神疲食少，或月经不调，脉弦而虚为证治要点。对于阴虚阳亢者，慎用本方。

（2）加减变化：若肝郁气滞较重者，可加香附、郁金、青皮以疏肝解郁；肝郁化火者，加丹皮、栀子、生地以清热凉血；血虚甚者，加熟地以养血。

（3）现代运用：本方常用于治疗慢性肝炎、肝硬化、胃及十二指肠溃疡、慢性胃炎、胃肠神经官能症、急慢性乳腺炎、乳腺小叶增生、更年期综合征、经前期紧张症、盆腔炎、不孕症、痛经等属肝郁血虚脾弱者。

方歌　逍遥散用当归芍，柴苓术草加薄姜，两胁作痛饮食少，疏肝养血治脾弱。

半夏泻心汤　《伤寒论》

组成　半夏12g　人参　黄芩　干姜各9g　黄连3g　炙甘草9g　大枣6g

用法　水煎服。

功用　寒热平调，消痞散结。

主治　寒热错杂之痞证。心下痞满，但满而不痛，或呕吐，肠鸣腹泻，苔腻而微黄，脉弦数。

方解　本方证为寒热互结所致。方中用辛温之半夏，散结除痞，又善降逆止呕，为君药。干姜辛热以温中散寒，又助半夏以降逆；黄芩、黄连之苦寒以泄热开痞，共为臣药。君臣相伍，具有寒热平调，辛开苦降之用。然寒热互结，缘于中虚失运，故方中又用人参、大枣甘温益气，以补脾虚，为佐药。甘草既助佐药补脾和中，又调和诸药，为使药。全方苦降辛开，寒热互用，补泻兼施，使寒去热清，升降复常，则诸症自愈。

运用

（1）辨证要点：本方为治疗脾胃不足，寒热互结之痞满证的常用方。以心下痞满，呕吐泄利，苔腻微黄为证治要点。对于因气滞、食积、痰浊内结所致的痞满者，本方不宜应用。

（2）加减变化：若中气不虚，或中焦湿热蕴结者，去人参、甘草、大枣、干姜，加木香、枳实、生姜以下气消痞止呕。

（3）现代运用：本方常用于治疗胃肠神经官能症、急慢性胃肠炎、慢性结肠炎、慢性肝炎、早期肝硬化等属中气虚弱，寒热互结者。

方歌 半夏泻心黄芩连，干姜人参枣草全，辛开苦降除痞满，寒热错杂诸证蠲。

六、消导剂

凡以消食药为主组成，具有消食健脾，除痞化积等作用，以治疗食积停滞的方剂，称为消导剂。属“八法”中的“消法”。消法的应用范围较为广泛，凡由气、血、痰、湿、食等壅滞而成的积滞痞块，均可使用。本节仅介绍饮食内停的方剂，以保和丸、枳实导滞丸为代表方。

保和丸 《丹溪心法》

组成 山楂 18g 神曲 6g 半夏 9g 茯苓 9g 陈皮 9g 连翘 6g 莱菔子 6g

用法 为细末，制成丸剂，每服 6 ～ 9g，日 2 ～ 3 次。或水煎服。

功用 消食和胃。

主治 食积。脘腹痞满或胀痛，嗳腐吞酸，恶食呕吐，或大便泄泻，舌苔厚腻，脉滑。

方解 本方证因饮食不节，暴饮暴食所致。方中山楂能消一切食积，尤善消肉食油腻，重用为君药；神曲善化酒食陈腐之积，莱菔子长于消谷面之积，并为臣药。三药同用，能消各种食物积滞。半夏、陈皮、茯苓和胃止呕，健脾利湿，连翘既可散结以助消食，又可清解食积所生之热，共为佐使药。

运用

（1）辨证要点：本方为治疗一切食积之常用方。临床应用以脘腹胀满，嗳腐厌食，苔厚腻，脉滑为辨证要点。本方属攻伐之剂，故不宜久服。

（2）加减变化：本方药力较缓，若食积较重者，可加枳实、槟榔；苔黄脉数者，可加黄芩、黄连。

（3）现代运用：本方常用于急慢性胃炎、急慢性肠炎、消化不良、婴幼儿腹泻等属食积内停者。

方歌 保和神曲和山楂，苓夏陈翘菜菔加，消食化滞和胃气，方中亦可用麦芽。

枳实导滞丸 《内外伤辩惑论》

组成 大黄 枳实 神曲各 9g 茯苓 黄芩 黄连 白术 泽泻各 6g

用法 为丸剂，每服 6g，日 2 ～ 3 次。或水煎服。

功用 消食化滞，清热利湿。

主治 湿热食积。脘腹胀痛，嗳腐吞酸，下痢泄泻，或大便秘结，小便短赤，舌苔黄腻，脉沉有力。

方解 本方证因湿热食滞，内阻胃肠所致。方中大黄攻积泻热，使积从大便而下，为君药。枳实行气消积，为臣药。黄芩、黄连清热燥湿止痢；茯苓、泽泻利水渗湿；白术健脾燥湿，使攻积而不伤正；神曲消食和中，均为佐药。

运用

（1）辨证要点：本方为治疗湿热食积，内阻肠胃的常用方。临床应用以脘腹胀满，大便失常，苔黄腻，脉沉有力为辨证要点。泄泻无积滞及孕妇均不宜使用。

（2）加减变化：腹胀满较甚，里急后重者，可加木香、槟榔等以助理气导滞之功。

（3）现代运用：本方常用于胃肠功能紊乱、慢性痢疾等属湿热积滞者。

方歌　枳实导滞首大黄，芩连白术茯苓襄，再入泽泻与神曲，湿热积滞力能攘。

七、泻下剂

凡以泻下药为主组成，具有通便、泻热、攻积、逐水等作用，治疗里实证的方剂，称为泻下剂。属“八法”中的“下法”。泻下剂主要分为四类：寒下剂，适用于里热积滞实证，以大承气汤为代表方；温下剂，适用于里寒积滞实证，以温脾汤为代表方；润下剂，适用于肠燥津亏，大便秘结之证，以麻子仁丸为代表方；逐水剂，适用于水饮壅盛于里的实证，以十枣汤为代表方。

应用泻下剂，若表邪未解，而里实已成，可表里双解。对年老体弱、孕妇、产妇及病后体虚者，均应慎用或禁用。泻下剂易伤胃气，见效即止。

大承气汤　《伤寒论》

组成　大黄12g　厚朴24g　枳实12g　芒硝9g

用法　水煎服，先煎枳实、厚朴，后下大黄，溶服芒硝。

功用　峻下热结。

主治　阳明腑实证。大便秘结，腹胀满拒按，矢气频作，日晡潮热，神昏谵语，手足濈然汗出，舌苔黄燥起刺，脉沉实。或下利稀水臭秽，脐腹疼痛，按之有硬块，口干舌燥，脉滑数。或里热实证之热厥、痉病或发狂。

方解　本方为寒下的常用代表方剂。证属病邪入里化热，与肠中燥屎相结的阳明腑实证。方中大黄苦寒，泻热通便，荡涤肠胃邪热积滞，为君药。芒硝咸寒泻热，软坚润燥通便，为臣药。君、臣相须为用，则峻下热结之力增强。厚朴苦温下气，枳实苦辛破结，两药消痞除满，破气散结，助大黄、芒硝推荡积滞，为佐使药。

运用

（1）辨证要点：本方为治疗阳明腑实证的基础方，又是寒下法的代表方。临床应用以痞、满、燥、实四症，及舌红苔黄，脉沉实为辨证要点。本方为泻下峻剂，凡气虚阴亏、燥结不甚者，以及年老、体弱等均应慎用；孕妇禁用；注意中病即止，以免损伤正气。

（2）加减变化：治痞、满、实而不燥者，去芒硝，名小承气汤（《伤寒论》）；治燥、实而不痞、满者，去枳实、厚朴，加甘草，名调胃承气汤（《伤寒论》）。若兼气虚者，宜加人参以补气，以防泻下气脱；兼阴津不足者，宜加玄参、生地等以滋阴润燥。

（3）现代运用：本方常用于急性单纯性肠梗阻、粘连性肠梗阻、蛔虫性肠梗阻、急性胆囊炎、急性胰腺炎、幽门梗阻，以及某些热性病过程中出现高热、神昏谵语、惊厥、发狂而见大便不通、苔黄脉实者。

方歌　大承气汤用硝黄，配伍枳朴泻力强，阳明腑实真阴灼，峻下热结宜此方。

大黄牡丹汤　《金匮要略》

组成　大黄 12g　牡丹皮 9g　桃仁 12g　冬瓜子 30g　芒硝 9g

用法　水煎服。

功用　泻热破瘀，散结消肿。

主治　肠痈初起。右下腹疼痛拒按，甚则局部肿块，或右足屈而不伸，伸则痛剧，或发热，舌苔黄腻，脉滑数。

方解　本方所治之肠痈初起，多由肠中湿热郁蒸，气血凝聚所致。方中大黄苦寒攻下，泻热逐瘀，荡涤肠中湿热瘀结；丹皮清热凉血，活血散瘀，两药泻热破瘀，共为君药。芒硝泻热导滞，软坚散结；桃仁活血化瘀，共为臣药。冬瓜仁清肠利湿，引湿热从小便而去，并能排脓消痈，为佐药。

运用

（1）辨证要点：本方为治疗湿热血瘀肠痈初起的常用方。临床应用以右下腹疼痛拒按，舌苔黄腻，脉滑数为辨证要点。凡肠痈溃后以及老人、孕妇、产后或体质过于虚弱者均应慎用或忌用。

（2）加减变化：若热毒较重，加蒲公英、金银花、紫花地丁、败酱草以加强清热解毒之力；血瘀较重者，加赤芍、乳香、没药以活血祛瘀。

（3）现代运用：本方常用于急性单纯性阑尾炎、肠梗阻、急性胆道感染、胆道蛔虫、胰腺炎、急性盆腔炎、输卵管结扎后感染等属湿热瘀滞者。

方歌　金匮大黄牡丹汤，桃仁芒硝瓜子襄，泻热破瘀散结肿，肠痈初起腹痛康。

温脾汤　《备急千金要方》

组成　大黄 12g　干姜　当归各 9g　熟附子　人参　芒硝　甘草各 6g

用法　水煎服。

功用　攻下寒积，温补脾阳。

主治　脾阳不足，寒积便秘。大便秘结，腹部冷痛，手足不温，口不渴，苔白，脉沉弦而迟。

方解　本方治证系因脾阳不足而寒实冷积阻于肠间所致。方中附子温脾阳以散寒凝，大黄泻下而除积滞，两者相配，具有温下之功，共为君药；芒硝、当归润肠软坚，干姜温中助阳，共为臣药；人参、甘草益气健脾，是助阳须先益气之意，为佐药；甘草又能调和药性，故又兼使药之功。

运用

（1）辨证要点：本方为治疗脾阳不足，寒积中阻的常用方。临床应用以腹痛，便秘，手足不温，苔白，脉沉弦为辨证要点。

（2）加减变化：若腹中胀痛者，加厚朴、木香以行气止痛；腹中冷痛，加肉桂、吴茱萸以增强温中祛寒之力。

（3）现代运用：本方常用于急性单纯性肠梗阻或不全梗阻等属于中阳虚寒，冷积内阻者。

方歌　温脾附子与干姜，人参甘草及大黄，寒热并行兼补泻，温通寒积效相当。

麻子仁丸（脾约丸）　《伤寒论》

组成　麻子仁15g　杏仁9g　芍药9g　枳实6g　厚朴6g　大黄9g

用法　共为细末，炼蜜为丸，如梧子大，每服9g，日1～2次。

功用　润肠通便。

主治　脾约证。肠胃燥热，津液不足，大便秘结，或脘腹胀满，小便频数，苔少脉细或弦。

方解　本方为缓下剂。本方治证，《伤寒论》称之为“脾约”。系由肠胃燥热，脾津不足所致。方中麻子仁质润多脂，润肠通便为君药。大黄苦寒泻热，攻积通便；杏仁降气润肠；白芍养阴敛津，柔肝理脾，共为臣药。枳实、厚朴破结除满，以加强降泄通便之力；蜂蜜润燥滑肠，同为佐使药。

运用

（1）辨证要点：本方为治疗胃肠燥热，脾津不足之脾约证的常用方，又是润下法的代表方。临床应用以大便秘结，小便频数，舌苔微黄少津为辨证要点。本方虽为润肠缓下之剂，但含有攻下破滞之品，故年老体虚，津亏血少者不宜常服，孕妇慎用。

（2）加减变化：痔疮便秘者，可加桃仁、当归以养血和血，润肠通便；痔疮出血属胃肠燥热者，可酌加槐花、地榆以凉血止血；燥热伤津较甚者，可加生地、玄参、石斛以增液通便。

（3）现代运用：本方常用于老人肠燥便秘、习惯性便秘、产后便秘、痔疮术后便秘等属胃肠燥热者。

方歌　麻子仁丸治便难，大黄枳朴杏芍添，胃肠燥热津不足，润肠泻热通大便。

十枣汤　《伤寒论》

组成　大枣10枚　甘遂　大戟　芫花各等份。

用法　大枣煎汤，后三味研末，以枣汤调服药粉1g～2g，每日1次，或隔日1次，清晨空腹服。从小剂量0.5g～1g开始。得快下利后糜粥自养。

功用　攻逐水饮。

主治　悬饮。胸廓饱满，胸部胀闷或痛，咳唾胸胁引痛，短气，苔白滑，脉沉弦。亦可用于水肿腹胀属于实证者。

方解　本方证为水饮壅盛于里所致。方中芫花善消胸胁伏饮痰癖，为君药。甘遂善行经隧络脉之水湿，大戟善泻脏腑之水邪，共为臣药。三药峻烈，合用则攻逐水饮之功甚著。佐以大枣益脾缓中，缓和诸药毒性，使邪去而不伤正。

运用

（1）辨证要点：本方为泻下逐水的代表方，又是治疗悬饮及水肿实证的常用方。临床应用以咳唾胸胁引痛，或水肿腹胀，二便不利，脉沉弦为辨证要点。

（2）现代运用：本方常用于渗出性胸膜炎、肝硬化、慢性肾炎所致的胸水、腹水及全身水肿，以及晚期血吸虫病所致的腹水等属水饮内停里实证者。

（3）使用注意：本方作用峻猛，只可暂用，不宜久服。若精神胃纳俱好，而水饮未尽去者，可再投本方；若泻后精神疲乏，食欲减退，则宜暂停攻逐；若患者体虚邪实，又非攻不可者，可用本方与健脾补益剂交替使用。年老体弱者慎用，孕妇忌用。

方歌　十枣逐水效堪夸，大戟甘遂与芫花，悬饮内停胸胁痛，大腹肿满用无差。

八、化痰剂

凡以祛痰药为主组成，具有祛痰、消痰等作用，治疗痰证的方剂，称为化痰剂。化痰剂常分为四类：燥湿化痰剂，适用于湿痰为病，以二陈汤为代表方；清热化痰剂，适用于热痰为病，以清气化痰丸为代表方；润燥化痰剂，适用于燥痰为病，以贝母瓜蒌散为代表方；温化寒痰剂，适用于寒痰为病，以小青龙汤为代表方。

应用祛痰剂时，首先应辨别痰病的性质，分清寒热燥湿的不同；同时应注意病情，辨清标本缓急。有咳血倾向者，不宜使用燥热之剂，以免引起大量出血；表邪未解或痰多者，慎用滋润之品，以防壅滞留邪，病久不愈。

二陈汤　《太平惠民和剂局方》

组成　制半夏 12g　橘红 12g　茯苓 9g　炙甘草 6g

用法　加生姜 7 片，乌梅 1 个，水煎温服。

功用　燥湿化痰，理气和中。

主治　湿痰证。咳嗽，痰多色白易咯，恶心呕吐，胸膈胀满，肢体困重，或头眩心悸，舌苔白滑或腻，脉滑。

方解　本方所治之湿痰证，多由脾失健运，聚湿生痰而成。方中半夏燥湿化痰，降逆和胃为君；橘红理气化痰，使气顺痰消为臣；茯苓健脾利湿为佐；煎加生姜，既可制半夏之毒，又能协助半夏化痰降逆、和胃止呕，少许乌梅收敛肺气，与半夏、橘红相伍而散中有收，均为佐药；甘草和中补脾，调和诸药为使。方中半夏、橘红两药以陈久者良，故方名“二陈”。

运用

（1）辨证要点：本方为燥湿化痰的基础方。临床应用以咳嗽，呕恶，痰多色白易咯，舌苔白腻，脉滑为辨证要点。本方性燥，故燥痰者慎用；吐血、消渴、阴虚、血虚者忌用本方。

（2）加减变化：本方加减化裁，可用于多种痰证。治湿痰，可加苍术、厚朴以增燥湿化痰之力；治热痰，可加胆星、瓜蒌以清热化痰；治寒痰，可加干姜、细辛以温化寒痰；治风痰眩晕，可加天麻、僵蚕以化痰息风；治食痰，可加莱菔子、麦芽以消食化痰；治痰流经络之瘰疬、痰核，可加海藻、昆布、牡蛎以软坚化痰。

（3）现代运用：本方常用于慢性支气管炎、慢性胃炎、神经性呕吐等属湿痰者。

方歌　二陈汤用半夏陈，益以茯苓甘草均，理气祛痰兼燥湿，湿痰为病此方珍。

清气化痰丸　《医方考》

组成　瓜蒌仁　黄芩　陈皮　杏仁　枳实　茯苓各 10g　胆南星　制半夏各 15g

用法　为丸剂，每服 6g。亦可作汤剂，水煎服。

功用　清热化痰，理气止咳。

主治　痰热咳嗽。咳嗽气喘，咯痰黄稠，胸膈痞闷，甚则气急呕恶，烦躁不宁，舌质红，苔黄腻，脉滑数。

方解　本方证因痰阻气滞，气郁化火，痰热互结所致。方中胆南星苦凉，瓜蒌仁甘寒，两药清热化痰，共为君药；制半夏化痰散结，黄芩清热泻火，共为臣药；枳实下气消痞，陈皮理气化痰，茯苓健脾渗湿，杏仁宣利肺气，共为佐使药。

运用

（1）辨证要点：本方为治疗痰热咳嗽的常用方。临床应用以咯痰黄稠，胸膈痞闷，舌红苔黄腻，脉滑数为辨证要点。

（2）加减变化：若痰多气急者，可加鱼腥草、桑白皮；痰稠黏难咯者，可减半夏用量，加青黛、蛤粉；恶心呕吐明显者，加竹茹；烦躁不眠者，可去黄芩，加黄连、山栀以清热除烦，并酌加琥珀粉、远志等以宁心安神。

（3）现代运用：本方常用于肺炎、急性支气管炎、慢性支气管炎急性发作等属痰热内结者。

方歌　清气化痰杏瓜蒌，黄芩胆星枳苓投，陈夏姜汁糊为丸，肺热痰稠此方优。

贝母瓜蒌散　《医学心悟》

组成　贝母9g　瓜蒌15g　花粉9g　橘红6g　茯苓9g　桔梗6g

用法　水煎服。

功用　润肺化痰。

主治　燥痰咳嗽。干咳，痰黏难咯，或胸痛胸闷，咽喉干燥，苔白而干，脉弦。

方解　本方所治之燥痰咳嗽证，多由燥热伤肺，灼津为痰而成。方中贝母润肺清热，化痰止咳为君；瓜蒌清热润燥，理气涤痰，可通胸膈之闭塞为臣；天花粉润燥化痰，茯苓健脾渗湿，橘红理气化痰，桔梗宣利肺气，共为佐使。

运用

（1）辨证要点：本方为治疗燥痰证的常用方。临床应用以干咳，咯痰难出，咽喉干燥，苔干少津为辨证要点。本方对肺肾阴虚，虚火上炎之咳嗽，则非所宜。

（2）加减变化：如兼风邪，咽痒而咳，微恶风者，可加桑叶、杏仁、蝉蜕、牛蒡子等宣肺散邪；燥热较甚，咽喉干涩哽痛明显者，可加麦冬、玄参、生石膏等清燥润肺。

（3）现代运用：本方可用于肺结核、肺炎等属燥痰证者。

方歌　贝母瓜蒌花粉填，橘红桔梗茯苓研，呛咳咽干痰难咯，润燥化痰病自安。

小青龙汤　《伤寒论》

组成　麻黄9g　芍药9g　细辛3g　干姜3g　炙甘草6g　桂枝9g　半夏9g　五味子6g

用法　水煎服。

功用　解表蠲饮，止咳平喘。

主治　风寒客表，水饮内停之喘咳证。咳嗽气喘，或哮鸣有声，重者不能平卧，咯痰清稀，色白量多，苔白滑，脉弦。

方解　本方证因外寒内饮所致。方中麻黄、桂枝发汗解表，宣肺平喘为君药。干姜、细辛温肺化饮，兼助君药以解表为臣药。五味子酸收敛气，芍药和营养血，两药与辛散之品相配，一散一收，既可增强止咳平喘之功，又可制约诸药辛散温燥太过之弊；半夏燥湿化痰，和胃降逆，同为佐药；炙甘草益气和中，调和诸药，是兼佐使之用。

运用

（1）辨证要点：本方是治疗寒饮内停喘咳，兼有外感风寒的常用方。临床应用以喘咳，痰多而稀，兼有恶寒发热无汗，舌苔白滑为辨证要点。本方多温燥之品，故阴虚干咳无痰或痰热证者，不宜使用。

（2）加减变化：若外寒证轻者，可去桂枝，麻黄改用炙麻黄；兼有热象而出现烦躁者，加生石膏、黄芩以清郁热；兼喉中痰鸣，加杏仁、射干、款冬花以化痰降气平喘；若鼻塞，清涕多者，加辛夷、苍耳子以宣通鼻窍；兼水肿者，加茯苓、猪苓以利水消肿。

（3）现代运用：本方常用于支气管炎、支气管哮喘、肺炎、百日咳、肺心病、过敏性鼻炎、卡他性眼炎、卡他性中耳炎等属于外寒里饮证者。

方歌　解表蠲饮小青龙，麻桂姜辛夏草从，芍药五味敛气阴，表寒内饮最有功。

半夏白术天麻汤　《医学心悟》

组成　半夏9g　天麻　茯苓　橘红各9g　白术18g　甘草3g

用法　加生姜3片、大枣2枚，水煎服。

功用　燥湿化痰，平肝息风。

主治　风痰上扰证。眩晕头痛，胸闷呕恶，舌苔白腻，脉弦滑。

方解　本方是由二陈汤去乌梅，加天麻、白术、大枣而成。方中半夏燥湿化痰，降逆和胃，为治痰要药；天麻平肝潜阳，以息肝风，为治风要药，两味共为君药。脾为生痰之源，故用白术健脾燥湿，茯苓健脾渗湿，湿去痰消；橘红理气化痰，与半夏为伍，又可降逆和胃，使痰消浊降，三味共为臣药。生姜、大枣和胃益脾，调和营卫；甘草健脾和药，并为佐使。诸药合用，共成燥湿化痰，平肝息风之剂。

运用

（1）辨证要点：本方是治疗风痰眩晕的代表方。临床应用以眩晕头痛，胸闷呕恶，舌苔白腻，脉弦滑为辨证要点。阴虚阳亢及气血不足之眩晕，忌用本方。

（2）加减变化：风痰较甚，眩晕较重者，加僵蚕、胆南星；风邪上扰，头痛较甚者，加蔓荆子、菊花；肝经有热，目赤口苦者，加菊花、夏枯草。

（3）现代运用：本方常用于耳源性眩晕、神经性眩晕、高血压病等证属风痰上扰者。

方歌　半夏白术天麻汤，苓草橘红枣生姜，眩晕头痛风痰盛，化痰息风是效方。

九、温里剂

凡以温热药为主组成，具有温里助阳、散寒通脉作用，治疗里寒证的方剂，称为温里剂。属“八法”中的“温法”。温里剂分为三类：温中祛寒剂，适用于脾胃虚寒证，以理中丸为代表方；回阳救逆剂，适用于阳气衰微，阴寒内盛的急证，以四逆汤为代表方；温经散寒剂，适用于寒凝经脉证，以当归四逆汤为代表方。

本类方剂多辛温燥热之品，对阴虚、血虚、血热者均忌用。运用时应辨明寒热真假，如真热假寒，不可误用。

理中丸　《伤寒论》

组成　人参9g　干姜9g　白术9g　炙甘草9g

用法　上四味研末，炼蜜为丸，重9g，每次1丸，日2～3次。或作汤剂煎服。

功用　温中祛寒，补气健脾。

主治 脾胃虚寒证。脘腹绵绵作痛，喜温喜按，畏寒肢冷，呕吐食少，大便稀溏，口不渴，舌淡苔白，脉沉细或沉迟无力。

方解 本方所治诸证皆由脾胃虚寒所致。方中干姜辛热，温中祛寒，扶阳抑阴，为君药；人参补中益气为臣药；白术健脾燥湿为佐药；炙甘草补脾益气，缓急止痛，调和诸药为使药。

运用

（1）辨证要点：本方是治疗中焦脾胃虚寒证的基础方。临床应用以脘腹绵绵作痛，呕吐便溏，畏寒肢冷，舌淡，苔白，脉沉细为辨证要点。方中药性偏于温燥，故对外感发热，或阴虚者忌用。

（2）加减变化：若虚寒甚者，加肉桂、附子；呕吐甚者，可加生姜、半夏；下利甚者，可加茯苓、白扁豆。

（3）现代运用：本方常用于急慢性胃肠炎、胃及十二指肠溃疡、胃痉挛、胃下垂、胃扩张、慢性结肠炎等属脾胃虚寒者。

方歌 理中丸主温中阳，人参白术草干姜，呕利腹痛阴寒盛，或加附子总扶阳。

小建中汤　　《伤寒论》

组成 桂枝9g　芍药18g　炙甘草6g　生姜9g　大枣6g　饴糖30g

用法 水煎，去渣取汁，入饴糖烊化服。

功用 温中补虚，和里缓急。

主治 中焦虚寒，肝脾不和证。腹中拘急疼痛，喜温喜按，神疲乏力，舌淡苔白，脉细弦；或虚劳而心中悸动，虚烦不宁，面色无华；或伴四肢酸楚，手足烦热。

方解 本方病证因中焦虚寒，肝脾失和，气血化源不足所致。方中饴糖甘温质润入脾，温中补虚，和里缓急，为君药；桂枝温阳而祛寒，芍药养阴而缓急，为臣药；生姜、大枣、炙甘草温中散寒，健脾胃调和诸药，共为佐使药。

运用

（1）辨证要点：本方既是温中补虚，缓急止痛之剂，又为调和阴阳，柔肝理脾之常用方。临床应用以腹中拘急疼痛，喜温喜按，舌淡，脉细弦为辨证要点。呕吐或中满者不宜使用；阴虚火旺之胃脘疼痛忌用。

（2）加减变化：若中焦寒重者，可加干姜以增强温中散寒之力；兼气滞者，可加木香行气止痛；便溏者，可加白术健脾燥湿止泻；面色萎黄、短气神疲者，可加人参、黄芪、当归以补养气血。

（3）现代运用：本方常用于胃及十二指肠溃疡、慢性肝炎、慢性胃炎、神经衰弱、再生障碍性贫血、功能性发热等属于中焦虚寒，肝脾不和者。

方歌 小建中汤芍药多，桂枝甘草姜枣和，更加饴糖补中脏，虚劳腹冷服之瘥。

四逆汤　　《伤寒论》

组成 生附子15g　干姜9g　炙甘草6g

用法 水煎服

功用 回阳救逆。

主治 阴盛阳衰。四肢厥逆，畏寒蜷卧，神疲欲寐，面色苍白，腹痛下利，舌苔白滑，脉微细。

方解　本方证乃因心肾阳衰，阴寒内盛所致。方中附子大辛大热，温壮元阳，破散阴寒，回阳救逆为君，生用尤能迅达内外以温阳逐寒。干姜温中散寒为臣。附子与干姜同用，一温先天以生后天，一温后天以养先天，相须为用，相得益彰，温里回阳之力大增。炙甘草益气补中，使全方温补结合；又可缓姜、附燥烈之性为佐使。

运用

（1）辨证要点：本方是回阳救逆的基础方。临床应用以四肢厥逆，神衰欲寐，面色苍白，脉微细为辨证要点。

（2）现代运用：本方常用于心肌梗死、心力衰竭、急性胃肠炎吐泻过多或某些急证大汗而见休克属阳衰阴盛者。

（3）使用注意：若服药后出现呕吐拒药者，可将药液置凉后服用。本方纯用辛热之品，中病手足温和即止，不可久服。真热假寒者忌用。

方歌　四逆汤中附草姜，四肢厥冷急煎尝，腹痛吐泻脉微细，回阳救逆赖此方。

当归四逆汤　《伤寒论》

组成　当归12g　桂枝9g　芍药9g　细辛3g　炙甘草6g　通草6g　大枣12g

用法　水煎温服

功用　温经散寒，养血通脉。

主治　血虚寒厥证。手足厥寒，口不渴，或腰、股、腿、足、肩臂疼痛，舌淡苔白，脉沉细或细而欲绝。

方解　本方证为血虚受寒所致。素体血虚，复感风寒，内侵经脉，以致气血运行受阻，阳气不能外达，四肢末端失其温养。方中当归补血和血；桂枝温经通脉，以祛经脉中客留之寒邪而畅通血行，两味共用为君。白芍养血和营；细辛辛温，外温经脉，内温脏腑，通达表里，以散寒邪，两药共为臣药。通草以通经脉，为佐药。甘草、大枣，益气健脾，调和诸药，为使药。诸药配合，温阳与散寒并用，养血与通脉兼施，温而不燥，补而不滞。

运用

（1）辨证要点：本方为素体血虚，寒凝经脉所致之证而设。以手足厥寒，脉细欲绝，舌淡苔白为证治要点。

（2）加减变化：治疗腰、股、腿、足疼痛属血虚寒凝者，可酌加川断、牛膝、鸡血藤、木瓜等活血祛瘀之品；本方证内有久寒，兼有水饮呕逆者，加吴茱萸、生姜；用于治疗妇女血虚寒凝之经期腹痛，及男子寒疝，睾丸掣痛，牵引少腹冷痛，肢冷脉弦者，可酌加乌药、茴香、良姜、香附等理气止痛；治手足冻疮，不论初期未溃或已溃者，均可加减运用。

（3）现代运用：现代临床常用于血栓闭塞性脉管炎、无脉症、雷诺病、小儿麻痹、冻疮、妇女痛经、肩周炎、风湿性关节炎等属血虚寒凝者。

方歌　当归四逆用桂芍，细辛通草甘大枣，养血温经通脉剂，血虚寒厥服之效。

阳和汤　《外科证治全生集》

组成　熟地30g　麻黄2g　鹿角胶9g　白芥子6g　肉桂3g　生甘草3g　炮姜炭2g

用法　水煎服

功用 温阳补血，散寒通滞。

主治 阴疽。患处漫肿无头，皮色不变，酸痛无热，口中不渴，舌淡苔白，脉沉细或迟细。

方解 阴疽一证多由素体阳虚，营血不足，寒凝痰滞，痹阻于肌肉、筋骨、血脉、关节而成。方中熟地温补营血，填精补髓；鹿角胶温肾阳，益精血，强筋骨，借血肉有情之品助熟地以养血，两药合用，温阳补血，共为君药。肉桂、姜炭温阳散寒，温通血脉，共为臣药。白芥子祛除皮里膜外之痰；麻黄开腠理，通毛窍，散寒凝，共为佐药。生甘草解毒，调和诸药为使药。

运用

（1）辨证要点：本方是治疗阴疽的常用方，临床应用以患处漫肿无头，皮色不变，酸痛无热为辨证要点。阳证疮疡红肿热痛，或阴虚有热，或阴疽已溃破者，均不宜使用本方。

（2）加减变化：兼气虚者，加党参、黄芪；阴寒重者，加附子，肉桂可改桂枝。

（3）现代运用：本方现代临床用于骨结核、腹膜结核、淋巴结核、血栓闭塞性脉管炎、慢性深部脓肿以及椎间盘突出、腰椎肥大等属于虚寒阴证者。

方歌 阳和熟地鹿角胶，姜炭肉桂麻芥草，温阳补血散寒滞，阳虚寒凝阴疽疗。

十、理气剂

凡以理气药为主组成，具有行气或降气的作用，以治疗气滞或气逆病证的方剂，称为理气剂。理气剂可分为行气与降气两大类：行气剂，适用于气机郁滞之证，以越鞠丸为代表方；降气剂，适用于肺气上逆之咳喘和胃气上逆之呕吐、呃逆、嗳气等，以定喘汤、旋复代赭汤为代表方。

理气剂大多辛香而燥，易伤津耗气，故对气虚、阴虚火旺者及孕妇等，均当慎用。

越鞠丸　　《丹溪心法》

组成 香附　川芎　苍术　神曲　栀子各9g

用法 研末，水泛为丸，每服6g，日2次。或水煎服。

功用 行气解郁

主治 六郁证。胸膈痞闷，脘腹胀痛，恶心呕吐，嗳腐吞酸，饮食不消，脉弦或滑。

方解 本方所治郁证乃因喜怒无常，忧思过度，或饮食失节，寒温不适所致气、血、痰、火、食、湿六郁证，六郁之中以气郁为主，故本方立意重在行气解郁，气行则血行，气畅则诸郁自解。方中香附行气解郁，以治气郁，为君药；川芎活血行气，以治血郁；苍术燥湿运脾，以治湿郁；栀子清热泻火，以治火郁；神曲消食导滞，以治食郁，共为臣佐药。因痰郁乃气滞湿聚而成，若气行湿化，则痰郁随之而解，故方中不另用治痰之品，此亦治病求本之意。本方的配伍特点：一是以五药治六郁，贵在治病求本；二是诸法并举，重在调理气机。

运用

（1）辨证要点：本方是主治气、血、痰、火、湿、食“六郁”的代表方。临床应用以胸膈痞闷，脘腹胀痛，饮食不消等为辨证要点。

（2）加减变化：气郁偏重者，可重用香附，酌加行气之品；血郁偏重者，重用川芎，酌加活血之品；湿郁偏重者，重用苍术，酌加利湿之品；食郁偏重者，重用神曲，酌加消食之品；火郁偏重者，重用山栀，酌加清热泻火之品；痰郁偏重者，酌加祛痰之品。

（3）现代运用：本方常用于胃神经官能症、胃及十二指肠溃疡、慢性胃炎、胆石症、胆囊炎、肝炎、肋间神经痛、痛经、月经不调等辨证属“六郁”者。

方歌　越鞠丸治六般郁，气血痰火食湿因，香附芎苍栀子曲，气机畅达诸郁伸。

柴胡疏肝散　　《景岳全书》

组成　陈皮　柴胡各 6g　川芎　香附　枳壳　白芍各 5g　甘草 3g

用法　水煎服。

功用　疏肝解郁，行气止痛。

主治　肝气郁滞证。胁肋疼痛，胸闷，喜太息，情志抑郁，易怒，或嗳气，脘腹胀满，脉弦。

方解　本方证因情志不遂，木失条达，肝失疏泄而致肝气郁结。方中柴胡疏肝解郁为君药。香附理气疏肝，川芎行气活血而止痛，共为臣药。陈皮理气行滞，芍药、甘草养血柔肝，缓急止痛，均为佐药。甘草调和诸药，兼使药之用。

运用

（1）辨证要点：本方为疏肝解郁常用方剂。以胁肋胀痛，脉弦为辨证要点。

（2）加减变化：痛甚者，酌加当归、郁金、乌药等增强行气活血之力；肝郁化火者，可酌加山栀、川楝子以清热泻火。

（3）现代运用：肝炎、慢性胃炎、肋间神经痛等属肝郁气滞者，可加减使用。

方歌　柴胡疏肝芍川芎，枳壳陈皮草香附，疏肝行气兼活血，胁肋疼痛皆能除。

瓜蒌薤白白酒汤　　《金匮要略》

组成　瓜蒌实 24g　薤白 12g　白酒 30g

用法　水煎服。

功用　通阳散结，行气祛痰。

主治　胸痹。胸中闷痛，甚至胸痛彻背，喘息咳唾，短气，舌苔白腻，脉沉弦或紧。

方解　本方所治胸痹系由胸阳不振，痰阻气滞所致。方中瓜蒌涤痰散结，理气宽胸为君；薤白通阳散结，行气止痛为臣；白酒辛散温通，调畅气血，助药上行为佐使。

运用

（1）辨证要点：本方是治疗胸阳不振，气滞痰阻之胸痹证的基础方剂。临床应用以胸痛，喘息短气，舌苔白腻，脉弦紧为辨证要点。

（2）加减变化：若痰浊重者，可加半夏化痰；若寒邪较重者，可酌加干姜、桂枝、附子等以通阳散寒；气滞甚者，可酌加厚朴、枳实以理气行滞；兼血瘀者，可酌加丹参、赤芍等以活血祛瘀。

（3）现代运用：冠心病心绞痛、非化脓性肋软骨炎、肋间神经痛等属胸阳不振，痰浊内阻者，可加减用之。

方歌　瓜蒌薤白白酒汤，胸闷气短痛难当，半夏桂枝可加入，通阳豁痰此方良。

定喘汤　　《摄生众妙方》

组成　白果 9g　炙麻黄 9g　苏子 6g　甘草 3g　款冬花 9g　杏仁 4.5g　桑白皮 9g　黄芩

6g　半夏 9g

用法　水煎服。

功用　宣降肺气，清热化痰。

主治　风寒外束，痰热内蕴之哮喘。咳喘痰多气急，痰稠色黄，或微恶风寒，舌苔黄腻，脉滑数。

方解　本方证因素体多痰，又感风寒，肺气壅闭，不得宣降，郁而化热所致。方中白果敛肺定喘，麻黄宣肺平喘，两药合用，一散一收，既能增强平喘之功，又可防麻黄辛散太过，共为君药；杏仁、苏子、半夏、款冬花降气平喘，祛痰止咳，助君药平喘化痰，同为臣药；桑白皮、黄芩清泄肺热，止咳平喘，为佐药；甘草和中，调和诸药，为使药。

运用

（1）辨证要点：本方临床应用以哮喘咳嗽，痰多色黄，微恶风寒，苔黄腻，脉滑数为辨证要点。若新感风寒，虽恶寒发热、无汗而喘，但内无痰热者；或哮喘日久，肺肾阴虚者，皆不宜使用。

（2）加减变化：若无表证者，以宣肺定喘为主，麻黄可减量；痰多难咯者，可酌加瓜蒌、胆南星等以助清热化痰；肺热偏重，酌加石膏、鱼腥草以清泄肺热。

（3）现代运用：本方常用于支气管哮喘、慢性支气管炎等属于痰热壅肺者。

方歌　定喘白果与麻黄，款冬半夏白皮桑，苏杏黄芩兼甘草，风寒痰热喘哮尝。

苏子降气汤　《太平惠民和剂局方》

组成　苏子 9g　半夏 9g　厚朴 6g　前胡 9g　炙甘草 6g　肉桂 3g　当归 6g　陈皮 6g

用法　加生姜 3 片，大枣 1 枚，水煎服。

功用　降气平喘，祛痰止咳。

主治　上实下虚喘咳证。咳喘痰多，胸膈满闷，喘咳短气，呼多吸少，或肢体浮肿，舌苔白滑或白腻，脉弦滑。

方解　本方所治喘咳属上实下虚之证，而以上实为主。上实是指痰涎壅肺，下虚是指肾阳不足。方中苏子降气平喘，祛痰止咳为君药。半夏降逆祛痰；厚朴降气除满；前胡宣肺下气，祛痰止咳；陈皮理气祛痰，共为臣药。肉桂温肾散寒，纳气平喘；当归既可养血润燥，又可治咳逆上气；生姜散寒降逆，同为佐药。炙甘草和中，调和诸药为使药。诸药合用，标本兼顾，上下并治，而以治上为主，使气降痰消，则喘咳自平。

运用

（1）辨证要点：本方临床应用以胸膈满闷，痰多稀白，苔白滑或白腻为辨证要点。本方药性偏温，以降气祛痰为主，对于肺肾阴虚的喘咳以及肺热痰喘之证，均不宜使用。

（2）加减变化：若痰涎壅盛，喘咳气逆难卧者，可酌加沉香；兼表证者，可酌加麻黄、杏仁；兼气虚者，可酌加人参。

（3）现代运用：本方常用于慢性支气管炎、肺气肿、支气管哮喘等属上实下虚者。

方歌　苏子降气半夏归，橘前桂朴草姜随，上实下虚痰嗽喘，或加沉香去肉桂。

旋覆代赭汤　《伤寒论》

组成　旋覆花（包）9g　代赭石 6g　人参 6g　生姜 15g　炙甘草 6g　半夏 9g　大枣 6g

用法 水煎服。

功用 降逆化痰，益气和胃。

主治 胃虚痰阻气逆证。胃脘痞闷或胀满，按之不痛，嗳气频作，或呕吐呃逆，舌淡苔白腻，脉缓或滑。

方解 本方证因胃气虚弱，痰浊内阻，胃失和降所致。方中旋复花下气化痰，降逆止嗳为君。代赭石质重降逆为臣。半夏燥湿化痰，降逆和胃；生姜降逆止呕祛痰，兼制代赭石寒凉之性，两药合用，助君、臣药降逆止呕之功；人参、大枣、炙甘草益气补中以治胃气虚弱，共为佐药。炙甘草又能调和诸药而兼使药之用。诸药配合，共成降逆化痰，益气和胃之剂，使痰涎消，逆气平，中虚得复，则心下痞硬除，而嗳气、呕呃可止。

运用

（1）辨证要点：本方为治疗胃虚痰阻气逆证之常用方。临床应用以心下痞硬，嗳气频作，或呕吐，呃逆，苔白腻，脉缓或滑为辨证要点。

（2）加减变化：若胃气不虚者，可去人参、大枣，加重代赭石用量；痰多者，可加茯苓、陈皮。

（3）现代运用：本方常用于胃神经官能症、胃扩张、慢性胃炎、胃及十二指肠溃疡、幽门不完全性梗阻、神经性呃逆、膈肌痉挛等属胃虚痰阻气逆者。

方歌 仲景旋复代赭汤，人参半夏草枣姜，噫气不除心下痞，降逆补中此方尝。

十一、理血剂

凡以理血药为主组成，具有活血祛瘀或止血作用，主治瘀血或出血病证的方剂，统称为理血剂。血分病变可出现瘀血、出血、血虚等证，血病治法概括起来主要有活血祛瘀、止血、补血三个方面。补血将在补益剂中论述，故本章主要论述活血祛瘀和止血两法：活血祛瘀剂，适用于瘀血阻滞病证，以血府逐瘀汤为代表；止血剂，适用于各种出血病证，以小蓟饮子为代表方。

活血祛瘀剂性多破泄，对于月经过多及孕妇当慎用或禁用。止血剂属于治标，病情缓解后，宜审因论治。

桃核承气汤　　《伤寒论》

组成 桃仁 12g　大黄 12g　桂枝 6g　炙甘草 6g　芒硝 6g

用法 作汤剂，水煎前 4 味，溶服芒硝。

功用 泻热逐瘀

主治 下焦蓄血证。少腹急结，小便自利，甚则谵语烦躁，其人如狂，至夜发热。以及血瘀经闭，痛经，脉沉实而涩等。

方解 本方证为瘀热互结所致。方中桃仁与大黄并用为君，桃仁活血破瘀，大黄破瘀泻热，两者配伍，瘀热并治。桂枝通行血脉，助桃仁活血行瘀，配于寒凉破泄方中，亦可防止寒凉凝血之弊；芒硝泻热软坚，助大黄下瘀泻热，共为臣药。炙甘草护胃安中，缓诸药峻烈之性，以为佐使。

运用

（1）辨证要点：本方为治疗下焦蓄血证的主方。临床以少腹急结，小便自利，脉沉实或涩为辨证要点。

（2）加减变化：跌打损伤者，加赤药、当归尾、红花、苏木；火旺而血瘀于上者，加生地、丹皮、栀子、牛膝；经闭实证者，加当归、红花；气滞者，加香附、乌药、青皮、木香。

（3）现代运用：本方常用于急性盆腔炎、胎盘滞留、附件炎、肠梗阻等属瘀热互结下焦者。

方歌　桃核承气五般施，甘草硝黄并桂枝，瘀热互结小腹胀，如狂蓄血功最奇。

血府逐瘀汤　《医林改错》

组成　桃仁 12g　红花 9g　当归 9g　生地黄 9g　川芎 4.5g　赤芍 6g　牛膝 9g　桔梗 4.5g　柴胡 3g　枳壳 6g　甘草 6g

用法　水煎服。

功用　活血化瘀，行气止痛。

主治　胸中血瘀证。胸痛，头痛，痛如针刺而有定处，或呃逆日久不止，或内热烦闷，或心悸怔忡，失眠多梦，急躁易怒，入暮潮热，唇暗或两目黯黑，舌质暗红，或舌有瘀斑、瘀点，脉涩或弦紧。

方解　本方主治诸症皆为瘀血内阻胸部，气机郁滞所致。方中桃仁破血行滞而润燥，红花活血祛瘀以止痛，共为君药。赤芍、川芎助君药活血祛瘀；牛膝活血通经，祛瘀止痛，引血下行，共为臣药。生地、当归养血益阴，清热活血；桔梗、枳壳，一升一降，宽胸行气，与柴胡疏肝解郁，升达清阳，共为佐药。桔梗载药上行，兼有使药之用；甘草调和诸药，亦为使药。

运用

（1）辨证要点：本方用于胸中瘀血而引起的多种病证。临床以胸痛，头痛，痛有定处，舌暗红或有瘀斑，脉涩或弦紧为辨证要点。本方活血祛瘀较多，故孕妇忌用。

（2）加减变化：瘀血入络，可加全蝎、穿山甲、地龙、三棱、莪术；气机郁滞，加川楝子、香附、青皮等行气药。

（3）现代应用：常用于冠心病心绞痛、风湿性心脏病、胸部挫伤及肋软骨炎之胸痛，以及脑血栓形成、高血压病、高脂血症、神经官能症、脑震荡后遗症之头晕、头痛等属瘀阻气滞者。

方歌　血府当归生地桃，红花枳壳草赤芍，柴胡芎桔牛膝等，血化下行不作劳。

补阳还五汤　《医林改错》

组成　黄芪 120g　当归尾 6g　赤芍 5g　地龙 3g　川芎 3g　红花 3g　桃仁 3g

用法　水煎服。

功用　补气，活血，通络。

主治　中风之气虚血瘀证。半身不遂，口眼㖞斜，语言謇涩，口角流涎，小便频数或遗尿失禁，舌暗淡，苔白，脉缓无力。

方解　本方证由中风之后，正气亏虚，气虚血滞，脉络瘀阻所致。方中重用生黄芪，补益元气，意在气旺则血行，瘀去络通，为君药。当归尾活血通络而不伤血，用为臣药。赤芍、川芎、桃仁、红花协同当归尾以活血祛瘀；地龙通经活络，周行全身，亦为佐药。

运用

（1）辨证要点：本方既是益气活血法的代表方，又是治疗中风后遗症的常用方。临床以半身不遂，口眼㖞斜，舌暗淡，苔白，脉缓无力为辨证要点。

（2）加减变化：半身不遂以上肢为主者，加桑枝、桂枝以引药上行，温经通络；下肢为主者，加牛膝、杜仲以引药下行，补益肝肾。

（3）现代运用：常用于脑血管意外后遗症、冠心病、小儿麻痹后遗症，以及其他原因引起的偏瘫、截瘫等属气虚血瘀者。

方歌 补阳还五赤芍药，归尾通经佐地龙，四两黄芪为主药，血中瘀滞用桃红。

温经汤 《金匮要略》

组成 吴茱萸 9g 当归 6g 芍药 6g 川芎 6g 人参 6g 桂枝 6g 阿胶 6g 牡丹皮 6g 生姜 6g 半夏 6g 麦冬 9g 甘草 6g

用法 水煎服，阿胶烊化服。

功用 温经散寒，养血祛瘀。

主治 冲任虚寒，瘀血阻滞证。漏下不止，血色暗而有块，淋漓不畅，或月经超前或延后，或逾期不止，或一月再行，或停经不至，而见少腹里急，腹满，手心烦热，唇口干燥，舌质暗红，脉细而涩。

方解 本方证因冲任虚寒，瘀血阻滞所致。方中吴茱萸、桂枝温经散寒，通利血脉，共为君药。当归、川芎活血祛瘀，养血调经；丹皮活血散瘀，兼清血分虚热，共为臣药。阿胶养血止血，滋阴润燥；白芍养血敛阴，柔肝止痛；麦冬养阴清热；人参、甘草益气健脾，以资化源；半夏、生姜通降胃气，以助祛瘀调经，以上均为佐药。甘草调和诸药，兼为使药。

运用

（1）辨证要点：本方为妇科调经方。临床以月经不调，小腹冷痛，经血夹有瘀块，时有烦热，舌质暗红，脉细涩为辨证要点。月经不调属实热或无瘀血内阻者忌用，服药期间忌食生冷之品。

（2）加减变化：寒凝气滞者，加香附、乌药；气虚甚者，加黄芪、白术；傍晚发热甚者，加银柴胡、地骨皮。

（3）现代运用：本方常用于功能性子宫出血、慢性盆腔炎、痛经、不孕症等冲任虚寒，瘀血阻滞者。

方歌 温经汤用萸桂芎，归芍丹皮姜夏冬，参草益脾胶养血，调经重在暖胞宫。

生化汤 《傅青主女科》

组成 全当归 24g 川芎 9g 桃仁 6g 干姜 2g 炙甘草 2g

用法 水煎服，或酌加黄酒同煎。

功用 养血祛瘀，温经止痛。

主治 血虚寒凝，瘀血阻滞证。产后恶露不行，小腹冷痛。

方解 本方证由产后血虚寒凝，瘀血内阻所致。方中重用全当归补血活血，化瘀生新，行滞止痛，为君药。川芎活血行气，桃仁活血祛瘀，均为臣药。炮姜入血散寒，温经止痛；黄酒温通血脉，以助药力，共为佐药。炙甘草调和诸药，用以为使。

运用

（1）辨证要点：本方为妇女产后常用方。临床以产后恶露不行，小腹冷痛为辨证要点。

（2）加减变化：恶露已行而腹微痛者，可去桃仁；瘀滞较甚，腹痛较剧者，加蒲黄、五灵脂、延胡索、益母草；小腹冷痛甚者，加肉桂。

（3）现代运用：本方常用于产后子宫复旧不良、产后宫缩疼痛、胎盘残留等属产后血虚寒凝，瘀血内阻者。

方歌 生化汤是产后方，归芎桃草酒炮姜，消瘀活血功偏擅，止痛温经效亦彰。

桂枝茯苓丸　　《金匮要略》

组成 桂枝9g　茯苓9g　丹皮9g　桃仁9g　芍药9g

用法 研细末，炼蜜为丸，每日服3～5g

功用 活血化瘀，缓消癥块。

主治 瘀阻胞宫证。妇人素有癥块，妊娠漏下不止，或胎动不安，血色紫黑晦暗，腹痛拒按，或经闭腹痛，或产后恶露不尽而拒按者，舌质紫暗或有瘀点，脉沉涩。

方解 本方证由瘀阻胞宫所致。方中桂枝温通血脉，以行瘀滞，为君药。桃仁活血祛瘀，为臣药。丹皮、芍药渗湿祛痰，健脾益胃均为佐药。丸以白蜜，甘缓以润为使药。

运用

（1）辨证要点：本方为治疗瘀血留滞胞宫，妊娠胎动不安，漏下不止的常用方。临床以少腹有癥块，血色紫黑晦暗，腹痛拒按为辨证要点。对妇女妊娠而有瘀血癥块者，只能渐消缓散，不可峻猛攻破。原方对其用量、用法规定甚严，临床使用切当注意。

（2）加减变化：若瘀血阻滞甚者，加丹参、川芎；疼痛剧烈者，加玄胡、没药、乳香；出血多者，加茜草、蒲黄。

（3）现代运用：本方常用于子宫肌瘤、子宫内膜异位症、卵巢囊肿、附件炎、慢性盆腔炎。

方歌 金匮桂枝茯苓丸，桃仁芍药与牡丹，等分为末蜜丸服，缓消癥块胎可安。

小蓟饮子　　《济生方》录自《玉机微义》

组成 生地黄9g　小蓟9g　滑石9g　川木通9g　蒲黄9g　藕节9g　淡竹叶9g　当归9g　山栀子9g　甘草9g

用法 水煎服

功用 凉血止血，利水通淋。

主治 热结下焦之血淋、尿血。尿中带血，小便频数，赤涩热痛，舌红，脉数。

方解 本方证因下焦瘀热，损伤膀胱血络，气化失司所致。方中小蓟清热凉血止血，又可利尿通淋，是为君药。生地黄凉血止血，养阴清热；蒲黄、藕节助君药凉血止血，并能消瘀，共为臣药。滑石、竹叶、川木通清热利水通淋；栀子清泄三焦之火，导热从下而出；当归养血和血，引血归经，合而为佐。甘草缓急止痛，调和诸药为使。

运用

（1）辨证要点：本方治血淋、尿血实热证的常用方。临床以尿中带血，小便赤涩热痛，舌红，脉数为辨证要点。

（2）加减变化：尿道刺痛者，加琥珀末1.5g吞服；若血淋、尿血日久者，可减木通、滑石等寒滑渗利之品，加太子参、黄芪、阿胶等。

（3）现代应用：本方常用于急性泌尿系感染、泌尿系结石等属下焦瘀热，蓄聚膀胱者。

方歌 小蓟生地藕蒲黄，滑竹通栀归草襄，凉血止血利通淋，下焦瘀热血淋康。

咳血方 《丹溪心法》

组成 青黛 6g 瓜蒌仁 9g 海蛤粉 9g 山栀子 9g 诃子 6g

用法 水煎服或研末为丸，每服 9g。

功用 清肝宁肺，凉血止血。

主治 肝火犯肺之咳血证。咳嗽痰稠带血，咯吐不爽，心烦易怒，胸胁作痛，咽干口苦，颊赤便秘，舌红苔黄，脉弦数。

方解 本方证系肝火犯肺，灼伤肺络所致。方中青黛咸寒，清肝泻火，凉血止血；山栀子清热凉血，泻火除烦共为君药。瓜蒌仁甘寒入肺，清热化痰，润肺止咳；海蛤粉清肺降火，软坚化痰，共为臣药。诃子清降敛肺，化痰止咳，用以为佐。

运用

（1）辨证要点：本方为治疗肝火犯肺之咳血证的常用方。临床以咳痰带血，胸胁作痛，舌红苔黄，脉弦数为辨证要点。

（2）加减变化：火热伤阴者，加沙参、麦冬等；咳甚痰多者，加川贝、天竺黄、枇杷叶等。

（3）现代运用：本方常用于支气管扩张、肺结核等咳血属肝火犯肺者。

方歌 咳血方中诃子收，瓜蒌海粉山栀投，青黛蜜丸口含化，咳嗽痰血服之瘳。

十二、补益剂

凡以补益药为主组成，具有补益人体气、血、阴、阳等作用，治疗各种虚证的方剂，统称补益剂。属于“八法”中的“补法”。人体虚损成因较多，不外乎气、血、阴、阳，故虚证有气虚、血虚、阴虚、阳虚等区别。补益剂可分为补气、补血、补阴、补阳四类：补气剂，适用于气虚病证，以四君子汤为代表方；补血剂，适用于血虚病证，以四物汤为代表方；补阴剂，适用于阴虚病证，以六味地黄丸为代表方；补阳剂，适用于阳虚病证，以金匮肾气丸为代表方。

补气、补血、补阴、补阳虽各有重点，但气血相依，阴阳互根，因此补气时可配伍补血药，补血时可加补气药，补阴时可佐以补阳药，补阳时可佐以补阴药。

真实假虚证及正气未虚而邪气亢盛者，均不能使用补益剂。对虚不受补者，宜先调理脾胃。

四君子汤 《太平惠民和剂局方》

组成 人参 9g 白术 9g 茯苓 9g 炙甘草 6g

用法 水煎服。

功用 益气健脾。

主治 脾胃气虚证。面色萎黄，语声低微，气短乏力，食少便溏，舌淡苔白，脉虚弱。

方解 本方证由脾胃气虚，运化乏力所致。方中人参甘温益气，健脾养胃为君。白术健脾燥湿为臣。茯苓健脾渗湿，苓、术相配则健脾祛湿之功益著，为佐药。炙甘草益气和中，调和诸药为使。

运用

（1）辨证要点：本方为治疗脾胃气虚证的基础方。临床以面白食少，气短乏力，舌淡苔白，脉虚弱为辨证要点。

（2）加减变化：气虚兼气滞者，四君子汤加陈皮，方名异功散；兼痰湿者，四君子汤加陈皮、半夏，方名六君子汤；兼寒凝气滞，腹胀肠鸣者，四君子汤加陈皮、半夏、木香、砂仁，方名香砂六君子汤。

（3）现代运用：本方常用于慢性胃炎、胃及十二指肠溃疡等属脾气虚者。

方歌　四君子汤中和义，人参苓术甘草比，益气健脾基础剂，脾胃气虚治相宜。

参苓白术散　　《太平惠民和剂局方》

组成　莲子肉500g　薏苡仁500g　缩砂仁500g　桔梗500g　白扁豆750g　白茯苓1000g　人参1000g　甘草1000g　白术1000g　山药1000g

用法　研细末，每服6g。亦可作汤剂水煎服，用量按原方比例酌减。

功用　益气健脾，渗湿止泻。

主治　脾虚湿盛证。饮食不化，胸脘痞闷，肠鸣泄泻，四肢乏力，形体消瘦，面色萎黄，舌淡苔白腻，脉虚缓。

方解　本方证是由脾虚湿盛所致。方中人参、白术、茯苓益气健脾渗湿为君。配伍山药、莲子肉助君药以健脾益气，兼能止泻；并用白扁豆、薏苡仁助白术、茯苓以健脾渗湿，均为臣药。砂仁醒脾和胃，行气化湿，为佐药。桔梗宣肺利气，载药上行；炙甘草健脾和中，调和诸药共为佐使。

运用

（1）辨证要点：本方是治疗脾虚湿盛泄泻的常用方。临床以泄泻，舌苔白腻，脉虚缓为辨证要点。

（2）加减变化：若兼里寒而腹痛者，加干姜、肉桂以温中祛寒止痛。

（3）现代运用：本方常用于慢性胃肠炎、贫血、慢性支气管炎、慢性肾炎及妇女带下病等属脾虚湿盛者。

方歌　参苓白术扁豆陈，莲草山药砂苡仁，桔梗上浮兼保肺，枣汤调服益脾神。

补中益气汤　　《内外伤辨惑论》

组成　黄芪18g　炙甘草9g　人参6g　当归3g　橘皮6g　升麻6g　柴胡6g　白术9g

用法　水煎服。

功用　补中益气，升阳举陷。

主治

（1）脾虚气陷证：饮食减少，体倦肢软，少气懒言，面色萎黄，大便稀溏，舌淡脉虚；以及脱肛，子宫脱垂，久泻久痢，崩漏等。

（2）气虚发热证：身热自汗，渴喜热饮，气短乏力，舌淡，脉虚大无力。

方解　本方证系饮食劳倦，损伤脾胃，以致脾胃气虚、清阳下陷所致。方中重用黄芪，补中益气，升阳固表，为君药。配伍人参、炙甘草、白术补气健脾为臣。当归养血和营；陈皮理气和胃，共为佐药。并以少量升麻、柴胡升阳举陷，共为佐使。炙甘草调和诸药，亦为使药。

运用

（1）辨证要点：本方为补气升阳的代表方。临床以体倦乏力，少气懒言，面色萎黄，脉虚软无力为辨证要点。

（2）加减变化：若兼腹中痛者，加白芍以柔肝止痛；头痛者，加蔓荆子、川芎；头顶痛，加藁本、细辛；咳嗽者，加五味子，麦冬；气滞者，加木香、枳壳。

（3）现代运用：本方常用于内脏下垂、久泻、久痢、脱肛、重症肌无力等；妇科之子宫脱垂、妊娠及产后癃闭、胎动不安、月经过多等；眼科之眼睑下垂、麻痹性斜视等属脾胃气虚或中气下陷者。

方歌 补中益气芪参术，炙草升柴归陈助，清阳下陷能升举，气虚发热甘温除。

生脉散　《医学启源》

组成 人参 9g　麦门冬 9g　五味子 6g

用法 水煎服。

功用 益气生津，敛阴止汗。

主治

（1）温热、暑热，耗气伤阴证：汗多神疲，体倦乏力，气短懒言，咽干口渴，舌干红少苔，脉虚数。

（2）久咳伤肺，气阴两虚证：干咳少痰，短气自汗，口干舌燥，脉虚细。

方解 本方所治温热、暑热之邪，耗气伤阴，或久咳伤肺，气阴两虚之证。方中人参，益元气，补肺气，生津液，是为君药。麦门冬养阴清热，润肺生津，为臣药。五味子敛肺止汗，生津止渴，为佐药。

运用

（1）辨证要点：本方是治疗气阴两虚证的常用方。临床以体倦，气短，咽干，舌红，脉虚为辨证要点。

（2）加减变化：方中人参性味甘温，若阴虚有热者，用西洋参代替；病情重者加大剂量。

（3）现代运用：本方常用于治疗肺结核、慢性支气管炎、神经衰弱的咳嗽失眠，以及心脏病心律不齐属气阴两虚者。生脉散经剂型改革后制成的生脉注射液，临床常用于治疗急性心肌梗死、心源性休克、中毒性休克、失血性休克及冠心病、内分泌失调等病属气阴两虚者。

方歌 生脉麦味与人参，保肺清心治暑淫，气少汗多兼口渴，病危脉绝急煎斟。

四物汤　《仙授理伤续断秘方》

组成 当归 9g　川芎 6g　白芍 9g　熟干地黄 12g

用法 水煎服。

功用 补血调血。

主治 营血虚滞证。头晕目眩，心悸失眠，面色无华，妇人月经不调，量少或经闭不行，脐腹作痛，甚或瘕块硬结，舌淡，口唇、爪甲色淡，脉细弦而细涩。

方解　本方是补血调经的主方，由营血亏虚，血行不畅，冲任虚损所致。方中熟地滋养阴血，补肾填精，为君药。当归养血调经，为臣药。佐以白芍养血益阴，川芎活血行气。四药配伍，共奏补血调血之功。

运用

（1）辨证要点：本方是补血调经的基础方。临床以面色无华，唇甲色淡，舌淡，脉细为辨证要点。

（2）加减变化：若兼气虚者，加人参、黄芪；血滞为主者，加桃仁、红花、白芍易为赤芍；血虚有寒者，加肉桂、炮姜、吴萸；血虚有热者，加黄芩、丹皮、熟地易为生地。

（3）现代运用：本方常用于妇女月经不调、胎产疾病、荨麻疹及过敏性紫癜等属营血虚滞者。

方歌　*四物熟地归芍芎，补血调血此方宗，营血虚滞诸多证，加减运用贵变通。*

归脾汤　《重订严氏济生方》

组成　白术 18g　当归 3g　茯神 18g　黄芪 18g　远志 3g　龙眼肉 18g　酸枣仁 18g　人参 9g　木香 9g　炙甘草 6g

用法　加生姜 5 片，大枣 1 枚，水煎服。

功用　益气补血，健脾养心。

主治

（1）心脾气血两虚证：心悸怔忡，健忘失眠，盗汗，体倦食少，面色萎黄，舌淡，苔薄白，脉细弱。

（2）脾不统血证：便血，皮下紫癜，妇女崩漏，月经超前，量多色淡，或淋漓不止，舌淡，脉细弱。

方解　本方证因思虑过度，劳伤心脾，气血亏虚所致。方中以参、芪、术补脾益气为君药。当归、龙眼肉补血养心；茯神、酸枣仁、远志宁心安神；木香理气醒脾，共为臣药。用法中姜、枣调和脾胃，以资化源，为佐药。炙甘草和中，调和诸药，为使药。

运用

（1）辨证要点：本方是治疗心脾气血两虚证的常用方。临床以心悸失眠，体倦食少，便血或崩漏，舌淡，脉细弱为辨证要点。

（2）加减变化：崩漏下血偏寒者，可加艾叶炭，炮姜炭；偏热者，加生地炭、阿胶珠、棕榈炭。

（3）现代运用：本方常用于胃及十二指肠溃疡出血、功能性子宫出血、再生障碍性贫血、血小板减少性紫癜、神经衰弱、心脏病等属心脾气血两虚及脾不统血者。

方歌　*归脾汤用术参芪，归草茯神远志齐，酸枣木香龙眼肉，煎加姜枣益心脾。*

炙甘草汤（复脉汤）　《伤寒论》

组成　炙甘草 12g　生姜 9g　桂枝 9g　人参 6g　生地黄 50g　阿胶 6g　麦门冬 10g　麻仁 10g　大枣 15g

用法　水煎服，阿胶烊化服。

功用　益气滋阴，通阳复脉。

主治

（1）阴血阳气虚弱，心脉失养证：脉结代，心动悸，虚羸少气，舌光少苔，或质干而瘦小者。

（2）虚劳肺痿：干咳无痰，或咳吐涎沫，量少，形瘦短气，虚烦不眠，自汗盗汗，咽干舌燥，大便干结，脉虚数。

方解　本方是《伤寒论》治疗心动悸，脉结代的名方。其证是由伤寒汗、吐、下或失血后，或杂病阴血不足，阳气不振所致。方中重用生地黄，滋阴养血为君。配伍炙甘草、人参、大枣益心气，补脾气，以资化源；阿胶、麦冬、麻仁滋心阴，养心血，充血脉，共为臣药。桂枝、生姜温心阳，通血脉为佐药。加清酒煎服，可温通血脉，是为使药。

运用

（1）辨证要点：本方为阴阳气血并补之剂。临床以脉结代，心动悸，虚羸少气，舌光色淡少苔为辨证要点。

（2）加减变化：心气不足者，重用炙甘草、人参；偏于阴血虚者，重用生地、麦门冬；心阳偏虚者，易桂枝为肉桂，加附子。

（3）现代运用：本方常用于功能性心律不齐、期外收缩、冠心病、风湿性心脏病、病毒性心肌炎、甲状腺功能亢进等而有心悸、气短、脉结代等属阴血不足，阳气虚弱者。

方歌　炙甘草汤参桂姜，麦地胶枣麻仁襄，心动悸合脉结代，虚劳肺痿俱可尝。

六味地黄丸　《小儿药证直诀》

组成　熟地黄 24g　山萸肉 12g　干山药 12g　泽泻 9g　牡丹皮 9g　茯苓 9g

用法　水煎服。

功用　滋补肝肾。

主治　肝肾阴虚证。腰膝酸软，头晕目眩，耳鸣耳聋，盗汗，遗精，消渴，骨蒸潮热，手足心热，口燥咽干，牙齿动摇，足跟作痛，小便淋沥，以及小儿囟门不合，舌红少苔，脉沉细数。

方解　本方证为肝肾阴血不足所致。方中重用熟地黄滋阴补肾，填精益髓，为君药。山茱萸补养肝肾，并能涩精；山药补益脾阴，亦能固肾，共为臣药。三药相配，滋养肝脾肾，称为“三补”。泽泻利湿而泄肾浊，茯苓淡渗脾湿，丹皮清泄虚热，均为佐药，三药称为“三泻”。六味合用，三补三泻，其中补药用量重于泻药，是以补为主，这是其配伍特点。

运用

（1）辨证要点：本方是治疗肝肾阴虚证的基础方。临床应用以腰膝酸软，头晕目眩，口燥咽干，舌红少苔，脉沉细数为辨证要点。

（2）加减变化：若虚火明显者，加知母、玄参、黄柏；兼脾虚气滞者，加白术、砂仁、陈皮等。

（3）现代运用：本方常用于慢性肾炎、高血压病、糖尿病、肺结核、肾结核、甲状腺功能亢进、中心性视网膜炎及无排卵性功能性子宫出血、更年期综合征等属肾阴虚弱者。

方歌　六味地黄益肾肝，萸山茯苓泽泻丹，腰酸头晕又耳鸣，遗精盗汗潮热安。

肾气丸　《金匮要略》

组成　干地黄 24g　山药 12g　山茱萸 12g　泽泻 9g　茯苓 9g　牡丹皮 9g　桂枝 3g　附

子 3g

用法 研细末，炼蜜成丸。每次服 6g，日 2 次；亦可作汤剂水煎服。

功用 补肾助阳。

主治 肾阳不足证。腰痛脚软，半身以下常有冷感，少腹拘急，小便不利，或小便反多，入夜尤甚，阳痿早泄，舌淡而胖，脉虚弱。

方解 本方证由肾阳不足所致。方中干地黄滋阴补肾，配伍山茱萸、山药，滋肾补肝健脾；泽泻利肾泄浊，茯苓渗利脾湿，丹皮清泻肝火。有补有泻，补而不腻。以少量的附子、桂枝温补肾阳，意在以微微之火，鼓舞肾气，即所谓“少火生气”、“阴中求阳”。本方配伍严谨，而成补肾助阳之方。

运用

（1）辨证要点：本方为补肾助阳的常用方。临床以腰痛脚软，小便不利或反多，舌淡而胖，脉虚弱而尺部沉细为辨证要点。

（2）加减变化：方中干地黄现多用熟地，桂枝改用肉桂。夜尿多者，宜加五味子；小便数多，色白体羸，加补骨脂、鹿茸等；阳痿，加淫羊藿、补骨脂、巴戟天。

（3）现代运用：本方常用于慢性肾炎、糖尿病、醛固酮增多症、甲状腺功能低下、神经衰弱、肾上腺皮质功能减退、慢性支气管哮喘、更年期综合征等属肾阳不足者。

方歌 金匮肾气治肾虚，地黄淮药及山萸，丹皮苓泽加桂附，水中生火在温煦。

十三、固涩剂

凡以固涩药为主组成，具有收敛固涩作用，治疗气、血、精、津滑脱散失之证的方剂，统称固涩剂。固涩剂根据所治病证不同，分为固表止汗、涩肠固脱、涩精止遗、固崩止带四类：固表止汗剂，适用于体虚卫外不固，阴液不能内守而致的自汗、盗汗，以牡蛎散为代表方；涩肠固脱剂，适用于脾肾虚寒所致的泻痢日久、滑脱不禁的病证，以真人养脏汤为代表方；涩精止遗剂，适用于肾虚失藏，精关不固的遗精滑泄，以金锁固精丸为代表方；固崩止带剂，适用于妇女血崩暴注或漏下不止，以及带下淋漓等症，以固冲汤为代表方。

由实邪所致的热病多汗，火扰精室，热痢初起，伤食泄泻，实热崩带等，均非本类方剂所宜。

牡蛎散　《太平惠民和剂局方》

组成 黄芪 30g　麻黄根 30g　牡蛎 30g

用法 加小麦 30g，水煎服。

功用 敛阴止汗，益气固表。

主治 体虚自汗，盗汗证。常自汗出，夜卧更甚，心悸惊惕，短气烦倦，舌淡红，脉细弱。

方解 本方证多由气虚卫外不固，阴虚心阳不潜，日久心气亦耗所致。方中煅牡蛎敛阴潜阳，固涩止汗，为君药。生黄芪益气实卫，固表止汗，为臣药。麻黄根甘平，功专收敛止汗，为佐药。小麦甘凉，养气阴，退虚热，为佐使药。

运用

（1）辨证要点：本方为治体虚卫外不固，又复心阳不潜所致自汗、盗汗的常用方。临床以汗出，心悸，短气，舌淡，脉细弱为辨证要点。

（2）加减变化：若气虚明显者，可加人参、白术；偏于阴虚者，加生地、白芍；自汗重用黄芪，盗汗加、糯稻根。

（3）现代运用：本方常用于病后、手术后或产后身体虚弱、自主神经功能失调，以及肺结核等所致的自汗、盗汗属体虚卫外不固，又复心阳不潜者。

方歌 牡蛎散内用黄芪，麻黄根与小麦齐，益气固表又敛阴，体虚自汗盗汗宜。

真人养脏汤　《太平惠民和剂局方》

组成 人参 18g　当归 18g　白术 18g　肉豆蔻 15g　肉桂 24g　甘草 24g　白芍药 48g　木香 42g　诃子 36g　罂粟壳 108g

用法 上锉为粗末，每服 6g 冲服。亦可作汤剂水煎服，用量按原方比例酌减。

功用 涩肠固脱，温补脾肾。

主治 久泻久痢，脾肾虚寒证。泻痢无度，滑脱不禁，甚至脱肛坠下，脐腹疼痛，喜温喜按，倦怠食少，舌淡苔白，脉迟细。

方解 本方证为脾肾虚寒，肠失固摄所致。方中重用罂粟壳涩肠止泻，为君药。肉豆蔻温中涩肠，诃子涩肠止泻，共为臣药。肉桂温肾暖脾，人参、白术补气健脾，当归、白芍养血和血，木香调气醒脾，共为佐药。甘草益气和中，调和诸药，为使药。

运用

（1）辨证要点：本方为治泻痢日久，脾肾虚寒的常用方。临床以大便滑脱不禁，腹痛喜按喜温，食少神疲，舌淡苔白，脉迟细为辨证要点。若泻痢虽久，但湿热积滞未去者，忌用本方。

（2）加减变化：脾肾虚寒，手足不温者，加附子以温肾暖脾；脱肛坠下者，加升麻、黄芪。

（3）现代运用：本方常用于慢性肠炎、慢性结肠炎、肠结核、慢性痢疾等日久不愈属脾肾虚寒者。

方歌 真人养脏木香诃，当归肉蔻与粟壳，术芍参桂甘草共，脱肛久痢服之瘥。

金锁固精丸　《医方集解》

组成 沙苑蒺藜 60g　芡实 60g　莲须 60g　龙骨 30g　牡蛎 30g

用法 共为细末，以莲子粉糊丸，每服 9g。

功用 涩精补肾。

主治 肾虚不固之遗精。遗精滑泄，神疲乏力，腰痛耳鸣，舌淡苔白，脉细弱。

方解 本方证为肾虚精关不固所致。方中沙苑蒺藜，补肾固精，为君药。芡实益肾固精，且补脾气，为臣药。龙骨、牡蛎、莲须涩精止遗；用莲子粉糊丸，既能助诸药补肾固精，又能养心清心，共为佐药。

运用

（1）辨证要点：本方为治肾虚精关不固的常用方。临床以遗精滑泄，腰痛耳鸣，舌淡苔白，脉细弱为辨证要点。

（2）加减变化：若大便干结者，加熟地、肉苁蓉；大便溏泄者，加补骨脂、菟丝子、五味子以补肾固涩；腰膝酸痛者，加杜仲、续断。

（3）现代运用：本方常用于性神经功能紊乱、乳糜尿、慢性前列腺炎以及带下、崩漏属肾虚精气不足，下元不固者。

方歌　金锁固精芡莲须，龙骨牡蛎与蒺藜，莲粉糊丸盐汤下，补肾涩精止滑遗。

固冲汤　《医学衷中参西录》

组成　白术 30g　生黄芪 18g　龙骨 24g　牡蛎 24g　山萸肉 24g　生杭芍 12g　海螵蛸 12g　茜草 9g　棕榈炭 6g　五倍子 1.5g（轧细，药汁送服）

用法　水煎服。

功用　固冲摄血，益气健脾。

主治　脾肾亏虚，冲脉不固证。猝然血崩或月经过多，或漏下不止，色淡质稀，头晕肢冷，心悸气短，神疲乏力，腰膝酸软，舌淡，脉微弱。

方解　本方为治肾虚不固，脾虚不摄，冲脉滑脱所致崩漏而设。方中山茱萸补益肝肾、收敛固涩，重用为君药。龙骨、牡蛎收敛元气，固涩滑脱；白术补气健脾；黄芪补气升举，共为臣药。生白芍补益肝肾，养血敛阴；棕榈炭、五倍子收敛止血；海螵蛸、茜草固摄下焦，止血化瘀，共为佐药。

运用

（1）辨证要点：本方为治脾肾亏虚，冲脉不固之血崩、月经过多的常用方。临床以出血量多，色淡质稀，腰膝酸软，舌淡，脉微弱为辨证要点。

（2）加减变化：若兼肢冷汗出，脉微欲绝者，加重黄芪用量，并合参附汤益气回阳。

（3）现代运用：本方常用于功能性子宫出血、产后出血过多等属脾气虚弱，冲脉不固者。

方歌　固冲芪术山萸芍，龙牡倍榈茜海蛸，益气健脾固摄血，脾虚冲脉不固疗。

十四、安神剂

凡以安神药为主组成，具有安神定志作用，治疗神志不安病证的方剂，统称安神剂。神志不安病证分虚实，表现为惊狂易怒、烦躁不安者，多为实证，常由肝郁化火，扰乱心神所致，治宜重镇安神，以朱砂安神丸为代表方；表现为心悸健忘、虚烦失眠者，多属虚证，常因思虑过度，心血不足，心神失养，或心阴不足，虚火内扰所致，治宜滋养安神，以酸枣仁汤为代表方。

重镇安神剂多由金石类药物组成，不宜久服，应中病即止。某些安神药如朱砂具有一定毒性，久服能引起慢性中毒，亦应注意。

朱砂安神丸　《内外伤辨惑论》

组成　朱砂 15g　黄连 18g　炙甘草 16g　生地黄 9g　当归 9g

用法　研细末，炼蜜成丸，每次服用 3g，临睡前温开水送服。

功用　镇心安神，清热养血。

主治　心火亢盛，阴血不足证。失眠多梦，惊悸怔忡，心烦神乱，或胸中懊憹，舌尖红，脉细数。

方解　本方证乃因心火亢盛，灼伤阴血所致。方中朱砂重镇安神，又可清心火，为君药。

黄连苦寒，入心经，清心泻火，为臣药。生地黄滋阴清热，当归补阴血，养心神，共为佐药。炙甘草调和诸药，是为佐使。

运用

（1）辨证要点：本方是治疗心火亢盛，阴血不足而致神志不安的常用方。临床以失眠，惊悸，舌红，脉细数为辨证要点。方中朱砂含硫化汞，不宜多服、久服，以防汞中毒。

（2）加减变化：胸中烦热较甚，加山栀仁、莲心；兼惊恐，加生龙骨、生牡蛎；失眠多梦者，加酸枣仁、柏子仁。

（3）现代运用：本方常用于神经衰弱所致的失眠、心悸、健忘，精神忧郁引起的神志恍惚，以及心脏期前收缩的心悸，怔忡等属心火亢盛，阴血不足者。

方歌 朱砂安神东垣方，归连甘草合地黄，怔忡不寐心烦乱，养阴清热可复康。

天王补心丹　《校注妇人良方》

组成 人参15g　茯苓15g　玄参15g　丹参15g　桔梗15g　远志15g　当归30g　五味30g　麦门冬30g　天门冬30g　柏子仁30g　酸枣仁30g　生地黄120g

用法 研细末，炼蜜为小丸，朱砂9g为衣，每服9g。

功用 滋阴清热，养血安神。

主治 阴虚血少，神志不安证。心悸怔忡，虚烦失眠，神疲健忘，或梦遗，手足心热，口舌生疮，大便干结，舌红少苔，脉细数。

方解 本方证由心肾两亏，阴虚血少，虚火内扰所致。方中重用生地黄滋阴养血，壮水制虚火，为君药。天冬、麦冬滋阴清热，酸枣仁、柏子仁养心安神，当归补血润燥，养心安神，共为臣药。玄参滋阴降火；茯苓、远志养心安神；人参补气以生血；五味子酸以敛心气，安心神；丹参清心活血；朱砂镇心安神，共为佐药。桔梗载药上行，为使药。

运用

（1）辨证要点：本方为治疗心肾阴血亏虚所致神志不安的常用方。临床以心悸失眠，手足心热，舌红少苔，脉细数为辨证要点。

（2）加减变化：失眠重者，加龙骨、磁石；心悸怔忡者，加龙眼肉、夜交藤；遗精者，加金樱子、煅牡蛎。

（3）现代运用：本方常用于神经衰弱、冠心病、精神分裂症、甲状腺机能亢进等所致的失眠、心悸，以及复发性口疮等属心肾阴虚血少者。

方歌 补心地归二冬仁，远茯味砂桔三参，阴亏血少生内热，滋阴养血安心神。

酸枣仁汤　《金匮要略》

组成 酸枣仁15g　甘草3g　知母6g　茯苓6g　川芎6g

用法 水煎服。

功用 养血安神，清热除烦。

主治 肝血不足，虚热内扰证。虚烦失眠，心悸不安，头目眩晕，咽干口燥，舌红，脉弦细。

方解 本方证皆由肝血不足，阴虚内热而致。方中重用酸枣仁为君，养血补肝，宁心安神。茯苓宁心安神；知母苦寒，滋阴润燥，清热除烦，共为臣药。川芎调肝血而疏肝气，为佐药。甘草和中缓急，调和诸药，为使药。

运用

（1）辨证要点：本方是治心肝血虚而致虚烦失眠之常用方。临床以虚烦失眠，咽干口燥，舌红，脉弦细为辨证要点。

（2）加减变化：血虚甚而头目眩晕重者，加当归、白芍、枸杞子；虚火重而咽干口燥甚者，加麦冬、生地黄；寐而易惊，加龙齿、珍珠母镇惊安神；兼见盗汗，加五味子、牡蛎。

（3）现代运用：本方常用于神经衰弱、心脏神经官能症、更年期综合征等属心肝血虚，虚热内扰者。

方歌　酸枣仁汤治失眠，川芎知草茯苓煎，养血除烦清虚热，安然入睡梦乡甜。

十五、开窍剂

凡以芳香开窍药为主组成，具有开窍醒神作用，治疗窍闭神昏证的方剂，统称为开窍剂。窍闭神昏证多由邪气壅盛，蒙蔽心窍所致，可分为热闭和寒闭两种。开窍剂分两类：凉开剂，适用于邪热内闭证，以安宫牛黄丸为代表方；温开剂，适用于寒邪痰浊闭塞气机证，以苏合香丸为代表方。

开窍剂多芳香辛散，久服则耗气伤阴，故中病即止，不可久服，临床多用于急救。孕妇慎用。

安宫牛黄丸　《温病条辨》

组成　牛黄 30g　郁金 30g　犀角 30g（水牛角 120g 代）　黄连 30g　朱砂 30g　冰片 7.5g　麝香 7.5g　珍珠 15g　山栀 30g　雄黄 30g　黄芩 30g

用法　极细末，炼蜜成丸，每丸 3g，金箔为衣。

功用　清热解毒，开窍醒神。

主治　邪热内陷心包证。高热烦躁，神昏谵语，舌謇肢厥，舌红或绛，脉数有力。亦治中风昏迷，小儿惊厥属邪热内闭者。

方解　本方证因温热邪毒内闭心包所致。方中牛黄清心解毒，辟秽开窍；水牛角清心凉血解毒；麝香芳香开窍醒神，三药共为君药。黄连、黄芩、山栀清热泻火解毒；冰片、郁金芳香辟秽，化浊通窍，共为臣药。雄黄助牛黄辟秽解毒；朱砂、珍珠镇心安神，共为佐药。用炼蜜为丸，和胃调中为使药。

运用

（1）辨证要点：本方为治疗热陷心包证的常用方，也是凉开法的代表方。临床以高热烦躁，神昏谵语，舌红或绛，苔黄燥，脉数有力为辨证要点。

（2）加减变化：温病初起，逆传心包者，加银花、薄荷或银翘散煎汤送服本方；若邪陷心包，兼有腑实，本方加大黄；热闭证内闭外脱者，人参煎汤送服本方。

（3）现代运用：本方常用于流行性乙型脑炎、流行性脑脊髓膜炎、中毒性痢疾、尿毒症、肝昏迷、急性脑血管病、肺性脑病、颅脑外伤、小儿高热惊厥以及感染或中毒引起的高热神昏属热闭心包者。

方歌　安宫牛黄开窍方，芩连栀郁朱雄黄，犀角珍珠冰麝箔，热闭心包功用良。

至宝丹　《太平惠民和剂局方》

组成　生乌犀30g（水牛角120g代）　生玳瑁30g　琥珀30g　朱砂30g　雄黄30g　牛黄0.3g　龙脑0.3g　麝香0.3g　安息香45g　金银箔各50片

用法　研细末，炼蜜成大丸，每丸重3g。

功用　化浊开窍，清热解毒。

主治　痰热内闭心包证。神昏谵语，身热烦躁，痰盛气粗，舌绛苔黄垢腻，脉滑数。

方解　本方证因痰热内闭，瘀阻心窍所致。方中麝香开窍醒神；牛黄豁痰开窍，合水牛角清心凉血解毒，共为君药。安息香、冰片（龙脑）辟秽化浊，芳香开窍；玳瑁清热解毒，镇惊安神，共为臣药。雄黄助牛黄豁痰解毒；琥珀助麝香通心窍之瘀阻，并合朱砂镇心安神，共为佐使药。用金银二箔，意在加强重镇安神之力。

运用

（1）辨证要点：本方是治疗痰热内闭心包证的常用方。临床以神昏谵语，身热烦躁，痰盛气粗，舌绛苔黄垢腻，脉滑数为辨证要点。

（2）加减变化：若湿热酿痰，蒙蔽心包者，菖蒲郁金汤送服本方；若营分受热，瘀阻血络，用犀地清络饮送服本方；若内闭外脱之势，宜人参汤送服本方。

（3）现代运用：本方常用于急性脑血管病、脑震荡、流行性乙型脑炎、流行性脑脊髓膜炎、肝昏迷、冠心病心绞痛、尿毒症、中暑、癫等证属痰热内闭者。

方歌　至宝朱珀麝息香，雄玳犀角与牛黄，金银两箔兼龙脑，开窍清热解毒良。

苏合香丸　《外台秘要》

组成　白术30g　朱砂30g　麝香30g　诃子30g　香附子30g　沉香30g　青木香30g　丁香30g　安息香30g　白檀香30g　荜茇30g　犀角30g（水牛角120g代）　乳香15g　苏合香15g　冰片15g

用法　研细末，炼蜜为丸，如梧桐子大。

功用　芳香开窍，行气止痛。

主治　寒闭证。突然晕倒，牙关紧闭，不省人事，苔白脉迟。亦治心腹卒痛，甚则昏厥，属寒凝气滞者。

方解　本方证因寒邪秽浊，闭阻机窍所致。方中苏合香、麝香、冰片、安息香芳香开窍，辟秽化浊，共为君药。木香、香附、丁香、沉香、白檀香、乳香行气解郁，散寒止痛，理气活血，共为臣药。荜茇温中散寒，水牛角清心解毒，朱砂重镇安神；白术益气健脾、燥湿化浊，诃子收涩敛气，共为佐药。

运用

（1）辨证要点：本方为温开法的代表方，又是治疗寒闭证以及心腹疼痛的常用方。临床以突然昏倒，不省人事，牙关紧闭，苔白，脉迟为辨证要点。

（2）现代运用：本方常用于急性脑血管病、癔病性昏厥、癫痫、有毒气体中毒、老年痴呆症、流行性乙型脑炎、肝昏迷、冠心病心绞痛、心肌梗死等证属寒闭或寒凝气滞者。

方歌　苏合香丸麝息香，木丁乳香荜檀襄，犀冰术沉诃香附，再加冰片温开方。

十六、驱虫剂

凡以驱虫药为主组成，具有驱虫或杀虫等作用，治疗人体寄生虫的方剂，称为驱虫剂。本类方剂主要用于蛔虫、蛲虫、钩虫等消化道寄生虫病，以乌梅丸为代表方。

驱虫剂具有攻伐之力，故驱虫后要注意调理脾胃。

乌梅丸　《伤寒论》

组成　乌梅30g　细辛3g　干姜6g　当归6g　制附子6g　蜀椒4.5g　桂枝6g　黄柏6g　黄连6g　人参6g

用法　为末，乌梅用醋浸一宿，去核打烂，和入余药，拌匀，烘干或晒干，加蜜为丸，每服6g，空腹服，亦可作汤剂煎服。

功用　温脏安蛔。

主治　脏寒蛔厥证。腹痛时作，心烦呕吐，时发时止，常自吐蛔，手足厥冷，脉弦；或久泻久痢。

方解　本方治证为胃热肠寒，蛔动不安所致。方中乌梅味酸安蛔，使蛔静而痛止，为君药。蜀椒、细辛辛温，辛可伏蛔，温能祛寒；黄连、黄柏苦寒，苦能下蛔，寒可清热；附子、干姜温脏祛寒；人参、当归补养气血，共为臣佐药。蜜甘缓和中，为使药。

运用

（1）辨证要点：本方是治疗蛔虫内扰，寒热错杂之蛔厥证。以腹痛时止，烦闷呕吐，手足厥冷为辨证要点。蛔虫腹痛证属湿热为患者，不可使用本方。

（2）加减变化：腹痛著时，加木香、川楝子；呕吐著时，加半夏、生姜；寒邪不著时，减少附子、干姜的用量；郁热不著时，减少黄连、黄柏的用量；欲加强杀虫之力时，加使君子、苦楝根皮。

（3）现代运用：本方常用于肠蛔虫病、胆道蛔虫症、痢疾、肠炎等属脾肾虚寒，寒热错杂者。

方歌　乌梅丸用细辛桂，黄连黄柏及当归，人参椒姜及附子，清上温下又安蛔。

十七、外用剂

凡以外用为主，通过体表起作用的方剂，称为外用剂。此类方剂具有收敛止血，化腐生肌，消肿解毒等作用。适用于皮肤疾患、疮疡肿毒，以及烫伤、跌打损伤等证。以金黄散为代表方。

金黄散　《外科正宗》

组成　大黄2500g　黄柏2500g　姜黄2500g　白芷2500g　南星1000g　陈皮1000g　苍术1000g　厚朴1000g　甘草1000g　天花粉5000g

用法　共研细末，任用醋、酒、蜜或植物油调敷患处。

功用　清热解毒，消肿止痛。

主治　阳证疮疡初起。局部红肿，灼热疼痛，脓未形成，舌红苔黄，脉滑数。

方解 本方证为阳证疮疡初起之证。方中以大黄、黄柏、天花粉清热解毒，散瘀消肿，为君药。苍术、白芷、厚朴、陈皮、南星理气化湿，消肿止痛，为臣药。姜黄活血，为佐药。甘草调和药性，为使药。

运用

（1）辨证要点：本方证为治疗疮疡肿痛的主方。临床以局部红肿，疼痛烧灼，脓未形成，舌红苔黄，脉滑数为辨证要点。

（2）现代运用：本方常用于脓疱疮、疖肿、痈肿未溃等证属阳证疮疡初起者。

方歌 金黄大黄柏姜黄，白芷南星陈皮苍，厚朴甘草天花粉，阳证疮疡外用良。

第十二章 针 灸

针灸学是以中医基础理论为指导，经络腧穴理论为基础，运用针刺、艾灸及其他作用于腧穴的方法来防治疾病的一门临床学科。它是祖国医学的重要组成部分。其具体内容包括经络和腧穴、针灸方法及临床治疗等部分，本章重点介绍常用腧穴、针法和灸法。

第一节 腧穴总论

一、腧穴的概念

腧穴是人体脏腑经络之气输注于体表的特殊部位。“腧”与“输”义通，有转输、输注的含义；“穴”即孔隙的意思。腧穴在《内经》也被称作“节”、“会”、“气穴”、“气府”、“骨空”等，俗称“穴位”，是针灸、推拿和拔罐治疗之处。

二、腧穴的分类

人体的腧穴很多，大体上可分为经穴、经外奇穴和阿是穴三类。

1. 经穴

凡归属于十二经脉与任、督二脉的腧穴，称为“十四经穴”，简称“经穴”。这些腧穴有确定的名称、确定的位置和明确的经脉归属，即定名、定位和定经。经穴共有361个，其中双穴（十二经脉）309个，单穴（任、督脉）52个，是腧穴的主要部分。

2. 奇穴

凡于经穴以外，具有固定名称、位置和主治等内容的腧穴称为“经外奇穴”，简称“奇穴”。奇穴有确定的穴名、确定的位置，但没有经脉归属，即定名、定位、但不定经。有些奇穴是由多个刺激点组成，无法归经，如十宣、八邪、八风、华佗夹脊、四缝；有些是十四经穴确定后再陆续发现的经验穴，还来不及归经。

3. 阿是穴

不属于十四经穴、经外奇穴的一些压痛点、敏感点或有阳性反应物如结节和皮下条索状物等处，称为阿是穴。《玉龙经》称“不定穴”，《医学纲目》称“天应穴”。“阿是”有“痛”的意思，因按压痛处，病人会“阿”的一声，故名为“阿是”。这类腧穴既无具体名称，也无固定部位，而是“以痛为输”，具有不定名、不定位和不定经的特点。阿是穴体现了针灸取穴的初级形式，是腧穴发展的最初阶段。临床上多用于疼痛性疾病。

三、腧穴的治疗规律

经络腧穴的主治规律，是根据“经脉所过，主治所及”的原则总结而成的。在治疗上，凡属同一经脉的腧穴，均有其共同性；每个穴位因其所处的位置不同，故其主治范围又有各自的特点。但总的来说，所有穴位都具有治疗局部病证的作用，有的还兼有治疗邻近部位病证或远端部位病证的作用。腧穴的取穴治疗规律主要有以下 3 个方面：

1. 近治作用

这是一切腧穴（包括十四经穴、奇穴、阿是穴）主治作用的共同特点。这些腧穴均能治疗该穴所在部位及邻近部位、邻近组织、器官的病证。如眼区的睛明、承泣、四白、球后各穴，均能治眼病；耳区的听宫、听会、翳风、耳门诸穴，均能治疗耳病；胃部的中脘、建里、梁门诸穴，均能治疗胃病等。

2. 远治作用

这是十四经腧穴主治作用的基本规律。在十四经腧穴中，尤其是十二经脉在四肢肘、膝关节以下的腧穴，不仅能治疗局部病证，而且能治疗本经循行所涉及的远隔部位的组织、器官、脏腑的病证，有的甚至具有影响全身的作用。如合谷穴不仅能治上肢病证，而且能治颈部和头面部病证，同时能治外感病的发热；足三里穴不但能治疗下肢病证，而且对调整消化系统的功能，甚至对人体免疫功能、神经系统和内分泌系统等方面都具有调节作用。

3. 特殊作用

腧穴的治疗作用还表现在对机体的双向良性调整作用。如泄泻时，针刺天枢能止泻；便秘时，针刺天枢又能通便。心动过速时，针刺内关能减慢心率；心动过缓时，针刺内关又可使之恢复正常。针刺足三里可使高血压患者降低血压，又可使休克患者血压升高。此外，腧穴治疗作用还具有相对的特异性，如大椎退热，至阴矫正胎位等，均是其特殊的治疗作用。

四、特定穴

十四经穴中，有一部分腧穴被称为“特定穴”，它们除具有经穴的共同主治特点外，还有其特殊的性能和治疗作用。特定穴的分类和特点分述如下：

1. 五输穴

五输穴为十二经脉在四肢肘、膝关节以下的 5 个重要腧穴，分别名为井、荥、输、经、合，合称“五输”，十二经脉共有五输穴 60 个。

古人把经气的运行比喻为水流从小到大，从浅到深。“井”为源头，经气所出之处；“荥”为涓涓泉水，经气小且浅；“输”为小溪流，经气逐渐从小到大，由浅入深；“经”为江河，经气较大、较深；“合”为百川汇合入海，经气充盛，在此汇入脏腑。阴经五输穴的五行属性为井属木，荥属火，输属土，经属金，合属水；阳经五输穴的五行属性为井属金，荥属水，输属木，经属火，合属土。五输穴应用广泛，《难经》有描述“井主心下满，荥主身热，输主体重节痛，经主喘咳寒热，合主逆气而泄。”结合临床实际应用，井穴多用于急救，如点刺十二井穴可抢救昏迷；荥穴主要用于治疗热证。

2. 原穴、络穴

原穴是脏腑的原气输注、经过和留止的部位。原穴与三焦有密切的关系。三焦是原气的别使，导源于肾间动气，而输布于全身，调和内外，宣导上下，关系着人的脏腑气化功能，而原穴就是其留止之处，所以说“五脏六腑之有病者，皆取其原也”。十二经各有一原穴，均分布在四肢腕、踝关节附近。原穴主要用于相关脏腑病证，也可协助诊断。

络穴，是络脉由经脉别出部位的腧穴，是表里两经联络之处。十四经脉各有一络穴，加上脾之大络共十五络穴。十二经脉络穴均位于四肢肘膝关节以下部位，任、督脉络穴和脾之大络络穴分别位于躯干的前、后和侧面。十二经的络穴可治疗表里两经病证。

3. 俞穴、募穴

俞穴是脏腑经气输注于背腰部的穴位，又称背俞穴。募穴是脏腑经气汇聚于胸腹部的穴位。临床上主要用于治疗相应脏腑的病变。如肺热咳嗽，可泻肺俞；寒邪犯胃的胃痛，可灸中脘。另外，也常把相关俞穴、募穴配合使用，发挥协调作用，称俞募配合。

4. 八会穴

八会穴是指脏、腑、气、血、筋、脉、骨、髓等精气所汇集的八个腧穴，分布于躯干部和四肢部。八会穴对各自所会的脏、腑、气血、筋、脉、骨髓相关病证有特殊治疗作用。

5. 郄穴

郄穴是经脉经气深聚的部位。十二经脉及阴跷脉、阳跷脉、阴维脉、阳维脉各有一个郄穴，共有十六个郄穴。郄穴是治疗本经和相应脏腑病变的重要穴位，尤其在治疗急症方面有独特疗效。如急性胃脘痛可取梁丘。

6. 下合穴

下合穴是六腑之气下合于足三阳经的六个腧穴，又称六腑下合穴。足三阳经的下合穴即五输穴中的合穴。手三阳经除了在上肢五输穴中的合穴外，在下肢另有下合穴。临床上六腑相关病证选其相应的下合穴治疗。

7. 八脉交会穴

八脉交会穴是十二经脉之气与奇经八脉相通的八个腧穴。它们是古人在临床实践中总结出可治疗相应的奇经八脉病证的八个腧穴。

8. 交会穴

两条或两条以上的经脉在循行过程中相互交会，在会合部位的腧穴称交会穴，多分布于躯干部。交会穴具有治疗交会经脉疾病的特点。如三阴交不仅治疗脾经病证，也可治疗肝经和肾经病证。

五、腧穴的定位方法

针灸临床中，治疗效果与取穴是否准确有着密切的关系。为了定准穴位，必须掌握好定位方法，常用的方法有以下 4 种。

1. 骨度分寸定位法

骨度分寸定位法是以体表骨节为主要标志，折量全身各部的长度或宽度，订出分寸，而用于腧穴定位的一种方法。因为此法是以患者的一定部位为折寸依据，所以不论人的高矮、胖瘦均可适用。骨度分寸法有横寸和直寸之分。常用的横寸有：两额角发际之间 9 寸、两乳头之间 8 寸、两肩胛骨内缘之间 6 寸。常用的直寸有：前后发际之间 12 寸、胸骨上窝至胸剑联合 9 寸、胸剑联合至脐中 8 寸、脐中至耻骨联合上缘 5 寸、腋前皱襞至肘横纹 9 寸、肘横纹至腕横纹 12 寸、股骨大转子至腘横纹 19 寸、臀横纹至腘横纹 14 寸、腘横纹至外踝尖 16 寸、耻骨联合上缘至股骨内上髁上缘 18 寸、胫骨内侧髁下方至内踝尖 13 寸。特定部位的骨度分寸只能作为取该部位腧穴所用（图 12-1 和表 12-1）。

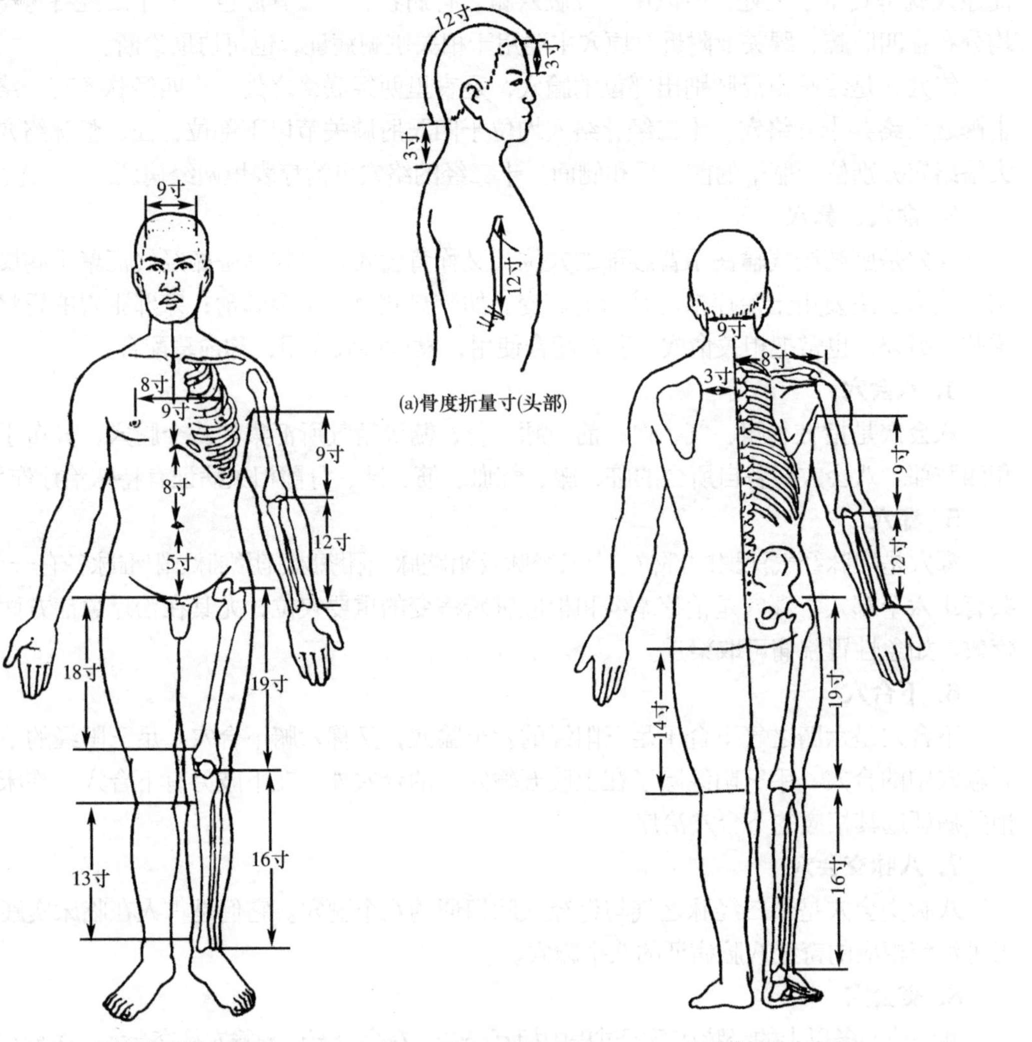

(a)骨度折量寸(头部)

(b)骨度折量寸(正面)

(c)骨度折量寸(背面)

图 12-1 常用的骨度折量寸图

表 12-1 常用的骨度折量寸表

部位	起止点	折量寸	度量法	说明
头面部	前发际正中至后发际正中	12	直寸	用于确定头部经穴的纵向距离
	眉间（印堂）至前发际正中	3	直寸	
	第 7 颈椎棘突下（大椎）至后发际正中	3	直寸	用于确定前或后发际及其头部经穴的纵向距离
	眉间（印堂）至后发际正中第 7 颈椎棘突下（大椎）	18	直寸	
	前额两发角（头维）之间	9	横寸	用于确定头前部经穴的横向距离
	耳后两乳突（完骨）之间	9	横寸	用于确定头后部经穴的横向距离
胸腹胁部	胸骨上窝（天突）至胸剑联合中点（歧骨）	9	直寸	用于确定胸部任脉经穴的纵向距离

续表

部位	起止点	折量寸	度量法	说明
	胸剑联合中点（歧骨）至脐中	8	直寸	用于确定上腹部经穴的纵向距离
	脐中至耻骨联合上缘（曲骨）	5	直寸	用于确定下腹部经穴的纵向距离
	两乳头之间	8	横寸	用于确定胸腹部经穴的横向距离
	腋窝顶点至第 11 肋游离端（章门）	12	直寸	用于确定胁肋部经穴的纵向距离
背腰部	肩胛骨内缘（近脊柱侧点）至后正中线	3	横寸	用于确定背腰部经穴的横向距离
上肢部	腋前、后纹头至肘横纹（平肘尖）	9	直寸	用于确定上臂部经穴的纵向距离
	肘横纹（平肘尖）至腕掌（背）侧横纹	12	直寸	用于确定前臂部经穴的纵向距离
下肢部	耻骨联合上缘至股骨内上髁上缘	18	直寸	用于确定下肢内侧足三阴经穴的纵向距离
	胫骨内侧髁下方至内踝尖	13	直寸	
	股骨大转子至腘横纹	19	直寸	用于确定下肢外后侧足三阳经穴的纵向距离（臀沟至腘横纹相当 14 寸）
	腘横纹至外踝尖	16	直寸	用于确定下肢外后侧足三阳经穴的纵向距离

2. 解剖标志定位法

解剖标志定位法是以人体表面具有特征的解剖标志为依据，来确定腧穴位置的一种方法。人体的解剖标志有固定标志和活动标志两种。

固定标志：以人体表面固定不移，又有明显特征的部位作为取穴标志。

活动标志：人体某个动作出现的隆起、凹陷、孔隙、皱纹等作为取穴标志。

3. 手指同身寸取穴法

以患者手指的长度或宽度为标准来取穴的方法称为手指同身寸取穴法，简称指寸法。常用的指寸法有中指同身寸、拇指同身寸和横指同身寸 3 种。

中指同身寸法：是以患者的中指中节屈曲时内侧两端纹头之间作为一寸，可用于四肢部取穴的直寸和背部取穴的横寸。

拇指同身寸法：是以患者拇指指关节的宽度作为一寸，适用于四肢部取穴的直寸。

横指同身寸法：又名“一夫法”，将食指、中指、无名指和小指并拢，以中指中节横纹处为准，四指横量作为 3 寸，用于四肢部取穴的直寸（图 12-2）。

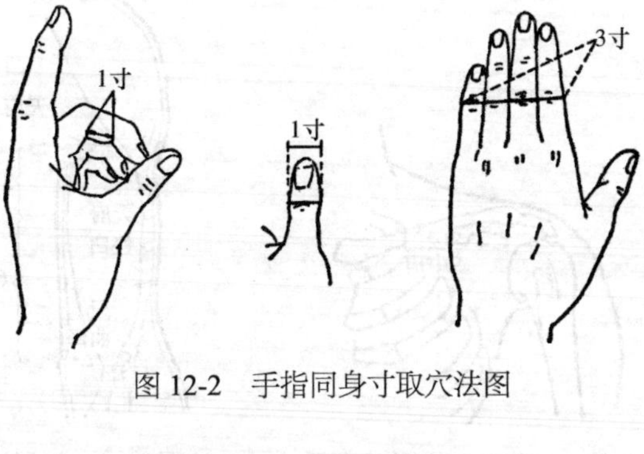

图 12-2　手指同身寸取穴法图

4. 简便取穴法

简便取穴法是临床一种简便易行的方法，常作为一种辅助方法使用。如立正姿势，垂手中指端取风市；两手虎口自然平直交叉在食指尽端到达处取列缺等。

第二节　十四经脉的循行及其常用经穴

一、手太阴肺经

（一）经脉循行

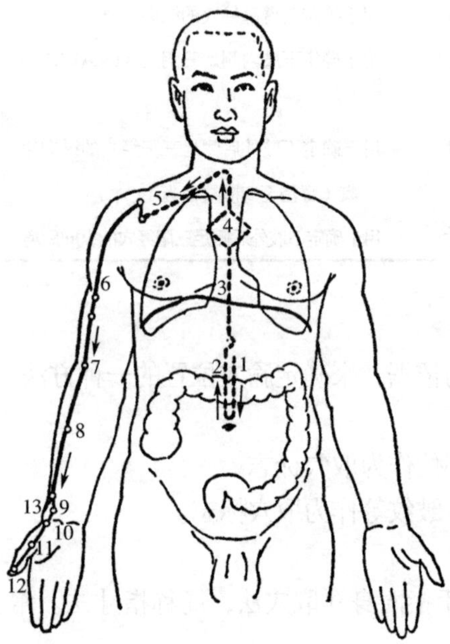

图 12-3　手太阴肺经经脉循行示意图

起于中焦，向下联络大肠，回绕过来沿着胃的上口，通过横膈，属于肺脏，从“肺系”（肺与喉咙相联系的部位）横行出来（中府），向下沿上臂内侧，行于手少阴经和手厥阴经的前面，下行到肘窝中，沿前臂内侧前缘，进入寸口，经过鱼际，沿着鱼际的边缘，出拇指内侧端（少商）。

手腕后方的支脉：从列缺处分出，一直走向食指内侧端（商阳），与手阳明大肠经相接（图 12-3）。

（二）常用腧穴

本经所属腧穴共 11 个，常用腧穴介绍如下：

1. 中府（LU1）肺募穴

定位　在胸前壁的外上方，云门穴下 1 寸，平第 1 肋间隙，距前正中线 6 寸（图 12-4）。

主治　咳嗽、气喘、胸中胀痛、胸痛、肩背痛。

操作　向外斜刺 0.5 ～ 0.8 寸，可灸。不可向内深刺，以免伤及肺脏。

2. 尺泽（LU5）合穴

定位　在肘横纹中，肱二头肌腱桡侧凹陷处（图 12-5）。

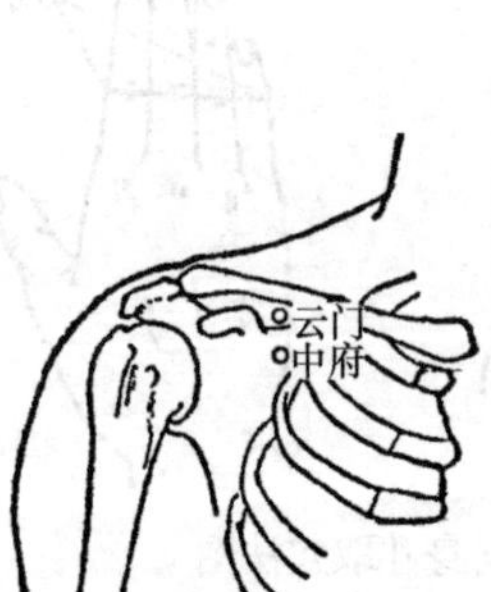

图 12-4　中府穴位置示意图

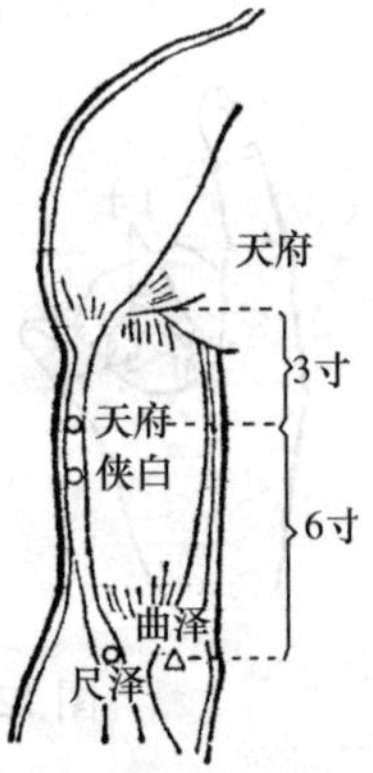

图 12-5　尺泽穴位置示意图

主治　咳嗽、气喘、咯血、潮热、咽喉肿痛、胸部胀满、小儿惊风、吐泻、肘臂挛痛。

操作　直刺 0.8 ～ 1.2 寸，或点刺出血，可灸。

3. 列缺（LU7）络穴；八脉交会穴，通于任脉

定位　在前臂桡侧缘，桡骨茎突上方，腕横纹上 1.5 寸，当肱桡肌与拇长展肌腱之间（图 12-6）。

主治　咳嗽、气喘、咽喉痛、半身不遂、口眼㖞斜、偏头痛、颈强痛、牙痛。

操作　向上或向下斜刺 0.3 ～ 0.5 寸，可灸。

4. 少商（LU11）井穴

定位　在拇指末节桡侧，距指甲角 0.1 寸（指寸）（图 12-6）。

主治　咽喉肿痛、中风昏迷、中暑呕吐、小儿惊风、癫狂、咳嗽、鼻衄。

操作　浅刺 0.1 寸，或点刺出血。

附　手太阴肺经腧穴一览表（表 12-2）及腧穴总图（图 12-7）

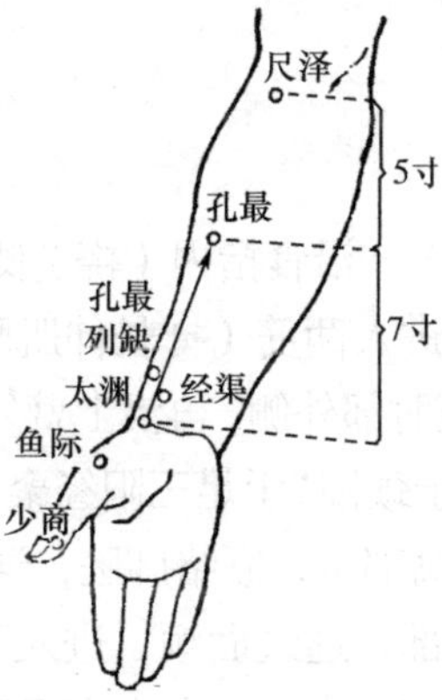

图 12-6　列缺穴位置示意图

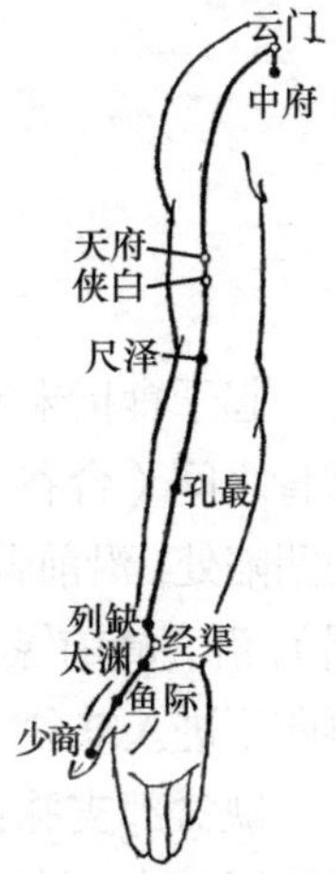

图 12-7　手太阴肺经腧穴总图

表 12-2　手太阴肺经腧穴一览表

穴位	定位	主治
中府（LU1）	在胸前壁的外上方，云门穴下 1 寸，平第 1 肋间隙，距前正中线 6 寸	咳嗽、气喘、胸中胀痛、胸痛、肩背痛
云门（LU2）	在胸前壁的外上方，肩胛骨喙突上方，锁骨下窝凹陷处，距前正中线 6 寸	咳嗽、气喘、胸痛、肩关节内侧痛
天府（LU3）	在臂内侧面，肱二头肌桡侧缘，腋前横纹头下 3 寸处	气喘、瘿气、鼻衄、上臂内侧疼痛
侠白（LU4）	在臂内侧面，肱二头肌桡侧缘，腋前横纹头下 4 寸，或肘横纹上 5 寸处	咳嗽、气喘、干呕、烦满、上臂内侧痛
尺泽（LU5）	在肘横纹中，肱二头肌腱桡侧凹陷处	咳嗽、气喘、咯血、潮热、咽喉肿痛、胸部胀满、小儿惊风、吐泻、肘臂挛痛
孔最（LU6）	在前臂掌面桡侧，当尺泽与太渊连线上，腕横纹上 7 寸	咳嗽、气喘、咯血、咽喉肿痛、肘臂挛痛、痔疾

续表

穴位	定位	主治
列缺（LU7）	在前臂桡侧缘，桡骨茎突上方，腕横纹上 1.5 寸。当肱桡肌与拇长展肌腱之间	咳嗽、气喘、咽喉痛、半身不遂、口眼㖞斜、偏头痛、颈强痛、牙痛
经渠（LU8）	在前臂掌面桡侧，桡骨茎突与桡动脉之间的凹陷处，腕横纹上 1 寸	咳嗽、气喘、胸痛、咽喉肿痛、手腕痛
太渊（LU9）	在腕掌侧横纹桡侧，桡动脉搏动处	咳嗽、气喘、咳血、胸痛、咽喉肿痛、无脉症、手腕痛
鱼际（LU10）	在手拇指本节（第 1 掌指关节）后凹陷处，约当第 1 掌骨中点桡侧，赤白肉际处	咳嗽、咳血、发热、咽喉肿痛、失音、乳痈、掌中热
少商（LU11）	在拇指末节桡侧，距指甲角 0.1 寸（指寸）	咽喉肿痛、中风昏迷、中暑呕吐、小儿惊风、癫狂、咳嗽、鼻衄

二、手阳明大肠经

（一）经脉循行

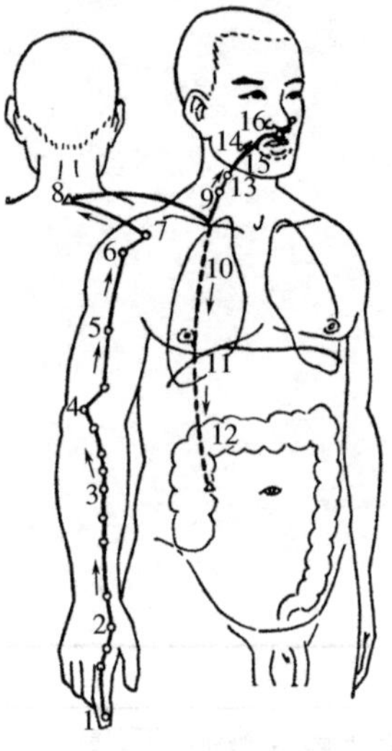

图 12-8　手阳明大肠经经脉循行示意图

起于食指末端（商阳），沿食指内（桡）侧向上，通过第 1、第 2 掌骨之间（合谷），向上进入两筋（拇长伸肌腱和拇短伸肌腱）之间的凹陷处，沿前臂前方，至肘部外侧，再沿上臂外侧前缘，上走肩端（肩髃），沿肩峰前缘，向上出于颈椎“手足三阳经聚会处”（大椎，属督脉），再向下进入缺盆（锁骨上窝部），联络肺脏，通过横膈，属于大肠。

缺盆部支脉：上走颈部，通过面颊，进入下齿龈，回绕至上唇，交叉于人中，左脉向右，右脉向左，分布在鼻孔两侧（迎香），与足阳明胃经相接（图 12-8）。

（二）常用腧穴

本经所属腧穴共 20 个，常用腧穴介绍如下：

1. 合谷（LI4）原穴

定位　在手背，第 1、2 掌骨间，当第 2 掌骨桡侧的中点处（图 12-9）。

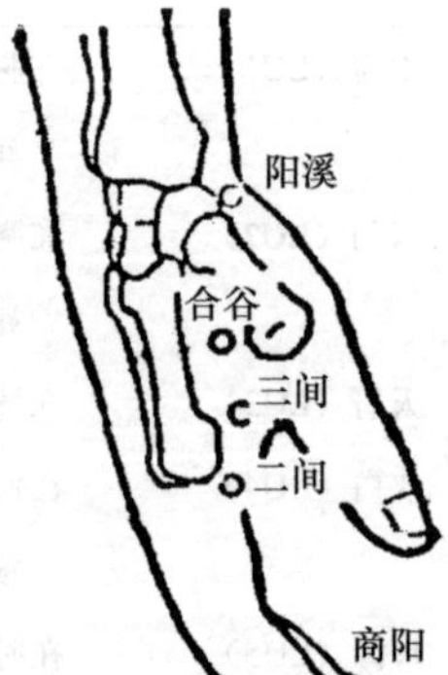

图 12-9　合谷穴位置示意图

主治　头痛、齿痛、目赤肿痛、咽喉肿痛、失音、口眼㖞斜、半身不遂、痄腮、疔疮、经闭、腹痛、牙关紧闭、小儿惊风、鼻衄、耳鸣耳聋、发热恶寒、无汗、多汗、隐疹、疟疾。

操作　直刺 0.5 ～ 1 寸，可灸。

2. 曲池（LI11）合穴

定位　在肘横纹外侧端，屈肘时当尺泽与肱骨外上髁连线中点（图 12-10）。

主治　热病、半身不遂、风疹、手臂肿痛无力、咽喉肿痛、齿痛、目赤痛、腹痛吐泻、痢疾、高血压、瘰疬、癫狂。

操作 直刺 1 ～ 1.5 寸，可灸。

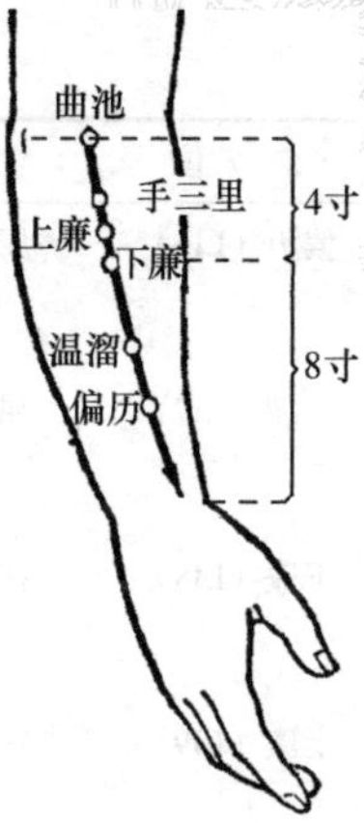

图 12-10 曲池穴位置示意图

3. 肩髃（LI15）

定位 在肩部，三角肌上，臂外展或向前平伸时，当肩峰前下方凹陷处（图 12-11）。

主治 肩臂疼痛、半身不遂、手臂挛急、隐疹、瘰疬。

操作 直刺或向下斜刺 0.8 ～ 1.5 寸，可灸。

4. 迎香（LI20）

定位 在鼻翼外缘中点旁，当鼻唇沟中（图 12-12）。

主治 鼻塞不通、口㖞、鼻衄、面痒、鼻息肉。

操作 直刺或向上斜刺 0.2 ～ 0.5 寸，不宜灸。

附 手阳明大肠经腧穴一览表（表 12-3）及腧穴总图（图 12-13）

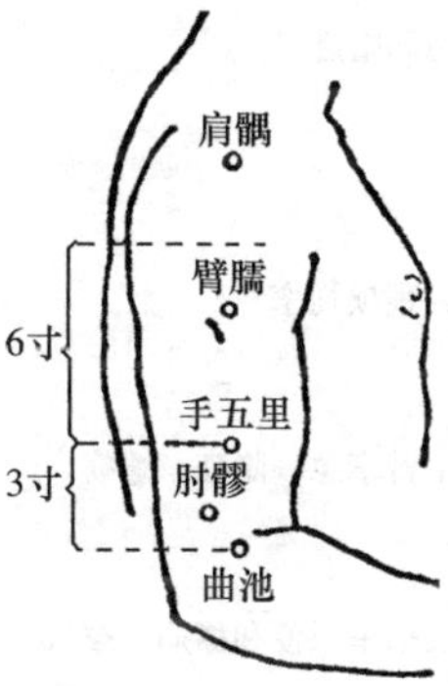

图 12-11 肩髃穴位置示意图

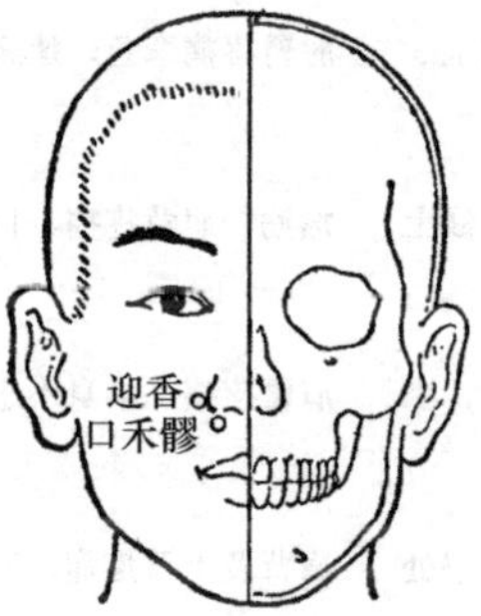

图 12-12 迎香穴位置示意图

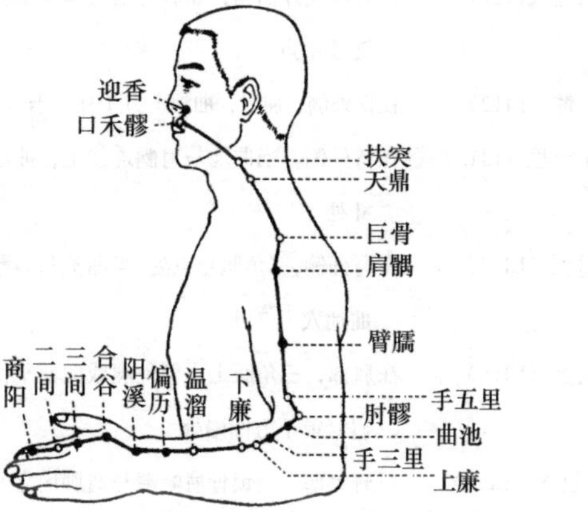

图 12-13 手阳明大肠经腧穴总图

表 12-3 手阳明大肠经腧穴一览表

穴位	定位	主治
商阳（LI1）	在手食指末节桡侧，距指甲角 0.1 寸（指寸）	咽喉肿痛、耳鸣耳聋、中风昏迷、热病无汗、下齿痛、青盲
二间（LI2）	微握拳，在手食指本节前（第 2 掌指关节），桡侧凹陷处	齿痛、咽喉肿痛、口眼㖞斜、目痛、热病
三间（LI3）	微握拳，在手食指本节后（第 2 掌指关节），桡侧凹陷处	咽喉肿痛、齿痛、身热、腹胀肠鸣
合谷（LI4）	在手背，第 1、2 掌骨间，当第 2 掌骨桡侧的中点处	头痛、齿痛、目赤肿痛、咽喉肿痛、失音、口眼㖞斜、半身不遂、痄腮、疔疮、经闭、腹痛、牙关紧闭、小儿惊风、鼻衄、耳鸣耳聋、发热恶寒、无汗、多汗、隐疹、疟疾
阳溪（LI5）	在腕背横纹桡侧，手拇指向上翘起时，当拇短伸肌腱和拇长伸肌腱之间的凹陷中	头痛、耳鸣耳聋、咽喉肿痛、腕臂痛、齿痛

续表

穴位	定位	主治
偏历（LI6）	屈肘，在前臂背面桡侧，当阳溪与曲池穴连线上，腕横纹上3寸	耳鸣耳聋、目赤、鼻衄、喉痛、手臂酸痛
温溜（LI7）	屈肘，在前臂背面桡侧，当阳溪穴与曲池穴连线上，腕横纹上5寸	头痛、面肿、咽喉肿痛、肩背酸痛、疔疮、吐舌、肠鸣腹痛
下廉（LI8）	在前臂背面桡侧，当阳溪穴与曲池穴连线上，肘横纹下4寸	头痛、眩晕、肘臂痛、半身不遂、腹痛、腹胀、目痛
上廉（LI9）	在前臂背面桡侧，当阳溪穴与曲池穴连线上，肘横纹下3寸	头痛、半身不遂、肩臂酸痛麻木、腹痛、肠鸣、腹泻
手三里（LI10）	在前臂背面桡侧，当阳溪穴与曲池穴连线上，肘横纹下2寸	肘臂疼痛、上肢瘫痪麻木、腹痛、腹泻、腹胀、齿痛、失音
曲池（LI11）	在肘横纹外侧端，屈肘时当尺泽与肱骨外上髁连线中点	热病、半身不遂、风疹、手臂肿痛无力、咽喉肿痛、齿痛、目赤痛、腹痛吐泻、痢疾、高血压、瘰疬、癫狂
肘髎（LI12）	在臂外侧，屈肘，曲池上方1寸，当肱骨边缘处	肘臂部酸痛、麻木、挛急和嗜卧
手五里（LI13）	在臂外侧，当曲池与肩髃连线上，曲池穴上3寸处	肘臂疼痛挛急、瘰疬
臂臑（LI14）	在臂外侧，三角肌止点处，当曲池与肩髃连线上，曲池穴上7寸	瘰疬、肩背疼痛、目疾、颈项拘挛
肩髃（LI15）	在肩部，三角肌上，臂外展或向前平伸时，当肩峰前下方凹陷处	肩臂疼痛、半身不遂、手臂挛急、隐疹、瘰疬
]巨骨（LI16）	在肩上部，当锁骨肩峰端与肩胛冈之间凹陷处	肩背及上臂疼痛、伸展及抬举不便和瘰疬、瘿气
天鼎（LI17）	在颈外侧部，胸锁乳突肌后缘，当喉结旁，扶突与缺盆连线中点	咽喉肿痛、暴喑、气梗、梅核气、瘰疬
扶突（LI18）	在颈外侧部，喉结旁，当胸锁乳突肌的前后缘之间	咳嗽、气喘、咽喉肿痛、暴喑、瘰疬、瘿气
口禾髎（LI19）	在上唇部，鼻孔外缘直下，平水沟穴	口㖞、鼻塞不通、鼻衄
迎香（LI20）	在鼻翼外缘中点旁，当鼻唇沟中	鼻塞不通、口㖞、鼻衄、面痒、鼻息肉

三、足阳明胃经

（一）经脉循行

起于鼻翼两侧（迎香），上行到鼻根部，与旁侧足太阳经交会，向下沿鼻的外侧（承泣），进入上齿龈内，回出环绕口唇，向下交会于颏唇沟承浆（任脉）处，再向后沿着口腮后下方，出于下颌大迎处，沿着下颌角颊车，上行耳前，经过上关（足少阳经），沿着发际，到达前额（神庭）。

面部支脉：从大迎前下走人迎，沿着喉咙，进入缺盆部，向下通过横膈，属于胃，联络脾脏。

缺盆部直行的脉：经乳头，向下挟脐旁，进入少腹两侧气冲。

胃下口部支脉：沿着腹里向下到气冲会合，再由此下行至髀关，直抵伏兔部，下至膝盖，沿着胫骨外侧前缘，下经足跗，进入第2足趾外侧端（厉兑）。

胫部支脉：从膝下3寸（足三里）处分出，进入足中趾外侧端。

足跗部支脉：从跗上（冲阳）分出，进入足大趾内侧端（隐白），与足太阴脾经相接（图12-14）。

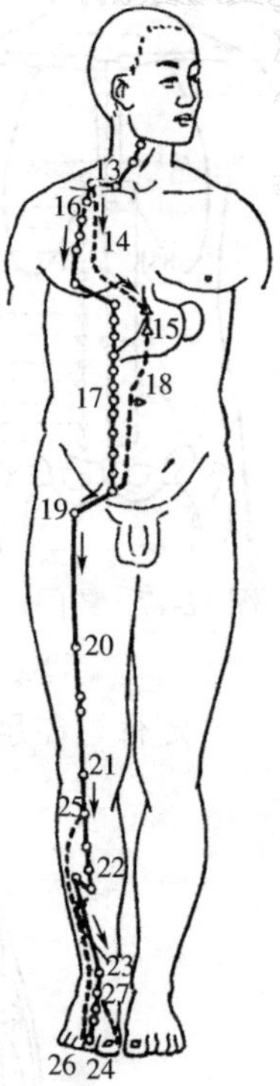

图12-14　足阳明胃经经脉循行示意图

（二）常用腧穴

本经所属腧穴共45个，常用腧穴介绍如下。

1. 地仓（ST4）

定位　在面部口角外侧，上直对瞳孔（图12-15）。

主治　口眼㖞斜、口角瞤动、齿痛、流泪、唇缓不收。

操作　向颊车方向平刺0.5～1.5寸，可灸。

2. 下关（ST7）

定位　在面部耳前方，当颧弓与下颌切迹所形成的凹陷中（图12-16）。

主治　牙关紧闭、下颌疼痛、口㖞、面痛、齿痛、耳鸣、耳聋。

操作　直刺0.5～1.2寸，可灸。

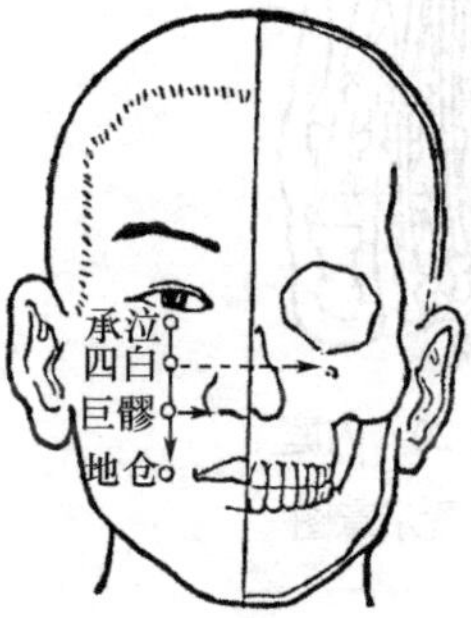

图12-15　地仓穴位置示意图

3. 头维（ST8）

定位　在头侧部，当额角发际上0.5寸，头正中线旁4.5寸（图12-16）。

主治　头痛、目眩、迎风流泪、眼睑瞤动、视物不明、目痛。

操作　向后平刺0.5～1寸，不宜灸。

4. 梁门（ST21）

定位　在上腹部，当脐中上4寸，距前正中线2寸（图12-17）。

主治　胃痛、呕吐、腹胀、食欲不振、大便溏薄。

操作　直刺0.5～0.8寸，可灸。

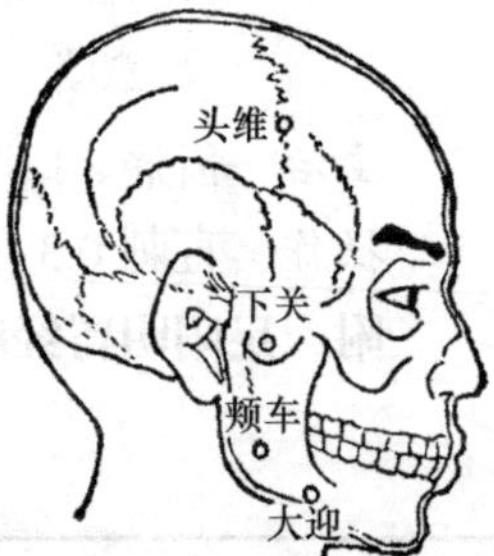

图12-16　下关、头维穴位置示意图

5. 天枢（ST25）大肠募穴

定位　在腹中部，距脐中2寸（图12-17）。

主治　腹痛、腹胀、肠鸣泄泻、便秘、肠痈、热病、疝气、水肿、月经不调。

操作　直刺0.8～1.2寸，可灸。

6. 梁丘（ST34）郄穴

定位　屈膝，在大腿前面，当髂前上棘与髌底外侧端的连线上，髌底上2寸（图12-18）。

主治　胃痛、膝关节肿痛、屈伸不利、乳痛。

操作　直刺1～1.5寸，可灸。

7. 足三里（ST36）合穴；胃下合穴

定位　在小腿前外侧，当犊鼻下3寸，距胫骨前缘一横指（中指）（图12-19）。

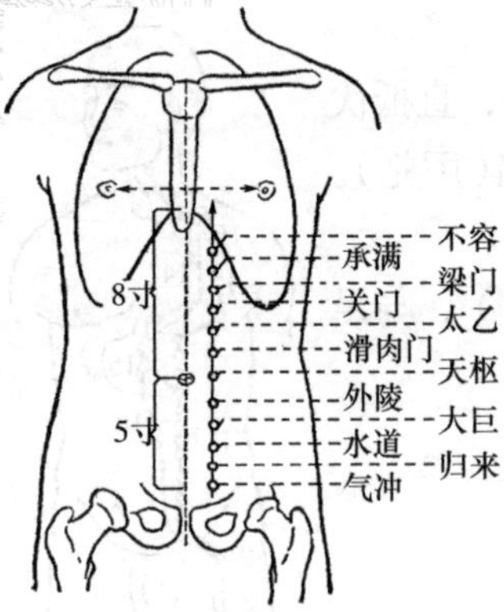

图 12-17 梁门、天枢穴位置示意图

主治 胃痛、呕吐、腹胀、肠鸣、消化不良、下肢痿痹、泄泻、痢疾、便秘、痔疾、癫狂、中风、脚气、水肿、下肢不遂、心悸、气短、虚劳羸瘦。本穴有强壮作用，为保健要穴。

操作 直刺 1～2 寸，可灸。

8. 丰隆（ST40）络穴

定位 在小腿前外侧，当外踝尖上 8 寸，条口外，距胫骨前缘二横指（中指）（图 12-19）。

主治 痰多、哮喘、咳嗽、胸痛、头痛、咽喉肿痛、便秘、癫狂、痫证、下肢痿痹、呕吐。

操作 直刺 1～1.5 寸，可灸。

9. 内庭（ST43）荥穴

定位 在足背，当第 2、3 趾间，趾蹼缘后方赤白肉际处（图 12-20）。

图 12-18 梁丘穴位置示意图

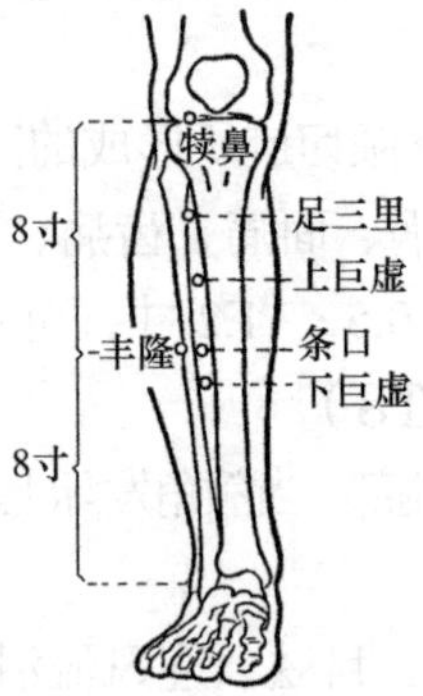

图 12-19 足三里、丰隆穴位置示意图

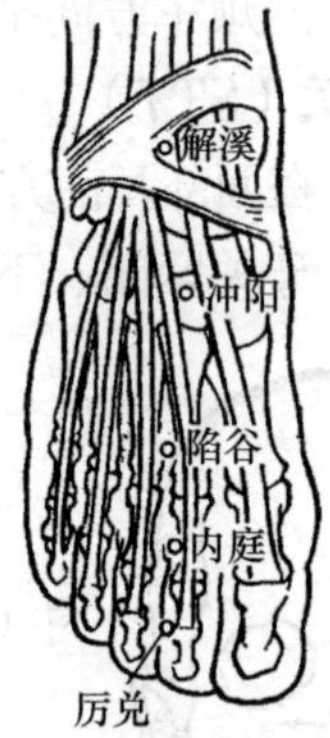

图 12-20 内庭穴位置示意图

主治 齿痛、口㖞、喉痹、鼻衄、腹痛、腹胀、痢疾、泄泻、足背肿痛、热病、胃痛吐酸。

操作 直刺 0.3～0.5 寸，可灸。

附 足阳明胃经腧穴一览表（表 12-4）及腧穴总图（图 12-21）

表 12-4 足阳明胃经腧穴一览表

穴位	定位	主治
承泣（ST1）	在面部瞳孔直下，当眶下缘与眼球之间	眼睑瞤动、目赤肿痛、夜盲、口眼㖞斜、迎风流泪
四白（ST2）	在面部瞳孔直下，当眶下孔凹陷中	目赤痛痒、目翳、眼睑瞤动、迎风流泪、头面疼痛、口眼㖞斜
巨髎（ST3）	在面部瞳孔直下，平鼻翼下缘处，当鼻唇沟外侧	口眼㖞斜、眼睑瞤动、鼻衄、齿痛、面痛
地仓（ST4）	在面部口角外侧，上直对瞳孔	口眼㖞斜、口角瞤动、齿痛、流泪、唇缓不收
大迎（ST5）	在下颌角前方，咬肌附着部的前缘，面动脉搏动处	牙关紧闭、齿痛、口㖞、颊肿、面肿、面痛、唇吻瞤动

续表

穴位	定位	主治
颊车（ST6）	在面颊部，下颌角前上方约一横指（中指），当咀嚼时咬肌隆起，按之凹陷处	口眼㖞斜、颊肿、齿痛、牙关紧闭、面肌痉挛
下关（ST7）	在面部耳前方，当颧弓与下颌切迹所形成的凹陷中	牙关紧闭、下颌疼痛、口㖞、面痛、齿痛、耳鸣、耳聋
头维（ST8）	在头侧部，当额角发际上 0.5 寸，头正中线旁 4.5 寸	头痛、目眩、迎风流泪、眼睑瞤动、视物不明、目痛
人迎（ST9）	在颈部喉结旁，当胸锁乳突肌前缘，颈总动脉搏动处	咽喉肿痛、高血压、头痛、瘰疬、饮食难下、胸满气喘
水突（ST10）	在颈部胸锁乳突肌的前缘，当人迎与气舍连线的中点	咳逆上气、喘息不得卧、咽喉肿痛、呃逆、瘰疬、瘿瘤
气舍（ST11）	在颈部，当锁骨内侧端的上缘，胸锁乳突肌的胸骨头与锁骨头之间	咽喉肿痛、喘息、呃逆、瘿气、瘰疬、颈项强痛
缺盆（ST12）	在锁骨上窝中央，距前正中线 4 寸	咳嗽气喘、咽喉肿痛、缺盆中痛、瘰疬
气户（ST13）	在胸部，当锁骨中点下缘，距前正中线 4 寸	咳喘、胸痛、呃逆、胁肋疼痛
库房（ST14）	在胸部，当第 1 肋间隙，距前正中线 4 寸	咳嗽、胸痛、胁胀、气喘
屋翳（ST15）	在胸部，当第 2 肋间隙，距前正中线 4 寸	咳嗽、气喘、胸痛、乳痈、身肿、皮肤疼痛
膺窗（ST16）	在胸部，当第 3 肋间隙，距前正中线 4 寸	咳嗽、气喘、胸痛、乳痈
乳中（ST17）	在胸部，当第 4 肋间隙，乳头中央，距前正中线 4 寸	本穴不针不灸，只作胸腹部腧穴的定位标志
乳根（ST18）	在胸部，当乳头直下，乳房根部，第 5 肋间隙，距前正中线 4 寸	乳痈、乳汁少、胸痛、咳嗽、呃逆
不容（ST19）	在上腹部，当脐中上 6 寸，距前正中线 2 寸	呕吐、胃痛、腹胀、食欲不振
承满（ST20）	在上腹部，当脐中上 5 寸，距前正中线 2 寸	胃痛、呕吐、腹胀、肠鸣、食欲不振
梁门（ST21）	在上腹部，当脐中上 4 寸，距前正中线 2 寸	胃痛、呕吐、腹胀、食欲不振、大便溏薄
关门（ST22）	在上腹部，当脐中上 3 寸，距前正中线 2 寸	腹痛、腹胀、肠鸣泄泻、食欲不振、水肿
太乙（ST23）	在上腹部，当脐中上 2 寸，距前正中线 2 寸	腹痛、腹胀、心烦、癫狂
滑肉门（ST24）	在上腹部，当脐中上 1 寸，距前正中线 2 寸	癫狂、呕吐、腹胀、腹泻

续表

穴位	定位	主治
天枢（ST25）	在腹中部，距脐中2寸	腹痛、腹胀、肠鸣泄泻、便秘、肠痈、热病、疝气、水肿、月经不调
外陵（ST26）	在下腹部，当脐中下1寸，距前正中线2寸	腹痛、疝气、痛经
大巨（ST27）	在下腹部，当脐中下2寸，距前正中线2寸	小腹胀满、小便不利、遗精、早泄、惊悸不眠、疝气
水道（ST28）	在下腹部，当脐中下3寸，距前正中线2寸	小腹胀满、腹痛、痛经、小便不利
归来（ST29）	在下腹部，当脐中下4寸，距前正中线2寸	少腹疼痛、经闭、痛经、子宫下垂、白带、疝气、茎中痛、小便不利
气冲（ST30）	在腹股沟稍上方，当脐中下5寸，距前正中线2寸	少腹痛、疝气、腹股沟疼痛
髀关（ST31）	在大腿前面，当髂前上棘与髌底外侧端的连线上，屈股时平会阴，居缝匠肌外侧凹陷处	髀股痿痹、下肢不遂、腰腿疼痛、筋急不得屈伸
伏兔（ST32）	在大腿前面，当髂前上棘与髌底外侧端的连线上，髌底上6寸	腿痛、下肢不遂、脚气、疝气、腹胀
阴市（ST33）	在大腿前面，当髂前上棘与髌底外侧端的连线上，髌底上3寸	膝关节痛、下肢屈伸不利、腰痛、下肢不遂、腹胀、腹痛
梁丘（ST34）	屈膝，在大腿前面，当髂前上棘与髌底外侧端的连线上，髌底上2寸	胃痛、膝关节肿痛、屈伸不利、乳痈
犊鼻（ST35）	屈膝，在膝部髌骨与髌韧带外侧凹陷中	膝痛、关节屈伸不利、脚气
足三里（ST36）	在小腿前外侧，当犊鼻下3寸，距胫骨前缘一横指（中指）	胃痛、呕吐、腹胀、肠鸣、消化不良、下肢痿痹、泄泻、痢疾、便秘、痞疾、癫狂、中风、脚气、水肿、下肢不遂、心悸、气短、虚劳羸瘦。本穴有强壮作用，为保健要穴
上巨虚（ST37）	在小腿前外侧，当犊鼻下6寸，距胫骨前缘一横指（中指）	腹痛、腹胀、痢疾、便秘、肠痈、中风瘫痪、脚气、下肢痿痹
条口（ST38）	在小腿前外侧，当犊鼻下8寸，距胫骨前缘一横指（中指）	肩臂不得举、下肢冷痹、脘腹疼痛、跗肿、转筋
下巨虚（ST39）	在小腿前外侧，当犊鼻下9寸，距胫骨前缘一横指（中指）	小腹痛、腰脊痛引睾丸、乳痈、下肢痿痹、泄泻、大便脓血
丰隆（ST40）	在小腿前外侧，当外踝尖上8寸，条口外，距胫骨前缘二横指（中指）	痰多、哮喘、咳嗽、胸痛、头痛、咽喉肿痛、便秘、癫狂、痫证、下肢痿痹、呕吐
解溪（ST41）	在足背与小腿交界处的横纹中央凹陷中，当踇长伸肌腱与趾长伸肌腱之间	头痛、眩晕、癫狂、腹胀、便秘、下肢痿痹、目赤、胃热谵语
冲阳（ST42）	在足背最高处，当踇长伸肌腱和趾长伸肌腱之间，足背动脉搏动处	胃痛、腹胀、口眼㖞斜、面肿齿痛、足痿无力、脚背红肿
陷谷（ST43）	在足背，当第2、第3跖骨结合部前方凹陷处	面目浮肿、肠鸣腹泻、足背肿痛、热病、目赤肿痛

续表

穴位	定位	主治
内庭（ST44）	在足背，当第 2、3 趾间，趾蹼缘后方赤白肉际处	齿痛、口㖞、喉痹、鼻衄、腹痛、腹胀、痢疾、泄泻、足背肿痛、热病、胃痛吐酸
厉兑（ST45）	在足第 2 趾末节外侧，距趾甲角 0.1 寸（指寸）	面肿、齿痛、口㖞、鼻衄、胸腹胀满、热病、多梦、癫狂

四、足太阴脾经

（一）经脉循行

起于足大趾末端（隐白），沿着大趾内侧赤白肉际，经过大趾本节后的第 1 跖趾关节后面，上行至内踝前面，再上小腿，沿着胫骨后面，交出足厥阴经的前面，经膝股部内侧前缘，进入腹部，属于脾脏，联络胃，通过横膈上行，挟咽部两旁，连系舌根，分散于舌下。

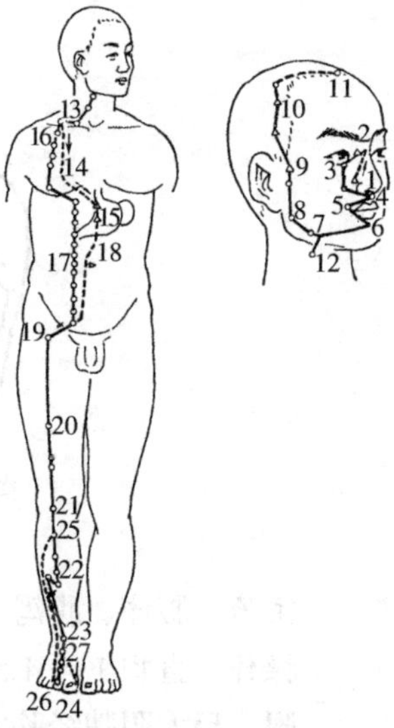

图 12-21　足阳明胃经腧穴总图

胃部支脉：向上通过横膈，流注于心中，与手少阴心经相接（图 12-22）。

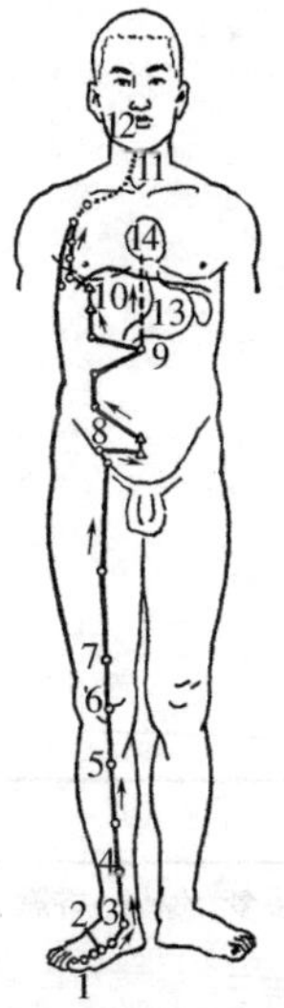

图 12-22　足太阴脾经经脉循行示意图

（二）常用腧穴

本经所属腧穴共 21 个，常用腧穴介绍如下。

1. 公孙（SP4）络穴；八脉交会穴，通于冲脉

定位　在足内侧缘，当第 1 跖骨基底部的前下方（图 12-23）。

主治　胃痛、呕吐、饮食不化、肠鸣腹胀、腹痛、泄泻、痢疾、心烦失眠、水肿、发狂妄言、嗜卧、脚气。

操作　直刺 0.5 ～ 1 寸，可灸。

2. 三阴交（SP6）肝、脾、肾三经交会穴

定位　在小腿内侧，当足内踝尖上 3 寸，胫骨内侧缘后方（图 12-24）。

主治　肠鸣泄泻、腹胀、食不化、月经不调、崩漏、赤白带下、阴挺、经闭、痛经、难产、产后血晕、恶露不尽、遗精、阳痿、早泄、阴茎痛、疝气、水肿、小便不利、遗尿、足痿痹痛、脚气、失眠、湿疹、荨麻疹、高血压、神经性皮炎、不孕。

操作　直刺 1 ～ 1.5 寸，可灸。孕妇不宜针。

3. 阴陵泉（SP9）合穴

定位　在小腿内侧，当胫骨内侧髁后下方凹陷中（图 12-24）。

主治　腹胀、水肿、小便不利或失禁、阴茎痛、妇人阴痛、遗精、膝痛、黄疸。

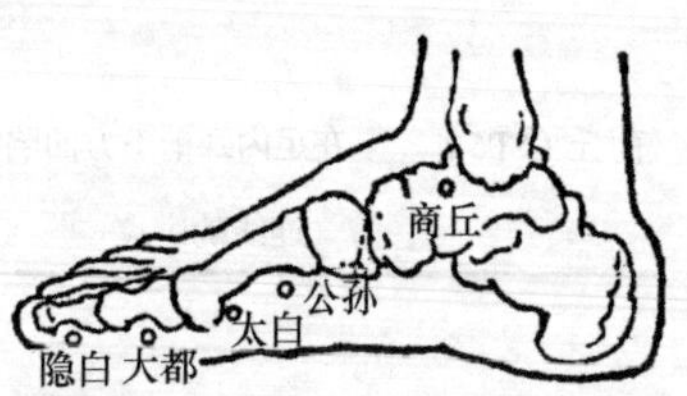

图 12-23　公孙穴位置示意图

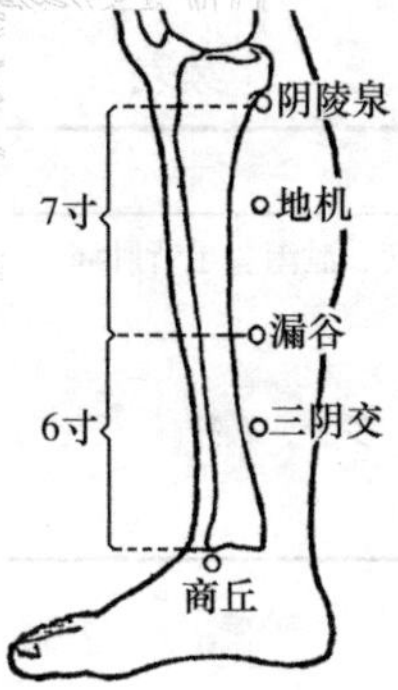

图 12-24 三阴交、阴陵泉穴位置示意图

操作 直刺1～2寸，可灸。

4. 血海（SP10）

定位 屈膝，在大腿内侧，髌底内侧端上2寸，当股四头肌内侧头的隆起处（图12-25）。

主治 月经不调、痛经、经闭、崩漏、隐疹、皮肤瘙痒、丹毒、小便淋漓、股内侧痛。

操作 直刺1～1.2寸，可灸。

5. 大横（SP15）

定位 在腹中部，与脐相平，距脐中4寸（图12-26）。

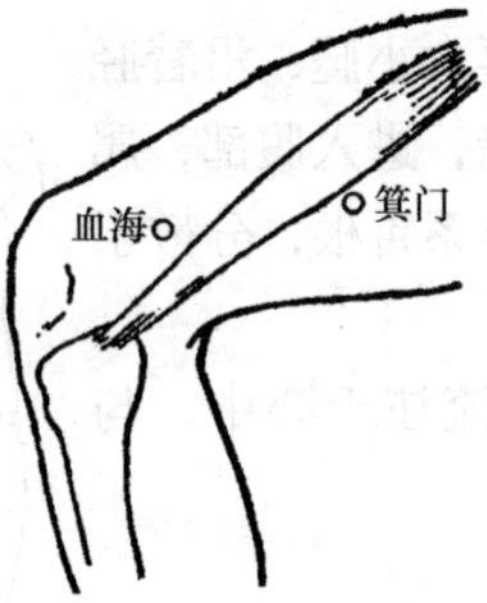

图 12-25 血海穴位置示意图

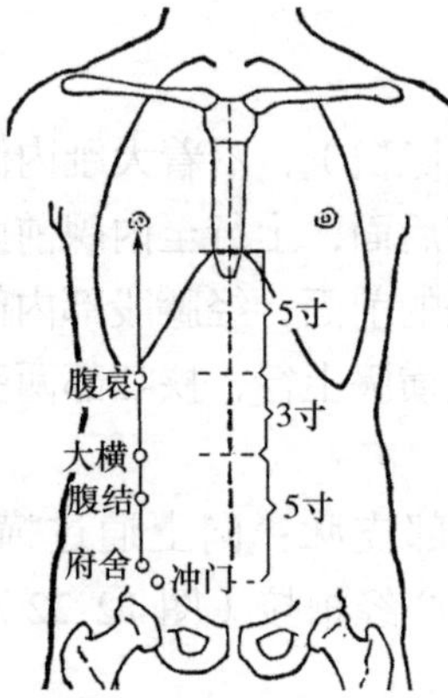

图 12-26 大横穴位置示意图

主治 腹痛、腹泻、大便秘结。

操作 直刺1～1.5寸，可灸。

附 足太阴脾经腧穴一览表（表12-5）及腧穴总图（图12-27）

表 12-5 足太阴脾经腧穴一览表

穴位	定位	主治
隐白（SP1）	在足大趾末节内侧，距趾甲角0.1寸（指寸）	腹胀、便血、尿血、崩漏、月经过多、癫狂、多梦，惊风、昏厥、胸痛
大都（SP2）	在足内侧缘，当足大趾本节（第1跖趾关节）前下方赤白肉际凹陷处	腹胀、胃痛、消化不良、泄泻、便秘、热病无汗、体重肢肿、心痛、心烦
太白（SP3）	在足内侧缘，当足大趾本节（第1跖趾关节）后下方赤白肉际凹陷处	胃痛、腹胀、腹痛、肠鸣、呕吐、泄泻、痢疾、便秘、痔疾、脚气、体重节痛
公孙（SP4）	在足内侧缘，当第1跖骨基底部的前下方	胃痛、呕吐、饮食不化、肠鸣腹胀、腹痛、泄泻、痢疾、心烦失眠、水肿、发狂妄言、嗜卧、脚气
商丘（SP5）	在足内踝前下方凹陷中，当舟骨结节与内踝尖连线的中点	腹胀、肠鸣、泄泻、便秘、食不化、黄疸、怠惰嗜卧、癫狂、小儿癫痫、咳嗽、足踝痛、痔疾

续表

穴位	定位	主治
三阴交（SP6）	在小腿内侧，当足内踝尖上3寸，胫骨内侧缘后方	肠鸣泄泻、腹胀、食不化、月经不调、崩漏、赤白带下、阴挺、经闭、痛经、难产、产后血晕、恶露不尽、遗精、阳痿、早泄、阴茎痛、疝气、水肿、小便不利、遗尿、足痿痹痛、脚气、失眠、湿疹、荨麻疹、高血压、神经性皮炎、不孕
漏谷（SP7）	在小腿内侧，当足内踝尖与阴陵泉的连线上，距内踝尖6寸，胫骨内侧缘后方	腹胀、肠鸣、腰膝厥冷、小便不利、遗精、下肢痿痹
地机（SP8）	在小腿内侧，当足内踝尖与阴陵泉的连线上，阴陵泉穴下3寸	腹痛、泄泻、小便不利、水肿、月经不调、遗精、腰痛不可俯仰、食欲不振
阴陵泉（SP9）	在小腿内侧，当胫骨内侧髁后下方凹陷中	腹胀、水肿、小便不利或失禁、阴茎痛、妇人阴痛、遗精、膝痛、黄疸
血海（SP10）	屈膝，在大腿内侧，髌底内侧端上2寸，当股四头肌内侧头的隆起处	月经不调、痛经、经闭、崩漏、隐疹、皮肤瘙痒、丹毒、小便淋漓、股内侧痛
箕门（SP11）	在大腿内侧，当血海与冲门连线上，血海上6寸	小便不利、五淋、遗溺、腹股沟肿痛
冲门（SP12）	在腹股沟外侧，距耻骨联合上缘中点3.5寸，当髂外动脉搏动处的外侧	腹痛、疝气、痔疾、崩漏、带下
府舍（SP13）	在下腹部，当脐中下4寸，冲门上方0.7寸，距前正中线4寸	腹痛、疝气、结聚
腹结（SP14）	在下腹部，大横下1.3寸，距前正中线4寸	腹痛、腹泻、大便秘结
大横（SP15）	在腹中部，与脐相平，距脐中4寸	腹痛、腹泻、大便秘结
腹哀（SP16）	在上腹部，当脐中上3寸，距前正中线4寸	腹痛、泄泻、痢疾、便秘、消化不良
食窦（SP17）	在胸外侧部，当第5肋间隙，距前正中线6寸	胸胁胀痛、嗳气、反胃、腹胀、水肿
天溪（SP18）	在胸外侧部，当第4肋间隙，距前正中线6寸	胸痛、咳嗽、乳痈、乳汁少
胸乡（SP19）	在胸外侧部，当第3肋间隙，距前正中线6寸	胸胁胀痛
周荣（SP20）	在胸外侧部，当第2肋间隙，距前正中线6寸	胸胁胀痛、咳嗽、气喘、胁痛
大包（SP21）	在侧胸部腋中线上，当第6肋间隙处	胸胁胀满、咳嗽、气喘、胁肋痛、全身疼痛、四肢无力

五、手少阴心经

（一）经脉循行

起于心中，出属“心系”（心与其他脏器相联系的部位），通过横膈，联络小肠。

“心系”向上的支脉：挟着咽喉上行，联系于“目系”（眼球联系于脑的部位）。

“心系”直行的脉：上行于肺部，再向下出于腋窝部（极泉），沿着上臂内侧后缘，行于手太阴经和手厥阴经后面，到达肘窝，

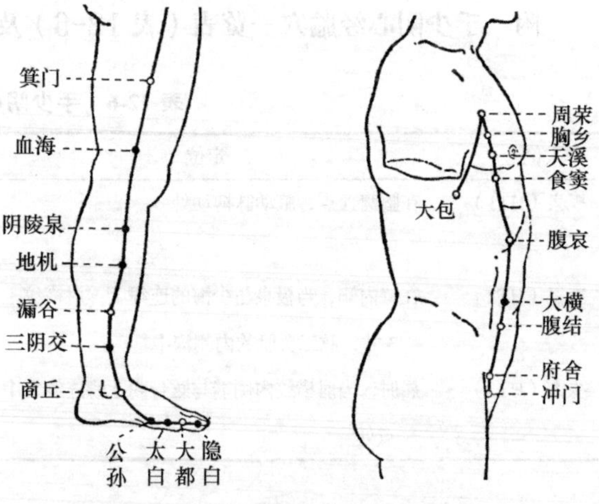

图12-27　足太阴脾经腧穴总图

沿前臂内侧后缘，到掌后豌豆骨部进入掌内，沿小指内侧至末端（少冲），与手太阳小肠经相接（图 12-28）。

（二）常用腧穴

本经所属腧穴共 9 个，常用腧穴介绍如下。

1. 通里（HT5）络穴

定位 在前臂掌侧，当尺侧腕屈肌腱的桡侧缘，腕横纹上 1 寸（图 12-29）。

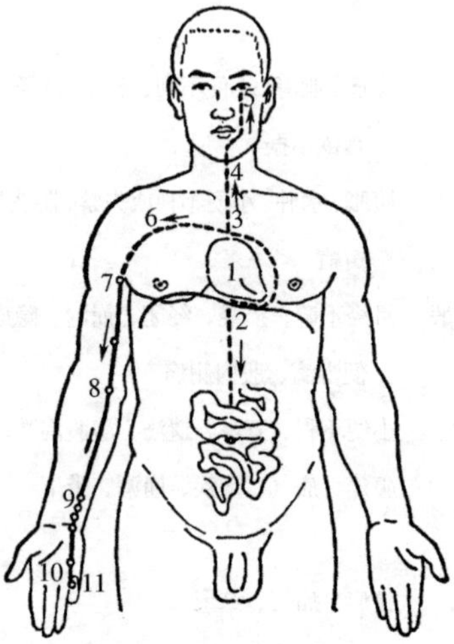

图 12-28 手少阴心经经脉循行示意图

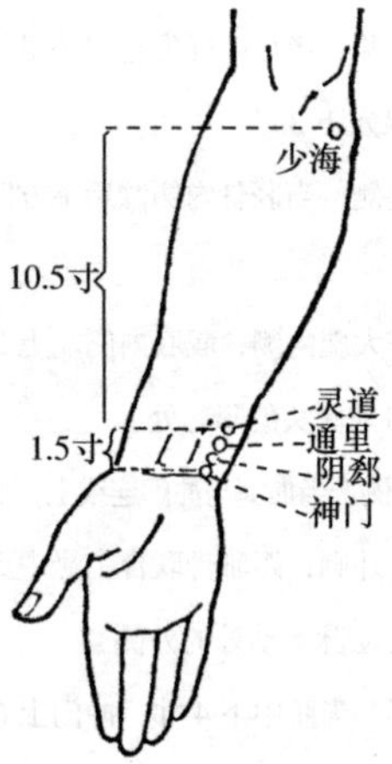

图 12-29 通里、神门穴位置示意图

主治 暴喑、舌强不语、心悸怔忡、腕臂痛。

操作 直刺 0.2 ～ 0.5 寸，可灸。

2. 神门（HT7）输穴；原穴

定位 在腕部，腕掌侧横纹尺侧端，尺侧腕屈肌腱的桡侧凹陷中（图 12-29）。

主治 心痛、心烦、健忘失眠、惊悸怔忡、痴呆、癫狂痫证、目黄胁痛、掌中热、呕血、吐血、头痛、眩晕、失音。

操作 直刺 0.2 ～ 0.5 寸，可灸。

附 手少阴心经腧穴一览表（表 12-6）及腧穴总图（图 12-30）

表 12-6 手少阴心经腧穴一览表

穴位	定位	主治
极泉（HT1）	在腋窝顶点，腋动脉搏动处	上肢不遂、心痛、胸闷、胁肋胀痛、瘰疬、肩臂疼痛、咽干烦渴
青灵（HT2）	在臂内侧，当极泉与少海的连线上，肘横纹上 3 寸，肱二头肌的内侧沟中	目黄、头痛、振寒、胁痛、肩臂痛
少海（HT3）	屈肘，当肘横纹内侧端与肱骨内上髁连线之中点处	心痛、臂麻酸痛、手颤、健忘、暴喑、肘臂伸屈不利、瘰疬、腋胁痛

续表

穴位	定位	主治
灵道（HT4）	在前臂掌侧，当尺侧腕屈肌腱的桡侧缘，腕横纹上1.5寸	心痛、心悸怔忡、暴喑、舌强不语、头晕目眩、肘臂挛痛
通里（HT5）	在前臂掌侧，当尺侧腕屈肌腱的桡侧缘，腕横纹上1寸	暴喑、舌强不语、心悸怔忡、腕臂痛
阴郄（HT6）	在前臂掌侧，当尺侧腕屈肌腱的桡侧缘，腕横纹上0.5寸	心痛、惊恐、心悸、吐血、衄血、失语、骨蒸盗汗
神门（HT7）	在腕部，腕掌侧横纹尺侧端，尺侧腕屈肌腱的桡侧凹陷中	心痛、心烦、健忘失眠、惊悸怔忡、痴呆、癫狂痫证、目黄胁痛、掌中热、呕血、吐血、头痛、眩晕、失音
少府（HT8）	在手掌面，第4、5掌骨之间，握拳时当小指尖处	心悸、胸痛、小便不利、遗尿、阴痒、阴痛、手小指拘急、掌中热、善惊
少冲（HT9）	在手小指末节桡侧，距指甲角0.1寸	心悸、心痛、癫狂、热病、中风昏迷、臂内后廉痛

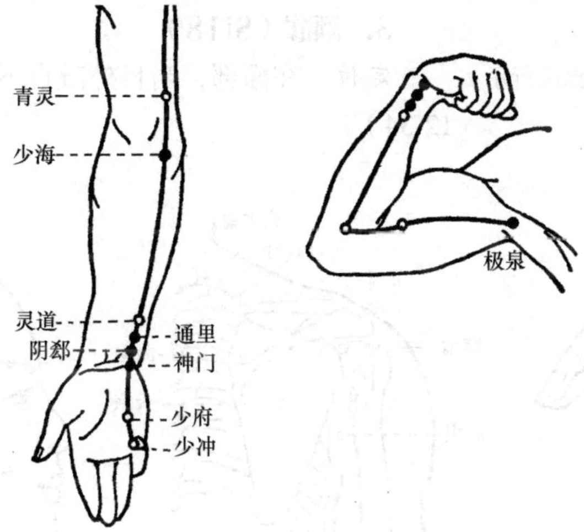

图 12-30　手少阴心经腧穴总图

六、手太阳小肠经

（一）经脉循行

起于手小指外侧端（少泽），沿手背外侧至腕部，出于尺骨茎突，直上沿前臂外侧后缘，经尺骨鹰嘴和肱骨内上髁之间，沿上臂外侧后缘，出于肩关节，绕行肩胛部，交会于大椎（督脉），向下进入缺盆部，联络心脏，沿着食管，通过横膈，到达胃部，属于小肠。

缺盆部支脉：沿着颈部，上达面颊，至目外眦，转入耳中（听宫）。

颊部支脉：上行目眶下，抵于鼻旁，至目内眦（睛明），与足太阳膀胱经相接，而又斜行络于颧骨部（图 12-31）。

（二）常用腧穴

本经所属腧穴共 19 个，常用腧穴介绍如下。

1. 后溪（SI3）输穴；八脉交会穴，通于督脉

定位 在手掌尺侧，微握拳，当小指本节（第 5 掌指关节）后的远侧掌指横纹头赤白肉际（图 12-32）。

主治 头项强痛、耳聋、热病、疟疾、癫狂、痫证、盗汗、目眩、目赤、咽喉肿痛。

操作 直刺 0.5 ～ 1 寸，可灸。

2. 天宗（SI11）

定位 在肩胛部，当冈下窝中央凹陷处，与第 4 胸椎相平（图 12-33）。

主治 肩胛疼痛、肘臂后外侧疼痛、气喘、乳痈。

操作 直刺或斜刺 0.5 ～ 1 寸，可灸。

3. 颧髎（SI18）

定位 在面部，当目外眦直下，颧骨下缘凹陷处（图 12-34）。

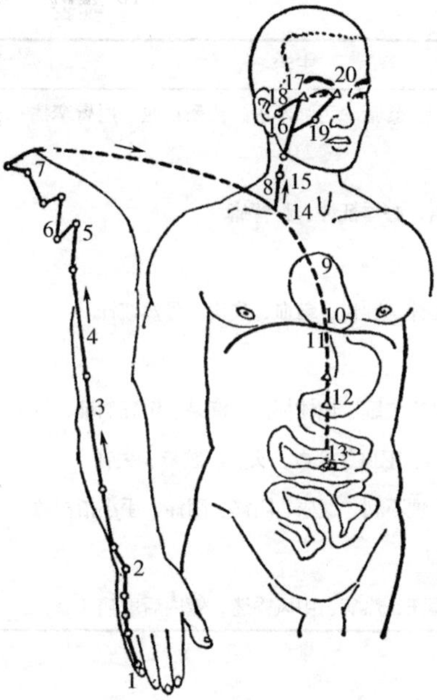

图 12-31 手太阳小肠经经脉循行示意图

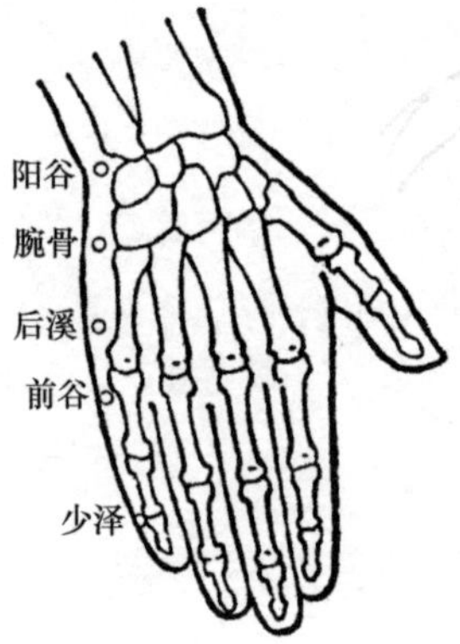

图 12-32 后溪穴位置示意图

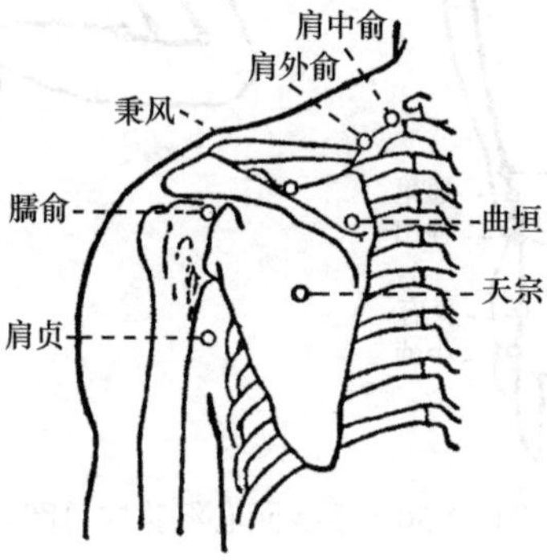

图 12-33 天宗穴位置示意图

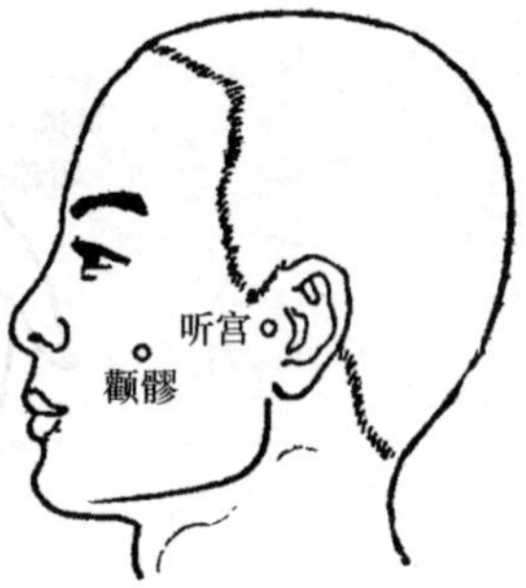

图 12-34 颧髎穴位置示意图

主治 口眼㖞斜、眼睑瞤动、齿痛、唇肿。

操作 直刺 0.3 ～ 0.5 寸，或斜刺 0.5 ～ 1 寸，可灸。

4. 听宫（SI19）

定位 在面部，耳屏前，下颌骨髁状突的后方，张口时呈凹陷处（图 12-34）。

主治 耳鸣、耳聋、聤耳、齿痛、癫狂痫。

操作 张口，直刺 1 ～ 1.5 寸，可灸。

附 手太阳小肠经腧穴一览表（表 12-7）及腧穴总图（图 12-35）

表 12-7　手太阳小肠经腧穴一览表

穴位	定位	主治
少泽（SI1）	在手小指末节尺侧，距指甲角 0.1 寸（指寸）	头痛、目翳、咽喉肿痛、乳痈、乳汁少、昏迷、热病、耳鸣、耳聋、肩臂外后侧疼痛
前谷（SI2）	在手尺侧，微握拳，当小指本节（第 5 掌指关节）前的掌指横纹头赤白肉际	热病汗不出、疟疾、癫狂、痫证、耳鸣、头痛、目痛、咽喉肿痛、乳少
后溪（SI3）	在手掌尺侧，微握拳，当小指本节（第 5 掌指关节）后的远侧掌指横纹头赤白肉际	头项强痛、耳聋、热病、疟疾、癫狂、痫证、盗汗、目眩、目赤、咽喉肿痛
腕骨（SI4）	在手掌尺侧，当第 5 掌骨基底与钩骨之间的凹陷处，赤白肉际	头痛、项强、耳鸣耳聋、目翳、指挛臂痛、热病汗不出、疟疾、胁痛
阳谷（SI5）	在手腕尺侧，当尺骨茎突与三角骨之间的凹陷处	头痛、目眩、耳鸣、耳聋、热病、癫狂痫、腕痛
养老（SI6）	在前臂背面尺侧，当尺骨小头近端桡侧凹陷中	目视不明、肩臂疼痛
支正（SI7）	在前臂背面尺侧，当阳谷与小海的连线上，腕背横纹上 5 寸	项强、肘挛、手指痛、头痛、热病、目眩、好笑善忘、消渴
小海（SI8）	在肘内侧，当尺骨鹰嘴与肱骨内上髁之间凹陷处	肘臂疼痛、癫痫、耳鸣、耳聋
肩贞（SI9）	在肩关节后下方，臂内收时，腋后纹头上 1 寸（指寸）	肩胛痛、手臂麻木、上肢不举、缺盆中痛
臑俞（SI10）	在肩部，当腋后横纹直上，肩胛冈下缘凹陷中	肩臂疼痛、瘰疬
天宗（SI11）	在肩胛部，当冈下窝中央凹陷处，与第 4 胸椎相平	肩胛疼痛、肘臂后外侧疼痛、气喘、乳痈
秉风（SI12）	在肩胛部冈上窝中央，天宗直上，举臂有凹陷处	肩臂疼痛、上肢酸麻
曲垣（SI13）	在肩胛部，冈上窝内侧端，当臑俞与第 2 胸椎棘突连线的中点处	肩胛部疼痛、拘挛
肩外俞（SI14）	在背部，当第 1 胸椎棘突下，旁开 3 寸	肩背酸痛、颈项强急
肩中俞（SI15）	在背部，当第 7 颈椎棘突下，旁开 2 寸	肩背疼痛、咳嗽、哮喘
天窗（SI16）	在颈外侧部，胸锁乳突肌的后缘，扶突后，与喉结相平	耳鸣、耳聋、咽喉肿痛、颈项强痛、暴喑、隐疹、癫狂
天容（SI17）	在颈外侧部，当下颌角的后方，胸锁乳突肌的前缘凹陷中	耳鸣、耳聋、咽喉肿痛、颈项强痛
颧髎（SI18）	在面部，当目外眦直下，颧骨下缘凹陷处	口眼㖞斜、眼睑瞤动、齿痛、唇肿
听宫（SI19）	在面部，耳屏前，下颌骨髁状突的后方，张口时呈凹陷处	耳鸣、耳聋、聤耳、齿痛、癫狂痫

七、足太阳膀胱经

（一）经脉循行

起于目内眦（睛明），上额，交于巅顶（百会）。

巅顶部的支脉：从头顶到颞颥部。

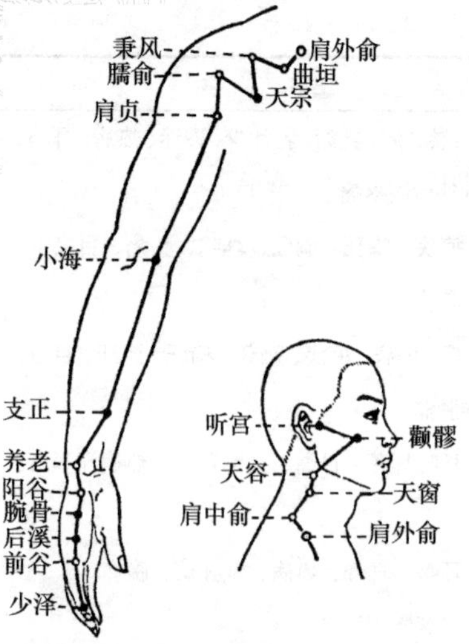

图 12-35 手太阳小肠经腧穴总图

巅顶部直行的脉：从头顶入里络于脑，回出分开下行项后，沿着肩胛部内侧，挟着脊柱，到达腰部，从脊旁肌肉进入体腔，联络肾脏，属于膀胱。

腰部的支脉：向下通过臀部，进入腘窝中。

后项的支脉：通过肩胛骨内缘直下，经过臀部（环跳）下行，沿着大腿后外侧，与腰部下来的支脉会合于腘窝中，由此向下，通过腓肠肌，出于外踝的后面，沿着第 5 跖骨粗隆，至小趾外侧端（至阴），与足少阴肾经相接（图 12-36）。

（二）常用腧穴

本经所属腧穴共 67 个，常用腧穴介绍如下。

1. 睛明（BL1）

定位 在面部，目内眦角稍上方凹陷处（图 12-37）。

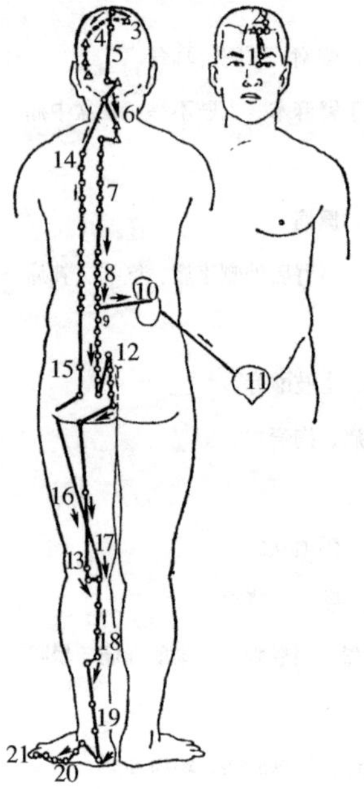

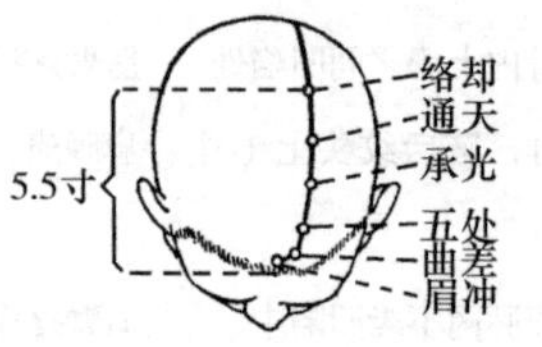

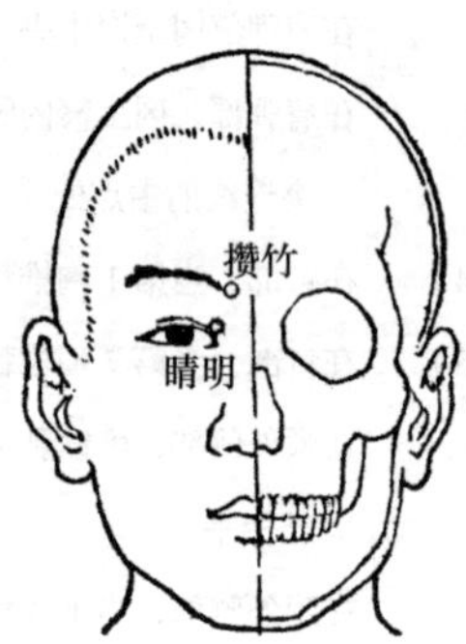

图 12-36 足太阳膀胱经经脉循行示意图

图 12-37 睛明穴位置示意图

主治 目赤肿痛、迎风流泪、胬肉攀睛、视物不明、近视、夜盲、目翳。

操作 嘱患者闭目，医者左手轻推眼球向外侧固定，右手缓慢进针，紧靠眶缘直刺 0.3～0.5 寸，不宜灸。针刺本穴容易引起内出血，出针后需用消毒干棉球按压片刻。不捻转，不提插（或只轻微地捻转和提插）。

2. 肺俞（BL13）肺背俞穴

定位 在背部，当第 3 胸椎棘突下，旁开 1.5 寸（图 12-38）。

主治 咳嗽、气喘、胸满、背痛、潮热、盗汗、骨蒸、吐血、鼻塞。

操作 斜刺 0.5～0.8 寸，不宜深刺，以免伤及内部重要脏器，可灸。

3. 心俞（BL15）心背俞穴

定位 在背部，当第5胸椎棘突下，旁开1.5寸（图12-38）。

主治 癫狂、痫证、惊悸、失眠、健忘、心烦、咳嗽、吐血、梦遗、心痛、胸背痛。

操作 斜刺0.5～0.8寸，不宜深刺，以免伤及内部重要脏器，可灸。

4. 肝俞（BL18）肝背俞穴

定位 在背部，当第9胸椎棘突下，旁开1.5寸（图12-38）。

主治 黄疸、胁痛、吐血、目赤、目视不明、眩晕、夜盲、癫狂、痫证、背痛。

操作 斜刺0.5～0.8寸，不宜深刺，以免伤及内部重要脏器，可灸。

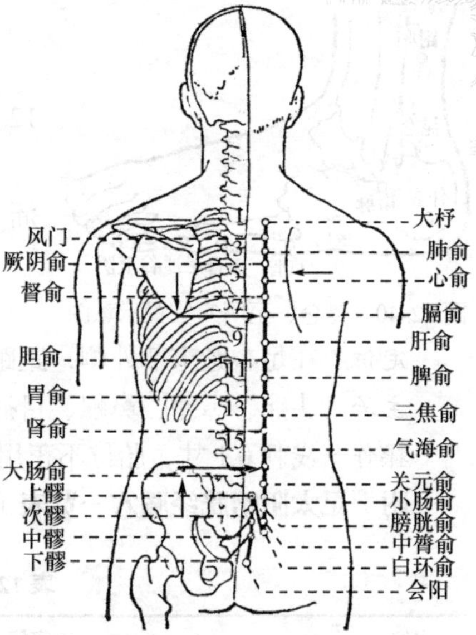

图12-38 肺俞、心俞、肝俞、脾俞、肾俞、大肠俞、次髎穴位置示意图

5. 脾俞（BL20）脾背俞穴

定位 在背部，当第11胸椎棘突下，旁开1.5寸（图12-38）。

主治 腹胀、泄泻、呕吐、胃痛、消化不良、水肿、背痛、黄疸。

操作 直刺0.5～1寸，可灸。

6. 肾俞（BL23）肾背俞穴

定位 在腰部，当第2腰椎棘突下，旁开1.5寸（图12-38）。

主治 遗精、阳痿、早泄、不孕、不育、遗尿、月经不调、白带、腰背酸痛、头昏、耳鸣、耳聋、小便不利、水肿、咳喘少气。

操作 直刺0.5～1寸，可灸。

7. 大肠俞（BL25）大肠背俞穴

定位 在腰部，当第4腰椎棘突下，旁开1.5寸（图12-38）。

主治 腰脊疼痛、腹痛、腹胀、泄泻、便秘、痢疾。

操作 直刺0.5～1.2寸，可灸。

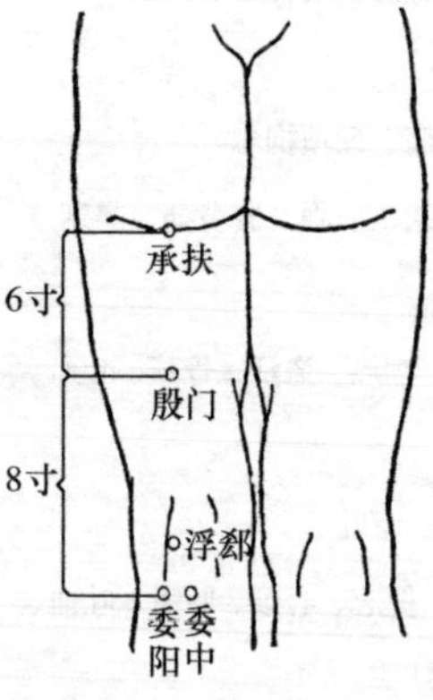

图12-39 委中穴位置示意图

8. 次髎（BL32）

定位 在骶部，当髂后上棘内下方，适对第2骶后孔处（图12-38）。

主治 腰痛、月经不调、痛经、小便不利、遗精、遗尿、下肢痿痹。

操作 直刺1～1.5寸，可灸。

9. 委中（BL40）合穴；膀胱下合穴

定位 在腘横纹中点，当股二头肌腱与半腱肌腱的中间（图12-39）。

主治 腰痛、下肢痿痹、中风昏迷、半身不遂、腹痛、呕吐、腹泻、小便不利、遗尿、丹毒。

操作 直刺1～1.5寸，或用三棱针点刺腘静脉出血。

10. 昆仑（BL60）经穴

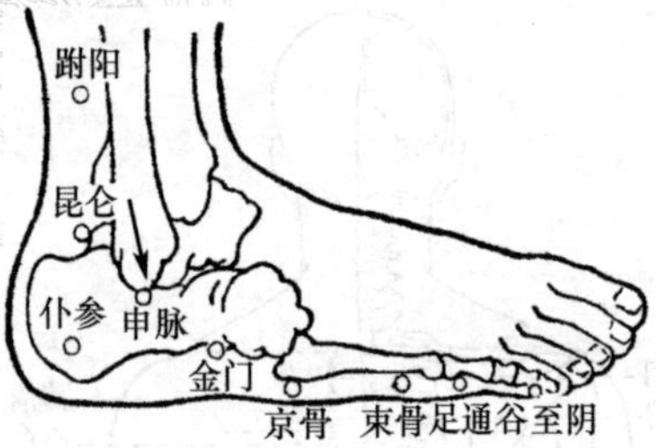

图 12-40　昆仑、至阴穴位置示意图

定位　在足部外踝后方，当外踝尖与跟腱之间凹陷处（图 12-40）。

主治　头痛、项强、目眩、鼻衄、疟疾、肩背拘急、腰痛、脚跟痛、小儿痫证、难产。

操作　直刺 0.5 ～ 0.8 寸，可灸。

11. 至阴（BL67）井穴

定位　在足小趾末节外侧，距趾甲角 0.1 寸（指寸）（图 12-40）。

主治　头痛、鼻塞、鼻衄、目痛、胞衣不下、胎位不正、难产。

操作　浅刺 0.1 寸，胎位不正用灸法。

附　足太阳膀胱经腧穴一览表（表 12-8）腧穴总图（图 12-41）

表 12-8　足太阳膀胱经腧穴一览表

穴位	定位	主治
睛明（BL1）	在面部，目内眦角稍上方凹陷处	目赤肿痛、迎风流泪、胬肉攀睛、视物不明、近视、夜盲、目翳
攒竹（BL2）	在面部，当眉头凹陷中，眶上切迹处	前额痛、眉棱骨痛、目眩、目视不明、目赤肿痛、近视、眼睑瞤动、面瘫
眉冲（BL3）	在头部，当攒竹直上入发际 0.5 寸，神庭与曲差连线之间	痫证、头痛、眩晕、目视不明、鼻塞
曲差（BL4）	在头部，当前发际正中直上 0.5 寸，旁开 1.5 寸，即神庭与头维连线的内 1/3 与中 1/3 交点上	头痛、眩晕、目视不明、目痛、鼻塞
五处（BL5）	在头部，当前发际正中直上 1 寸，旁开 1.5 寸	头痛、目眩、目视不明
承光（BL6）	在头部，当前发际正中直上 2.5 寸，旁开 1.5 寸	头痛、目眩、呕吐烦心、目视不明、鼻塞多涕、癫痫
通天（BL7）	在头部，当前发际正中直上 4 寸，旁开 1.5 寸	头痛、头重、眩晕、鼻塞、鼻渊
络却（BL8）	在头部，当前发际正中直上 5.5 寸，旁开 1.5 寸	眩晕、耳鸣、鼻塞、癫狂、痫证、目视不明
玉枕（BL9）	在后头部，当后发际正中直上 2.5 寸，旁开 1.3 寸，平枕外隆凸上缘的凹陷处	头痛、目痛、鼻塞、呕吐
天柱（BL10）	在项部，大筋（斜方肌）外缘之后发际凹陷中，约当后发际正中旁开 1.3 寸	头痛、项强、眩晕、目赤肿痛、肩背痛、鼻塞
大抒（BL11）	在背部，当第 1 胸椎棘突下，旁开 1.5 寸	咳嗽、发热、头痛、肩背痛、颈项拘急
风门（BL12）	在背部，当第 2 胸椎棘突下，旁开 1.5 寸	伤风咳嗽、发热头痛、目眩、项强、胸背痛、鼻塞多涕
肺俞（BL13）	在背部，当第 3 胸椎棘突下，旁开 1.5 寸	咳嗽、气喘、胸满、背痛、潮热、盗汗、骨蒸、吐血、鼻塞
厥阴俞（BL14）	在背部，当第 4 胸椎棘突下，旁开 1.5 寸	心痛、心悸、胸闷、咳嗽、呕吐
心俞（BL15）	在背部，当第 5 胸椎棘突下，旁开 1.5 寸	癫狂、痫证、惊悸、失眠、健忘、心烦、咳嗽、吐血、梦遗、心痛、胸背痛

续表

穴位	定位	主治
督俞（BL16）	在背部，当第 6 胸椎棘突下，旁开 1.5 寸	心痛、腹痛、腹胀、肠鸣、呃逆
膈俞（BL17）	在背部，当第 7 胸椎棘突下，旁开 1.5 寸	胃脘痛、呕吐、呃逆、饮食不下、咳嗽、吐血、潮热、盗汗
肝俞（BL18）	在背部，当第 9 胸椎棘突下，旁开 1.5 寸	黄疸、胁痛、吐血、目赤、目视不明、眩晕、夜盲、癫狂、痫证、背痛
胆俞（BL19）	在背部，当第 10 胸椎棘突下，旁开 1.5 寸	黄疸、胁痛、呕吐、食不化、口苦
脾俞（BL20）	在背部，当第 11 胸椎棘突下，旁开 1.5 寸	腹胀、泄泻、呕吐、胃痛、消化不良、水肿、背痛、黄疸
胃俞（BL21）	在背部，当第 12 胸椎棘突下，旁开 1.5 寸	胃脘痛、腹胀、呕吐、完谷不化、肠鸣、胸胁痛
三焦俞（BL22）	在腰部，当第 1 腰椎棘突下，旁开 1.5 寸	胃脘痛、腹胀、呕吐、完谷不化、肠鸣、胸胁痛
肾俞（BL23）	在腰部，当第 2 腰椎棘突下，旁开 1.5 寸	遗精、阳痿、早泄、不孕、不育、遗尿、月经不调、白带、腰背酸痛、头昏、耳鸣、耳聋、小便不利、水肿、咳喘少气
气海俞（BL24）	在腰部，当第 3 腰椎棘突下，旁开 1.5 寸	腰痛、痛经、肠鸣、痔疾
大肠俞（BL25）	在腰部，当第 4 腰椎棘突下，旁开 1.5 寸	腰脊疼痛、腹痛、腹胀、泄泻、便秘、痢疾
关元俞（BL26）	在腰部，当第 5 腰椎棘突下，旁开 1.5 寸	腹胀、泄泻、小便不利、遗尿、消渴、腰痛
小肠俞（BL27）	在骶部，当骶正中嵴旁 1.5 寸，平第 1 骶后孔	遗精、遗尿、白带、小腹胀痛、泄泻、痢疾、腰腿痛
膀胱俞（BL28）	在骶部，当骶正中嵴旁 1.5 寸，平第 2 骶后孔	遗尿、遗精、小便不利、泄泻、腰骶部疼痛
中膂俞（BL29）	在骶部，当骶正中嵴旁 1.5 寸，平第 3 骶后孔	腰酸痛、消渴、痢疾
白环俞（BL30）	在骶部，当骶正中嵴旁 1.5 寸，平第 4 骶后孔	腰腿痛、白带、遗精、月经不调
上髎（BL31）	在骶部，当髂后上棘与后正中线之间，适对第 1 骶后孔处	腰痛、月经不调、带下、遗精、阳痿、大小便不利
次髎（BL32）	在骶部，当髂后上棘内下方，适对第 2 骶后孔处	腰痛、月经不调、痛经、小便不利、遗精、遗尿、下肢痿痹
中髎（BL33）	在骶部，当次髎下内方，适对第 3 骶后孔处	腰痛、月经不调、小便不利、赤白带下、便秘
下髎（BL34）	在骶部，当中髎下内方，适对第 4 骶后孔处	腰痛、小便不利、肠鸣、便秘、小腹痛
会阳（BL35）	在骶部，尾骨尖旁开 0.5 寸	阳痿、遗精、带下、痢疾、泄泻、痔疾
承扶（BL36）	在大腿后面，臀下横纹的中点	腰骶臀股部疼痛、痔疾
殷门（BL37）	在大腿后面，承扶与委中连线上，承扶下 6 寸	腰腿痛、下肢痿痹
浮郄（BL38）	在腘横纹外侧端，委阳上 1 寸，股二头肌腱内侧	膝腘部疼痛、麻木、挛急
委阳（BL39）	在腘横纹外侧端，当股二头肌腱的内侧	腹满、小便不利、腰脊强痛、下肢挛痛
委中（BL40）	在腘横纹中点，当股二头肌腱与半腱肌腱的中间	腰痛、下肢痿痹、中风昏迷、半身不遂、腹痛、呕吐、腹泻、小便不利、遗尿、丹毒
附分（BL41）	在背部，当第 2 胸椎棘突下，旁开 3 寸	肩背拘急、颈项强痛、肘臂麻木
魄户（BL42）	在背部，当第 3 胸椎棘突下，旁开 3 寸	咳嗽、气喘、肺结核、肩背痛

续表

穴位	定位	主治
膏肓（BL43）	在背部，当第4胸椎棘突下，旁开3寸	咳嗽、气喘、吐血、盗汗、肺结核、健忘、遗精、肩胛背痛
神堂（BL44）	在背部，当第5胸椎棘突下，旁开3寸	咳嗽、气喘、胸闷、背痛
譩譆（BL45）	在背部，当第6胸椎棘突下，旁开3寸	咳嗽、气喘、肩背痛、疟疾、热病
膈关（BL46）	在背部，当第7胸椎棘突下，旁开3寸	呕吐、嗳气、食不下、胸闷、脊背强痛
魂门（BL47）	在背部，当第9胸椎棘突下，旁开3寸	胸胁痛、呕吐、背痛
阳纲（BL48）	在背部，当第10胸椎棘突下，旁开3寸	肠鸣、泄泻、黄疸、消渴、腹痛
意舍（BL49）	在背部，当第11胸椎棘突下，旁开3寸	腹胀、肠鸣、呕吐、食不下
胃仓（BL50）	在背部，当第12胸椎棘突下，旁开3寸	胃脘痛、腹胀、消化不良、水肿、背痛
肓门（BL51）	在腰部，当第1腰椎棘突下，旁开3寸	腹痛、便秘、痞块、乳疾
志室（BL52）	在腰部，当第2腰椎棘突下，旁开3寸	遗精、阳痿、阴痛、小便不利、水肿、腰脊强痛
胞肓（BL53）	在臀部，平第2骶后孔，骶正中嵴旁开3寸	肠鸣、腹胀、腰痛、小便不利、阴肿
秩边（BL54）	在臀部，平第4骶后孔，骶正中嵴旁开3寸	腰腿痛、下肢痿痹、阴痛、痔疾
合阳（BL55）	在小腿后面，当委中与承山的连线上，委中下2寸	腰脊强痛、下肢痿痹、疝气、崩漏
承筋（BL56）	在小腿后面，当委中与承山的连线上，腓肠肌肌腹中央，委中下5寸	小腿痛、霍乱转筋、痔疾、腰背拘急
承山（BL57）	在小腿后面正中，委中与昆仑之间，当伸直小腿或足上提时腓肠肌肌腹下出现尖角凹陷处	腰背痛、小腿转筋、痔疾、便秘、腹痛、疝气
飞扬（BL58）	在小腿后面，当外踝后昆仑直上7寸，承山外下方1寸处	头痛、目眩、鼻塞、鼻衄、腰背痛、腿软无力、痔瘘、癫狂
跗阳（BL59）	在小腿后面，当外踝后昆仑直上3寸	头重、头痛、腰腿痛、下肢瘫痪、外踝红肿
昆仑（BL60）	在足部外踝后方，当外踝尖与跟腱之间凹陷处	头痛、项强、目眩、鼻衄、疟疾、肩背拘急、腰痛、脚跟痛、小儿痫证、难产
仆参（BL61）	在足外踝部后下方，昆仑穴直下，跟骨外侧赤白肉际处	下肢痿痹、足跟痛、霍乱转筋、癫痫、脚气、膝肿
申脉（BL62）	在足外侧部，外踝直下方凹陷中	痫证、癫狂、头痛、失眠、眩晕、腰痛、目赤痛、项强
金门（BL63）	在足外侧，当外踝前缘直下，骰骨下缘处	癫痫、小儿惊风、腰痛、下肢痹痛
京骨（BL64）	在足外侧，第5跖骨粗隆下方，赤白肉际处	头痛、项强、腰腿痛、目翳、癫痫
束骨（BL65）	在足外侧，足小趾本节（第5跖趾关节）的后方，赤白肉际处	头痛、项强、目眩、癫狂、腰背痛、下肢后侧痛
足通谷（BL66）	在足外侧，足小趾本节（第5跖趾关节）的前方，赤白肉际处	头痛、项强、目眩、鼻衄、癫狂
至阴（BL67）	在足小趾末节外侧，距趾甲角0.1寸（指寸）	头痛、鼻塞、鼻衄、目痛、胞衣不下、胎位不正、难产

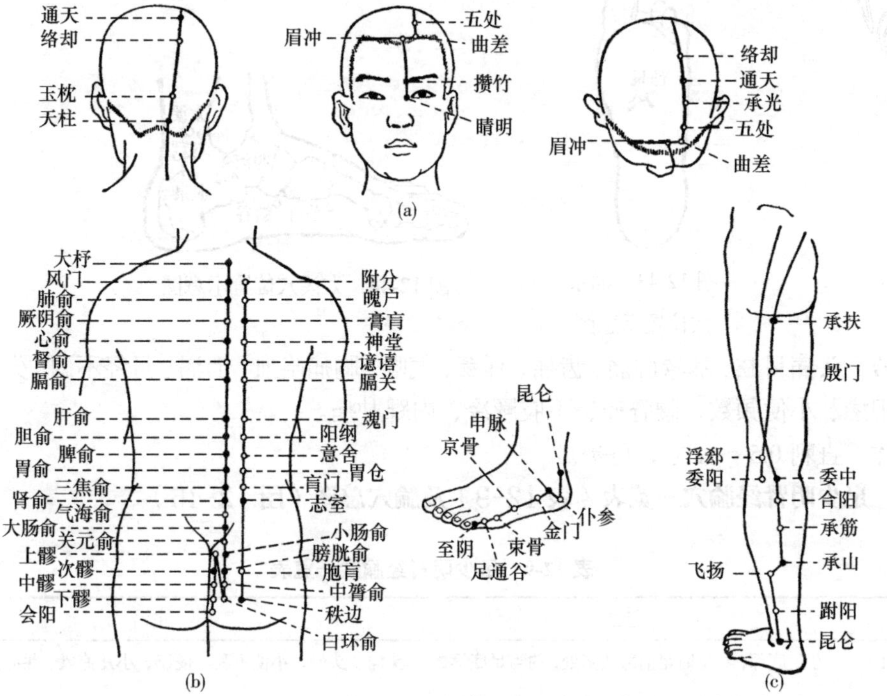

图 12-41　足太阳膀胱经腧穴总图

八、足少阴肾经

（一）经脉循行

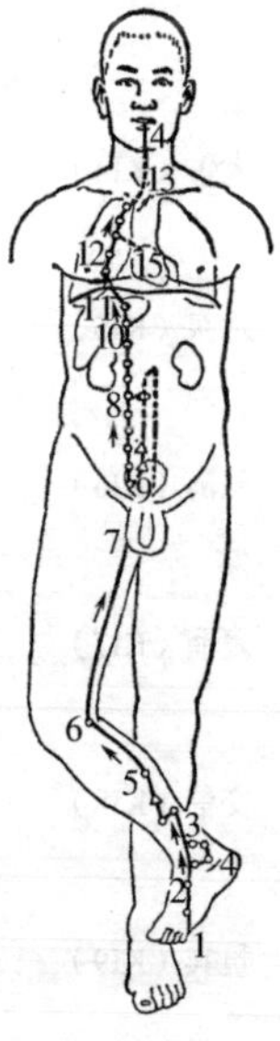

图 12-42　足少阴肾经经脉循行示意图

起于足小趾之下，斜向足心（涌泉），出于舟骨粗隆下，沿内踝后，进入足跟，再向上行于腿肚内侧，出腘窝内侧，向上行股内后缘，通向脊柱（长强），属于肾（腧穴通路：还出于前，向上行腹部前正中线旁开 0.5 寸，胸部前正中线旁开 2 寸，终止于锁骨下缘俞府穴），联络膀胱。

肾脏部直行的脉：从肾上贯肝膈，入肺中，循着喉咙，上挟舌本。

肺部的支脉：从肺出来络心，注入胸中，与手厥阴心包经交接（图 12-42）。

（二）常用腧穴

本经所属腧穴共 27 个，常用腧穴介绍如下。

1. 涌泉（KI1）井穴

定位　在足底部，卷足时足前部凹陷处，约当足底第 2、3 趾趾缝纹头端与足跟连线的前 1/3 与后 2/3 交点上（图 12-43）。

主治　头痛、头晕、小便不利、便秘、小儿惊风、足心热、癫证、昏厥。

操作　直刺 0.5 ～ 1 寸，可灸。

2. 太溪（KI3）输穴；原穴

定位　在足内侧内踝后方，当内踝尖与跟腱之间的凹陷处（图 12-44）。

图 12-43 涌泉穴位置示意图

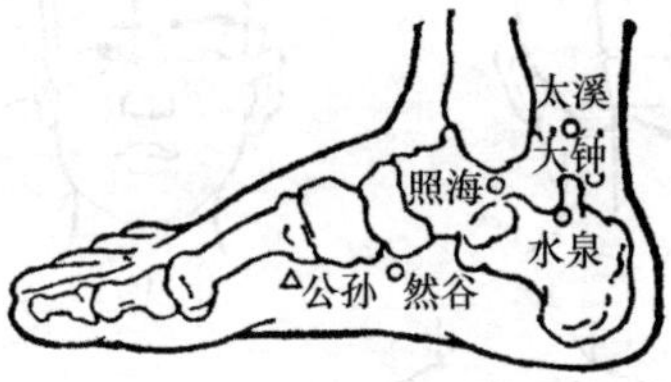

图 12-44 太溪穴位置示意图

主治 头痛目眩、咽喉肿痛、齿痛、耳聋、气喘、胸痛咯血、消渴、月经不调、失眠、健忘、遗精、阳痿、小便频数、腰脊痛、下肢厥冷、内踝肿痛。

操作 直刺 0.5～1 寸，可灸。

附 足少阴肾经腧穴一览表（表 12-9）及腧穴总图（图 12-45）

表 12-9 足少阴肾经腧穴一览表

穴位	定位	主治
涌泉（KI1）	在足底部，卷足时足前部凹陷处，约当足底第 2、3 趾趾缝纹头端与足跟连线的前 1/3 与后 2/3 交点上	头痛、头晕、小便不利、便秘、小儿惊风、足心热、癫证、昏厥
然谷（KI2）	在足内侧缘，足舟骨粗隆下方，赤白肉际	月经不调、带下、遗精、小便不利、泄泻、胸胁胀痛、咳血、小儿脐风、口噤不开、黄疸、下肢痿痹、足跗痛
太溪（KI3）	在足内侧内踝后方，当内踝尖与跟腱之间的凹陷处	头痛目眩、咽喉肿痛、齿痛、耳聋、气喘、胸痛咯血、消渴、月经不调、失眠、健忘、遗精、阳痿、小便频数、腰脊痛、下肢厥冷、内踝肿痛
大钟（KI4）	在足内侧内踝后下方，当跟腱附着部的内侧前方凹陷处	咳血、腰脊强痛、痴呆、嗜卧、月经不调、足跟痛
水泉（KI5）	在足内侧内踝后下方，当太溪直下 1 寸（指寸），跟骨结节内侧凹陷处	月经不调、痛经、小便不利、腹痛、头昏目花
照海（KI6）	在足内侧，内踝尖下方凹陷处	痫证、失眠、小便不利、小便频数、咽干咽痛、目赤肿痛、月经不调、痛经、赤白带下
复溜（KI7）	在小腿内侧，太溪直上 2 寸，跟腱的前方	泄泻、肠鸣、水肿、腹胀、腿肿、足痿、盗汗、身热无汗、腰脊强痛
交信（KI8）	在小腿内侧，太溪直上 2 寸，复溜前 0.5 寸，胫骨内侧缘的后方	月经不调、崩漏、阴挺、泄泻、大便难、睾丸肿痛、五淋、疝气、阴痒、泻痢赤白和膝、股、腘内廉痛
筑宾（KI9）	在小腿内侧，当太溪与阴谷的连线上，太溪上 5 寸，腓肠肌肌腹的内下方	癫狂、痫证、呕吐、疝气、小腿内侧痛
阴谷（KI10）	在腘窝内侧，屈膝时当半腱肌腱与半膜肌腱之间	阳痿、疝气、月经不调、崩漏、小便难、阴中痛、癫狂、膝股内侧痛
横骨（KI11）	在下腹部，当脐中下 5 寸，前正中线旁开 0.5 寸	少腹胀痛、遗精、阳痿、遗尿、小便不利、疝气

续表

穴位	定位	主治
大赫（KI12）	在下腹部，当脐中下 4 寸，前正中线旁开 0.5 寸	阴挺、遗精、带下、月经不调、痛经、泄泻
气穴（KI13）	在下腹部，当脐中下 3 寸，前正中线旁开 0.5 寸	月经不调、带下、小便不利、泄泻
四满（KI14）	在下腹部，当脐中下 2 寸，前正中线旁开 0.5 寸	月经不调、带下、遗尿、遗精、疝气、便秘、腹痛、水肿
中注（KI15）	在下腹部，当脐中下 1 寸，前正中线旁开 0.5 寸	月经不调、腹痛、便秘、泄泻
肓俞（KI16）	在腹中部，当脐中旁开 0.5 寸	腹痛、腹胀、呕吐、便秘、泄泻
商曲（KI17）	在上腹部，当脐中上 2 寸，前正中线旁开 0.5 寸	腹痛、泄泻、便秘
石关（KI18）	在上腹部，当脐中上 3 寸，前正中线旁开 0.5 寸	呕吐、腹痛、便秘、不孕
阴都（KI19）	在上腹部，当脐中上 4 寸，前正中线旁开 0.5 寸	腹痛、腹泻、月经不调、不孕、便秘
腹通谷（KI20）	在上腹部，当脐中上 5 寸，前正中线旁开 0.5 寸	腹胀、腹痛、呕吐
幽门（KI21）	在上腹部，当脐中上 6 寸，前正中线旁开 0.5 寸	腹胀、腹痛、呕吐、泄泻
步廊（KI22）	在胸部，当第 5 肋间隙，前正中线旁开 2 寸	胸痛、咳嗽、气喘、呕吐、乳痈
神封（KI23）	在胸部，当第 4 肋间隙，前正中线旁开 2 寸	咳嗽、气喘、胸胁支满、呕吐、不嗜食、乳痈
灵墟（KI24）	在胸部，当第 3 肋间隙，前正中线旁开 2 寸	咳嗽、气喘、痰多、胸胁胀痛、呕吐、乳痈
神藏（KI25）	在胸部，当第 2 肋间隙，前正中线旁开 2 寸	咳嗽、气喘、胸痛、烦满、呕吐、不嗜食
彧中（KI26）	在胸部，当第 1 肋间隙，前正中线旁开 2 寸	咳嗽、气喘、胸胁胀满、不嗜食
俞府（KI27）	在胸部，当锁骨下缘，前正中线旁开 2 寸	咳嗽、气喘、胸痛、呕吐、不嗜食

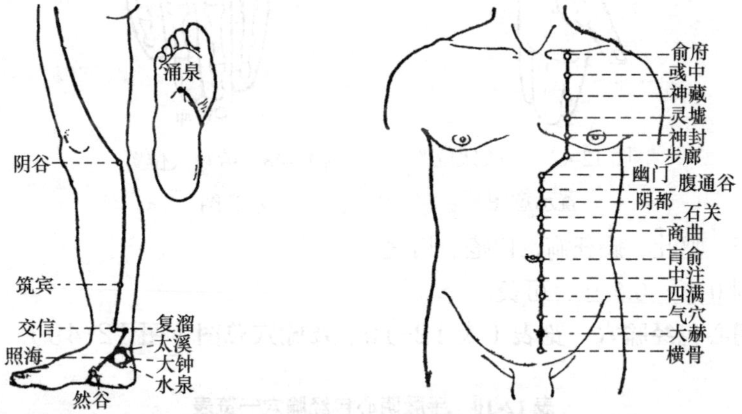

图 12-45　足少阴肾经腧穴总图

九、手厥阴心包经

（一）经脉循行

起于胸中，出属心包络，向下通过膈肌，从胸至腹依次联络上、中、下三焦。

胸部支脉：沿着胸中，出于胁部，至腋下 3 寸处（天池），上行抵腋窝中，沿上臂内侧，行于手太阴和手少阴之间，进入肘窝中，向下行于前臂的两筋（桡侧腕屈肌腱与掌长肌腱）之间，进入掌中，沿着中指到指端（中冲）。

掌中支脉：从劳宫分出，沿无名指到指端（关冲），与手少阳三焦经相接（图 12-46）。

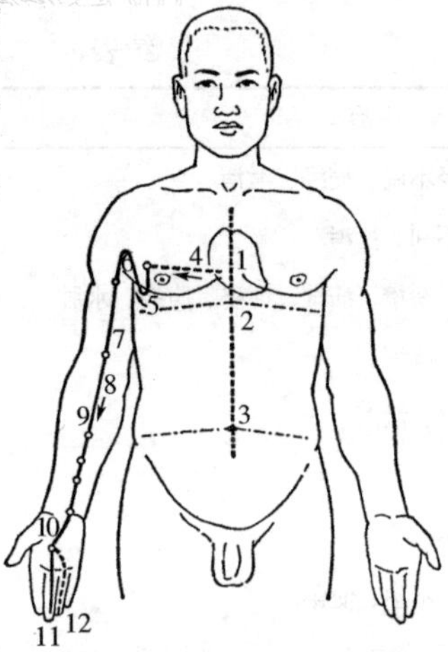

图 12-46　手厥阴心包经经脉循行示意图

（二）常用腧穴

本经所属腧穴共 9 个，常用腧穴介绍如下。

1. 内关（PC6）络穴；八脉交会穴，通阴维脉

定位　在前臂掌侧，当曲泽与大陵的连线上，腕横纹上 2 寸，掌长肌腱与桡侧腕屈肌腱之间（图 12-47）。

主治　心痛、心悸、胸闷、胸痛、胃痛、呕吐、呃逆、癫痫、热病、上肢痹痛、偏瘫、失眠、眩晕、偏头痛。

操作　直刺 0.5 ～ 1 寸，可灸。

2. 劳宫（PC8）荥穴

定位　在手掌心，当第 2、第 3 掌骨之间，偏于第 3 掌骨，握拳屈指时中指尖处（图 12-48）。

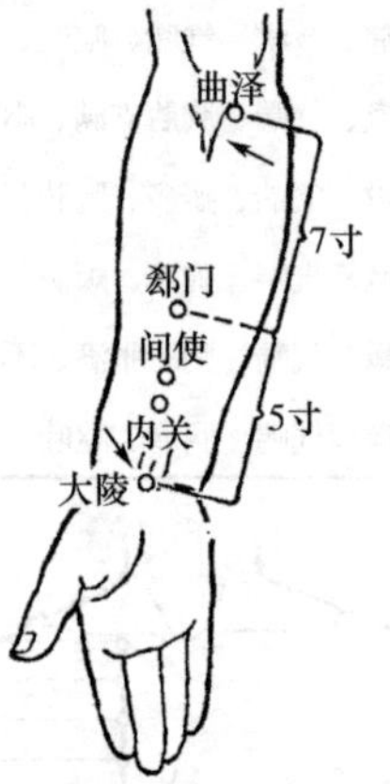

图 12-47　内关穴位置示意图

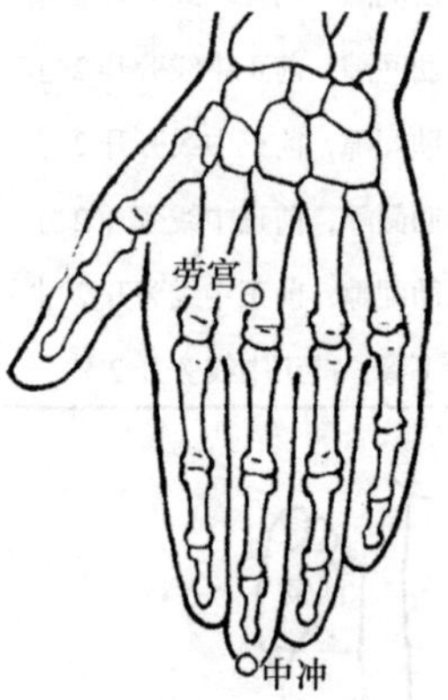

图 12-48　劳宫穴位置示意图

主治　心痛、呕吐、癫狂痫、口疮、口臭。

操作　直刺 0.3 ～ 0.5 寸，可灸。

附　手厥阴心包经腧穴一览表（表 12-10）及腧穴总图（图 12-49）

表 12-10　手厥阴心包经腧穴一览表

穴位	定位	主治
天池（PC1）	在胸部，当第 4 肋间隙，乳头外 1 寸，前正中线旁开 5 寸	咳嗽、气喘、胸闷、心烦、胁肋疼痛
天泉（PC2）	在臂内侧，当腋前横纹头下 2 寸，肱二头肌的长、短头之间	心痛、咳嗽、胸胁胀痛、臂痛
曲泽（PC3）	在肘横纹中，当肱二头肌腱的尺侧缘	心痛、心悸、胃痛、呕吐、泄泻、热病、肘臂挛痛
郄门（PC4）	在前臂掌侧，当曲泽与大陵的连线上，腕横纹上 5 寸	心痛、心悸、呕血、咳血、癫痫
间使（PC5）	在前臂掌侧，当曲泽与大陵的连线上，腕横纹上 3 寸，掌长肌腱与桡侧腕屈肌腱之间	心痛、心悸、胃痛、呕血、热病、疟疾、癫狂痫、臂痛

续表

穴位	定位	主治
内关（PC6）	在前臂掌侧，当曲泽与大陵的连线上，腕横纹上2寸，掌长肌腱与桡侧腕屈肌腱之间	心痛、心悸、胸闷、胸痛、胃痛、呕吐、呃逆、癫痫、热病、上肢痹痛、偏瘫、失眠、眩晕、偏头痛
大陵（PC7）	在腕掌横纹的中点处，掌长肌腱与桡侧腕屈肌腱之间	心痛、心悸、胃痛、呕吐、癫狂、疮疡、胸胁痛、桡腕关节疼痛
劳宫（PC8）	在手掌心，当第2、第3掌骨之间，偏于第3掌骨，握拳屈指时中指尖处	心痛、呕吐、癫狂痫、口疮、口臭
中冲（PC9）	在手中指末节尖端中央	心痛、昏迷、舌强肿痛、热病、小儿夜啼、中暑、昏厥

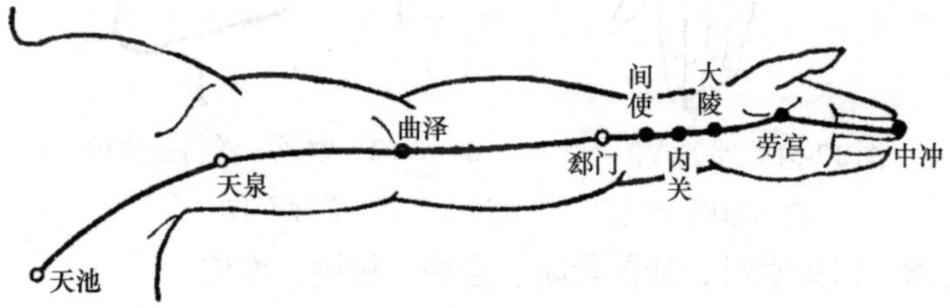

图12-49 手厥阴心包经腧穴总图

十、手少阳三焦经

（一）经脉循行

起于无名指末端（关冲），上行于小指与无名指之间，沿着手背，出于前臂外侧尺骨和桡骨之间，向上通过肘尖，沿上臂外侧，上达肩部，交出足少阳经的后面，向上进入缺盆，分布于胸中，散络于心包，向下通过膈肌，从胸至腹，属上、中、下三焦。

胸中支脉：从胸向上，出于缺盆部，上走颈旁，联系耳后，沿耳后直上，出于耳部上行额角，再屈而下行至面颊部，到达眼下部。

耳部支脉：从耳后进入耳中，出走耳前，与前脉交叉于面颊部，到达目外眦（丝竹空之下），与足少阳胆经相接（图12-50）。

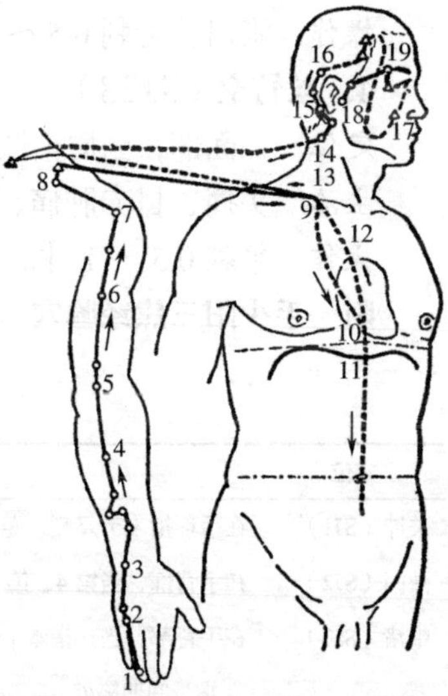

图12-50 手少阳三焦经经脉循行示意图

（二）常用腧穴

本经所属腧穴共23个，常用腧穴介绍如下。

1. 外关（SJ5）络穴；八脉交会穴，通阳维脉

定位 在前臂背侧，当阳池与肘尖的连线上，腕背横纹上2寸，尺骨与桡骨之间（图12-51）。

主治 热病、头痛、颊痛、目赤肿痛、耳鸣、耳聋、瘰疬、胁肋痛、上肢痹痛。

操作 直刺0.5～1寸，可灸。

2. 翳风（SJ17）

定位 在耳垂后方，当乳突与下颌角之间的凹陷处（图12-52）。

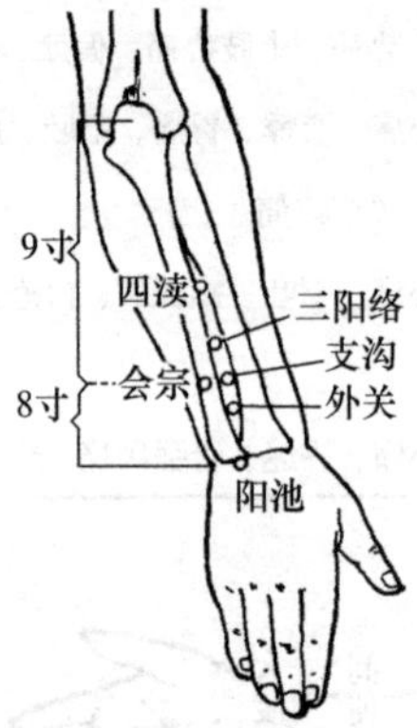

图12-51 外关穴位置示意图

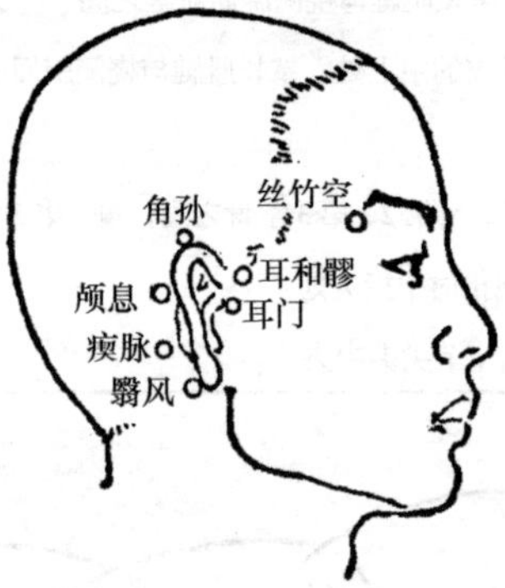

图12-52 翳风、丝竹空穴位置示意图

主治 耳鸣、耳聋、口眼㖞斜、牙关紧闭、齿痛、颊肿、瘰疬。

操作 直刺0.8～1.2寸，可灸。

3. 耳门（SJ21）

定位 在面部，当耳屏上切迹的前方，下颌骨髁状突后缘，张口有凹陷处（图12-52）。

主治 耳鸣、耳聋、聤耳、齿痛。

操作 张口，直刺0.5～1寸，可灸。

4. 丝竹空（SJ23）

定位 在面部，当眉梢凹陷处（图12-52）。

主治 头痛、目赤肿痛、眼睑瞤动、齿痛、癫狂痫。

操作 平刺0.5～1寸。

附　手少阳三焦经腧穴一览表（表12-11）及腧穴总图（图12-53）

表12-11　手少阳三焦经腧穴一览表

穴位	定位	主治
关冲（SJ1）	在手环指末节尺侧，距指甲角0.1寸（指寸）	头痛、目赤、耳聋、喉痹、热病、昏厥
液门（SJ2）	在手背部，当第4、第5指间，指蹼缘后方赤白肉际处	头痛、目赤、耳聋、耳鸣、喉痹、疟疾、手臂痛
中渚（SJ3）	在手背部，当环指本节（掌指关节）的后方，第4、第5掌骨间凹陷处	头痛、目赤、耳聋、耳鸣、喉痹、热病、手指不能屈伸
阳池（SJ4）	在腕背横纹中，当指伸肌腱的尺侧缘凹陷处	目赤肿痛、耳聋、喉痹、疟疾、消渴、腕痛
外关（SJ5）	在前臂背侧，当阳池与肘尖的连线上，腕背横纹上2寸，尺骨与桡骨之间	热病、头痛、颊痛、目赤肿痛、耳鸣、耳聋、瘰疬、胁肋痛、上肢痹痛
支沟（SJ6）	在前臂背侧，当阳池与肘尖的连线上，腕背横纹上3寸，尺骨与桡骨之间	耳鸣、耳聋、暴喑、瘰疬、胁肋痛、便秘、热病

续表

穴位	定位	主治
会宗（SJ7）	在前臂背侧，当腕横纹上3寸，支沟尺侧，尺骨的桡侧缘	耳聋、癫痫、上肢痹痛
三阳络（SJ8）	在前臂背侧，腕背横纹上4寸，尺骨与桡骨之间	耳聋、暴喑、齿痛、上肢痹痛
四渎（SJ9）	在前臂背侧，当阳池与肘尖的连线上，肘尖下5寸，尺骨与桡骨之间	耳聋、暴喑、齿痛、手臂痛
天井（SJ10）	在臂外侧，屈肘时当肘尖直上1寸凹陷处	偏头痛、耳聋、瘰疬、胸胁痛、癫痫
清冷渊（SJ11）	在臂外侧，屈肘时当肘尖直上2寸，即天井上1寸	头痛、目黄、上肢痹痛
消泺（SJ12）	在臂外侧，当清冷渊与臑会连线的中点处	头痛、齿痛、项强、肩背痛
臑会（SJ13）	在臂外侧，当肘尖与肩髎的连线上，肩髎下3寸，三角肌的后下缘	瘿气、瘰疬、上肢痹痛
肩髎（SJ14）	在肩部，肩髃后方，当臂外展时，于肩峰后下方呈现凹陷处	臂痛、肩痛不能举
天髎（SJ15）	在肩胛部，肩井与曲垣的中间，当肩胛骨上角处	肩臂痛、颈项强直
天牖（SJ16）	在颈侧部，当乳突的后方直下，平下颌角，胸锁乳突肌的后缘	头痛、头晕、目痛、耳聋、瘰疬、项强
翳风（SJ17）	在耳垂后方，当乳突与下颌角之间的凹陷处	耳鸣、耳聋、口眼㖞斜、牙关紧闭、齿痛、颊肿、瘰疬
瘈脉（SJ18）	在头部，耳后乳突中央，当角孙至翳风之间，沿耳轮连线的中、下1/3的交点处	头痛、耳鸣、耳聋、小儿惊风
颅息（SJ19）	在头部，当角孙至翳风之间，沿耳轮连线的上、中1/3的交点处	头痛、耳鸣、耳聋、小儿惊风
角孙（SJ20）	在头部，折耳郭向前，当耳尖直上入发际处	颊肿、目翳、齿痛、项强
耳门（SJ21）	在面部，当耳屏上切迹的前方，下颌骨髁状突后缘，张口有凹陷处	耳鸣、耳聋、聤耳、齿痛
耳和髎（SJ22）	在头侧部，当鬓发后缘，平耳郭根之前方，颞浅动脉的后缘	头痛、耳鸣、牙关紧闭、口㖞
丝竹空（SJ23）	在面部，当眉梢凹陷处	头痛、目赤肿痛、眼睑瞤动、齿痛、癫狂痫

十一、足少阳胆经

（一）经脉循行

起于目外眦（瞳子髎），上行到额角，下耳后，沿颈旁，行手少阳三焦经之前，至肩上退后，交出手少阳三焦经之后，向下进入缺盆。

耳后支脉：从耳后进入耳中，出走耳前，至目外眦后方。

外眦部支脉：从目外眦处分出，下走大迎，会合手少阳三焦经到达目眶下，下行经颊车，于颈部向下会合前脉于缺盆，然后向下进入胸中，通过膈肌，络于肝，属于胆，沿着胁肋内，出于少腹两侧腹股沟动脉部，绕阴部毛际，横行进入髋关节部。

缺盆部直行脉：从缺盆下行腋下，沿胸侧，经过季胁，下行会合前脉于髋关节部，再向下沿着大腿外侧，出膝外侧，下行经腓骨前面，直下到达腓骨下段，下出外踝之前，沿足背部，进入第 4 趾外侧端。

足背部支脉：从足背分出，沿第 1、2 跖骨间，出于大趾端，穿过趾甲，回过来到趾甲后的毫毛部（大敦），与足厥阴肝经相接（图 12-54）。

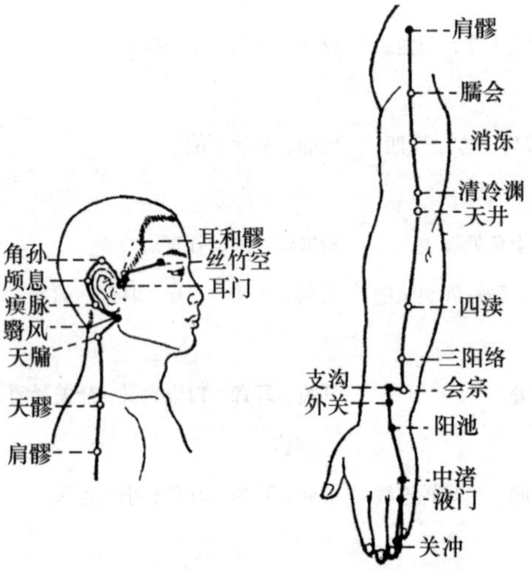

图 12-53　手少阳三焦经腧穴总图

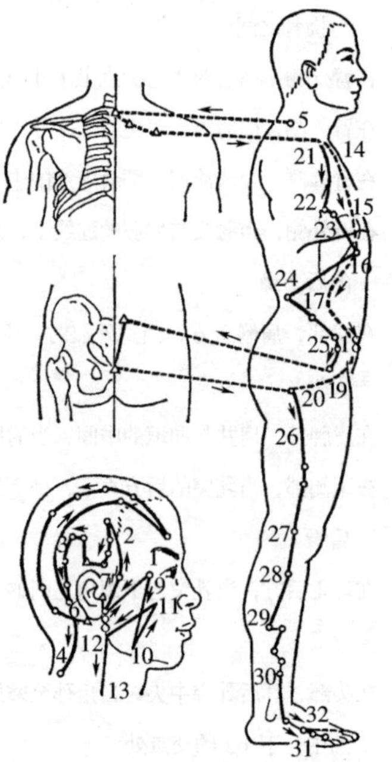

图 12-54　足少阳胆经经脉循行示意图

（二）常用腧穴

本经所属腧穴共 44 个，常用腧穴介绍如下。

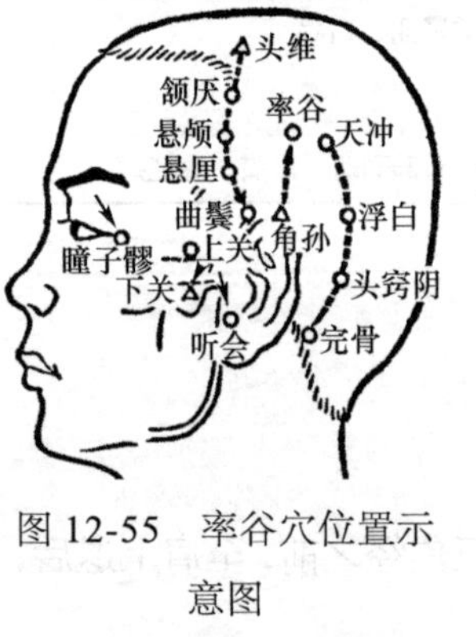

图 12-55　率谷穴位置示意图

1. 率谷（GB8）

定位　在头部，当耳尖直上入发际 1.5 寸，角孙直上方（图 12-55）。

主治　偏头痛、眩晕、小儿急慢性惊风。

操作　平刺 0.5 ～ 0.8 寸，可灸。

2. 阳白（GB14）

定位　在前额部，当瞳孔直上，眉上 1 寸（图 12-56）。

主治　头痛、目眩、目痛、视物模糊、眼睑瞤动。

操作　平刺 0.5 ～ 0.8 寸，可灸。

3. 风池（GB20）

定位　在项部，当枕骨之下，与风府相平，胸锁乳突肌与斜方肌上端之间的凹陷处（图 12-56）。

主治　头痛、眩晕、目赤肿痛、鼻渊、鼻衄、耳鸣、耳聋、颈项强痛、感冒、癫痫、中风、热病、疟疾、瘿气。

操作 针尖微下，向鼻尖斜刺 0.8 ～ 1.2 寸，或平刺透风府穴，深部为延髓，必须严格掌握针刺角度与深度，可灸。

4. 环跳（GB30）

定位 在股外侧部，侧卧屈股，当股骨大转子最凸点与骶管裂孔连线的外 1/3 与中 1/3 交点处（图 12-57）。

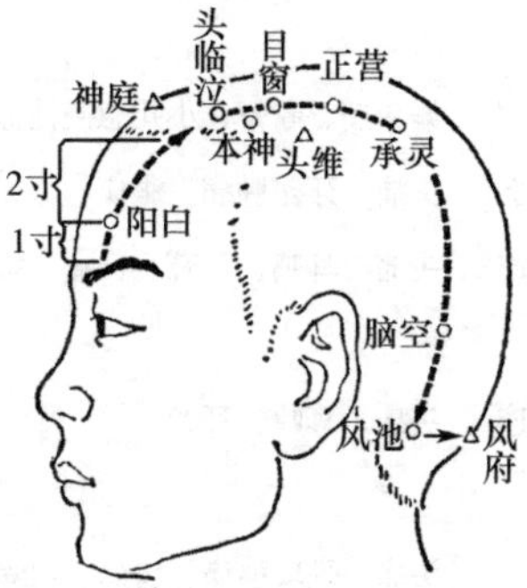

图 12-56 阳白、风池穴位置示意图

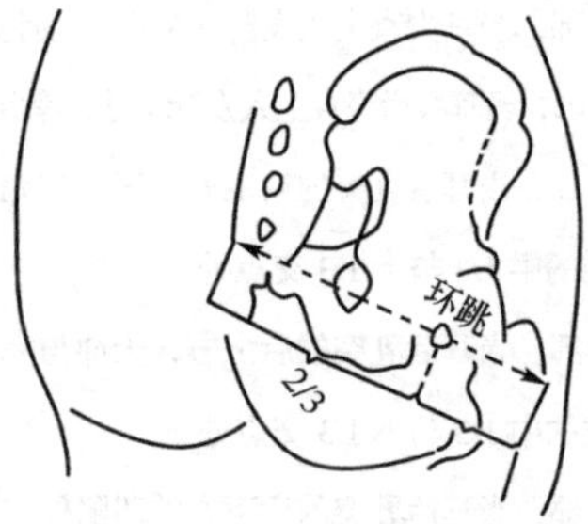

图 12-57 环跳穴位置示意图

主治 腰胯疼痛、半身不遂、下肢痿痹。

操作 直刺 2 ～ 3 寸，可灸。

5. 阳陵泉（GB34）合穴；胆下合穴；八会穴之筋会

定位 在小腿外侧，当腓骨头前下方凹陷处（图 12-58）。

主治 胁痛、口苦、呕吐、半身不遂、下肢痿痹、脚气、黄疸、小儿惊风。

操作 直刺 1 ～ 1.5 寸，可灸。

6. 悬钟（绝骨 GB39）八会穴之髓会

定位 在小腿外侧，当外踝尖上 3 寸，腓骨前缘（图 12-58）。

主治 项强、胸胁胀痛、下肢痿痹、咽喉肿痛、脚气、半身不遂、痔疾。

操作 直刺 0.8 ～ 1 寸，可灸。

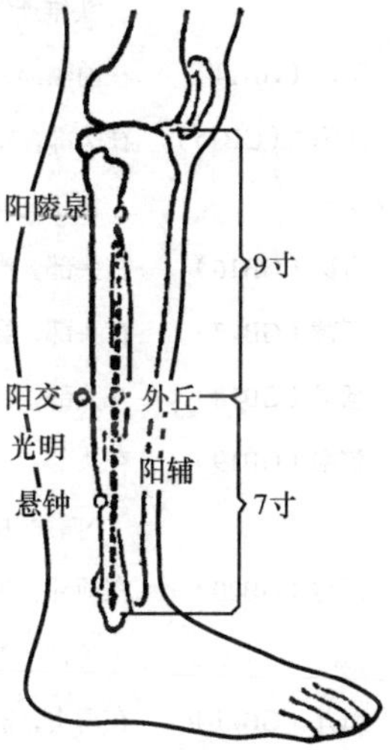

图 12-58 阳陵泉、悬钟穴位置示意图

附 足少阳胆经腧穴一览表（表 12-12）及腧穴总图（图 12-59）

表 12-12 足少阳胆经腧穴一览表

穴位	定位	主治
瞳子髎（GB1）	在面部，目外眦旁，当眶外侧缘处	头痛、目赤肿痛、目翳、青盲
听会（GB2）	在面部，当耳屏间切迹的前方，下颌骨髁状突的后缘，张口有凹陷处	耳鸣、耳聋、聤耳、面痛、齿痛、口㖞
上关（GB3）	在耳前，下关直上，当颧弓的上缘凹陷处	偏头痛、耳鸣、耳聋、聤耳、口眼㖞斜、齿痛、口噤
颔厌（GB4）	在头部鬓发上，当头维与曲鬓弧形连线的上 1/4 与下 3/4 交点处	偏头痛、目眩、耳鸣、齿痛、癫痫

续表

穴位	定位	主治
悬颅（GB5）	在头部鬓发上，当头维与曲鬓弧形连线的中点处	偏头痛、目赤肿痛、齿痛
悬厘（GB6）	在头部鬓发上，当头维与曲鬓弧形连线的上 3/4 与下 1/4 交点处	偏头痛、目赤肿痛、耳鸣
曲鬓（GB7）	在头部，当耳前鬓角发际后缘的垂线与耳尖水平线交点处	头痛、齿痛、牙关紧闭、暴喑
率谷（GB8）	在头部，当耳尖直上入发际 1.5 寸，角孙直上方	偏头痛、眩晕、小儿急慢性惊风
天冲（GB9）	在头部，当耳根后缘直上入发际 2 寸，率谷后 0.5 寸处	头痛、牙龈肿痛、癫疾
浮白（GB10）	在头部，当耳后乳突的后上方，天冲与完骨的弧形连线的中 1/3 与上 1/3 交点处	头痛、耳鸣、耳聋、目痛、瘿气
头窍阴（GB11）	在头部，当耳后乳突的后上方，天冲与完骨的弧形连线的中 1/3 与下 1/3 交点处	头痛、耳鸣、耳聋
完骨（GB12）	在头部，当耳后乳突的后下方的凹陷处	头痛、颈项强痛、齿痛、口㖞、疟疾、癫痫
本神（GB13）	在头部，当前发际上 0.5 寸，神庭旁开 3 寸，神庭与头维连线的内 2/3 与外 1/3 的交点处	头痛、目眩、癫痫、小儿惊风
阳白（GB14）	在前额部，当瞳孔直上，眉上 1 寸	头痛、目眩、目痛、视物模糊、眼睑瞤动
头临泣（GB15）	在头部，当瞳孔直上入前发际 0.5 寸，神庭与头维连线的中点	头痛、目眩、流泪、鼻塞、小儿惊痫
目窗（GB16）	在头部，当前发际上 1.5 寸，头正中线旁开 2.25 寸	头痛、目赤肿痛、青盲、鼻塞、癫痫、面部浮肿
正营（GB17）	在头部，当前发际上 2.5 寸，头正中线旁开 2.25 寸	头痛、目眩、唇吻强急、齿痛
承灵（GB18）	在头部，当前发际上 4 寸，头正中线旁开 2.25 寸	头痛、眩晕、目痛、鼻塞、鼻衄
脑空（GB19）	在头部，当枕外隆凸的上缘外侧，头正中线旁开 2.25 寸，平脑户	头痛、目眩、颈项强痛、癫狂痫
风池（GB20）	在项部，当枕骨之下，与风府相平，胸锁乳突肌与斜方肌上端之间的凹陷处	头痛、眩晕、目赤肿痛、鼻渊、鼻衄、耳鸣、耳聋、颈项强痛、感冒、癫痫、中风、热病、疟疾、瘿气
肩井（GB21）	在肩上，前直乳中，当大椎与肩峰连线的中点	头项强痛、肩背疼痛、上肢不遂、难产、乳痈、乳汁不下、瘰疬
渊液（GB22）	在侧胸部，举臂，当腋中线上，腋下 3 寸，第 4 肋间隙中	胸痛、胁痛、上肢痹痛
辄筋（GB23）	在侧胸部，渊腋前 1 寸，平乳头，第 4 肋间隙中	胸痛、胁痛、气喘、呕吐、吞酸
日月（GB24）	在上腹部，当乳头直下，第 7 肋间隙，前正中线旁开 4 寸	呕吐、吞酸、胁肋疼痛、呃逆、黄疸
京门（GB25）	在侧腰部，章门后 1.8 寸，当第 12 肋骨游离端的下方	小便不利、水肿、腰痛、胁痛、腹胀、泄泻
带脉（GB26）	在侧腹部，章门下 1.8 寸，当第 11 肋骨游离端下方垂线与脐水平线的交点上	经闭、月经不调、带下、腹痛、疝气、腰胁痛
五枢（GB27）	在侧腹部，在髂前上棘的前方，横平脐下 3 寸处	腹痛、疝气、带下、便秘、阴挺
维道（GB28）	在侧腹部，当髂前上棘的前下方，五枢前下 0.5 寸	腹痛、疝气、带下、阴挺
居髎（GB29）	在髋部，当髂前上棘与股骨大转子最凸点连线的中点处	腰痛、下肢痿痹、瘫痪、疝气
环跳（GB30）	在股外侧部，侧卧屈股，当股骨大转子最凸点与骶管裂孔连线的外 1/3 与中 1/3 交点处	腰胯疼痛、半身不遂、下肢痿痹

续表

穴位	定位	主治
风市（GB31）	在大腿外侧部的中线上，当腘横纹上 7 寸，或直立垂手时，中指尖处	半身不遂、下肢痿痹、遍身瘙痒、脚气
中渎（GB32）	在大腿外侧，当风市下 2 寸，或腘横纹上 5 寸，股外侧肌与股二头肌之间	下肢痿痹麻木、半身不遂
膝阳关（GB33）	在膝外侧，当阳陵泉上 3 寸，股骨外上髁上方的凹陷处	膝腘肿痛挛急、小腿麻木
阳陵泉（GB34）	在小腿外侧，当腓骨头前下方凹陷处	胁痛、口苦、呕吐、半身不遂、下肢痿痹、脚气、黄疸、小儿惊风
阳交（GB35）	在小腿外侧，当外踝尖上 7 寸，腓骨后缘	胸胁胀满、下肢痿痹、癫狂
外丘（GB36）	在小腿外侧，当外踝尖上 7 寸，腓骨前缘，平阳交	颈项强痛、胸胁胀满、下肢痿痹、癫狂
光明（GB37）	在小腿外侧，当外踝尖上 5 寸，腓骨前缘	目痛、夜盲、下肢痿痹、乳房胀痛
阳辅（GB38）	在小腿外侧，当外踝尖上 4 寸，腓骨前缘稍前方	偏头痛、目外眦痛、咽喉肿痛、瘰疬、胸胁胀痛、脚气、下肢痿痹、半身不遂
悬钟（绝骨 GB39）	在小腿外侧，当外踝尖上 3 寸，腓骨前缘	项强、胸胁胀痛、下肢痿痹、咽喉肿痛、脚气、半身不遂、痔疾
丘墟（GB40）	在足外踝的前下方，当趾长伸肌腱的外侧凹陷中	颈项痛、胸胁胀痛、下肢痿痹、疟疾
足临泣（GB41）	在足背外侧，当足 4 趾本节（第 4 跖趾关节）的后方，小趾伸肌腱外侧凹陷处	目赤肿痛、胁肋疼痛、月经不调、遗溺、乳痈、瘰疬、疟疾、足跗疼痛
地五会（GB42）	在足背外侧，当足 4 趾本节（第 4 跖趾关节）的后方，第 4、第 5 跖骨之间，小趾伸肌腱的内侧缘	头痛、目赤、耳鸣、胁痛、乳痈、内伤出血、足背肿痛
侠溪（GB43）	在足背外侧，当足第 4、第 5 趾间，趾蹼缘后方赤白肉际	头痛、目眩、耳鸣、耳聋、目赤肿痛、热病、胁肋疼痛、乳痈
足窍阴（GB44）	在足第 4 趾末节外侧，距趾甲角 0.1 寸（指寸）	头痛、目赤肿痛、耳聋、咽喉肿痛、热病、失眠、胁痛、咳逆、月经不调

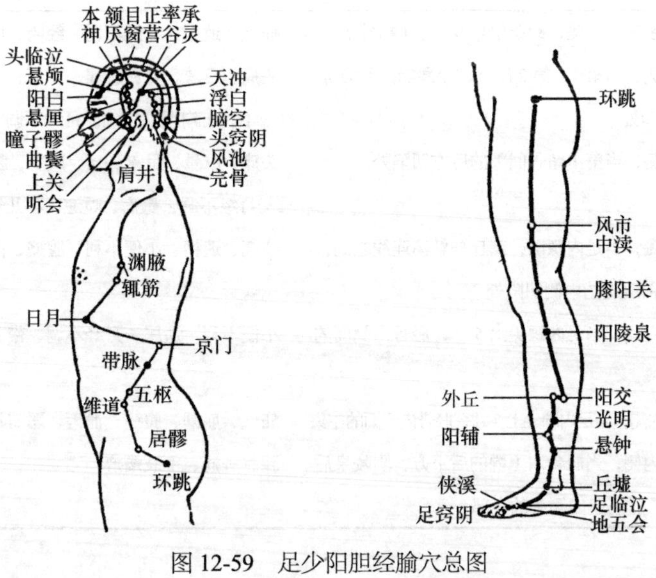

图 12-59　足少阳胆经腧穴总图

十二、足厥阴肝经

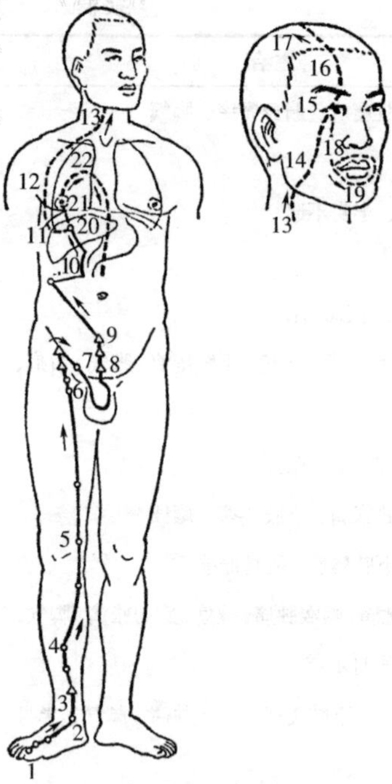

图 12-60　足厥阴肝经经脉循行示意图

（一）经脉循行

起于足大趾背毫毛部（大敦），沿着足背内侧上行，经过内踝前 1 寸处，向上行小腿内侧，离内踝上 8 寸处交出足太阴脾经之后，上行腘内侧，沿着大腿内侧，进入阴毛中，环绕阴部，上达小腹，挟胃旁，属于肝，络于胆，向上通过横膈，分布于胁肋，沿着喉咙的后面，向上进入鼻咽部，连接于“目系”（眼球联系于脑的部位），向上出于前额，与督脉会合于巅顶。

“目系”支脉：从“目系”下行颊里，环绕唇内。

肝部支脉：从肝分出，通过横膈，向上流注于肺，与手太阴肺经相接（图 12-60）。

（二）常用腧穴

本经所属腧穴共 14 个，常用腧穴介绍如下。

太冲（LR3）输穴；原穴

定位　在足背侧，当第 1 跖骨间隙的后方凹陷处（图 12-61）。

主治　头痛、眩晕、目赤肿痛、口㖞、胁痛、遗尿、疝气、崩漏、月经不调、癫痫、呃逆、小儿惊风、下肢痿痹。

操作　直刺 0.5 ～ 0.8 寸，可灸。

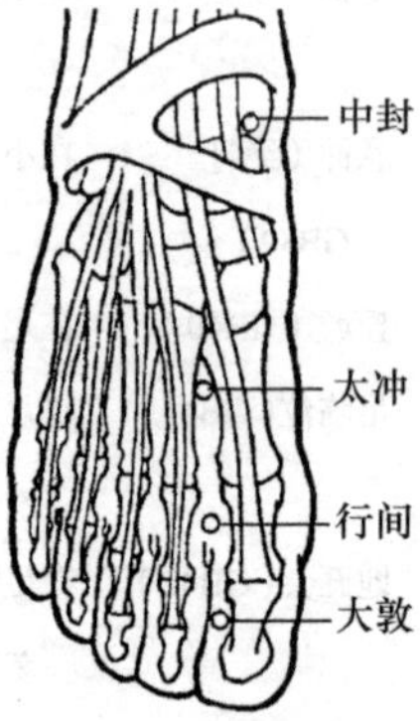

图 12-61　太冲穴位置示意图

附　足厥阴肝经腧穴一览表（表 12-13）及腧穴总图（图 12-62）

表 12-13　足厥阴肝经腧穴一览表

穴位	定位	主治
大敦（LR1）	在足大趾末节外侧，距趾甲角 0.1 寸（指寸）	疝气、遗尿、月经不调、经闭、崩漏、阴挺、癫痫
行间（LR2）	在足背侧，当第 1、第 2 趾间，趾蹼缘的后方赤白肉际处	头痛、目眩、目赤肿痛、青盲、口㖞、胁痛、疝气、小便不利、崩漏、癫痫、月经不调、痛经、带下、中风
太冲（LR3）	在足背侧，当第 1 跖骨间隙的后方凹陷处	头痛、眩晕、目赤肿痛、口㖞、胁痛、遗尿、疝气、崩漏、月经不调、癫痫、呃逆、小儿惊风、下肢痿痹
中封（LR4）	在足背侧，当足内踝前，商丘与解溪连线之间，胫骨前肌腱的内侧凹陷处	疝气、遗精、小便不利、腹痛、内踝肿痛
蠡沟（LR5）	在小腿内侧，当足内踝尖上 5 寸，胫骨内侧面的中央	小便不利、遗尿、月经不调、带下、下肢痿痹
中都（LR6）	在小腿内侧，当足内踝尖上 7 寸，胫骨内侧面的中央	疝气、崩漏、腹痛、泄泻、恶露不尽
膝关（LR7）	在小腿内侧，当胫骨内上髁的后下方，阴陵泉后 1 寸，腓肠肌内侧头的上部	膝髌肿痛、下肢痿痹

续表

穴位	定位	主治
曲泉（LR8）	在膝内侧，屈膝，当膝关节内侧面横纹内侧端，股骨内侧髁的后缘，半腱肌、半膜肌止端的前缘凹陷处	腹痛、小便不利、遗精、阴痒、膝痛、月经不调、痛经、带下
阴包（LR9）	在大腿内侧，当股骨内上髁上 4 寸，股内肌与缝匠肌之间	腹痛、遗尿、小便不利、月经不调
足五里（LR10）	在大腿内侧，当气冲直下 3 寸，大腿根部，耻骨结节的下方，长收肌的外缘	小腹痛、小便不通、阴挺、睾丸肿痛、嗜卧、瘰疬
阴廉（LR11）	在大腿内侧，当气冲直下 2 寸，大腿根部，耻骨结节的下方，长收肌的外缘	月经不调、带下、小腹痛
急脉（LR12）	在耻骨结节的外侧，当气冲外下方腹股沟股动脉搏动处，前正中线旁 2.5 寸	疝气、小腹痛、阴挺
章门（LR13）	在侧腹部，当第 11 肋游离端的下方	腹痛、腹胀、泄泻、胁痛、痞块
期门（LR14）	在胸部，当乳头直下，第 6 肋间隙，前正中线旁开 4 寸	胸胁胀痛、腹胀、呕吐、乳痈

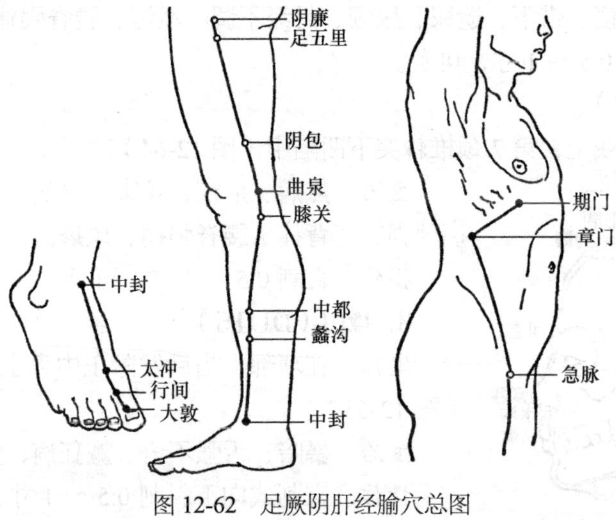

图 12-62　足厥阴肝经腧穴总图

十三、督脉

（一）经脉循行

起于小腹内，下出于会阴，向后行于脊柱的内部，上达项后风府，进入脑部，上行巅顶，沿前额下行鼻柱（图 12-63）。

（二）常用腧穴

本经所属腧穴共 28 个，常用腧穴介绍如下。

1. 命门（DU4）

定位　在腰部，当后正中线上，第2腰椎棘突下凹陷中（图12-64）。

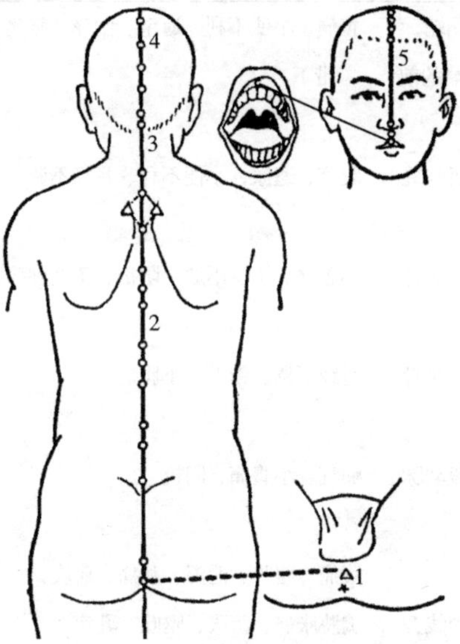

图12-63　督脉循行示意图

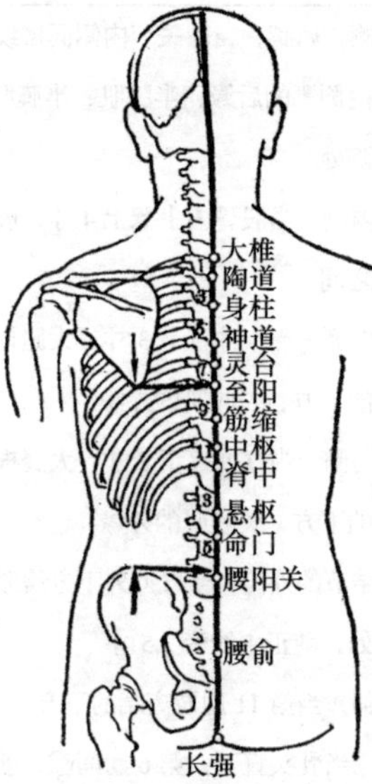

图12-64　命门、大椎穴位置示意图

主治　遗精、阳痿、带下、遗尿、尿频、月经不调、泄泻、腰脊强痛、手足逆冷。

操作　向上斜刺0.5～1寸，可灸。

2. 大椎（DU14）

定位　在后正中线上，第7颈椎棘突下凹陷中（图12-64）。

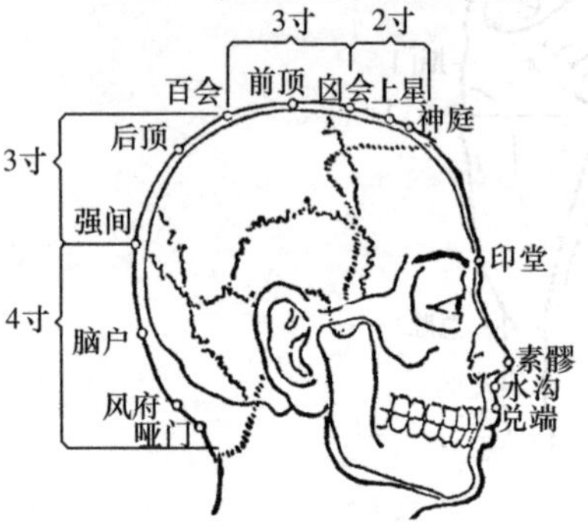

图12-65　哑门、风府、百会、素髎、水沟穴位置示意图

主治　热病、疟疾、咳嗽、气喘、骨蒸盗汗、癫痫、头痛项强、肩背痛、腰脊强痛、风疹。

操作　直刺0.5～1寸，可灸。

3. 哑门（DU15）

定位　在项部，当后发际正中直上0.5寸，第1颈椎下（图12-65）。

主治　暴喑、舌强不语、癫狂痫、头痛、项强。

操作　直刺或向下斜刺0.5～1寸，不可向上斜刺或深刺。因为深部接近延髓，必须严格掌握针刺的角度和深度。

4. 风府（DU16）

定位　在项部，当后发际正中直上1寸，枕外隆凸直下，两斜方肌之间凹陷中（图12-65）。

主治　头痛、项强、眩晕、咽喉肿痛、失音、癫狂、中风。

操作　直刺或向下斜刺0.5～1寸，不可深刺，以免伤及深部延髓。

5. 百会（DU20）

定位　在头部，当前发际正中直上5寸，或两耳尖连线的中点（图12-65）。

主治　头痛、眩晕、中风失语、癫狂、脱肛、泄泻、阴挺、健忘、不寐。

操作　平刺 0.5 ～ 0.8 寸，可灸。

6. 素髎（DU25）

定位　在面部，当鼻尖的正中央（图 12-65）。

主治　鼻渊、鼻衄、喘息、昏迷、惊厥、新生儿窒息。

操作　向上斜刺 0.3 ～ 0.5 寸，或点刺出血。

7. 水沟（人中 DU26）

定位　在面部，当人中沟的上 1/3 与中 1/3 交点处（图 12-65）。

主治　昏迷、昏厥、癫狂痫、小儿惊风、口角㖞斜、腰脊强痛。

操作　向上斜刺 0.3 ～ 0.5 寸，或用指甲按掐。

附　督脉腧穴一览表（表 12-14）及腧穴总图（图 12-66）

表 12-14　督脉腧穴一览表

穴位	定位	主治
长强（DU1）	在尾骨端下，当尾骨端与肛门连线的中点	泄泻、便血、便秘、痔疾、脱肛、癫狂痫、腰脊和尾骶部疼痛
腰俞（DU2）	在骶部，当后正中线上，适对骶管裂孔	月经不调、痔疾、腰脊强痛、下肢痿痹、癫痫
腰阳关（DU3）	在腰部，当后正中线上，第 4 腰椎棘突下凹陷中	月经不调、遗精、阳痿、腰骶痛、下肢痿痹
命门（DU4）	在腰部，当后正中线上，第 2 腰椎棘突下凹陷中	遗精、阳痿、带下、遗尿、尿频、月经不调、泄泻、腰脊强痛、手足逆冷
悬枢（DU5）	在腰部，当后正中线上，第 1 腰椎棘突下凹陷中	泄泻、腹痛、腰脊强痛
脊中（DU6）	在背部，当后正中线上，第 11 胸椎棘突下凹陷中	泄泻、黄疸、痔疾、癫痫、小儿疳疾、脱肛、腰脊强痛
中枢（DU7）	在背部，当后正中线上，第 10 胸椎棘突下凹陷中	黄疸、呕吐、腹满、腰脊强痛
筋缩（DU8）	在背部，当后正中线上，第 9 胸椎棘突下凹陷中	癫痫、抽搐、背强、胃痛
至阳（DU9）	在背部，当后正中线上，第 7 胸椎棘突下凹陷中	胸胁胀满、黄疸、咳嗽、气喘、背痛、背强
灵台（DU10）	在背部，当后正中线上，第 6 胸椎棘突下凹陷中	咳嗽、气喘、疔疮、脊背强痛
神道（DU11）	在背部，当后正中线上，第 5 胸椎棘突下凹陷中	心悸、健忘、咳嗽、脊背强痛
身柱（DU12）	在背部，当后正中线上，第 3 胸椎棘突下凹陷中	咳嗽、气喘、癫痫、脊背强痛
陶道（DU13）	在背部，当后正中线上，第 1 胸椎棘突下凹陷中	头痛、疟疾、热病、脊强
大椎（DU14）	在后正中线上，第 7 颈椎棘突下凹陷中	热病、疟疾、咳嗽、气喘、骨蒸盗汗、癫痫、头痛项强、肩背痛、腰脊强痛、风疹
哑门（DU15）	在项部，当后发际正中直上 0.5 寸，第 1 颈椎下	暴喑、舌强不语、癫狂痫、头痛、项强
风府（DU16）	在项部，当后发际正中直上 1 寸，枕外隆凸直下，两斜方肌之间凹陷中	头痛、项强、眩晕、咽喉肿痛、失音、癫狂、中风
脑户（DU17）	在头部，当后发际正中直上 2.5 寸，风府上 1.5 寸，枕外隆凸的上缘凹陷处	头痛、头晕、项强、失音、癫痫
强间（DU18）	在头部，当后发际正中直上 4 寸（脑户上 1.5 寸）	头痛、目眩、项强、癫痫
后顶（DU19）	在头部，当后发际正中直上 5. 5 寸（脑户上 3 寸）	头痛、眩晕、癫狂痫

续表

穴位	定位	主治
百会（DU20）	在头部，当前发际正中直上 5 寸，或两耳连线的中点	头痛、眩晕、中风失语、癫狂、脱肛、泄泻、阴挺、健忘、不寐
前顶（DU21）	在头部，当前发际正中直上 3.5 寸（百会前 1.5 寸）	头痛、眩晕、鼻渊、癫痫
囟会（DU22）	在头部，当前发际正中直上 2 寸（百会前 3 寸）	头痛、眩晕、鼻渊、癫痫
上星（DU23）	在头部，当前发际正中直上 1 寸	头痛、目痛、鼻渊、鼻衄、癫狂、疟疾、热病
神庭（DU24）	在头部，当前发际正中直上 0.5 寸	头痛、眩晕、失眠、鼻渊、癫痫
素髎（DU25）	在面部，当鼻尖的正中央	鼻渊、鼻衄、喘息、昏迷、惊厥、新生儿窒息
水沟（人中 DU26）	在面部，当人中沟的上 1/3 与中 1/3 交点处	昏迷、昏厥、癫狂痫、小儿惊风、口角㖞斜、腰脊强痛
兑端（DU27）	在面部，当上唇的尖端，人中沟下端的皮肤与唇的移行部	癫狂、齿龈肿痛、口㖞、鼻衄
龈交（DU28）	在上唇内，唇系带与上齿龈的相接处	癫狂、齿龈肿痛、口㖞、口臭、鼻渊

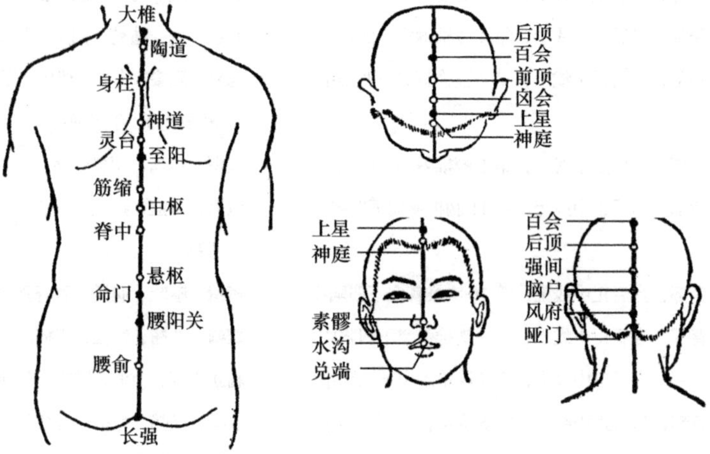

图 12-66　督脉腧穴总图

十四、任脉

（一）经脉循行

起于小腹内，下出于会阴，向上行于阴毛部，沿着腹内，向上经过关元等穴，到达咽喉部，再上行环绕口唇，经过面部，进入目眶下（承泣）（图 12-67）。

（二）常用腧穴

本经所属腧穴共 22 个，常用腧穴介绍如下。

1. 中极（RN3）膀胱募穴

定位　在下腹部，前正中线上，当脐中下 4 寸（图 12-68）。

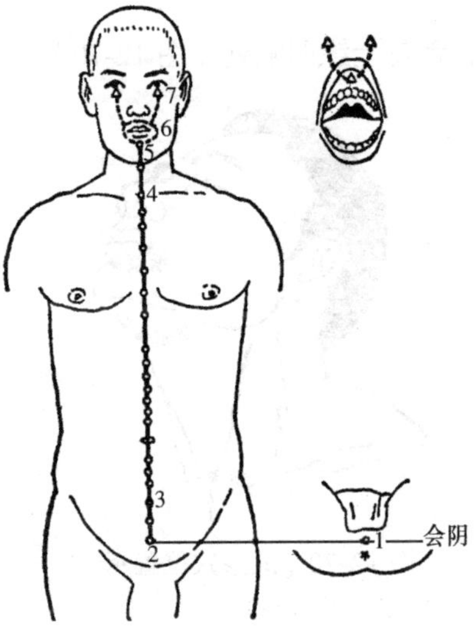

图 12-67 任脉循行示意图

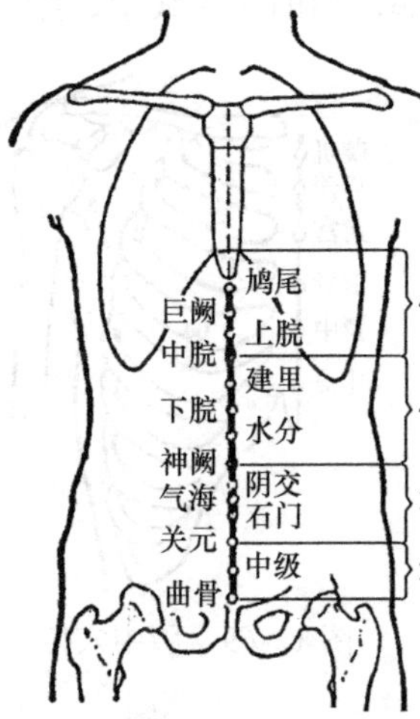

图 12-68 关元、气海、神阙、中脘穴位置示意图

主治 小便不利、遗尿、疝气、遗精、阳痿、月经不调、崩漏、带下、阴挺、不孕。

操作 直刺 0.5 ～ 1 寸，可灸。孕妇慎用。

2. 关元（RN4）小肠募穴

定位 在下腹部，前正中线上，当脐中下 3 寸（图 12-68）。

主治 遗尿、小便频数、尿闭、泄泻、遗精、阳痿、疝气、月经不调、带下、不孕、中风脱证、虚劳羸瘦。本穴有强壮作用，为保健要穴。

操作 直刺 1 ～ 2 寸，可灸。孕妇慎用。

3. 气海（RN6）肓之原穴

定位 在下腹部，前正中线上，当脐中下 1.5 寸（图 12-68）。

主治 腹痛、泄泻、便秘、遗尿、疝气、遗精、阳痿、月经不调、经闭、崩漏、虚脱、形体羸瘦。本穴有强壮作用，为保健要穴。

操作 直刺 1 ～ 2 寸，可灸。孕妇慎用。

4. 神阙（RN8）

定位 在腹中部，脐中央（图 12-68）。

主治 腹痛、泄泻、脱肛、水肿、虚脱。

操作 因消毒不便，故一般不针，多用艾条灸或艾炷隔盐灸。

5. 中脘（RN12）胃募穴；八会穴之腑会

定位 在上腹部，前正中线上，当脐中上 4 寸（图 12-68）。

主治 胃痛、呕吐、吞酸、呃逆、腹胀、泄泻、黄疸、癫狂。

操作 直刺 1 ～ 1.5 寸，可灸。

6. 膻中（RN17）心包募穴；八会穴之气会

定位 在胸部，当前正中线上，平第 4 肋间，两乳头连线的中点（图 12-69）。

主治 咳嗽、气喘、胸痛、心悸、乳少、呕吐、噎膈。

操作 平刺 0.3 ～ 0.5 寸，可灸。

7. 廉泉（RN23）

定位 在颈部，当前正中线上，结喉上方，舌骨上缘凹陷处（图 12-70）。

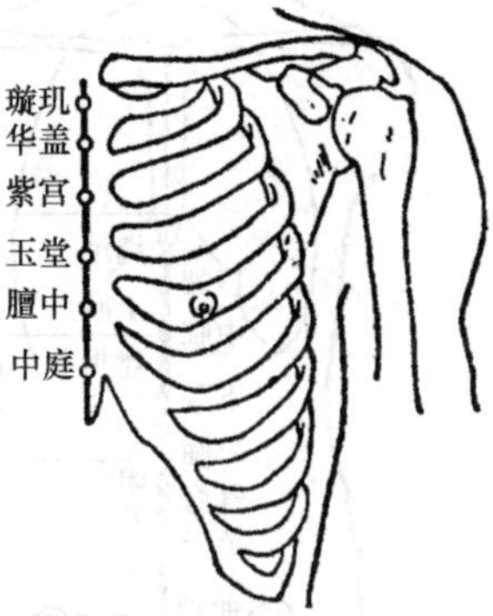

图 12-69 膻中穴位置示意图

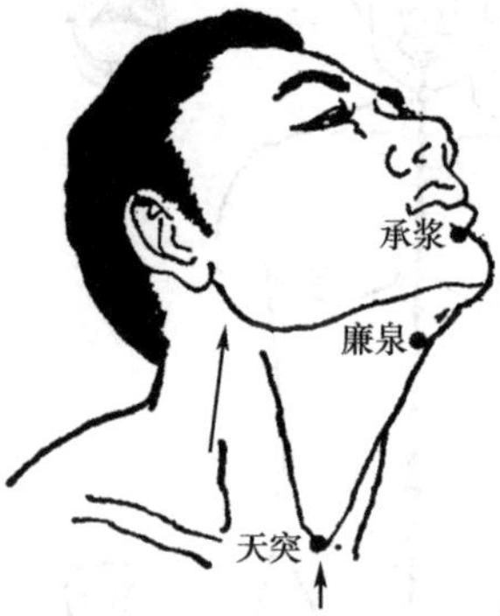

图 12-70 廉泉穴位置示意图

主治 舌下肿痛、舌纵流涎、舌强不语、暴喑、喉痹、吞咽困难。

操作向舌根斜刺 0.5 ～ 0.8 寸，可灸。

附 任脉腧穴一览表（表 12-15）及腧穴总图（图 12-71）

表 12-15 任脉腧穴一览表

穴位	定位	主治
会阴（RN1）	在会阴部，男性当阴囊根部与肛门连线的中点，女性当大阴唇后联合与肛门连线的中点	小便不利、阴痛、痔疾、遗精、月经不调、癫狂、昏迷、溺水窒息
曲骨（RN2）	在下腹部，当前正中线上，耻骨联合上缘的中点处	小便不利、遗尿、遗精、阳痿、痛经、月经不调、带下
中极（RN3）	在下腹部，前正中线上，当脐中下 4 寸	小便不利、遗尿、疝气、遗精、阳痿、月经不调、崩漏、带下、阴挺、不孕
关元（RN4）	在下腹部，前正中线上，当脐中下 3 寸	遗尿、小便频数、尿闭、泄泻、遗精、阳痿、疝气、月经不调、带下、不孕、中风脱证、虚劳羸瘦。本穴有强壮作用，为保健要穴
石门（RN5）	在下腹部，前正中线上，当脐中下 2 寸	腹痛、水肿、疝气、小便不利、泄泻、经闭、带下、崩漏
气海（RN6）	在下腹部，前正中线上，当脐中下 1.5 寸	腹痛、泄泻、便秘、遗尿、疝气、遗精、阳痿、月经不调、经闭、崩漏、虚脱、形体羸瘦。本穴有强壮作用，为保健要穴
阴交（RN7）	在下腹部，前正中线上，当脐中下 1 寸	腹痛、疝气、水肿、月经不调、带下
神阙（RN8）	在腹中部，脐中央	腹痛、泄泻、脱肛、水肿、虚脱
水分（RN9）	在上腹部，前正中线上，当脐中上 1 寸	水肿、小便不通、腹泻、腹痛、反胃、吐食
下脘（RN10）	在上腹部，前正中线上，当脐中上 2 寸	腹痛、腹胀、泄泻、呕吐、食谷不化、痞块
建里（RN11）	在上腹部，前正中线上，当脐中上 3 寸	胃痛、呕吐、食欲不振、腹胀、水肿
中脘（RN12）	在上腹部，前正中线上，当脐中上 4 寸	胃痛、呕吐、吞酸、呃逆、腹胀、泄泻、黄疸、癫狂
上脘（RN13）	在上腹部，前正中线上，当脐中上 5 寸	胃痛、呕吐、呃逆、腹胀、癫痫

续表

穴位	定位	主治
巨阙（RN14）	在上腹部，前正中线上，当脐中上6寸	胸痛、心痛、心悸、呕吐、癫狂痫
鸠尾（RN15）	在上腹部，前正中线上，剑胸结合部下1寸	胸痛、呃逆、腹胀、癫狂痫
中庭（RN16）	在胸部，当前正中线上，平第5肋间，即剑胸结合部	胸胁胀痛、心痛、呕吐、小儿吐乳
膻中（RN17）	在胸部，当前正中线上，平第4肋间，两乳头连线的中点	咳嗽、气喘、胸痛、心悸、乳少、呕吐、噎膈
玉堂（RN18）	在胸部，当前正中线上，平第3肋间	咳嗽、气喘、胸痛、呕吐
紫宫（RN19）	在胸部，当前正中线上，平第2肋间	咳嗽、气喘、胸痛
华盖（RN20）	在胸部，当前正中线上，平第1肋间	咳嗽、气喘、胸胁胀痛
璇玑（RN21）	在胸部，当前正中线上，天突下1寸	咳嗽、气喘、胸痛、咽喉肿痛
天突（RN22）	在颈部，当前正中线上，胸骨上窝中央	咳嗽、气喘、胸痛、咽喉肿痛、暴喑、瘿气、梅核气、噎膈
廉泉（RN23）	在颈部，当前正中线上，结喉上方，舌骨上缘凹陷处	舌下肿痛、舌纵流涎、舌强不语、暴喑、喉痹、吞咽困难
承浆（RN24）	在面部，当颏唇沟的正中凹陷处	口㖞、齿龈肿痛、流涎、暴喑、癫狂

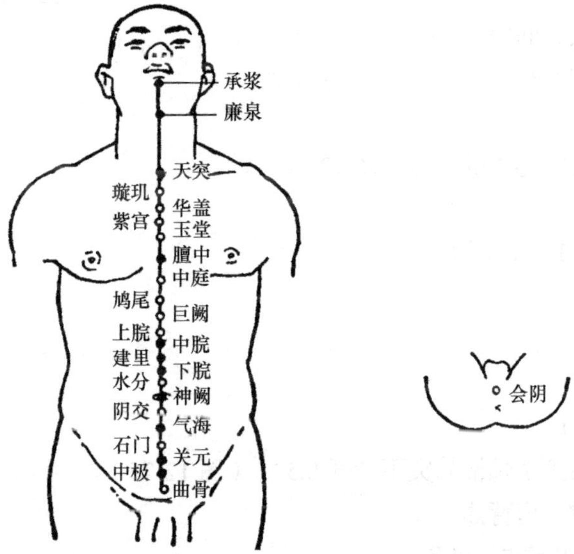

图12-71　任脉腧穴总图

第三节　经外奇穴

一、头颈部

1. 四神聪（EX-HN1）

定位　在头顶部，当百会前后左右各1寸，共4穴（图12-72）。

主治　头痛、眩晕、失眠、健忘、偏瘫、癫狂、痫证。

操作　平刺 0.5 ～ 1 寸；可灸。

2. 印堂（EX-HN3）

定位　当两眉头连线的中点（图 12-73）。

主治　头痛、眩晕、鼻衄、鼻渊、小儿惊风、失眠。

操作　向下平刺 0.3 ～ 0.5 寸，或点刺出血；可灸。

3. 太阳（EX-HN5）

定位　当眉梢与目外眦之间向后约一横指凹陷处（图 12-74）。

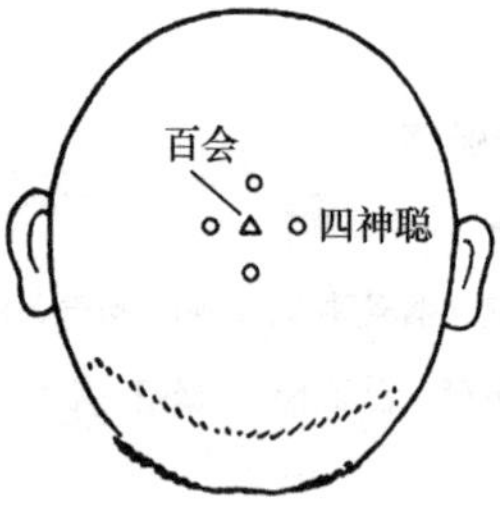

图 12-72　四神聪穴位置示意图

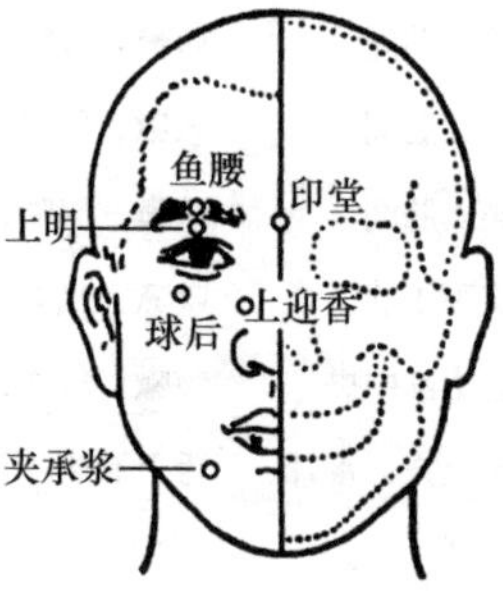

图 12-73　印堂穴位置示意图

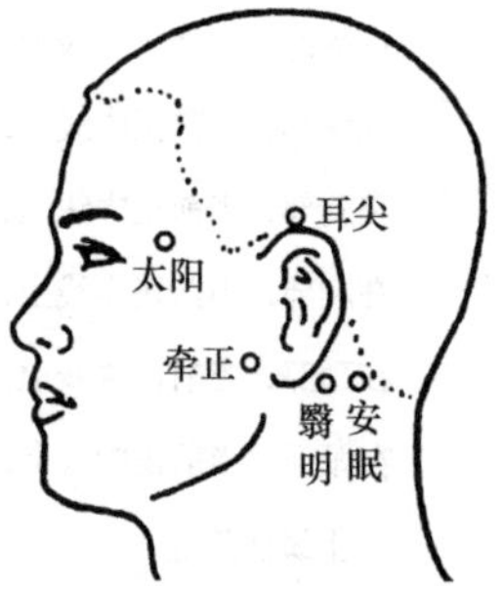

图 12-74　太阳、安眠穴位置示意图

主治　头痛、目疾、面瘫。

操作　直刺或斜刺 0.3 ～ 0.5 寸，或点刺出血。

4. 安眠

定位　翳风与风池穴连线的中点（图 12-74）。

主治　失眠、头痛、眩晕、心悸、癫狂。

操作　直刺 0.8 ～ 1 寸，可灸。

二、胸背部

1. 定喘（EX-B1）

定位　在背部，当第 7 颈椎棘突下旁开 0.5 寸（图 12-75）。

主治　哮喘、咳嗽、肩背痛。

操作　直刺 0.5 ～ 0.8 寸，可灸。

2. 夹脊（EX-B2）

定位　在背腰部，当第 1 胸椎至第 5 腰椎棘突下两侧，后正中线旁开 0.5 寸，一侧 17 个穴，共 34 个穴（图 12-76）。

主治　适应范围较广，其中上胸部的穴位治疗心肺、上肢疾病；下胸部的穴位治疗胃肠疾病；腰部的穴位治疗腰腹及下肢疾病。

操作　直刺 0.3 ～ 0.5 寸，或用梅花针叩刺，可灸。

三、上肢部

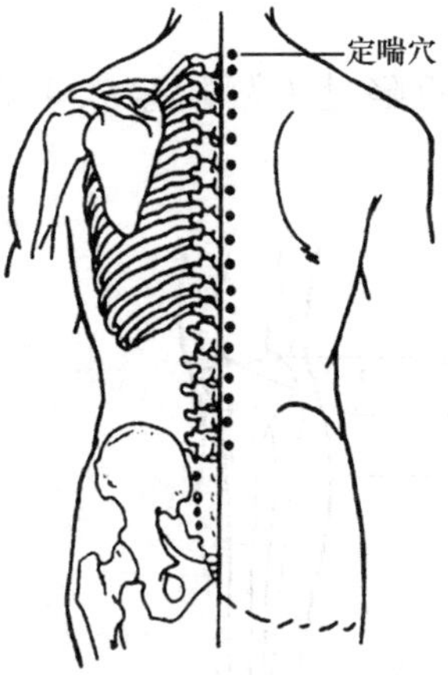

图 12-75　定喘穴位置示意图

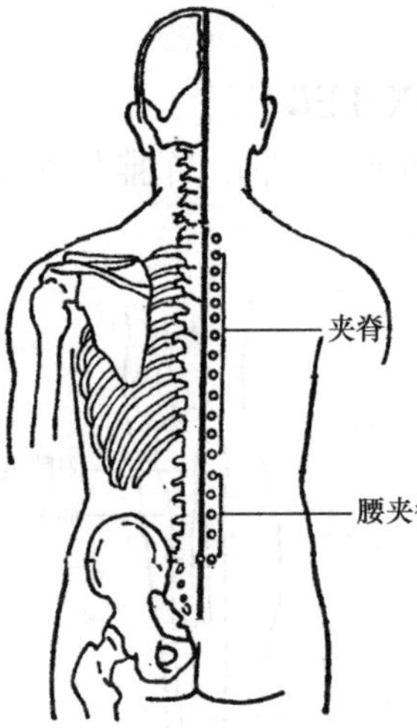

图 12-76　夹脊穴位置示意图

1. 四缝（EX-UE10）

定位　在第 2 至第 5 指掌侧，近端指关节横纹中，一侧 4 穴，左右共 8 穴（图 12-77）。

主治　小儿疳积、消化不良、小儿腹泻、百日咳。

操作　点刺出血，或挤出少许黄白色透明黏液。

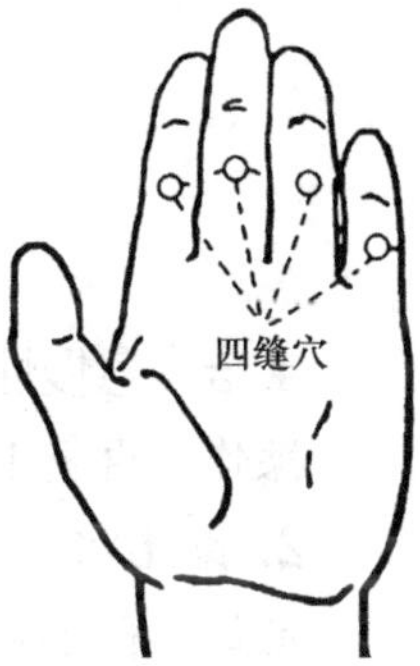

图 12-77　四缝穴位置示意图

2. 十宣（EX-UE11）

定位　在手十指尖端，距指甲游离缘约 0.1 寸（指寸），左右共 10 穴（图 12-78）。

主治　高热、昏迷、小儿惊厥、咽喉肿痛、手指麻木。

操作浅刺 0.1 寸，或点刺出血。

3. 落枕穴

定位　在手背侧，当第 2、第 3 掌骨间，指掌关节后约 0.5 寸处（图 12-79）。

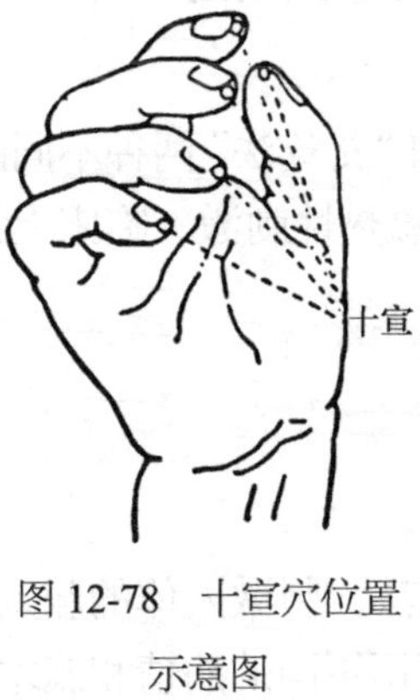

图 12-78　十宣穴位置示意图

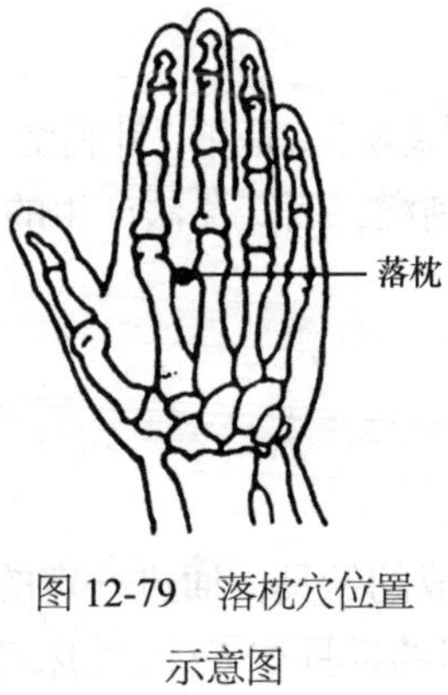

图 12-79　落枕穴位置示意图

主治　落枕、手臂痛、胃痛。

操作　直刺或斜刺 0.5 ～ 0.8 寸。

四、下肢部

1. 胆囊穴（EX-LE6）

定位 小腿外侧上部，当腓骨小头前下方凹陷处（阳陵泉穴）直下2寸压痛处（图12-80）。

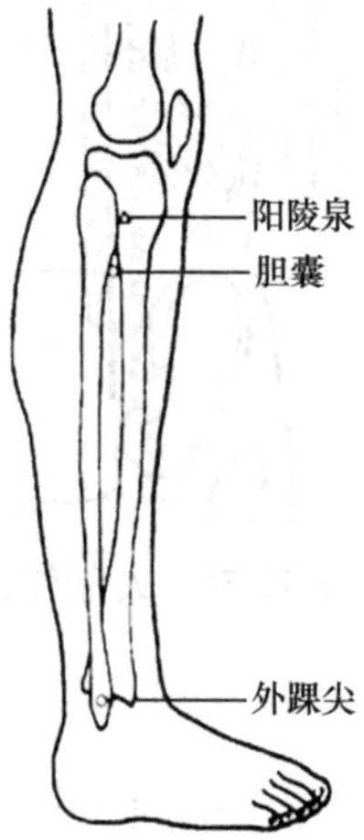

图12-80 胆囊穴位置示意图

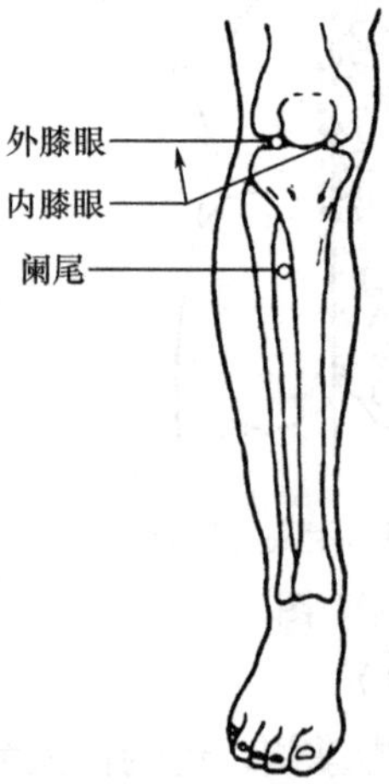

图12-81 阑尾穴位置示意图

主治 急慢性胆囊炎、胆石症、胆道蛔虫症、胁痛、下肢痿痹。

操作 直刺1～2寸，可灸。

2. 阑尾穴

定位 在小腿前侧上部，当犊鼻下5寸，胫骨前缘旁开一横指（图12-81）。

主治 急慢性阑尾炎、消化不良、下肢痿痹。

操作 直刺1.5～2寸，可灸。

第四节 针灸方法

针灸方法，亦称“刺灸法”，是指“针刺法”和“艾灸法”两种不同的刺激腧穴的治疗方法。针刺法产生的是机械性刺激，而艾灸法产生的是温热性刺激，临床上常将两种方法配合使用，故合称针灸。

一、针法

针法是利用金属制成的针具，通过一定的手法，刺激人体的腧穴，以预防和治疗人体各种疾病的方法。针刺所用的针具有多种，临床可根据不同的病情和施术部位，选用不同的针具。常用的针具有毫针、三棱针、皮肤针、皮内针等，而应用最多的是毫针，故本节主要介绍毫针刺法。

（一）针具

1. 构造

毫针是针刺治病的主要针具，临床应用最广，是古代九针之一。现临床所用毫针多由不锈钢丝制成，用这种合金所制成的毫针，具有针身光滑，坚韧而富有弹性的特点。

毫针的构造，可分为 5 个部分，即针柄、针尾、针尖、针身、针根（图 12-82）。针柄：手持针之处，以钢丝或铝丝紧密缠绕而成，是持针着力的部位。针尾：针柄的末端，多缠绕成圆筒状，是温针灸装置艾绒的部位。针尖：针的尖端锋锐的部分。针身：针柄与针尖之间的主体部分。针根：针柄与针身的连接部分。

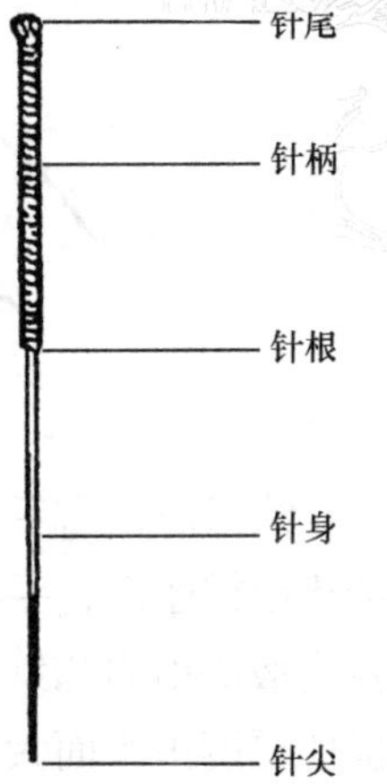

图 12-82　毫针的构造

2. 规格

毫针规格是指其长短、粗细，是以针身为准，以“mm”为计量单位。现将目前临床常用毫针的长短、粗细规格分别列表如下（表 12-16、表 12-17）：

表 12-16　毫针的长度规格表

规格（寸）	长度（mm）
0.5	15
1.0	25
1.5	40
2.0	50
2.5	65
3.0	75
3.5	90
4.0	100
4.5	115
5.0	125

表 12-17　毫针的粗细规格表

号数	直径（mm）
26	0.45
27	0.42
28	0.38
29	0.34
30	0.32
31	0.30
32	0.28
33	0.26
34	0.24
35	0.22

3. 修藏

针具在使用过程中，应经常进行检查和修理，如发现针身弯曲，可用手指、竹片或夹衬硬纸片将其捋直。针具若有其他损害一般不宜继续使用。

针具在不使用时应妥善保藏，可以存放在垫有多层纱布的针盒或两头塞有干棉球的针管里，以保护针尖不受碰撞。

（二）针刺练习

由于毫针针身细软，没有一定的指力和娴熟的手法，往往会进针困难和针刺疼痛，不能随意进行各种手法操作，影响疗效。因此，必须在临床操作之前，进行针刺指力和手法的练习。

练习的材料，可用纸垫或棉纱球。如可用松软的纸数张折叠成厚约 2cm、长约 8cm、宽约 5cm 的形状，并用线作“井”字形扎紧，做成纸垫（图 12-83）。或用纱布将棉花包裹，用线封口扎紧，做成直径为 6 ～ 7cm 的棉团（图 12-84）。

图 12-83　纸垫练针示意图

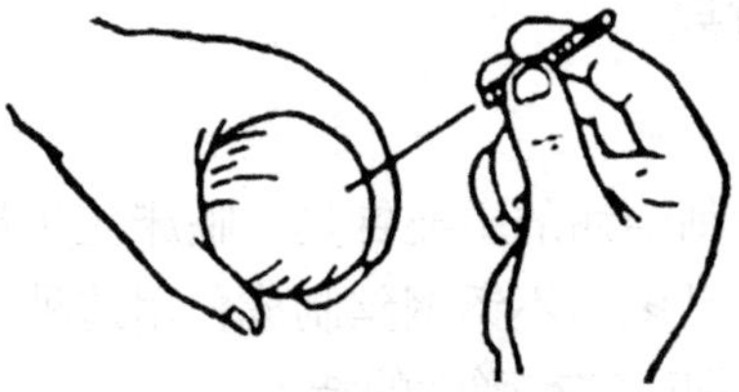

图 12-84　纱球练针示意图

练习时，右手拇、食、中三指如持笔状挟持针柄，使针垂直于纸垫或棉团，当针尖抵于纸垫或棉团后，手指渐加压力，待针刺透纸或刺入棉团后可换一处，反复练习。纸垫练针主要是锻炼指力和练习捻转提插手法。练习中应注意：针具由短而长，由粗而细；捻转角度、提插幅度由小而大，频率由慢而快；针身不偏不斜，指力集中于针尖；纸垫的厚度与硬度逐步提高。棉团练针的内容更多，可以练习从进针到出针的全部手法。掌握了一定的指力和针刺手法后，还可以在自己身上选择一些穴位进行试针，或者学员相互之间试针，以体验各种针刺感觉，如此反复体会，在实际临床操作时才能得心应手，运用自如。

（三）针刺前的准备

1. 解释工作

针刺治疗对患者机体有一定的损伤，而且针刺的正常的针感可能也会使病人产生某种不适感，因此，对初次接触针刺的病人应耐心做好解释工作，使患者对针刺疗法有所认识，消除对针刺疼痛的畏惧心理及正确认识针刺的得气感，使其能积极配合治疗，避免或减少异常情况的发生。

2. 检查、选择针具

毫针针柄应缠丝牢固无松动，针身应挺直光滑、圆正匀称、坚韧而富有弹性、无斑剥锈蚀，针尖应圆而不钝、利而不锐、呈松针形，针根应牢固、无剥蚀伤痕。如针体弯曲损伤严重，针尖钩毛者，应予剔除。

3. 消毒

针具最好采用高压消毒，也可以煮沸消毒或用 75% 酒精浸泡消毒。用于某些传染病患者的针具应另外放置，严格消毒。目前多提倡使用一次性无菌针具。施术部位一般用 75% 酒精棉球或 0.5% 的碘伏棉球擦拭即可。如用三棱针点刺出血或皮肤针叩刺出血，则先用 2% 碘酒擦拭局部，再以酒精棉球脱碘。操作时医者的手指应于术前用肥皂水洗擦干净，再用酒精棉球消毒。

4. 体位选择

针刺时病人的体位是否合适，对于正确取穴和针灸施术以及防止晕针、滞针、弯针，甚至折针等的发生都有很大影响，而且也关系到治疗的效果。针刺时体位的选择，应以便于医者取穴，针刺施术，患者感到舒适安稳，并能持久留针为原则。在可能的情况下尽量选用一种体位，使所取的穴位都能操作治疗。凡病重体弱、精神紧张及初次接受针刺治疗者，应尽量选用卧位。临床常用的体位有以下几种：

（1）仰卧位：适用于头、面、颈、胸、腹部和部分四肢的腧穴。

（2）侧卧位：适用于侧头、侧胸、侧腹、肩臂、臀部和下肢外侧等部位的腧穴。

（3）俯卧位：适用于头、项、肩、背、腰、骶和下肢后面、外侧等部位的腧穴。

（4）仰靠座位：适用于前头、面、颈、胸上部和肩臂、腿膝、足踝等部位的腧穴。

（5）侧伏座位：适用于侧头、颈侧耳颊部的腧穴。

（6）俯伏座位：适用于头顶、后头、项、肩、背部的腧穴。

（四）毫针刺法

1. 进针方法

一般用右手持针操作，称之为刺手；左手辅助，称为押手。押手的作用主要是固定穴位，减少进针时的疼痛，同时使针身有所依靠，不致摇晃和弯曲。刺手的作用主要是掌握针具，施行手法操作。持针姿势，一般以拇、食、中三指挟持针柄，进针时运用指力使针尖快速透入皮肤，再捻转刺向深层。临床常用的双手进针方法有以下几种：

（1）指切进针法：以左手拇指端切按在穴位旁边，右手持针，紧靠左手指甲面将针刺入，主要适用于短针进针（图 12-85）。

（2）夹持进针法：以左手拇、食两指夹捏棉球，夹住针身下端，右手捻动针柄，将针刺入，主要适用于长针进针（图 12-86）。

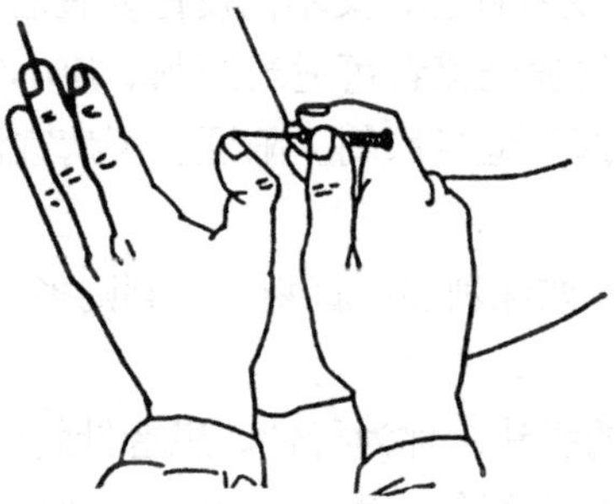

图 12-85　指切进针法示意图

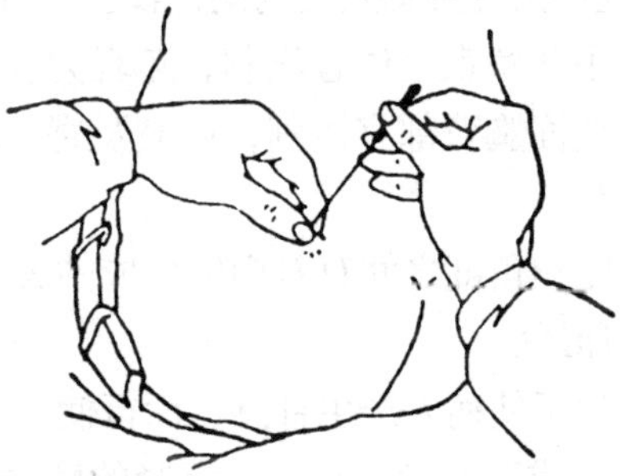

图 12-86　夹持进针法示意图

（3）提捏进针法：以左手拇、食两指捏起针刺穴位的皮肤，右手持针从捏起的皮肤上端刺入，主要适用于皮肉浅薄部位的穴位进针（图 12-87）。

（4）舒张进针法：以左手拇、食指或中指将针刺穴位的皮肤撑开，使之绷紧，右手将针刺入，主要适用于皮肤松弛或皱纹部位进针（图 12-88）。

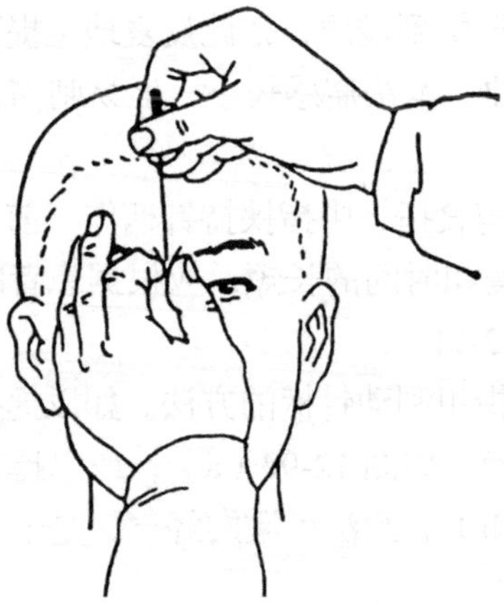

图 12-87　提捏进针法示意图

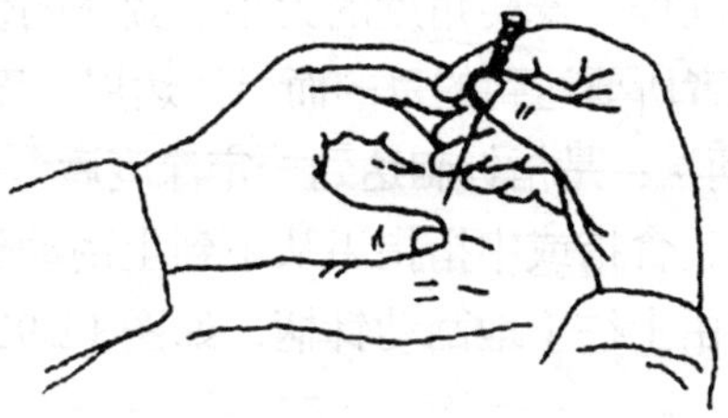

图 12-88　舒张进针法示意图

2. 针刺的角度和深度

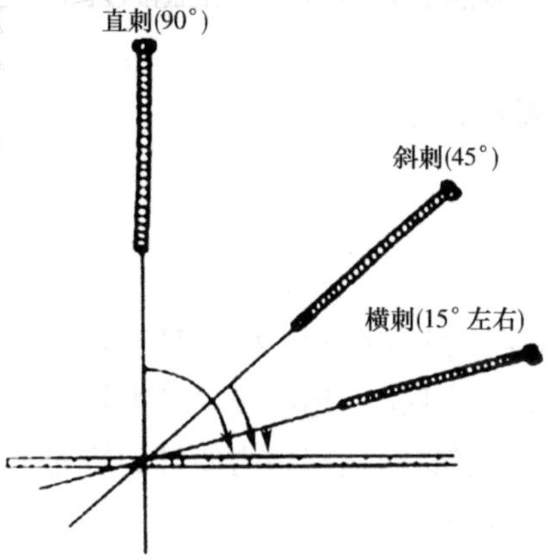

图 12-89　针刺角度示意图

正确掌握针刺的角度和深度，是针刺操作过程中的重要环节，它可增强针感，提高疗效。临床上对针刺角度和深度，主要根据穴位的特点、病情需要及病人的体质等情况而定。

（1）角度：针刺角度是指针身和皮肤所成的夹角。一般有直刺、斜刺和平刺（又叫横刺）三种（图 12-89）。直刺：针身与皮肤呈 90° 角，垂直刺入，适用于人体大部分腧穴。深刺或浅刺均可适用，尤其是肌肉丰厚部位的腧穴，如四肢、腹部、腰部等；斜刺：针身与皮肤呈 45° 角，倾斜刺入，适用于骨骼边缘的腧穴，或内有重要脏器不宜深刺的部位，或为避开血管及疤痕部位而采用此法，如胸、背部的穴位；横刺：又称平刺，或称沿皮刺，针身与皮肤呈 15° 角，横向刺入，适用于皮肉浅薄处的腧穴，如头部的腧穴。

（2）深度：指针身刺入皮肉的深浅。一般以既有针感，又不伤及重要脏器为原则。凡年老气血虚弱、小儿娇嫩之体宜浅刺，年轻力壮、气血旺盛者可适当深刺。瘦小者宜浅刺，肥胖者宜深刺。头面胸背部宜浅刺，四肢及臀、腹部可适当深刺。阳证、新病宜浅刺，阴证、久病可适当深刺。

针刺的深度和角度之间有着相辅相成的关系，如深刺多用直刺，浅刺则多用斜刺和平刺。

3. 行针与得气

进针后，为了使病人产生针感，而行使一定的手法，称为行针。患者针刺后产生酸、麻、胀、重等感觉，或医者指下有一种沉紧的感觉，称为得气，也称针感。针刺得气或不得气对疗效有很大关系。一般地说，得气迅速，效果较好；得气迟钝，效果较差。得气快慢或是否得气与患者的病情和体质、取穴准确、针刺的深浅和角度等密切关系。其针感性质、传导方向也常与穴位部位有关，如头额部穴位，以局部胀感为多；四肢末端及人中沟，一般仅有痛感；肌肉丰满部位穴位，容易出现酸感；刺中神经时，会有触电感觉，并向远端放射等。临证时要根据具体情况，区别对待，不能强求一致。常用的行针手法有以下几种：

（1）提插法：将针从浅层插向深层，再由深层提到浅层，如此反复地上提下插的操作过程。提插幅度要求相等，指力均匀，防止针身弯曲。本法痛感较小，但易刺伤血管，多适用于四肢穴位（图 12-90）。

（2）捻转法：将针刺入一定深度后，用拇指与食指、中指挟持针柄作一前一后、左右交替旋转捻动的动作。捻转角度的大小、频率的快慢和时间的长短，应根据患者的病情、腧穴的特征以及医者所要达到的目的而灵活运用（图 12-91）。

（3）刮柄法：是指针刺达到一定深度后，用指甲刮动针柄的方法。如以拇指或食指抵住针尾，用拇指、食指或中指指甲从下到上刮动针柄，如图 12-92（a）；或以拇指、中指挟持针根部，食指由上往下地刮动针柄，如图 12-92（b）。此法可激发经气，是一种催气、行气之法。

（4）震颤法：是将针刺入腧穴一定深度后，右手持针柄，用小幅度、快频率的提插捻转动作（图 12-93），使针身产生轻微的震颤，以促使得气。

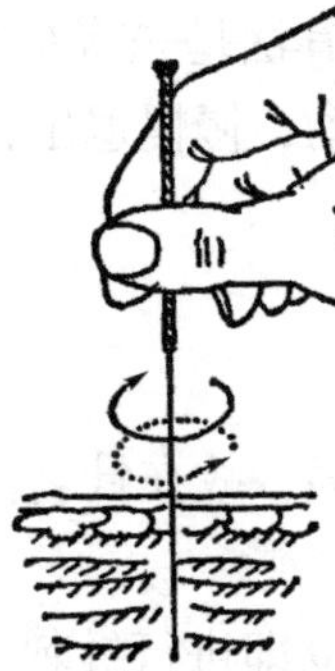

图 12-90　提插法示意图

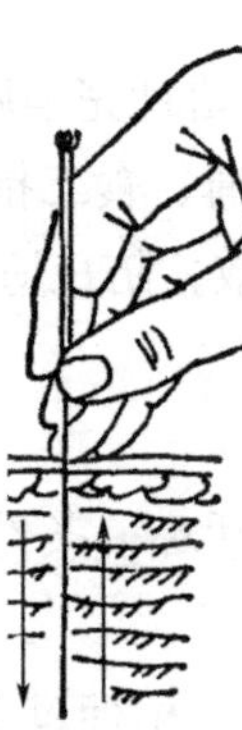

图 12-91　捻转法示意图

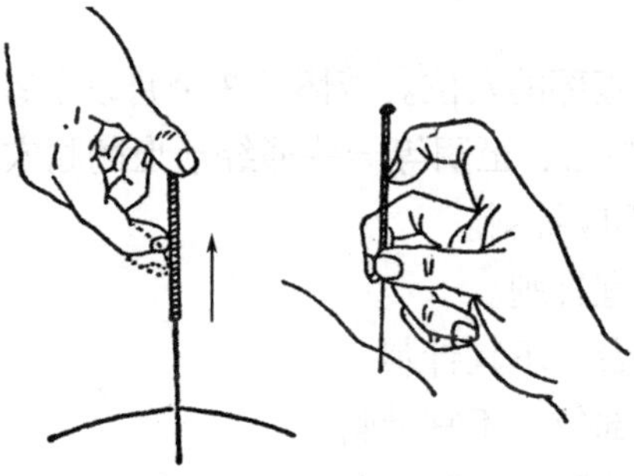

(a)　(b)

图 12-92　刮柄法示意图

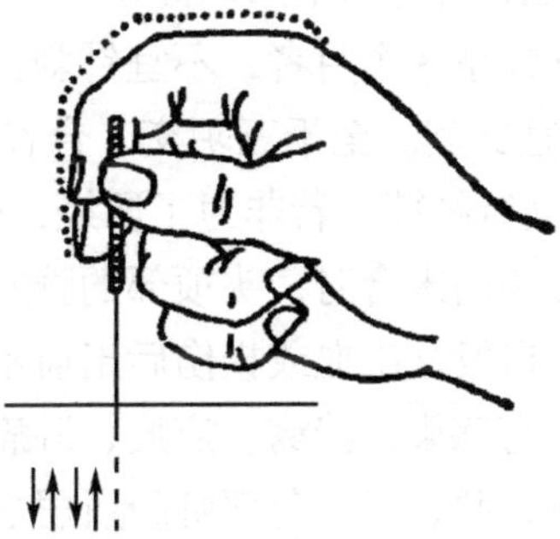

图 12-93　震颤法示意图

提插法和捻转法是诱发针感的主要手法，可以单独使用，也可结合运用。刮柄法和震颤法，通常是在已有针感的情况下使用的一种辅助手法，目的在于使针感持续或加强。

4. 针刺的补泻手法

针刺补泻是根据患者的病情需要而采用的两种不同的针刺操作手法。其中，补法能鼓舞人体正气，使低下的功能恢复旺盛，适用于虚证；泻法能疏泄病邪，使亢进的功能恢复正常，适用于实证。临床常用的补泻手法，归纳如表 12-18。

表 12-18　单式补泻手法表

名称	补法	泻法
捻转补泻	捻转幅度小，用力轻，频率慢，时间短	捻转幅度大，用力重，频率快，时间长
提插补泻	先浅后深，重插轻提，幅度小，频率慢	先深后浅，轻插重提，幅度大，频率快
疾徐补泻	进针慢，出针快	进针快，出针慢
迎随补泻	针尖随着经脉循行方向，顺经而刺	针尖迎着经脉循行方向，逆经而刺
呼吸补泻	呼气时进针，吸气时出针	吸气时进针，呼气时出针
开阖补泻	出针时迅速按压针孔	出针时不按压针孔或摇大针孔

5. 留针与出针

（1）留针：进针后，将针留置穴内，以加强针感和针刺的持续作用。留针时间长短，依病情而定。一般病证，只要针下得气，即可出针，或酌予留针 10～20 分钟。但对慢性、顽固性、疼痛性、痉挛性病证，可适当增加留针时间，并于其间加以行针，可增强疗效。对针感较差者，留针可以起到候气的作用。

（2）出针：施行补泻手法与留针完毕后，便可出针。其法是先将左手拇、食指持消毒棉球按在针身的两旁，然后以右手拇、食二指将针柄轻轻捻动，慢慢退出，并将左手所持棉球轻轻按压针孔。出针后应检查针数，防止遗漏。

（五）注意事项

由于人体生理功能状态和生活环境条件等因素各有不同，故在针刺治病时，应注意以下几方面。

（1）患者在过于饥饿、疲劳、精神过度紧张时，不宜立即进行针刺。对于身体瘦弱、气虚血亏的患者，针刺时手法不宜过强，并尽量选用卧位。久病体虚、大出血、大汗出者，针刺刺激不宜过强，并尽可能采取卧位。

（2）妇女怀孕3个月者，不宜针刺其小腹部的穴位。若怀孕3个月以上者，其腹部、腰骶部腧穴也不宜针刺。至于三阴交、合谷、昆仑、至阴等一些通经活血的腧穴，在怀孕期亦应禁刺。如妇女行经期，若非为了调经，亦不应针刺。

（3）小儿囟门未合时，头顶部的腧穴不宜针刺。

（4）常有自发性出血或损伤后出血不止者，不宜针刺。

（5）皮肤有感染、溃疡、疤痕、肿瘤的部位，不宜针刺。

（6）对胸、胁、腰、背部脏腑所居之处的腧穴，不宜深刺。

（7）针刺眼区和项部的风池、风府、哑门等穴和脊椎部的腧穴，要掌握一定的角度，更不宜大幅度的提插、捻转和长时间的留针，以免损伤到重要器官，产生严重的不良后果。

（8）对于尿潴留等患者，在针刺小腹部腧穴时，也应掌握适当的针刺方向、角度、深度等，以免误伤膀胱等脏器，出现意外事故。

（六）针刺异常情况的处理及预防

1. 晕针

晕针是在针刺过程中患者发生的晕厥现象

（1）原因：多见于初次接受治疗的患者，可因精神紧张、体质虚弱、过度劳累、饥饿，或大汗、大泻、大失血之后，或体位不适，以及施术者手法过重，而致针刺时或留针过程中发生此症。

（2）症状：患者突然出现头晕目眩，面色苍白，心慌气短，出冷汗，恶心欲吐，精神委靡，血压下降，脉沉细。严重者可出现四肢厥冷，神志昏迷，二便失禁，唇甲青紫，脉细微欲绝。

（3）处理：立即停止针刺，将已刺之针迅速取出，让患者平卧，头部放低，松开衣带，注意保暖。轻者静卧片刻，给予热茶或温开水饮之，糖水亦可，一般可渐渐恢复。重者在行上述处理后，可选取水沟、内关、合谷、太冲、涌泉、足三里等穴指压或针刺之。亦可灸百会、气海、关元等穴，即可恢复。若仍不省人事、呼吸细微、脉细弱者，可考虑配合其他治疗或采取急救措施。

（4）预防：主要根据晕针的原因加以预防，对于初次接受针灸治疗和精神紧张者，应先做好解释工作，以消除疑虑。注意患者的体质，尽量采取卧位，并正确选择舒适自然且能持久的体位。取穴宜适当，不宜过多；手法宜轻，切勿过重。对于饥饿、疲劳者，应待其进食、体力恢复后再进行针刺。医生在进行施术过程中应集中精神，谨慎细心，密切观察患者的神志变化，询问其感觉。只要做好预防，晕针现象是完全可以避免的。

2. 滞针

滞针是针刺入后，捻转、提插发滞，甚至不能出针。多因患者精神紧张，肌肉挛缩，或行针时捻转角度过大，或连续进行单向捻转，以致肌纤维缠绕针身。处理：若精神紧张者，应先解除患者顾虑，使其放松肌肉，或留针片刻，待肌肉松弛出针；如因组织纤维缠绕针身，可轻轻将针向相反的方向捻转，待针松动后即可出针。

3. 弯针

由于进针手法不熟练，指力不均，用力过猛，或留针时体位移动，肌肉强力收缩，致使针身弯曲，针柄倾斜，不能捻转提插及出针。处理：体位移动者，可恢复原有体位，然后视针弯方向，顺势将针退出，数个弯曲者须分层退出，切忌强行拔针。

4. 断针

针刺过程中针身中断，残端留在患者体内。可因针的质量不佳，针身或针根有腐蚀损坏，或用力过猛，病人肌肉强力收缩，及弯针时用力抽拔等引起。处理：首先应嘱患者镇静，不要移动体位，以免断端继续下陷；如断端尚有部分外露，可用手或镊子将针拔出；如断端与皮肤相平，可轻压周围组织，使针显露，再用镊子夹出；如针全部陷入肌肉，即应手术取出。防止断针，主要是医者平时应该注意检查针具，除去不合格的针具，针刺时针身不要全部陷入，应留有皮外部分。

5. 血肿

即出针后，局部呈青紫色或肿胀疼痛。多由于针尖弯曲带钩，使皮肉受损，或针刺时误伤血管。处理：微量出血或针孔局部出现小肿块，可不必处理，一般能自行消退；如局部青紫肿痛较甚或活动不便者，要先行冷敷止血以后，再行热敷或在局部轻轻按揉，促使局部瘀血消散。

6. 刺伤内脏

针刺某些重要内脏器官相应体表穴位，由于针刺的深度和角度不当，可刺伤内脏，产生严重后果，若不加处理，可能也会造成死亡，因此必须引起重视。针刺引起内脏损伤，以刺伤肺脏，发生外伤性气胸为多见，多由于针刺背部、侧胸、前胸部以及锁骨上窝或胸骨切迹上缘等处穴位刺伤肺脏所致。其临床表现：轻者感胸痛、胸闷、心慌，重者则出现呼吸困难、唇指发绀等。处理：治疗气胸，采取半卧位休息，防止感染，镇咳，胸腔穿刺排气等。

二、灸法

灸法是以艾绒为主要燃烧材料，烧灼、熏熨或刺激体表的一定部位的一种医疗保健方法。灸，灼、烧的意思。广义的灸法还包括发泡灸，即用刺激性药物敷贴穴位以防治疾病的方法，又称天灸、药物灸。

施灸的材料很多，但以艾叶制成的艾绒为主，其气味芳香，辛温味苦，容易燃烧，火力温和。

（一）灸法的作用

1. 防病保健

灸法可以激发人体正气，增强机体抗病能力，从而起到强身健体，祛病延年的作用。如常灸足三里、关元、气海等腧穴，能温养气血，预防保健，益寿延年，因此被称为“保健灸”。

2. 温经散寒

艾火的温和热力具有直接的温通经络、驱散寒邪的功用，这正是寒者温之的具体运用。临床上可用于治疗风寒湿痹和寒邪为患之胃脘痛、腹痛、泄泻、痢疾等病症。

3. 扶阳固脱

艾火的热力具有扶助阳气、举陷固脱的功能，以治疗阳气下陷之脏器下垂和阳气虚脱之寒证、厥证、脱证等。临床上可用于各种虚寒证、寒厥证、虚脱证和中气不足、阳气下陷而引起的遗尿、脱肛、阴挺、崩漏、带下等病证。

4. 消瘀散结

艾火的温和热力具有行气活血、消瘀散结的作用。气为血帅，血随气行，气得温则行，气行则血亦行。灸能使气机通调，营卫和畅，故瘀结自散。所以，临床常用于气血凝滞之疾，如乳痈初起、瘰疬、瘿瘤等病证。

（二）灸法的种类和应用

1. 艾炷灸

将纯净的艾绒放在平板上，用拇、食、中三指边捏边旋转，把艾绒捏紧成规格大小不同的圆锥状物，称为艾炷。小者如麦粒大，中等如半截枣核大，大者如半截橄榄大。每燃烧一个艾炷，称为1壮。艾炷灸可分为直接灸和间接灸两种。

（1）直接灸：即将艾炷直接置放在皮肤上施灸的一种方法。根据灸后对皮肤刺激的程度不同，又分为无瘢痕灸和瘢痕灸两种。

1）无瘢痕灸：又称非化脓灸，临床上多用中、小艾炷。施灸前先在施术部位涂以少量的凡士林，以增加黏附性，然后将艾炷放上，从上端点燃，当燃剩2/5左右，患者感到烫时，用镊子将未燃尽的艾炷移去，然后换艾炷再灸。一般灸3～7壮，以局部皮肤充血、红晕为度。此法皮肤不致起泡，不留瘢痕，故名无瘢痕灸。此法适用于慢性虚寒性疾病，如哮喘、眩晕、慢性腹泻、风寒湿痹和皮肤疣等。

2）瘢痕灸：又称化脓灸，临床上多用小艾炷，亦有用中艾炷者。施灸前先在施术部位涂以少量的葱汁或蒜汁，以增加黏附性和刺激作用，然后放置艾炷，从上端点燃，烧近皮肤时患者有灼痛感，可用手在穴位四周拍打以减轻疼痛。1壮艾炷须燃尽后，除去灰烬，方可换艾炷再灸，一般可灸7～9壮。灸毕，在施灸部位贴上消炎药膏，大约1周可化脓形成灸疮。灸疮5～6周愈合，留有瘢痕，故称瘢痕灸。灸疮是局部组织经烫伤后产生的无菌性化脓现象，可对穴位局部产生一个持续的刺激，有治病保健作用。对身体过于虚弱，或有糖尿病、皮肤病的患者不宜使用此法。临床常用于治疗哮喘、慢性胃肠病、瘰疬等，但由于此法灸后遗留有瘢痕，故灸前必须征求患者的同意及合作。

（2）间接灸：又称隔物灸，即在艾炷与皮肤之间隔垫上某些物品而施灸的一种方法。常用的间隔物有生姜、大蒜、食盐、附子等。艾炷的热力通过间隔物作用于施灸部位，发挥了艾灸和药物的双重作用，以此增强对某些疾病的治疗效果。

1）隔姜灸：将鲜生姜片切成直径大约2～3cm，厚约0.2～0.3cm薄片，中间以针穿刺数孔，上置艾炷放在应灸的部位，然后点燃施灸，当艾炷燃尽后可易艾炷再灸。一般可灸5～10壮，以皮肤红晕而不起泡为度。在施灸过程中，若患者感觉灼热不可忍受时，可将姜片向上提起，或缓慢移动姜片。此法应用很广，多用于因寒而致的呕吐、腹痛、泄泻、风寒湿痹和外感表证等。

2）隔蒜灸：用鲜大蒜头切成厚约 0.2 ～ 0.3cm 的薄片，中间以针穿刺数孔，上置艾炷放在应灸的部位，然后点燃施灸，待艾炷燃尽后可易艾炷再灸，一般可灸 5 ～ 7 壮。因大蒜液对皮肤有刺激性，灸后容易起泡，若不使起泡，可将蒜片向上提起，或缓慢移动蒜片。此法多用于治疗瘰疬、痈疽初起、肺痨等。

3）隔盐灸：此法仅用于脐部，用纯净干燥的精制食盐填敷于脐部，使其与脐平，上置艾炷施灸，如患者稍感灼痛，即更换艾炷再灸。也可于盐上放置姜片后再行施灸，一般灸 5 ～ 9 壮。此法有回阳、救逆、固脱之功，但需连续施灸，不拘壮数，以待脉起、肢温、证候改善。临床常用于治疗虚寒性腹痛、吐泻、痢疾、中风脱证等。

4）隔附子灸：以附子片或附子药饼作间隔物。药饼的制作方法，是将附子研成细末，以黄酒调和，制成直径大约 3cm、厚约 0.8cm 的附子饼，中间以针穿刺数孔，上置艾炷，放在应灸的部位，点燃施灸。由于附子辛温大热，有温肾补阳的作用，故多用于治疗命门火衰而致的阳痿、早泄、遗精、宫寒不孕和疮疡久溃不敛等病症。

2. 艾条灸

即用细桑皮纸或容易燃烧的薄纸包裹艾绒卷成圆柱状，即为艾条，越紧越好，将其一端点燃，对准穴位或患处，约距离皮肤 2 ～ 3cm 处进行熏灸，使患者有温热感或轻微的灼痛感（图 12-94）。也可以将艾条的点燃端与施灸部位的皮肤并不固定在一定的距离，而是像鸟雀啄食一样进行熏灸，一般以灸至局部起红晕为度。此法使用简便，一般疾病皆可应用。

3. 温针灸

在针刺得气后，将针留置于适当的深度，在针柄穿置一段长约 2cm 的艾条，或在针尾上搓捏少许艾绒点燃施灸，直待燃尽，除去灰烬可再灸（图 12-95）。本法是针刺与艾灸相结合的一种方法，适用于既需要针刺留针，又须施灸的疾病。适用于寒湿所致的筋骨痹痛诸证。

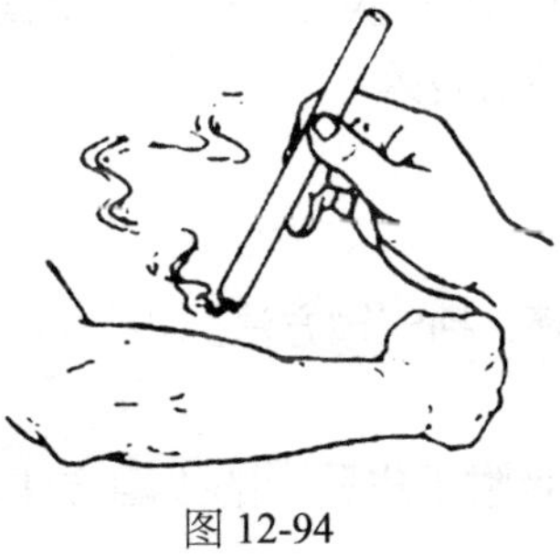

图 12-94

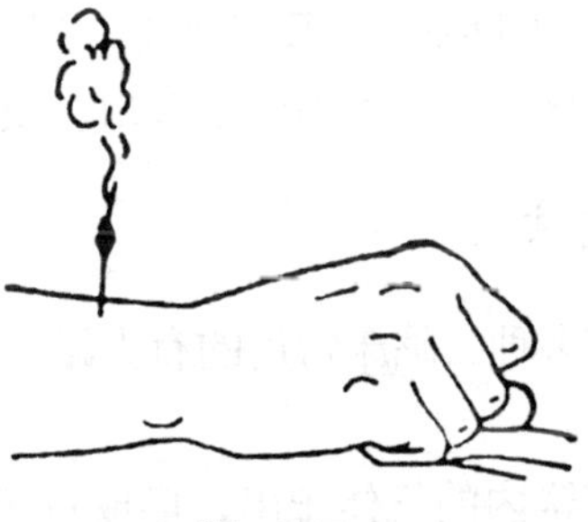

图 12-95

（三）灸法的适应证及禁忌证

（1）适应范围：临床适应广泛，尤其对慢性虚弱性疾病及风寒湿邪所致的病证均可应用，如阳虚、气虚、久泻、肢冷、痹证、痰饮等。

（2）禁忌证：凡实证、热证及阴虚发热证一般不宜灸；颜面部、浅在血管所在部位不宜施用瘢痕灸；孕妇的下腹部、腰骶部均不宜施灸。

（四）灸法的注意事项

（1）施灸次序：一般地说，先灸阳经，后灸阴经；先灸上部、背部，后灸下部、腹部；先灸头身，后灸四肢。但特殊情况下，也可例外。

（2）体位的安排：施灸时，体位要安排好，以免移动烧伤皮肤。

（3）施灸后处理：施灸术后，局部皮肤若出现微红灼热，为正常现象。如施灸局部出现小水泡，只要注意不擦破，可任其自然吸收。如起泡较大者，可用消毒的针抽出水液，再涂以龙胆紫，防止感染。对行瘢痕灸者，灸疮化脓期间，应注意休息，保持局部清洁，防止感染，并可用敷料保护灸疮，待其自然愈合。

三、拔罐疗法

拔罐疗法，又称火罐疗法或吸筒疗法，是指在罐具内形成负压后，迅速将罐具吸附于患处或穴位上，使其产生局部充血和瘀血，从而达到治疗疾病的一种方法。拔罐疗法简单易行，疗效较好，是针灸治病的重要辅助方法，所以广为流传。

（一）罐具种类

临床常用的有竹罐、陶罐、玻璃罐三种（图 12-96）。

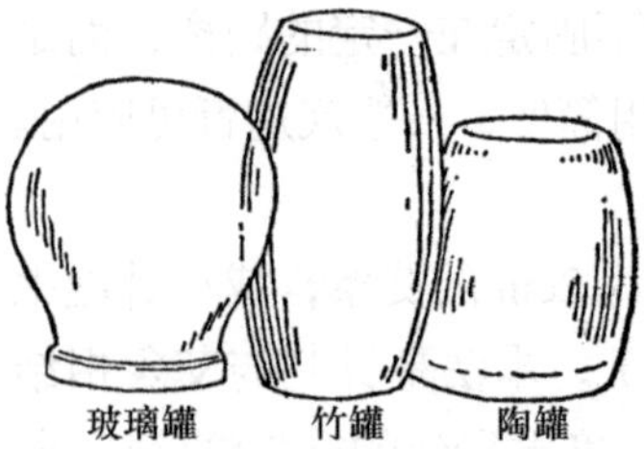

图 12-96　常用罐

（1）竹罐：选用粗毛竹，裁取 6 ～ 9cm 竹筒，留一头竹节，然后刮去青皮和竹内膜，管壁厚度 0.7 ～ 1cm，砂纸磨光即可。竹罐轻巧价廉，且可就地取材。缺点是易爆裂漏气。

（2）陶罐：为陶土烧制而成。形状两头小，中间大，形同腰鼓。陶罐吸力大，吸附时间长。缺点是易破碎。

（3）玻璃罐：玻璃制成。底圆如球，口平滑，按大小分为五型。玻璃罐质地透明，易于观察吸附时皮肤变化情况，现临床上多用。缺点是易破碎。

（二）拔罐方法

拔罐的方法有多种，临床常用的有火罐、水罐、抽气罐方法。

1. 火罐

法即用火力将罐内的气体排出，形成负压，吸附于皮肤上的拔罐方法。具体操作有以下几种。

（1）投火法：可用于全身拔罐。方法是：将乙醇棉球或小纸片点燃后，投入至罐内底部，乘火最旺盛时，迅速将罐扣在应拔部位上即可吸住。这种方法吸附力强，且由于罐内有燃烧物质，火球落下时很容易烫伤皮肤，故宜在侧面横拔（图 12-97）。

（2）闪火法：用镊子夹住 95% 的乙醇棉球，点燃后在罐内绕 1 ～ 3 圈再抽出，并迅速将罐吸附于应拔的部位上。这种方法比较安全，是常用的拔罐方法，但需注意的是点燃的乙醇棉球不要将罐口烧热，以免烫伤皮肤（图 12-98）。

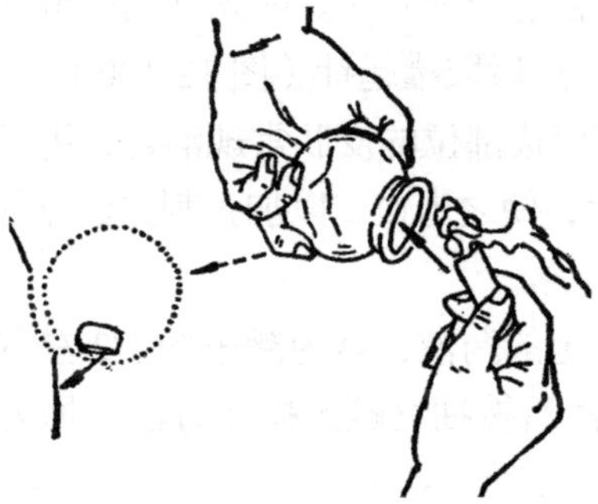

图 12-97　投火法

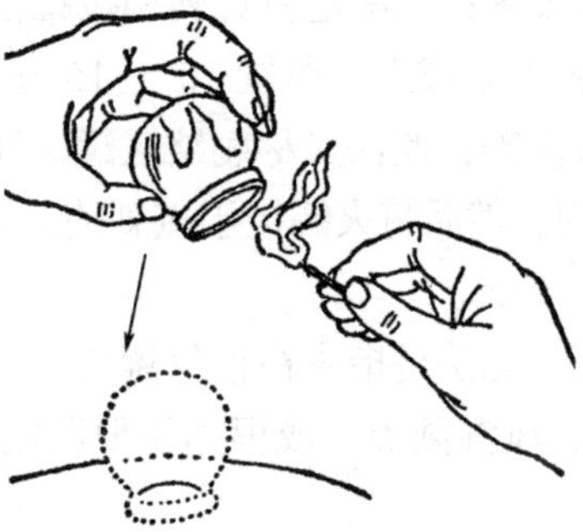

图 12-98　闪火法

（3）贴棉法：用棉花一小块，略蘸少许 95% 乙醇，贴在罐内壁的上中段上，点燃后，迅速罩在应拔部位。注意乙醇不可蘸太多，以免流下烫伤皮肤。多用于侧身位。

2. 水罐法

用水煮或水蒸汽使罐内产生负压吸附的拔罐法。

（1）水煮法：将竹罐置于沸水中煮 2 ～ 3 分钟，甩去水液，用毛巾擦干罐口，迅速扣在应拔部位上。

（2）水蒸汽法：将沸水熏蒸罐具 2 ～ 3 分钟，用毛巾擦干罐口，然后迅速扣在部位上。

3. 抽气法

用抽气设备如注射器、电动吸引器等设备，排出罐内气体，使之产生负压吸附的拔罐法。此法避免烫伤，操作简便，负压大小可以调整，常与水罐等法配合应用。

（三）拔罐法的应用

临床拔罐时，可根据不同病情，选用不同的拔罐方法，常见的拔罐方法有以下 6 种。

（1）留罐：又称坐罐，即拔罐后将罐子吸拔留置于施术部位 10 ～ 15 分钟，然后将罐取下。此法是常用的一种方法，一般疾病均可应用，而且单罐、多罐皆可应用。

（2）走罐：又称推罐，一般用于面积较大、肌肉丰厚的部位，如腰背部、大腿部等。可选用口径较大的罐，最好用玻璃罐，罐口要平滑。先在罐口或欲拔部位涂一些凡士林油膏等润滑油，再将罐拔住，然后用右手卧住罐了，上下往返推移，至所拔皮肤潮红、充血，甚至瘀血时，将罐取下（图 12-99）。

（3）闪罐：此法是将罐拔住后，又迅速将罐取下，再迅速拔住，如此反复多次地拔上、取下、再拔，直至皮肤潮红为度。

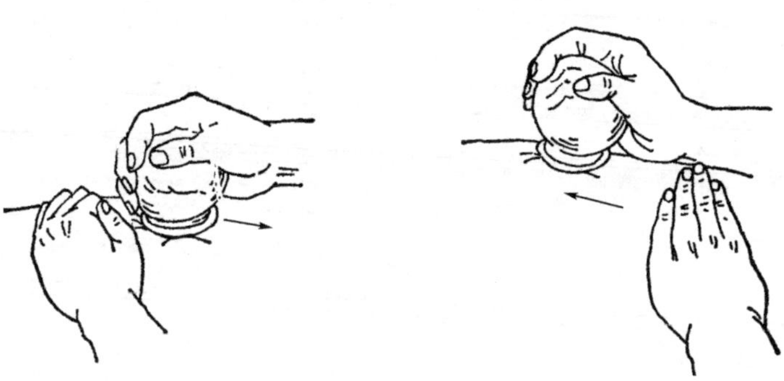

图 12-99　走罐

（4）留针拔罐：此法是将针刺和拔罐相结合的一种方法。即先针刺待得气后留针，再以针为中心点，将火罐拔上，留置 10 ～ 15 分钟，然后取罐起针（图 12-100）。

（5）刺血拔罐：此法又称刺络拔罐，即在应拔部位的皮肤常规消毒，用三棱针点刺出血或用皮肤针叩刺，然后将火罐拔于点刺的部位上，使之出血，以加强刺血治疗的作用。一般针后留罐 10 ～ 15 分钟。

（6）药罐：此法是指先在抽气罐内盛上一定的药液，常为罐子的 1/2 左右，常用的如生姜汁、辣椒液、风湿酒等，或根据需要配制，然后按抽气罐的操作方法，抽去空气，使罐吸附在皮肤上。

（四）起罐方法

图 12-100　留针拔罐

一般 10 分钟左右即可起罐，如用玻璃罐，视局部呈红紫色后即可起罐。起罐方法是一手持罐向一侧倾斜，另一手用指尖按压罐口皮肤，使空气进入罐内，罐则自行脱落。

（五）拔罐的注意事项

（1）注意体位和部位的选择：拔罐时要选择适当的体位和肌肉丰厚的部位，若体位不当、移动或骨骼凹凸不平、毛发较多的部位均不适宜拔罐。

（2）注意罐子的选用：拔罐时要根据所拔部位的面积大小而选择大小适宜的罐子。操作时必须迅速，才能使罐拔紧，吸附有力。

（3）注意烫伤的处理：用火罐时注意不要灼伤或烫伤皮肤。若烫伤或留罐时间过长而皮肤起水泡时，小泡勿需处理，仅敷以消毒纱布，防止擦破即可。水泡较大时，用消毒针将水放出，涂以龙胆紫药水，或用消毒纱布包敷，以防感染。

（4）禁用的情况：皮肤有过敏、溃疡、水肿或大血管部位不宜拔罐。高热抽搐者和孕妇的腹部、腰骶部位不宜拔罐。

主要参考书目

北京中医学院 . 1978. 中医学基础 . 上海：上海科学技术出版社

陈家旭 . 2015. 中医诊断学 . 北京：中国中医药出版社

陈素云，刘晓伟 . 2001. 中医诊断学纲要 . 北京：人民军医出版社

邓中甲 . 2003. 方剂学 . 北京：中医中医药出版社

董湘玉，李琳 . 2003. 中医心理学基础 . 北京科学技术出版社、安徽大学出版社

范行准 . 1986. 中国医学史略 . 北京：中国古籍出版社

何裕民，刘文龙 . 1996. 新编中医基础理论 . 北京：北京医科大学、中国协和医科大学联合出版社

贺志光 . 1996. 中医学 . 第四版 . 北京：人民卫生出版社

江苏新医学院 . 1993. 中药大辞典 . 上海：上海科学技术出版社

李德新 . 1985. 实用中医基础学 . 沈阳：辽宁科学技术出版社

李冀 . 2012. 方剂学 . 北京：中国中医药出版社

李家邦 . 2004. 中医学 . 第六版 . 北京：人民卫生出版社

李时珍 . 1999. 濒湖脉学 . 天津 : 天津科学技术出版社

李中梓 . 1984. 诊家正眼 . 南京 : 江苏科学技术出版社

孙广仁 . 郑洪新 . 2012. 中医基础理论 . 北京：中国中医药出版社 .

王华 . 杜元灏 . 2012. 针灸学 . 北京：中国中医药出版社

王叔和 . 1998. 脉经 . 北京 : 科学技术文献出版社

王新华 . 2001. 中医学基础 . 北京：中国中医药出版社

吴敦序 . 1984. 中医基础理论 . 上海：上海科学技术出版社

徐恒泽 . 2002. 针灸学 . 北京：人民卫生出版社

印会河，张伯讷 . 1989. 中医基础理论 . 北京：人民卫生出版社

印会河 . 1984. 中医基础理论 . 上海：上海科学技术出版社

甄志亚 . 1987. 中国医学史 . 上海：上海科学技术出版社

张介宾 . 1991. 类经 . 上海 : 上海古籍出版社

赵思俭 . 1990. 中医脉诊学 . 天津 : 天津科学技术出版社

赵献可 . 1959. 医贯 . 北京 : 人民卫生出版社

郑守曾 . 1999. 中医学 . 第五版 . 北京：人民卫生出版社

钟赣生 . 2016. 中药学 . 北京：中国中医药出版社

附 推拿疗法

推拿疗法属中医外治法范畴，是以中医理论为指导，通过手法作用于人体的经络、腧穴或特定部位，来防治疾病的一种方法。在临床上广泛应用于内、外、妇、儿、五官等科。

（一）推拿的适应证和禁忌证

1. 适应证

（1）内科病证：常见的头痛、失眠、胃脘痛、胃下垂、呃逆、便秘、久泄、支气管哮喘、肺气肿、高血压病、胆绞痛、心绞痛、糖尿病、中风后遗症、风湿性关节炎、阳痿、单纯性肥胖症等证。

（2）外科病证：胆囊炎、乳腺增生症、手术后肠粘连等。

（3）妇科病证：痛经、闭经、月经不调、子宫脱垂、盆腔炎、产后耻骨联合分离症等。

（4）儿科病证：发热、咳嗽、腹泻、呕吐等。

（5）骨伤科病证：颈椎病、落枕、肩周炎、网球肘等。

（6）五官科病证：声门闭合不全、近视眼、视力疲劳、慢性咽喉炎、慢性鼻炎等。

2. 禁忌证

（1）一些急性传染病，如肝炎、脑膜炎、肺结核等。

（2）外伤出血、骨折早期、截瘫初期等。

（3）一些感染性疾病，如疔、丹毒、骨髓炎与化脓性关节炎等。

（4）各种出血症，如尿血、便血、吐血等。

（5）烫伤与溃疡性皮炎的局部等。

（6）肿瘤及脓毒血症等。

（二）推拿手法简介

推拿是一种古老的医治疾病的方法。远在两千余年前的春秋战国时期，推拿疗法就被广泛应用于医疗实践，当时的民间医生扁鹊运用按摩、针灸，成功抢救了尸厥患者。目前推拿已引起国际医疗界的重视，许多国家都已开展对这方面的研究工作。其具体操作形式有很多种，包括用手指、手掌、腕部、肘部等直接在患者体表进行操作，故也称之为手法。由于操作的形式、刺激的强度（力量）、时间的长短以及活动肢体的方式不同，就逐渐形成了许多动作和操作方法不同的各种基本手法。熟练的手法技术应该具有“持久、有力、均匀、柔和”四大基本要求。

1. 推拿手法的补泻意义

推拿手法的补泻原则在中医历代文献中多有叙述，尤其在小儿推拿的临床应用中更为广泛。如旋推为补，直推为泻；左揉为补，右揉为泻；顺摩为补，逆摩为泻；缓摩为补，急摩为泻等等。一般认为，手法的补泻作用，主要与所用手法的性质、刺激的强弱和时间的长短有关。凡刺激较弱、较浅，作用时间较长的手法，具有兴奋作用，属于“补”的范畴；反之，凡刺激较强、较深，作用时间较短的手法，具有抑制作用，属于“泻”的范畴。从这一意义上说，重刺激为“泻”，轻刺激为“补”。但这种因手法刺激的轻重所起的补泻作用，其压力的分界量是因各人的体质和不同部位接受刺激的阈值而异的，故在临床上则是以病人有较强烈的“得气”感来确定的。

2. 基础手法

（1）一指禅推法

定义 用大拇指端或指面或偏峰着力于一定穴位或部位上，沉肩，垂肘，悬腕，通过前臂与腕部的协调摆动和指间关节的屈伸活动，使之产生的力持续地作用于穴位或部位上的一种手法（图附 1-1）。

功能 调和营卫、理气消积、健脾和胃、舒经活络。

操作 端坐位或站位，拇指自然着力，不要用力下压，推动时着力点要吸定，且摆动幅度与速度要始终一致，动作要灵活。移动时应缓慢地循经或做直线的往返移动，即“紧推慢移”。推动时的速度一般以每分钟 120 ～ 160 次为宜。

图附 1-1　一指禅推法

（2）滚法

定义 用手背近小指或小指、环指和中指的掌指关节着力于一定穴位或部位上，通过前臂的旋转摆动，连同肘关节做屈伸外旋的连续动作，使之产生的力持续地作用于部位或穴位上的一种手法（图附 1-2）。

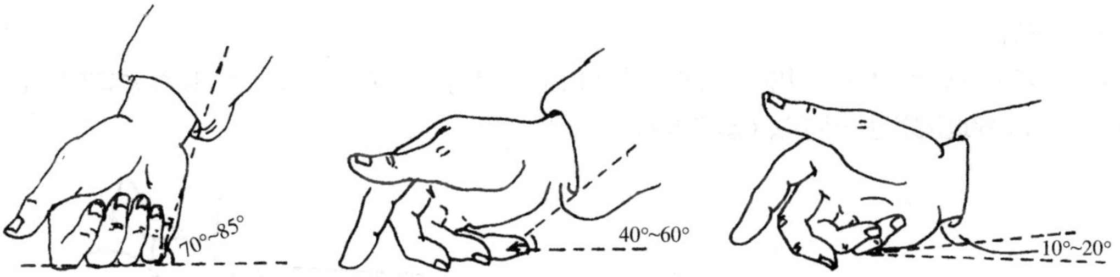

图附 1-2　滚法

功能 缓解肌肉、韧带痉挛，增强肌肉、韧带活力，促进局部循环，消除肌肉疲劳。

操作 取站势，两脚呈“丁字步”，沉肩垂肘，肘关下曲呈 130°，置于身体侧前方。操作时要吸定于着力穴位或部位，发力要均匀、柔和，有明显的滚动感。动作要协调、连续、有节律。移动时要循经或作直线往返移动。动作的速度每分钟以 120 ～ 160 次为佳。

（3）揉法

定义 用掌、或掌跟、或大鱼际、或手指拇指面以及肘尖部等其他部位着力，固定于一定的穴位或部位上，做轻柔缓和的回旋揉动的一种手法（图附 1-3）。

功能 温通气血、活血止痛、温中理气、消积导滞、疏通经络、缓解痉挛。

操作 取站势或坐势，沉肩垂肘，上肢放松置于身体前侧，腕部放松，手指自然伸开，前臂发力摆动，带动腕部连同皮下组织一起做回旋运动。操作时，呼吸均匀、自然，气沉丹田，不可屏气与用力下压。揉动的幅度可大可小，亦可由小渐大；揉动的力量可轻可重，亦可由轻渐重。揉动的穴位或部位要固定，不能滑动、摩擦。揉动的方向可顺时针方向，亦可逆时针方向。移动时要缓慢。揉法速度一般每分钟 60 ～ 120 次。

揉法最常与其他手法同时使用，组成众多的复合手法，如按揉、拿揉、点揉、掐揉、揉捏等，其目的在于增强手法的作用效果或缓解某种手法的反应。

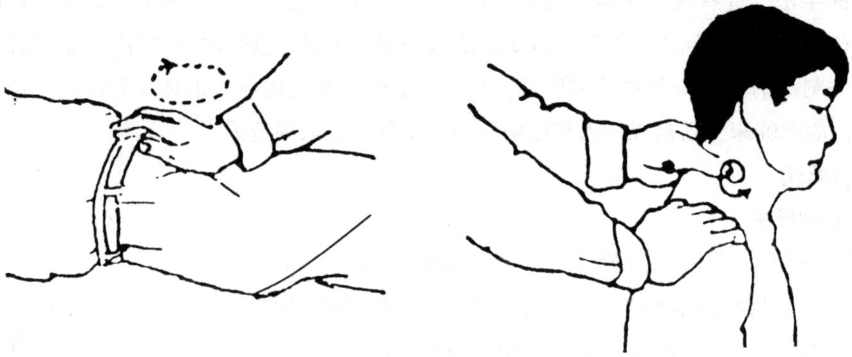

图附 1-3　揉法

（4）推法

定义　用指端、或掌跟、或大鱼际、或小鱼际、或肘面、或肘后鹰嘴突起部，着力于一定穴位或部位，缓缓地做单方向的直线推动的一种手法（图附 1-4）。

功能　疏通经脉、行气活血、消肿止痛、舒经活络、增强肌肉兴奋性、促进局部循环。

操作　站势，沉肩垂肘，肘关节屈曲，呼吸自然、深沉，气沉丹田，不能屏气。操作时，着力部贴于皮肤，做缓慢的直线推动，用力均匀、一致，切忌耸肩、左右滑动、忽快忽慢和用力下压。推动距离应尽量长，然后顺势返回。推法速度一般每分钟 30 ～ 60 次。

（5）摩法

定义　用手掌掌面或食指、中指、无名指三指指面，附着于一定穴位或部位上，以腕关节连同前臂在皮肤做环行有节律地抚摩的一种手法（图附 1-5）。

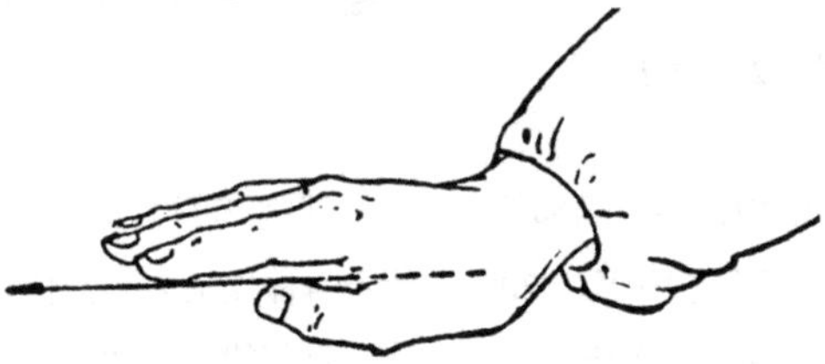

图附 1-4　推法

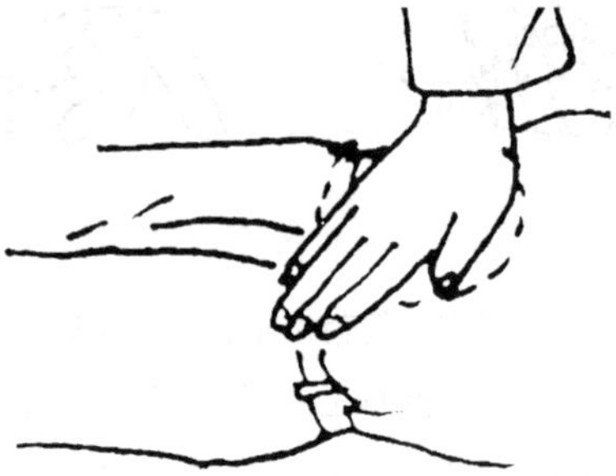

图附 1-5　摩法

功能　理气止痛、消积导滞、健脾和中、活血化瘀、调节胃肠蠕动。

操作　坐势，亦有取站势，沉肩垂肘，上肢放松，呼吸均匀、自然。操作时，指、掌、腕、前臂同时做缓和协调的环旋抚摩而不带动皮下组织，可顺时针方向摩，亦可逆时针方向摩。用力平稳、均匀，轻快柔和，不得按压、滞着。其用力要领是靠上臂甩动来带动前臂及腕部，摩法速度一般每分钟 60 ～ 120 圈。

另外，本法在操作时，常借用介质，即裸露被操作部位，先涂上介质，然后进行手法操作，以增强治疗效果，此即是古代的“膏摩”。

（6）擦法

定义　用四指面、或手掌掌面、或大小鱼际部位附着于一定的部位上，做直线往返的摩擦的一种手法（图附 1-6）。

功能　温通经络、温中止痛、祛风散寒、行气活血、消肿散结、调理脾胃。

操作 取弓箭步或马步，沉肩垂肘，肘关节屈曲，腕平指直，呼吸自然，气沉丹田，不要屏气。操作时，着力部要贴附肌肤上做稳实、均匀、连续的往返摩擦，不能用力下按或按压。擦法速度一般每分钟 60 ～ 120 次。

在临床运用中，要使用介质，如按摩油、药膏等以防止擦破表皮，亦能借助介质中的药物渗透来加强疗效，因而本法最常作为治疗结束时的最后一个手法。

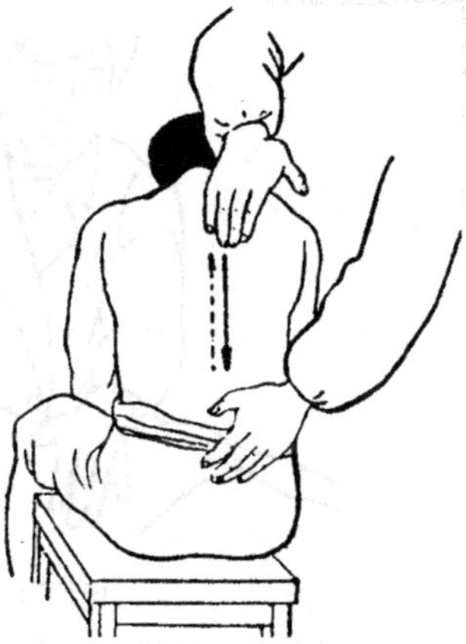

图附 1-6　擦法

（7）抹法

定义 用双手或单手拇指指面为着力部位，贴于一定的部位上，做上下或左右轻轻的往返移动的一种手法（图附 1-7）。

功能 清利头目，舒肝理气，消食导滞，活血通络，解除痉挛。

操作 取站势，沉肩垂肘，拇指指面着力，而其余四指固定被操作的部位。用力轻柔、稳实、均匀，移动缓慢或轻快，不能往返按压。本法轻快柔和，常作为治疗时的开始或结束手法而使用。临床以头面、颈项、胸腹、腰背及骶部等部位应用最多。

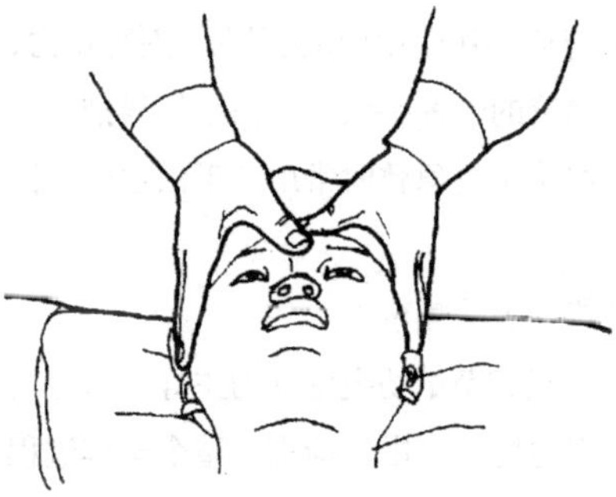

图附 1-7　抹法

（8）搓法

定义 用双手掌面或小鱼际部位，对称地夹住肢体的一定部位，相对用力，自上而下地做快速搓揉的一种手法（图附 1-8）。

功能 舒筋活络，调和气血，温通经络，舒肝理气，缓解肌肉痉挛。

操作 取马步，沉肩垂肘，上肢放松，呼吸自然，气沉丹田，切忌屏气发力。掌与指自然伸直，夹持的部位要松、紧适宜。搓动时要轻快、柔和、均匀、连续，移动时要缓慢，并顺其势自然而下。搓法速度一般在每分钟 120 次以上。

本法轻快和缓，常用于治疗损伤性疾病与风湿痹证，多用于四肢，并多作为治疗的结束手法，常与捻、抖两法同时配合应用。

（9）按法

定义 以手指拇指端、中指端、掌跟部、肘尖部或肢体的其他部位为着力点，按压一定穴位或部位，逐渐用力按压，按而留之的一种手法（图附 1-9）。

功能 通经活络、解痉散结、放松肌肉、矫正畸形。

操作 取站势或坐势，沉肩垂肘，气沉丹田，自然呼吸，意念集中于着力部位。所按穴位或部位要准确，用力须平稳并逐渐加重，使气力深透，以有“得气感”为度。按压时，不移位，按压时间在 10 秒～ 20 分钟。

由于其刺激力能强能弱，而气力较深透，故临床运用不仅灵活多变，且常与其他手法同时操作，组成众多的复合手法。亦为气功推拿的辅助手法。

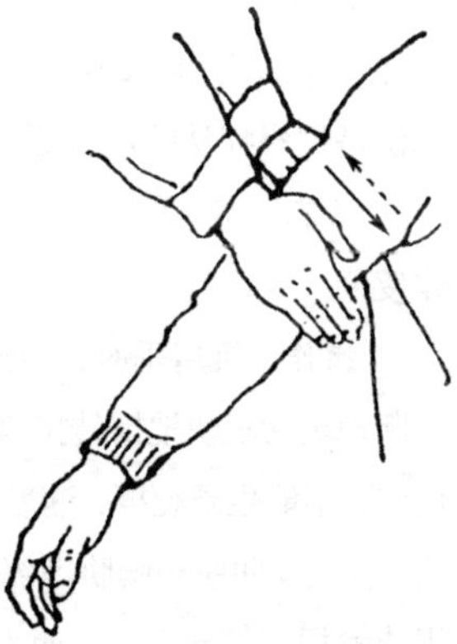

图附 1-8　搓法

（10）点法

定义 以指腹或屈指后第一指间关节突起部为着力部位，在一定穴位或部位用力下压的一种手法。本法是伤科推拿的主要手法，亦是小儿推拿、气功推拿、自我保健推拿以及治疗损伤的常用手法（图附 1-10）。

功能 镇静止痛、接触痉挛、开通闭塞、疏通经络、调节脏腑机能。

操作 沉肩垂肘，气沉丹田，呼吸自然，意念在着力部位，选取的穴位或部位要准确。用力平稳，并随呼吸逐渐加重为度，不可久点。

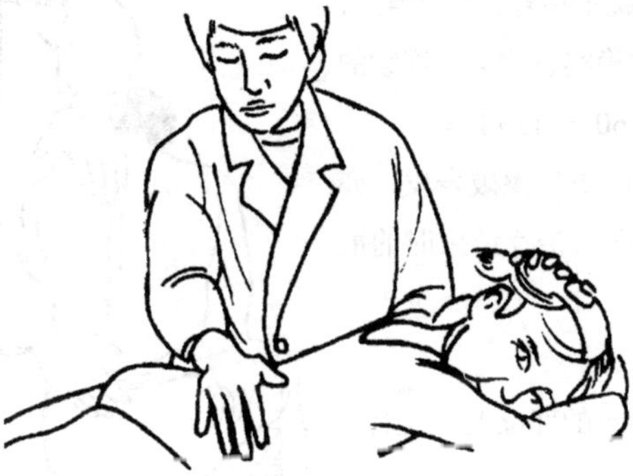

图附 1-9　按法

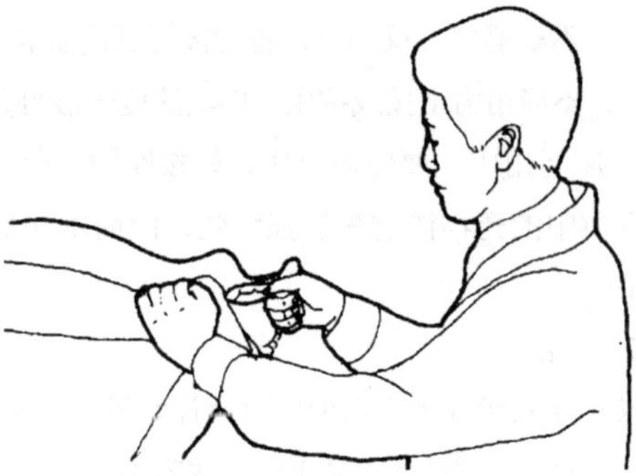

图附 1-10　点法

因其刺激力较强，虽适用于全身各个部位，但较多用于穴位或压痛点，故历来有“以指代针”和“点穴”之说。同时，在使用时，时间不可过长，应要视病人的体质和耐受性，酌情选用。此外，在点法的过程中应随时观察病人的反应，以防止刺激太过，发生意外。

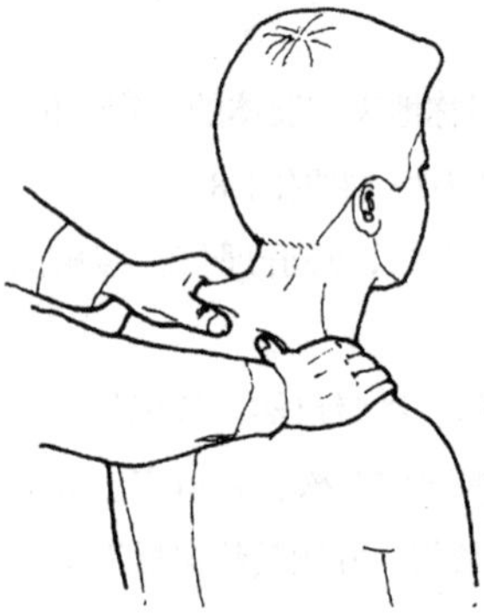

图附 1-11　拿法

（11）拿法

定义　用拇指与其他手指指面或拇指与食、中二指为着力部位，对称用力，一紧一松，一拿一放，拿取一定的穴位或部位的一种手法。本法是伤科推拿、内科推拿与小儿推拿的主要手法。同时，本法又是急救时常用的手法之一（图附 1-11）。

功能　开窍止痛、祛风散寒、舒经活络、解除痉挛。

操作　沉肩垂肘，悬腕，以腕关节与掌指关节的协调活动为主导，对称用力，一紧一松。拿取的穴位和部位要准，用力均匀，由轻渐重。整个操作过程要和缓而有节律，不可用暴力。此法常作为治疗时的开始手法，适用于全身部位，尤其是颈、肩、腰、胁及四肢部位运用较多。

（12）捏法

定义　用拇指与食指、中指、无名指三指的指腹部为着力部位，捏住一定部位，将皮肉捏起，对称用力，做连续捻转挤捏的一种手法。本法是捏脊疗法的最主要手法（图附 1-12）。

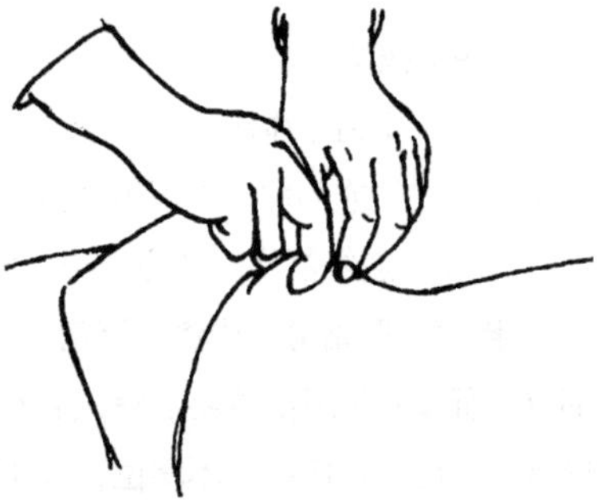

图附 1-12　捏法

功能　疏通经络、行气活血、缓解痉挛、增强肌肉活力、解除肢体疲劳。

操作　沉肩垂肘，自然呼吸，以腕关节活动带动掌指关节做连续不断地灵活轻快地捻转挤捏，不能跳跃和间断。移动缓慢，用力柔和、均匀，不能生硬死板，速度可快可慢。其手法较为柔和，故常用于颈、肩、脊柱及四肢和腰胁等部位。在四肢运用时常与拿法结合同时操作，组成拿捏的复合手法；而用于脊柱时，其操作较为特殊，即用拇指指面顶住皮肤，食指、中指两指前按，三指同时对称用力提拿捻捏，双手交替向前，从尾部捏至大椎穴，一般每次捏 3 ～ 5 遍。在捏的过程中，每捏 3 下，双手即用力将皮肤向上提一下，称为“捏三提一法”，此法只用于脊柱，对消化系统病证有较好的治疗作用，对增强人的体质亦有一定的作用，故是保健推拿的一种主要手法，称为“捏脊疗法”。

（13）掐法

定义　用拇指指甲为着力部位，在一定穴位或部位深深地掐压的一种手法。本法刺激力极强，一般临床很少使用，常作为急救时的主要手法而运用于昏迷、惊风、肢体痉挛、抽搐等证的治疗，亦是小儿推拿的主要手法之一。但运用时，多与揉法结合，组成掐揉的复合手法而运用于临床（图附 1-13）。

图附 1-13 掐法

功能 开窍醒神，镇惊止痛，解除痉挛。

操作 沉肩垂肘，用力平稳，以被掐压穴位或部位有得气感，或以患者恢复清醒为度。掐取的穴位或部位要准确无误。使用时，要突然用力，快速掐取某穴位，如人中穴，或掐压某部位，掐后常以揉法来缓解其对局部的刺激。

（14）踩跷法

定义 用双足前部为着力点，交替踩踏一定部位的一种方法（图附 1-14）。

功能 矫正脊柱畸形，帮助复位，舒筋活络。

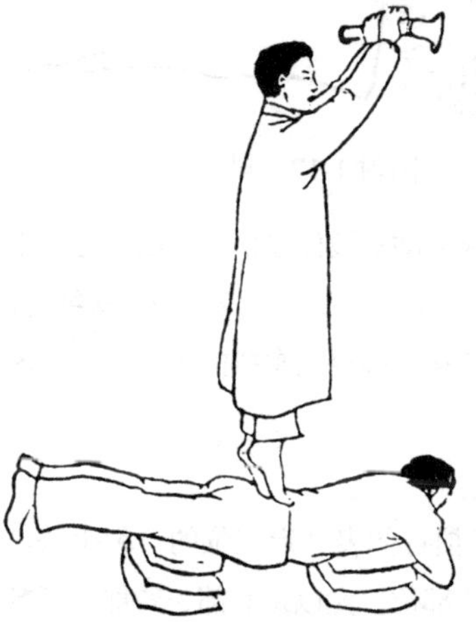

图附 1-14 踩跷法

操作 患者俯卧，胸部与骨盆部各垫 2 ～ 3 个枕头，以使腰部悬空；术者全身放松，两手抓住固定在墙上的扶手，然后以踝关节活动为主，带动足的前掌做连续的交替踩踏与弹跳。操作时，足尖不可离开局部，踩踏的力量与弹跳的高度要根据患者的体质、耐受力与病情来决定，一般是由轻逐渐加重。并嘱患者随着弹跳的起落做张口呼吸，严禁屏气。

本法刺激力较强，因刺激量较难掌握，故在临床运用前要进行认真地训练。一般多用于腰骶部，其次为腰背部。临床应用此法一定要诊断明确，慎重选用。其对腰椎间盘突出症的治疗效果较好。然而对脊柱有骨性病变时，如骨折、骨结核、骨肿瘤等病证，一律禁用；同时对久病体虚、体质虚弱、耐受性极差等人，一般亦不主张选用。本法在操作过程中，须时时观察患者对手法的反应，以防发生意外。

（15）震颤法

定义 用手指指端或手掌为着力部位，以腰为轴，上体慢慢摇转，运丹田震颤之气，经胸、上肢，达于掌或指，并使之产生震颤的一种手法。本法是气功推拿的最主要手法，主要用于百会、大椎、丹田、劳宫、命门等穴，从而达到开窍、调气、激发气机的目的（图附 1-15）。

功能 激发与调整气机、升阳益气、引气归元。

操作 取端坐位，全身放松，宁神静气，腹式呼吸，气沉丹田，沉肩垂肘，用掌或指端自然附着于一定穴位或部位，不可用力按压。上体摇转时可按顺时针方向，亦可按逆时针方向。每摇转 1 圈，做一次呼吸。震颤的频率可快达每分钟 800 次左右，一般在 600 次左右。意念在掌心或指端。临床运用时，由于所施部位或穴位的不同，治疗目的的各异，因而又有手式的不同，如平掌式、一指禅式、中指独立式、龙含式、剑指式、雀嘴式等。

图附 1-15 震颤法

（16）振法

定义 用手掌掌面、或拇指、或中指为着力部位，术者将上臂肌肉持续收缩产生震颤，然后将震颤逐渐向下传到指端或掌面，引发着力的部位被动震颤的一种手法。本法温和，是治疗内脏病证及儿科疾病的常用手法（图附 1-16）。

功能 和中理气，消积导滞，温经止痛，养血安神。

操作 沉肩垂肘，呼吸自然、均匀、深长。前臂强力、静止性发力，使力量集中于掌或指，产生振动。

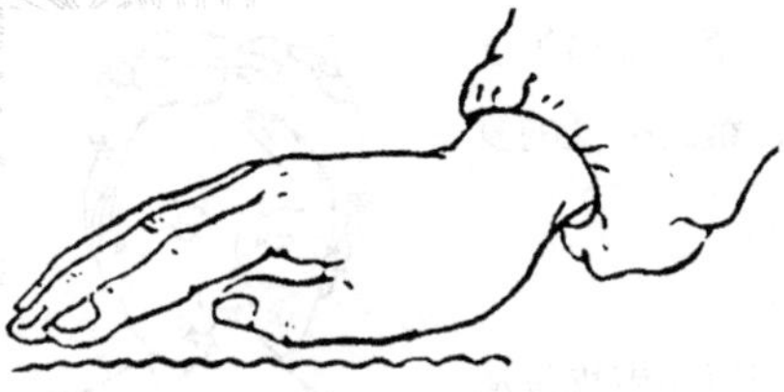

图附 1-16　振法

切不可屏气发力。振动的幅度要小，频率要快，不可断断续续、忽快忽慢、时轻时重，一般每分钟在 400 次左右。振法时间一般在 5 ～ 20 分钟。临床运用时，因其着力部位之不同而分为指振法、掌振法、大鱼际振法等，且常与按法结合运用，组成振按的复合手法。本法与震颤法操作形态极其相似，但实则不同，应严格区分。本法的发力在前臂，为肌肉强力收缩而产生震动，而震颤法则为运丹田震颤之气而使之颤动；其次，振法前臂乃致上肢紧张，而震颤法则上肢完全处于放松状态。

（17）抖法

定义　用双手握住肢体远端，用力做缓缓的连续不断的小幅度的上下抖动的一种手法。本法属于比较轻松、柔和、舒畅的一种手法（图附 1-17）。

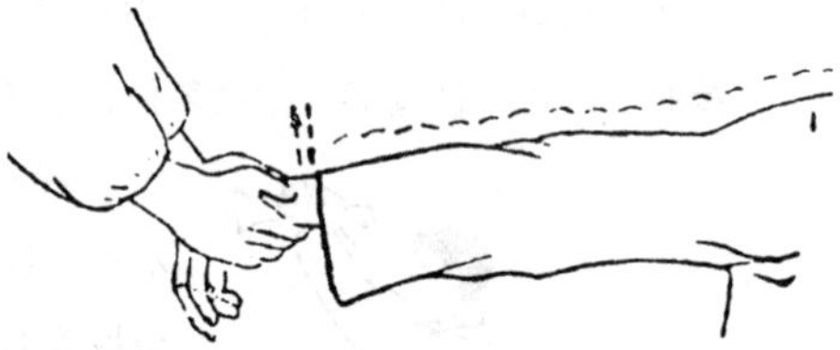

图附 1-17　抖法

功能　调和气血、舒筋活络、放松关节、解除痉挛。

操作　取马步，上身微前倾，沉肩垂肘，肘关节屈曲 130° 左右，两手同时作快速小幅度的抖动，并由小幅度增大，频率始终保持一致。呼吸自然、均匀、深长，不能屏气，意念在两手，令被抖动的肢体放松。本法只适用于上肢、腰部与下肢，并常常与搓法、捻法一同配合使用，进而组成治疗中的一套结束手法。常与拔伸法结合，组成牵抖的复合手法，多用于腰骶部和下肢部；与提、拿法结合，组成提拿抖、提抖或拿抖的复合手法，多用于腰部、膝部、肩部等。

图附 1-18　拍法

（18）拍法

定义　用虚掌、或实掌、或拍子拍打体表一定部位的一种手法。本法除胸部、腹部外，适用于全身各个部位，尤以颈肩部、背部、腰骶部及大腿部、臀部运用最多。此外，本法是自我保健推拿、治疗运动损伤及运动前、后准备、放松的常用手法之一（图附 1-18）。

功能　舒经活络，调和气血，缓解痉挛，消除疲劳。

操作　沉肩垂肘，腕部放松，掌指关节微屈成虚掌，五指并拢，然后前臂带动，甩动腕部。拍打要平稳而有节奏，拍打后迅速提起，拍打的部位要准确一致。本法在运用时，可单手操作，亦可双手交替同时操作。一般称用手掌拍为掌拍法，用特制的拍子拍打为拍打法，拍打法常用的部位较掌拍法更广，运用更加灵活、方便。

（19）击法

定义　用拳背、掌根、掌侧小鱼际、指尖或用桑枝叩击体表一定部位或穴位的一种手法，包含有拳击法、掌击法、侧击法、指尖击法、棒击法（图附 1-19）。

功能　宣通气血、通络止痛、缓解痉挛、兴奋元阳。

操作　拳击法，手握空拳，沉肩垂肘，肘部放松。叩击时，用力平稳着实而有节律。叩击的部位要准确一致，不可偏歪与移动。叩击的力量与次数应根据治疗的需要而定，一般是由轻渐重。本法的刺激力较强，刺激量可强可弱，侧击法刺激较温和，点击法的刺激力最强，故临床使用时要根据病情和病人的体质与耐受性等情况选用，否则易发生意外。

（20）摇法

定义　用一手握住或夹住关节近端肢体，另一手握住或固定关节远端肢体，做缓和和回旋转动的一种手法。多与抖法结合组成复合手法而使用，属于被动活动关节的一类手法，很少单独使用。

(1) 拳背击

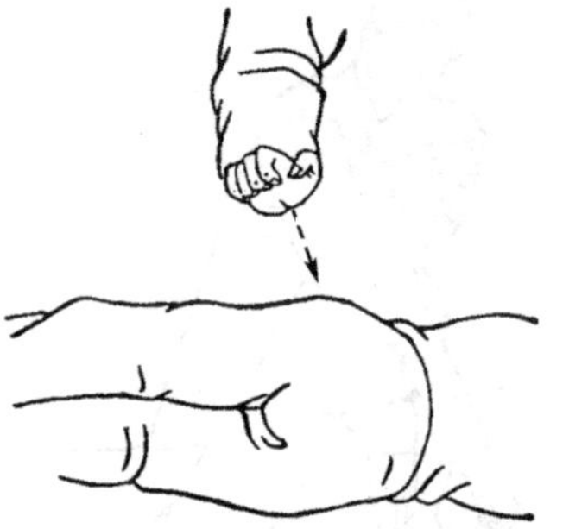
(2) 掌根击

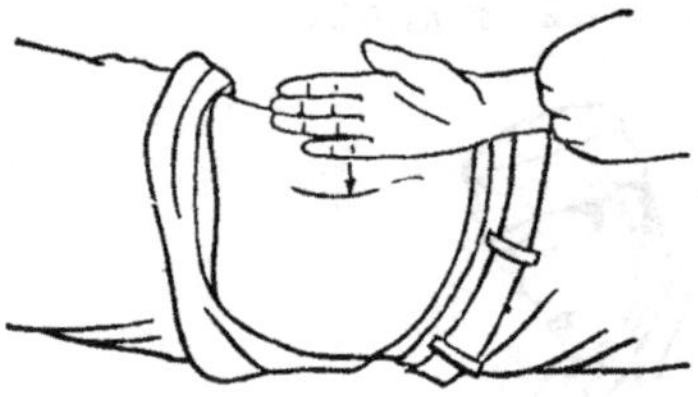
(3) 侧击（小鱼际击）

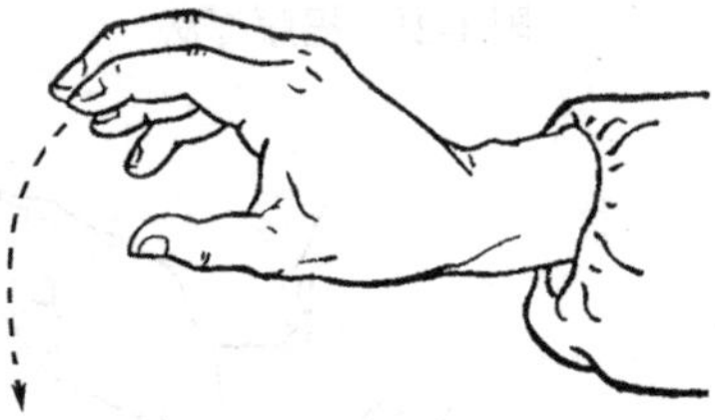
(4) 指尖击

图附 1-19　击法

功能　滑利关节，松解粘连，增强关节活动功能。

操作　取站势，亦可用马步或弓步，沉肩垂肘，使肩、肘、腕三关节协调活动。用力平稳，动作缓和，摇动的幅度要在生理许可的范围内，并结合被摇动关节的活动受限情况而定，顺其自然，因势利导，切忌蛮干和动作粗暴。摇动的幅度应由小渐大，自慢渐快，循序渐进，不能操之过急。摇法因运用部位的不同，其操作之要点又各异。要点如下：

1）摇颈项：方法一：一手托住下颌部，一手扶住枕后部，做左右前后的环转摇动；方法二：医者立于患者后侧，用两前臂固定患者两肩部，两手拇指顶于风池穴，余四指托住下颌部，做左右前后的环转摇动（图附 1-20）。

2）摇腰部：方法一：患者端坐，医者立于前侧，两膝夹住患者两大腿以固定下腰，两手夹住患者两肩部，做腰部环转摇动。方法二：医者立于患者一侧后部，一手扶住肩部，一手按于腰部，做腰部环转摇动。方法三：患者俯卧，医者立于患者一侧，一手托住患者两膝部，一手按于腰部，做腰部环转摇动（图附 1-21）。

3）摇肩部：方法一：一手扶住肩部，一手握住腕部，做关节的小幅度环转摇动。方法二：一手扶住肩部，一手托住肘部，做肩关节的大幅度环转摇动，同时另一手自前臂至肩部做掌抹法（图附 1-22）。

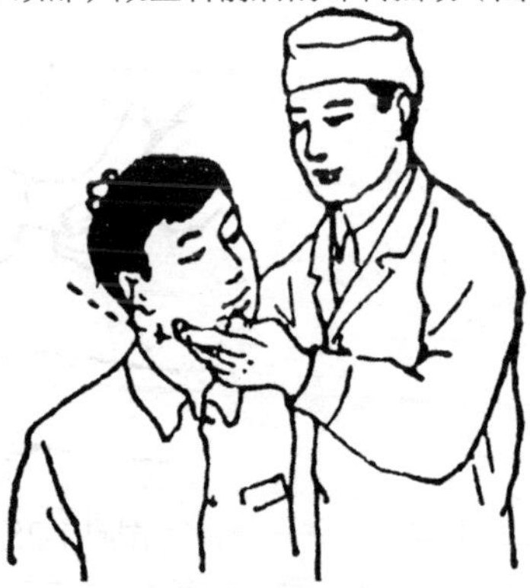
图附 1-20　摇颈项法

4）摇肘部：一手固定肘部，一手握住腕部，做肘关节的环转摇动（图附 1-23）。

5）摇腕部：一手握住腕部，一手握住手掌，做腕关节的环转摇动（图附 1-24）。

6）摇髋部：患者仰卧，屈髋屈膝各呈 90°，医者一手按住膝部，一手握住踝部，做髋关节的环转摇动（图附 1-25）。

7）摇膝部：患者屈膝 90°，医者一手握住股骨下端部，一手握住踝部，做膝关节的环转摇动（图附 1-26）。

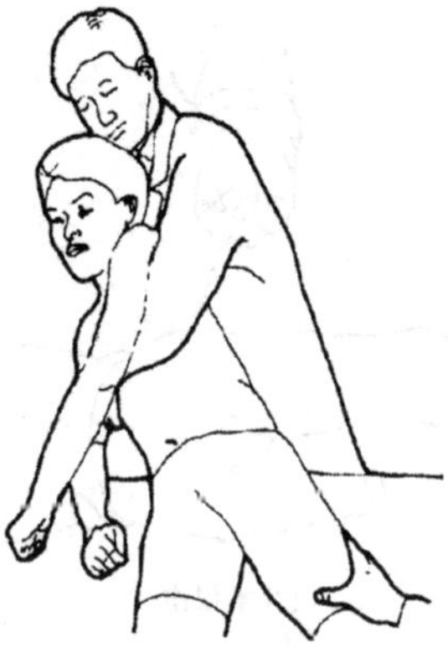

图附 1-21 摇腰部法

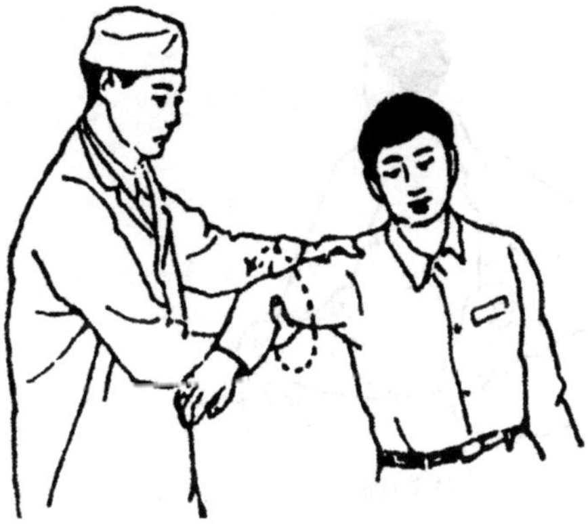

图附 1-22 摇肩部法

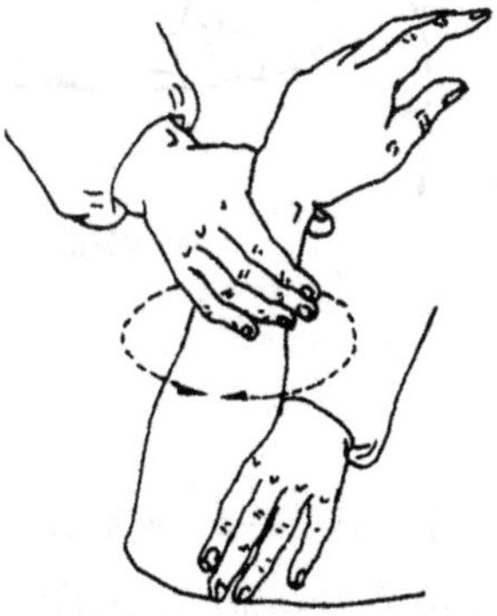

图附 1-23 摇肘部法

图附 1-24 摇腕部法

图附 1-25 摇髋部法

图附 1-26 摇膝部法

8）摇踝部：一手托住足跟部，一手握住足背部，做踝关节的环转摇动（图附 1-27）。

（21）背法

定义 医者与患者背靠背站立，用两肘挽住患者肘弯部，将患者反背起来，进行晃动或抖动的一种方法。本法只适用于腰或腰骶部损伤性疾病（图附 1-28）。

功能 缓解腰肌痉挛，整复腰椎小关节错缝，帮助椎间盘突出物还纳。

操作 医者取马步，两肩放松，两肘弯曲用力，弯腰，屈膝，挺臀，用臀部抵住患者腰骶部或第4、第5腰椎部，伸膝，将患者反背起后，做有节律地晃动或抖动。幅度可大可小，但频率不宜过快。呼吸要自然、均匀，不能屏气。整个动作要协调、统一，用力要稳实。临床中虽运用较少，但只要应用得当，则可收到立竿见影的功效。不过，对年老体弱及患心血管疾病者，不宜应用。此外，本法在使用时，如遇体质壮实者，要认真、审慎，注意防止跌仆，避免意外事故的发生。

图附 1-27 摇踝部法

（22）扳法

定义 用两手分别固定关节的远、近端，或肢体的一定部位，做相反方向或同一方向用力扳动的一种方法。

功能 滑利关节，整复错缝或脱位，松解粘连，矫正畸形，帮助恢复肢体功能。

操作 取站势，沉肩垂肘，两手用力稳实、恰当，配合协调，同时向同一或相反方向扳动，不可硬扳或施以暴力。整个操作要缓和、准确。扳动的幅度要在正常的生理活动范围内，并结合病变关节的活动度而定，一般为由小到大，循序渐进，不得强求。因扳动的部位不同，其操作要点亦各异。

1）颈项扳法：患者坐位，颈前屈到某一需要的角度后，医生在患者背后，用一肘部托住其下颌部，手则扶住患者枕部，另一手扶住患者肩部。托扶患者头部的手用力，先做颈项部向上牵引，同时将患者头部被动向患侧旋转至最大限度后，再做扳法（图附 1-29）。

图附 1-28 背法

图附 1-29 颈项扳法

2）胸背部扳法：操作时有两种方法（图附 1-30）。

扩胸牵引扳法：患者坐位，令其两手上举交叉扣住，置于项部。医生两手托住患者两肘部，并用一侧膝部顶住患者背部，嘱患者自行俯仰，并配合呼吸，做扩胸牵引扳法。

胸椎对抗复位法：患者坐位，令其两手交叉扣住，置于顶部。医生在其后面，用两手从患者腋部伸入其上臂之前，前臂之后，并握住其前臂下段，同时医生用一侧膝部顶住患部脊柱。嘱患者身体略向前倾，医生两手同时做向后上方用力扳动。

3）腰部扳法：本法操作时，常用的有斜扳法、直腰旋转扳法、弯腰旋转扳法及后伸扳法等四种。

腰部斜扳法：患者侧卧位，医生用一手抵住患者肩前部，另一手抵住臀部，或一手抵住患者肩后部，另一手抵住髂前上棘部。把腰被动旋转至最大限度后，两手同时用力做相反方向扳动（图附 1-31（1））。

腰部旋转扳法：有两种操作方法。直腰旋转扳法：患者坐位，医生用腿夹住患者下肢，一手抵住患者近医生侧的肩后部，另一手以患者另一侧腋下伸入抵住肩前部，两手同时用力作相反方向扳动（图附 1-31（2））。

(1) 扩胸牵引扳法

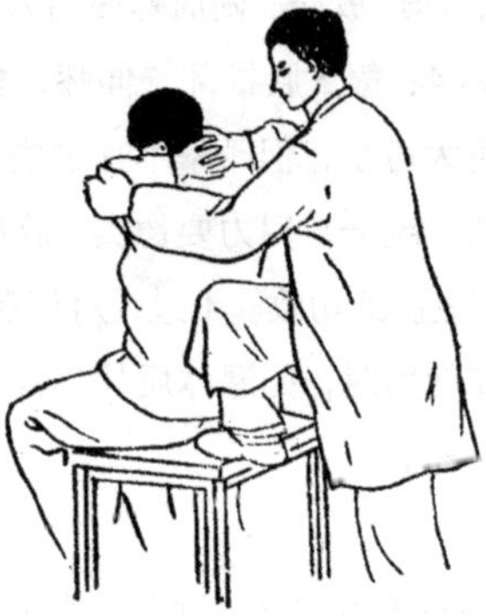

(2) 胸椎对抗复位法

图附 1-30　胸背部扳法

弯腰旋转扳法：患者坐位，腰前屈到某一需要角度后，一助手帮助固定患者下肢及骨盆。医生用一手拇指按住需扳动的脊椎的棘突，另一手勾住患者项背部，使其腰部在前屈位时再向患侧旋转。旋转至最大限度时，再使其腰部向健侧侧弯方向扳动（图附 1-31（3））。

腰部后伸扳法：患者俯卧位。医生一手托住患者两膝部，缓缓向上提起，另一手紧压在腰部患处，当腰后伸到最大限度时，两手同时用力作相反方向扳动（图附 1-32（4））。

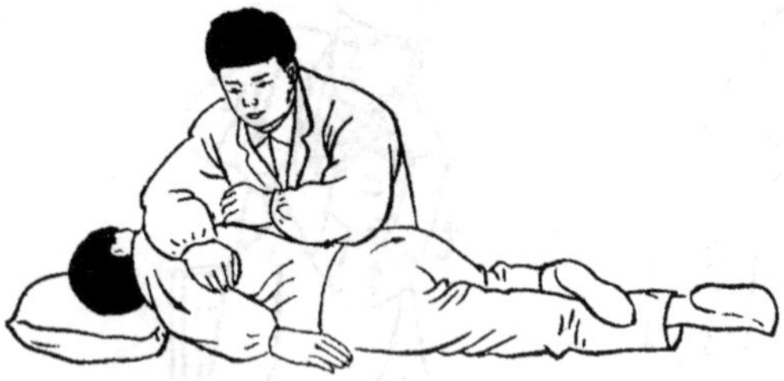

(1) 腰部斜扳法

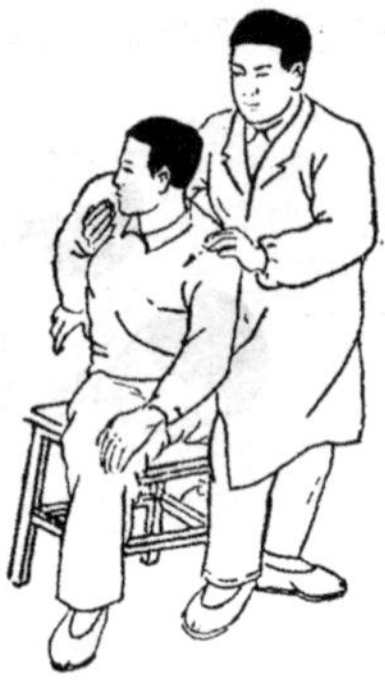

(2) 直腰旋转扳法

(3) 弯腰旋转扳法

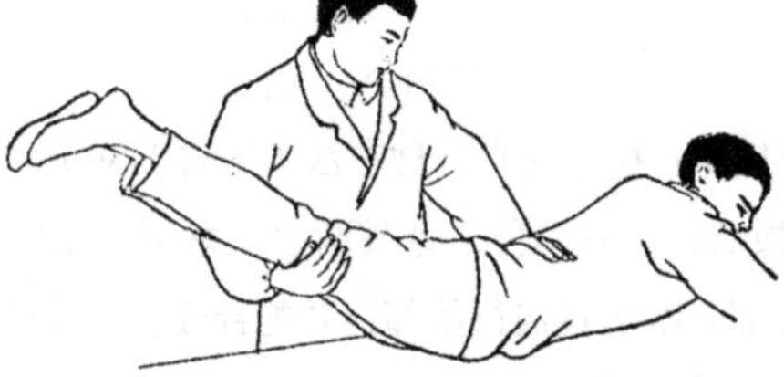

(4) 腰部后伸扳法

图附 1-31　腰部扳法

扳法操作时动作必须果断而快速，用力要稳，两手动作配合要协调，扳动幅度一般不能超过各关节的生理活动范围。

本法对年老体弱、久病体虚者慎用，对患有关节或脊柱骨性病变、关节或脊柱本身发育不良，或关节、脊柱强直、僵硬，或关节、脊柱有严重畸形者，均禁用。总之，本法属被动活动关节的一类手法，应用时一定要诊断明确，审慎选用。